글로벌시대를 위한

신 통상법 및 통상정책

정영진 · 이재민 공저

Globalization and International Trade Law & Policy

박영사

머리말

2007년 6월 30일 서명된 이후 근 5년간 다양한 형태의 진통을 겪고 논란을 초래한 한미 FTA가 2012년 3월 15일 발효되었다. 이로써 우리나라는 아시아권에서는 유일하게 미국 및 EU와 동시에 FTA를 체결한 국가가 되었다. 나아가 우리나라는 2012년 5월 2일 중국과의 FTA 협상개시를 선언함으로써 또 다른 이정표를 향하여 다시 새로운 발걸음을 내딛고 있다. 싫건 좋건 이제 우리는 최소한 통상분야에서는 세계 여러 나라의 관심과 주목을 받는 나라가 되었다.

우리나라는 1990년 후반 동아시아의 경제위기와 2008년 글로벌 금융위기를 성공적으로 극복하면서 보다 적극적인 무역자유화 정책을 추진하는 나라의 대열에 들어서게 되었다. 그리고 한-EU 및 한미 FTA 체결은 이러한 정책 추진의 결정판이라고 볼 수 있을 것이다. 1990년대 말까지 GATT/WTO체제라는 다자주의 국제무역체제의 철저한 신봉자였던 우리나라가 전 세계에서 가장 적극적으로 FTA를 추진하는 국가 중 하나로 변신한 것이다. GDP에서 대외무역이 차지하는 비중이 70%에 육박하는 대외의존형 경제체제를 갖고 있는 우리나라는 새로운 통상환경에 적극적으로 대처하기 위하여 그간의 단선적이고 평면적이었던 통상정책으로부터 다층적이고 입체적인 무역자유화 정책으로 급속히 옮겨가고 있다.

다자주의체제하에서의 무역자유화에 비하여 새로이 전개되는 양자적 내지 지역적 체제하에서의 무역자유화 정책은 보다 적극적이고 복잡한 정책적 판단과 전략적 선택이 요구된다. 협정 체결 대상국가 선정에서부터 국내 이해관계의 조율 등 여러 분야에서 정부가 직면하는 정치적, 법리적, 그리고 실무적 부담은 과거에 비할 수 없을 만큼 훨씬 커지게 되었다. 미국과의 FTA 추진과정에서 정부는 다자주의체제 아래에서 단선적이고 평면적인 통상정책을 추구할 때에 비하여 훨씬 깊숙하고 광범위하게 국내정치적 논의과정에 노출되었다. 제반 이슈에 대하여 국내정치 참여자 및 다양한 이해관계 그룹과 끊임없이 대화하고 논의하는 과정을 거치게 된 것이다. 이는 대외정책, 특히 통상정책은 국내정치의 연장이라는 점을 실감하는 계기가 되었다. 예기치 않았던 일련의 급격한 변화를 거치며 이제 우리는 다층적이고 입체적인 통상정책을 요구하는 새로운 국제통상환경의 한복판에 놓이게 되었다. 2011년 가을 한미 FTA 비준을 둘러싼 다양한 논쟁은 전 국민의 관심과 에너지가 집중된 다른 어떤 국가에서도 찾아보기 힘든 한국만의 독특한 상황이었으며, 이는 많은 국가들의 관심을 도출하였다. 이제 통상정책과 통상협정은 정책당국 및 일부 전문가들만의 전유물이 아니라 보통 사람들의 일상적인 논쟁에서도 수시로 대두하는 대상이 되었다. 이에 따라 통상법에 대한 일반인들의 관심도 그만큼 제고되었고, 통상정책도 다양한 이념을 견지하고 있는 여러 이해당사자들 간의 대립과 조정을 통하여 결정되는 "열린 패러다임"의 모습을 갖게 된 것이다.

주지하다시피 한미 FTA의 비준과정에서 많은 이슈들이 제기되었다. 이 중 가장 핵심적인 이슈는 근대 국제법의 탄생 이래 끊임없는 논쟁의 대상이 되어 온 국제법과 국가주권sovereignty의 상관관계라고 할 수 있을 것이다. 투자자-국가 간 분쟁해결절차ISD를 둘러싼 찬반논쟁은 결국 한미 FTA라는 국제협정이 우리나라의 사법주권을 침해하는 것이 아니냐는 문제로 귀결된다. 한미 FTA가 체결되면 여러 가지 이유로 우리나라의 보건, 의료, 환경과 같은 공공정책에 대한 주권이 훼손되는지 여부를 따지는 문제도 결국은 동일한 맥락에 기초하고 있다. 서비스 교역과 관련한 유보에 대한 역진방지조항에 관한 논의 역시 우리나라의 주권침해 여부와 관련하여 제기되는 문제이다. 통상협정을 체결한다는 것은 사인 간 계약을 체결하는 것과 유사하여 일국이 자신의 주권행사 대상 중 일부를 양보하면서 상대방으로부터 이에 상응하는 주권행사의 양보를 받아내는 것이다. 이를 통해 서로 win-win하는 상황을 도출하자는 것이 결국 조약체결, 특히 통상협정 체결의 골자이다. 결국 통상협정의 불공정 여부에 대한 기준은 전통적인 주권행사 대상에 대한 양보에 있는 것이 아니라 상호 간 주고받는 주권양보사항concession에 대한 객관적인 비교형량이라고 할 수 있을 것이다. 물론 일부 이슈에 대한 주권은 양보할 수 없는 것으로 비교형량의 대상이 될 수 없으며 따라서 통상협정의 대상이 되어서는 안 된다는 주장도 있을 수 있다. 또한 통상협정의 대상이 되는 이슈는 국민생활과 직결되는 것이어서 그에 대한 주권행사의 제약에는 국내법률의 국회입법절차와 마찬가지로 대의민주주의가 철저히 적용되어야 한다는 주장 역시 있을 수 있다. 최근 통상협정의 체결 및 비준을 둘러싸고 이어지고 있는 주권과 관련한 열띤 논의는 이러한 문제에 대한 견해의 차이를 반영한 것이다.

이러한 점을 고려하여 본서는 통상협정의 법리적 해석론 또는 통상협정의 경제학적 분석에 초점을 둔 기존 서적들의 틀을 벗어나 통상정책 추진과정에서 문제가 되고 있는 다양한 법적·정책적 이슈들을 큰 그림에서 다루고자 하였다. 저자들이 본서를 구상하고 준비한 것은 오래되었으나 각자 실무가 및 학자로서의 바쁜 생활 속에서 시간을 쪼개어 집필하는 데에는 적지 않은 어려움이 있었다. 그러나 한미 FTA의 비준과정에서 통상법 및 통상정책과 관련한 상당한 오해가 존재한다는 것을 절감하게 되어 더 이상 출간을 늦출 수 없었다. 본서는 저자들이 지난 20여 년간 정부 부처와 로펌 등 민간 분야에서 근무하며 경험하고 축적한 통상법 및 통상정책에 대한 인식과 여러 이슈들에 대하여 고민한 내용을 정리한 것이다.

한편 이 책에는 그동안 저자들이 직간접적으로 인연을 맺은 수많은 국내외 정책당국자, 학자 및 실무가 여러분들의 생각들이 아울러 녹아들어 있다. 일일이 나열하여 정중한 감사의 뜻을 표하는 것이 도리이나 이 분들께 이 지면을 통하여 감사의 인사를 전하는 것으로 대신하기로 한다. 특히 저자들을 국제법 그리고 국제통상법의 영역으로 이끌어 주신 서울대학교 법과대학의 고 송현 백충현 교수님과 서울대학교 법학전문대학원의 정인섭 교수님, 신희택 교수님, 장승화 교수님, 그리고 예일대학교 법과대학원의 Michael Reisman 교수님께 감사의 말씀을 올리고자 한다.

이 책의 출간 과정에서 교정과 색인작업 등 어려운 작업을 도와준 한상욱 외국 변호사와 한양대학교 법학전문대학원의 박주현 군에게 감사 드린다. 그리고 본 교재의 출간을 허락해 주신 박영사의 안종만 회장님과 조성호 부장님을 비롯하여 교정과 편집업무에 참여해 주신 분들 모두에게 진심으로 감사의 말씀을 드린다. 특히 지루한 교정작업을 꼼꼼하게 도와준 박영사의 엄주양 대리님께 특별한 감사의 말씀을 전하고자 한다.

2012. 6.

저자 드림

차 례

들어가는 말

2011년 가을은 통상문제가 실로 전 국민의 관심을 집중시키고 에너지를 동원한 보기드문 시기였다. 한미 FTA 비준을 둘러싸고 전개된 이러한 현상은 아마 다른 어떤 국가에서도 찾아보기 힘든 한국만의 독특한 상황이라 하여도 과언이 아니다. 수백년 동안 국제법 영역의 오랜 숙제였던 국제법과 국내법의 관계를 택시기사와 승객이 논의하고, 그동안 국제분쟁의 최첨단 이슈 중 하나로 여겨져 온 투자자 대 국가 간 투자분쟁해결절차ISD를 초등학생들이 언급하고 있는 것이 바로 오늘의 한국이다. 국제사회에 알려진 한국의 오래된 슬로건인 “Dynamic Korea”를 통상분야에서 우리는 매일 절실히 느끼고 있다. 아직 한미 FTA를 둘러싼 논의가 완전히 잦아들고 있지 않으니, 이러한 제반 통상 이슈는 추후 다른 FTA에서, 또는 다른 계기가 마련되면 언제고 다시 재현되어 우리 사회를 뜨겁게 달굴 것이다. 과연 무엇이 우리 국민들로 하여금 통상문제에 관하여 이토록 정열적으로 의견을 개진하게 하고, 또 무슨 이유로 통상문제가 국민들 간 극심한 이견을 초래하게 하는가? 통상문제에 관한 이러한 전 국민적 열정과 폭발력은 물론 다른 국가에서도 존재하는 현상이지만 한국에서의 일련의 상황은 국제사회에서 그 전례를 찾기가 힘들 정도이다.

한미 FTA를 둘러싼 국내 논쟁이 격화되는 시점에 한국은 또 다른 역사적 이정표에 도달하였다. 2011년 12월 1일 한국은 세계에서 9번째로 총 무역액 1조 달러를 기록한 국가가 되었다. 이전에 이 1조 클럽에 가입한 국가는 미국, 영국, 프랑스, 독일, 일본, 중국, 이탈리아와 네덜란드가 유일하다. 특히 주목할 만한 점은 한국이 총 무역액 100억 달러 달성 이후 1조 달러를 기록하는 데 소요된 시간이 이들 8개 국가에 비하여 제일 빨랐다는 것이다. 특히 이 기간이 1997년 외환위기, 2008년 세계 경제위기 등 한국경제를 위기로 내몬 시기를 포함하는 시점이었다는 점은 한국의 성과를 더욱 돋보이게 한다. 특히 무역의 총량뿐 아니라 최근의 한국의 주요 수출품은 IT 상품, 자동차, 조선 등 고부가가치 영역으로 그 질적인 측면에서도 전 세계의 주목을 받고 있다. 통상문제와 정책을 둘러싼 국내적 논란에도 불구하고 한국 통상은 실로 경이로운 업적을 달성하고 있는 것이다. 통상분야에서 전 세계가 주목하는 놀라운 성과와 한편으로 점증하는 국내에서의 통상분야에서의 논란은 많은 사람들을 혼란스럽게 하는 측면이 있다. 따라서 양자의 긴장관계에 대한 체계적 분석을 통하여 그 원인과 장기적 해결방안을 검토하는 것은 우리에게 던져진 중요한 과제 중 하나가 되었다.

통상문제와 관련한 전 국민의 관심을 확인한 대표적인 사례는 2008년 봄의 미국산 쇠고기 수입협상이다. 2008년 4월 18일, 오랜 기간 양국간 현안이었던 미국산 쇠고기 수입 문제가 타결되었다. 이를 둘러싸고 일부 언론이 이명박 대통령과 미국 오바마 대통령 간 한미정상회담을 하루 앞두고 서둘러 타결한 것이라는 주장과 아울러 미국산 수입쇠고기의 안전성에 대하여 심각한 의문을 제기하자, 미국산 쇠고기 수입 반대 시위가 이어지게 되었다.[1] 이 쇠고기 수입협상은 WTO회원국으로서 우리나라의 협정상 의무를 이행하기 위하여 불가피하고 예견된 협상이라는 측면도 있었으나, 그러한 상황을 정확히 인식하기 힘든 위치에 있고 "위험한 쇠고기 수입"이라는 감성적 측면에 초점을 둔 일부 국민 여론은 연이은 촛불시위를 촉발하였다. 촛불시위는 Wikipedia에도 "2008 South Korean Candlelight Vigil"이라는 제목으로 별도로 수록되고, 서방언론도 상세하게 보도하는 등 국제적으로 상당한 관심을 끈 사안이었다.[2] 2008년의 이 예상치 못한 상황은 우리나라의 통상정책 추진과 관련한 전반적인 지형에 상당한 변화를 초래하였다. 최근 이어지는 한미 FTA 관련 논란도 결국 이 촛불시위에서 대두된 기본적인 정서와 문제 제기가 맥락을 달리하여 계속되고 있는 것으로 파악할 수 있을 것이다.

1 예를 들어, 연합뉴스 2008. 5. 3. 기사 및 동영상 "미쇠고기 반대 이틀째 대규모 촛불집회" 등.

2 쇠고기 수입반대 촛불집회에 대하여 설명하고 있는 위키피디아의 사이트 주소는 다음과 같다. http://en.wikipedia.org/wiki/2008_South_Korean_candlelight_vigil
서방언론 기사의 예로는 Sang-Hoon Choe, "Beef Furor Provokes a Turnover in Seoul," *The New York Times*, 21 June 2008.

미국산 쇠고기 수입사건과 이로 인한 촛불시위가 가져온 변화 중 하나는 통상협상이 더 이상 정부 관련부서의 전유물이 아니라는 인식이 확산되었다는 점이다. 통상규범 및 통상정책도 다른 국내정책과 마찬가지로 국민 의사와의 지속적인 교감이 필요하다는 현실을 실감하게 된 것이다. 물론, 시민사회의 경제통상문제에 대한 관심과 적극적인 참여는 우리나라에만 국한된 현상은 아니다. 1980년 이후 신자유주의 패러다임에 기초하여 세계화globlization가 급격히 진전되자, 기존의 국가체제를 초월한 소위 초국경시민사회transnational civil society가 국가 주도의 국제경제질서에 대하여 우려의 목소리를 높여 오고 있는 상황이다. 1999년 시애틀에서 개최된 WTO각료회의는 반세계화주의자들의 반대시위로 원만하게 진행되지 못하였으며, 기타 G-8 정상회의 및 Davos 회의 등에서도 이들의 시위는 이제 낯설지 않게 되었다. 노벨경제학상 수상자인 Joseph Stiglitz 교수도 자신의 저서인 「세계화와 그 불만*Globalization and its Discontents*」에서 신자유주의 패러다임의 허구에 대하여 강하게 비판한 바 있다.[1] 이 중 일부는 현재의 국제경제질서의 의사결정과정에 초점을 두고 비판을 전개하기도 한다. 이들에 의하면 경제통상문제가 관세문제와 같이 시민생활과 상대적으로 관계가 없었던 전통적인 영역에서 점차적으로 환경, 인권, 노동, 식품위생과 같은 일반 시민들의 생활과 직접적으로 관련있는 영역으로 옮겨가고 있음에도 불구하고, 이에 대하여 각 국가들이 충분한 민주적 의사결정과정을 거치지 않고 협상을 진행하고 있어 부당하다는 것이다.[2]

최근 국내에서 이슈가 된 한미 FTA 및 한-EU FTA 번역 오류 논란도 같은 맥락에서 파악할 수 있다. 누군가 면밀히 살펴본다면 사실 이와 같은 번역 오류는 과거에도 그리고 다른 나라에서도 적지 않게 존재하였을 것이다. 1948년 대한민국 정부수립 이후 우리나라가 체결한 2,600여 건의 조약에서도 이와 유사한 상황이 발생하지 않았을 것이라고 보기는 힘들기 때문이다. 그러나 최근 추진되고 있는 FTA 맥락에서 이러한 문제가 본격적으로 대두되고 있는 이유는 역시 최근 여러 국가와 FTA를 체결하면서부터 기존에 등한시되어 오던 국제법 및

1 Joseph Stiglitz, *Globalization and its Discontents*, Norton & Company (2002).
2 이에 대한 논의의 상세는 정영진 다음 박사학위 논문 참조. Youngjin Jung, "Revitalizing the Legitimacy of the World Trading System," Yale Law School (JSD, 2003). Bernard M. Hoekman and Michel M. Kostecki, *The Political Economy of the World Trading System: The WTO and Beyond* (3rd ed.), Oxford (2009), pp. 638-663; I. M. Destler, *American Trade Politics* (4th ed.), Institute for International Economics (2005), pp. 253-277.

조약체결절차 등에 대한 국민적 관심이 폭발적으로 증가하였기 때문이다. 일부 전문가들뿐 아니라, 이제는 일반 국민들도 통상협정이 매우 중요한 조약이며 그러한 중요한 내용을 담고 있는 협정의 국문본에는 한치의 오차도 있어서는 안 된다는 점을 인식하게 된 것이다. 이러한 국민적 관심은 그간 우리가 등한시하였던그러나 중요한 영역에 대한 제반 제도를 정비하는 새로운 계기를 제공하는 긍정적인 측면으로 작용하였다. 가령, FTA 번역문제를 계기로 외교통상부에 번역 전담 시스템이 도입되고 별도의 예산이 새로이 배정되는 상황 등은 괄목할 만한 진전이다. 국민 일반의 관심이 제도 개선의 단초를 마련한 긍정적인 기능을 수행한 것으로 평가할 수 있겠다.

이러한 인식을 바탕으로 이제 국제통상 이슈는 정부가 국민 전체의 이익을 대표하여 최선의 정책판단을 한다는 명제에서, 제반 이슈에 대한 입장 정립에 있어 가능한 한 국민 일반의 의견을 고려하고 반영하여야 한다는 방향으로 조금씩 바뀌어 가고 있다. 정책으로 인하여 영향을 받게 되는 다양한 국민들의 의견을 정책판단과정에서 사전적이든 사후적이든 반영할 수 있는 체제로 변화해 가고 있는 것이다.

이러한 맥락에서 국제통상규범 및 정책을 다루는 연구들도 최근의 이러한 중요한 변화를 적절히 반영할 필요가 절실하다. 국제통상규범과 정책에 직간접적으로 영향을 미치는 다양한 가치 등을 아울러 검토하고 이를 대변하는 다양한 이해관계자들의 상호작용에 대해서도 종합적인 검토를 거쳐야 우리가 당면한 통상법적 과제 내지 정책의 방향에 대하여 올바른 논의를 전개할 수 있기 때문이다. 그러나 그간의 국제통상규범 및 정책과 관련하여 출간된 서적들은 대부분 세부적인 법적 설명 내지 구체적 분쟁 사례 소개 중심으로 치우쳐 그러한 통상규범과 정책의 "전체적인" 조망과 "외연"을 보여 주는 데에는 한계가 있었다. 통상규범 및 정책은 그 자체로 "닫힌 패러다임" 속에서 운용되는 것이 아니라 다양한 이념과 이해당사자들stakeholders 간 복잡한 상호작용을 통하여 결정되고 집행되고 발전하는 "열린 패러다임"을 통해서만 올바르게 조망할 수 있다. 따라서 우리의 통상환경 전체를 아우르는 패러다임을 조망하여 살펴보는 거시적 접근법은 통상규범과 정책의 이해와 조정과정에서 지극히 중요하다. 이 책은 바로 이러한 후자의 접근법에 초점을 맞추고 있다.

국제통상규범 및 정책에 대한 전체적인 조망과 외연에 대한 검토는 특히 기존의 통상규범의 기본 골격에 중요한 변화가 감지되는 경우에 그 중요성이 더욱 부각된다. 전체적인 패러다임이 중대한 변화에 직면한 상황에서 세부적인 이슈에 매몰되어 미시적 분석에만 치중하게 되면 큰 흐름을 놓치게 되어 추후 이를 만회하는 데 적지 않은 시간과 노력이 소요되기 때문이다. 이러한 점을 염두에 두고 이 책은 세부적 통상 이슈와 쟁점에 대한 설명은 현재 새로운 변화의 시대에 직면한 국제통상규범에 대한 전체적인 조망과 외연에 대한 검토를 제시하는 데 필요한 한도로만 제한하고 있다. 이러한 전체적 조망과 외연에 대한 검토작업은 새로운 국제통상 환경에서 대두되는 새로운 국제통상규범의 골격을 확인하고 이에 비추어 우리나라의 기존 통상정책을 검토하여, 향후 통상정책 운용과 관련하여 중요한 방향을 제시하여 줄 수 있을 것으로 믿는다.

우리나라는 GDP의 85%가 국제통상에 의존할 정도로 국제교역에 대한 의존도가 지극히 높은 나라이다. 따라서 우리에게 있어 통상정책은 국가 경제정책의 핵심을 이룬다고 볼 수 있을 것이다. 국내시장이 협소하고 교육열이 높은 근면성실한 국민을 보유한 우리나라의 상황을 감안하면 국제통상에 대한 이러한 의존은 향후에도 더욱 심화되면 심화되었지 약화되지는 않을 것이다. 따라서 국제통상규범에 대한 정확한 이해와 활용은 실로 우리의 사활을 좌우할 수 있는 중요한 과제라 아니할 수 없을 것이다. 이렇게 우리의 사활을 좌지우지하는 국제통상규범에 대한 정확한 이해와 활용을 위해서는 세부적 규범 중심의 미시적 접근과 함께 규범 전체의 한계와 특징을 이해하고 그 변화를 감지하여 조류변화에 즉각 대처할 수 있도록 도와줄 수 있는 거시적 접근이 아울러 중요하다.

현재 우리나라를 둘러싼 국제통상환경은 중대한 변화의 기로에 서 있다. 국제통상을 규율하는 국제통상규범에 상당한 변화가 발생하고 있고 이에 따라 각국의 통상정책에도 중대한 변화가 감지되고 있기 때문이다. 먼저 국제교역에서 중국의 급격한 부상과 범세계적인 FTA 체결의 확산으로 인하여 국제통상체제가 "구조"적으로 상당히 복잡해졌고 앞으로 그러한 측면은 더욱 심화될 것이라는 점이다. 즉, 그간 미국·EU 중심의 통상환경에서 중국, 인도, 브라질 등의 부상으로 통상환경이 다변화되고 있으며, 특히 "G2"라고 지칭될 정도로 중국이 국제통상환경에 미치는 영향이 급격하게 확대되고 있는 상황이다. 또한 기존의

WTO 일변도의 국제통상규범체제가 이제는 상호 중첩적이며 때로는 상이한 규범을 제시하고 있는 수많은 FTA협정으로 이루어진 복합다기한 통상규범체제로 전환하고 있다는 측면 역시 중요한 변화 요인 중 하나이다. 국제통상의 구조적 변화와 통상규범의 복잡다기화를 감내할 수 있는 새로운 통상정책과 전략수립이 이제 요구되고 있다.

두 번째로 들 수 있는 중요한 변화의 기제로는 국제통상규범과 정책의 적용을 받는 "이슈"가 점차 광범위해지고 포괄적으로 변화하고 있다는 점이다. 단순한 상품의 수출입을 규율하는 영역을 넘어 이제는 과거에는 생각하지 못하였던 새로운 분야에서 통상분쟁이 지속적으로 발생하고 있다. 대부분의 국가 경제정책과 관련된 사항이 직간접적으로 국제통상과 연관되어 있으므로 결국 이러한 경제정책들이 국제통상규범의 적용을 받게 되는 상황이 도래하게 된 것이다. 특히 이러한 새로운 형태의 통상분쟁은 국가들 간 심각한 입장 차이로 인하여 그 분쟁의 강도도 더욱 심화되어 가고 있는 상황이다. 천연자원 보호, 식품위생조치 강화, 환율정책 유지, 문화주권 보호 등과 관련된 최근의 통상분쟁들은 실로 그간의 WTO협정을 중심으로 한 통상규범에서 충분히 다루기 곤란한 새로운 과제들을 제시하고 있다. 국제교역의 최첨단에 서 있는 우리나라도 이러한 분쟁의 한복판으로 점차 휩쓸려 들어가고 있는 추세이다. 이에 따라 과거에는 통상문제와 직접 연관이 없던 것으로 간주되던 영역에서도 우리나라와 직접 연관되는 통상분쟁이 점차 증가하고 있다. 이와 같이 국제통상규범이 그 "체제"와 "이슈" 양 측면에서 상당한 변화를 겪고 있는 현재의 상황에서 이러한 변화를 반영하고 또 한편으로 이에 적극 대처할 수 있는 통상정책의 검토와 수립이 시급하다고 할 것이다.

이 책은 바로 이러한 현실 변화를 인식하고 국제통상규범과 정책의 최신 동향을 Bird's Eye View로 살펴보며 앞으로 우리나라가 적절하고 또 필요한 통상정책을 수립할 수 있도록 미흡하나마 저자들의 의견을 제시하는 데 그 목적이 있다. 국제통상규범의 변천은 어떻게 보면 거대한 선박이 방향을 수정하는 것과 유사하다. 그러한 선박의 갑판에 서 있는 사람들은 선박이 방향을 전환하고 있는 것을 단기적 관점에서는 알아차리기 힘들다. 적지 않은 시간이 지난 연후에야 뒤늦게 방향전환을 감지하게 될 것이다. 이에 반하여 조타실에서 방향전환을 지시하고 주도하는 주요 의사결정자의 경우 그러한 방향전환을 조기에 파악하고 이에 따른 신속한 대처와 준비가 상대적으로 용이하게 될 것이다. 갑판에 있는 사람들의 경우 이러한 방향전환을 감지하고 필요한 조치를 취하기 시작하면 이미 적지 않은 시간이 흘러 신속한 대응이 불가능한 경우가 적지 않다. 그러므로 이들은 조타실에 자리잡은 사람들에 비하여 항상 상대적으로 불리한 상황에 처하게 되는 것이다. 안타깝게도 우리나라의 경우 아직 국제통상규범의 수립에 관한 한 조타실에 있는 주요 의사결정 그룹에 포함된 것으로 보기는 힘들다. 2010년 11월 서울에서 개최된 G-20 정상회의와 그 후 도하라운드 마지막 협상 시점에 우리나라가 보여 준 적극적인 역할은 우리나라가 장기적으로 이러한 국제통상의 조타실에 참여할 가능성을 보여 준 중요한 회의이기는 하다. 그러나 냉정하게 살펴볼 때 아직 우리는 조타실 외부에서 조타실 내 의사결정자들이 내린 결정에 따른 상황변화를 수용하여 이를 따라가야 하는 쪽에 더 가깝다.

국제통상규범 및 정책에 대한 거시적 접근이 필요한 것은 바로 이러한 이유이다. 거대한 선박 위에서 단기적 이익 극대화를 위하여 고기잡이에만 몰두하다 보면 전체적으로 선박의 방향이 바뀌는 것을 인지하지 못하기 때문이다. 국제통상이라는 바다에서 사활을 걸고 있는 우리나라는 효율적인 어로활동을 위한 그물과 어로장비가 중요한 만큼 선박의 방향을 이끌어 주는 나침반과 GPS 네비게이터를 수시로 살펴보는 것이 필요하다. 그간 우리는 어로장비와 그물에만 주된 관심을 두어 왔다. 그 결과 단기적인 수출액 증대만이 우리 통상정책의 주요 관심사였다. 그러나 이제는 이러한 어로장비에 더하여 새로운 나침반과 네비게이터의 확보와 기존 장비의 재정비가 중요한 시점이 되었다. 이 책에서 설명하는 국제통상규범에 대한 설명이 이러한 나침반과 네비게이터의 역할을 해 줄 수 있기를 기대하여 본다.

통상정책 및 규범의 이상과 한계

1. 통상정책의 이상과 현실

모든 국가는 당위론 내지는 규범적인normative 관점에서 가장 바람직한 정책을 결정하여 추진하여야 하지만 통상정책이 형성되는 과정은 현실적인 정치과정이기 때문에 규범적인 관점에서 바람직한 통상정책과 실제 시행되는 통상정책과는 괴리가 있기 마련이다.

규범적인 관점에서 볼 때 한 국가의 통상정책의 목표는 해당 국가의 사회적 후생의 극대화라고 할 수 있기 때문에 주류 경제학 이론에 따르면 자유무역 정책을 펴는 것이 해당 국가의 사회적 후생 내지는 실질소득을 극대화하는 최선의 정책수단이 될 것이다.[1] David Ricardo에 의하여 정립된 "비교우위론Comparative Advantage Theory"에 의하면 생산되는 모든 상품에 대하여 한 국가가 다른 국가에 비하여 낮은 기회비용opportunity cost으로 생산하는 능력, 즉 효율성이 있다고 하더라도 상대적으로 낮은 기회비용으로 생산할 수 있는 상품을 특화하여 교역하고 상대적으로 높은 기회비용으로 생산되는 상품은 타국으로부터 수입하는 것이 사회적 후생을 더 증가시키게 된다는 것이다.[2] 즉, 두 나라가 각각 비교우위를 갖는 산

1 John H. Jackson, William J. Davey and Alan O. Sykes, Jr., *Legal Problems of International Economic Relations: Cases, Materials and Text* (5th ed.), Thomson West (2008), pp. 15-21; John H. Jackson, *The World Trading System: Law and Policy of International Economic Relations* (2nd ed.), MIT (1997), pp. 11-21; Michael J. Trebilcock and Robert Howse, *The Regulation of International Trade* (3rd ed.), Routledge (2005), pp. 1-19.

2 David Ricardo, *On the Principles of Political Economy, and Taxation* (3rd ed.), John Murray (1821).

업의 생산에 특화하게 되면 두 나라 전체의 총 생산량은 특화 이전보다 증가하게 되고 무역에 의하여 두 나라의 총 소비량도 증가하게 되어 자유무역의 이익이 발생한다는 것이다. 이러한 비교우위론이야말로 GATT/WTO를 통한 무역자유화의 가장 중요한 이론적 토대이다.[1]

비교우위론은 선진국과 후진국 사이의 교역, 즉 산업간교역interindustry trade은 잘 설명할 수 있으나 선진국 간 이루어지는 산업내교역intraindustry trade에 대해서는 설득력이 약하다는 이유로 규모의 경제economies of scale를 국제무역의 중요한 원천으로 제시하기도 한다.[2] 즉, 특정종류의 자동차를 생산하는 데 규모의 경제가 존재하는 경우 그 자동차 생산자는 규모의 경제를 실현하기 위하여 그 종류의 자동차를 자국시장뿐만 아니라 해외시장에 판매해야 한다. 따라서 자동차를 생산하는 국가는 몇몇 종류의 자동차를 다른 국가에까지 수출하게 되고, 후자의 국가는 거꾸로 자국이 생산하는 자동차를 전자의 국가에 수출하게 됨으로써 산업내교역이 이루어져 무역의 이익이 발생한다는 것이다.

19세기 영국의 저명한 경제학자인 John Stuart Mill은 「정치경제의 원리 *Principles of Political Economy*」에서 자유무역의 이익은 위와 같이 무역으로 인한 "직접적인 경제적 이익direct economical advantages of foreign trade" 이외에도 무역으로 인하여 생산성이 향상되는 "간접적인 효과indirect effects"가 있을 뿐만 아니라 "지적 및 도덕적 효과가 그 중요성에 있어서 위와 같은 경제적 효과를 상회한다the economical benefits of commerce are surpassed in imortance by those of its effects which are intellectual and moral"고 설파한 바 있다.[3] Mill은 후자의 효과에 대하여 이를 구체화하지는 않았지만 Montesquieu가 주장한 "교역은 상호의존성 때문에 양국 간에 평화를 가져온다"는 주장과 궤를 같이 하는 주장이라고 할 수 있다.[4]

이러한 자유무역이론에 대하여 반론이 없는 것은 아니다. 첫째, 노동착취 작업장 이론Sweatshop Theory은 임금수준이 높은 국가들은 임금수준이 낮은 노동착취작업장sweatshop을 가진 개발도상국들과 수지맞는 무역을 할 수 없다고 주장한

1 경제학적인 관점에서 비교우위론이 무역자유화 주장에 주요한 근거가 될 수 있음을 보여 주는 자료는 다음 사이트에서 찾을 수 있다. "Understanding the WTO: Basics — The Case for Open Trade" available at http://www.wto.org/english/thewto_e/whatis_e/tif_e/fact3_e.htm
2 Paul R. Krugman, *Rethinking International Trade*, MIT (1990), pp. 152-182.
3 John Stuart Mill, *Principles of Political Economy*, Longmans, Green and Co. (1848).
4 Douglas A. Irwin, *Free Trade under Fire* (3rd ed.), Princeton (2009).

다.[1] 이 이론은 비교우위론을 정면으로 부정하는 것이어서 엄격한 의미에서 경제학 이론은 아니나 공정무역론으로 둔갑하여 자유무역이론을 위협하고 있다. 둘째, 최적관세이론Optimal Tariff Theory은 특정 조건하에서 수입품에 관세를 부과함으로써 수입국 경제 전반에 이익을 가져다줄 수 있다는 것이다.[2] 그러나 이 이론은 국내소비자는 더 높은 가격을 부담해야 할 뿐만 아니라 이를 실행에 옮길 경우 상대국이 보복행위를 하여 최적관세의 부과로 기대되는 이익을 상쇄할 것이기 때문에 그 유용성에 심각한 한계가 있다고 하겠다. 셋째, 전략적 무역이론Strategic Trade Theory은 정부가 전략적 산업에 대하여 보조금을 지급함으로써 그렇지 않은 경우에 비하여 무역의 이익을 더 얻을 수 있다는 것이다.[3] 이는 일종의 근린궁핍화정책beggar-thy-neighbor policies이라고 할 수 있다. 전술한 바와 같이 선진국 간 산업내교역은 규모의 경제가 무역의 주요한 원천이라고 할 수 있는데, 규모의 경제가 있는 산업은 완전경쟁적인 시장이 아닌 과점시장의 형태를 띠게 된다. 과점기업은 완전경쟁시장에서는 얻을 수 없는 초과이윤 내지는 지대를 얻을 수 있으므로 정부가 금융 및 세제 지원을 통하여 그러한 과점기업을 전략적으로 지원할 유인이 발생한다는 것이다. 그러나 과점기업이 초과이윤을 지속적으로 얻기 위해서는 수입국의 현실적 또는 잠재적 경쟁기업들이 가격을 내릴 경우 해당 과점기업으로부터 보복을 당할 것이라는 위협에 상당한 신빙성이 있어야 하는데 이는 현실적이지 않은 가정이다. 정부가 위 과점기업의 그러한 보복위협이 신빙성이 있도록 금융 및 세제지원을 한다는 결정을 발표한다고 하더라도 그 기대효과에 의문이 있고 무엇보다도 정부의 지원은

1 Kenneth W. Dam, *The Rules of Global Game: A New Look at US International Economic Policy making*, Chicago (2001), 정영진/윤재원 옮김, 「글로벌게임의 법칙: 미국 대외경제정책 결정과정에 대한 새로운 고찰」, 비봉사(2002), p. 153.

2 *Ibid.*, p. 155; Michael J. Trebilcock and Robert Howse, *The Regulation of International Trade* (3rd ed.), Routledge (2005), pp. 7-8; John H. Jackson, William J. Davey and Alan O. Sykes, Jr., *Legal Problems of International Economic Relations: Cases, Materials and Text* (5th ed.), Thomson West (2008), pp. 32-34.

3 Kenneth W. Dam, *The Rules of Global Game: A New Look at US International Economic Policy making*, Chicago (2001), 정영진/윤재원 옮김, 「글로벌게임의 법칙: 미국 대외경제정책 결정과정에 대한 새로운 고찰」, 비봉사(2002), p. 157; Michael J. Trebilcock and Robert Howse, *The Regulation of International Trade* (3rd ed.), Routledge (2005), pp. 8-9; John H. Jackson, William J. Davey and Alan O. Sykes, Jr., *Legal Problems of International Economic Relations: Cases, Materials and Text* (5th ed.), Thomson West (2008), pp. 34-41.

상대국의 대항조치를 초래하여 결과적으로 기대되는 효과가 발생하지 않을 가능성이 높다. 넷째, 외부효과externalities가 발생한 경우 정부가 개입하는 것이 바람직하다는 것이다. 국내에서 환경오염과 같이 외부효과가 발생하여 시장실패가 있는 영역에 정부가 개입할 필요가 있다는 것과 동일한 이유로 국제무역에 있어서도 외부효과가 발생할 영역의 경우 자유무역보다는 무역에 대한 규제가 필요다는 것이다. 그러나 예컨대 실증연구에 의하면 환경문제에 대하여 무역규제가 없을 경우 소위 "Race-to-Bottom"현상이 발생하여 각국의 환경문제가 더 악화될 수 있는지는 반드시 분명하지 않다.[1] 이는 무역에 대한 정부의 개입보다는 재산권에 대한 정립과 같은 다른 제도와 보다 직접적으로 연관되는 경우가 더 많다는 점에서 위 주장도 보다 근본적인 검토가 필요하다고 하겠다. 다섯째, 요소-가격 동등화 정리factor-price equalization는 노동력, 자본 등 생산요소가 자유롭게 이동할 수 있다면 모든 지역에서 비용이 같아지는 경향이 있다는 것인데, 이에 더 나아가서 생산요소가 한 국가에서 다른 국가로 자유롭게 이동할 수 없더라도 공산품 교역이 자유롭다면 그 생산요소의 가격이 같아지는 경향이 있다는 것이다.[2] 이에 의하면 비숙련 임금이 세계수준으로 균일화되는 경향이 있으므로 미국과 같은 경우 소득불균형이 심화되는 하나의 요인이 될 수 있다고 하면서 자유무역론을 비판하고 있다. 동 주장에 따라 우리나라의 경우 저개발국가들과의 FTA 등 자유무역정책의 추진결과 우리나라의 비숙련 임금이 해당국가 수준으로 수렴하게 된다면 자유무역정책의 정당성에 대하여 심각한 논의가 필요할 것이다. 그러나 일반적으로 비숙련 근로자들의 실질임금이 증가하지 않았다면 그것은 그 직종의 생산성이 정체된 데서 기인할 가능성이 많다는 견해가 많다. 생산성의 정체가 중대한 원인이라면 이에 대한 처방은 교육 및 기술훈련 등에 초점을 두어야 할 것이다. 최근 우리나라에 대기업과 중

1 Kenneth W. Dam, *The Rules of Global Game: A New Look at US International Economic Policy making*, Chicago (2001), 정영진/윤재원 옮김, 「글로벌게임의 법칙: 미국 대외경제정책 결정과정에 대한 새로운 고찰」, 비봉사(2002), p. 161; Fiona Macmillan, *WTO and the Environment*, Sweet & Maxwell (2001), p. 2; John H. Jackson, William J. Davey and Alan O. Sykes, Jr., *Legal Problems of International Economic Relations: Cases, Materials and Text* (5th ed.), Thomson West (2008), pp. 31-32.

2 Kenneth W. Dam, *The Rules of Global Game: A New Look at US International Economic Policy making*, Chicago (2001), 정영진/윤재원 옮김, 「글로벌게임의 법칙: 미국 대외경제정책 결정과정에 대한 새로운 고찰」, 비봉사(2002), p. 163; Michael J. Trebilcock and Robert Howse, *The Regulation of International Trade* (3rd ed.), Routledge (2005), pp. 4-5.

소기업 등 양극화에 대한 논의가 많고 향후 중국과의 FTA를 추진하는 과정에서 이 문제와 관련하여 실질적인 논의가 이루질 것으로 예상된다.

요컨대, 전술한 바와 같이 이론적 내지 규범적으로만 보면 상대국의 보호무역정책 여부를 묻지 않고 일방적으로 자유무역정책을 펴는 것이 해당국가의 사회적 후생을 극대화하는 데는 더 바람직한 정책이다. 그러나 현실적으로는 정치경제학적 이유 때문에 일관성을 갖고 이러한 무역자유화정책을 펴기는 쉽지 않다. 즉, 지대추구rent-seeking 행위, 이익단체의 정치interest group politics, 그리고 한 국가 내의 통상정책결정제도 때문에 자유무역정책의 이상이 현실적으로 구현되는 데는 상당한 조정과 수정이 수반되게 된다. 또한 자유무역정책이 사회 전체적으로 후생의 증대를 가져온다고 하더라도 자유무역으로 인하여 피해를 입는 분야가 발생하기 마련이며 이러한 분야에 대해서는 형평의 관점에서 적절한 경제적 보상을 하여야 할 필요도 있는 것이다. 소위 성장 이외에도 "분배"의 가치에 대한 고려가 필요한 것이다. 또한 경제적인 평가가 곤란하거나 또는 경제적인 보상만으로는 해결되지 못하는 민감한 분야나 국가 정책적 및 전략적 고려를 요하는 분야도 적지 않아서 상기 비교우위론에 기초한 무역자유화의 이상은 현실적인 수정과 조정 과정을 거칠 수밖에 없다.

2. 통상규범과 정책주권

전술한 바와 같이 WTO체제의 가장 중요한 이론적 기반은 자유무역이론이다. 그러나 현실적으로 시장자유화로 인한 경제적 이익을 정확하게 추정하는 것은 매우 어려운 일이다. 사전적으로 계량화한 경제적 이익의 증가가 사후적인 후생의 증대로 그대로 이어지지 않는 경우도 많다. 가령, FTA 협상을 통하여 자동차 분야의 관세를 인하하더라도 이는 해당 국가에 대한 시장접근의 추상적 가능성만을 의미할 뿐 협상 시 기대한 구체적인 시장접근의 효과가 나타날지 여부는 불분명하다. 가령, 아무리 시장이 개방되더라도 무역구제 제도가 활발하게 적용되거나 새로운 비관세장벽이 도입되거나, 사적무역장벽이 존재하는 경우, 그러한 시장개방의 효과는 쉽게 상쇄되기 때문이다. 자동차 분야에 관세를 인하하더라도 각종 불합리한 환경기준 및 안전기준을 적용하거나 또는 시장에서 불공정하거나 반경쟁적인 유통구조를 유지하게 하는 경우에는 위 관세인하의 효과가 대폭 반감되거나 사실상 의미가 없어질 수 있다. 예를 들어, 우리나라 도로교통법상 오토바이는 고속도로를 주행할 수 없게 되어 있는데[1] 이는 우리나라 도로의 사정 및 일반적인 안전의식 등을 종합적으로 반영한 적절한 안전기준이라고 볼 수 있다. 그러나 이러한 안전기준의 합리성 여부를 떠나 이는 적어도 오토바이를 우리나라에 수출하고자 하는 국가의 입장에서는 동 품목에 대한 관세양허를 충분히 받는다고 하더라도 위 안전기준의 적용을 받는 한도에서는 한국 내 시장접근을 제한받는 것이라고 주장할 수 있다. 나아가 보조금도 보호무역을 위한 수단으로 활용될 수 있는 가능성이 적지 않다. 수출보조금은 WTO협정에서 금지보조금으로 그 교부가 금지되어 있으나 어떠한 보조금이 수출보조금에 해당되는지 여부가 반드시 분명한 것은 아니며, 각국은 산업정책적 관점에서 다양한 형태의 국내보조금을 지급하고 있기 때문에 이로 인하여 국내산업의 경쟁력이 변화될 수 있고 그 결과 관세양허로 인하여 기대되는 시장접근을 훼손시킬 수 있다. 이에 따라 양자 및 다자협상에서는 시장개방에 대한 구체적인 양허협상 이외에도 이러한 양허를 통한 시장접근이 담보될 수 있도록 규범협상에도 많은 신경을 쓰고 있다. 실제 시장개방 이후 분쟁이 발생하는 영역은 대부분 이러한 새로운 규범들이 새로이 준수되고 있는지 여부이며 시장개방 그 자체는 아닌 경우가 많다.

따라서 의미 있는 규범적 안전장치가 마련되지 않으면 무역자유화를 위한 양허협상 자체도 영향을 받게 마련이다. 현재의 WTO협정은 과거 GATT체제에 비하여 그 실체적 규범이 상당히 정교해졌고 그 규제범위도 서비스무역 및 지적재산권 관련 무역에까지 확대되었으나 그 규제수준은 아직 미흡한 상황이다.[2] 보다 근본적으로는 WTO협정체제는 각 회원국이 자국의 정책적 목적에 따라 규제수준

1 도로교통법 제63조는 다음과 같다.
제63조(통행 등의 금지)
자동차(이륜자동차는 긴급자동차에 한한다) 외의 차마의 운전자 또는 보행자는 고속도로등을 통행하거나 횡단하여서는 아니된다.

2 GATT와 WTO의 차이점 등에 대해서는 John H. Jackson, William J. Davey and Alan O. Sykes, Jr., *Legal Problems of International Economic Relations: Cases, Materials and Text* (5th ed.), Thomson West (2008), pp. 224-234.

의 정도를 상당한 정도로 자율적으로 정할 수 있도록 정책재량을 허용하고 있기 때문에 완벽한 규범적 안전장치를 마련하는 데는 한계가 있다. 예컨대 WTO협정의 가장 중요한 원칙 중의 하나인 비차별원칙을 예로 들어보자. 비차별원칙 중 하나인 내국민대우원칙에 의하면 수입국은 외국산 제품을 국내산 제품에 비하여 불리하게 대우하는 것이 금지된다. 따라서 수입국의 정부가 해당 제품의 소비를 위축시킬 목적으로 동 제품을 사치품으로 분류하여 100%의 특별소비세를 부과하기로 결정할 경우 국내산 제품과 수입 제품에 대하여 동일하게 100%의 특별소비세를 부과하기만 하면 "사실상 차별*de facto* discrimination"에 해당하지 않는 한 내국민대우원칙에 위반되지는 않는다. 그럼에도 불구하고 일부 WTO협정은 규제수준의 실체적 수준은 높게 할 수 있다고 하더라도 그 수준의 결정에 있어서 합리적인 절차와 과정을 거치도록 하는 경우가 있다. 예컨대 WTO 동식물검역협정의 경우가 대표적이다. 국제수역사무국OIE이 정하고 있는 기준 등과 같이 국제기준에 따르는 경우에는 해당규제수준이 일응 정당하다고 보고 이와 다른 기준을 적용할 때에는 그 기준결정 시 위험평가에 있어서 과학적인 증거에 기초하여 실시하도록 규정하고 있다. 이러한 간접적인 방법으로 이 분야에서 각국의 정책적 재량에 대한 통제를 하고 있다. 기본적으로 WTO협정은 각국의 규제정책에 대하여 각국이 합의한 바에 따른 제한적인 규제만을 부과하고 있기 때문이다.

근본적으로 각국의 정책재량에 대한 통제방식에 있어서 비차별원칙과 같이 소극적 통합방식negative integration approach을 취하는 한 이러한 간접적인 접근방법은 불가피한 것이다. 이와 달리 EU의 경우와 같이 EU집행위원회가 구체적인 규제수준을 결정하여 각국으로 하여금 이를 시행토록 하는 이른바 시장통합에 대한 적극적인 통합방식positive integtration approach을 취하게 되면 각국의 규제수준의 차이로 인한 국제무역의 왜곡을 상당부분 줄일 수 있다.[1] WTO 동식물검역협정은 제한적인 범위에서 각국 규정의 조화harmonization를 추구하고 있는 것으로 볼 수 있으나 현재와 같이 중앙집권적인 시스템이 존재하지 않는 국제체제 하에서 국제무역의 자유화를 촉진시키는 일반적인 접근방법으로서는 각국의 정책재량을 상당한 정도로 인정해 주는 소극적 통합방식이 보다 더 현실적이라고 할 수 있을 것이다.

1 Ernst-Ulrich Petersmann, "From "Negative" to "Positive" Integration in the WTO: Time for "Mainstreaming Human Rights" into WTO Law?," *37 CMLR* (2000), p. 1363.

3. 통상규범의 한계

신문지상을 통하여 접하는 통상이슈 중에는 국제통상규범이 적용될 수 있는 엄밀한 의미에서 통상이슈가 아닌 경우가 적지 않다. 예컨대 최근 삼성전자와 애플 간의 전 세계적인 특허분쟁소송은 통상에 영향을 미칠 가능성이 있으나 WTO통상규범의 직접적인 적용대상은 아니다. 각국이 WTO 지적재산권협정에 합치하는 집행체제를 구비하고 있는 한 각국의 사법부에 의하여 해석되는 개별적인 특허침해소송의 실체적인 문제는 WTO통상규범의 규율대상이 아니다. 그리고 국제특허소송과 아울러 국내기업들이 가장 많은 법률비용을 지불하고 있는 국제카르텔 조사나 관련 소송들도 WTO통상규범의 직접적인 규율대상이 아니다. 이들은 각국의 반독점법Antitrust Law[우리나라에서는 공정거래법; 유럽에서는 경쟁법(competition law)이라고 함]에 따라 처리되는 것이며 반독점법에 대한 국제적 실체규범이 없는 상황에서 각국 경쟁당국의 자국 반독점법에 대한 법적용에 대하여 WTO 차원에서의 규제수단은 매우 제한적이다. 그러나 과거 GATT시절에는 그 적용대상이 "상품"교역에 주로 한정되었으나 WTO체제하에서는 그 규율대상이 서비스, 지적재산권, 투자 등 새로운 영역으로 확대되었다.

A. 새로운 통상이슈

종래의 통상이슈는 후술하는 WTO협정을 포함한 국제통상협정의 적용대상이 되는 통상이슈라고 할 수 있다. 즉, 기존의 WTO/FTA협정의 해석과 적용을 통하여 문제를 해결할 수 있는 이슈를 전통적인 통상이슈라고 말할 수 있다. 이에 대비하여 새로운 통상이슈는 통상환경의 변화에 따라 새롭게 부각되는 이슈를 의미한다. 1986년 우루과이라운드 협상이 시작된 이래로 GATT체제의 외연을 확대하는 과정에서 순수한 통상문제와 환경문제 또는 인권문제 등 전통적으로 비통상문제로 인식되어 왔던 이슈들이 서로 상호작용하게 되었다. GATT의 기초자들도 환경문제가 기존의 GATT의 기본원칙과 충돌하게 될 가능성을 전혀 도외시했던 것은 아니었다.[1] 그러나 이들 이슈들이 비차별원칙과 같은 GATT체

1 Peter S. Watson, Joseph E. Flynn and Chad C. Conwell, *Completing the World Trading System: Proposals*

제의 기본원칙에 대한 단순한 예외가 아니라 국제통상체제의 핵심적인 가치나 동력으로 등장하게 된 것은 새로운 통상환경이라고 할 수 있다. 이제 더 이상 경제성장이나 무역자유화와 같은 WTO체제의 기본적인 가치의 예외로서 환경 문제가 논의되지는 않는다. 탄소저감 정책의 국제적 확산에서 보는 바와 같이 환경정책은 2008년 이래 국제경제체제를 규율하는 새로운 화두로 등장하였다.[1] 최근 목도되고 있는 급격한 FTA의 확산 현상 역시 마찬가지이다. 1947년 GATT 기초자들은 FTA가 다자무역체제와 충돌할 수 있다는 점을 인식하고는 있었다. 그러나 FTA가 지금과 같이 폭발적으로 증가하고 이에 따라 WTO체제의 근간을 위협하는 상황으로 발전할 가능성까지는 염두에 두지 못하였음이 분명하다. FTA가 WTO체제의 예외로서 적절한 통제가 필요하다는 원칙적 논의는 일단 별론으로 하고 수많은 FTA들이 WTO체제와 어떻게 조화롭게 운용될 수 있는지는 법리적으로, 그리고 현실적으로 여러 가지로 불투명한 부분이 적지 않다. 인권, 천연자원, 공서양속의 보호조치와 WTO협정과의 상관관계 역시 새로운 통상이슈의 주요 쟁점 중 하나이다.[2] 기존의 GATT협정, 그리고 WTO협정에 이러한 새로운 통상이슈를 규율하기 위한 기본적인 조항들이 포함되어 있기는 하나, 현재 제기되는 문제들을 다루기에는 여러모로 역부족이다.

이와 같이 종래에는 소극적인 의미에서 국제무역체제의 변방에 머물러 있던 이슈들이 점차 새로운 모습으로 WTO체제에 중대한 도전을 하고 있다. WTO가 이러한 새로운 발전에 대하여 체계적이고 유연하게 대처하지 않을 경우 WTO체

for a Millennium Round, Kluwer Law International (1999), pp. 49-50.

1 GATT와 WTO체제에서의 환경정책에 대해 Fiona Macmillan, *WTO and the Environment*, Sweet & Maxwell (2001); Bernard M. Hoekman and Michel M. Kostecki, *The Political Economy of the World Trading System: The WTO and Beyond* (3rd ed.), Oxford (2009), pp. 613-624; John H. Jackson, William J. Davey and Alan O. Sykes, Jr., *Legal Problems of International Economic Relations: Cases, Materials and Text* (5th ed.), Thomson West (2008), pp. 637-646.; Andreas F. Lowenfeld, *International Economic Law*, Oxford (2002), pp. 314-339.

2 GATT/WTO체제와 (노동자의) 인권 관련하여서는 Bernard M. Hoekman and Michel M. Kostecki, *The Political Economy of the World Trading System: The WTO and Beyond* (3rd ed.), Oxford (2009), pp. 624-629; John H. Jackson, William J. Davey and Alan O. Sykes, Jr., *Legal Problems of International Economic Relations: Cases, Materials and Text* (5th ed.), Thomson West (2008), pp. 1060-1079. 천연자원 관련하여서는 John H. Jackson, William J. Davey and Alan O. Sykes, Jr., *Legal Problems of International Economic Relations: Cases, Materials and Text* (5th ed.), Thomson West (2008), pp. 605-614. 공서양속의 보호조치 관련하여서는 Peter Van den Bossche, *The Law and Policy of the WTO: Text, Cases and Materials* (2nd ed.), Cambridge (2008), pp. 655-660.

제의 운용에도 심각한 균열이 생길 수 있다. 새롭게 대두되는 통상이슈에 대하여 WTO가 신뢰성 있는 리더십과 분쟁해결을 위한 합리적인 가이드라인을 제시하지 못하게 되면 결국 각국 회원국들의 WTO체제에 대한 실망감은 더욱 증폭될 것이며 비슷한 의견을 공유하는 국가 간의 FTA 체결에 더욱 매진할 수밖에 없게 될 것이다. 이러한 각 FTA 간 문제 해결 노력은 중요한 의미가 있으며 최소한 FTA 당사국 간에는 새로운 통상이슈들에 대한 적절한 통상규범을 창출할 수 있을 것이다. 그러나 FTA 당사국 이외의 국가에 대해서는 여전히 WTO협정에 따른 규율이 이루어질 수밖에 없어 WTO 중심의 다자적인 차원의 규범이 미흡할 경우 결국 회원국 간 이견과 갈등은 증폭될 수밖에 없는 형국이다.

바로 이러한 이유로 새로운 통상이슈에 대한 접근방법의 모색과 규범의 구체화 및 도입은 FTA 맥락뿐 아니라 WTO 맥락에서도 중요한 과제 중 하나이다. WTO의 위상이 적지 않은 타격을 받고 있음에도 아직 WTO의 역할이 중요한 의미를 지니는 이유가 바로 여기에 있다.

B. 비통상이슈

현재의 WTO협정체제에서는 통상과 관련되는 적지 않은 이슈가 WTO협정의 규제 밖에 존재한다. FTA도 "WTO 플러스"를 지향하고 있기는 하나 적어도 규범의 측면에서 기본 골격은 WTO협정에서 크게 벗어나지 않는다. 따라서 중요한 이슈임에도 불구하고 일국 정부가 WTO/FTA협정에 기초하여 통상문제로서 상대국 정부에 제기하지 못하는 문제가 적지 않다. 물론 정부는 양자 간 채널을 통하여 이러한 문제에 대하여 문제제기를 할 수는 있으나 WTO/FTA협정 등 어떠한 법적 기제가 부재하는 경우에 통상문제는 법의 영역이라기보다는 정치적인 협상의 영역에 맡겨지게 된다.

예컨대 WTO협정에는 경쟁정책에 대한 실체규범이 존재하지 않는다. 몇 차례 이 문제의 논의를 위한 시도를 하였으나 그 복잡성과 민감성 때문에 협상의 진행은 중단된 상태라고 할 수 있다.[1] 따라서 각국의 경쟁당국이 외국기업에 대

1 WTO 웹사이트, "Interaction between Trade and Competition Policy" available at http://wto.org/english/tratop_e/comp_e/comp_e.htm; Bernard M. Hoekman and Michel M. Kostecki, *The Political Economy of*

하여 시장지배적 남용행위를 조사하거나 외국기업 간 기업결합을 심사할 때 국내기업이 조사대상인 경우와 비교하여 차별적으로 취급하더라도 최소한 WTO 협정위반의 문제를 제기하기는 힘들다. 예컨대 미국기업인 GE가 미국기업인 Honeywell을 인수하기 위하여 EU경쟁당국에 기업결합 인가를 신고하였을 때 EU경쟁당국은 EU시장에 대하여 반경쟁적 효과를 우려하여 인가를 거부한 적이 있었다. 그러나 동일한 사안을 심사하였던 미국 연방법무부는 반경쟁적 효과의 발생가능성이 적다는 이유로 인수를 승인하였다.[1] 국가 간 이러한 상이한 결정으로 인하여 초래되는 문제를 해결하기 위하여 국제경쟁규범이 필요하다는 주장이 있다. 그리고 GE와 Honeywell 등이 가전제품의 주요 생산자인 만큼 경쟁당국의 이러한 결정은 승인이든 불승인이든 국제교역에 직접적인 영향을 미칠 수 밖에 없다. 따라서 개별국가들은 이러한 이슈들이 국제교역에 영향을 미치는 한도 내에서는 WTO협정의 적용을 받을 가능성이 있으나, 아직 국가들 간 구체적인 규범의 내용에 대하여 합의에 이르기는 시기상조라는 인식에 도달하였다. 일부에서는 단지 국제통상과 관련이 있다는 이유만으로 이 문제를 WTO가 주도하는 것이 타당한지 여부에 대하여 회의적인 입장을 견지하고 있기도 하다.[2]

또한 최근 미국은 중국정부가 미국의 달러화에 대하여 자국통화인 위안화의 가치를 인위적으로 낮게 유지함으로써 중국산 제품의 대미국 수출을 증가시키고 미국산 제품의 대중국 수출을 감소시키고 있다는 주장을 제기하고 있다.[3] 소위 중국정부가 환율을 조작하여 국제무역의 흐름을 왜곡한다는 주장인데 이러한 국제금융문제는 기본적으로 IMF 등 여타 국제기구의 관할 영역이며 원칙적으로 WTO체제가 규율하지 않는다. 그리고 WTO협정에도 이 문제를 규율하

the World Trading System: The WTO and Beyond (3rd ed.), Oxford (2009), pp. 594-604.

1 GE-Honeywell 사건의 인사이드 스토리와 문제점에 대해 Michael Elliott, "The Anatomy of the GE-Honeywell Disaster," *Times*, 8 July 2001.

2 Bernard M. Hoekman and Michel M. Kostecki, *The Political Economy of the World Trading System: The WTO and Beyond* (3rd ed.), Oxford (2009), pp. 594-604.

3 Wayne M. Morrison and Marc Labonte, "China's Currency: Economic Issues and Options for U.S. Trade Policy," CRSCongressional Research Service Report for Congress, 18 April 2006 available at http://fpc.state.gov/documents/organization/65773.pdf; Gary Clyde Hufbauer and Jared C. Woollacott, "Trade Disputes Between China and the United States: Growing Pains so Far, Worse Ahead?," Peterson Institute for International Economics Working Paper Series WP10-17 (Dec 2010); 130명의 의원이 중국의 환율조작행위에 대한 조치를 요구하는 2010년 3월 15일자 서한 available at http://www.ft.com/cms/s/0/ed6a4098-304f-11df-bc4a-00144feabdc0.html#axzz1prN89I00

기 위한 구체적인 규범은 존재하지 않는 실정이다.[1] 물론 현재 존재하는 규범을 어떻게든 활용하여 환율문제에도 적용 범위를 넓힐 수 있도록 창의적인 WTO협정 해석이 가능하기는 하나, 적지 않은 반발과 갈등이 수반될 것이다. 투자문제에 대한 WTO 차원의 규율 역시 몇 차례의 시도에도 불구하고 의미 있는 진전이 이루어지지 않은 영역이다. 국가 간 입장차이가 현격하여 결국 양자 간 해결에 맡겨 두는 것이 보다 적절하다고 판단하였기 때문이다.[2]

요컨대 WTO체제는 국제통상문제를 규율하는 가장 중요한 국제 레짐regime인 것은 분명하지만 국제통상과 직간접적으로 영향을 주고받는 다양한 이슈들이 아직 WTO협정의 적용 외에 존재하는 규범의 적용을 받고 있거나 아직 국제적 규범이 미완성인 상태로 남아 있다. 아직 국제적 규범이 미완성인 영역에 대해서는 그러한 규범의 창출을 기다리는 수밖에 없을 것이나, 이미 국제적 규범이 어느 정도 완비된 영역의 경우 WTO체제가 이를 어떻게 수용하여 활용할 것인지 여부는 WTO 차원의 결정이 필요하다. 이러한 비통상이슈에 대한 접근 방법 모색에 있어서는 이러한 문제를 다루는 다양한 형태의 국제 레짐과 지속적인 상호작용interaction을 통하여 WTO 차원의 규율 필요성과 그 구체적 방법론에 대하여 논의하여야 할 것이다. 이러한 비통상이슈에 대해서도 FTA 등 양자적 채널을 통하여 해결하는 방안을 모색할 수 있기는 하나, 앞에서도 이미 언급한 바와 같이 궁극적으로는 다자적 차원의 규범 도입이 필요하고, 그렇다면 WTO의 역할을 기대할 수밖에 없는 실정이다.

1 Bernard M. Hoekman and Michel M. Kostecki, *The Political Economy of the World Trading System: The WTO and Beyond* (3rd ed.), Oxford (2009), pp. 205-207.
2 Peter S. Watson, Joseph E. Flynn and Chad C. Conwell, *Completing the World Trading System: Proposals for a Millennium Round*, Kluwer Law International (1999), pp. 237-258.

통상정책의 결정과정과 통상협정의 국내적 지위

1. 통상정책의 결정과정

A. 대의민주주의와 통상협정

한미 FTA의 추진과정에서 정부의 통상정책 결정과정에 대한 강한 비판이 이어졌다. 정부의 통상정책 추진과정에서 국민의 대의기관인 국회가 적절한 통제를 할 수 있는 기회가 봉쇄됨으로써 통상협정에는 민주주의원리가 제대로 적용되지 않고 있다는 것이 그 이유였다. 우리나라 헌법 제6조 제1항에 의하면 국제협정은 국내법률과 동일한 법적 효력이 있으므로 경우에 따라서는 신법 우선의 원칙에 따라 국회에서 제정한 법률도 국제협정에 의하여 무효화되거나 수정될 가능성이 있다는 것이다. 국회는 국회법에 따라 제안된 법률안에 대하여 충분한 토의와 검토를 하고 그 과정에서 불필요한 조문은 삭제되고 일부는 수정되는 등 민주주의의 원리가 충분히 적용된다. 이에 반하여 국제협정은 정부가 밀행주의에 따라 협정을 체결한 후 국회에 제출되며 이에 국회는 문제되는 협정조문이 있다고 하더라도 이를 삭제하거나 수정할 수 없고 협정문 전체에 대한 찬반 여부만을 결정하게 되기 때문에 대의민주주의 관점에서 문제가 있다는 것이다. 통상협정의 내용이 점차로 국민의 권리와 이익에 직결되는 경우가 많아지면서 정부가 전권을 갖고 진행하는 통상협상의 진행방식에 문제가 있다는 비판이 제기되는 것이다. 이러한 비판은 우리나라에서만 제기되는 것은 아니며 미국 등에서도 행정부가 통상조약 등 조약을 협상하는 데 있어서 전권을 갖고 진행한 결과 그 과정에 대한 국민의 통제가 결여되어 오늘날 국제사회에서 조약체결절차가 민주주의의 원리가 적용되지 않는 대표적인 사각지대라는 비판이 논쟁의 대상이 되어 왔다. 이른바 "민주주의의 결핍democratic deficit"이론에 바탕을 둔 이러한 주장은 점증하는 국제조약 내지 협정에 의하여 대의민주주의가 형해화되는 것을 경계하는 주장으로서 조약체결을 주도하는 행정부로서는 깊이 있는 성찰이 필요한 주장이라고 할 수 있다.[1] 최근 각국 정부는 국제기구 및 무수한 국제회의 등을 통하여 거의 상시적으로 국제협정의 제정 및 그 유사협정의 체결을 위하여 협상을 진행하고 있다. 그 내용이 단순히 국가기관 간의 법적 의무를 지우는 데서 나아가 국민의 생활에 직접적으로 영향을 미치는 경우가 많은 상황에서 행정부는 조약협상을 책임지고, 국회는 이에 대하여 비준동의를 하며, 대통령은 비준을 하는 이러한 형식적인 절차에 대한 합법성만을 가지고 민주적 정당성legitimacy이 있다고 평가할 수 있는지는 간단한 문제가 아니다. 이러한 문제의식에서 우리나라의 헌법해석과 관련해서도 다양한 논의가 있다.

(1) 헌법해석론

우리나라 헌법 제73조는 대통령에게 조약의 체결·비준권한을 인정하고 있고, 헌법 제60조 제1항은 "국회는 상호원조 또는 안전보장에 관한 조약, 중요한 국제조직에 관한 조약, 우호통상항해조약, 주권의 제약에 관한 조약, 강화조약, 국가나 국민에게 중대한 재정적 부담을 지우는 조약 또는 입법사항에 관한 조약의 체결·비준에 대한 동의권을 가진다"고 규정하고 있다. 여기서 "조약의 체결·비준에 대한 동의권"의 해석이 문제된다. 조약의 "체결·비준"에서 체결을 비준과 독립적인 행위로 해석하게 되면 대통령의 조약에 대한 비준 이전의 단계 즉, 협상개시 및 협상과정의 전全 과정에 대하여 국회의 동의를 받아야 하는 것으로 해석할 수 있게 된다. 반면에 헌법 제60조 제1항에 규정된 "체결·비준"은 체결과 비준을 각각 분리하여 이해해서는 안 되고 정식조약 또는 약식조약을 불문하고 헌법 제60조 제1항에 열거된 조약에 해당하는 모든 조약에 대하여 "조약에 대한 비엔나협약"상의 기속적 동의표시consent to be

1 이에 대한 상세한 논의는 다음을 참조. Youngjin Jung, "Revitalizing the Legitimacy of the World Trading System," Yale Law School (JSD, 2003).

bound by a treaty를 의미하는 것으로 해석할 경우 조약의 비준 이전의 단계에 대하여 국회가 동의권을 행사할 수는 없다. 2006년 정부의 한미 FTA 추진과 관련하여 일부 국회의원은 "통상협정의 체결절차에 관한 법률안"을 발의하고 한미 FTA의 추진은 전권대표의 임명 및 협상 개시 이전에 조약체결 추진에 관하여 국회의 동의를 받지 않았기 때문에 헌법상 보장된 국회의원의 심의표결권을 침해한 것이라고 보고 국회의원과 대통령 등 간의 권한쟁의 심판을 헌법재판소에 제기하기도 하였다.

이 문제에 대하여 국내의 대다수의 국제법 및 헌법 학자들은 헌법 제60조 제1항상의 조약의 "체결·비준"이라는 문구에서 체결은 비준과 통합적으로 이해하여야 하기 때문에 대통령이 기속적 동의표시를 하기 이전 단계인 협상개시 및 협상의 전全 과정에 대하여 국회의 동의를 받을 필요가 없다고 보고 있다.[1] 헌법 제60조 제1항의 문언적 해석에 의하면 "체결"과 "비준"이 방점에 의하여 대등하게 나열되고 있기 때문에 "체결"을 독자적으로 이해하여 조약체결의 전 과정에 대하여 국회의 동의권이 있는 것으로 주장할 수 있는 여지가 전혀 없는 것은 아니다. 그러나 헌법은 문언적 해석, 체계적 및 역사적인 해석 방법을 통하여 총합적으로 그 의미를 해석하여야 하는바, 이에 의하면 헌법 제60조 제1항상의 조약의 "체결"은 비준 이외의 다양한 형태의 기속적 동의표시를 의미하는 것으로 파악하여 국회가 조약체결의 단계의 절차에 대하여 동의권한을 행사할 수는 없다고 보아야 한다.

(2) 미국에서의 조약체결권한 논의

이러한 행정부와 의회 사이의 조약체결의 권한배분에 대한 공방은 우리나라에만 특유한 현상은 아니다. 미국에서는 대통령과 의회의 조약체결권한에 대한 긴 논쟁의 역사가 있다. 우리나라 등 대부분의 국가와는 달리 미국은 역사적인 이유로 인하여 미 연방헌법 제1조 제8항 제3호소위 "통상조항(Commerce Clause)"에 의하여 대통령이 아니라 의회가 "외국과의 통상Commerce with foreign Nations"을 규율할

1 김선택, "헌법상의 외교권한 배분과 구체화 입법의 헌법적 한계 — 조약체결에 있어서 의회 관여권을 중심으로 —," 「헌법학연구」 제13권 제3호(2007. 9); 정인섭, "조약의 체결·비준에 대한 국회동의권," 「서울국제법연구」 제15권 제1호(2008).

수 있는 권한을 갖는 것으로 규정하고 있다. 이 외에도 미 연방헌법은 의회가 통상과 관련하여 광범위한 권한을 행사를 할 수 있는 근거조항들을 두고 있다. 대통령도 연방헌법 제2조 제2항 제2호에 따라 위 의회의 일반적인 입법절차와는 달리 상원의 2/3의 동의를 얻어 "조약Treaties"을 발효시킬 수 있는 권한을 갖고 있다.[1] 그러나 공화당과 민주당이 팽팽하게 대립하는 양당체제가 확립되어 있는 상황에서 상원의 2/3라는 절대 다수의 동의를 받아 조약을 체결하기는 쉬운 일이 아니다. 이에 따라 대통령은 외국과 협정을 체결할 때 위 상원의 동의를 얻지 않는 행정협정executive agreement이라는 형식으로 국제협정을 다수 체결하게 되었다. 그러나 연방헌법에 명시적으로 의회의 권한으로 유보되어 있는 사항들은 의회의 승인을 받지 않고서는 대통령이 단독으로 행정협정을 체결할 수 없다. 이에 따라 대통령이 의회의 승인없이 단독으로 체결할 수 있는 행정협정과 구별된다는 의미에서 소위 "의회-행정협정congressional-executive agreement"이라는 형식이 안출되게 되었다. 상하양원의 과반수의 동의만 얻으면 되는 의회-행정협정은 미국 건국 이래로 간헐적으로 활용되어 왔으나 1940년대 이후에는 헌법 제2조에 따른 조약체결절차를 대신하여 주된 협정체결의 수단이 되었다.[2] 예컨대 1939년부터 1982년 사이에 미국은 미 연방헌법 제2조에 따른 조약은 608건을 체결한 반면에 의회-행정협정은 9,548건이나 체결한 것[3]을 보면 이러한 헌법관행을 쉽게 이해할 수 있다.

통상문제는 연방헌법상의 위 "통상조항"에 의하여 의회의 권한으로 명시적으로 유보된 대표적인 문제이기 때문에 NAFTA협정 및 WTO협정을 비롯하여 "의회-행정협정"이라는 형식이 빈번하게 활용되어 왔다.

"신속처리절차fast-track procedure"제도는 의회-행정협정방식으로 통상협정체결을 체결하는 데 있어서 헌법상의 권력분립의 원칙을 지키면서 의회와 대통령이 상호 협력하는 패러다임이다. 즉, 의회는 신속처리절차의 대상이 되는 통상협정

1 [The President] shall have Power, by and with Advice and Consent of the Senate, to make Treaties, provided two thirds of the Senators present concur ….

2 Jack S. Weiss, Comment, "The Approval of Arms Control Agreements as Congressional-Executive Agreements," *38 UCLA L.Rev.* (1991), pp. 1533, 1544-1555 참조.

3 Congressional Research Service, Library of Congress, "Treaties and other International Agreements: The Role of the United States Senate," A Study prepared for the Committee on Foreign Relations United States Senate 106th Congress 2d Session (Jan 2001).

에 대해서는 제한된 시한 내에 수정 없이 찬반 여부에 대하여 통과 여부를 결정하게 된다.[1] 따라서 대통령은 대외협상을 하는 데 있어서 통상협정에 서명을 하더라도 의회가 일부 협정문의 수정을 요구하거나 비준동의가 정치적 공방 때문에 무제한적으로 지연되지는 않을 것이라는 신뢰를 줄 수 있어 대외협상을 주도적으로 이끌어 갈 수 있게 된다. 반면에 의회는 대통령에게 신속처리절차권한을 일정한 시한을 주고 부여하므로 대통령으로서는 의회로부터 동 권한을 계속 연장받기 위해서는 의회와 통상협상의 모든 과정에서 협상의 내용에 대하여 상세하게 협의함으로써 의회가 자신의 통상에 관한 권한이 침해받지 않는다고 느낄 수 있도록 노력을 할 강한 유인이 생기게 된다.

역사상 미 의회는 초기 145여 년 동안 개별품목에 대한 관세를 직접적으로 결정하여 왔는바, 1929년 대공황Great Depression 이후 의회를 장악하고 있던 공화당은 1930년 전대미문 수준으로 관세율을 인상시키는 Smoot-Hawley 관세법을 통과시켰다.[2] 이 법은 미국의 무역상대국의 강한 반발을 초래하여 이들 국가들도 관세율을 인상시키게 함으로써 전 세계적인 경제공황을 확대시켰다. 이어 의회를 장악한 민주당은 이러한 아픈 경험에 대한 반성으로 1934년 통상에 관한 의회의 권한을 상당부분 대통령에게 위임하는 상호통상협정법Reciprocal Trade Agreements Act을 제정하였다. 즉, 동법에 따라 대통령은 "사전적으로" 통상협정의 협상과 이행권한을 부여받고 관세를 50%까지 인상하거나 인하할 수 있게 되었다. 이러한 권한의 위임은 일종의 일몰조항Sunset Clause에 의하여 일정한 기한 — 보통 3년 — 이 지나면 소멸하게 되어 있었다. 대통령에 대한 위 권한의 부여는 1962년까지 거듭 연장되었다. 이후 의회는 1962년 통상확대법Trade Expansion Act에 의하여 협상권한을 5년 연장하였고 대통령에게 부여한 일부 권한에 대하여 상당한 수정을 가하였다. 우선 무역대표부Office of the Special Representative for Trade Negotiations(STR) — 후에 USTR로 개칭를 신설하여 통상협상을 국무부State Department보다 독립적인 기관으로 이양하였고, 상원재무위원회Senate Finance Committee 소속 의원 2명과 하원세입세출위원회House Ways and Means Committee 소속 의원 2명을 통상협상단의 일원으로 인정하였으며, 통상협정이 체결되면 협정문과 체결의 이유를 즉시 의회에 송부하도록 하였

1 I. M. Destler, *American Trade Politics* (4th ed.), Institute for International Economics (2005), pp. 346-347.
2 Willis Hawley of Oregon and Senator Reed Smoot of Utah (both Republicans).

다. 위 통상확대법에 따라 진행된 GATT의 케네디라운드는 동법에 따라 대통령에게 위임된 협상권한이 종료되는 1967년에 끝났다. 그런데 케네디라운드에는 관세인하 이외에도 GATT Antidumping Code와 같은 비관세협정 등도 체결되었는데 의회는 이러한 협정 등은 위 법에 따라 위임된 권한의 범위를 넘는 것이라는 이유로 강한 불만을 제기하였다. 이러한 불쾌한 경험에 따라 의회는 대통령이 도쿄라운드 GATT 협상과 관련한 통상협상의 권한부여를 요청하자 1974년 통상법Trade Act of 1974을 제정하여 동 권한을 대통령에게 위임하면서 관세와 달리 비관세협정에 대해서는 대통령에게 사전인가를 부여하지 않고 의회가 사후적으로 최종인가권을 갖도록 하였다. 이에 따라 모든 비관세협정의 이행을 위해서는 의회의 입법이 필요하게 되었다.

의회는 비관세협정에 대한 의회의 사후최종인가권이 행정부의 통상협상을 힘들게 할 것을 고려하여 새로운 절차를 고안하였는데, 그것이 신속처리절차이다. 동 절차는 의회승인이 합리적인 기간 내 이루어져야 한다는 필요성과 의회의 통제권의 확보라는 두 가지의 이익을 형량하여 마련되었다. 이리하여 대통령이 통상협상기간 중에 의회와 충분히 상의하였다고 판단할 경우 엄격한 시한 내에 찬반투표수정투표불가만을 하도록 하는 절차가 탄생하게 된 것이다. 이 신속처리절차는 1979, 1984, 1988, 1993년에 갱신되었고, 1994년 4월 15일 종료되었다. 이후 의회는 Clinton 행정부가 여러 차례 통상협상권한을 요청하였는 데도 이에 응하지 않다가 2001년 9·11 사태와 이러한 분위기 속에 발족된 WTO 도하개발어젠다Doha Development Agenda: DDA 등 급변하는 정세를 배경으로 Bush 대통령의 강력한 요청에 의하여 2002년 무역촉진권한법Bipartisam Trade Promotion Authority Act을 통하여 5년간 통상협상권한을 부여하였다. 동법은 신속처리절차권을 무역촉진권한Trade Promotion Authority: TPA으로 개칭하였다.[1] 동법은 협상의 목적을 상세하게 나열하고 있으며, 대통령은 협상개시 전 90일 이전에 협상개시일, 협상목표, 협정체결 의도 등을 명시하여 의회에 협상개시 의사를 통보하여야 한다. 하원세입세출위원회 및 상원재무위원회 등과 협의할 의무를 규정하고 있으며, USTR은 의원들을 "의회자문관Congressional Advisors"으로 지정하도록 하여 이들로부터 통상정

1 Hal Shapiro and Lael Brainard, "Trade Promotion Authority Formerly Known As Fast Track: Building Common Ground on Trade Demands More Than A Name Change," *35 Geo. Wash. Int'l Rev.* (2003), p. 1.

책의 발전이나 그 이행의 우선순위에 대하여 자문을 받도록 하고 있으며, 통상협정을 체결하기 전 적어도 90일 전에 체결의사를 상/하원에 통보하고 이를 연방관보에 게재하여야 한다. 또한 대통령은 협상의 결과 무역구제관련 법령의 개정이 필요한 경우 최소한 협정체결 180일 이전에 상원재무위원회와 하원세입세출위원회에 관련 내용을 보고해야 한다. 협정체결 후 60일 이내에 국내법 개정 필요사항을 적시하여 의회에 제출하여야 한다.[1]

의회는 의회-행정협정에 대해서는 다수결에 의하여 통상협정에 대한 이행법률을 통과시키게 되는데 이행법률에는 협정의 승인 및 발효에 대한 별도의 조문을 두어 이를 통하여 협정문 전체를 승인하고 대통령에게는 일정한 조건하에서 특정한 시기 내에 협정을 발효시킬 수 있는 권한을 부여한다.[2] 대통령은 바로 이 권한에 기초하여 협정을 발효시키게 되는 것이다. 대통령이 위 법률에 따른 의무사항에 위반되는 경우에는 무역촉진권한을 철회할 수 있기 때문에 대통령은 통상협상의 전 과정에서 의회와 긴밀히 협의하고 이해를 구하여야 한다.

한미 FTA도 위 무역촉진권한법에 따라 진행되었으며 이에 의하면 부여된 통상협상의 권한이 2007년 7월 1일 종료되기 때문에 동 시한 내에 한미 FTA가 타결되어 서명되지 않았을 경우 한미 FTA의 체결은 상당기간 공전되었거나 무산될 가능성이 높았다. 이러한 점을 감안하여 한미 FTA는 협상이 타결된 후 신속하게 2007년 6월 30일 양국 간 서명되었다. 2011년 2월 10일 서명된 재협상 결과 때문에 한미 FTA협정이 신속처리절차의 대상이 될 수 있느냐도 법적으로

1 통상분야에 관한 미국 정치역사의 더 자세한 내용은 I. M. Destler, *American Trade Politics* (4th ed.), Institute for International Economics (2005) 참조.

2 한미 FTA의 이행법률 제101조는 다음과 같다:
SEC. 101. Approval and Entry into Force of the Agreement.
(a) Approval of Agrement and Statement of Administration Ation —…, Congress approves —
(1) the United States-Korea Free Trade Agreement entered into on June 30, 2007, with the Government of Korea, and submitted to Congress on October 3, 2011; and (2) the statement of administration action proposed to implement the Agreement that was submitted to Congress on October 3, 2011.
(b) Conditions for Entry into Force of the Agreement. —
At such time as the President determines that Korea has taken measures necessary to comply with those provisions of the Agreement that are to take effect on the date on which the Agreement enters into force, the President is authorized to exchange notes with the Government of Korea providing for the entry into force, on or after January 1, 2012, of the Agreement with respect to the United States.

는 흥미로운 이슈였다.[1] 아무튼 한미 FTA는 신속처리절차에 따라 의회-행정협정의 형식으로 상하양원의 각 다수결에 의하여 통과되었다.

(3) 민주적 정당성의 가치

이와 같이 미국에서는 연방헌법 제2조상 상원 2/3의 동의를 거치도록 되어 있는 절차를 거치지 않고, 의회와 대통령이 헌법상의 권력분립의 원칙을 존중하면서도 의회와 대통령이 상호 적절하게 협력하는 의회-행정부협정이라는 헌법관행을 발전시켰다는 점은 우리나라에도 시사하는 바가 크다고 하겠다. 우리나라에서도 전술한 헌법해석과는 별도로 정부가 국민의 대의기관인 국회에 대하여 조약협상과 관련하여 필요한 정보를 제공하고 협력을 구함으로써 대통령이 비준 등 기속적 동의를 표시하기 전에 조약의 내용에 대하여 충분히 숙지하도록 하는 것은 조약의 민주적 정당성을 확보하는 데 있어서 바람직하다고 볼 수 있다.

우리나라에서는 통상협정체결과 관련하여 종래 행정부가 실질적으로 국회의 통제를 거의 받지 않았으나 한미 FTA 협상과정에서 국회가 국민의 권리와 의무에 직접적으로 영향을 미치는 통상협정에 민주적 통제를 가하여야 한다는 주장을 감안하여 2011년 11월 22일 "통상조약의 체결절차 및 이행에 관한 법률통상절차법"안이 합의되었고, 2012년 1월 17일 제정되어 같은 날 시행되었다. 한미 FTA의 후속법안의 하나로 "통상절차법"이 제정된 것은 의미 있는 진전이라고 할 수 있다. 헌법 제60조 제1항의 "조약의 체결·비준에 대한 동의권"에 대한 헌법해석론에 대한 논쟁에서 나아가 국회와 행정부가 적절한 견제와 균형을 통하여 국민의 이익을 가장 잘 반영할 수 있는 헌법관행을 발전시켜 나갈 필요가 있다고 하겠다.

B. 통상정책 추진체계

우리나라는 대통령령인 "대외경제장관회의규정"에 의하여 주요 대외경제정책을 종합적인 관점에서 일관성 있게 수립·추진함에 있어 정부부처 간의 협의

1 Emily C. Barbour, "Trade Promotion Authority and U.S.-South Korea Free Trade Agreement," Congressional Research Service (Mar 2, 2011).

가 필요한 현안사항을 효율적으로 심의·조정하기 위하여 기획재정부에 “대외경제장관회의”를 설치하고 있다. 동 규정 제2조 제2항에 의하면 동 회의는 “양자, 다자, 지역간 또는 국제경제기구와의 대외경제협력, 대외개방 및 통상교섭과 관련된 주요 경제정책에 관한 사항”에 대하여 심의·조정하는 권한을 갖고 있다. 따라서 실질적으로 통상정책결정의 최고의사결정기구는 대외경제장관회의라고 할 수 있다. 동 회의는 부총리 겸 기획재정부장관이 의장이 되고 농림수산식품부장관, 지식경제부장관, 국무총리실장, 통상교섭본부장, 대통령실 경제수석비서관과 회의에 상정되는 안건을 제한한 부처의 장 및 그 안건과 관련되는 부처의 장이 참여한다. 대외경제장관회의 아래에 실무조정회의를 두고 있는데 실무조정회의의 의장은 통상교섭본부장이 되고, 위원은 기획재정부차관, 농림수산식품부차관, 지식경제부차관, 대통령실 재정경제담당비서관과 심의안건과 관련되는 부처의 차관급 공무원이 된다. 통상교섭본부장은 대외경제장관회의의 위원이고 그 산하의 실무조정회의의 의장이기 때문에 통상정책 및 집행에 있어서 통상교섭본부가 주도적인 역할을 하게 되어 있다.

정부조직법 제25조에 따라 외교통상부장관은 “외국과의 통상교섭 및 통상교섭에 관한 총괄/조정”을 하도록 규정하고 있다. 이를 위하여 외교통상부에 통상교섭사무를 담당하는 본부장 1명을 두도록 하고 있다. 통상교섭본부는 1998년 2월 김대중 정부의 대규모 정부조직개편의 과정에서 당시 외무부가 당시 통상산업부당시 산업자원부로 개편의 통상기능을 이관받고, 당시 재정경제원당시 재정경제부로 개편의 일부 통상기능을 넘겨받음으로써 출범하게 되었다. 2012년 5월 현재 통상교섭본부는 통상교섭본부장과 이를 보좌하는 통상교섭조정관, FTA교섭대표 및 DDA 협상대표를 두고 있으며, 그 밑에 다자통상국, 지역통상국, 국제경제국, FTA정책국 및 FTA교섭국 등 5개국을 두고 있다. 미국과는 달리 제도적인 측면에서 통상정책의 결정에 국회의 관여가 거의 없으나 통상절차법의 제정으로 이러한 관행에 일부 변화가 있을지 주목된다.

통상교섭본부장은 대외적으로는 통상장관Minister for Trade으로서 우리나라를 대표하고 대내적으로도 장관급으로 대우를 받으나 정부직제상 독립된 정부부처의 장이 아니고 외교통상부에 소속되어 외교통상부장관 아래에 있으므로 한계가 있다는 평가가 있다. 조직적 한계에도 불구하고 통상교섭본부는 출범한 이래로 우리나라 통상정책의 추진과 관련하여 괄목할 만한 성과를 거두었다는 평가가 적지 않다. 우리나라 이외에도 외교부가 통상기능을 함께 수행하는 예가 없는 것은 아니다. 대표적인 예로서는 캐나다 및 호주를 들 수 있다.[1] 이와는 달리 미국과 같이 대통령 직속으로 통상정책에 대한 독립적인 전담조직을 두어 통상정책 결정 전반에 대하여 주도적인 역할을 하도록 하는 경우도 있다. 우리나라의 통상교섭본부는 미국 USTR과 유사하게 개별산업을 관장하는 부처가 아니라 별도의 조직으로서 통상정책을 관장하고 있으나, 통상교섭본부 자체로는 독립적인 장관급부처가 아니고 정부조직법상의 용어도 통상"교섭"본부이기 때문에 통상정책에 대한 총괄조정기능을 수행하는 데 한계가 있고 정부조직 내에서도 대외경제장관회의가 통상정책결정의 최고의사결정기구이기 때문에 USTR과 같은 권한과 위상을 갖고 있지 못한 것이 현실이다.

2. 통상협정의 국내적 지위[2]

대법원은 2005년 9월 7일 통상협정의 국내법적 지위에 대하여 중대한 판결을 선고하였다.[3] 대법원은 전라북도 의회가 제정한 학교급식조례가 WTO협정에 위반된다는 이유로 동 조례가 무효라고 판결하였다. 전북의회는 2003년 10월 30일 전북급식조례안을 의결하여 동 교육청으로 이송하고, 동 교육청은 지방자치법 제98조 제1항현행 제172조 제1항에 따라 같은 해 11월 14일 전북급식조례안이 이 법령에 위반되다는 이유로 전북의회에 재의를 요구하였으나, 동 의회는 지방자치법 제98조 제2항현행 제172조 제2항에 따라 같은 해 1월 16일 조례안을 원안대로 재의결하여 최종 확정하였다. 동 조례안은 전라북도에서 생산되는 농수축산물 등을 "우수농산물"이라 정의하고 도지사와 교육감은 학교급식에 우수농산물을 사용하는 지원대상자에게 식재료의 일부를 현물로 지급하거나 식재료

1 일례로 캐나다의 관련 부처 명칭은 Foreign Affairs and International Trade Canada이며 호주의 관련 부처 명칭은 Australian Department of Foreign Affairs and Trade이다.

2 이에 대한 각국의 논의에 대해서는 다음을 참조. John H. Jackson and Alan O. Sykes (eds.), *Implementing the Uruguay Round*, Clarendon Press (1997).

3 대법원 2005. 9. 7. 선고 2004추10 판결.

구입비의 일부를 지원하도록 하는 것을 그 골자로 하고 있다. 한편, 지방자치법 제98조 제3항현행 제172조 제3항에 의하면 지방자치단체의 장은 지방의회에서 재의결된 사항이 법령에 위반된다고 인정되는 때에는 대법원에 소를 제기할 수 있다고 규정하고 있다. 이에 따라 전북교육감은 위 재의결된 조례가 우리 국내 법령과 동일한 효력을 가지는 WTO협정 위반이므로 무효라는 취지의 소를 대법원에 제기한 것이다.

대법원은 WTO협정이 국회의 동의를 얻어 공포·시행된 조약으로서 헌법 제6조 제1항에 의하여 국내법과 동일한 효력을 가지므로 지방자치단체가 제정한 조례가 그 협정에 위반되는 경우에는 효력이 없다고 판시하였다. 대법원은 "GATT는 1994. 12. 16. 국회의 동의를 얻어 같은 달 대통령의 비준을 거쳐 같은 달 공포되고 1995. 1. 1. 시행된 조약인 WTO협정의 부속협정이고, 정부조달에 관한 협정Agreement on Government Procurement, 이하 "AGP"라 한다은 1994. 12. 16. 국회의 동의를 얻어 1997. 1. 3. 공포, 시행된 조약으로서 각 헌법 제6조 제1항에 의하여 국내법령과 동일한 효력을 가지므로 지방자치단체가 제정한 조례가 GATT나 AGP에 위반되는 경우에는 그 효력이 없다고 할 것이다"라고 판시하였다. 우리나라 헌법 제6조 제1항은 "헌법에 의하여 체결, 공포된 조약"은 "국내법과 같은 효력"을 가진다고 규정하고 있는데 "국내법과 같은 효력"이라는 것이 어떠한 의미를 갖는지는 헌법해석의 문제이다. 일반적으로는 법률과 같은 효력을 가진 것으로 해석되고 있다.[1] 이에 따라 대법원은 우리나라의 국내법과 같은 효력을 가지는 WTO협정을 직접 해석하여 위 조례가 이에 반하므로 지방자치법에 따라 무효라고 판단한 것이다. WTO 설립협정 제16조 제4항은 "회원국들은 자국의 법, 규정 그리고 행정절차를 부속협정에 규정된 자국의 의무에 합치되도록 하여야 한다"고 구체적으로 규정하고 있어 회원국들은 국내법령을 WTO협정에 합치하도록 하여야 할 의무가 있으므로 본건과 같은 기관소송에서 전북교육감이 지방자치법상의 권한에 기초하여 WTO협정을 직접 원용하는 것을 인정하는 것은 수긍할 수 있는 측면이 적지 않다.[2]

1 다수설인 조약/법률 동위설은 조약체결에 대한 국회의 동의가 법률제정의 의결방식과 같은 점, 오늘날 민주주의 국가에서 조약의 효력을 법률의 하위에 두는 예가 거의 없는 점 등을 그 근거로 하고 있다.

2 장승화, "WTO협정에 위반된 지방의회 조례의 효력," 「민사판례연구」(2006).

물론 국내법원이 위 조례를 WTO협정에 위반된다고 해석하여 무효화한다고 하더라도 위 법원재판절차 진행 중에 외국정부가 위 조례를 WTO분쟁해결절차에 회부하여 분쟁해결기구가 WTO협정에 위반하지 않는다고 결정할 수 있는 가능성도 있다. 이 경우 서로 상충하는 양 결정 간 혼란이 발생할 소지도 있다. 그러나 본건과 같이 국내법에 원고적격이 명문으로 인정되고 있는 기관소송과 같은 경우 국내법원이 이를 회피할 수 있는 여지가 없으므로 비록 WTO협정의 해석에 있어서 다소 미흡한 측면은 있으나 향후 우리 법원이 이 분야의 전문성을 보완하는 방식으로 WTO협정에 대한 해석에 나설 경우 긍정적인 측면이 없지 않다.

만일 학교급식에 사용되는 농산물을 수출하는 WTO회원국의 외국기업이 위 조례에 대하여 우리나라의 법원에 행정소송법상 취소소송이나 무효등 확인소송을 제기하는 경우에는 어떻게 할 것인가? 위 대법원판결에 따라 위 외국기업의 원고적격을 인정하여 역시 위 조례가 WTO협정 위반이라는 이유로 취소판결 또는 무효확인판결을 하여야 할 것인가? 이와 같은 문제는 FTA협정 등 다른 통상협정과 관련해서도 동일하게 발생한다.

우리나라에서는 헌법 제 6 조 제 1 항에 따라 조약은 국내법체제에 편입되어 국내법적 지위를 갖는다는 점에 이견이 없으며,[1] 헌법재판소도 조약과 법률이 같은 위치에 있다고 보고 있다.[2] 그러나 조약이 국내법적 지위를 갖는다고 하여 사인私人이 당연히 해당조약을 국내법원에서 직접 원용할 수 있다는 것을 의미하는 것은 아니다. 전자는 헌법해석의 문제인 반면에 후자는 소위 "직접효력direct effect"의 문제로서 해당조약의 해석의 문제이다. 조약은 그 조약의 성질과 내용, 체결 당사국의 의도와 구체적으로 문제되는 조약의 해당규정 등을 종합적으로 고려하여 사인에게 재판상 주장할 수 있는 권리가 부여되어 있는지 여부를 개별적으로 판단하여야 한다. 우리나라 헌법은 "국내법과 같은 효력"이라고 규정하고 있어 문언상 "직접효력"을 인정하고 있는 것 아니냐는 의문이 있을 수 있다. 그러나 우리나라 법률 중에서도 해석상 사인에게 구체적인 권리를 창설하

1 성낙인, 「헌법학」(제11판), 법문사(2011), p. 302; 허영, 「한국헌법론」, 박영사(2011), p. 180; 정종섭, 「헌법학원론」, 박영사(2012), p. 259.

2 헌재결 1995. 12. 28. 95헌바3; 헌재결 1999. 4. 29. 97헌가14; 헌재결 2001. 9. 27. 2000헌바20.

거나 의무를 부여한 것으로 볼 수 없는 경우가 허다하고 그 경우에는 제소적격을 인정하지 않고 있다. 따라서 조약의 해석상 사인에게 구체적인 권리를 창설하거나 의무를 부여하지 않는 것으로 인정되는 경우에는 직접효력을 부인하는 것이 우리 법의 정신에도 부합한다.[1]

미국에서도 헌법 제 6 조 제 2 항이 "조약은 헌법 및 법률과 함께 미국의 최고법supreme law of the land"이라고 선언하고 있음에도 불구하고 연방대법원은 일찍이 미 연방헌법 제 2 조에 따라 체결하는 조약상원의 2/3의 동의를 요하는 조약을 직접효력이 있는 조약과 그렇지 않는 조약으로 구분하는 판례법을 발전시켜왔다. 전자는 자기집행적 조약self-executing treaties이라고 부르고 후자는 비자기집행적 조약non-self executing treaties이라고 한다.[2] 비자기집행적 조약은 의회의 별도의 입법이 있어야 직접효력이 있으며 대표적인 것으로 인권관련 조약을 들 수 있다. 미 연방헌법 제 2 조에 따라 체결되지 않는 의회-행정협정은 의회의 일반적인 법률제정절차와 마찬가지로 상/하원의 다수결의 동의를 얻어 비준에 대한 동의가 이루어지고 형식적으로 이행법률이 제정되므로 자기집행적 조약과 비자기집행적 조약을 구분할 실익이 없다. 통상협정은 의회-행정협정의 형식으로 통과되며, 의회는 동 협정의 통과 시 이행법률을 제정하는데 동 법률에 동 협정의 법적 지위 및 직접효력에 대하여 명문의 규정을 두는 경우가 많다. 예컨대 미 의회가 1993년 NAFTA 협정, 1994년 WTO협정, 그리고 2011년 한미 FTA협정을 각각 의회-행정협정의 형식으로 통과시킴에 있어 각각 이행법률을 제정하여 통과시켰는데 표현의 차이가 다소 있으나 동 협정들에 대한 이행법률 제102조에는 공히 다음과 같은 명문의 규정이 있다.[3] 첫째, 협정이 연방법률과 충돌할 때에는 연방법률이 우선

1 장승화, "WTO협정에 위반된 지방의회 조례의 효력," 「민사판례연구」(2006).

2 John H. Jackson, William J. Davey and Alan O. Sykes, Jr., *Legal Problems of International Economic Relations: Cases, Materials and Text* (5th ed.), Thomson West (2008), pp. 102-112.

3 (a) RELATIONSHIP OF AGREEMENT TO UNITED STATES LAW.—
(1) UNITED STATES LAW TO PREVAIL IN CONFLICT.—
No provision of the Agreement, nor the application of any such provision to any person or circumstance, which is inconsistent with any law of the United States shall have effect.
(2) CONSTRUCTION.—Nothing in this Act shall be construed—
(A) to amend or modify any law of the United States, or
(B) to limit any authority conferred under any law of the United States, unless specifically provided for in this Act.
(b) RELATIONSHIP OF AGREEMENT TO STATE LAW.—

한다. 둘째, 협정에 위반된다는 이유로 주법州法이 무효가 되지는 않는다. 셋째, 사인은 협정에 기초하여 소송을 제기하거나 협정조문에 기초하여 재판상 항변을 할 수 없다. 따라서 미국은 의회-행정협정의 형식으로 통과시키면서 이행입법을 통하여 통상협정의 국내법상 지위 및 직접효력에 대하여 명문의 규정을 두어 해결하고 있다고 할 수 있다. EU의 유럽사법재판소ECJ도 직접효력을 제한적으로 인정하고 있는데 WTO협정의 직접효력을 정면으로 부인하는 판결을 내린 바 있다.[1]

WTO협정은 회원국이 WTO협정에 위반되는 법령을 제정·시행하는지를 판단하기 위해 별도의 분쟁해결절차를 마련하고 있다. 우리나라도 수차례에 걸쳐 제소국 또는 피제소국의 지위에서 WTO분쟁해결절차를 적극적으로 활용한 예가 있다. 물론 국내법원이 WTO협정을 해석할 수 없다는 것은 아니다. 그러나 1947년 GATT체제가 출범한 이래 현재 WTO체제에 이르기까지 GATT/WTO협정의 해석과 관련한 실로 방대한 판례가 집적되어 있고 이러한 선례의 사실상의 법적 구속력도 인정되고 있다. 따라서 국내법원의 판결과 WTO분쟁해결기구의 결정이 서로 저촉되는 경우에 국제적으로 어떠한 평가가 있을지에 대해서 여러 논란이 발생할 수 있다.

국제법의 적용은 다양한 사항에 대한 고려와 독특한 법적 전문성을 요한다. 특히 통상협정은 그 방대한 분량과 세부적인 규정내용 및 그 적용의 심대한 국제경제적 파급효과로 인하여 그 해석과 적용에 조심스러운 접근을 요한다. 국내법원이 통상협정의 해석에 적극적으로 나설 경우 국내법원과 WTO분쟁해결기구와 같은 국제법 해석기관 간의 법리 판단의 괴리를 가져와 WTO협정에 관한

(1) LEGAL CHALLENGE. — No State law, or the application thereof, may be declared invalid as to any person or circumstance on the ground that the provision or application is inconsistent with the Agreement, except in an action brought by the United States for the purpose of declaring such law or application invalid.

(c) EFFECT OF AGREEMENT WITH RESPECT TO PRIVATE REMEDIES. —

No person other than the United States —

(1) shall have any cause of action or defense under the Agreement or by virtue of congressional approval thereof; or

(2) may challenge, in any action brought under any provision of law, any action or inaction by any department, agency, or other instrumentality of the United States, any State, or any political subdivision of a State, on the ground that such action or inaction is inconsistent with the Agreement.

1 Portuguese Republic v. Council, Case C-149/96 [1998] ECR I-7379.

국제판례와 상이한 국내관행을 생산하게 되어 결과적으로는 WTO회원국으로서의 협정의 이행과 관련하여 다른 회원국과의 사이에 불필요한 마찰을 빚게 되고 대외신인도에도 부정적인 영향을 미치게 될 가능성이 높다. 이러한 상황에서 제반 통상협정 관련 사항에 관하여 아직 WTO분쟁해결기구와 같은 전문성과 경험이 확보되지 않은 국내법원이 통상협정을 직접적으로 해석하여 적극적으로 판단을 하는 것은 아직 신중을 기할 필요가 있다.[1]

3. 통상협정 체결로 인한 주권침해

주권은 국가가 보유하는 궁극적인 권리이며 모든 국가는 이러한 주권행사의 주체가 된다.[2] 국제법의 핵심원칙 중 하나인 주권평등 원칙Equality of Sovereignty은 바로 이러한 주권국가들을 모두 법적으로 동일한 위치에 놓는 개념이다.[3] 그리고 이 원칙은 국제사회의 기본질서를 설명하는 핵심 골격을 제시하고 있다. 따라서 어느 국가이든 자신의 영역 내에서는 자신의 의도대로 정책을 결정하고 집행할 최고의 권리를 보유하고 있으며, 이에 대하여 다른 국가가 개입하는 것 자체가 국제법에 대한 위반을 구성한다. 바로 국제법의 또 다른 주요 원칙 중 하나인 국내문제 불간섭 의무non-intervention with domestic matters가 바로 그것이다.[4] 따라서 특정 국가의 국내 정책과 제도를 다른 나라가 수정하도록 요청하거나 압력을 가하는 것은 이러한 국내문제 불간섭 의무를 위반하는 것이며 나아가 상대방 국가에 대한 주권침해 문제를 야기할 수도 있게 되어 중요한 국제법 위반 문제를 제기하게 될 것이다.

그러나 이러한 전통적인 주권개념은 절대적인 것이 아니라는 점에 유념할 필요가 있다. 연혁적으로 볼 때 근대 주권개념의 등장의 계기로 보는 1648년의 베스트팔렌조약[5]도 절대적인 주권개념을 정립한 것이라기보다는 종교적 문제

1 정영진, "WTO협정 및 학교급식조례," 경향신문 시론(2005. 9. 26).
2 정인섭, 「신국제법강의」, 박영사(2012), pp. 137-138.
3 UN헌장 제 2 조 제 1 항 참조. 정영진/이재민/황준식, 「국제법」(제11판)(2011), p. 79.
4 UN헌장 제 2 조 제 7 항 참조. 정영진/이재민/황준식, 「국제법」(제11판)(2011), pp. 83-85.
5 베스트팔렌조약은 최초의 근대적인 외교 회의를 통해 나온 것으로, 국가 주권 개념에 기반을 둔 새로운 질서를 중부 유럽에 세웠다. 1806년까지 이 규정은 신성로마제국의 헌법의 일부였다. 프랑스와 에스파냐의 전쟁을 종식한

에 대하여 각 체약국의 주권을 제한하는 조약으로 볼 수 있다.[1] 세계화globalization의 급격한 진전으로 인하여 다양한 측면에서 국가주권이 제약되는 것으로 파악할 수 있는 현상이 나타나고 있으나, 사실 주권개념은 그 탄생에서부터 다양한 영역에서 다양한 방법으로 간단없이 제한과 제약이 이루어져 온 상대적인 개념이라고 할 수 있다.[2] 실제로 적지 않은 경우에 국가는 스스로 자신의 주권을 제한하기로 약속하기도 한다. 그렇다면 위에서 언급한 바와 같이 국제법상 최고의 권력을 보유하는 주권국가가 왜 이러한 주권제한을 자발적으로 선택하는가? 바로 반대급부로 상대방 국가의 주권제한 역시 동시에 달성하고자 하기 때문이다. 즉, 교역이나 협상의 상대방인 국가 역시 국제법상 최고의 권리인 주권을 보유하고 있으므로 서로 그러한 주권을 어떠한 방향으로 행사하기로 합의하지 않는 한, 결국 양국 모두가 장기적으로 손해를 보는 상황에 직면하게 될 것이다. 바로 이러한 이유로 두 국가가 서로 합의하여 일정한 영역에서 특정한 방향으로 정책과 제도를 수립·운용하기로 합의하며 상호 간 자신들의 주권을 쌍방향으로 동시에 제한하기로 합의하는 것이다. 이러한 합의의 대표적인 사례가 바로 조약의 체결이다. 조약 체결을 통하여 체약 당사국은 동일한 영역에서 동일한 수준으로 상호 주권제한에 합의하는 것이다. 가령 가장 흔하게 체결되는 조약 중 하나인 비자면제협정을 예로 들어보자. 외국인의 출입국 문제는 모든 국가들이 민감하게 생각하는 전형적인 국내문제의 대표적인 사례이다. 그리고 외국인의 출입국을 허용 또는 불허하는 것은 대표적인 영토주권의 발현이다. 그러나 한 국가가 비자면제협정을 특정 국가와 체결하는 순간 원래 보유하고 있던 자신의 주권을 최소한 그 범위 내에서는 자발적으로 제한하는 것이 된다. 즉, 상대국의 국민이 비자 없이 자유롭게 자신의 영토에 입국하는 것

1659년 피레네조약도 종종 여기에 포함하기도 한다. 외교사가들은 근대 외교조약의 효시를 이 베스트팔렌조약으로 인정하고 있다. 30년 전쟁이 개신교와 로마 가톨릭 간의 대립이라는 종교문제를 명분으로 발발했지만, 이후 전개 과정에서는 종교보다는 왕조와 국익을 앞세워 길어진 유럽 국가들의 전쟁이기 때문이다. 로마 가톨릭 국가인 부르봉 왕가의 프랑스가 개신교 국가인 네덜란드를 지원하다가 후반기에는 직접 합스부르크 왕조의 오스트리아 및 에스파냐 등과 전쟁을 했다는 사실에서 극명하게 나타난다. 이 조약을 통해서 종교의 자유가 허용되면서 개신교 국가들이 생존의 발판을 마련했으며, 역사에서 처음으로 프로이센이 왕국으로 등장하였다. 네덜란드와 스위스는 독립을 인정받았으며, 프랑스는 이 전쟁을 통해서 영토를 확장하였다. 위에 대한 보다 자세한 내용은 C. V. Wedgwood, *The Thirty Years War*, NYRB Classics (2005) 참조.

1 Stephen D. Krasner, *Sovereignty: Organized Hypocrisy*, Princeton (1999).

2 *Ibid.*

을 제도적으로 허용함으로써 원래 보유하고 있던 자신의 주권을 자발적으로 제한하는 것이 되는 것이다. 물론 비자면제의 범위가 한 국가에만 일방적으로 확대되어 있다거나, 또는 적용 시점상의 차이가 있다거나 하면 이러한 "자발적 주권제한"의 범위에 상호 차이가 존재하므로 불평등 조약의 문제가 제기될 것이다. 그러나 이러한 상호 간 주권제한의 측면을 간과하고 오로지 원래 보유하고 있던 주권이 제한된다는 단편적인 측면만 보고 이를 주권의 포기 내지 침해로 규정하는 것은 오히려 그간 논의되어 온 국가의 주권개념을 제대로 이해하지 못한 것이라고 할 수 있을 것이다. 어떻게 보면 이러한 접근법은 오히려 간접적으로 주권을 부정하는 우를 범하기도 한다. 주권국가라면 자신의 주권을 자신이 원하는 방향대로 제한하는 것 역시 포함하기 때문이다. 이러한 자발적 제한은 오히려 주권의 적극적 행사라고 보아야 한다는 것이 국제법의 다수설의 입장이다.[1]

통상협정에 대한 평가 역시 이러한 관점에서 이루어져야 한다. 1995년 WTO 출범 시에, 그리고 최근 FTA 체결 과정에서 우리 국내에서 주권침해 문제가 심심찮게 제기되고 있다. 그러나 이러한 평가는 대부분 원래 우리나라가 보유하고 있던 주권이 줄어들고 있다거나 제한되고 있다는 일차원적인 평가에만 국한되어 있다. 위에서 지적한 바와 같이 이러한 일차원적인 평가는 주권침해 여부에 대한 정확한 답을 제시하지 못한다. 우리나라뿐 아니라 모든 국가들이 자신들의 주권을 자발적으로 제한하는 수많은 국제조약과 협정에 가입하고 있기 때문이다. 따라서 주권침해 여부에 대한 올바른 논의는 오로지 상호 간 자발적으로 주권을 제한하는 범위에 대한 균형점이 달성되어 있는지에 대한 입체적이며 상호적인 평가를 통해서만 가능하다.

최근 국제화가 급격히 진행되면서 많은 국가들은 다양한 형태의 조약과 협정을 체결한다. 그리고 그 영역도, 해양, 우주, 심해저, 극지방 등 실로 다양한 영역을 포괄하고 있다. 설사 선진국이라 하더라도 현재의 국제체제는 한 국가의 독자적인 노력만으로는 운용될 수도 없으며, 스스로의 일방적인 노력만으로는 자신의 이해관계 보호도 불가능하기 때문이다. 가령 통상협정이 부재한다

1 John Jackson, Sovereignty, *The WTO and Changing Fundamentals of International Law*, Cambridge (2006) 참조; 정인섭, 「신국제법강의」, 박영사(2012), p. 138; 김대순, 「국제법론」, 삼영사(2011), pp. 330-332.

면 외국에서 우리 상품과 기업인에 대한 차별이 있어도 이에 대하여 문제 제기를 할 방법이 없게 된다. 상품의 교역과 유통은 오로지 협정을 통하여만 구체적으로 창출되는 권리이며, 그 자체로 선험적으로 존재하는 권리가 아니기 때문이다. 이는 다시 말하면 협정을 통하여 상품의 수입국은 원래 자신이 보유하던 주권즉, 오로지 자국 상품이나 일정한 외국의 상품만 자국 시장에 유통되도록 허용하는 권리을 자발적으로 제한하는 셈이 된다. 이러한 자발적인 제한을 받아들이는 이유는 바로 반대급부즉, 자신의 상품도 상대방 국가에서 동일한 조건으로 유통될 수 있다는에 대한 쌍방향적인 고려 때문이다.

이러한 부분을 간과하고 원래 우리 국내법에 따라 상품교역과 서비스 교역을 제한할 수 있었는데 왜 이제 이러한 권리가 제한되느냐라고 반문을 하는 것은 사실 주권에 대한 문제 제기라기보다는 국제체제에의 적극적 참여 자체에 대한 근원적인 문제 제기라고 볼 수 있을 것이다. 1990년대 후반 WTO 출범 초기 제기된 다양한 형태의 반대 움직임은 주권 침해에 대한 문제 제기라기보다는 세계화 내지 국제화 자체에 대한 반대 움직임으로 볼 수 있을 것이다.[1] 세계화 또는 국제화가 우리의 이해관계에 반한다면 물론 이를 포기하여야 할 것이다. 그러나 그러한 결정을 위해서는 광범위한 의견 수렴과 철저한 검증이 따라야 한다. 그러한 합의가 부재한 상황에서 통상협정에 대한 주권침해를 주장하는 것은 현재 국제법이나 국제사회가 이해하고 있는 주권 개념을 올바로 이해하고 있는 것이라고 볼 수 없을 것이며 우리가 직면한 현실에 대한 올바른 접근법이라고 볼 수 없을 것이다.

또한 한편으로 통상협정 체결 과정에서 제기되는 주권침해 문제는 여러 국가에서 통상협정 교섭 및 체결과정에서 국민의 의사가 정확하게 반영되고 있는지에 대한 논의를 아울러 수반하기도 한다. 이러한 문제 제기는 위에서 살펴본 바와 같은 주권의 실체적인 제약에 대한 문제라기보다는 국제협정 체결과정에서 주권행사의 궁극적 주체인 국민의 의사가 제대로 반영되지 않고 있다는 또 다른 차원에서의 문제 제기라고 볼 수도 있다. 기존의 행정부 주도의 통상협정의 체결절차로서는 민주적 정당성 확보가 어렵다고 보고 보다 개방된 통상정책결정절차를 통하여 주권재민의 원칙을 확보하려는 주장이 바로 그것이다. 이러한 주장은 현재 "민

1 Joseph Stiglitz, *Globalization and its Discontents*, Norton & Company (2002) 참조.

주주의의 결핍democratic deficit"에 기초한 문제 제기로서[1] 다양한 방식으로 통상협정 체결과정에서 절차적인 정당성을 확보하려는 노력으로 이어지고 있다.

한미 FTA를 진행하는 과정에서 제기된 다양한 형태의 주권침해 논의는 이러한 다양한 측면을 염두에 두고 살펴볼 필요가 있다. 실체적인 관점에서 미국이 부담하지 않는 주권의 제약을 우리나라만 수인하게 되었다거나 또는 우리나라가 부담하지 않는 주권의 제약을 미국만 수인하게 되었다면 이는 불평등 협정 내지 주권침해의 논란을 촉발시킬 수 있을 것이다. 그러나 이러한 입체적인 평가가 결여된 상태에서 "대한민국이 왜 이러한 협정을 통하여 기존의 주권을 제한하느냐"는 논의만을 전개하게 되면 정확한 평가가 불가능할 뿐 아니라 국제협정과 관련한 국제법의 기본원칙 내지 국제사회의 일반적인 입장과 정면으로 배치되는 방향으로 논의가 진행하게 될 것이다. 반면에 민주주의 국가에서 통상정책 내지 통상협정의 추진이라는 중요한 주권행사의 과정에서 주권행사의 궁극적 주체인 국민의 의사를 보다 적극적으로 반영할 수 있는 제도 역시 계속적으로 보완해 나갈 필요가 있다.

1 이에 대한 상세한 논의는 정영진 다음 박사학위 논문 참조. Youngjin Jung, "Revitalizing the Legitimacy of the World Trading System," Yale Law School (JSD, 2003).

다자무역주의의 현황과 새로운 도전

현 국제통상체제에서 다자무역주의는 WTO체제와 APEC체제로 대변된다. 특히 WTO체제가 다자무역주의의 규범적 틀을 제공하여 왔다. 그러나 최근 WTO체제의 내재적 한계에 대한 국제적 인식이 확산되며 동 체제에 대한 여러 도전 징후가 나타나고 있다. 다자무역주의가 위기에 봉착한 것이다. 이하에서는 다자무역주의를 대표하는 WTO와 APEC체제와 아울러 OECD 및 G-20 정상회의에 대하여 일별하고 이들에 대한 새로운 도전에 대하여 살펴보기로 한다.

1. 세계무역기구

WTO체제는 현재 다자무역주의의 근간을 이루고 있다. 이하에서 그 연혁 및 조직, 기본 목표, 그리고 기본 원칙 등에 대하여 살펴본다.

A. 연혁 및 조직

다자간 국제무역제도는 1948년 GATT협정이 발효하면서 시작되었다. 물론 최혜국대우와 같은 GATT의 기본 원칙들은 그 역사가 훨씬 오래되지만 다자간 국제통상법의 틀이 갖추어지기 시작한 것은 GATT체제의 출범과 함께 시작되었다고 볼 수 있다.

GATT체제는 제 2 차 세계대전 이후 새로운 경제질서의 기초가 된 1944년

Bretton Woods체제를 보완하는 의미를 갖고 있다. Bretton Woods회의는 재무장관들이 주도한 까닭에 국제통화기금International Monetary Fund과 세계은행World Bank or International Bank for Reconstruction and Development의 헌장만이 채택되었으나 참가자들은 무역에 관해서도 이와 유사한 국제기구가 있어야 한다는 점을 회의기록에 남겨 국제통화기구를 보완하는 국제무역기구의 필요성을 인정하였다.

Bretton Woods체제의 한 축으로서의 국제무역기구International Trade Organization: ITO의 설립에 대한 제안이 미국과 영국의 주도하에 이루어졌고, 1946년 UN경제사회이사회U.N. Economic and Social Council에서 동제안이 채택되어 "무역과 고용에 관한 국제연합회의United Nations Conference on Trade and Employment"가 개최되게 되었다. 이후 18개 주요국으로 구성된 준비위원회Preparatory Committee의 주도하에 1946년 10월부터 1948년 3월까지 ITO헌장에 관한 공식적인 협상이 이루어졌는바, 1947년 11월 18일부터 쿠바 하바나에서 마지막으로 전체회의가 개최되었고 1948년 3월 국제무역기구를 설립하는 최종법안Final Act이 서명되었다.

"관세 및 무역에 관한 일반협정General Agreement on Tariffs and Trade: GATT"은 준비위원회가 하바나에서 개최되는 마지막 전체회의에 제출할 헌장 초안을 준비하기 위하여 제네바에서 개최된 1947년 4월부터 8월까지의 회의에서 성안되었다. 그런데 동 회의에서 이미 이루어진 관세양허협상의 결과를 조속히 발효시킬 필요가 있었는데, 각국의 비준절차 등에 대한 우려로 GATT협정 그 자체를 발효시키는 것보다는 잠정적용의정서Protocol of Provisional Application를 통하여 GATT협정을 발효시키기에 이르렀다. 잠정적용의정서는 특히 대부분의 실체적인 규정이 담겨 있는 GATT협정의 제 2부에 대하여 소위 조부조항Grandfather Clause에 의한 예외의 가능성을 인정함으로써 참가국의 우려를 불식시키려고 하였다. 1947년 10월 30일 협상참가국 중에서 8개 국가가 먼저 GATT협정과 관세양허협상의 결과를 1948년 1월 1일부터 발효시킨다는 취지의 상기 잠정적용의정서에 서명하였고, 기타 협상참가국이 연이어 서명하였다. GATT협정은 추후 국제무역기구가 출범할 경우 이에 흡수될 예정으로 간략하게 통상정책의 장Commercial Policy Chapter만을 두고 있었고, 국제무역기구헌장에서 예정하고 있던 고용정책, 경제개발, 상품협정commodity agreement과 제한적 영업관행restrictive business practices은 제외하였다.

그러나 GATT체제가 출범한 지 2년 후에 국제무역기구헌장은 미국 상원이 비준을 거부함으로써 역사의 뒤안길로 사라지고 말았다. 이리하여 "잠정적" 협정으로 출발한 GATT체제가 1995년 1월 1일 세계무역기구World Trade Organization: WTO가 출범할 때까지 국제무역체제의 근간으로 활동하게 되었다. GATT체제에서는 도합 8차례에 걸친 다자간 무역협상이 개최되었다. 초기에는 주로 관세인하협상에 초점을 두었으나, 1967년 종결된 케네디라운드부터는 비관세장벽에 대하여 관심을 기울이기 시작하여 1979년 종결된 도쿄라운드에서는 다수의 비관세장벽에 대한 부수협정Code이 성안되었다. 1986년에 우루과이에서 시작된 제8차 협상이 1993년 12월 성공적으로 마무리되고 협상참가국들이 1994년 4월 15일 모로코의 마라케시에서 "WTO 설립을 위한 마라케시협정The Marrakesh Agreement Establishing the World Trade Organization, 이는 흔히 "마라케시협정"이라고도 불린다"에 최종 서명함으로써 1995년 1월 1일부터 WTO체제가 출범하게 되었다.[1]

WTO체제는 기존의 GATT체제와는 상당히 다른 특징을 보유하고 있다. 첫째, GATT는 엄밀한 의미에서의 국제기구에 해당되지 아니하는 단순한 국제협정에 불과하나 WTO는 국제기구로서의 법인격을 갖고 있다. 둘째, 종래의 GATT분쟁해결절차는 많은 시일이 소요되고 GATT규정 전체에 걸쳐 각 분야별로 산재하여 있으며 회원국에 대한 구속력이 미약하다는 비판이 있어 왔으나 WTO체제는 이를 획기적으로 정비하였다. 셋째, 기존의 GATT가 상품의 교역에 한정된 반면에 WTO는 상품뿐만 아니라 서비스, 지적 재산권 및 무역관련투자도 그 규율대상으로 포함하여 적용 범위를 대폭 확대하였다. 넷째, WTO체제는 공산품에 대한 관세를 획기적으로 인하하였고, 일정 유예기간을 거쳐 농산물에 대한 시장접근 및 섬유, 의류에 대한 교역자유화를 실현하였다. 다섯째, 그간 논란의 중심에 서 있던 반덤핑협정, 보조금 및 상계관세협정, 긴급수입제한협정을 각각 체결하여 그 발동요건을 구체화하였다.

현재 스위스 제네바에 위치한 WTO에는 약 600여 명의 국제공무원들이 근무하고 있다. 이들은 전 세계 154개국 WTO회원국의 국민으로서 WTO의 공식

1 GATT 및 WTO 출범까지의 역사에 대하여 보다 자세한 내용은 Peter S. Watson, Joseph E. Flynn and Chad C. Conwell, *Completing the World Trading System: Proposals for a Millennium Round*, Kluwer Law International (1999), pp. 9-36 및 John H. Jackson, *The World Trading System: Law and Policy of International Economic Relations* (2nd ed.), MIT (1997), pp. 31-78; Andreas F. Lowenfeld, *International Economic Law*, Oxford (2002), Chatpers 3-5 참조.

적 채용절차를 거쳐서 채용된 직원들이다. 이들은 자신들의 국적국의 국익을 위하여 일하는 것이 아니라 WTO의 업무를 위하여 일하는 국제공무원들이다. 이들 국제공무원의 수장은 유럽집행위원회 통상장관을 역임한 프랑스인 Pascal Lamy 사무총장이다. 사무총장 아래 3명의 사무차장이 보좌하고 있으며 사무차장 아래 분야별로 7개의 국Directorate이 존재하며 각각 해당 국장의 지휘를 받고 있다. 600명의 WTO 직원 중 한국 국적자는 5명에 불과한 것으로 알려지고 있다. 우리 경제규모가 세계 13위, 무역규모가 세계 11위인 것을 감안하면 WTO에 진출한 우리 국적 전문가의 수는 너무 적다고 할 수 있겠다. WTO는 스위스 정부와 본부협정Headquarters Agreement를 체결하고 있어 여기에서 근무하는 국제공무원에 대한 세금 면제 혜택과 일정 직급 이상의 국제공무원에 대해서는 외교관의 특권 면제diplomatic privileges and immunities가 동시에 부여되고 있다.

B. 기본목표

WTO의 기본목표는 전 세계 시장에서 보호무역을 배격하고 자유무역을 구현하는 것이다. 보호무역주의의 채택이 초래한 국가들 간 이해관계의 대립과 전쟁을 목도하고서 자유무역을 통한 안정적인 다자간 무역체제 확립의 필요성을 뼈저리게 느끼게 된 결과 출범한 것이 바로 1947년 GATT체제이고, 이를 더욱 확대 개편한 것이 바로 1995년의 WTO체제이기 때문이다. 따라서 WTO로 대표되는 다자간 무역체제의 기본목표는 여전히 전 세계적 차원에서의 자유무역의 구현이다.

그러나 한편으로 자유무역의 완전한 실시가 초래하는 현실적인 문제점 역시 간과할 수 없다. 특히 개도국의 경우 모든 경제역량에서 선진국에 비하여 뒤쳐져 있는 상황으로 완전한 자유무역의 구현은 이들 국가와 이들 국가의 출신 기업들이 치열한 국제경쟁에서 도태되는 상황을 의미하게 되는 경우도 있다. 바로 이러한 이유로 선진국과 개도국 간 개발의 정도의 차이를 감안한 개도국에 대한 특별대우 문제는 GATT체제와 WTO체제의 주요한 관심사 중 하나가 되어 왔다. 2001년에 시작된 도하라운드 협상이 도하개발어젠다Doha Development Agenda: DDA라는 명칭을 택하게 된 저변에도 점증하는 개도국의 우려를 어떻게든 반영하여 보려는 노

력의 결과라고 할 수 있을 것이다.[1]

또 다른 현실적인 문제점의 하나는 자유무역의 구현이 국가의 전통적인 주권의 침해를 의미하는 것은 아니라는 점이다. 전 세계 196개국은 모두 주권국가로서 자국의 경제정책을 독자적으로 결정·집행할 주권을 보장받고 있다. 어느 국가도 상대방 국가의 경제정책에 대하여 평가를 내리거나 관여할 수 없는 것이 원칙이다. 그러나 어떤 국가가 WTO협정 등 조약에 당사국으로 가입하게 되면 상황은 달라지게 된다. 조약에 가입하여 특정한 사항을 약속하게 되면 그 약속한 한도 내에서는 이를 준수할 의무를 부담하게 되는 것이다. 이러한 약속이 바로 다름 아닌 우리가 흔히 언급하는 "국제법"이다. 따라서 조약에 규정된 내용을 준수하지 않기 위하여 자국이 주권국가임을 언급하는 것은 본말이 전도된 것이며 그러한 주장은 이미 여러 국제법원에서 일관되게 배척되어 왔고 이제 더 이상 그러한 주장을 전개하는 국가도 찾아보기 힘든 상황이 되었다.[2] 이는 주권의 제한이 아니라 관련 국가 간 주권의 적극적 행사로 보는 것이 타당하기 때문이다.

다만 특정 국가가 조약 체결 시 규범을 창출하기로 합의하지 않은 사항에 대해서는 여전히 해당국가는 자신의 경제정책을 독자적으로 결정·집행할 수 있는 권리를 보유한다. 따라서 WTO협정 등에 약속을 하지 않은 부분에 대해서는 여전히 모든 국가는 자신의 판단대로 정책과 조치를 실시할 수 있게 되는 것이다. 결국 최근 진행되는 적지 않은 분쟁은 과연 각 당사국이 WTO협정 등 체결 시 서로 주권을 제약하기로 약속을 한 범위가 무엇인가에 대한 상호 간 이견을 보이고 있는 것으로 요약할 수 있다. 요컨대 자유무역 원칙이 대원칙인 것임은 분명하나 이는 WTO협정에 각국이 약속한 정도 내에서의 자유무역 원칙을 의미하며 모든 형태의 장벽을 완전 철폐하여 자유무역을 구현하여야 한다는 경제학적 측면의 또는 관념적인 차원의 개념은 아님에 유의하여야 한다.

1 World Trade Organization, "Ministerial Declaration," WT/MIN(01)/DEC/1 (20 November 2000).

2 비엔나 조약법 협약 제27조는 다음과 같이 규정하고 있다.
제27조(국내법과 조약의 준수)
어느 당사국도 조약의 불이행에 대한 정당화의 방법으로 그 국내법 규정을 원용해서는 아니 된다.

C. WTO협정 및 부속협정

WTO협정은 현재의 다자주의 무역체제를 구현하고 있는 다자간 국제조약이다. 2012년 5월 현재 회원국은 모두 155개국이며[1] 다른 조약과 마찬가지로 오로지 당사국에 대해서만 법적 구속력이 미친다. 이 협정은 1986년에서 1994년까지 8년간에 걸쳐 개최된 우루과이라운드 협상의 결과를 모로코의 마라케시에서 조약으로 승화시킨 것으로서 정식 명칭은 "세계무역기구 설립을 위한 마라케시협정"이다. 이 협정은 단지 16개의 조항만으로 구성되어 있는 간단한 조약이다. 여기에는 WTO의 법적 지위, 의사결정 절차, 가입과 탈퇴, 발효 조건 등 기본적인 내용만이 나열되어 있다. 여기에는 우리가 흔히 통상분쟁에서 접하게 되는 다양한 통상이슈들은 규정되어 있지 않다.

그렇다면 구체적인 통상이슈들은 어디에 규정되어 있는가? 바로 이 마라케시협정에 첨부된 4개의 부속서Annex들이 우리가 알고 있는 대부분의 통상문제를 규정하고 있다. 부속서 1은 실체적 통상규정을 나열하고 있으며, 부속서 2는 분쟁해결에 관한 절차적 규정을, 부속서 3은 무역정책검토제도를, 그리고 부속서 4는 복수국 간 무역협정을 각각 규정하고 있다. 실체적 규정을 나열하고 있는 부속서 1은 다시 세 부분으로 나누어져 상품무역을 규율하는 부속서 1A, 서비스무역을 규율하는 부속서 1B, 그리고 무역관련 지적재산권 이슈를 규율하는 부속서 1C로 각각 나누어진다. 부속서 2는 국가들 간 무역분쟁이 발생하였을 때 어떠한 절차와 방법을 통해 이를 해결하는지에 관한 상세한 절차적 규정을 도입하고 있다. 부속서 3에 포함된 무역정책검토제도는 WTO가 회원국을 상대로 정기적으로 무역정책과 제도를 검토하는 제도이다. 회원국의 경제발전 정도에 따라 검토 주기가 상이하며 우리나라의 경우 4년마다 이러한 검토를 실시한다. 우리나라에 대한 무역정책검토는 2008년에 실시되었으며 그 다음 검토는 2012년에 진행될 예정이다. 부속서 4에 포함된 복수국 간 무역협정은 WTO협정에 정식으로 포함될 정도로즉, 부속서 1에 포함될 정도로 모든 국가들의 합의를 도출하지는 못하였으나 적지 않은 국가가 이에 합의한 협정이다. 여기에는 정부조달협정Agreement on

1 WTO 웹사이트, "Members and Observers" available at http://www.wto.org/english/thewto_e/whatis_e/tif_e/org6_e.htm

Government Procurement과 민간항공기협정Agreement on Trade in Civil Aircraft이 있다. 여기에 가입한 국가들에 대해서는 이 협정도 여타 부속협정과 마찬가지로 동일한 법적 구속력을 발하며 위반 사항에 대하여 분쟁해결절차로 진행할 수 있음은 물론이다.

D. 기본원칙

WTO체제의 기본원칙은 크게 자유무역, 공정무역, 비차별주의, 수량제한 금지, 법의 지배로 요약된다. 이하에서는 상기 원칙에 대하여 살펴본다.

(1) 자유무역

앞에서 언급한 바와 같이 오늘날 국제교역 체제의 골격을 이루고 있는 1947년 GATT체제는 자유무역을 기치로 출발하였다. 제 1 차 세계대전과 제 2 차 세계대전이 발발한 근저에는 각국의 보호무역주의와 이에 기초한 자국 이기주의가 자리잡고 있다는 것을 국제사회가 자각하였기 때문이다. 이에 따라 또 다른 참화를 미연에 방지하기 위하여 자유무역주의의 구현이 절실하다는 데 미국을 비롯한 2차대전 승전국의 이해관계가 일치하게 되었다. 이러한 배경하에서 출범하게 된 것이 바로 "GATT협정"이다. 이 협정은 자유무역의 달성을 그 기본목표로 삼고 있다. 수출입품에 대한 수량제한quota을 원칙적으로 금지하고GATT 제11조, 오로지 각국이 약속한 범위 내의 관세tariff부과를 통해서만 국내시장을 보호하도록 규정하고 있다GATT 제 2 조. 일정한 범위 내에서 수입품 가격의 상승을 제한적으로 초래하는 관세에 비하여 수출입 물량을 제한하는 수량제한은 국제교역에 초래하는 부정적 영향이 보다 직접적이고 또 포괄적이기 때문이다. 각국은 제반 품목에 대하여 자국이 부과할 관세율을 미리 정하고 있으며 이를 초과할 수 없게 되어 있다GATT 제 2 조. 그리고 이미 약속한 관세율도 다자간 협상을 통하여 그동안 지속적으로 인하하여 왔다. 관세율 인하를 논의하기 위하여 개최되는 다자간 협상즉, GATT회원국들이 모두 참여하는 협상을 라운드Round라고 부르게 되었다. 우리 귀에도 익숙한 우루과이라운드, 도하라운드도 바로 이와 같이 모든 회원국들이 참여하는 다자간 통상협상을 의미하는 것이다.

또한 각국은 이렇게 인하된 관세율을 모든 GATT회원국에 대하여 동일하게 적용하기로 약속하였고, 나아가 관세율 이외에도 수출입과 관련되는 모든 법령 및 제도의 운영에 있어 교역 상대국에 따른 차별을 없애기로 약속하였다. 바로 이것이 최혜국대우Most Favored Nation: MFN의 약속이다GATT 제1조. 또한 각국은 외국상품과 자국상품 간 차별 역시 철폐하기로 약속하였고 이는 내국민대우National Treatment: NT로 불린다GATT 제3조. 요컨대 국내상품과 외국상품 간 그리고 외국상품 상호 간 무차별 원칙의 적용이 GATT체제의 근간이라고 볼 수 있는 것이다. 물론 이러한 무차별 원칙은 서로 동종의 상품like product에 대하여 적용되는 것이며 서로 상이한 속성을 보유하는 상품에 대하여도 무차별 원칙이 적용되어야 한다는 뜻은 아니다. 이와 같이 1947년 도입된 GATT체제는 자유무역의 구현을 그 기본목표로 하고 있다.

자유무역 구현을 위한 이러한 열망은 1995년 출범한 WTO체제에도 그대로 계승되었다. WTO체제는 기존의 GATT체제를 본질적으로 변화시킨 것이 아니라 GATT체제를 보다 확대 개편한 것이다. GATT는 당사국들이 준수하여야 하는 통상협정일 뿐 국제교역에서 발생하는 다양한 문제를 다루기 위한 국제기구를 별도로 창설한 것은 아니었으므로 1970년대에 들어서며 점차 그 내재적 한계에 봉착하게 되었다. 그 결과 통상문제를 담당할 별도의 국제기구를 설립하고 국제교역의 여러 분야별로 세부 협정을 별도로 체결하여 국제교역체제를 재정비하기 위하여 진행된 다자간 무역협상이 1986년에서 1994년까지 진행된 우루과이라운드였으며 그 결과 1995년 1월 1일 출범하게 된 것이 WTO이다.

따라서 GATT협정도 우루과이라운드 협상 과정에서 일부 수정이 있기는 하였으나 대부분의 내용이 그대로 계수되었다. 위에서 언급한 기본원칙과 관련된 조항은 아무런 변경 없이 WTO체제로 편입되었다. 지금 WTO설립협정에는 16개의 부속협정과 2개의 복수국 간 협정이 포함되어 있으며 GATT협정은 부속협정 중 가장 중요한 위치를 차지하고 있다. 따라서 WTO체제의 기본목표 역시 자유무역의 구현이다. 그리고 그러한 목표의 조기 달성을 위하여 양자 간 차원에서 WTO의 용인하에 진행되는 것이 바로 자유무역협정이다. 물론 향후 새로운 상황이 전개된다면 국제사회는 새로운 교역원칙을 채택할 수도 있을 것이나, 1947년 GATT 출범 이후 현재까지 국제 교역체제의 기본원칙은 자유무역의 구현이라고 할 수 있다.

(2) 공정무역

한편, GATT협정 및 이를 계승한 WTO협정은 자유무역에 대한 예외로서 덤핑이나 보조금교부조치에 대한 대항조치를 허용하고 있다. WTO협정상의 자유무역은 국제교역의 기본원칙을 준수하며 공정하게 진행되는 국제교역에 대하여 장벽을 철폐한다는 뜻이다. 공정fair 또는 불공정unfair이란 개념은 여러 의미를 포함할 수 있고 여기에는 여러 가지 상황이 포섭될 수 있을 것이나, 통상협정에서 의미하는 공정 또는 불공정무역은 그 의미가 상당히 구체적이다. 바로 덤핑이나 보조금 교부조치가 바로 대표적인 불공정무역에 해당한다. 덤핑과 보조금 교부조치의 의미에 관해서는 후술하기로 한다. 간략히 설명하면 덤핑이란 수출업자가 해외시장에서 부당한 염가로 상품을 판매하는 것을 의미하며 보조금 교부란 수출국 정부가 수출기업에 대하여 다양한 금전적 지원조치를 실시하여 그 기업의 국제경쟁력을 인위적으로 향상시키는 것을 의미한다.

이러한 통상협정상 불공정무역은 저렴한 가격의 상품이 국내시장으로 수입됨으로써 수입국의 소비자후생에는 오히려 긍정적인 영향을 미치게 될 가능성이 높다. 그러나 수입품과 경쟁 또는 대체적인 상품을 생산하는 수입국의 생산자에 대해서는 부정적 영향을 초래하게 될 것이다. 덤핑이나 보조금 교부조치가 발생하면 수입상품의 가격이 인위적으로 저하되어 동종의 상품을 생산하는 수입국 생산업자들이 판매감소, 도산 등의 피해를 입게 될 것이기 때문이다. 따라서 GATT협정 및 이를 계승한 WTO협정은 이러한 행위를 불공정무역으로 규정하여 규제해 오고 있다. 원래 GATT협정에서는 이러한 불공정무역을 규제하기 위한 규정이 두 개의 조항GATT 제 6 조, 제16조에 불과하였으나 WTO체제에서는 반덤핑협정과 보조금협정이 각각 별도로 채택되어 구체적이고 상세한 규범을 제시하기에 이르렀다. 그리고 이러한 규범은 FTA에서도 거의 대동소이하게 계수되고 있는 상황이다.

즉, 통상협정이 추구하는 자유무역은 인위적으로 비교우위를 변경시키는 덤핑이나 보조금 교부조치를 불공정무역행위로 규정하여 규제하고, 공정하게 진행되는 국제교역을 자유화한다는 것이다. 이론적으로 볼 때 덤핑 및 보조금교부조치를 불공정무역행위로 규정하여 이에 대하여 대항조치를 허용해야 하는지는 간단한 문제가 아니다. 뿐만 아니라, 실무상 어떠한 경우에 덤핑과 보조금 교부조치가 통상협정에서 규제하는 불공정무역행위에 해당하는지를 가려내는 것은 극히 어려운 문제이다. 과거 각국이 이 규제제도를 보호무역주의의 수단으로 운영한 결과 반덤핑조치 및 상계관세조치 자체가 비관세장벽으로 기능하는 등 상당한 폐해가 있었고, 현재의 WTO 반덤핑협정Agreement on Implementation of Article VI of the General Agreement on Tariffs and Trade 1994 및 보조금협정Agreement on Subsidies and Countervailing Measures은 이러한 각국의 남용행위를 규제하기 위한 측면이 강하다.[1] 따라서 여기서 "공정무역"을 실현하기 위해서는 WTO협정이 명시적으로 허용하고 있는 반덤핑 및 상계관세조치가 보호무역주의의 수단으로 변질되지 않도록 각별한 노력이 필요하다.

(3) 비차별주의

국제통상법에서 가장 중요한 원칙 중의 하나는 비차별주의이다. GATT/WTO에서 비차별주의원칙은 최혜국대우원칙과 내국민대우원칙으로 대별된다. 최혜국대우원칙의 기원은 12세기까지 거슬러 올라갈 수 있으나 국제통상관계에서 그 문구는 17세기에 이르러 본격적으로 등장하기 시작하였다. WTO체제에서 최혜국대우원칙은 상품, 서비스, 지적재산권에 모두 적용된다. GATT 제1조는 상품교역과 관련한 최혜국대우원칙을 규정하고 있는바, 동조에 의하면 상품의 수출입에 있어서 어느 국가에 부여한 가장 유리한 대우를 모든 다른 국가에게도 부여하여야 한다. 따라서 최혜국대우원칙은 경제적 및 비경제적인 목적에 부응하는 원칙으로서 WTO체제의 핵심적 요소이나 국제관계에 있어서 무임승차free riding의 문제를 야기할 수 있다. 또한 최혜국대우원칙은 다양한 예외에 의하여 제약을 받고 있으며, 특히 FTA 허용은 최혜국대우원칙의 중대한 예외를 이룬다.

내국민대우원칙은 최혜국대우원칙과는 달리 수입품이라도 일단 관세 및 통관절차를 마치고 나면 국산품과 동등하게 대우하여야 한다는 원칙으로서 상품뿐 아니라 서비스 및 지적재산권에도 적용된다. 내국민대우원칙은 다양한 국내정책과 밀접하게 연관되어 있어 적지 않은 논쟁을 유발하고 있다. 일국의 환경, 노동, 경쟁정책, 조세정책 등은 내국민대우 위반 여부를 심심치 않게 제기하고

1 John H. Jackson, *The World Trading System* (2nd ed.), MIT (1997).

있고, 이에 대한 분쟁도 실로 다양하다.[1] 한편, GATSWTO부속협정의 하나인 서비스 교역에 관한 일반협정: General Agreement on Trade in Service의 최혜국대우원칙과 내국민대우원칙은 GATT의 그것과 매우 다르다. 우선 무임승차를 막기 위하여 최혜국대우원칙에 대한 예외의 설정이 가능하다.[2] 특히 서비스교역은 관세나 수량제한과 같은 국경조치와 직접 연관되지 않으므로 국내규제domestic regulation가 핵심사안인바, 회원국은 양허 시 다양한 국내규제 목적으로 내국민대우원칙의 적용을그리고 동일한 맥락에서 시장접근 자체도 제한할 수 있다. 어떤 분야를 양허하지 않기로 한다든지 일단 양허를 하였다고 하더라도 다양한 제한을 가할 수 있기 때문에 그러한 한도에서 GATS에서는 내국민대우원칙은 상당한 제한을 받는다고 할 수 있다.

한편, 최혜국대우와 내국민대우원칙은 법적인 차별*de jure* discrimination뿐만 아니라 사실상의 차별*de facto* discrimination에도 적용된다는 점은 주의를 요한다. 법령의 규정에 의하여 차별이 발생하는 경우는 물론이고 법령은 중립적이나 실제 시장에서 경쟁관계에 차별적 효과가 발생하는 경우에도 이 원칙들에 대한 위반문제가 제기될 수 있다는 의미이다. 즉, 이 원칙들은 기본적으로 시장에서 경쟁조건conditions of competition에 대한 회원국들의 적법한 기대legitimate expectation를 보호하기 위한 것으로 이해하는 것이 정확하다. 양 원칙의 실무적 적용은 동종상품like product 내지 동종서비스like service 개념을 중심으로 이루지고 있다.

우선 상품교역과 관련하여 GATT/WTO패널은 동종상품은 제품의 특성, 관세분류, 소비자의 기호 그리고 최종소비용도를 종합적으로 고려하여 사안별로 결정하여야 한다고 한다. 일본 소주사건에서 WTO항소기구는 동종성은 아코디언accordion과 같은 것이어서 구체적인 상황에 따라 확장될 수도 축소될 수도 있는 개념이라고 판시한 바 있다.[3] 즉, 보다 시장중심적인market-oriented 동종성 판단이

1 내국민대우와 관련하여 최근 각국의 입장이 첨예하게 대립하고 있는 분쟁에 관해서는 Dominican Republic — Measures Affecting the Importation and Internal Sale of Cigarettes, Appellate Body Report, WT/DS302/AB/R, adopted 19 May 2005, DSR 2005:XV, 7367; Korea — Measures Affecting Imports of Fresh, Chilled and Frozen Beef, Appellate Body Report, WT/DS161/AB/R, WT/DS169/AB/R, adopted 10 January 2001, DSR 2001:1, 5; Thailand — Customs and Fiscal Measures on Cigarettes from the Philippines, Appellate Body Report, WT/DS371/AB/R, adopted 15 July 2011; United States — Measures Affecting the Production and Sale of Clove Cigarettes, Appellate Body Report, WT/DS406/AB/R, 4 April 2012; United States — Certain Country of Origin Labelling (COOL) Repuirements, Panel Report, WT/ DS384/R (Canada) and WT/DS386/R (Mexico), 18 November 2011 각각 참조.

2 GATS 제2조 및 부속서 참조.

3 Japan — Taxes on Alcoholic Beverages, Appellate Body Report, WT/DS8/AB/R (Oct 4, 1996).

필요하다는 것으로 이해할 수 있을 것이다.[1]

한편, 서비스 교역에서는 위와 같은 상품교역에 관한 협정에서 발달되어 온 "동종상품"에 대한 법리가 "동종서비스"에 그대로 적용될 수는 없다는 주장이 유력하다. 우선 서비스는 상품의 물리적 특성이라는 개념이 있을 수 없고, UN상품분류United Nations Central Product Classification가 있기는 하나 상품에 적용되는 세밀한 HSHarmonized System분류표에 비할 바가 못 된다는 것이다. 특히 서비스는 소비자의 기호 또는 최종소비용도가 중요한 역할을 할 수밖에 없기도 하다. 동종서비스로 판정되는 경우 이러한 서비스를 제공하는 공급자는 해당 사건에 있어 모두 "동종서비스 공급자"로 취급되어 적절하지 않다는 것이 최초로 이 문제를 다룬 WTO패널의 입장이다.[2]

(4) 수량제한금지원칙

한편, GATT 제11조는 수입과 수출에 대한 수량제한조치를 제거하도록 규정하고 있다.[3] 즉, 이 조항은 WTO회원국이 특정 상품에 관한 수입과 수출에 관한 절대량을 지정하는 조치를 금지하기 위하여 도입되었다. 수량제한에 대한 금지는 광범위하여 직접적으로 수입쿼터와 수출쿼터를 설정하는 조치가 금지됨은 물론 사실상 수출입 물량을 "0"으로 만드는 조치 역시 이 조항에 위반되게 된다. 한편, 이 조항이 부과하는 수량제한의 일반적 금지에는 몇 가지 중요한 예외가 있다. 첫째는 농산품과 관련하여 정부의 시장안정 프로그램으로 부과되는 수입쿼터GATT 제11조 제2항 (c)호이며, 긴요한 식량자원과 상품의 수출을 일시적으로 제한하기 위한 수출쿼터GATT 제11조 제2항 (a)호, 국제수지악화를 시정하기 위하여 부과되는 쿼터GATT 제12조, 그리고 긴급수입제한조치Safeguards로서 부과되는 쿼터가 그것이다GATT 제19조.

1 동종상품에 대한 상세한 논의는 다음을 참조. Won-Mog Choi, *Like Product in International Trade Law — Towards a Consistent GATT/WTO Jurisprudence*, Oxford (2003).

2 Canada — Certain Measures Affecting the Automotive Industry, Appellate Body Report, WT/DS139/AB/R (Jun 19, 2000).

3 회원국은 다른 회원국 영역 상품의 수입, 다른 회원국 영역에 대한 상품의 수출 또는 수출을 위한 판매와 관련하여 쿼터나 수입허가 또는 기타조치에 의거하거나를 불문하고 관세, 조세 또는 기타 과징금을 제외한 금지 또는 제한을 설정하거나 유지하여서는 아니 된다.

(5) 법의 지배

WTO의 기본원칙의 하나로 들 수 있는 것은 법의 지배rule of law이다. 어떻게 보면 지극히 추상적일 수도 있는 원칙이나 현 WTO체제에는 중요한 의미를 내포하고 있다. 이 원칙은 현 WTO체제는 WTO협정이라는 국제법 규범에 기초하여 운영되며, 회원국 간 발생하는 분쟁도 철저하게 법적인 절차를 통하여 해결된다는 것을 의미한다. 물론 과거 GATT체제도 통상협정에 기초하여 운영되었으므로 법의 지배하에 운영되었던 것으로 볼 여지도 없지 않다. 그러나 과거 GATT체제에는 중요한 흠결이 있었다. 회원국 간 분쟁이 발생한 경우에도 그 최종판정에 당사국이 개입할 여지를 열어 둔 것이다. GATT회원국 간 분쟁이 발생하게 되면 일종의 재판부인 GATT패널이 구성되게 된다. 이 패널은 분쟁 당사국인 회원국의 의견과 주장을 청취하여 최종적인 결론을 도출하게 된다. 이러한 최종 결론을 담은 패널 보고서는 GATT 당사국 회의에서 채택되어야만 효력이 발생하게 된다. 그런데 문제는 GATT 당사국 회의는 회원국 모두의 총의consensus에 따라 결정을 내린다는 원칙을 견지하고 있었다는 점이다. 결국 패소국도 총의 형성에 참여하게 되는 결과가 되는데 패소국은 자신에게 불리하게 내려진 패널 보고서 채택에 동의할 실익이 없게 된 것이다. 이에 따라 중요한 법리를 담고 있는 패널 보고서가 채택되지 않는 경우가 자주 발생하게 되었다.[1] 분명 협정을 위반한 국가가 스스로의 판단으로 협정 위반 판정 도출을 저지하도록 허용하는 제도는 일반적인 의미의 법의 지배와는 거리가 멀다고 할 수 있다.

GATT체제의 이러한 문제점을 WTO체제는 획기적으로 극복하였다. 즉, WTO체제는 통상분쟁의 해결은 중립적인 재판부의 판정을 거쳐 이들의 결정이 최종적인 것이 되도록 보장하는 장치를 도입하였다. WTO체제는 통상분쟁의 해결에 적용되는 별도의 협정인 분쟁해결 규칙 및 절차에 관한 양해Understanding on Rules and Precedures Governing the Settlement of Disputes를 별도로 체결하여 부속서 2에 포함시키기에 이르렀다. 모든 국제회의 의사결정의 기본원칙인 총의 제도 자체를 WTO체제에서 철폐할 수는 없었으므로 일단 총의 제도의 골격을 유지하기는 하

1 David Palmeter and Petros C. Mavroidis, *Dispute Settlement in the World Trade Organization: Practice and Procedure* (2nd ed.), Cambridge (2004), pp. 6-11.

되 그 적용에 상당한 변경을 가하였다. 즉, 현 체제에서는 모든 회원국들이 문제의 패널 보고서를 채택하지 않기로 하는 총의이를 "Negative or reverse Consensus"라고 한다가 없는 한 자동적으로 패널 보고서가 채택되도록 규정하였다. 이 경우 모든 회원국들이 특정 패널 보고서의 채택에 반대하더라도사실 그러한 상황이 발생할 가능성도 거의 제로에 가깝지만, 최소한 승소국의 경우 자신에게 유리하게 판정이 내려진 보고서가 채택되기를 희망할 것이므로 그러한 총의 형성즉, 채택되지 않도록 하는 총의 형성에 반대하게 될 것이다. 그러므로 결국 모든 경우 패널의 판정이 최종적으로 채택되도록 하는 장치를 마련하고 있는 것이다. 이와 같이 재판부의 결정을 정치적 고려 없이 최종적인 결정으로 추인하도록 하는 장치를 도입함으로써 WTO체제는 법의 지배를 획기적으로 강화하였다.

나아가 WTO체제는 항소심 제도도 별도로 도입하였다. 이 역시 기존의 GATT체제에서는 존재하지 않던 것으로 법의 지배 원칙을 더욱 강화한 것으로 볼 수 있을 것이다. 특정 분쟁을 담당하는 패널은 일반적으로 3인으로 구성되며 이들은 오로지 해당 분쟁의 해결만을 위하여 구성되는 일종의 임시 재판부ad hoc tribunal이다. 주로 학계 전문가, 변호사, 공무원 등이 패널리스트로 선출되게 된다. 이러한 구성 방식은 과거 GATT패널에서도 대체로 동일하다. 그런데 패널이 내린 최종 판정을 종국적인 판결로 인정하게 되면 혹시나 발생할 수도 있는 법적 오류가 치유될 기회가 박탈된다는 문제가 존재하게 된다. 따라서 새로이 도입된 분쟁해결 규칙 및 절차에 관한 양해는 항소기구Appellate Body라는 상설 항소 재판부를 신설하였다. 주요 대륙을 대표하는 7인의 통상법 전문가로 구성되는 항소기구는 상설기구로 각 패널이 결정한 판정에 대하여 당사국이 항소하는 경우 이에 대하여 집중 심리하는 역할을 담당하고 있다. 그간 항소기구의 판정은 WTO협정의 주요 법리를 획기적으로 발전시켜 왔으며 국제 분쟁의 해결과 국제교역체제의 안정적 운용에 중요한 역할을 수행하여 왔다. 이러한 관점에서 항소심 제도의 도입 역시 법의 지배 원칙의 일단을 보여 주는 중요한 변화로 볼 수 있을 것이다. 최근 FTA에서 논의되고 있는 투자분쟁해결절차에서도 항소심 제도 도입 문제가 심도 있게 논의되고 있는 현실은 WTO분쟁해결제도가 국제분쟁의 사법적 해결 수단으로서는 상당히 시대를 앞서간 측면이 있음을 보여 주는 대표적인 사례이다.[1]

1 한미 FTA, 부속서 11-D 참조.

E. WTO협정 위반 조치에 대한 정당화 사유

WTO규범 체계는 상기 기본원칙에 대한 일탈을 특정한 조건 아래 허용하고 있다. 이는 구체적으로 GATT 제20조 일반적 예외와 GATT 제21조 안보상 예외, GATT 제24조 지역적/양자적 자유무역협정의 허용 등이다. 이하에서 각 규범을 살펴본다.

(1) 일반적 예외

일반적 예외General Exceptions를 규정하고 있는 GATT 제20조는 전문chapeau과 10개의 구체적 예외로 구성되어 있다.[1] 동 조항은 회원국이 특정한 상황에서 GATT의 일반적인 의무에서 면제되는 것을 허용한다. 이 조항에 포함된 주요 예외로 (a)항 공중도덕에 의한 예외, (b)항 인간 및 동식물의 생명 혹은 건강의 보호를 위하여 필요한 조치, (g)항의 유한천연자원의 보존을 위한 조치를 들 수

1 일반적 예외에 관한 GATT 제20조는 다음과 같이 규정하고 있다.
제20조(일반적 예외)
다음의 조치가 동일한 여건이 지배적인 국가 간에 자의적이거나 정당화할 수 없는 차별의 수단을 구성하거나 국제무역에 대한 위장된 제한을 구성하는 방식으로 적용되지 아니한다는 요건을 조건으로, 이 협정의 어떠한 규정도 체약당사자가 이러한 조치를 채택하거나 시행하는 것을 방해하는 것으로 해석되지 아니한다.
(a) 공중도덕을 보호하기 위하여 필요한 조치
(b) 인간, 동물 또는 식물의 생명 또는 건강을 보호하기 위하여 필요한 조치
(c) 금 또는 은의 수입 또는 수출과 관련된 조치
(d) 통관의 시행, 제 2 조 제 4 항 및 제17조하에서 운영되는 독점의 시행, 특허권·상표권·저작권의 보호, 그리고 기만적 관행의 방지와 관련된 법률 또는 규정을 포함하여 이 협정의 규정에 불합치되지 아니하는 법률 또는 규정의 준수를 확보하기 위하여 필요한 조치
(e) 교도소노동상품과 관련된 조치
(f) 예술적, 역사적 또는 고고학적 가치가 있는 국보의 보호를 위하여 부과되는 조치
(g) 고갈될 수 있는 천연자원의 보존과 관련된 조치로서 국내 생산 또는 소비에 대한 제한과 결부되어 유효하게 되는 경우
(h) 체약당사자단에 제출되어 그에 의하여 불승인되지 아니한 기준에 합치되는 정부 간 상품협정 또는 그 자체가 체약당사자단에 제출되어 그에 의하여 불승인되지 아니한 정부 간 상품협정하의 의무에 따라 취하여지는 조치
(i) 정부의 안정화계획의 일부로서 국내원료의 국내가격이 국제가격 미만으로 유지되는 기간 동안 국내가공산업에 필수적인 물량의 국내원료를 확보하기 위하여 필요한 국내원료의 수출에 대한 제한을 수반하는 조치. 단, 동 제한은 이러한 국내산업의 수출 또는 이러한 국내산업에 부여되는 보호를 증가시키도록 운영되어서는 아니 되며 무차별과 관련된 이 협정의 규정으로부터 이탈하여서는 아니 된다.
(j) 일반적 또는 지역적으로 공급이 부족한 상품의 획득 또는 분배에 필수적인 조치. 단, 동 조치는 모든 체약당사자가 동 상품의 국제적 공급의 공평한 몫에 대한 권리를 가진다는 원칙에 합치되어야 하며, 이 협정의 다른 규정에 불합치되는 동 조치를 야기한 조건이 존재하지 아니하게 된 즉시 중단되어야 한다. 체약당사자단은 1960년 6월 30일 이전에 이 호의 필요성을 검토한다.

있다. 다시 말하면, 가령 인간 및 동식물의 생명 혹은 건강의 보호를 위하여 필요한 일국의 조치가 존재하는 경우 그러한 조치가 설사 내국민대우나 최혜국대우원칙 등을 위반하더라도 그러한 위반이 제20조에 나열된 조건을 충족하는 경우 정당화된다는 것이다. 즉, 그 조치가 동일한 조건하에 있는 국가 간에 자의적이거나 불공평한 차별의 수단으로 사용되지 않고, 무역에 대한 위장된 제한조치로 운용되지 않는 것 등이 그것이다. 그리고 이러한 조치는 단지 인간·동식물의 생명과 건강 보호와 관련되는 조치가 아니라 "필요한necessary" 조치이여야 함에 유의하여야 한다.

그러나 이 일반적 예외에 대하여 주의할 점이 있다. 이 예외는 문자 그대로 예외적인 경우에 엄격한 요건하에서 적용되는 요건이며, 단지 회원국의 문제의 조치가 환경을 보호하기 위한 조치라든가 또는 공중도덕을 보호하기 위한 조치라든가 등의 추상적인 목표만으로는 정당화되는 것은 아니라는 점이다. 적지 않은 경우 특정 통상조치의 WTO 합치성 여부가 문제될 때마다 많은 국가들이 WTO협정 위반 가능성에도 불구하고 제20조의 일반적 요건에 따라 정당화될 수 있다는 식의 논지를 전개하는 것을 보게 된다. 그러나 이 요건의 충족은 쉽지 않으며 이를 심리하는 WTO패널 및 항소기구 등도 이 요건을 상당히 엄격하게 해석하고 적용한다. 이 문제를 심리한 대부분의 분쟁에서 이 요건을 원용한 방어전략은 결국에는 기각되는 것이 일반적인 추세이다. GATT 제20조에서 나타나는 일반적 예외는 GATS 제14조에도 거의 동일하게 규정되어 있으며, FTA 협정도 유사한 내용의 조항을 도입하고 있다.

(2) 안보상 예외

한편 GATT체제 및 WTO체제는 국가안보를 이유로 한 협정 위반이 발생하는 경우 이를 정당화시켜 주는 조항을 도입하고 있다. GATT협정 제21조에 규정된 국가안보 예외조항National Security Exception이 바로 그것이다. GATS 제14-2조도 유사한 규정을 도입하고 있다. 이 예외조항은 국가의 사활이 걸린 사안에서 통상협정의 제반 준수를 요구하는 것이 비현실적일 뿐 아니라 국가 주권에도 중요한 침해를 구성한다는 인식에 기초하고 있다.

그런데 여기에서 말하는 "국가안보national security"는 국제법 내지 국제경제법에서 일반적으로 이해되는 개념으로 주로 군사적·외교적 분야에서의 핵심적 국가이익 보호와 관련되는 내용이다.[1] 즉, 여기에는 국가의 경제적 분야에서의 국가이익 내지 경제주권 보호 등의 개념은 포함되지 않는다는 점에 유념할 필요가 있다. 가령 핵심적 경제이익 수호를 위하여 일방 당사국이 WTO협정을 위반할 수 있도록 인정한다면 이는 WTO체제 자체에 대한 심각한 위협이 될 것이기 때문이다. WTO협정 자체가 각국의 핵심적 경제이익을 어떻게 조율하여 어떻게 규율할 것인지를 종합적으로 규정하고 있는 다자간 최종 종결판인데 이를 다시 각국이 독자적으로 해석하여 예외사유로 활용한다면 합의가 무력화될 것이기 때문이다. 그러나 군사적·외교적 국가안보사안의 경우는 분명 그 상황이 다르다고 할 수 있다. 이러한 이슈는 우루과이라운드 협상 등 WTO체제를 준비하는 과정에서도 심도 있게 다루어진 바가 없으며 이에 대하여 어떠한 국가도 이 분야에서의 자신의 주권을 WTO체제에 양도하겠다는 의사를 표시한 바가 없고 그러한 것이 가능할 것으로 보이지도 않기 때문이다.

안보상 예외를 이유로 한 WTO협정 위반과 그 정당화 가능성이 본격적인 문제로 제기된 바는 아직 없다. 그러나 국가안보 개념을 군사적·외교적 분야에 국한된 것으로 한정하더라도 그 범위가 구체적으로 어디까지 미칠 수 있는지에 대해서는 여전히 논란의 소지가 남아 있다. 사이버 테러 등에서 보는 바와 같이 국가안보의 개념 역시 전통적인 군사활동의 영역을 넘어 사이버 영역으로 확대되는 양상을 보여 주고 있으므로 국제교역과 군사활동과의 접점 역시 점차로 불분명하여지는 상황이 전개되고 있기 때문이다.

1 상기 조항도 결국 국가안보(national security)라는 것은 국가의 모든 이해관계를 포함하는 포괄적인 개념이 아니라 군사/외교적 측면의 국가안보를 기본적으로 염두에 두고 있음을 보여 준다. See John H. Jackson, "Helms-Burton, the U.S., and the WTO," ASIL Insight (Mar 1997) available at http://www.asil.org/insight7.cfm; Robert A. Green, "Antilegalistic Approaches to Resolving Disputes Between Governments: A Comparison of The International Tax and Trade Regimes," *23 Yale J. Int'l L.* (1998), pp. 79, 132; Wesley A. Cann, "Creating Standards and Accountability for the Use of the WTO Security Exception: Reducing the Role of Power-Based Relations and Establishing A New Balance Between Sovereignty and Multilateralism," *26 Yale J. Int'l L.* (2001), pp. 413, 467-468; Raj Bhala, "National Security and International Trade Law: What the GATT Says, and What the United States Does," *19 U. Pa. J. Int'l Econ. L.* (1998), pp. 263, 275-276; Rene E. Browne, "Note: 'Revisiting National Security' in an Interdependent World: The GATT Article XXI Defense After Helms-Burton," *86 Geo. L. J.* (1997), pp. 405, 421-426. 우리나라 학자들도 이와 동일한 입장을 취하고 있다. 박노형 외 15인 공저, 「국제경제법」, 박영사(2006), pp. 162-164; 김대순/김민서, 「WTO법론」, 삼영사(2006), pp. 178-179; 최승환, 「국제경제법」, 법영사(2006), pp. 591-595 참조.

안보상 예외조항은 GATS 제14조의2 및 TRIPsWTO부속협정의 하나인 무역 관련 지적재산권 협정; Agreement on Trade-Related Intellectual Property Rights 제73조에서도 아울러 규정되어 있으며, 최근 체결되는 FTA에서도 항상 포함되는 조항 중 하나이다.[1] 중대한 안보상 이유로 인한 통상협정 위반은 정당화되어야 한다는 데에는 공감대가 형성되어 있기 때문이다.

국가안보와 통상이 밀접한 연관성을 보유하고 있다는 점은 최근 진행된 대 이란 경제제재 문제에서도 여실히 드러난 바 있다. 주지하다시피 현재 국제사회는 미국 주도로 대 이란 경제제재를 실시하고 있으며 이에 대하여 이란은 강력히 반발하고 있다. 특히 미국이 도입하고 있는 경제제재는 이란과의 금융거래를 실시하는 모든 외국 금융기관의 미국 내 영업을 제한하고 있어 상당한 파급효과를 낳고 있다. 각국의 주요 금융기관의 경우 국제적 거래에 적극 참여하고 있는데 이들이 가장 중요한 금융시장인 미국 내 영업활동에 제한을 받는다면 심대한 타격을 입을 수밖에 없기 때문이다. 그런데 문제는 우리나라의 경우 이러한 국제사회의 제재에 특히 취약하게 노출되어 있다는 점이다. 바로 다음과 같은 이유 때문이다.

이란은 우리나라의 주요 원유공급원이다. 우리나라 입장에서 이란은 4번째의 주요 원유 수입선으로 매년 50억 달러에 가까운 원유를 여기에서 수입하고 있다. 또한 이란은 우리나라 상품의 주요 시장이기도 하다. 우리 전자제품과 자동차는 현재 이란에서 선풍적인 인기를 끌고 있으며 매출량은 해마다 늘고 있다. 즉, 수입 및 수출 양측면에서 이란과 우리나라는 밀접한 관련성을 보유하고 있는 것이다. 그런데 이러한 수출입 거래는 모두 금융기관을 통하여 결제가 이루어진다. 우리나라 은행과 이란 은행 간 또는 우리나라 은행, 제3국 은행, 이란 은행 간 3자 거래를 통하여 대금 결제가 이루어지는 것이다. 따라서 우리나라 은행들 입장에서는 이란 금융기관과의 금융거래를 중단한다는 것은 우리나라가 이란으로부터의 원유 수입과 상품 수출을 제한하는 것과 사실상 동일한 의미를 내포하고 있다. 또한 한편으로 우리나라 은행들은 모두 미국에서도 상당히 활발한 활동을 벌이고 있으며 미국 금융기관과 밀접한 관계를 유지하고 있다. 우리 기업의 미국과의 수출입 역시 우리나라 금융기관을 매개로 하여 이루

1 한미 FTA 제23-2조 참조.

어지고 있기 때문이다. 그리고 우리 금융기관의 미국 시장에서의 금융상품 판매도 점차 증가하고 있다. 2005년 국민은행, 2006년 신한은행이 뉴욕 증시에 상장된 것은 바로 이러한 우리 금융기관의 미국 내 활동이 얼마나 활발하게 이루어지고 있고 미국 금융시장이 우리에게 얼마나 중요한 위치를 차지하고 있는지를 상징적으로 보여 주는 예이다. 따라서 우리 입장에서는 우리 기업들이나 금융기관들이 대미 상품 수출입 과정과 미국 내 금융활동에서 예상치 못한 피해를 보지 않기 위해서는 대 이란 경제제재에 적극 참여할 수밖에 없는 형편이다. 그러나 한편으로 이란과의 교역 규모 역시 무시할 수 없는 수준이라 진퇴양난의 어려움에 직면할 수밖에 없는 상황이다.

이란의 핵개발 활동으로 야기된 이러한 국제제재는 국제사회의 안보 이슈가 우리의 통상분야 이해관계에도 직접적으로 영향을 미칠 수 있음을 단적으로 보여 주고 있다. 그리고 그러한 파급효과는 다른 나라에 비하여 수출에 의존도가 높은 우리나라에 보다 비대칭적으로 크게 미칠 수 있다는 점 역시 위 사례는 잘 보여 주고 있다. 한편으로는 UN과 국제사회의 안전보장 확보 노력에 동참하여야 하나 또 한편으로는 교역에 전적으로 의존하고 있는 우리 경제구조의 취약성을 아울러 고려하여야 하는 숙명적 어려움이라고 할 수 있을 것이다.

특히 최근 발표된 미국의 대 이란 제재법안은 외국 정부의 국책은행은 그 적용으로부터 면제를 허용하여 줄 수 있는 근거를 미국 국무장관에게 부여하고 있다. 이에 착안하여 우리 정부는 이란과의 금융거래에 주로 참여하고 있는 기업은행과 우리은행 두 은행을 국책은행으로 성격 규명하며 미국으로부터 면제를 획득하고자 노력하여 오고 있는 것으로 알려지고 있다.[1] 그런데 문제는 이러한 입장이 그간 WTO 등 제반 통상분쟁해결절차에서 우리가 견지하여 오던 입장과 부합하지 않는다는 것이다. 그간 일련의 보조금 분쟁에서 우리나라의 소위 관치금융이 문제가 되자 우리는 정부의 단순한 지분 소유 사실 자체는 민간은행을 국책은행으로 전환시키지 않는다는 점을 지속적으로 강조하여 왔다. 상기 두 은행은 정부의 지분 소유가 상당한 은행들이다. 이러한 원칙에 기초하여

1 2012년 2월 27일 기획재정부 보도자료 “이란핵문제 관련 한미간 협의 결과” 및 2012년 2월 27일 이데일리 신문 기사 “미이란 핵제제, ‘국내은행 비석유거래 예외’ 확정” available at http://cn.moneta.co.kr/Service/paxnet/ShellView.asp?ArticleID=2012022714373403629

정부의 지분 소유에도 불구하고 우리는 이들 은행이 국책은행에는 해당하지 않는다는 입장을 그간 견지하여 왔다. 그런데 대 이란 제재로부터 탈피하고자 이들 은행을 국책은행으로 지정함으로써 그간의 우리 입장과 부합하지 않는 입장을 밝히게 된 것이다.

물론 WTO분쟁해결절차에서 국책은행 지정의 목적과 대 이란 경제제재 과정에서 국책은행 지정의 목적은 서로 상이하다. 이러한 점을 들어 양자는 서로 무관하다는 주장을 전개할 수 있을 것이다. 그러나 우리 정부의 입장이 경우에 따라 서로 상충된다는 것은 결국 어떠한 입장을 견지하더라도 장기적으로 우리의 신뢰성을 저하시킬 수밖에 없게 될 것이다. 이 역시 WTO 분쟁과 대 이란 경제제재라는 서로 전혀 무관할 것 같은 이슈가 상호 연관되어 있음을 보여 주는 사례이다.

이러한 점은 통상문제가 결국 국내법령 및 제도와 밀접하게 연관되어 있고 다시 이는 여타 국제공법 이슈와 연관되어 있음을 보여 주고 있다. 관치금융을 통한 간접 보조금 교부 여부는 통상문제이며, 정부 지분 소유의 금융기관 의사결정의 영향 여부는 국내법령 및 제도와 연관된 문제이고, 대 이란 제재는 UN 안보리가 결정한 국제공법상 문제이기 때문이다.

(3) 양자적 및 지역적 자유무역협정의 허용

GATT협정 및 이를 승계한 WTO체제는 FTA에 대한 예외조항을 명문으로 도입하여 FTA 체결을 허용하고 있다. 바로 GATT 제24조가 그것이다. 모든 회원국을 무차별적으로 대우한다는 소위 최혜국대우원칙이 WTO체제의 기본골격이라고 한다면 FTA는 양자 간 특혜를 주고받는 것을 제도화한다는 측면에서 이러한 기본골격에 대한 중대한 도전이라고 볼 수도 있다. 그러나 위에서 언급한 바와 같이 GATT체제와 WTO체제의 궁극적 목표가 자유무역의 구현이므로 양자 간 보다 강화된 수준의 자유무역 체제를 도입하는 것을 허용하는 것이 전 세계적 자유무역의 구현에도 도움이 될 것이라는 인식에서 이러한 예외를 도입하게 되었다. 또한 무역자유화는 일종의 관성의 법칙이 적용되어 자유화가 달성되면 이를 다시 후퇴시키는 것이 용이하지 않다는 현실적 인식도 고려되었다. 즉, 어떤 국가가 양자 간 협정인 FTA를 통하여서 일단 특정 품목 및 항목에 대한 자유화를 달성하면 이 국가는 다자간 차원에서도 그러한 자유화를 유지할 가능성이 더욱 높아지기 때문이다. 시장개방이 처음에는 국내적 반발 등으로 쉽지 않으나 일단 개방이 된 이후 그 과실을 향유하게 되면 더욱 개방이 촉진되는 성향이 있으므로 양자 간이든 다자간이든 일단 자유화를 달성하면 WTO체제의 유지 및 발전에도 도움이 될 것이다.

다만 현재 FTA가 전 세계적으로 확산되고 있어 2011년 3월 현재 294개의 FTA가 발효 중이고, 특히 EU 및 미국 등 주요 교역국들이 FTA 체결에 적극적으로 나서고 있으며, 도하라운드 타결이 실패하여 다자간 무역체제가 정체되어 있는 시점인지라 FTA예외조항이 다자간 무역체제에 어떠한 영향을 미치는가에 대한 재검토가 이루어지고 있는 상황이기도 하다. 여러 논란이 없지 않으나 기본적으로 FTA예외조항은 다자간 무역체제의 유지 및 발전에도 중요한 촉매제로 작용한다는 것이 일반적인 입장으로 받아들여지고 있다. 향후 GATT 제24조에 규정된 FTA허용조건들에 대한 규정이 철저하게 적용되고 FTA심사가 제대로 진행된다면 FTA와 WTO는 상호 시너지 효과를 발휘할 수 있도록 운영될 수 있을 것이다.

F. WTO체제 현황에 대한 전체적 평가

1995년 1월 1일 WTO체제의 등장은 국제통상에도 큰 변화를 가져왔다. 그 대표적인 변화 중의 하나가 바로 국제통상 규범이 모든 영역에서 구체적으로 제시되고 그 준수 여부를 법적인 측면에서 엄격히 평가하는 소위 법의 지배 원칙의 본격적 대두임은 위에서도 언급하였다. 즉, 이전의 외교 교섭의 대상이었던 통상문제가 드디어 법적 규율의 문제로 변화된 것이다.[1] 국제통상이 여러 영역으로 확산되고 또 각국의 자의적인 통상규제조치에 피해를 입은 많은 국가들이 국제통상규범의 규범력 강화에 동조하게 되고 이것이 WTO체제의 출범으로 이어지게 된 것이다. 이에 따라 1947년 GATT협정 하나에만 의존하여 오던 통상협정 체제에 대폭적인 수정이 이루어지게 되었다.

1 Peter Van den Bossche, *The Law and Policy of the World Trade Organization: Text, Cases and Materials* (2nd ed.), Cambridge (2008), pp. 32-35.

8년에 걸친 우루과이라운드 협상의 결과 기존의 GATT협정의 조항들 중 일부는 그 중요성에 비추어 별도의 협정으로 발전하게 되었다.[1] 반덤핑협정, 보조금협정, 세이프가드협정, 관세평가협정, 동식물위생검역협정 등이 그것이다. 이들 협정은 기존의 GATT 제6조, 제7조, 제8조, 제16조, 제19조 및 제20조를 각각 더욱 발전시켜 새로운 협정으로 자리매김한 것이다. 이들 문제를 둘러싼 통상분쟁이 더욱 복잡하게 전개되게 되자 하나의 조항만으로 이들을 규율하는 것이 사실상 불가능하게 되고, 그 결과 별도의 협정에 대한 필요성이 대두하게 된 것이다. 기존의 GATT협정 역시 GATT 1994이 책에서는 GATT 1994도 GATT협정으로 통칭하고 있음로 이름을 바꾸어 계속 남아 있으므로 결국 이들 이슈에 대해서는 GATT협정의 관련 조항과 새로운 협정이 동시에 적용되는 상황으로 발전하게 되었다.

한편, 기존의 GATT체제에 존재하지 않던 새로운 내용들이 WTO협정으로 발전하는 상황도 대두하였다. 서비스 교역을 규율하기 위한 GATS협정, 무역관련 지적재산권 문제를 규율하기 위한 TRIPs협정, 분쟁해결절차 양해사항이 대표적인 사례이다. GATS와 TRIPs는 국제교역이 점차 그 영역을 넓혀가고 있음을 보여 주는 대표적인 사례이며, 분쟁해결 양해사항의 경우 국제통상분쟁을 해결하는 법적 메커니즘의 도입을 보여 주는 사례이다. 특히 분쟁해결 양해사항을 통해 국제통상 분쟁에 대한 1심 분쟁, 항소심 분쟁 제도를 각각 도입하고 여기에 철저한 시간적 구속deadline을 부여하는 등 절차적 규칙을 도입함으로써 통상분쟁의 사법화 현상을 적극 구현하고 있다.

한편으로 이러한 통상규범의 정치화 및 세분화와 이에 따른 사법주의 움직임의 대두는 선진국과 개도국 간 통상규범 이행과 분쟁 대응 측면에서 역량의 차이를 더욱 부각시키는 부작용도 아울러 초래하게 되었다. 즉, 통상규범이 복잡다기하게 발전함에 따라 그 의미를 해석하고 국내적으로 이를 충실히 이행하는 데에는 상당한 국내적 준비작업과 법적·제도적 인프라가 필요하게 되었으나 개도국의 경우 그러한 작업을 완수하기에는 아직 상당한 시일과 노력이 필요한 실정이다. 또한 새로이 도입된 사법주의 분위기하에서는 분쟁이 발생한 경우 이에 대한 효과적 대응을 위해서는 통상분쟁 전문인력의 확보가 지극히 긴요하나

1 총 목록은 다음 웹사이트 참조. WTO 웹사이트, "WTO Legal Texts" available at http://www.wto.org/english/docs_e/legal_e/legal_e.htm

개도국의 경우 그러한 인력과 자원의 확보가 역시 제한적이다. 그 결과 동일한 조건에서는 WTO협정의 이행과 분쟁의 수행은 개도국에 대하여 새로운 부담을 초래하는 측면이 아울러 존재하게 되었다. 이러한 현상은 도하라운드 협상이 2001년에 개시되는 데 있어 중요한 촉매제 역할을 하기도 하였다.

한편, 이러한 국제통상 체제의 도입은 우리나라에 대해서도 새로운 기회와 과제를 동시에 제시하였다. 한편으로 국제통상 규범이 정치화政治化함에 따라 자의적 수출규제의 가능성이 일단 줄어들게 되어 수출을 위주로 하는 우리나라에 대해서는 전체적으로 긍정적인 효과를 초래함과 동시에 새로운 통상규범을 이행하고 다양한 분쟁에 대응하는 데 있어 새로운 실무적 과제를 동시에 제시하게 되었기 때문이다. 전체적으로 우리나라의 경우 WTO체제에 성공적으로 적응하였다고 평가할 수 있을 것이다.

어쨌든 1995년 출범한 WTO체제는 국제통상 규범의 새로운 시대를 열었다고 하여도 과언이 아니다. 적지 않은 불만과 문제점에도 불구하고 1995년 출범한 WTO부속협정의 기본골격은 그 이후에도 계속 유지되고 있다. 2001년부터 시작된 도하라운드 협상이나 또는 현재 확산 일로에 있는 FTA의 경우도 그러한 기본골격을 부인하는 것이 아니라, 이를 보다 발전시키고 정치하게 정립하는 것이 그 주목적이라고 볼 수 있다. 각 부속협정의 목적과 핵심 내용은 별도의 장에서 살펴보도록 한다.

2. 아시아-태평양 경제협력기구[1]

현 국제제체에서 WTO 이외에 다자무역주의를 이루는 또 하나의 축으로 아시아-태평양경제협력기구Asia-Pacific Economic Coopratiom: APEC를 들 수 있다. APEC은 아시아-태평양 경제협력 체제의 확산을 위하여 도입·운용되고 있는 국제기구로 WTO와는 여러 모로 상이한 성격을 보유하고 있다. 이하에서는 APEC에 대한 기본적인 설명과 함께 우리나라와의 관계, 국제통상에서의 APEC의 기여에 대하여 살펴본다.

1 보다 자세한 내용은 외교통상부 보도자료, "2008 APEC 통상장관회의 개최," 제08-217호(2008. 5. 26. 배포) 참조.

A. APEC 개요

다자무역주의에 대한 이해를 위하여 APEC의 태동과 기본 목적, 현황에 대한 이해가 선행되어야 한다. 이하에서 간략히 살펴보기로 한다.

(1) 출범 배경

1980년대 후반 냉전체제의 종식 후, EU 통합이 가속화됨에 따라 아시아-태평양 지역에서 지역통합 필요성이 요구되었다. 미국도 NAFTA 체결을 추진하는 동시에 미국을 배제한 동아시아의 결속을 약화시키기 위하여 APEC 태동에 적극 참여하였고 태평양경제협력위원회PECC 등 아시아-태평양 민간협력기구들의 활동이 1980년대 초부터 활성화됨에 따라 정부차원의 협력 여건이 성숙되었다.[1]

(2) 기본목표

APEC은 아시아-태평양지역 경제공동체의 점진적 달성을 기본목표로 하고 있다. 회원국 간 경제적·사회적·문화적 이질성을 극복하고, 역내 경제성장에 상호 기여하는 가운데 궁극적으로 경제공동체 형성을 추구하는 것이다. 특히 역내 무역·투자 자유화선진국 2010년, 개도국 2020년와 경제·기술협력을 양대축으로 하여 공동체 달성을 위해 노력하여 왔으며 개방적 지역주의Open Regionalism를 모토로 하고 있다. 이는 APEC의 목표가 폐쇄적인 지역주의가 아니라 역내 무역·투자 자유화에 의한 모든 경제적 혜택을 WTO 등 여타 기제를 통하여 역외국에도 적용한다는 것이다.

(3) 연혁과 현황

1989년 호주 캔버라에서 우리나라를 포함한 12개국 간 각료회의로 출범하였다. 현재 동북아지역에 6개국한국, 중국, 일본, 러시아, 대만, 홍콩과 ASEAN에서 7개국말레이시아, 인도네시아, 태국, 필리핀, 싱가포르, 브루나이, 베트남, 대양주 3개국호주, 뉴질랜드, 파푸아뉴기니 그리고 미주지역 5개국미국, 캐나다, 멕시코, 칠레, 페루 등 21개국이 회원국으로 있다. 1993

1 외교통상부 보도자료, "2008 APEC 통상장관회의 개최," 제08-217호, 2008. 5. 26. 배포. 〈첨부 2〉 APEC 개관에서 발췌.

년 클린턴 미 대통령의 제안으로 매년 정상회의를 개최하고 2005년 11월 18-19일간 부산에서 제13차 정상회의를 개최한 바 있다. 최근에는 2011년 11월 12-13일 호놀룰루에서 제19차 정상회의를 개최한 바 있다. APEC은 UN, WTO와 같은 국제조약의 기반 위에 설치된 국제기구와는 성격이 상이한 "느슨한 포럼Forum" 형태의 지역경제협력체이며 전원합의consensus에 의한 의사 결정 구조를 가지고 있다.[1]

APEC이 포괄하는 영역은 실로 광대하다. APEC은 2010년 기준으로 전 세계 GDP의 약 53%, 교역량의 44%를 점유하는 최대의 지역협력체로 회원국 영토를 총 합하면 62,884,000 평방킬로미터로 전 세계의 42.2%이며, 총 인구는 약 27억 명 이상으로 전 세계의 대략 40%이다. 명목 GDP는 약 35조 US달러로 전 세계의 55.7%이고 총 교역량은 약 13.8조 US달러로 전 세계의 약 46%를 차지하고 있다.[2] 회원국의 명칭 표기에 있어서 APEC은 "국가"라는 명칭 및 국기를 사용하지 않는 것이 관례이다. 회원국을 "국가country"가 아니라 회원member 또는 경제체economy로 표기하고, 대만과 홍콩은 각각 Chinese Taipei와 Hong Kong, China로 표기하고 있으며 각국 정상이 참석하는 회의도 정상회의라고 하지 않고, "APEC 경제 지도자 회의Economic Leaders' Meeting"라고 호칭하는 것도 특이하다.

B. 우리나라와 APEC

우리나라에게 APEC은 매우 중요하다. APEC은 아시아-태평양지역의 유일한 지역경제협력체로 우리나라의 안정적 해외 시장 확보에 중요한 역할을 하고 있다. 또한 APEC의 창설을 주도한 국가로서 우리나라는 전반적인 개방의지 표명 및 경제·기술 협력에 선도적인 역할을 담당하고 있다.

(1) 우리나라에 대한 APEC의 중요성

아시아-태평양지역 경제대국 및 신흥시장권이 총망라된 아시아-태평양지

1 *Ibid.*

2 외교통상부, "APEC 회원국의 주요 경제지표"(Dec 19, 2011) available at http://www.mofat.go.kr/countries/regional/apec/issues/index.jsp?menu=m_40_70_20&tabmenu=t_3 및 APEC Secretariat, "APEC at a Glance, 2012" (Jan 2012) available at http://publications.apec.org/publication-detail.php?pub_id=1246

역의 유일한 지역경제협력체로서 APEC은 우리의 무역·투자 자유화 촉진, 제도의 선진화 및 새로운 시장 확대에 기여할 것이다. 또한 APEC회원국은 우리의 무역·투자 최대 파트너로 2010년 기준으로 우리나라 총 교역량의 66.4%를 차지하고 있으며, 2011년 9월 기준으로 대 한국 투자건수의 65.9% 및 투자액의 56.4%를 의존하고 있다.[1] 그리고 주변 4개국 정상과의 정기적인 교류의 장을 마련하고 북한 핵문제 등 민감한 사항에 대한 공조 협의를 하는 등 한반도 정세 안정에 기여하는 측면도 있다.

특히 우리나라는 아시아-태평양지역 내 안정적인 시장확보를 위한 기반으로 APEC을 활용할 수 있다. 다자간 무역체제의 불안정성, EU 및 NAFTA의 형성 등 지역주의 추세에 따른 국제환경의 불확실성에 대비하는 데 있어 APEC은 중요한 대안을 제시하고 있기 때문이다. 뿐만 아니라 무역·투자 자유화 및 경제·기술협력 분야에서 APEC은 중요한 협의 기제를 제공하고 있어 우리 입장에서는 WTO와 상호 보완적인 성격을 보유하고 있다.[2]

(2) APEC에 대한 우리나라의 기여

우리나라는 1989년 APEC 출범 시 호주와 함께 창설을 주도하였다. 1991년 제3차 각료회의서울 시, APEC 헌장격인 "서울선언"을 마련하였고 중화 경제권중국, 대만, 홍콩의 가입을 성사시킨 바 있다. 이후 무역·투자 자유화 확대를 위한 역내 회원국 간 각종 논의 및 주요 결정에 적극 참여하였고 대 개도국 지원 확대, 특히 교육, 훈련 및 IT분야의 사업에 활발히 참여하였다. 또한 2005년 제13차 정상회의부산의 개최를 통하여 중장기적 역내 무역·투자 자유화 방향 제시 등 APEC의 재활성화에 기여하였고 2005년 "부산로드맵" 채택과 APEC의 효율성과 재정 안정성 제고를 위한 "APEC 개혁안" 합의를 주도하는 등 APEC에서 중요한 참여국으로 자리매김하고 있다.[3]

1 외교통상부, "우리나라와 APEC 회원국간 무역·투자"(2011. 12. 19) available at http://www.mofat.go.kr/countries/regional/apec/issues/index.jsp?menu=m_40_70_20&tabmenu=t_3

2 외교통상부 보도자료, "2008 APEC 통상장관회의 개최," 제08-217호, 2008. 5. 26. 배포. 〈첨부 2〉 APEC 개관에서 발췌.

3 *Ibid.*

C. 통상부문에서의 APEC의 기여와 역할

일반적으로 국제통상 문제라고 하면 흔히 우리는 WTO나 FTA 등 법적 구속력을 담보한 협정 체제만을 먼저 떠올린다. 그러나 이러한 법적 구속력을 담보하지는 않았으나 중요한 역할을 수행하는 것으로 APEC을 들지 않을 수 없다. APEC은 아시아-태평양 연안 국가들이 다양한 경제적 이슈에 관하여 논의를 진행하는 자유로운 포럼이다. 현재 APEC 가입국가는 우리나라를 비롯하여 미국, 중국, 일본, 러시아 등 EU를 제외하고는 세계 경제체제를 좌지우지하는 대부분의 국가가 포함되어 있다. 혹자는 법적 구속력이 결여된 APEC의 특징을 지적하며 구체적 성과를 도출하기 힘든 포럼이라는 비난을 제기하기도 하나,[1] 오히려 그러한 특성으로 인하여 여러 이슈들에 대하여 자연스러운 논의가 가능하여지는 측면도 있다. DDA 협상이나, WTO회의와 같이 모든 발언이 직간접적으로 장기적 또는 단기적 법적 합의를 포함하게 되는 포럼이 아니므로, APEC에서는 오히려 여러 가지 새로운 현안에 대하여 자유로운 논의와 실험 등을 진행할 수 있게 된다.

즉, 통상부분에서 APEC의 기여는 바로 모든 국가들의 자유로운 논의가 가능하여지는 유일한 포럼을 제공하고 있다는 점이다. 참여 국가들의 자유로운 의견 개진을 통하여 보다 솔직한 논의와 협의가 진행될 수 있는 포럼을 정기적으로 제공하고 있다는 측면에서 APEC은 중요한 기여를 하고 있는 것이다. 이러한 논의를 통하여 어느 정도 의견 수렴이 이루어진 후 보다 엄격한 포럼으로 진행하여 본격적인 논의 내지 규범화를 시도할 수 있게 된다.

이러한 특성으로 WTO 및 FTA 등 다자적·양자적 맥락에서 진행하기 곤란한 내용들이 APEC을 통하여 제기되기도 한다. WTO와 APEC의 가장 큰 차이점은 전자가 법적 규범으로 움직이는 국제기구라면 후자는 국가들 간 총의를 형성하여 비법적인 규범을 창출하여 일정한 목적을 달성하고자 하는 것이다. 즉, APEC의 경우 일종의 SOFT LAW를 창출하는 것을 주목적으로 하고 있다. APEC의 역할에 대하여 많은 비판도 있지만 여전히 긍정적인 기능이 더 크다고 판단된다. 법적 규범에 따라 움직이는 것이 아니므로 모든 국가가 허심탄회하게 이야기할 수 있고

1 이러한 특성을 이유로 혹자는 APEC을 "wine and dine"으로 진행되는 회의라고 비난하기도 한다.

복잡한 생각 없이 솔직한 의견 개진이 가능하다는 것이 바로 그것이다. 이러한 솔직한 의견 교환을 통하여 분위기가 확인된 다음 다시 이것이 WTO라는 보다 공식적이고 법적 구속력이 있는 포럼으로 넘어가게 되는 것이다. 이러한 측면에서 WTO체제와 APEC은 상호보완적인 측면이 있다. 최근 교착상태에 빠진 DDA의 돌파구를 모색하는 논의가 APEC 맥락에서 진행되고 있는 것도 바로 APEC의 이러한 유용성을 잘 보여 주는 사례이다. 마찬가지로 원래 우루과이라운드 협상에서 미진한 부분으로 남아 있던 무역원활화 부분이 WTO 출범 이후 APEC을 통하여 주로 논의된 이후, 그 협상 결과가 다시 WTO로 전파되어 DDA 협상으로 발전한 것 역시 APEC과 WTO의 상호작용을 잘 보여 주고 있다. 통상에 중요한 영향을 초래하지만 WTO에서 논의하기는 곤란한 이슈 역시 APEC 맥락에서는 논의되는 사례가 많으며, 가령 각국의 대 테러조치의 통상규제적 효과를 검토하는 문제가 여기에 해당한다.[1] 적절한 협정 규범이 부재한 WTO 맥락에서는 이러한 논의를 전개하기가 마땅치 않은 것이다. 따라서 WTO와 APEC이 서로 역할분담을 잘 진행하여 온 것으로 보이며, 향후에도 이러한 역할 분담을 유지하는 것이 국제통상체제의 안정적 발전을 위하여 필요할 것이다.[2]

3. 경제개발협력기구

다자무역주의 체제의 형성 및 운용과 관련하여 빼놓을 수 없는 기구가 프랑스 파리에 위치한 경제개발협력기구Organization for Economic Cooperation and Development: OECD이다. 이 기구는 주로 선진국들 중심으로 자신들의 주요 경제통상 현안을 논의하기 위하여 1961년에 설립된 국제기구이며, 현재 회원국은 모두 34개국이다. 우리나라는 1996년 이 기구에 가입하였다.[3]

1 2001년 9·11 사태 이후 미국 등 각국의 대 테러 대응조치와 통상분야의 파급효과에 관하여 APEC은 심도 있는 논의를 전개하여 오고 있다. 이와 관련하여 Asia Pacific Economic Cooperation Counter-Terrorism Task Force available at APEC's website found at http://www.apec.org/Home/Groups/SOM-Steering-Committee-on-Economic-and-Technical-Cooperation/Task-Groups/Counter-Terrorism-Task-Force 참조.

2 이재민/유예리, "2010년 서울 G20 정상회의 통상분야 주요 현안 검토," 한국법제연구원 참조.

3 외교통상부, "경제협력개발기구 개요" available at http://www.mofat.go.kr/trade/oecd/overview/index.jsp?menu=m_30_90_110

이 기구는 주로 소규모 선진국들 간 의견 교환이 이루어지는 체제라는 점에서 154개국이 참여하는 WTO보다 논의의 효율성을 증진할 수 있으며, 또한 아시아-태평양지역 국가만이 아닌 전 세계 모든 지역의 국가가 참여한다는 차원에서 APEC의 지역적 한계 역시 극복하고 있다. 따라서 다양한 현안에 대하여 주요한 리더십을 발휘하고 있으며, 여기에서의 논의가 곧바로 WTO 협상에서의 논의를 위한 기초를 제공하기도 한다. 가령, 선진국 간 오랜 현안이었던 조선보조금과 철강보조금 문제는 WTO체제보다 오히려 OECD체제에서 보다 활발하게 논의되어 왔으며 입장 조율이 진행되어 왔다.[1] 어차피 이 품목에 주요 관심을 갖는 국가는 선진국이 대부분이므로 OECD에서의 논의가 오히려 신속하고 효율적이었기 때문이다. 최근 논란이 되어 온 수산보조금 문제 역시 마찬가지이다. 각국 수산업에 교부되는 보조금으로 인하여 어족자원 고갈이 심화된다는 문제의식과 이를 위한 구체적 대응방안은 OECD에서 먼저 논의되었으며 그 내용이 WTO 도하라운드 협상의 단초를 제공하게 되었다.[2] 이와 같이 OECD와 WTO는 서로 밀접한 보완관계에 있으며, 그 맥락에서 OECD 역시 다자무역주의 체제 운용에 중요한 역할을 담당하고 있는 것이다.

물론 OECD의 내부적 한계도 간과하여서는 아니 된다. 이 기구는 기본적으로 선진국 중심의 기구이다보니 여러 가지 논의나 합의 내용이 대부분 선진국의 입장을 반영한 방향으로 진행된다는 점이다. 물론 OECD가 개도국 지원을 위한 중요한 역할을 담당하고 있기도 하다. 가령 OECD는 각 선진국의 개도국 ODA[Official Development Assistance] 지원을 자국 GDP의 1% 이상이 되도록 요구하고 있으며, ODA 지원의 경우에도 별도의 요건을 부과하지 않도록 유도하여 실질적

1 Fabrizio Pagani, *the OECD Steel and Shipbuilding Subsidy Negotiations: Text and Legal Analysis*, Cameon May (2008).

2 수산보조금 문제는 WTO DDA규범 협상 의장 초안에 상세히 규정되어 있다. WTO Negotiating Group on Rules, "Draft Consolidated Chair Texts of the AD and the SCM Agreements" (TN/RL/W/213) (Nov 30, 2007) 참조. 이 의장 초안은 WTO 반덤핑협정 및 보조금협정의 개정안을 포괄적으로 정리한 내용으로 수산보조금 부분은 이 중 보조금협정의 제8부속서로 포함되어 있다. 각국의 수산보조금 교부를 규제하기 위하여 광범위한 금지보조금 도입을 의장 초안은 예정하고 있다. WTO Negotiating Group on Rules, "New Draft Consolidated Chair Texts of the AD and the SCM Agreements" (TN/RL/W/236) (Dec 19, 2007) (이하 "의장로드맵").
의장 초안에 포함된 내용의 평가에 관해서는 우리나라가 WTO에 제출한 다음 문서를 참조. "Framework of the Discipline of Fisheries Subsidies, Communications from the Republic of Korea" (TN/RL/W/245) (Nov 24, 2009).

인 개도국 지원 효과를 달성할 수 있도록 노력하여 왔다.[1] 이를 통해 선진국의 개도국 지원이 그 질과 양면에서 대폭 확대되어 온 것은 부인할 수 없다. 그러나 제반 통상이슈에 관한 논의에서는 기본적으로 선진국 시각이 반영된 논의가 진행될 수밖에 없으며 이는 OECD논의의 한계로 지적되고 있기도 하다. 가령, 수산보조금 논의의 경우 수산물이 주요한 수입원으로 자리잡고 있는 개도국의 입장은 제대로 반영되지 않은 상황에서 논의가 진행되었다. 조선보조금과 철강보조금도 개도국의 입장까지 반영한 전 세계적 해결책의 도입을 모색하고 있다기보다는 주요 수출국 간 상호 이해관계의 균형을 달성하기 위한 타협책 모색에 주력하여 온 측면도 부인할 수 없다.

OECD의 기여와 그 한계를 가장 단적으로 보여 주는 것은 국제투자의 규율과 관련한 부분이다. 국제경제 체제에서 선진국들이 가장 큰 관심을 경주하고 있는 영역은 국제투자의 자유화와 그 보호이다. OECD가 출범 초기부터 국제투자 부분에 다양한 논의와 규범을 마련하여 온 것은 바로 이러한 이유이다.[2] OECD의 국제투자 영역에서의 논의는 1997년 다자간 투자협정Multilateral Agreement on Investment: MAI 체결 노력에서 절정을 이루었다.[3] OECD에서의 MAI 협상 논의가 중요한 의의를 갖는 이유는 투자문제는 WTO체제에서는 규율되지 않아 온 소위 "비통상이슈"였기 때문이다. 만약 MAI 협상이 성공하였다면 투자문제가 갖는 중요성과 이를 둘러싼 각국의 갈등에 비추어 국제경제 체제에 중요한 전기를 제공할 수도 있었을 것이다. 그러나 MAI 협상은 결국 실패로 귀결되게 되었으며, 그 주된 이유는 선진국 중심의 투자협정 체제 구축에 대하여 개도국의 지속적인 반발과 이를 이유로 한 일부 회원국의 반대 때문이었다.[4] MAI 협상과 관련한 일련의 상황은 OECD의 특성과 그 한계를 잘 보여 주고 있다. 결국 중요한 이슈일수록 결국에는 WTO와 같은 다자차원의 논의가 불가피함을 보여 주는 사례라고 볼 수 있을 것이다.

1 OECD Development Assistance Committee, "The DAC 50 Years, 50 Highlights" (2011) available at http://www.oecd.org/dataoecd/63/50/46717535.pdf
2 Peter S. Watson, Joseph E. Flynn and Chad C. Conwell, *Completing the World Trading System: Proposals for a Millennium Round*, Kluwer Law International (1999), pp. 247-249.
3 *Ibid.*, pp. 249-253.
4 David Henderson, *the MAI Affair: A Story and Its Lessons*, Royal Institute of Intl Affairs (2000).

4. G-20 정상회의

다자무역주의 체제에 중요한 역할을 하는 국제 회의체로 G-20 정상회의 역시 빼놓을 수 없다. 그 이름에서 나타나는 바와 같이 이는 세계에서 가장 큰 경제규모를 가진 20개국 정상의 협의체이다. 2008년 9월 발생한 세계 금융위기 극복을 위하여 이들이 처음 회동하여 보호무역주의조치 배격 등 글로벌 경제위기 확산을 위한 일련의 조치를 택한 이후 정기적으로 개최되고 있다.[1] 지난 2010년 11월에는 우리나라에서 개최되어 도하라운드 협상의 마지막 노력 경주를 위한 새로운 모멘텀momentum을 제공한 바 있다.[2]

G-20 정상회의의 가장 큰 장점은 이들이 모두 WTO회원국으로서 WTO에서 진행되는 논의를 보완하거나 또는 논의하기 힘든 사안을 논의할 수 있는 효과적인 협의체를 제공하고 있다는 점이다. 특히 G-20 참가국 중 유일하게 WTO비회원국이었던 러시아가 2011년 12월 15일 개최된 제네바 각료회의에서 WTO회원국으로 가입이 승인됨에 따라 이제 모든 G-20 국가가 WTO회원국이 되어 그 논의의 효율성은 더욱 제고되게 되었다.

OECD 역시 선진국 중심의 논의체로 G-20 정상회의와 여러 모로 겹치는 부분이 있기는 하다. 그러나 OECD가 주로 구체적인 사안에 대한 각국의 실무적 논의를 위한 기구로 자리매김하여 온 반면 G-20 정상회의는 그 태생적 배경이 세계 경제위기의 극복임에서 알 수 있듯이 전 세계 경제체제 및 교역질서 재편을 위한 협의체로 자리잡게 됨에 따라 OECD에서는 기대할 수 없는 역할을 수행하고 있으며 그 측면에서는 OECD와 비교할 수 없는 중요성을 띠게 되었다. 2010년 서울에서 개최된 G-20 정상회의에서는 각국의 환율정책이 국제경제와 교역에 미치는 영향에 대하여 심도 있게 논의되었으며, 각국의 정책을 안정적인 방향으로 유도하는 데 중요한 역할을 수행하였다.[3] WTO 및 OECD 등에서는 기대하기 힘든 내용들이다.

1 대한민국 정책포탈 공감코리아, "G20 정상회의" available at http://2010g20.korea.kr/newsWeb/pages/special/g20/g20Etc/what.jsp

2 *Ibid.*

3 외교통상부, "G20 정상회의·재무장관회의 개요" available at http://www.mofat.go.kr/countries/regional/g20/outline/index.jsp?mofat=001&menu=m_40_70_110

이상에서 살펴본 바와 같이 다자주의무역 체제는 WTO, APEC, OECD 및 G-20 정상회의 등의 유기적인 상호작용을 통하여 구축되고 발전되어 왔다. 이들 중 법적 구속력을 보유하고 있는 것은 WTO협정과 OECD의 일부 합의 내용들이다. 그러나 비록 법적 구속력을 보유하지는 못하더라도 APEC, OECD 및 G-20 정상회의에서의 논의 내용과 합의 내용은 국제경제 체제의 재정비에 중요한 역할을 담당하였으며, 국제통상규범 형성에도 중요한 매개체로 작용하여 왔다. 또 이를 통하여 각국의 통상정책도 합리적인 방향으로 인도될 수 있었다.

여러 다양한 국제기구와 협의체가 다자주의무역 체제에 관여하고 있으나 이러한 다자주의무역 체제의 정점은 여전히 WTO이다. 여러 논의가 진행되더라도 결국 마지막 방점은 WTO에서 별도의 협정으로 체결되거나 각료회의 등을 통하여 결정될 수밖에 없다. 다자주의무역 체제는 154개국 회원국의 합의와 참여가 결국에는 필요하기 때문이다. 그러나 WTO는 그 내부적인 한계와 새로운 난제들이 대거 등장함에 따라 지금까지의 주도적 역할을 제대로 수행할 수 있을지 적지 않은 우려가 대두되고 있는 상황이다. 이하에서는 이에 대하여 살펴보기로 한다.

5. WTO체제의 정당성에 관한 논의[1]

WTO체제는 이전의 GATT체제의 미비점을 보완하여 진정한 의미의 국제무역기구로서의 면모를 갖추고 활동을 개시하였으나 그 정당성에 대하여 많은 의문이 제기되어 왔다. 첫째, WTO체제의 지향점 내지 이념에 대한 도전이다. WTO가 오로지 경제적 이익의 달성에만 초점을 두고 있기 때문에 환경, 인권, 식품안전 등과 같은 비경제적 이익을 도외시하고 있다는 것이다. 따라서 WTO 체제를 이러한 비경제적 가치를 고려할 수 있는 보다 "인간적인 얼굴human face"을 가진 기관으로 탈바꿈시켜야 한다는 것이다.[2] 둘째, WTO체제가 의사결정과

1 이에 대한 상세 논의는 정영진 다음 박사학위 논문 참조. Youngjin Jung, "Revitalizing the Legitimacy of the World Trading System," Yale Law School (JSD, 2003) 참조.

2 Bernard M. Hoekman and Michel M. Kostecki, *The Political Economy of the World Trading System: The WTO and Beyond* (3rd ed.), Oxford (2009), pp. 638-663.

정에서 시민사회의 이해관계를 반영하지 않는 것에 대한 일종의 "민주주의의 결핍democracy deficit"에 기초한 비판이다. NGO 등 초국경시민사회의 주창자들은 "얼굴 없는 국제기구의 공무원faceless bureacrats"이 그 결정에 직접적인 영향을 받는 각국의 시민사회의 이해관계를 반영하지 않고 중요한 의사결정을 하기 때문에 WTO체제가 비민주주적이라는 비판이다.[1] 요컨대 현재의 WTO체제는 그 이념 및 의사결정의 과정에서 정당성에 의문이 있다는 것이다.

WTO체제뿐만 아니라 G-20, APEC, IMF/IBRD 국제회의 등에 즈음하여 거리시위 등을 통하여 이들 기구의 정당성에 대하여 지속적으로 문제제기를 하고 있다. 비판론자들은 이들의 결정이 국민의 삶의 질에 직접적으로 영향을 미치게 됨에도 불구하고 민주적 의사결정과정을 거치지 않고 진행되는 데 대한 박탈감에서 기인한 것이라고 주장한다. 2008년 우리나라의 촛불시위도 실은 이러한 국제통상정책결정과 관련한 정당성에 의문을 제기하는 것이라고 이해할 수도 있다.

실제로 WTO체제하에서 문제되었던 새우-바다거북사건[2]에서의 WTO패널 결정 이후 WTO체제가 경제적인 이익만을 추구한다는 비판은 더욱 거세져 갔다. 이 사건은 말레이시아와 태국 등 동남아시아의 어부들이 유자망 방식으로 새우잡이를 하는 것을 미국이 문제삼는 과정에서 발생하였다. 새우가 무리를 이루어 다니는 곳의 바로 밑에는 바다거북이 출현하는 경우가 많은데 어부들이 유자망 방식으로 새우를 잡게 되면 바다거북이 그물에 걸려 죽게 되는 경우가 많았다. 이를 방지하기 위하여 미국정부는 자국의 포유동물보호법에 따라 그물에 바다거북이 빠져나갈 수 있도록 하는 장치를 의무화하였다. 동남아시아의 어부들은 매우 영세한 새우잡이들이어서 이러한 장치를 장착하지 않고 기존 방식에 따라서 새우를 어획하여 미국에 수출하였다. 미국정부는 수출업자들의 새우잡이방식이 자국법을 준수하지 않았다는 이유로 이들 수입새우에 대하여 수입금지조치를 취하였고, 위 동남아국가가 미국정부를 상대로 미국이 GATT 제11조의 수량제한금지원칙을 위반했다는 이유로 WTO에 제소한 사건이다. 미국은 수량금지조치가 설사 GATT 제11조에 위반한다고 하더라도 GATT 제20조의 일

1 *Ibid.*

2 United States — Import Prohibition of Certain Shrimp and Shrimp Products, WT/DS58 (Nov 6, 1998).

반적 예외사유들을 원용하며 예컨대 동식물의 생명·안전을 위하여 위 조치를 취한 것이므로 정당화된다는 주장을 하였다. WTO패널 및 항소기구는 미국이 동일한 목적을 달성하기 위하여 수량제한조치를 취하는 것만이 최선은 아니었다는 이유로 미국의 협정 위반을 확인하였다. 이 판정은 WTO체제에 비판적인 국제환경론자들에게 좋은 빌미를 제공하였다. WTO체제가 환경문제를 도외시하였다고 신랄한 비판을 하였고, WTO체제의 정당성에 대한 비판론자들에게 좋은 빌미를 제공하였다.[1]

이러한 비판이 있은 후에 공교롭게도 WTO이행패널Compliance Panel은 미국의 이행조치가 GATT 제20조의 일반적 예외에 해당하여 정당화된다는 판정을 하였다.[2] WTO이행패널이란 WTO패널판정 이후 패소당한 피제소국에게 일정한 이행기간이 부여되는데 이 기간 동안 피제소국이 이행한 내용이 원패널의 판정내용과 합치하는지 여부에 대하여 원래의 패널이 다시 모여 판단하는 것을 의미한다. 미국은 이행기간 동안 패널판정을 일부 이행하는 조치를 하였으나 근본적으로는 원패널과 이행패널의 판단대상이 되는 상황에 특별한 변화가 있는 것은 아니었다. 그러나 이행패널은 원패널의 결정과는 달리 미국의 조치가 GATT 제20조의 일반적 예외에 해당된다고 판단하였다. 이후 EC-석면사건[3]에서도 WTO패널은 사건판단 시 환경문제를 상당히 감안하는 판단을 하였다. 이 사건은 캐나다로부터 수입된 석면에 대하여 EU가 인체에 치명적인 영향을 미친다는 이유로 수입금지조치를 취하면서 발생하였다. 캐나다는 EU의 조치가 수량제한조치금지를 비롯한 WTO의 여러 규정을 위반하였다고 WTO에 제소하였다. 그러나 EU는 위 조치가 동식물의 생명과 안전을 보호하기 위한 것으로서 GATT 제20조의 일반적인 예외에 해당하여 정당화된다고 주장하였다. WTO패널은 위 조치가 GATT 제20조의 일반적 예외에 해당한다고 하면서 EU의 주장을 받아들였다. WTO항소기구는 한발 더 나아가 석면으로 인하여 인체에 끼치는 해악의

1 WTO체제와 환경의 관계에 대한 일반적인 설명에 대해선 Fiona Macmillan, *WTO and the Environment*, Sweet & Maxwell (2001); John H. Jackson, William J. Davey and Alan O. Sykes, Jr., *Legal Problems of International Economic Relations: Cases, Materials and Text* (5th ed.), Thomson West (2008), pp. 637-646.

2 United States — Import Prohibition of Certain Shrimp and Shrimp Products-Recourse to Article 21.5 of the DSU by Malaysia, WT/DS58 (Nov 21, 2001).

3 European Communities — Measures Affecting Asbestos and Asbestos-Containing Products, WT/DS135 (Apr 5, 2001).

정도를 제20조의 정당화사유가 아니라 그 이전단계에서 동종상품에 해당하는지 여부[1]에도 고려할 수 있다고 판시하여 WTO체제가 환경문제를 단순한 예외가 아니라 그 이전단계에서도 충분히 고려할 수 있는 발판을 마련하였다. 이렇듯 WTO체제는 어느 한 시점에 화석화되어 있는 것이 아니라 외부환경변화에 대하여 지속적으로 적응하면서 발전하고 있다. 새우-바다거북사건에서 WTO항소기구가 GATT/WTO의 문언도 그 기초자들이 상정했던 의미가 아니라 "진화하는 성격evolutionalry nature"을 갖고 있다고 판시한 것도 이러한 점을 반영하는 것이라고 할 수 있다.[2]

그럼에도 불구하고 WTO분쟁해결제도는 WTO협정이 법원source of law이 되기 때문에 WTO분쟁해결제도와 회부될 경우 WTO협정을 준거법으로 하여 위법성을 판단하게 된다. 위의 사례에서 볼 수 있듯이 WTO협정에는 소위 GATT 제20조의 "일반적 예외조항"이 있어 일정한 범위 내에서 비경제적 가치가 보호될 여지가 있다. 예컨대 무역제한조치라고 하더라도 환경보호를 목적으로 하는 조치인 경우에는 예외를 인정하여 합법으로 판단될 수 있다. 그러나 비경제적 가치가 경제적 가치와 동등하게 비교형량의 대상된다는 것을 의미하는 것은 아니다. 비경제적 가치가 WTO분쟁해결기구의 준거법인 WTO협정과 동등한 지위를 갖는 것은 아니며 WTO협정에 대한 조약법의 해석원칙과 관련하여 제한된 범위 내에서 반영되는 것이다. 비경제적 가치, 예컨대 환경협정과 WTO협정을 동등한 지위를 갖게 하기 위해서는 근본적으로는 WTO협정을 개정하여야 한다.

WTO분쟁해결기구가 일종의 사법적극주의judicial activism를 통하여 비경제적 가치를 제한 없이 고려하는 것도 반드시 바람직한 것은 아니라는 주장이 있다. 비경제적 가치를 도외시하자는 것이 아니라 WTO분쟁해결기구가 경제적 가치와 비경제적 가치의 형량을 하기에 적합한 정당성을 부여받고 있는지에 논란이 있을 뿐만 아니라 비경제적 가치를 적극적으로 형량할 경우 그나마 나름대로

1 이 사건에서 캐나다가 주장한 내국민대우원칙이 적용되기 위해서는 우선 수입상품과 국내상품 간에 "동종성(likeness)"이 인정되어야 한다. 동일한 것을 달리 취급하는 것을 금지하는 것이 내국민대우원칙의 핵심이기 때문이다. 동종성이 인정되지 않으면 내국민대우원칙 자체를 위반하지 않는 것이기 때문에 위반되었을 때 이를 정당화하기 위하여 원용되는 GATT 제20조의 일반적 예외에 대한 검토는 불필요하게 된다.

2 United States — Import Prohibition of Certain Shrimp and Shrimp Products, WT/DS58 (Nov 6, 1998).

성과를 거두고 있는 WTO체제에만 지나친 부하게 걸리게 되어 오히려 WTO체제가 그 목적을 달성하기 어려울 수도 있기 때문이다. 실제로 국내의 헌법재판과 비교하면 국내의 헌법재판의 경우는 재판부의 구성을 포함하여 기타 국내의 정치적 의사결정과정에서 사법부가 그 정당성을 나름대로 부여받고 있는 데 반하여 WTO분쟁해결기구는 그 민주적 정당성이 상대적으로 태약한 것이 사실이다. 따라서 WTO체제도 국제질서의 하위레짐regime의 하나일 뿐이며 국제환경레짐, 국제인권레짐 등 다른 하위레짐의 역할까지 나설 필요가 없다는 것이다. 보다 바람직한 것은 이들 국제레짐이 공생할 수 있는 방안을 찾는 것이다. WTO가 이러한 다양한 가치를 모두 적극적으로 고려하다보면 경제적인 목적을 희생하게 되고 이는 결국 전 세계적인 경제성장 및 빈곤의 극복에 오히려 부정적으로 작용할 수 있다는 우려도 있다.[1] 결국 사법적극주의로 해결할 것은 아니고 WTO협정의 개정과 같은 입법적으로 해결하는 것이 보다 바람직한 해결방법이라는 주장에도 귀를 기울일 필요가 있다.

전술한 가치논쟁 이외에도 의사결정과정에서 시민사회의 의견을 청취하고자 하는 노력도 진행되었다. WTO분쟁해결과정에서 패널의 재량에 의해 소위 *Amicus Curiae* friends of court를 제출할 수 있도록 허용한 것도 이러한 흐름을 반영한 것이라고 볼 수 있다. NGO 등 초국경시민사회의 목소리를 듣는 것은 WTO분쟁해결절차의 투명성제고에도 상당한 도움이 된다. 그러나 국가의 외교협상을 담당하는 공무원은 대의민주주의에 기초하여 정치적인 정당성을 부여받고 있다고 할 수 있으나, NGO나 초국경시민사회는 어느 누구로부터도 그 정당성을 수권받은 바가 없기 때문에 WTO체제의 정당성을 제고하기 위하여 이들의 참여를 무한정 확대하는 것에 대하여 신중을 기할 필요가 있다는 반론도 있다.[2]

1 관련 논의에 대해서는 John H. Jackson, *The World Trading System: Law and Policy of International Economic Relations* (2nd ed.), MIT (1997), pp. 339-351 참조.
2 Bernard M. Hoekman and Michel M. Kostecki, *The Political Economy of the World Trading System: The WTO and Beyond* (3rd ed.), Oxford (2009), pp. 651-652 참조.

6. WTO체제에 대한 새로운 도전

여전히 WTO체제를 근간으로 하는 다자무역주의 체제가 국제통상규범을 구성하고 있으며, 모든 국가들이 공식적으로는 다자무역주의 체제를 전폭적으로 지지하고 옹호하고 있다. 이러한 다자간 무역주의 체제를 강화하기 위하여 DDA 협상을 개시하였다.[1] 개발도상국의 관심사항을 반영하고 특히 경제개발 문제를 검토한다는 차원에서 "개발어젠다Development Agenda"라는 용어를 사용하였다. 다자무역주의 체제 내에서 광범위한 무역자유화를 달성하자는 취지로 시작되었으나, 최근 DDA 협상이 난항을 겪음에 따라 다자무역주의 체제에 대한 우려 및 회의감을 표명하는 국가들이 점점 늘게 되었다. 논의의 진전을 위해서 미국이 농업 보조에서, EU가 농업 시장 접근에서, 브라질·인도가 비농산물 시장 접근에서 유연성을 발휘하는 것이 필수적이었으나, 실질적인 타협점을 찾지 못하여 2006년 7월 24일 Lamy 총장은 DDA 협상의 중단을 선언하였고 현재까지도 특별한 진전을 보이지 않고 있다.

현재 진행되는 DDA 협상이 난항을 겪게 된 배경도 결국 이전의 다자무역주의 체제에서는 상정하지 못하였던 새로운 도전이 제기되고 있기 때문이다. DDA가 이러한 새로운 도전과 과제에 대하여 타결책을 제시하고 새로운 통상규범 형성에 일조할 것으로 기대하였으나 결국 그러한 기대는 성급하였던 듯하다.

이러한 다자무역주의 체제에 대한 도전은 크게 네 가지 측면에서 대두되고 있다. 선진국과 후진국 간 입장 대립의 격화, 자유무역과 공정무역의 대립, FTA 제도의 확산, 그리고 새로운 형태의 무역이슈 등장이 바로 그것들이다. 아래에서는 이에 대하여 하나씩 살펴보기로 한다.

A. 선진국과 개도국 간 입장대립의 격화

선진국의 경우 각국의 무역장벽을 철폐하고 보다 자유로운 무역환경 조성의 필요성을 강조하고 있음에 반하여 개도국은 자신들의 특별한 상황이 고려되

1 2001년 11월 카타르 도하에서 제4차 WTO각료회의에서 광범위한 무역자유화 협상을 개시하기로 합의하였다. 원래는 2002년 1월 1일부터 2005년 1월 1일까지 3년간 협상기간을 정하였다.

지 않은 자유무역은 선진국과 개도국 간 격차를 더욱 벌려 놓을 뿐이라는 점을 강조하고 있다.[1] 이미 WTO 출범 직후부터 이러한 입장 차이가 생기기 시작하였으며 급기야 WTO 출범 6년만인 2001년에 "도하개발어젠다"라는 이름으로 새로운 다자간 협상을 시작하기에 이르렀다. DDA 자체가 "개발"이라는 용어를 그 자체에 포함하고 있는 사실에서도 알 수 있듯이 지난 10년간 WTO DDA 협상을 이끌어 오고 있는 주요한 화두 중 하나는 바로 개발 문제이다. 이는 개도국들의 요구와 필요를 WTO협정에서 어떻게 반영할 것인가의 문제이다. 적지 않은 개도국들은 현재의 WTO체제가 자신들의 요구사항을 제대로 반영하고 있지 못한 것으로 판단하고 있으며 이를 개정할 것을 WTO 출범 초창기부터 지속적으로 요구하여 왔다.[2] 9·11 사태로 개도국을 포용하여야 할 필요성을 더욱 느낀 미국 등 선진국들의 입장선회로 DDA가 예상외로 빨리 출범하게 된 것이다.

이 협상이 10년이 지났음에도 불구하고 아직 타결의 실마리는 보이지 않고 있는데 이는 양 진영 간의 대립을 해소할 만한 큰 타협책이 아직 도출되지 않은 까닭이다. 현재 진행 중인 DDA 협상이 성공적으로 타결된다고 하더라도 그 결과물은 여러 WTO부속협정에 특별하고도 차등적인 대우Special and Differential Treatment: S&D를 보다 확대하는 내용의 특칙 조항들을 삽입하는 형태가 될 것이다. 따라서 DDA 협상의 타결이라는 결과보다는 그 타결의 결과물인 새로운 협정들이 어떻게 실제 운용될 것이며 특히 개도국들의 오래된 불만사항을 어떻게 효과적으로 해결하여 줄 것인가 하는 점이 향후 WTO체제의 안정적 운용을 가늠하는 데 중요한 판단기준이 된다. 한편, 개도국이 자신들의 정당한 의무를 이행하지 않고 S&D 대우 확대에만 초점을 맞추고 있다는 선진국들의 불만 역시 DDA 협상 전반에서 제기되고 있는 상황이어서 개도국의 입장만을 반영하는 새로운 협정문이 채

1 WTO와 개도국 관련 논점의 일반적인 설명에 대해선 다음 참조. Bernard M. Hoekman and Michel M. Kostecki, *The Political Economy of the World Trading System: The WTO and Beyond* (3rd ed.), Oxford (2009), pp. 532-581; Michael J. Trebilcock and Robert Howse, *The Regulation of International Trade* (3rd ed.), Routledge (2005), Chapter 15: Trade and Developing Countries, pp. 471-506; 개도국의 입장에 대한 역사학적 관점에서의 분석에 대해선 Ha-Joon Chang, *Kicking Away the Ladder: Development Strategy in Historical Perspective*, Anthem Press (2002).

2 WTO와 개도국 관련 논점의 일반적인 설명에 대해선 다음 참조. Bernard M. Hoekman and Michel M. Kostecki, *The Political Economy of the World Trading System: The WTO and Beyond* (3rd ed.), Oxford (2009), pp. 532-581; Michael J. Trebilcock and Robert Howse, *The Regulation of International Trade* (3rd ed.), Routledge (2005), Chapter 15: Trade and Developing Countries, pp. 471-506.

택될 경우 오히려 선진국들이 장기적으로 불만을 제기할 가능성도 전혀 배제할 수 없는 상황이다. 어찌되었든 장기적으로 볼 때, 선진국과 개도국 간 입장 차이를 어떻게 반영하고 이해관계를 어떻게 조율하는지 여부에 WTO체제의 성패가 달려 있다고 볼 수 있을 것이다.

이러한 배경에 비추어 볼 때 DDA 협상 과정에서 선진국과 개도국의 대립이 지속된 것을 볼 때, 최근 여러 통상분야 국제 현안에서 선진국과 개도국 간 입장대립이 지속된 것은 어찌보면 당연하다. 선진국들 입장에서는 개도국에 대하여 일정 부분 양보를 하더라도 지나친 양보를 통하여 현재의 통상질서가 크게 변경되는 것을 회피하자는 입장임에 비하여 개도국들은 어떻게든 최대한의 양보를 얻어내고 싶어하는 과정에서 양자의 간극은 좁혀지지 않고 있다. 개도국들은 특히 현재의 WTO협정체제가 개도국에 대한 예외조항을 충분히 제공하지 않고 있고, 선진국들이 협정 위반을 인지하고서도 자신들의 국내산업 보호조치를 유지하는 등 현재 협정 체제를 적극 활용 내지 남용하는 상황에 불만을 표출하여 왔다.

선진국과 개도국의 입장대립이 격화됨에 따라 양 진영의 중간에 위치한 우리나라와 같은 국가들의 입장 수립과 포지셔닝의 확정이 그만큼 어려워지게 되었다. 농수산업 등에서는 우리나라가 여전히 개도국 지위를 유지하는 듯한 입장을 유지하는 데 대하여 적지 않은 국가들이 이견을 제시하고 있는 상황이다. 양 진영의 대립이 격화될수록 보다 면밀한 입장 수립의 필요성이 강조될 것이다.

2010년 서울 G-20 정상회의는 이러한 선진국과 개도국 간 대립 해소를 위한 하나의 장을 마련했다는 점에서 의의가 크다. 이는 세계경제의 불균형 해소를 위한 논의로 환율에만 모든 논의가 매몰되지 않고 경상수지로 초점을 전환하였으며 아울러 경상수지 적정성 평가에 도움이 될 예시적 가이드라인 마련시한에까지 합의를 이루어낸 데서 잘 드러난다. 또한 어려워 보였던 IMF 쿼터 및 이사 수 조정, 은행의 자본과 유동성 강화를 위한 바젤 III의 채택, 체제적으로 중요한 금융기관SIFI의 규제방안에 관한 합의 그리고 답보상태인 DDA협상의 진전을 위한 강력한 정치적 의지의 확인 등 기존 의제분야에서도 중요한 성과를 냈다.[1]

1 외교통상부, "2010 G20 서울 정상회의 결과 및 성과"(2010. 11. 19).

그럼에도 불구하고, 선진국과 개도국 간의 간극은 더욱 확대되고 있다. 선진국에 대한 개도국의 불만은 더욱 심화되고 있으며 DDA 협상을 통하여 자신들의 현안을 관철시키고자 기대하였다. 특히 브라질·인도·중국으로 대표되는 개도국들은 선진국들이 자신들의 농업 등 1차산업을 보호하기 위하여 대규모의 보조금을 교부하는 상황에 대하여 상당한 불만을 표출하고 있는 상황이다. 이에 대해 선진국의 입장은 자신들의 기본적인 이해관계를 침해하지 않는 수준에서의 개도국 입장의 반영을 계획하고 있으며, 개도국의 지나친 요구를 수용하기는 곤란하다는 입장이다. 이러한 상충하는 입장차이로 인하여 양측의 의견 조율은 더욱 난해한 상황이다.

B. 개도국의 세분화

전술하였듯이 2001년 도하라운드가 추진된 배경에는 9·11 사태를 통해 개도국의 불만을 감싸안아야 반서구주의의 범세계적 확산을 막고 국제사회의 안정을 유지할 수 있다는 인식이 밑바탕으로 깔려 있다. 일방적인 서구중심의 정치·경제 질서는 대다수의 국가로부터 반감을 불러일으키고 이는 곧 서구사회에 대한 도전으로 나타난다는 것이다. 현재는 이러한 상황이 더욱 복잡하게 변하였다. 왜냐하면 개도국 내부에서도 강력한 국력을 보유하여 국제통상규범의 형성에 막대한 영향을 미치는 인도, 중국, 브라질과 같은 선도그룹이 있는가 하면 아직 최악의 빈곤을 면하지 못하고 있는 최빈개도국으로 세분화되었기 때문이다. 실제로 중국과 미국의 양강 대립체제는 이러한 기존의 개도국·선진국 이분법을 더욱 복잡하게 하는 새로운 변수로 등장하였다.

개도국 중에는 중국, 인도, 브라질과 같이 미국, EU와 함께 현재의 국제통상질서를 좌지우지하는 강력한 파워와 교역규모를 지닌 개도국도 있는 반면, 그렇지 않은 국가들도 있다. 중국, 인도, 브라질의 현재와 같은 부상은 DDA가 최초 개시된 2001년만 하더라도 예상하지 못하였던 상황이었다. 사실 이러한 급격한 상황변동으로 인하여 선진국들은 모든 개도국들에 대하여 특별한 대우를 부여하는 제도의 도입을 꺼리게 되었고, 그 결과 선진국과 후진국의 대립이 더욱 격화된 측면이 있다. 만약 우루과이라운드 타결시점과 같이 그 당시 국제 통상영역의 양대산맥이었던 미국과 EU의 주도적 역할과 대타협으로 모든 문제가 정리될 수 있었다면 DDA 협상은 조기에 타결될 수 있었을 것이다. 이제는 미국과 EU뿐만 아니라, 중국, 브라질, 인도 등 개도국에서도 영향력이 큰 여러 나라의 등장으로 이러한 대타협으로 인한 문제 해결은 녹록하지 않은 상황이다. 이러한 맥락에서 개도국들을 좀 더 세분화하여 각 그룹의 요구와 상황을 일별하는 것이 중요하다는 논의가 조금씩 제기되고 있는 상황이다.[1]

물론 중국, 인도, 브라질 등의 국가는 이러한 개도국 세분화 논리에 극력 반대하고 있다. 이들은 개도국 안에서 또 그룹을 나누어 자신들을 따로 분류하는 것에 대하여 커다란 거부감을 가지고 있으며, 모든 개도국들은 그 규모에 상관없이 국제교역 체제에서 특별한 대우가 필요하다는 것이 이들의 주장이다. 그러나 현재 전 세계 시장을 석권하고 있는 중국의 상황을 감안할 경우 과연 이러한 논리가 어느 정도까지 설득력을 가질지는 상당히 의문이다. 이미 이 나라들은 무역 규모나 통상법적 대응 측면에서 기존의 무역 강국과 동일하거나 상당한 수준을 구비하고 있기 때문이다. 따라서 "무늬"만 개도국인 이러한 주요 개도국들의 적지 않은 희생과 결심이 수반되지 않고는 선진국과 개도국 간 입장 대립의 해소는 쉽지 않을 것이며 난항을 겪고 있는 DDA 협상 문제도 해결되기 어려울 것으로 보인다.

C. DDA 협상의 교착

2010년 서울 G-20회의에서의 합의에 탄력을 받아 2011년 4월까지 각 협상 주요 의제별 수정 협정문을 채택하고자 하였던 WTO사무총장의 담대한 계획은 실패로 끝나게 되었다. 2011년 4월 WTO회원국들은 단지 "경과보고서"를 채택하는 데 그치게 되었다. 이 "경과보고서"는 분야별 협정문과는 상당한 거리가 있는 것이며 단지 현재 협상 상황을 정리하여 놓은 것에 불과하다. 지난 10년여에 걸친 계속된 협상에도 불구하고 핵심쟁점에 관해 주요국 간 입장 차를

1 개도국의 세분화 문제에 관하여 예를 들어 Philippe Hein, "Is a Special Treatment of Small Island Developing States Possible?," United Nations Conference on Trade and Development, UNCTAD/LDC/2004/1 (2004) available at http://www.unctad.org/en/docs/ldc20041_en.pdf 참조.

좁히는 데 실패하여 결국 이러한 형식을 택할 수밖에 없었던 것이다. 따라서 현재 상황에서는 2012년 현재, 사실상 DDA의 연내타결이 불가능하다고 보아야 할 것이다.[1] 그 이유는 2012년은 미국, 프랑스에서 대선이 예정되어 있으며, 중국은 지도부가 교체될 예정으로 적극적인 협상을 기대하기 위한 주요 국가의 국내적 분위기가 성숙되기 힘든 상황이다. 따라서 현재 상황에서는 빨라야 2013년은 되어야 협상 재개가 가능할 형편이고, 그 경우 다시 2년이라는 세월이 흘러 2001년에 출범한 DDA의 AGENDA가 여전히 유효한 목표를 나타내고 있는지 문제 제기가 더욱 본격적으로 제기되게 될 것이다. 적지 않은 국가들이 협상의 목적으로 그간의 국제경제체제의 변화를 반영하여 협상의 범위와 대상을 조정할 것을 주장하게 될 가능성이 있다. 이러한 내용을 반영하여 협상의 범위와 대상을 조정하는 것도 적지 않은 시간이 소요될 것이다. 결국 DDA가 무산될 가능성도 완전히 배제하기는 힘든 상황이다.[2]

사실 FTA의 확산은 DDA 협상이 아무런 진전 없이 장시간 교착상태에 있다는 점에 기인한다. 올해로 출범 10년을 넘은 DDA 협상은 2008년 7월 소규모 각료회의 결렬 이후 미국과 주요 개도국 간의 비농산물 시장 개방에 대한 입장 대립으로 교착상태를 지속하고 있다. 2010년 11월 G-20 서울 정상회의에서 2011년을 DDA 협상 타결을 위한 기회의 창으로 보고 최종단계의 협상에 진입하도록 지시하여 새로운 탄력을 받기도 하였으나 현재까지 주요 협상국들 간의 입장 차를 줄이는 데 실패하였다.

2011년 4월 21일 WTO사무국이 작성한 DDA 협상 경과 보고서는 DDA 협상 9개 분야별 의장 보고서와 최근 Pascal Lamy WTO사무총장이 실시한 미국, 중국 등 주요국들과의 양자협의 결과 등 총 13건의 문서약 620쪽 분량로 구성되어 있다.[3] 원래 계획에 따르면 Pascal Lamy WTO사무총장이 2008년에 있었던 텍스트에 대한 수정텍스트 협상초안을 이 시점까지 준비하기로 하였으나, 주요국 간 합의에 이르지 못하여 의장들의 보고서 형태로 제출이 되기에 이르렀다. 현

1 서진교/이준원, "DDA, 12월 패키지 논의동향과 정책 시사점," 「오늘의 세계경제」 Vol. 11, No. 21, 대외경제정책연구원(2011. 7. 21), p. 3.

2 *Ibid.*

3 WTO 웹사이트 http://www.wto.org/english/tratop_e/dda_e/chair_texts11_e/chair_texts11_e.htm에서 다운로드 가능.

재 상태로는 DDA 협상이라는 절차를 종료하고 새로운 형태의 협상을 개시할 것인지, 아니면 DDA 협상 상태로 두고 당분간 더 노력해 볼 것인지 여러 가지 고민이 진행 중이며 각국의 입장이 대립하고 있는 상황으로 보여진다.[1]

DDA 협상은 총 9개의 분야에서 협상이 진행되었고 이는 농업, 비농산물 Non-Agricultural Market Access: NAMA, 서비스, 규범, 지적재산권, 환경, 개발, 무역원활화, 분쟁해결이다. 의장 보고서는 지난 10년간 DDA 협상 전체 분야를 종합적으로 정리한 최초의 협상 패키지이나, 기존 협상안에 비해 실질적인 협상 진전 내용을 담지 못하고 협상 경과 위주로 서술되었다. 실질적인 협상 내용이 부재하다는 것은 각 분야에서 국가 간 대립이 심각하다는 반증이기도 하다. Pascal Lamy 사무총장도 동 보고서가 쟁점별 입장 대립과 협상이 위기상황에 처해 있다는 현실을 반영하고 있다고 기술하고, 특히 비농산물 분야별 자유화와 관련된 주요국들의 근본적인 입장 차가 있으며 현재 좁혀질 수 없다고 평가를 하고 있는 실정이다. 비농산물 분야별 자유화sectoral approach란 모든 비농산물에 대해 적용하는 관세감축공식 외에 특정 분야, 예를 들어, 화학, 전기·전자에 대해 관세를 철폐 또는 조화하는 것을 의미한다.

또한, 위 보고서에는 농업 및 비농산물 분야의 2008년 잠정 타협안 내용이 개선 없이 그대로 유지되고 있으며, 여타 분야들도 쟁점이슈를 해결치 못하고 미결 형태괄호로 처리되고 있다. 따라서, 동 보고서는 향후 협상 진전에 대한 실질적인 기여보다는 분야별 협상 현황을 점검하고 쟁점분야를 확인하는 측면에서 의미를 갖는 것으로 평가할 수 있다. 당초 WTO회원국들은 2011년도 세부 협상목표에 따라 동년 4월 말까지 분야별 수정 협상문안text을 제출키로 한 바 있는데, 집중적인 협상에도 불구하고, 새로운 진전이 없는 상태에서 수정 텍스트 제출은 협상에 도움이 되지 않는다는 회원국들의 중론에 따라 그 대안으로 의장 보고서 제출을 추진케 된 것으로 알려지고 있다. 원래 2011년도 세부 협상 목표는 먼저, 4월까지 수정 텍스트를 회람하고 7월까지 자유화 세부원칙modalities, 농산물 및 비농산물에 대한 관세감축, 농업 보조금 감축 수준 등을 담은 세부원칙을 타결한 후, 동 세부원칙에 따라 각국은 시장개방 계획서양허표를 작성·제출하여 하반기 중 각국 양허표를 작성하는 것이었다. 그러나 DDA 협상은 2008년 7월 소규모 각료회의 결

1 외교통상부 보도자료, "WTO DDA 협상 경과 보고서 제출 … 실질 진전은 없어," 제11-346호, 2011. 4. 22.

렬 이후 미국과 주요 개도국 간의 비농산물 시장 개방에 대한 입장 대립으로 교착상태를 지속하고 있다.

동 보고서는 쟁점별 입장 대립과 협상이 위기상황에 처해 있다는 현실을 잘 보여 주고 있다. 특히 NAMA 협상과 관련하여, 관세감축공식 적용 시 회원국 간의 비례성 및 균형성 문제, 분야별sectoral 자유화 적용에 대한 근본적인 입장 차가 존재하고 현 협상안은 분명한 정치적 입장 차로 현재 이 격차가 좁혀지기 힘든 상황이다.

D. 자유무역과 공정무역의 대립

비교우위론에 기초한 자유무역free trade의 이익에 대해서는 대체적인 합의가 있다. 예컨대 OECD가 1998년 발간한 "Open Markets Matter"에서도 무역의 이익이 잘 설명되어 있다.[1] 따라서 오늘날 보호무역주의를 적나라하게 주장하는 경우는 찾아보기 힘들다. 적나라한 보호무역주의의 주장에서 무역에 있어서 "공정성"을 강조하는 공정무역fair trade을 주장하는 쪽으로 방향이 선회되었다. 보호무역론을 주장하는 것보다 "공정"무역을 주장하는 것이 유권자들에게 더 큰 호소력이 있다. 공정무역론은 적어도 외견상은 자유무역론을 부정하는 것이 아니라 자유무역을 통한 무역의 이익을 실현하기 위해서는 자유무역을 하는 상황이 공정해야 한다는 점을 강조하면서 자유무역의 전제조건으로 일종의 "대등한 경기장소level playing field"를 주장한다.[2] 그러나 공정무역론은 야누스의 얼굴을 한 보호주의로 비판받기도 한다.

(1) 반덤핑·상계관세조치

공정무역의 관점에서 WTO협정이 명시적으로 인정하고 있는 제도는 반덤핑조치 및 상계관계조치이다. 공정무역의 관점에서 반덤핑조치는 국제상거래에

1 OECD, "Open Markets Matter: The Benefits of Trade and Investment Liberalisation," OECD Policy Brief (Oct 1999) available at http://www.oecd.org/dataoecd/18/51/1948792.pdf

2 Developing Countries에게 보다 더 대등한 경기장소를 제공하기 위해 GATT 초창기부터 진행되어 왔던 시스템적 변화에 대해서 John H. Jackson, William J. Davey and Alan O. Sykes, Jr., *Legal Problems of International Economic Relations: Cases, Materials and Text* (5th ed.), Thomson West (2008), Chapter 24.

있어서 인위적인 경쟁력 변화에 대하여 수입국의 행정부가 그 인위적인 변화를 중화시키는 역할을 한다고 본다. 예컨대 A국에서 반도체를 생산하는 회사가 B국에 수출하는 경우를 상정해 보자. 동 회사는 A국에서는 카르텔 등의 부당한 방법을 통하여 높은 가격을 받아 충분한 수익을 거두면서 B국에는 이러한 충분한 수익에 기초하여 원가보다 낮은 가격으로 수출하는 경우에 대해서는 적절한 대응조치가 있어야 한다는 주장이 있을 수 있다. 반덤핑조치는 불공정행위에 대한 대응조치로서 정당성이 있다는 것이다. 외국 수출자의 자국시장이 수입으로부터 보호받음으로써 그 외국 수출자가 규모의 경제를 달성할 수 있게 되어 보다 낮은 수출가격에서 손익분기점을 달성할 수 있다는 주장으로서 이러한 "전략적 덤핑stragtegic dumping"에 대하여 대응조치가 필요하다는 것이다.[1] 상계관세의 경우도 동일한 설명을 할 수 있다. 위의 예에서 A국이 반도체를 생산하는 회사에 금융 및 세제상의 특혜지원을 해 줌으로써 동 회사는 B국에 대한 수출판매가격을 낮출 수 있으므로 이러한 국가의 보조금지원행위에 대하여 적절한 대응조치가 있어야 한다는 주장이 있을 수 있다. 이러한 관점에서 수입품에 대한 상계관세는 대응조치로서 정당성이 있다는 것이다.[2]

(2) 환율조작과 공정무역

오늘날 국제금융시장의 글로벌화에 따른 자본이동의 활성화로 인하여 무역수지 내지 경상수지의 환율과의 상관관계는 상당한 정도로 약해졌으나 환율은 무역수지에 대한 직접적인 영향을 끼친다. 미국은 중국 등 일부국가가 인위적으로 자국통화의 달러화에 대한 가치를 낮추어서 수출을 촉진하고 있어 공정무역의 원칙에 위반한다고 보고 있다. 2011년 미상원에서 "환율조작제재 법안Currency Exchange Rate Oversight Reform Act 2011"[3]이 논의되고 있는 것에서 볼 수 있듯이 일부 논자들은 중국이 환율조작으로 인하여 미국의 대중적자가 심화되고 있다고 보고

1 Kenneth W. Dam, *The Rules of Global Game: A New Look at US International Economic Policy making*, Chicago (2001), 정영진/윤재원 옮김, 「글로벌게임의 법칙: 미국 대외경제정책 결정과정에 대한 새로운 고찰」, 비봉사(2002), p. 201.

2 반덤핑 및 상계관세조치에 대한 자세한 내용은 Clive Stanbrook and Philip Bentley, *Dumping and Subsidies: The Law and Procedures Governing the Imposition of Anti-Dumping and Countervailing Duties in the European Community* (3rd ed.), Kluwer Law International (1996) 참조.

3 해당 법안은 2011년 10월 11일 상원을 통과하였고 2012년 3월 현재 하원에서 계류 중임.

보복관세를 도입하여야 한다고 주장하고 있다.[1] 이러한 보복조치는 GATT 제21조의 핵심적인 국가안보를 위한 예외에 해당하여 정당화된다고 주장하나 받아들여지기가 쉽지 않다.

무엇보다도 환율정책은 WTO협정의 직접적인 규제대상이 아니라고 보는 것이 일반적으로 해석이다. GATT 제15조 제2항에 의하면 WTO는 환율정책문제는 IMF와 협의하도록 하고 있고, WTO-IMF협정에 의하면 IMF가 어느 국가의 환율정책이 IMF협정에 합치된다고 결정할 경우 WTO분쟁해결기구가 이에 대하여 판단할 수 있는지는 소극적으로 보는 견해가 유력하다.[2] 인위적으로 자국통화를 평가절하하는 것이 WTO 보조금협정의 수출보조금으로 인정될 수 있다고 주장하는 견해도 있으나, 예컨대 WTO 보조금협정은 "재정적 기여financial contribution"의 내용을 제한적으로 열거하고 있는데 인위적인 환율절하가 이 정의에 해당된다고 보기는 힘들다는 견해가 유력하다.[3]

(3) 경쟁정책과 공정무역

경쟁정책은 공정무역과 관련하여 논의되는 대표적인 이슈 중 하나이다. 미국은 1988년 미국통상법 제301조에 반경쟁적행위를 조직적으로 조장하는 정부조치에 대하여 무역보복을 할 수 있다는 조문을 삽입하였다.[4] 예컨대 일본은 소

1 Wayne M. Morrison and Marc Labonte, "China's Currency: Economic Issues and Options for U.S. Trade Policy," Congressional Research Service Report for Congress, 18 April 2006 available at http://fpc.state.gov/documents/organization/65773.pdf; Gary Clyde Hufbauer and Jared C. Woollacott, "Trade Disputes Between China and the United States: Growing Pains so Far, Worse Ahead?," Peterson Institute for International Economics Working Paper Series WP10-17 (Dec 2010); 130명의 의원이 중국의 환율조작행위에 대한 조치를 요구하는 2010년 3월 15일자 서한 available at http://www.ft.com/cms/s/0/ed6a4098-304f-11df-bc4a-00144feabdc0.html#axzz1prN89I00

2 Erik Denters, "Manipulation of Exchange Rates in International Law: The Chinese Yuan" ASIL Insights (Nov 2003).

3 From a recent Congressional Research Service (CRS) report by Jonathan Sanford on "Currency Manipulation: The IMF and WTO."

4 TITLE 19 — CUSTOMS DUTIES, CHAPTER 12 — TRADE ACT OF 1974
§ 2411. Actions by United States Trade Representative
(a) Mandatory action
(1) If the United States Trade Representative determines under section 2414 (a)(1) of this title that —
(A) the rights of the United States under any trade agreement are being denied; or
(B) an act, policy, or practice of a foreign country —
(i) violates, or is inconsistent with, the provisions of, or otherwise denies benefits to the United States

위 폐쇄적인 수직적 유통구조를 갖고 있다는 비판을 받아 왔다. 따라서 일본정부가 무역자유화협상에서 예컨대 10%의 관세율을 낮추는 양허를 한다고 하더라도 위와 같은 "사적" 수직적 유통구조 때문에 시장접근을 할 수 없다는 비판이 제기되곤 하였다. 미국정부는 1990년대 초 미일구조조정협의Strategic Impediment Initiative를 통하여 이 문제를 해결하고자 하였으나 큰 진전을 보지 못하였다. 1995년 미국정부는 미국독점금지법의 해외집행가이드라인을 공표하였는데[1] 이에 의하여 사기업의 수직적 거래제한에 대하여 미국독점금지법을 적용할 수 있다는 점을 확인하였으나 실질적으로 시장접근이라는 통상법적 문제를 독점금지법을 통하여 해결하는 것에는 한계가 있었다.[2]

IV

마침내 위와 같은 문제는 WTO분쟁해결기구의 판단을 받게 되었다. Kodak사가 일본의 관세인하양허에도 불구하고 폐쇄적인 수직적 거래제한 관행때문에 일본시장에 접근할 수 없다는 이유로 미국통상법 제301조의 절차를 통하여 USTR에 제소를 하였고, 이에 미국정부는 일본정부와 이에 대한 양자협의를 진행하였다. 양자협의에 특별한 진전이 없자 미국정부는 일본정부가 위와 같은 폐쇄적인 수직적 거래제한 관행을 다양한 정부조치를 통하여 형성하거나 조장하였다는 것을 이유로 WTO에 제소하였다. 이에 대하여 WTO패널은 일본정부의 손을 들어주었다.[3] 흥미로운 것은 미국정부는 WTO에 일본정부를 제소하면서 Kodak사에 대하여 일본공정거래위원회JFTC에 Fuji사의 반경쟁관행에 대하여 제소하도록 권유하였고, Kodak사는 비공식적으로 Fuji사를 위 위원회에 제소하였다. 그러나 동 위원회는 조사 후 Fuji사의 일본반독점법 위반혐의를 인정하지 않았다.[4]

under, any trade agreement, or
(ii) is unjustifiable and burdens or restricts United States commerce;
the Trade Representative shall take action authorized in subsection (c) of this section [suspension/withdrawal/prevention of the application of benefits of trade agreement concessions; imposition of duties or other import restrictions; withdrawal/limitation/suspension of favorable treatment; or entering into binding agreements]… and shall take all other appropriate and feasible action within the power of the President… to enforce such rights or to obtain the elimination of such act, policy, or practice. Actions may be taken that are within the power of the President with respect to trade in any goods or services, or with respect to any other area of pertinent relations with the foreign country.

1 US DOJ and FTC, Antitrust Enforcement Guidelines for International Operation (April 1995).
2 정영진, "독점금지법의 역외적용," 서울대학교 법대 대학원 석사학위 논문(1996) 참조.
3 Japan — Measures Affecting Consumer Photographic Film and Paper, WT/DS44 (Apr 22, 1998).
4 Statement of Fuji Photo Film Co., Ltd.: Release of the Japan Fair Trade Commission (JFTC) Report of Survey of Japanese Consumer Photographic Film and Paper Market, 23 July 1997 available at

경쟁법은 카르텔 또는 시장지배적 지위의 남용과 같은 사기업의 사적 반경쟁관행을 규제하기 위한 국내법이다. 어느 국가에서 이러한 반경쟁적 관행이 만연하고 이 때문에 외국기업의 시장접근이 제한될 경우 동 외국기업의 정부는 반경쟁관행이 만연한 국가에 대하여 경쟁법을 엄격하게 집행하여 해당 반경쟁관행을 제거하도록 요청하거나 반경쟁관행을 유지하게 하도록 하고 있는 관련법의 폐지 또는 개정을 요청하는 것을 고려하여 볼 수 있다. 그러나 이를 규제하는 WTO협정이 마련되어 있지 않고 있으며, 기존의 WTO협정을 통하여 이러한 문제를 해결하려는 노력은 WTO Japan-Film 사건판정에서 보듯이 쉽지 않다는 것이 일반적인 평가이다.

E. FTA체제의 확산

1990년대 후반부터 시작된 FTA 체결 움직임은 현재 더욱 촉진되어 약 400여 개의 FTA가 각국에 의하여 체결되어 운용되고 있다. 우리나라의 경우도 예외가 아니며 2003년 FTA 체결이 본격적으로 추진된 이래 현재 여러 나라와 FTA가 체결되었고 또 교섭이 진행 중이다. 특히 미국 및 EU와의 FTA가 각각 타결 및 발효되어EU의 경우는 잠정발효 그간 WTO를 중심으로 운용되어 오던 우리 통상체제가 상당한 변화를 겪을 전망이다. 실제로 한-ASEAN FTA상품협정 발효 후 4주년 만에 ASEAN은 우리의 제 2 위 교역대상국으로 부상하였다.[1] 발효 전에는 우리의 제 5 위 교역대상국이었던 것을 고려하면 FTA 체결 후 교역량 증가는 필연적인 것으로 보인다. 향후 우리나라는 FTA체제를 우리 통상체제의 기본 골격으로 삼는다는 계획을 밝히고 있고 FTA 체결과 그로 인한 당해 국가와 교역량 증가 추세는 계속될 것으로 보이며, FTA를 기본적인 통상체제로 삼는 것은 우리나라뿐만 아니라 미국, 일본, 중국, 인도 등의 경우도 마찬가지이다. 구체적으로 미국은 환태평양

http://www.fujifilm.co.jp/eng/special/sp031.html; Fuji-Kodak 분쟁에 관한 보다 자세한 내용에 대해선 James P. Durling, *Anatomy of a Trade Dispute: A Documentary History of the Kodak-Fuji Film Dispute*, Cameron May (2001); 정영진, "미일코닥-후지 필름분쟁사례연구 (상)(하)," 「통상법률」(1998. 8, 10) 및 Institute for International Economics, "Case Studies in US Trade Negotiation v2," Chapter 3 Snapshop: Kodak v. Fuji available at http://www.piie.com/publications/chapters_preview/3632/03iie3632.pdf

1 외교통상부 보도자료, "아세안, 한/아세안 FTA상품협정 발효 4주년만에 우리의 제 2 위 교역대상국으로 부상," 제 11-464호, 2011. 5. 31. 배포.

자유무역협정Trans-Pacific Partnership: TPP 체결 움직임을 보이고 있고 중국은 대만과의 FTA 체결에, 일본은 인도와의 FTA 체결에 심혈을 기울이고 있는 상황이다.

이러한 FTA체제의 도입은 상당 부분 WTO체제에 대한 각국의 회의와 우려에 기인한 바가 크다. 즉, DDA 협상의 난항에서 볼 수 있듯이 여러 국가들의 입장이 첨예하게 대립하는 WTO체제에서 자신들이 희망하는 교역체제의 수립이 요원하다는 점을 느낀 회원국들이 의기투합하여 교역상대방과 자신들만의 교역체제를 수립하고자 노력하게 된 것이 바로 FTA 체결 움직임으로 나타나게 된 것이다. 즉, LIKE MINDED COUNTRIES끼리 일종의 무역 CLUB을 형성하는 움직임을 보이고 있다. 여러 의사주체가 존재하여 공통된 합의를 도출해 내는 데에는 수많은 시간과 노력이 소요되는 다자무역체제의 단점을 극복하는 방안으로 FTA가 폭넓게 활용되고 있다.

물론 GATT 제24조가 FTA를 허용하는 예외조항을 도입하고 있으므로 형식적으로는 FTA가 WTO체제와 부합하는 듯한 모습이다. 그러나 FTA체제의 확산이 다자간 무역체제에 대한 불만과 우려의 결과를 반영하고 있다는 점, 그리고 FTA체제의 확산으로 다자간 무역체제의 근간을 이루고 있는 최혜국대우원칙MFN에 대한 중대한 침해를 가져온다는 점에서 이러한 FTA 확산은 WTO체제에 큰 우려를 초래하고 있는 상황이다.

우리나라도 이러한 전 세계적 FTA 확산 움직임에 적극 참여하고 있다. 우리나라는 다자간 무역체제의 가장 큰 수혜자이기도 하지만, 한편으로 우리의 무역이익을 최대한 보호하기 위해서는 새로운 추세인 FTA에도 적극 참여할 수밖에 없는 상황이다. 문제는 새로이 대두되는 FTA환경은 우리나라에 새로운 가능성과 함께 어려운 많은 과제를 동시에 제시하고 있다는 점이다. 지금까지의 WTO 중심의 다자간 무역체제는 상대적으로 간단한 의사결정과 일차원적인 고려사항만을 요구하여 왔다. 다자간 무역협상을 통하여 채택된 단일의 규범과 이러한 규범을 적용함에 있어 단일의 분쟁해결절차가 적용되었기 때문에 문제의 파악과 대처는 상대적으로 용이하였다. 그러나 FTA체제는 이러한 기존의 통상환경을 획기적으로 변화시키고 있다.

FTA체제에서는 통상규범이 복잡다양하다. 개별적인 FTA들이 모두 다른 내용을 담고 있다보니 이러한 상이한 협정상의 의무를 이해하고 또 이를 국내적으로 이행하는 일도 쉽지가 않은 상황이다. 동일한 정부조치에 대해서도 각 FTA상대국별로 다른 규범이 적용되게 된 것이다. 이러한 상황은 정부와 민간부문 모두에 대하여 심각한 실무적 어려움을 제시하고 있다. 정부에게는 각 FTA의 이행입법 및 이행조치를 어떻게 채택할 것인가에 대한 문제를 제기하고 동시에 기업들에 대해서는 원자재 조달과 수출 등 제반 절차에서 의사결정 과정을 더욱 복잡하게 만들게 될 것이기 때문이다. 대표적인 사례로 상품의 원산지 규정과 투자규범을 들 수 있다. 원산지 규정은 모든 FTA가 독자적인 규칙을 채택하고 있다. 따라서 우리 생산업자 및 수출업자들 입장에서는 이러한 복잡한 원산지 규정을 모두 감안하여 상품의 생산과 수출 전략을 수립하여야 하는 상황에 직면하게 되었다. 또한 미국과의 FTA의 경우 투자규범이 세부적으로 규정되어 있는 반면, EU와의 FTA에는 이러한 규범이 누락되어 있다.

이러한 FTA들은 모두 개별적인 분쟁해결절차를 가지고 있다. 즉, 지금은 오로지 WTO분쟁해결절차라는 단일의 통상분쟁해결 메커니즘을 갖고 있으나, FTA가 정착되면 WTO분쟁해결절차와 함께 30-40개의 개별적인 분쟁해결 메커니즘이 병존하게 될 것이다. 이미 분쟁의 복잡다양성으로 WTO분쟁해결절차에 효과적인 참여와 실효적인 대응도 점차 힘들어지고 있는 상황에서 별도의 분쟁해결절차들이 기하급수적으로 증가하게 된다면 이에 대한 효과적인 대처가 그만큼 어려워지게 될 것임은 분명하다. 물론 경우에 따라서는 WTO분쟁해결절차 제소와 FTA분쟁해결절차 제소를 택일하게 하는 선택조항을 담고 있는 FTA도 많으므로 반드시 산술적으로 분쟁들이 FTA 수만큼 늘어나지는 않을 것이다. 그러나 FTA분쟁해결절차의 도입으로 통상분쟁이 제기될 가능성은 증가하고 적용법규도 복잡하게 되어 의사결정이 그만큼 힘들어지게 된다. 이러한 의사결정의 복잡화 및 다단계화는 분쟁 수의 절대적 증가와 맞물려 적지 않은 실무적 부담을 우리나라에 초래하게 될 것이다. 일례로 EU와의 FTA에는 EU의 그간의 우려사항을 반영하여 미국과의 FTA에서는 볼 수 없는 비관세무역장벽Non Tariff Barrier: NTB 신속분쟁해결절차를 도입하고 있다.[1] 우리가 체결하는 이러한 FTA가 현재 정부의 계획대로 장기적으로 수십 개에 달하게 될 경우 이러한 다양한 FTA 간 각기 다른 권리와 의무를 어떻게 확인하고 적절히 적용할 것인지는 어려운 과제일 것임이 틀림없다.

1 부속서 14-가 비관세조치에 대한 중개 메커니즘.

현재 WTO분쟁해결절차에서 우리 분쟁을 담당하는 데에도 적지 않은 인력과 자원이 소요되는 상황이다. 추후 수십 개의 FTA분쟁해결절차가 도입되는 상황을 가정할 경우 여기에 관련되는 분쟁은 가히 기하급수적으로 늘어날 것으로 전망된다. 이에 더하여 투자분쟁해결절차까지 추가될 경우 실제로 우리 정부가 담당할 분쟁관련 업무는 폭주할 것이고 그간의 상황과는 전혀 다른 새로운 상황이 전개될 것으로 예측된다. 따라서 이제는 FTA 체결 국가의 수에 집중할 것이 아니라 체결된 FTA를 어떻게 운용할 것인가에 관한 POST-FTA체제로 우리의 포커스를 전환시켜야 할 시점이라고 생각된다.

F. 새로운 형태의 무역이슈 등장

FTA협정이 급속히 확산되고 있지만 이들도 일단 형식적으로는 WTO체제하에서 운용되고 있는 것이므로 현재 국제통상법은 WTO협정을 중심으로 운용되고 있는 것으로 볼 수 있다. 이러한 특성으로 인하여 국제통상법은 WTO협정의또는 FTA의 적용만을 받고 국제법의 기본원칙 내지 법리와는 유리되어 독자적으로 운용되는 법체계로 오해되는 경우도 적지 않다. 그러나 국제통상법도 엄연히 국제법의 한 분야인 이상 국제법의 기본원칙과 법리가 그대로 적용됨은 물론이다. 그동안 국제통상법의 연구나 분쟁해결에 있어 국제법의 기본원칙 내지 법리에 대한 고려가 상대적으로 미흡하였던 이유는 아마 대부분의 통상분쟁은 WTO협정문의 적용만으로 해결될 수 있는 성격의 분쟁이었다는 점에서 기인하는 것으로 보인다. 즉, WTO협정체제에는 각 분야별로 지극히 세분화된 구체적인 협정 내용이 존재하고 있고, 여기에서 발생하는 모든 분쟁은 오로지 WTO 자체의 분쟁해결절차만을 이용하도록 규정하고 있기 때문에[1] 구체적인 분쟁의 심리 및 해결과정에서 보다 큰 법적 테두리를 제공하고 있는 국제법의 기본원칙 및 법리는 크게 필요되지 않아 온 것이 사실이다.

그러나 이러한 전통적인 분위기에 최근 중요한 변화의 조짐이 감지되고 있다. 이러한 변화는 최근 진행 중이거나 또는 판결이 내려진 국제통상 분쟁들이

1 WTO 분쟁해결체제의 개략적 특성에 관해서는 Peters S. Watson, Joseph E. Flynn & Chad C. Conwell, *Completing the World Trading System*, Kluwer Law International (1999), p. 44를 참조.

단순히 통상이슈에만 국한되지 않고 여타 주요 국제법 논점과 결부된 경우가 증가하는 상황과 밀접하게 관련되어 있다. 가령 통상과 환경, 통상과 문화, 통상과 인권, 통상과 노동, 그리고 통상과 안보 등이 있다. 구체적 내용이 어찌되었든 이들은 국제통상과 관련된 이슈인 이상 WTO협정문의 해석 및 적용과 직간접적으로 관련이 되고, 또 그 한도 내에서 이들은 당연히 WTO분쟁해결절차에서 다루어지는 통상분쟁에 해당한다. 이러한 새로운 성격의 통상분쟁들은 국제통상법과 회원국의 전통적인 국가주권과의 상호 접점 또는 대칭을 이루는 영역에서 발생하고 있다. 특히 2007년 이래 중국이 WTO분쟁해결절차에 적극 참여하며 미국, EU 등 기존의 주요 회원국들과 협정 해석과 적용범위에 대하여 이견을 보임에 따라 이러한 경향이 더욱 심화되고 있는 상황이다. 실제로 2010년 11월 10일 개최된 서울 G-20 정상회의를 앞두고 미국과 중국의 환율분쟁이 본격화되었고, 이를 통상규범을 통하여 해결하고자 하는 시도가 있었다. 만약 본격적인 통상문제로 비화된다면 이 문제 역시 궁극적으로는 WTO분쟁해결절차에서 해결될 문제이다. 이 경우 그 형식적 틀은 아마 WTO 보조금협정이 될 것이나, 이에 대하여 중국은 환율문제는 경제주권과 관련된 문제이며 WTO협정의 적용 밖에 존재하는 문제라는 점을 집중적으로 부각시킬 것이라는 점은 지금까지의 중국 입장에 비추어 크게 예측이 어렵지 않다.

환율문제, 천연자원문제, 국내서비스 시장 규제문제, 비관세무역장벽 문제 등 최근 WTO 및 FTA 맥락에서 제기되는 통상문제의 상당 부분이 사실 여타 국제법 영역과의 접점에 놓여 있는 사안들이라고 볼 수 있을 것이다. 최근 WTO분쟁해결절차에 계류 중인 사안들도 영역과 정도의 차이는 있지만 WTO협정과 국가주권의 충돌문제를 다루고 있고, 이 과정에서 국제법의 기본원칙과 법리가 심심찮게 원용되고 있는 상황이다.[1]

1 이러한 상황은 우리나라가 소송당사자로 참여하였던 Korea — Measures Affecting the Importation of Bovine Meat and Meat Products from Canada, WT/DS391 (2011년 6월 제소국인 캐나다가 중단 요청하여 현재 중단 상태) 및 United States — Use of Zeroing in Anti-Dumping Measures Involving Products from Korea (WT/DS402) (2011년 2월 WTO Panel이 한국 승소 결정하였고 2011년 12월 미국이 시정조치를 완전히 이행하였음을 알림)사건에도 마찬가지이다; Request for the Establishment of a Panel by Canada, Korea — Measures Affecting the Importation of Bovine Meat and Meat Products from Canada (WT/DS391/3) (Jul 10, 2009), Request for the Establishment of a Panel by Korea, United States — Use of Zeroing in Anti-Dumping Measures Involving Products from Korea (WT/DS402/3) (Apr 9, 2010) 각각 참조.

이와 같이 새로운 성격의 분쟁을 해결하기 위해서는 단지 WTO협정에 대한 기계적 해석만으로는 한계가 있으며 각 사안과 관련된 국제법 기본원칙과 법리에 대한 고려도 아울러 요구된다. WTO협정 자체도 협정상 당사국의 권리와 의무에 변경을 초래하지 않는 한도 내에서 특정 이슈와 관련된 국제법 법리를 고려할 가능성을 아울러 열어두고 있다.[1] 이러한 상황변화에 따라 WTO패널 및 항소기구Appellate Body도 특정 분쟁을 심리·해결하는 데 있어 점차 국제법 기본원칙과 법리를 활용하거나 언급하는 사례가 증가하고 있다. WTO에서 가장 활발하게 적용되어 온 국제법 법리로는 조약해석에 관한 기본원칙을 들 수 있다.[2] WTO 분쟁해결양해사항Understanding on Rules and Procedures Governing Settlement of Disputes: DSU 제3조 제2항은 조약해석에 관한 국제법의 일반원칙이 모든 통상분쟁의 해결에 있어 적용됨을 확인하고 있고, 이에 따라 WTO패널 및 항소기구는 모든 분쟁의 심리·결정에 있어 1969년 비엔나협약 제31조의 조약 해석 일반원칙General Rules of Treaty Interpretation을 충실히 적용하고 있다.[3] 현재 WTO패널 및 항소기구 판정에서 보이는 추세는 앞으로 당분간 지속될 것으로 예측되며, 한-EU FTA 및 한미 FTA의 독자적인 분쟁해결절차와 같은 양자분쟁해결절차에서도 역시 일반 국제법상 법리가 집중적으로 제기될 것으로 보인다.

이와 같이 국제통상법이 단순한 관세부과 내지 국경조치의 영역을 넘어 본질적으로 국가주권의 행사와 관련되어 있는 다양한 요소를 검토함에 따라 국제법과의 교차점도 점차 확대되고 있으며 이에 따라 다양한 영역에서의 국제법 기본원칙과 법리들이 WTO분쟁해결절차에서 논의되고 반복하여 확인되고 있다. 국제통상법도 국제법의 일부분인 이상 국제법 법리의 확인과 적용은 당연하다. 그러나 한편으로 그간 WTO협정을 중심으로 운용되어 온 국제통상법의 경우 협정 자체의 해석과 적용에 초점을 맞추다 보니 협정 외의 여타 국제법 원칙 내지 법리에 대해서는 큰 관심을 기울여 오지 않은 측면이 많았다. 최근 진행되고 있는 통상분쟁은 이러한 접근법의 한계를 잘 보여 주고 있으며 국제통상분쟁의

1 Understanding on Rules and Procedures Governing Settlement of Disputes ("DSU") 제3.2조, 제19.2조 참조.

2 David Palmeter & Petros C. Mavroidis, *Dispute Settlement in the World Trade Organization* (2nd ed.), Cambridge (2004), p. 80.

3 지금까지 WTO분쟁해결기구가 해결한 약 300여 건의 패널 및 항소기구 판정은 사안별로 정도의 차이는 있지만 모두 1969년 조약법에 관한 비엔나협약 제31조가 규정하고 있는 조약 해석의 기본원칙을 원용하며 이에 기초한 결론을 도출하고 있다.

해결도 국제법 기본원칙 및 법리와의 지속적인 상호작용과 피드백feedback이 필요하다는 점을 잘 보여 주고 있다. 일부 외국의 경우 WTO분쟁해결절차에서 국제통상법 전문가의 자문과 함께 국제법 전문가의 자문을 함께 구하는 사례도 증가하고 있으며 이는 양 영역의 교류 증진을 통하여 국제통상법의 발전을 도모하는 데 있어 긍정적인 역할을 할 것으로 기대된다.

FTA의 확산이 적용될 무역협정의 숫자가 폭발적으로 늘어나는 상황을 초래한다는 것을 인식한다면, 이러한 개별 무역협정의 적용과 관련하여서도 각각 관련 있는 여타 국제법 원칙과 여타 국제협정들이 고려내지 해석되는 상황이 역시 발생한다는 것을 쉽게 알 수가 있다. 결국 양과 질 양 측면에서 통상규범의 확대현상이 예측된다.

7. 다자무역주의의 위기? — A NEW TURNING POINT

현재는 일응 WTO협정을 중심으로 하는 다자무역주의 체제가 유지될 것으로 예상된다. 그러나 현재 체제가 자신들의 제반 현안을 제대로 해결하여 주지 못한다는 한계를 각 국가들은 인식하고 있으며, 따라서 점차 무역질서가 FTA 등 양자간 또는 지역적 협정 체제로 이전하는 상황은 더욱 심화될 것으로 예상된다. 이에 따라 양과 질 면에서 국제통상규범의 범위는 대폭 확장될 것으로 보인다.

이상에서 살펴본 바와 같이 그간 세계 교역체제를 지탱하여 온 다자무역주의는 새로운 도전에 직면하고 있다. 다자무역주의에 활력을 불어넣기 위한 중요한 시도였던 도하라운드 협상은 이제 막다른 골목에 봉착하여 있으며, 여러 국가들은 FTA 체결에 박차를 가하고 있는 상황이기 때문이다. 이 가운데 선진국과 개도국, 그리고 세계 무역체제의 양강 세력인 미국과 중국 간 무역분쟁은 날로 격화되고 있다. 2008년의 세계 경제위기는 최근 그리스, 이탈리아 등 유럽의 경제 위기로 이어지며 세계 경제체제 자체가 "잃어버린 10년"에 직면할 수도 있음을 거듭 경고하고 있다.

그간 세계 교역체제의 근간을 구축하여 온 다자무역주의 체제의 위기는 우리에게도 여러 가지 새로운 환경을 제시하고 있다. 우리나라야말로 다자무역주의 체제의 최대 수혜자라고 볼 수도 있기 때문이다. 교역체제의 패러다임이 변경되는 상황에서 우리나라가 어떠한 입장과 방향을 정하는지 여부에 따라 향후 지속적인 발전을 계속하여 선진국으로 진입할 수 있는지 여부가 결정될 것이다. 이러한 새로운 환경에 적응하여 재도약의 발판을 마련할 수 있을지, 아니면 새로운 체제에서 뒷전으로 밀려나게 될지는 머지 않은 장래에 결정날 것이다.

앞으로의 통상정책의 논의는 이러한 환경 변화를 염두에 두고 진행되어야 한다. 우리의 발빠른 대응이 필요한 시점이다.

FTA체제의 등장과 그 함의

다자무역체제의 한계를 느낀 각국은 자신들과 이해관계가 합치하는 나라들과 FTA를 적극 추진하고 있는 추세이다. 이러한 현상은 10여 년 이상 표류하고 있는 DDA 협상의 사실상 종결과 궤를 같이 하고 있다. 통합 개선된 다자무역체제의 수립 가능성에 대한 각국의 회의감이 곧 FTA의 등장과 확산으로 나타나고 있는 것이다. 이하에서는 확산되는 FTA체제의 함의와 아울러 우리나라의 FTA 추진 현황을 살펴본다.

1. FTA체제의 등장

자유무역협정Free Trade Agreement: FTA은 특정국가 간에 배타적인 무역특혜를 서로 부여하는 협정으로서 가장 느슨한 형태의 지역 경제통합 형태이며, 지역무역협정Regional Trade Agreement: RTA의 대종大宗을 이루고 있다. 2012년 1월 15일 현재 511건의 지역협정이 GATT/WTO에 통보되었으며 그중 319건이 발효 중인 것으로 파악되고 있다. 또한 체결시기별로 살펴보면, 1948년부터 1994년까지 GATT에 통보된 지역무역협정이 총 123건이었던 반면, 1995년 이후 이미 300건 이상의 협정이 WTO에 통보되어 최근 각국의 활발한 지역무역협정 체결 경향을 여실히 보여 주고 있다.[1] 이러한 지역무역협정 체결은 특히 WTO 출범1995. 1. 1. 이후 매년 급속히 확산되어,

1 WTO 웹사이트, Regional Trade Agreements: Facts and Figures, www.wto.org/english/tratop_e/region_e/regfac_e.htm

2008년 기준 전 세계 교역량의 50% 이상이 지역무역협정 내 교역에 포함되는 것으로 추정되는 단계에 이르게 되었다.[1]

연혁적으로 GATT체제 성립 이후 최초의 의미 있는 지역적 경제통합economic integration은 1958년 1월 1일을 기점으로 출범한 유럽경제공동체European Economic Community: EEC이다. 이후 발전을 거듭하여 1991년 마스트리히트 조약Maastricht Treaty이 체결되어 1993년 11월부터 발효에 들어감에 따라 현재의 유럽연합European Union: EU이 출범하게 되었다. 그러나 1990년대 들어서야 자유무역협정이 폭발적으로 증가하였다. 유럽에서는 EC와 EFTA가 경제적으로 지역주의를 확대해 나갔다. 또한 브라질, 아르헨티나, 우루과이 및 파라과이가 1991년 관세동맹인 남미공동시장MERCOSUR을 발족시켰고, 1994년 미국, 캐나다, 멕시코가 북미자유무역협정NAFTA을 출범시켰다. 2000년대에 들어서는 1990년대를 뛰어 넘는 자유무역협정의 폭발적인 증가세를 보이게 되는데 2003년 9월 멕시코 칸쿤에서 개최된 WTO각료회의의 실패는 전 세계적인 FTA의 확산에 기폭제가 되었다. 그 예로 2003년 11월 아메리카대륙의 34개 국가가 FTAA를 창설하는 기본골격에 대하여 합의하였고, 2003년 12월 MERCOSUR와 ANDEAN 자유무역지대가 창설되었다. 또한 2004년 5월 미국과 중앙아메리카 자유무역협정CAFTA이 체결되었다. 이러한 현상은 종래 FTA에 친하지 않던 동아시아권 국가에도 영향을 미쳤다. 2003년 10월 ASEAN국가들은 2020년까지 경제통합을 실현하기로 합의하였고 2004년 11월 ASEAN과 중국은 상품무역을 자유화하는 협정을 체결하였다. 우리나라와 일본도 WTO를 중심으로한 다자주의만을 신봉하던 정책을 버리고 FTA에 적극적으로 나서게 되었다. 우리나라는 최초의 FTA 협상이었던 한-칠레 FTA를 타결짓고 2003년 2월 서명한 것을 시발로 동시다발적인 FTA를 추진하게 되었다.

1 50.8%, EU 합산. WTO, "World Trade Report 2011," *The WTO and Preferential Trade Agreements: From Co-Existence to Coherence*, p. 64 available at http://www.wto.org/english/res_e/booksp_e/anrep_e/world_trade_report11_e.pdf

2. FTA의 이론적 배경[1]

대부분의 경제학자들은 자유무역협정과 같은 양자적 또는 지역적 무역협정보다는 비차별주의에 기초한 다자간 무역협정을 선호한다.[2] 하버드대학의 Richard. N. Cooper 교수는 다음과 같은 4가지 이유를 제시하면서 FTA의 문제점을 지적한다. 첫째, FTA는 체결당사국 간 특혜를 부여하는 것이기 때문에 제3국에 대해서는 본질적으로 차별적이라는 것이다. 둘째, 경제학적으로 볼 때 FTA는 무역창출효과trade creation effect가 무역전환효과trade diversion effect를 상쇄할 정도로 클 때 정당화될 수 있는데 FTA 중에는 그렇지 못한 경우가 상당할 수 있다는 것이다. 실제로 상당수의 FTA가 GATT 제24조상의 대내적인 자유화요건인 "실질적으로 모든 무역substantially all trade"이라는 요건을 충족하지 못한다는 것이다. 민감한 부문인 농산물이나 섬유와 같은 영역이 FTA에서 제외되거나 부분적인 자유화에 그치는 경우가 많은데 이러한 부문이야말로 경제학적으로 무역전환효과가 강하게 나타난다고 한다. 셋째, FTA는 매우 복잡하고 방대한 원산지규정을 두는 경우가 많은데 이러한 원산지규정은 보호무역적으로 만들어져 무역창출효과보다 무역전환효과가 큰 경우가 많다고 한다. NAFTA의 경우 원산지규정만 200페이지가 넘는다는 점을 지적하고 있다. 콜롬비아대학의 Jagdish Bhagwati 교수도 이러한 점을 포착하여 FTA의 확산이 가져올 Spaghetti Bowl 현상을 우려하였다.[3] 넷째, FTA가 결국은 다자적인 무역자유화에 이르게 된다는 주장에 의문을 제기한다. 그 근거로 FTA를 통한 무역전환효과로 인하여 혜택을 입고 있는 국가들이 다자적인 무역자유화에 합의해 줄 경제적 유인이 없다는 점을 지적하고 있다. 다만 Cooper 교수는 미국 정부의 대외통상전략과 관련하여 위 주장에 두 가지의 단서를 달았다. 첫째, FTA의 대상범위가 GATT/WTO 협상보다 매우 광범위하고 동 협상진전에 미온적인 국가들에게 자극을 줄 수 있는 경우에는 허용될 수 있다고 보았다. NAFTA가 그 대표

1 한국국제경제법학회, 「신국제경제법」, 박영사(2012), 정영진, 제24장 GATT 제24조 기본원칙, p. 540.
2 Jeffrey J. Schott, "Free Trade Agreements: Boon or Bane of the World Trading System?," in Jeffrey J. Schott (ed.), *Free Trade Agreement: US Strategies and Priorities*, Peterson Institute (2004), p. 3.
3 Jagdish Bhagwati and Anne O. Krueger, "U.S. Trade Policy: The Infatuation with Free Trade Agreements" *The Dangerous Drift to Preferential Trade Agreements*, AEI Press (1995).

적인 예라고 보았다. 둘째, 만일 GATT/WTO 협상이 좌초되었을 때는 하나의 대비책fallback position으로서 허용될 수 있다고 보았다. 그러나 그는 FTA가 다자주의의 대안으로서 무역자유화의 주도적인 전략이 될 수 없다는 점을 강조하였다.[1] 2005년 WTO사무총장의 자문협의회Consultative Board가 발간한 소위 "Sutherland 보고서"도[2] 지역주의의 무분별한 확산이 다자주의multilateralism를 기본정신으로 하고 있는 WTO체제에 큰 위협이 되고 있다고 설파하였다.

이에 대하여 Peterson Institute for International EconomicsPeterson 연구소의 Fred Bergsten 소장은 1996년 "Competitive Liberalism and Global Free Trade"라는 논문에서 지역주의가 우루과이라운드 협상의 종결 이후 무역자유화로 계속 나아갈 수 있게 하는 견인차라고 하면서 소위 "경쟁적 자유화competitive liberalism"라는 패러다임을 주장하였고 미 행정부도 이를 지지하였다.[3] Bergsten 소장의 경쟁적 자유화이론은 국제무역에 있어서 "자전거이론Bicyle theory"과 궤를 같이 하는 이론이다. 자전거이론에 의하면 무역정책은 역동적으로 불안정하기dynamically unstable 때문에 현상유지는 가능하지 않고 무역자유화를 향해서 지속적으로 나아가야 보호무역주의를 억제할 수 있다는 것이다.[4] 그는 많은 국가들이 무역장벽을 줄이는 방향으로 나가는 현상에 대한 설명으로서 경쟁적 무역자유화를 제시하였다. 무역장벽을 줄이는 데 있어서 지역주의와 다자주의 사이에는 동적인 상호작용이 있다는 것이다.

예컨대 1980년 우루과이라운드 협상이 좌초되자 미국, 캐나다 및 멕시코가 NAFTA를 발족시켰고 아시아국가들은 APEC을 출범시켰다. 우루과이라운드 협상이 1993년 12월 최종시한을 지키지 못하게 될 것으로 예상되자 1993년 11월 Bill Clinton 미국대통령이 시애틀에서 최초의 APEC정상회담을 개최하여 무역자

1 *Ibid.*, pp. 20-24.

2 Peter Sutherland et al., Report by the Consultative Board to the Director-General Supachai Panitchpakdi, "The Future of the WTO: Addressing Insitutional Challenge in the New Millenium" (2004).

3 C. Fred Bergsten, "Competitive Liberalization and Global Free Trade: A Vision for the 21st Century," Working Paper 96-15, Institute for International Economics. Bush 행정부시절 USTR이었던 Robert Zoellick은 경쟁적 자유화 패러다임을 지지하였다. "we would 'proceed with countries that are ready' to open their markets, and sucess would 'create pressure on others'." Remarks by Ambassador Robert B. Zoellick in Phoenix, Arizona, April 30, Office of the US Trade Representative.

4 C. Fred Bergsten and William R. Cliche, "Trade Policy in the 1980s," *Policy Analysis in Interntiontional Eonomics 3* (1982), pp. 18, 71.

유화 등에 대하여 협의한 것이 우루과이라운드 협상 타결에 기여하였다는 것이다. 이때 EU최고협상담당자가 위 APEC정상회담에 대한 언급하면서 "너희는 대안이 있으나 우리들은 없다"고 한 것도 지역주의와 다자주의 간의 역동적 상호관계를 웅변하는 것이라고 하였다.[1] 그에 의하면 경제의 상호의존성의 심화로 선진국과 개도국을 불문하고 경쟁적으로 무역자유화에 나서게 되었다는 것이다. 즉, 경제학적으로 볼 때 일방적인 무역자유화가 개별국가의 사회적 후생의 향상에는 바람직하지만, 대부분의 국가들은 일방적인 무역자유화를 과감하게 실시하지 못한다. 왜냐하면 국내의 다양한 이해관계자들이 일방적 무역자유화의 발목을 잡기 때문이다. 무역자유화를 지향하는 정부로서는 다양한 이해관계자들을 설득하는 최선의 방법은 상대국과의 무역자유화를 위한 협상을 통하여 무엇인가 구체적인 이익을 국민들이게 제시하는 것이다. 즉, 상호주의reciprocity에 입각한 무역 및 투자자유화가 일방적 자유화보다 정치경제학적인 측면에서 실현가능성이 높은 자유화방식이고 이러한 경험을 통하여 궁극적으로는 다자주의에 이바지하게 될 것이라는 주장이다. Peterson 연구소의 Gary Hufbauer도 최혜국대우원칙과 같은 비차별대우원칙은 이제 원칙이 아니라 거의 예외라고 주장하면서 FTA 반대론자들의 견해를 반박하였다.[2] 반덤핑, 상계관계조치, "권능조항enabling clause" 등을 통한 개도국에 대한 각종 "특별대우special and differential treatment," 그리고 수많은 FTA의 존재 등 현재의 국제무역 체제 내에서 최혜국대우가 원칙인지 예외인지가 분명하지 않다는 점을 지적하고 있다.

주의할 점은 Bergsten 소장도 FTA 등 지역주의가 다자주의를 대체하는 것을 경계하고 있다. 그는 다자주의에 대한 "강력한 리더십determined leadership"이 없이는 지역주의가 다자주의를 대신하여 국제경제의 블록화를 가속화시켜 세계경제에 부정적 영향을 미칠 위험이 있다는 점에 유의하고 있다.[3] 따라서 그의 경쟁

1 C. Fred Bergsten, "Competitive Liberalization and Global Free Trade: A Vision for the 21st Century," Working Paper 96-15, Institute for International Economics.

2 Hufbauer는 다음 글들에서 위와 같은 입장을 아시아에 적용하여 아시아의 regional trade agreement를 주창하였다. Gary Clyde Hufbauer & Jeffrey J. Schott, "Fitting Asia-Pacific Agreements into the WTO System," presented at the "New Asia-Pacific Trade Initiatives" conference, 27 November 2007 available at http://www.iie.com/publications/papers/hufbauer1107.pdf; Gary Clyde Hufbauer and Yee Wong, "Prospects for Regional Free Trade in Asia," Institute for International Economics Working Paper Series WP 05-12 (Oct 2005) available at http://www.iie.com/publications/wp/wp05-12.pdf

3 C. Fred Bergsten, "The Backlash Against Globalization," Speech given before the Trilateral Commission,

적 자유화 패러다임하에서는 지역주의를 추진하면서도 도하라운드와 같은 다자주의적 접근방법도 동시에 강력하게 추진하여야 한다.

3. 확산의 배경 및 향후 전망

FTA로 대표되는 지역주의regionalism는 세계화와 함께 오늘날 국제경제를 특징짓는 뚜렷한 조류가 되고 있으며, WTO 출범 이후 오히려 확산 추세에 있다. 이와 같이 지역무역협정이 확산되고 있는 이유로 다음과 같은 원인을 들 수 있다.[1] 먼저, FTA가 개방을 통해 경쟁을 심화시킴으로써 생산성 향상에 기여한다는 측면에서 무역부문의 중요한 개혁조치로 부상하였다. 각국이 자국 무역구조의 일대 개혁을 위하여 FTA를 전략적으로 추진하는 경우가 많다는 것은 이를 뒷받침한다. 또 다른 이유로 무역 및 외국인 직접투자의 유입이 경제성장의 원동력이라는 인식이 확산되었고, NAFTA 이후 멕시코와 같이 FTA 체결이 외국인 직접투자 유치에 큰 도움이 된 사례가 교훈으로 작용하였다는 점을 들 수 있다. WTO 다자협상의 경우 장기간이 소요되고, 회원국 수의 급증으로 총의 도출이 어렵다는 데 대한 반작용과 특정국가 간의 배타적 호혜조치가 실익 제고, 부담 완화 및 관심사항 반영에 보다 유리할 수 있다는 측면 고려되어 FTA와 같은 지역주의가 광범위하게 확산되고 있는 것이다. 선진국에서는 국가 간의 보다 높은 자유화 추진이 다자체제의 자유화를 선도할 수 있다는 명분론이 작용하고 지역주의 확산에 따라 그에 속하지 못한 역외 국가로서는 그 지역협정에 따라 받는 반사적 피해에 대한 대응의 필요로 또 다른 지역협정에 뛰어들게 된다.

Tokyo, Japan, 9 May 2000, transcript available at http://www.iie.com/publications/papers/paper.cfm?ResearchID=377

1 See generally, Robert Z. Lawrence, *Emerging Regional Arrangements: Building Blocks or Stumbling Blocks?* in Richard O'Brien (ed.), Finance and the International Economy, v.5, Oxford (1991) as reprinted in John H. Jackson, William J. Davey and Alan O. Sykes, Jr., *Legal Problems of International Economic Relations: Cases, Materials and Text* (5th ed.), Thomson West (2008), pp. 500-502; Bernard M. Hoekman and Michel M. Kostecki, *The Political Economy of the World Trading System: The WTO and Beyond* (3rd ed.), Oxford (2009), pp. 479-483; C. Fred Bergsten, "Open Regionalism," Institute for International Economics Working Paper Series 97-3 available at http://www.iie.com/publications/wp/wp.cfm?ResearchID=152

FTA체제가 WTO체제보다 보다 큰 시장개방을 약속하고 있다는 점도 FTA의 주된 확산 이유 중 하나이다. FTA는 결국 기존의 WTO를 중심으로 한 다자간 무역체제에서 한 걸음 더 나아가 보다 시장개방의 폭을 확대하는 것을 당사국이 서로 약속한다. 가령 한-EU FTA 잠정발효로 우리나라는 EU측에게 115개 서비스 분야를, EU는 우리나라에게 139개 서비스 분야를 개방하게 되었는데, 이는 우리나라가 WTO회원국에 개방한 78개 서비스 분야보다 37개 분야가 늘어난 것이다. 결국 EU에 대하여 WTO회원국 이상의 시장개방 혜택을 부여하고 우리도 동일한 혜택을 EU로부터 약속받는 것이다.

WTO협정의 규정이 불명확하고, 불충분하여 특정 지역무역협정이 WTO규정에 합치하는지를 판단하는 것은 현재로서는 매우 어려운 실정이다. WTO 지역무역협정위원회Committee on Regional Trade Agreements: CRTA를 중심으로 지역무역협정에 관한 WTO규정을 명확히 하고 보완하기 위한 협상이 진행되고 있으나 논의 속도는 매우 부진한 편이다. FTA를 포함한 지역무역협정의 이익은 가시적이고 직접적인 반면, 역기능을 억제하기 위한 다자적인 감시기능이 제대로 작동하기 어려운 상황에서 지역주의는 앞으로도 확산될 것으로 전망된다.

4. FTA체제 확산의 함의

현재 전 세계적으로 진행되고 있는 FTA 체결 추세는 새로운 무역환경을 초래하고 있다. 그간 WTO협정을 중심으로 단일의 체제로 운영되어 오던 국제무역체제가 다극화하며 여러 가지 새로운 변수들을 제시하고 있기 때문이다. 물론 현재까지 체결된 대다수의 FTA는 WTO협정 범위 내에서 체결되었다고 볼 수 있으므로 다자무역체제의 틀 내에서 체결된 것으로 볼 수도 있을 것이나 현실적으로 이러한 FTA체제의 확산은 다자무역체제에 적지 않은 도전으로 작용하고 있다.

A. 이합집산과 지역 경제 Bloc의 등장

DDA 협상 타결 지연에서도 보여 주는 바와 같이 WTO가 다자무역체제의 구심점으로 충분한 리더십을 발휘하지 못하게 되자 이에 대한 보완작용으로 여러 국가들은 마음이 맞는 국가들 간 경쟁적으로 FTA 체결에 나서고 있다. 현재 추세로 보아 이러한 FTA 체결 움직임은 앞으로도 더욱 가속화될 것으로 보인다. 그 결과 세계 곳곳에 지역별 또는 국가별로 다양한 FTA가 존재하게 되어 수많은 통상협정이 서로 중복·공존하게 되는 소위 "Spaghetti Bowl" 현상이 더욱 심화되고 있다. 미국, EU, 일본, 중국 등 세계 주요 국가들이 모두 FTA 체결에 경쟁적으로 나서고 있기 때문이다. 그 결과 향후 다양한 경제 Bloc들이 등장할 것으로 보인다. 이러한 Bloc들 간 다시 이합집산離合集散과 합종연횡合從連衡이 이루어져 다양한 형태와 규모의 FTA가 등장할 것으로 보인다. 현재 미국이 추진 중인 환태평양자유무역협정Trans-Pacific Strategic Economic Partnership: TPP의 경우가 가장 적절한 예일 것이다. TPP는 그 당사국과 범위에 비추어 미니 WTO라고 불릴 수 있을 정도로 파격적이다. TPP협정은 미국, 일본, 한국, 베트남, 중국 등 환태평양 연안의 20-30개국의 참가를 목표로 하는 대규모 FTA이기 때문이다.[1] 이는 WTO체제에 대한 미국의 불만 및 우려를 단적으로 대변한다. DDA 협상에서 미국이 미온적 입장을 표한 배경에는 이러한 PLAN B에 대한 믿음이 있었기 때문이라고 평가된다. 즉, DDA 협상이 결렬되더라도 TPP를 통해 그와 버금가는 미국 주도의 무역질서를 수립할 수 있다는 속내가 있었던 것이다. 미국은 이 지역의 여러 양자 간 FTA를 모두 TPP 내에 포괄한다는 계획을 보유하고 있다. TPP와 같은 대규모 FTA는 앞에서 설시한 것과 같이 일종의 mini-WTO의 성격을 보유하는 것으로 EU를 능가하는 자유무역지대가 탄생한다는 것을 의미한다. 만약 미주지역 등 여타지역에서도 이러한 대규모의 FTA가 체결된다면 결국 전 세계는 몇 개의 대규모 FTA와 그

1 아시아-태평양지역 경제의 통합을 목적으로 2012년 3월 현재 미국, 호주, 말레이시아, 페루, 베트남, 뉴질랜드, 싱가포르, 칠레 및 브루나이까지 9개국이 협상 중이다. 2005년 6월 뉴질랜드, 싱가포르, 칠레 및 브루나이 4개국 체제로 출범한 다자간 자유무역협정을 협상의 모태로 삼고 있다. 일본, 캐나다 및 멕시코도 협상 참여에 관심을 나타낸 바 있어 앞으로 귀추가 주목된다. 가장 최근인 2011년 11월의 협상 결과는 다음 USTR 사이트에서 확인할 수 있다. http://www.ustr.gov/about-us/press-office/speeches/transcripts/2010/november/remarks-president-barack-obama-meeting-tran

역내에서의 수많은 소규모의 FTA들로 구성되게 되어 WTO체제가 형해화될 가능성도 부인할 수 없다.

B. 다자무역주의에 대한 위협

물론 이 Bloc들은 WTO체제 내에서 WTO협정의 범위 내에서 운용되게 될 것이다. 그러나 국가별로 별도의 협정을 통하여 자신들의 통상문제를 독자적인 FTA체제 아래 해결하려고 하는 시스템은 현재와 같이 WTO를 중심으로 하는 다자주의 체제에는 적지 않은 위협이 될 것으로 보인다. 왜냐하면 역내 국가들에 대하여 서로 특혜를 부여하는 FTA는 그 특성상 WTO협정의 근간을 이루는 최혜국대우조항에 대한 근본적 일탈을 일반화하기 때문이다. 따라서 이러한 FTA시스템의 확산에 따라 다자간 무역체제의 실익이 그만큼 감소되는 상황이 발생할 수도 있을 것으로 보인다. 특히 TPP와 같이 대규모 지역 FTA가 도입되는 경우, 그 파장은 더욱 클 수밖에 없을 것이다. 이렇게 다자주의 체제가 위협되는 상황에서 우리나라의 경우 FTA 체결 움직임을 더욱 가속화할 수밖에 없는 상황이다. DDA의 사실상 결렬로 인한 안정적인 다자통상체제가 보장되지 않는 상황에서 우리나라의 국제통상 전략은 FTA의 확대 외에는 다른 대안이 없으며, 다자주의 체제가 우리의 노력과 의지만으로 회복되거나 유지되는 것이 아니라 일종의 외부변수이므로 이러한 변화된 환경에서 우리의 경쟁력을 유지하기 위해서는 FTA 체결 노력을 더욱 강화할 수밖에 없기 때문이다.

C. 통상협정의 다변화 및 복잡화

한편 이러한 복수의 FTA협정의 도입은 통상협정체제의 다변화·복잡화를 초래하게 된다. 가령 우리나라의 경우를 보더라도 지금까지는 WTO협정만을 염두에 두고 모든 통상정책을 도입·운용하면 되게 되었다. 그러나 향후 20-30개의 FTA가 발효하게 되면 이들 FTA 역시 각각 별도로 고려하여야만 한다. 결국 우리가 고려하여야 할 규범이 기존의 1개에서 20-30개로 늘어난 셈이 되는 것이다. 따라서 통상정책의 결정과 이행이 그만큼 복잡한 변수를 초래하게 되었다. 동일한 영역에 대해서도 적용되는 법규범이 국가별로 다양하게 존재하게 되었기 때문이다.

이러한 통상협정의 다변화·복잡화 현상은 통상정책 결정에 보다 많은 시간을 요하게 되었다. 국내적으로 이해관계를 달리하는 집단 간의 충돌을 조정해야 하는 문제뿐만 아니라, 다양한 통상협정에 대한 입체적인 고려가 이루어져야 하기 때문이다. 구체적으로 신규 FTA 체결로 기존의 FTA에 대한 지속적인 재점검이 필요하게 되었고, 새로운 FTA 체결은 이와 관련된 국내 제도에 대한 지속적인 조정을 요하게 된다. 이는 우리만의 문제는 아니고 모든 국가들이 공통적으로 부딪히게 될 문제이며 극복하여야 할 과제이기도 하다.

D. 보호무역주의의 확산 촉발

증가하는 보호무역주의의 위험은 여러 국가들이 이미 공감하고 있는 상황이다. 선진국은 비관세무역장벽NTB을 통해 교묘히 자국의 산업을 보호하기 위해 노력하고, 개도국은 아예 직접적으로 자국산업보호조치를 남발한다.[1] 우리 기업의 기업활동은 각국의 보호무역주의에 의하여 선진국, 개도국 모두에서 어려움에 직면하고 있는 실정이다. 2010년 11월 11일 서울에서 개최된 G-20 정상회의는 당면한 세계경제의 제반 현안에 대하여 주요국 간에 첨예한 논의의 장이었다. 특히, 2008년 11월 G-20 워싱턴회의에서 보호무역조치에 대한 G-20 참여국 간 "동결합의standstill"가 도출되어 2008년 세계경제 위기 이후 급격한 확산 조짐을 보이던 각국의 보호무역조치를 효과적으로 억제하는 데 중요한 역할을 수행하였다.[2] 원래 이 조치는 G-20 국가 주도로 채택되고 동 정상회의 참가국 간 준수사항 정도로만 이해되었으나, 여타 비참가국에 대해서도 보호무역

1 미국, 유럽 및 일본의 NTB 이슈에 대해선 David Hanson, *Limits to Free Trade: Non-Tariff Barriers in the European Union, Japan and United States*, Edward Elgar (2010) 참조.

2 지난 2008년 11월 15일 워싱턴에서 개최된 G-20 정상회의 공동선언문에서 각국은 향후 무역투자 장벽과 수출 제한 등 보호무역주의조치를 도입하지 않기로 합의하였다. 이 합의는 우리나라가 최초 제안하였으며 이에 대하여 각국이 찬성하는 입장을 표명하였다. 이러한 합의를 도출하게 된 배경은 세계 경제위기의 확산을 차단하기 위해서는 자유무역에 대한 각국의 약속을 다시 한번 확인하고 이를 통한 위기감의 확산 차단과 교역 증대를 도모할 수 있을 것이라는 데 공감대가 형성되었기 때문이다. 이러한 자유무역 체제의 유지가 세계 경제위기 극복의 핵심과제라는 데 모든 참여국이 동의하였다(중앙일보, 2010. 11. 4. 게재 기사 참조. http://article.joinsmsn.com/news/article/article.asp?total_id=4612153).

주의의 폐해와 그로부터 초래되는 세계경제 체제에 대한 치명적 결과를 사전에 고지함으로써 범세계적인 차원에서 보호무역주의의 억제에 중요한 역할까지 수행한 것으로 평가할 수 있다.[1] 보호무역주의의 확산 차단을 위한 이러한 노력은 우리나라의 이해관계 보호에도 직접적으로 연관되어 있다.[2]

그러나, 그간의 성과에도 불구하고 2008년 G-20 국가 간 보호무역조치 동결합의에는 내재적 한계가 있다. 왜냐하면 이 합의는 전통적인 또는 일반적인 의미의 무역장벽만을 규율대상으로 하고 있기 때문이다. 전통적인 개념의 무역장벽은 관련 조치의 외양이 분명하고 객관적인 평가가 가능하므로 그러한 조치의 시행 및 철폐 여부 등에 대한 검토가 상대적으로 용이한 반면에 현재 각국의 관심을 끌고 있거나 분쟁 대상으로 제기되고 있는 보호무역조치들은 이러한 전통적인 무역장벽과 다른 양태로 발현되고 있으며, 그 존재 여부의 확인과 철폐방법 등과 관련하여 여러 가지 제약이 따른다. 나아가 대부분의 경우 이러한 조치들은 일견 다양한 국가정책 목표와 혼재되어 있어 조치시행국이 쉽게 보호무역조치임을 인정하거나 나아가 그 철폐에 동의하기 어려운 측면이 있다.[3]

1 2008-2010년 보호무역조치 현황 평가(WTO 웹사이트, "무역장벽 모니터링 보고서" available at http://www.wto.org/english/news_e/new11_e/igo_24may11_e.htm 참조).
이에 따라 WTO는 세계 각국의 보호무역조치에 대한 모니터링 작업을 실시하여 정기적으로 모니터링 보고서를 채택하고 있다. 이러한 보고서는 각국의 다양한 보호무역주의의 실상과 문제점을 객관적으로 수치화하여 제시함으로써 보호무역주의의 확산 현상과 그 폐해를 효과적으로 국제사회에 전달하고 있다. 가령, WTO의 제1차 보고서에 따르면 11개국 13개 조치가 확인되었음에 반하여 제2차 보고서에 따르면 27개국 99개의 보호무역조치가 확인되었다. 이들 보호무역조치는 부당한 관세부과, 수입절차의 지연, 수입허가 조건의 강화, 반덤핑·상계관세·긴급수입제한조치 등의 무역구제 제도의 부당한 발동 등 다양한 영역을 포함하고 있다.

2 이재민, "보호무역조치에 대한 효과적 대응방안의 모색 — 비관세 무역장벽을 중심으로 —," 「법학논총」 제27권 제4호, 한양대학교(2010. 12). 한편 무역협회의 통계에 따르면 2009년 3월 말 기준, 우리나라 수출품은 19개국으로부터 총 123건(조사 중 20건 포함)의 수입규제를 받고 있으며, 국가별로는 인도가 총 27건(22%)으로 가장 높은 것으로 확인된 바 있어 무역장벽 문제는 우리 기업에 대해서도 직접적인 피해를 초래하고 있다고 볼 수 있다. 따라서 보호무역주의의 확산 또는 무역장벽의 강화 문제는 무엇보다도 우리의 통상 이익과 직접적인 연관성이 존재함을 주지할 필요가 있다(무역 협회 통상·수입규제 관련 통계자료 게시 웹사이트 http://antidumping.kita.net 참조).

3 이재민, "보호무역조치에 대한 효과적 대응방안의 모색 — 비관세 무역장벽을 중심으로 —," 「법학논총」 제27권 제4호, 한양대학교(2010. 12).

5. FTA에 대한 WTO 통제의 미흡

광범위하게 확산되는 FTA에 대한 WTO의 통제는 미흡한 수준이다. WTO 협정에는 FTA가 허용되는 법적 요건이 존재한다. 이하에서는 이 요건에 대하여 살펴보고, WTO체제하에서 이 요건 충족 여부에 대한 통제가 미흡하다는 것을 설명한다.

A. WTO협정상 FTA 관련 기본요건[1]

GATT 제24조에는 WTO체제하에서 GATT 제 1 조의 최혜국대우의무에도 불구하고 자유무역협정이 용인되기 위한 요건이 기술되어 있다. 그중에 특히 문제가 되는 것은 상당수의 자유무역협정이 GATT 제24조상 대내적 요건인 "실질적으로 모든 무역"이라는 요건을 충족하는지 여부이다. 민감한 부분인 농산물이나 섬유와 같은 영역이 자유무역협정에서 제외되는 경우가 적지 않다. 이 외에도 서비스교역을 규율하는 GATS 제 5 조에서도 자유무역협정이 용인되기 위한 요건이 규정되어 있다. GATS 제 5 조는 GATT 제24조의 요건과 완전히 동일하지는 않으나 그 구조가 유사하므로 여기서는 GATT 제24조에 국한하여 설명하기로 한다.

(1) 역내기준

자유무역지역에 참여하려는 WTO회원국들은 동일하게 GATT 제24조 제 8 항[2]에 따라 "실질적으로 모든 무역"에 관하여 "관세 및 그 밖의 제한적인 상거

1 한국국제경제법학회, 「신국제경제법」, 박영사(2012), 정영진, 제24장 GATT 제24조 기본원칙, p. 540.

2 8. 이 협정의 목적상

(a) 관세동맹은 다음의 결과가 되도록 둘 또는 그 이상의 관세영역을 단일관세영역으로 대체한 것을 의미하는 것으로 양해한다.

(i) 동 동맹 구성영토 간의 실질적으로 모든 무역에 관하여 또는 적어도 동 영토를 원산지로 하는 상품의 실질적으로 모든 무역에 관하여 관세 및 그 밖의 제한적인 상거래 규정(필요한 경우 제11조, 제12조, 제13조, 제14조, 제15조 및 제20조하에서 허용되는 것은 제외한다)은 철폐된다.

(ii) 제 9 항의 규정에 따를 것을 조건으로, 실질적으로 동일한 관세 및 그 밖의 상거래 규정이 동 동맹의 각 회원국에 의하여 동 동맹에 포함되지 아니한 영토의 무역에 적용된다.

(b) 자유무역지역은 관세 및 그 밖의 제한적인 상거래 규정(필요한 경우 제11조, 제12조, 제13조, 제14조, 제15조 및 제20조하에서 허용되는 것은 제외한다)이 구성영토를 원산지로 하는 상품의 동 영토 간의 실질적으로 모든 무역에 대하여 철폐되는 둘 또는 그 이상의 관세영역의 일군을 의미하는 것으로 양해한다.

래 규정"을 철폐하여야 한다. 그러나 우루과이라운드 협상의 결과 채택된 GATT 1994 제24조에 관한 양해WTO Understanding on the Interpretation of Article 24 of the General Agreement on Tariffs and Trade 1994에서도 GATT 제24조 제8항에 대하여 별도의 설명이 없는 관계로, 아직까지 동항이 규정하고 있는 "실질적으로 모든 무역"과 "그 밖의 제한적인 상거래 규정"의 의미에 대하여 논쟁이 지속되고 있다.

(a) 실질적으로 모든 무역

이 용어는 양적인 요소와 질적인 요소를 모두 가지고 있다. 몇 %의 무역이 관련되어야 하는지는 전자에 관련한 것이고 어느 국가 경제의 주요한 섹터가 제외되어서는 안 된다는 것이 후자에 속하는 것이다. "실질적으로 모든 무역"이 무엇을 의미하는가에 대해서는 다양한 견해가 있다. 구체적으로 질적인 요소와 양적인 요소를 모두 고려해야 한다는 주장, 무역량trade flow을 기준으로 판단하는 주장 등이다.[1] GATT/WTO패널은 "실질적으로 모든 무역"이라는 요건에 대하여 구체적인 판단을 내린 적이 없다. 예를 들어, 미국철강 사건에서 미국은 NAFTA가 GATT 제24조에 의하여 예외가 인정된다는 점을 입증하기 위하여 회원국들은 관세율표상 97% 수량을 기준으로 99%의 무역에 대한 관세를 철폐하였다는 증거를 제시하였다. 패널은 이에 대한 판단을 하지 않은 채 미국은 GATT 제24조 제8항(b)호상의 FTA의 정의를 충족한다는 일응의 입증을 하였다고 판단한 바 있다.[2]

(b) 관세 및 기타 제한적 상거래 규정

GATT 제24조 제8항은 구성국 간에 관세뿐만 아니라 "기타 제한적 상거래 규정"의 철폐도 요구하고 있다. 동항에서 논쟁의 대상이 되고 있는 부분은 "필요한 경우 제11조, 제12조, 제13조, 제14조, 제15조 및 제20조하에서 허용되는 것은 제외한다"고 규정한 부분이다. 이것을 예시적 혹은 열거적으로 해석하는 것에 따라 상기 조문에 해당되지 않는 제11조의 반덤핑관세 및 상계관세조치,

1 이에 대한 더 자세한 설명은 Mitsuo Matsushita, "Legal Aspects of Free Trade Agreements: In the Context of Article XXIV of the GATT 1994," in Mitsuo Matsuishita and Dukgeun Ahn (eds.), *WTO and East Asia: New Perspectives*, Cameron May (2004), pp. 497, 504; El Hadji A. Diouf, "the ACP Advantage: Interpreting GATT Article XXIV and Market Access Implications for EPAs," *Trade Negotiations Insights Vol. 8, No. 7* (2009) available at http://ictsd.org/i/news/tni/54814/

2 United States — Definitive Safeguard Measures on Imports of Certain Steel Products (WT/DS248,249, 251,252,253,254,258,259/AB/R)/DSR 2003:VII, 3117 (Dec 10, 2003), pp. 440-444.

제19조의 수입제한조치 등과 같은 조치들을 FTA체제하에서 당사국들이 취할 수 있는지 여부가 결정된다. 이에 관하여 견해가 대립하나, 최근에 자유무역협정하에서 긴급수입제한조치의 허용 여부에 관하여 WTO패널은 긴급수입제한에 관한 WTO협정에 관한 해석을 통하여 FTA회원국은 다른 회원국에 대하여 일정한 조건하에서 긴급수입제한조치를 취할 수 있다고 판단하였다.[1]

(2) 역외기준

GATT 제24조가 WTO의 예외로 인정하고 있는 FTA는 사실 두 가지를 의미한다. 먼저 하나는 우리가 흔히 언급하는 자유무역협정이고 다른 하나는 관세동맹Customs Union이다.[2] 전자와 후자의 차이는 전자는 역내 국가 간 관세 등 무역장벽만을 상호 철폐하는 것임에 반하여 관세동맹은 그러한 역내 자유화와 함께 역외 국가에 대해서도 공동의 통상정책을 적용하는 것이다. 관세동맹으로는 EU가 대표적이며 최근 체결된 자유무역협정에서는 그 사례를 찾아보기 힘들다. 지역화와 Bloc화가 진전되면 자유무역협정이 이러한 관세동맹으로 발전할 가능성도 있을 것이다.

(a) 자유무역협정

개념적으로 볼 때 관세동맹은 공동의 역외정책이 있으며 FTA는 이러한 역외정책이 없는 상당히 유연한 협정이다. 자유무역협정에 적용되는 GATT 제24조 제5항 (b)호의 관련부분은 "관세 및 기타 상거래 규정은 자유무역지역의 형성 이전에 동일한 구성 영토에서 존재하던 상응하는 관세 또는 그 밖의 상거래 규정보다 더 높거나 더 제한적이어서는 아니 된다"고 규정되어 있다. FTA에 참여하는 WTO회원국들은 FTA에 가입할 때 자신들의 역외조치를 수정할 필요는 없으나 원산지 규정을 변경하는 것이 일반적인데, 이 변화에 의하여 역외보호수준 자체가 큰 영향을 받게 된다.[3]

1 Argentina — Safeguard Measures on Imports of Footwear (WT/DS/2/ZC) 참조; United States — Definitive Safeguard Measures on Imports of Wheat Gluten from the European Communities (WT/DS166-EC) 참조.

2 GATT 설립 시의 Customs Union 관련 논의 등에 대해서는 Andreas F. Lowenfeld, *International Economic Law*, Oxford (2002), pp. 39-40; See generally John H. Jackson, William J. Davey and Alan O. Sykes, Jr., *Legal Problems of International Economic Relations: Cases, Materials and Text* (5th ed.), Thomson West (2008), Chapter 11.

3 원산지 규정이야말로 무역전환효과를 초래하는 가장 중요한 요소라는 평가가 있다. Jaime Serra et al., "Reflec-

(b) 관세동맹

자유무역협정에 관한 GATT 제24조 제5항 (b)호와 관세동맹에 대한 GATT 제24조 제5항 (a)호는 상당한 차이가 있다. 관세동맹에 대한 역외무역 요건은 두 개의 의무로 구성되어 있는데, 첫째는 보호의 "전반적인 수준overall level of protection"을 일정한 수준으로 높이지 않을 의무이며, 둘째는 관세동맹에 참여하는 특정 회원국이 관세동맹의 역외보호의 수준에 따르기 위하여 관세를 인상하여야 하는 경우 보상해야 한다는 의무이다. (a)호에 의하면 관세 및 기타 상거래 규정은 동 동맹의 형성 이전에 구성영토에서 적용가능한 상거래 규정의 일반적 수준the general incidence보다 전반적으로on the whole 더 높거나 더 제한적이어서는 아니 된다. 관세동맹은 자유무역지대와 달리 조정이 필요하며 "전반적으로"와 "일반적수준"이라는 용어를 사용한 것은 관세동맹 형성 이후와 이전의 보호조치를 개별적으로 평가하는 것이 아니라 전반적으로 평가할 것을 의미한다.

[지역무역협정의 종류와 포괄범위][1]

<table>
<tr><th>역내관세철폐</th><th>역외공동관세부과</th><th>역내생산요소
자유이동보장</th><th>역내공동경제정책수행</th><th>초국가적기구
설치·운영</th></tr>
<tr><td>① 자유무역협정
(NAFTA, EFTA 등)</td><td></td><td></td><td></td><td></td></tr>
<tr><td colspan="2">② 관세동맹
(베네룩스 관세동맹)</td><td></td><td></td><td></td></tr>
<tr><td colspan="3">③ 공동시장
(EEC, CACM, ANCOM 등)</td><td></td><td></td></tr>
<tr><td colspan="5">④ 완전경제통합
(마스트리히트조약 발효 이후의 EU)</td></tr>
</table>

tions on Regionalism: Report of the Study Group on International Trade," Carnegie Endowment for International Peace (1997) 참조.

1 이 도표는 다음 사이트에서 인용하였다. http://www.fta.go.kr/new/ftakorea/fta.asp

B. 기준 충족 여부 평가의 미흡

FTA체제의 확산과 관련하여 우려되는 부분은 현재 체결되는 다양한 FTA의 GATT 제24조 합치성 여부가 여러 이유로 심도 있게 진행되지 않는다는 점이다. 위에서 언급한 바와 같이 GATT 제24조는 FTA 체결을 허용하면서도 한편으로 이러한 FTA들이 준수하여야 할 요건들을 구체적으로 나열하고 있다. 여러 FTA들이 체결 후 WTO에 통보되며 이들이 이러한 요건을 준수하였는지 여부를 면밀히 검토하는 것이 필요하다. 그러나 GATT/WTO 역사상 어떤 FTA가 GATT 제24조를 충족하는지 여부에 대한 패널결정례는 극히 드물다. GATT 시절 대표적인 사례인 EC-바나나 사건에서 GATT패널은 ACP African Caribbean and Pacific Associcables: ACP 국가들에게 유리한 EC의 차별적인 바나나 수입제도가 EC와 이들 국가들 사이의 로메협약에 의해 보호될 수 있는지 여부에 대하여 동 로메협약이 GATT 제24조의 요건을 충족하지 못한다고 판정하였다.[1] WTO체제하에서 항소기구는 GATT 제24조의 요건을 비교적 엄격하게 해석하였다. 대표적인 사건인 터키-섬유 사건에서 인도는 터키가 EC와 체결한 관세동맹의 후속조치로 섬유수출에 대하여 새로운 장벽을 쌓아 피해를 입었다고 주장하였다. 항소기구는 GATT 제24조는 "단지 어떤 조치가 관세동맹의 형성을 위해 도입되는 경우에만, 그리고 그러한 조치가 허용되지 않는 다면 관세동맹의 형성이 저해되는 범위 내에서만" 당해 조치를 정당화할 수 있다는 일종의 필요성기준 necessity test을 제시하였다.[2]

그러나 기 체결된 FTA에 대하여 문제 제기를 하기에는 시간적으로도 적절하지 않고 또한 요건 준수 여부를 평가하는 데에도 정보의 부족 등으로 한계가 있을 수밖에 없다. FTA협정들을 WTO에서 장기적으로 관리하기 위해서는 장기적으로 이러한 평가 제도를 강화하는 것이 적절할 것이다.

이러한 방법들을 통하여 WTO와 FTA가 서로 상생할 수 있는 방법을 모색하는 것이 필요할 것이다. 가령 현재 FTA들의 가장 큰 문제점은 분쟁해결절차

1 EEC-Import Regime of Bananas, GATT Doc. DS38/R of 11 February 1994 (GATT체약국단에 의하여 체택되지 못하여 법적 구속력이 없다).
2 Turkey — Restrictions on Imports of Textile and Clothing Products, WTO Doc. WT/DS34/R of 31 May 1999.

를 운용할 만한 인프라와 재원, 인력 등이 부족하다는 점이다. 반면 WTO는 분쟁해결절차와 관련하여 가장 풍부한 경험과 인프라를 보유하고 있다. 따라서 FTA분쟁해결절차에서 제기되는 분쟁들을 WTO분쟁해결절차의 인력 등을 이용하거나 지원을 받아 해결하는 것도 검토하여 볼 만하다. 이러한 유기적 협조 체제를 구축하여 장기적으로 상호 공존하는 방안을 모색할 수 있을 것이다.

6. 우리나라와 FTA

우리나라는 최근 본격적으로 여러 나라와 FTA를 체결하고 있다. 이로 인하여 국내 갈등 또한 증가하고 있으며, 이를 해소하기 위하여 제도적인 정비가 필요하다. 구체적으로 최근 한미 FTA와 한-EU FTA의 현황을 살펴보고 FTA 체결 이후가 더욱 중요하다는 점을 강조한다.

A. FTA 체결 현황 및 전망

그간 우리나라가 참여하는 무역체제는 WTO 중심의 단일 무역체제였다. WTO가 표방하는 다자간 무역체제multilateralism는 여전히 세계무역체제의 핵심을 이루고 있으며 우리나라도 이에 적극 참여하고 있다. 그러나 1997년 외환위기의 극복과정에서 경제제도 선진화 및 개방경제체제 확립이 위기극복의 전제조건으로 부각됨에 따라 FTA 추진필요성에 대한 공감대가 확산되기 시작하였다.[1] 또한 WTO 출범 이후 회원국 간의 FTA 체결이 급속히 확산되면서 당시 단 하나의 FTA도 체결하고 있지 않은 우리나라의 기업이 수출에 있어서 그만큼 불리한 교역조건에 노출되게 되었다. 이에 따라 김대중 정부는 1998년 11월 대외경제조정위원회에서 수출시장의 활로 모색을 위한 새로운 대외경제정책수단으로서 FTA 체결을 적극적으로 추진하기로 하는 기본방향을 정하고, 그 첫 대상국으로서 칠레를 선정하였다. 한-칠레 FTA는 1999년 12월 제1차 협상이 시작되어 2002년 10월 25일에야 협상이 타결되었고 2003년 4월 1일 발효하게 되

1 정인교, 「FTA통상론」, 율곡출판사(2010), p. 122.

었다.[1] 한-칠레 FTA 추진 결정 이후 발효 시까지 5년 이상의 시간이 소요된 것은 농수산물에 대한 피해의 우려로 인한 이해관계자들의 반발 때문이었다. 2004년 칠레와의 FTA가 발효되기 전까지 우리나라는 몽골과 함께 WTO회원국 중 "유이唯二"하게 FTA를 맺지 않은 국가였다. 2003년 노무현 정부가 출범한 이후 우리나라의 FTA정책은 전기를 맞이하게 되었다. 2003년 8월 대외경제장관회의에서 심도 있는 토의를 거쳐 동년 9월 2일 국무회의에 확정된 "FTA 추진 로드맵"에 의하면 순차적 FTA 추진보다는 "동시다발적인" 전방위적 FTA 추진전략을 지향하였다. 일본, 싱가포르, ASEAN, 멕시코, 유럽자유무역연합EFTA 등은 향후 1-2년 내에 추진되어야 할 단기 대상국으로, 미국, EU, 중국 등 거대경제권 및 한·중·일 FTA는 3년 이후 추진되어야 할 중장기 대상국으로 설정되어 있다. 단기 대상 국가들은 거대경제권인 미국, EU, 중국 등과의 FTA 추진에 앞서 대륙권별 전략적인 교두보를 확보하기 위한 것으로 FTA 추진 대상국 선정기준을 "거대, 선진 경제권과의 FTA 추진에 도움이 되는 국가"로 명시한 점에서 이러한 의도를 읽을 수 있다. 2004년 6월 정부는 FTA 체결을 효율적으로 추진하고 그 과정에서 국민의 이해와 참여를 제고할 것을 목적으로 대통령훈령으로 "자유무역협정체결절차규정"을 제정하여 FTA 협상 개시 전에 FTA공청회 개최를 의무화하였으며, 관련 당사자와 국민들에게 진행상황을 보고하고 국민적 의견을 수렴하도록 하였다.

현재 많은 국가들은 다자간 무역체제의 문제점과 한계를 동시에 느끼며 주요 교역국과 FTA를 적극 체결하고 있다. 우리나라의 경우 2003년 마련된 "FTA 추진 로드맵"에 따라 매년 FTA 추진에 박차를 가하여 칠레, 싱가포르, 인도와 FTA를 각각 체결·발효하였으며, 2011년 7월 1일로 한-EU FTA가 잠정발효되었고 한미 FTA는 2011년 2월 추가협상에 대하여 서명을 마치고 6월 비준동의안이 국회에 제출되었으며 동년 11월 22일 통과되어 2012년 3월 15일 발효되었다. 그리고 현재 페루, 콜롬비아, 뉴질랜드, 호주, 캐나다, 일본과 FTA를 교섭 중에 있다. 특히 한-중 FTA의 추진과 관련하여 "자유무역협정 체결 및 이행협의에 관한 절차규정"[2]에 따른 첫 절차인 공청회가 2012년 2월 24일 개

1 법무부, 「자유무역협정의 법적 고찰」(2003), p. 382.
2 2011년 7월 6일에 "자유무역협정체결절차규정"의 개정으로 명칭도 변경되었다.

최되었고 이후 FTA민간자문회의의 개최, FTA추진위원회 심의를 거쳐, 대외경제장관회의 의결을 거쳐 2012년 5월 2일 한-중 FTA 협상의 개시가 공식적으로 선언되었다.

나아가 현재 미국은 아시아-태평양지역을 포괄하는 소위 Trans Pacific Partnership[TPP]협정 추진을 통하여 광범위한 지역을 포괄하는 FTA를 체결하는 방안도 추진하고 있다. 이러한 FTA체제의 광범위한 등장은 그간 자유무역의 확산이라는 관점에서만 평가되어 왔으나 이제는 통상정책에도 여러 가지 변화를 초래하는 원인으로 분석되고 있다. 이렇게 무역체제가 다극화됨에 따라 통상정책을 수립함에 있어서도 다음과 같은 변화가 있음을 인지하고 이에 대한 대비가 요구된다. 앞으로는 다양한 통상협정에 대한 입체적인 고려가 필요하게 될 것이고 이로 인해 통상정책 결정에 긴 시간이 소요될 것이다. 국내적으로도 이해관계의 충돌 및 내부적 갈등이 증가될 것으로 보이고 각국의 보호무역주의는 확산될 것으로 예상된다.

이하의 표는 2012년 5월 현재 우리나라가 체결 혹은 교섭 중인 FTA 현황이다.[1]

1 이와 관련하여서는 www.fta.go.kr 참조.

[한국의 FTA 추진현황]

진행단계	상대국	추진현황	의 의
발 효 (8건, 45개국)	칠 레	99. 12월 협상 개시, 03. 2월 서명, 04. 4월 발효	최초의 FTA 중남미 시장의 교두보
	싱가포르	04. 1월 협상 개시, 05. 8월 서명, 06. 3월 발효	ASEAN 시장의 교두보
	EFTA (4개국)	05. 1월 협상 개시, 05. 12월 서명, 06. 9월 발효	유럽시장 교두보
	ASEAN (10개국)	05. 2월 협상 개시, 06. 8월 상품무역협정 서명, 07. 6월 발효, 07. 11월 서비스협정 서명, 09. 5월 발효, 09. 6월 투자협정 서명, 09. 9월 발효	우리의 제2 위 교역대상 (2010년 기준)
	인 도	06. 3월 협상 개시, 09. 8월 서명, 10. 1월 발효	BRICs국가, 거대시장
	E U	07. 5월 협상 출범, 09. 7월 협상 실질 타결, 09. 10. 15 가서명, 10. 10. 6 서명, 11. 7. 1 잠정발효	세계 최대경제권 (GDP기준)
	페 루	09. 3월 협상 개시, 10. 8월 협상 타결, 10. 11. 15 가서명, 11. 3. 21 서명, 11. 8. 1 발효	자원부국, 중남미 진출 교두보
	미 국	06. 6월 협상 개시, 07. 6월 협정 서명, 10. 12월 추가 협상 타결, 11. 10. 22 "한 · 미 FTA 이행법" 미 의회 상·하원 통과, 11. 11. 22 비준동의안 및 14개 부수법안 국회 본회의 통과, 12. 3. 15 발효	거대 선진경제권
타 결 (1건, 1개국)	터 키	08. 6월~09. 5월 공동연구, 10. 1월 국장급협의 개최, 10. 4월 제1차 협상 개최, 10. 7월 제2차 협상 개최, 11. 3월 제3차 협상 개최, 12. 3월 제4차 협상 개최, 12. 3. 26 기본협정 및 상품무역협정 가서명	유럽·중앙아 진출 교두보
협상 진행 (8건, 13개국)	캐나다	05. 7월 협상 개시, 08. 3월 제13차 협상 개최	북미 선진 시장
	GCC (6개국)	07. 11월 사전협의 개최, 총 3차례 협상 개최(08. 7월, 09. 3월, 7월)	자원부국, 아중동 국가와의 최초 FTA
	멕시코	07. 12월 기존의 SECA를 FTA로 격상하여 협상 재개, 08. 6월 제2차 협상 개최	북중미 시장 교두보
	호 주	07. 5월~08. 4월 민간공동연구, 정부간 예비협의 2차례 개최(08. 10월, 12월) 총 5차례 공식협상 개최(09. 5월, 9월, 12월, 10. 3월, 5월) 및 7차례 회기간회의 개최(10. 8월, 11월, 11. 1월, 7월, 9월, 10월[*11. 9월 2회 개최])	자원 부국 및 오세아니아 주요 시장

	뉴질랜드	07. 2월~08. 3월 민간공동연구, 정부간 예비협의 2차례 개최(08. 9월, 11월) 총 4차례 협상 개최(09. 6월, 9월, 12월, 10. 5월)	오세아니아 주요시장
	콜롬비아	09. 3월~9월 민간공동연구, 총 5차례 공식협상 개최(09. 12월, 10. 3월, 6월, 10월, 11. 10월) 및 4차례 회기간회의 개최(10. 3월, 9월, 11. 2월, 11월)	자원부국, 중남미 신흥시장
	인도네시아	한·인도네시아 CEPA 공동연구 회의 개최(11. 7월 제1차, 9월 제2차, 10월 제3차), 11. 10월 공동연구보고서 완료, 12. 3월 한·인도네시아 CEPA 협상 개시 선언합의	한-ASEAN FTA Upgrade, ASEAN 회원국 중 우리의 최대 교역국(2011년)
	중 국	07. 3월~10. 5월 산관학 공동연구 양국 정부간 민감성 처리방안에 관한 사전협의 개최(10. 9월), 12. 2. 24 공청회 개최, 2012. 5. 2 한-중 FTA 협상개시 선언(북경)	우리의 제1위 교역대상국 (2010년 기준)
협상준비 또는 공동연구 (8건, 15개국)	일 본	03. 12월 협상개시, 04. 11월 6차 협상 후 중단, 08~09년 협상 재개 환경조성을 위한 실무협의 총 4차례 개최, 국장급협의 총 2차례 개최(10.9월, 11.5월)	우리의 제3위 교역대상국 (2010년 기준)
	한·중·일	03~09년 한·중·일 3국간 민간공동연구 10. 5월 제1차, 9월 제2차, 12월 제3차, 11. 3월 제4차, 6월 제5차, 8월 제6차, 12. 14~16 제7차 산관학 공동연구 회의 개최, 11. 12. 16 산관학 공동연구 종료	동북아 경제통합 기반 마련
	MERCOSUR (4개국)	05. 5월~06. 12월 정부간 공동연구(07. 10월. 연구보고서 채택) 09. 7월 무역협정(TA) 추진 협의를 위한 공동협의체 설립 MOU 체결	BRICs국가, 자원부국
	이스라엘	09. 8월 민간공동연구 개시, 10. 8월 종료	서부 중동지역 거점시장
	베트남	10. 6월 제1차, 10월 제2차, 11. 3월 제3차, 7월 제4차, 8월 제5차, 10월 제6차 FTA공동작업반회의 개최, 공동보고서 완료, 11. 11월 공동연구보고서 채택, 12. 4월 공청회 개최	우리의 제6위 투자대상국 (2011년 기준)
	몽 골	08. 10월 민간공동연구 개시 합의	자원부국
	중 미 (5개국)	10. 10월 공동연구 개시, 11. 4월 공동연구 보고서 완료 (*중미 5개국: 파나마, 코스타리카, 과테말라, 온두라스, 엘살바도르)	북미와 남미를 잇는 전략적 요충지
	말레이시아	11. 5. 1 한·말레이시아 FTA 타당성 연구 개시, 12. 4월 타당성연구 중간점검회의 개최	한-ASEAN FTA Upgrade, 자원부국

B. FTA 체결과 국내갈등의 증가

최근 FTA 체결과 관련하여 적지 않은 국내적 갈등이 목도되고 있다. 특히 한-EU FTA 및 한미 FTA 등을 거치며 이러한 국내갈등이 대두되었으며 앞으로 주요국과 FTA 교섭이 진행되며 이러한 갈등은 반복될 것으로 보인다. 따라서 이러한 국내적 갈등 발생의 원인을 평가하고 이에 대한 대처방안을 모색하는 것이 절실히 요구된다.

(1) 국내갈등 증가의 배경

FTA 체결과 관련한 갈등 발생이 불가피한 배경에는 시장개방의 긍정적 효과는 장기적으로 평가 가능한 반면에 당장 시장개방의 직접적인 피해를 보는 영역이 항상 발생한다는 일종의 MIS MATCH 문제가 자리잡고 있다. 따라서 장기적으로 FTA 체결을 통해 불가피하게 피해를 입는 영역을 어떻게 국가차원에서 지원할 것인지의 문제가 남게 된다. 이 역시 FTA를 추진하는 많은 국가에서 직면하고 있는 중요한 과제이다. 단기적으로 피해를 보는 영역에 종사하는 국민들이 이러한 협정을 통하여 궁극적으로 자신에게도 이익이 돌아온다는 측면을 이해하지 못하면 이러한 갈등은 지속적으로 발생할 수밖에 없을 것이다.

(2) 갈등 해소를 위한 제도적 정비

이러한 문제를 해결하기 위해서는 이러한 갈등을 해소할 수 있는 장치를 제도적으로 마련해 두는 것이 필요하다. FTA 추진의 타당성을 어떠한 과정을 거쳐 국민의 공감대를 얻을 것인지부터 피해가 발생한 영역에 대하여 어떠한 방식으로 지원을 진행할 것인지에 이르기까지 체계적인 장치가 도입될 경우 이러한 국내적 갈등을 지혜롭게 해결하는 데 중요한 수단을 제공하여 줄 것이다. 특히 직접 타격을 겪는 산업군에 종사하는 국민들에 대한 지원 제도가 투명히 집행되고 운용된다면, 추후 다른 나라와의 FTA 체결에 있어서 이와 관련한 갈등을 완화할 수 있는 좋은 예가 될 수 있을 것이다.

또한 특정 FTA가 대두될 때마다 이러한 지원책 등을 모색하는 것은 오히려 보다 많은 지원을 도출하기 위하여 갈등의 정도를 격화시키는 인센티브로 작용할 가능성이 있으므로, 지원의 방법과 범위를 가급적 상세히 사전에 정하여 두고 이를 제도적으로 적용하는 것이 필요할 것으로 보인다.

C. 주요 FTA 소개

우리나라는 2003년 칠레와의 FTA 체결을 시작으로 최근에는 EU, 미국과 FTA를 체결하였고 2011년 7월 1일에는 EU와의 FTA가 잠정발효되었고 미국과의 FTA는 2012년 3월 15일에 발효되었다. 현재 FTA 체결 국가 수는 모두 44개국에 이르고 있는데, 전 세계 모든 국가들 중 미국, EU라는 세계 경제체제의 양대축과 FTA를 모두 체결한 국가는 아직 아시아에서 우리나라가 유일하다. 또 다른 주요 경제시장을 제공하고 있는 인도와는 이미 2011년 1월 1일 FTA가 발효된 바 있다다만, 인도 내 정치적 이유로 인해 Comprehensive Economic Partnership Agreement로 불린다. 2012년 5월 2일 중국과의 FTA 역시 협상이 개시되었는바, 한-중 FTA 마저 체결될 경우 세계 주요 시장과는 모두 FTA를 체결하여 시장 선점효과를 극대화할 수 있는 위치에 설 수 있을 것으로 전망된다.

우리나라의 수출의존도는 세계 최고 수준이다. 구체적으로 우리나라의 GDP 대비 무역의존도를 백분위로 표현하면 80%에 육박하고 있다. 따라서 안정적인 수출시장의 확보가 장기적으로 우리나라 경제체제 운용에 상당히 중요한 의미를 지니고 있다. 이러한 우리나라의 현실에도 불구하고 현재 WTO체제 정비를 위한 DDA 협상은 2011년 5월 30일 Pascal Lamy 사무총장이 사실상 협상타결 실패를 선언함에 따라 다자간 무역체제를 통한 자유무역의 확보가 상당히 불투명한 상황에 이르게 되었다. 이에 따라 많은 나라들이미국, 중국, 일본 등을 포함 각각 양자 간 또는 지역적 무역협정을 적극 추진하고 있는 상황이다. 이러한 관점에서 EU 및 미국과의 FTA 발효EU는 잠정발효는 우리나라의 수출시장 확보에 결정적 역할을 할 것으로 예견된다. 현재 전 세계 모든 국가들이 한-EU FTA에 이어 한미 FTA에 주목하고 있는 것은 바로 이러한 맥락에서 이해할 수 있다. 이하에서는 최근 발효된 미국과의 FTA 및 잠정발효된 EU와의 FTA의 의의와 그 내용에 대하여 간략히 설명한다.

(1) 한미 FTA의 현황과 평가

한미 FTA는 2006년 그 교섭이 시작되었을 때부터 양국 의회의 비준이 완료되어 발효된 2012년까지 여전히 국내적 논쟁의 대상이 되고 있다. 이 협정에 포함된 내용이 이미 대부분의 다른 FTA에 포함되어 있던 내용임에도 불구하고 국내적 관심과 논쟁을 초래한 것은 아마 이 협정이 우리나라에 특별한 의미를 갖고 있는 미국과의 협정이라는 점 때문일 것이다.

(a) 협정문의 구조

한미 FTA협정은 전문preample, 본문Chapter, 부속서Annex, 부록Appendix 및 서한Letter으로 구성되어 있다.[1] 동 협정은 본문은 24개의 장Chapter으로 구성되어 있는데 제 1 장에는 최초규정과 정의조항이 규정되어 있다. 제 2 장부터 제10장까지는 상품교역에 대한 내용으로 구성되어 있는데, 이에는 상품분야 시장접근Market Access, 농업, 섬유 및 의류, 의약품과 의료기기, 원산지기준, 통관행정, 동식물검역, 기술장벽 및 무역구제 등이 차례로 수록되어 있다. 제11장은 투자자-국가 간 분쟁해결제도Investor-State Dispute: ISD 등 투자관련 내용이 수록되어 있고, 제12장부터 제14장까지는 서비스 분야가 규정되어 있는데, 제12장은 서비스일반, 제13장은 금융서비스, 제14장은 통신서비스에 대하여 규정되어 있다. 제15장에서 제21장까지는 각종 규범이 수록되어 있는데 전자상거래, 경쟁정책, 정부조달, 지적재산권, 노동, 환경, 투명성이 순차로 규정되어 있다. 제22장은 협정의 최고의사결정기구인 양국 통상장관 등이 공동의장을 맡는 공동위원회Joint Committee의 설치 및 각종 분쟁해결제도를 마련하고 있는 "제도규정 및 분쟁해결"의 장이고, 제23장은 예외규정 그리고 마지막으로 제24장은 최종규정으로 협정의 발효시기 및 협정의 폐기절차 등을 규정하고 있다.

1 부속서는 품목별 원산지기준, 관세양허안 등과 같이 기술적이며 그 양이 방대한 것을 본문과 별도로 정리하기 위하여 사용되며, 부록은 부속서 내용 중에서도 보다 구체적이고 기술적인 세부내용이 규정되어 있다. 서한은 협정내용 중 해석상 이해가 다를 수 있는 이슈에 대하여 협상과정에서 합의한 내용이나 이해를 확인하기 위하여 통상장관 등 책임 있는 당국자 간 교환되는 것이다.

(b) 협정문의 주요내용[1]

1. 전문/최초규정 및 정의

전문에는 협정의 기본정신 및 원칙에 대한 선언적 내용을 포함하고 있는데 2007년 6월 추가협의 결과 투자보호 관련 "국내법상 투자자 보호 수준이 미국과 같이 한미 FTA협정의 규정과 같거나 나은 경우 외국 투자자는 이 협정을 통해 국내투자자보다 나은 권리를 부여받지 아니하는 것에 동의한다"라는 문장이 삽입되어 있다. 최초규정 및 정의의 장에서는 지방정부에 대한 협정 적용 여부와 관련하여 당사국이 주정부의 협정 준수를 보장하도록 명시적으로 규정함으로써 미국의 주정부state government에도 협정이 적용된다는 것을 명확히 하였다.

2. 상품에 대한 내국민대우 및 시장접근

상품에 대한 내국민대우 및 시장접근의 장에서는 양국은 상품공산품/임수산물 전 품목에 대해 관세를 철폐하기로 합의함으로써 높은 수준의 FTA가 달성되었다. 우리나라의 민감 수산물 및 임산물에 대해서는 장기철폐, 비선형 관세철폐, 관세율할당TRQ등을 다양한 방식을 도입하여 민감성을 확보하였다.[2] 대미 자동차 수출이 수입의 40배 규모이고 우리나라 자동차의 미국 내 시장점유율이 10%에 육박하여 자동차 분야는 공산품 분야에서 양국 간 가장 민감한 협상의 대상이었다. 이에 2010년 12월 추가협상 결과 모든 승용차를 대상으로 양국 상호 4년 후 관세를 철폐하기로 하였다. 즉, 미국은 관세 2.5%를 발효 후 한꺼번에 철폐하고, 한국은 관세 8%를 발효 시 4%로 인하 후, 4년 후 한꺼번에 철폐하기로 하였다.[3] 또한 자동차세제를 변경하였다. 특별소비세를 3단계에서 2단계로 개편하였고, 배기량기준인 자동차세제를 5단계에서 3단계로 개편하였다. 또한 우리나라는 배기량에 기초한 새로운 세제를 도입하지 않기로 하였으며 배기량별 요율차이를 변경시키지 않기로 하였다.

1 외교통상부, "한·미FTA 상세설명자료"(2011. 7) available at http://www.fta.go.kr/korus/img/pdf/kor/한미FTA설명자료.pdf 참조.

2 예컨대 명태는 15년, 민어는 12년의 장기철폐기간이 적용되게 되었다.

3 전기자동차의 경우, 미국은 관세 2.5%를 4년간 균등 철폐하고, 한국은 관세 8% 발효 시 4%로 인하 후 4년간 균등철폐하고, 화물자동차의 경우, 미국은 25%의 관세를 7년간 현행유지 후 2년간 균등 철폐하고, 한국은 10%의 관세를 즉시 철폐한다.

3. 농 업

농업의 장에서는 농축산물 중 국내 영향이 없거나 이미 수요량의 대부분을 수입에 의존하는 품목은 관세를 즉시 철폐하여 품목수 기준으로는 37.9%, 수입액 기준으로는 55.8%가 즉시 철폐된다. 민감도가 낮은 품목은 즉시 철폐에서 10년까지 철폐기간을 차별화하여 양허하였고, 주요민감품목에 대해서는 양허제외, 현행관세 유지, 계절관세 도입, 세번 분리, 농산물 세이프가드Agrivcultural Safeguard Measures 적용 등 예외적 취급과 함께 15년 이상의 관세철폐기간이 확보되었다. 예외적 취급의 대표적인 예로서는 쌀 및 쌀 관련 제품은 양허에서 완전제외되었다.

관세율할당의 운영과 관련하여 미국은 선착순 관리 방식을 주장했으나, 선착순, 수입권 공매, 과거 실적기준 배분 등 다양한 관리방식 도입에 합의하였다. 또한 미국산 특정 농림축산물이 일정한 물량을 초과하여 수입될 경우 초과수입물량에 대해 관세를 추가하여 부과할 수 있도록 농산물 세이프가드를 도입하였다. 일부품목은 관세철폐 후에도 일정기간 농산물 세이프가드를 유지하도록 합의하였다.

4. 섬유 및 의류

섬유 및 의류의 장에서는 미국측 양허수준기준으로 수입액 기준 61%, 품목수 기준 87%의 관세철폐가 이루어지게 되었다. 섬유원산지기준이 핵심이슈 중 하나였는데 원사기준Yarn-Forward Rule이 채택되었다. 미국이 NAFTA를 비롯한 FTA 체결 시 일반적으로 유지해 온 원사기준이란, 협정 당사국산 “실”을 사용하여 직물을 제직또는 편직하고 직물 및 의류 등 섬유 완제품을 재단·봉제해야만 동 제품의 원산지를 인정하는 제도이다. 원사기준은 상당히 엄격한 기준이므로 우리나라는 일부 수출품목에 대하여 예외를 인정받았고 공급이 부족한 원료의 역외조달을 허용받아 원사기준의 예외를 인정받을 수 있는 근거를 마련하였다. 섬유는 미국이 특히 민감하게 생각하는 분야여서 미국측의 요청으로 섬유 세이프가드 제도가 도입되었다.

5. 의약품 및 의료기기

의약품 및 의료기기의 장에서는 의약품/의료기기의 급여 및 가격 산정에 적용되는 각종 절차·기준이 공평하고 합리적이며 비차별적일 것을 보장하고 특허의약품 및 의료기기의 가치를 가격에 적절히 인정하기로 합의하였다. 투명성을 보장하기 위하여 의약품/의료기기의 가격산정, 급여 및 규제와 관련된 법·규정 및 절차를 신속하게 공개하고 이해관계인에게 의견제시 기회를 제공하기로 하였다. 또한 민원인들의 불만을 객관적인 입장에서 재검토해 보자는 취지로 의약품/의료기기의 가격설정 및 급여를 위한 절차를 유지·운영하는 보건 당국으로부터 독립된 검토절차를 마련하기로 하였다.

미국에서 1984년 Hatch-Waxman Act에 의해 도입되어 시행 중인 소위 "허가-특허 연계"제도가 새로이 도입되어 의약품 시판허가를 받기 위해 원 개발자가 제출한 자료에 기초하여 후발신청자가 허가를 신청하는 경우 허가단계에서 특허침해방지조치를 취하도록 하였다. 이 새로운 제도에 의하면 식약청에 통보된 의약품 특허에 대하여 (i) 특허기간 도중 시장에 진입하기 위해 복제약 시판허가를 신청한 사람의 신원을 특허권자에게 통보하고, (ii) 특허기간 중 복제약 시판을 방지하는 조치를 시판허가 절차 내에서 시행하도록 하였다. 2010년 12월 추가협상의 결과로 허가-특허 연계의무의 이행 자체가 3년간 유예되었다.

6. 원산지규정

원산지규정의 장에서는 FTA특혜원산지 판정기준 중 완전생산기준, 실질적 변형기준 등 원산지 판정의 일반원칙은 본문에서, 각 품목에 대한 개별적 원산지 판정기준은 부속서에서 규정하고 있다. 완전생산기준 이외의 실질적 변형기준에 대하여 미국과 한국 내에서 최종 생산과정을 거친 물품에 대해 원산지를 인정하되, 구체적인 판정기준으로 품목별 특성에 따라 세번변경기준, 부가가치기준 또는 주요 공정기준 등을 규정하고 있다.

또한 개성공단 제품이 한국산과 동일한 특혜관세를 부여받을 수 있는 구체적인 제도적 틀을 마련하였다. 양국 간 "한반도역외가공지역위원회Committee on Outward Processing Zones on the Korean Pennisula"에서 일정기준하에 역외가공지역Outward Processing Zone: OPZ[1]을 지정할 수 있도록 별도 부속서를 채택하였다. 그 기준은 다음을 포함하나 이에 한정되지 않는다. 즉, (i) 한반도 비핵화 진전, (ii) 역외가공지역 지정이 남북관계에 미치는 영향, (iii) 역외가공지역 내 일반적인 환경기준, 근로기준·관행, 임금, 경영·관리 관행단, 북한 지역의 일반적인 기준 및 관련 국제규범을 참조 등이 그것이다.

1 역외가공방식(outward processing)이란, 원산지 인정의 기본적인 원칙인 소위 영역의 원칙(territoriality)에서 벗어나 FTA 당사국 영역이 아닌 역외지역에서 생산·가공된 여러 유형의 방식을 총칭하여 사용된다.

7. 관세행정 및 무역원활화

관세행정 및 무역원활화의 장에서는 양국 간의 교역원활화를 위하여 효율적인 물품반출에 관한 간소화된 통관절차를 채택하도록 규정하였다. 특급화물 통관절차 간소화, 통관절차의 자동화, 위험관리방식의 세관검사, 원산지 등 사전판정제의 도입 및 원산지자율증명제도, 원산지 현지검증제도 등을 규정하고 있다.

8. 위생 및 식물위생조치

위생 및 식물위생조치의 장에서는 동식물검역규제협정SPS상의 권리와 의무를 재확인하고, 양측 간 SPS조치 관련 분쟁사항도 WTO분쟁해결절차를 따르기로 합의하였다.

9. 무역에 대한 기술장벽

무역에 대한 기술장벽의 장에서는 기술규정 등 정보제공에 대한 지방정부의 의무사항을 명시하여 무역상 기술장벽협정Technical Barriers to Trade: TBT문의 범위에 미국 주정부가 포함되어 있다. 또한 한미 양국은 국가표준이나 기술규정 관련 법령 등을 제/개정할 경우에 국내의 이해관계자는 물론이고 상대국도 비차별적으로 참여시킬 수 있도록 하였다. 한미 양국 간에는 각 당사국의 표준 등이 국제표준에 부합하는지의 여부를 결정하는데 있어 WTO의 TBT위원회가 채택한 국제표준개발원칙에 판정의 근거를 두기로 합의하였다. 통신분야의 상호인정협정인 APEC-TEL MRA[1] Phase II를 체결하기로 합의하고, 상호인정협정의 이행시기와 관련하여 우리나라는 FTA협정 발효 후 1년 이내에 MRA이행을 위하여 전기통신기본법개정안을 입법예고하기로 합의하였다.

자동차의 환경기준과 관련하여 우리나라의 강화된 배출가스허용기준 적용과 배출가스 자기진단장치 의무장착 문제를 협의한 후 합의사항을 협정에 반영하였다. 안전기준과 관련하여 그간 수입차에 대하여 사전·사후 검사 시 우리 안전기준이 적용되지 않았으나 원칙적으로 미국 등 수입차에 대해서도 우리 안전기준을 적용할 수 있게 되었다. 그 외 기타 표준협력, 자동차 원산지 규정 및 자동차 긴급수입제한조치의 도입에 대하여도 합의하였다.

1 정보통신기기분야 적합성평가결과의 상호수용을 위하여 APEC 회원국가 간 체결한 상호인정협정.

10. 무역구제

무역구제의 장에서는 반덤핑조사 신청을 접수한 경우, 조사개시 이전에 상대국에 통보하고 동시에 협의 또는 이와 유사한 기회를 부여하도록 하였다. 또한 반덤핑 또는 상계관세 조사과정에서, 우리 수출자 또는 정부측에서 가격 또는 물량합의에 대한 제안을 제시하면, 미국 조사당국이 이를 적절히due 고려하고, 우리측에 충분한adequate 협의 기회를 부여하도록 규정하고 있다. 또한 우리나라가 1990년부터 지속적으로 미국에 요구한 무역구제위원회가 설치되어 무역구제운용과 관련하여 대화채널이 마련되었다. 이러한 무역구제위원회를 통하여 이러한 협의 및 고려가 실제로 제대로 이루어지고 있는지 상시 점검토록 제도화하고 있다. 또한 다자 세이프가드 발동 시 상대국의 수출품이 끼치는 피해가 크지 않은 경우, 발동 대상에서 상대국을 면제해 줄 수 있는 근거 규정을 마련하였다. 그리고 양자 세이프가드도 도입하여 원칙적으로 협정발효 후 10년 동안, 관세철폐기간이 10년 이상인 상품의 경우 관세철폐 종료 시까지 존속토록 하였다.

11. 투 자

투자의 장에서는 내국민대우national treatment, 최혜국대우most favored nations treatment, 최소기준대우minimum standard of treatment, 수용 및 보상expropriation and compensation, 송금보장, 이행요건performance requirement 부과금지, 고위경영진 및 이사회senior management and boards of directors 국적제한 금지요건 등을 규정하고 있다. (i) 내국민대우, (ii) 최혜국대우, (iii) 이행요건, (iv) 고위경영진 및 이사회 등에 대해 합치되지 않는 조치를 협정의 부속서 유보목록에 기재하는 경우에는 협정의 의무가 면제된다. 투자분야 유보목록은 투자·서비스 분야에 공통된 단일의 부속서를 다음의 서비스장에 두어 유보사항을 기재하고 있다. 한미 FTA에서는 국제수지악화 및 외환위기 등의 심각한 대내외 여건 변화가 있을 시, 우리 정부가 외국환거래를 통제하는 단기 세이프가드조치를 발동할 수 있도록 별도의 부속서에 규정하고 있다. 또한 협정에 합치하는 범위 내에서 당사국은 외국인투자활동이 환경에 대한 민감성을 고려하면서 수행될 수 있도록 하기 위한 어떠한 조치도 취할 수 있음을 규정하고 있다. 또한 투자자-국가 간 분쟁해결절차를 규정하고 있는데 이에 대한 상세는 후술하기로 한다.

12. 서비스 무역

서비스 무역의 장에서는 모든 서비스 분야를 협정문 적용대상으로 설정하고 있으나, 사행성 게임을 포함한 도박서비스, 금융서비스, 항공운송서비스, 정부조달, 정부보조금, 정부제공서비스 등은* 제외하고 있다.

또한 상대국 서비스 공급자를 위하여 4대 일반적 의무를 부과하고 있는데 (i) 내국민대우, (ii) 최혜국대우, (iii) 시장접근 제한조치 도입 금지 및 (iv) 현지주재 local presence 의무 부과금지가 그것이다. 단, 이러한 일반적 의무에도 불구하고 상기 의무에 부합하지 않는 규제를 유지하고자 하는 경우, 비합치조치Non-Conforming Measure 조항에 의거하여 유보목록에 적시 가능하도록 함으로써, WTO협정 및 한-EU FTA와는 달리 NAFTA 방식의 "Negative 방식"을 채택하였다. 이에 따라 서비스의 장 부속서 IAnnex I에는 "현재유보"목록을 두어 협정상 의무에 합치하지 않는 "현존"조치를 나열하고 있다. 현재유보에는 자유화후퇴방지 메커니즘ratchet mechanism 이 적용되어 현행 규제를 보다 자유화하는 방향으로 개정할 수는 있으나, 일단 자유화된 내용을 뒤로 후퇴하는 방향으로는 개정하지 못하도록 하는 원칙을 채택하였다. 부속서 IIAnnex II에는 "미래유보"목록을 두어 향후 규제가 강화될 가능성이 있는 현존 비합치조치 또는 전혀 새로운 제한조치가 채택될 수 있는 분야를 나열하고 있다. 또한 우리나라의 요청으로 공공질서public order를 현저히 저해하는 경우, 외국인투자에 대하여 내국민대우 및 이행요건 금지의무에 반하는 필요조치를 취할 수 있는 유보를 기재하여 이에 대한 규제권한을 확보하였다. 또한 정부권한행사로 제공되는 서비스에 대해서 필요한 외국인투자 제한조치를 취할 수 있는 미래유보를 기재하여 이에 대한 재량을 확보하였다.

서비스 협상 결과 전문직 서비스 진출확대를 위한 체계가 구축되었다. 국내 전문직서비스법무, 회계, 세무가 단계적으로 개방되게 되었다. 미국 변호사 자격 소지자가 국내에서 국제 공법 및 미국법에 대한 자문서비스를 제공하는 것을 허용하고 회계사, 세무사의 경우도 유사하게 개방하였다.[1] 국제특송express delivery service 시장이 개방되었고, 국내 방송서비스 부분도 개방되었다.[2] 또한 기간통신

1 법무서비스의 경우 3단계, 회계·세무 분야의 경우 2단계로 추진키로 합의되었다.

2 지상파, 위성방송, 케이블사업자(SO)의 인·허가 제도, 외국인투자지분 한도, 방송쿼터 등에 대하여 현행 규제수준이 유지(현재유보)되었다. 다만, 방송채널사업(Program Provider: PP)을 중심으로 일부 자유화 약속을 하였다.

사업자에 대한 외국인지분제한도 일부 완화되었다. 현재 규제체계에 대해 논의 중인 통신·방송 융합관련 가입자 기반비디오서비스subsription-base services(예: IPTV)에 대해서는 미래유보되었다. 또한 교육·의료 및 사회서비스, 공공서비스에 대해서도 포괄적으로 미래유보하였다.

13. 금융서비스

금융서비스의 장은 공공퇴직제도 및 사회보장제도의 일환으로 이루어지는 서비스에 대해서는 금융협정이 적용되지 않고, 중앙은행, 통화관련 국가기관 및 국가에 의해 소유 또는 통제되는 금융기관에 의해 이루어지는 서비스에 대해서도 금융협정이 적용되지 않는다고 규정하고 있다. 또한 상대국에서는 허용·거래되고 있으나, 아직 자국에는 존재하지 않는 금융서비스나 금융상품을 의미하는 신금융서비스에 대해서는 일정한 조건 아래에서만 허용함으로써 우리나라 금융질서의 법적·사실적 측면에서의 안정성의 확보하고 있다. 예컨대 국경 간 거래형태의 신금융서비스제공은 불가하다. 또한 한미 FTA 발효 이후에도 우리나라 금융소비자 보호, 우리나라 금융시스템의 안정을 위하여 필요한 제도를 언제라도 도입할 수 있도록 하였다. 국경 간 금융서비스[1]의 경우 (i) 허용필요성이 큰 국제무역 관련 서비스, (ii) 본질적인 상금융업무를 지원하기 위한 금융 부수서비스만 허용하였다.

14. 통 신

통신의 장은 공중통신서비스에 대한 접근 및 이용에 관한 조치, 공중통신서비스 공급자의 의무에 관한 조치, 공중통신망 또는 서비스에 관한 그 밖의 조치 및 부가서비스의 공급에 관한 조치 등에 적용된다. 상대국 사업자가 공중통신망 및 서비스에 합리적이고 공평하게 접근하고 이용할 수 있도록 보장하고 있다. 공중통신사업자가 상대국의 사업자에게 상호접속interconnection,[2] 번호이동, 동등다이얼dialing parity[3]을 비차별적으로 제공하도록 의무를 부과하고 있다. 또한 통신시장에서 공정한 경쟁여건이 조성될 수 있도록 지배적 사업자에게 일정한 의무사항을 부과하고 있다. 절차적 투명성 및 공정성을 보장한다는 전제하에서

1 미국 금융기관이 우리나라에 지점·현지 법인의 설립 없이 인터넷 등 통신수단을 통해 금융서비스를 제공하는 것을 의미한다.

2 사업자 또는 서비스 유형이 다른 통신망 간에 서비스 이용이 가능하도록 통신망을 연결하는 것을 의미한다.

3 서비스를 제공하는 타 사업자와 접속 시 추가코드나 번호 등을 입력하지 않도록 동일한 자리수의 식별번호를 부여하는 것을 의미한다.

정당한 공정정책 목적 달성을 위해 필요한 경우에는 정부의 기술표준 정책 추진 권한을 인정하고 있다.

15. 전자상거래

전자상거래의 장은 온라인으로 전송되는 디지털제품에 대한 무관세관행을 유지하기로 하였다.[1] CD 등의 전달매체에 담아 오프라인으로 전달되는 디지털제품 중 양국을 원산지로 하는 물품에 대해 무관세화하기로 하였다. 상대국의 디지털제품에 대해 내국민대우를 부여하되, 상대국 영역에서 단순히 저장 또는 전송되었거나 상업적 조건으로 처음 이용 가능하게 된 경우 및 단순 배포자인 경우는 제외하기로 하였다. 또한 상대국의 디지털제품에 대해 최혜국대우를 부여하되, 상대국 영역에서 단순히 저장 또는 전송되는 경우를 제외하기로 하였다. 또한 전자상거래 활성화를 위해 전자거래 당사자들이 전자인증수단을 자율적으로 선택할 수 있도록 보상하는 데 합의하였다.

16. 경 쟁

경쟁의 장은 경쟁분야에서 일반적으로 규정하고 있는 양국의 경쟁법 집행 관련 절차 및 협력에 대한 내용을 규정하고 있다. 청문절차에서 제반 적법절차를 보장하고, 관련 규칙과 결과를 공표하는 등 양국 기업이 상대국에서 공정하고 투명한 경쟁법 절차를 이용할 수 있도록 보장하였다. 특기할 사항은 동의의결제도consent order를 도입하도록 하였다는 점이다. 이는 조사 또는 심의대상기업이 공정위와 시정방안에 합의하는 경우 위법성판단을 받지 않고 공정위 절차를 종료하는 제도로서 우리나라의 기존의 법체계상 이질적인 제도이다. 공정거래위원회는 2012년 3월 28일자로 "동의의결제도 운영 및 절차 등에 관한 규칙"을 제정하여 시행하고 있다.

독점·공기업을 설립하고 기존의 독점·공기업을 유지할 수 있다는 점을 확인하면서, 지정독점designated monpoly[2] 및 공기업state enterprise[3]에 위임받은 정부권한

1 온라인 전송물은 실질적으로 관세부과가 불가능하며 1998년 WTO각료회의에서 "전자상거래에 대한 WTO각료선언"을 채택하여 온라인 거래에 대한 무관세 관행을 유지하기로 결정한 후 이러한 결정의 효력이 연장되고 있고 우리나라도 무관세를 적용하고 있다.

2 당사국 영역에서 관련시장에서 정부에 의해 상품·서비스의 유일한 공급자 또는 구매자로 지정된 기관으로 자연독점은 해당되지 않는다.

3 정부가 직간접적으로 소유 또는 소유권익(ownership interest)을 통하여 통제하는 기관이다.

행사 시 FTA협정상 의무를 준수토록 하고, 비차별적 대우를 할 의무를 부과하고 있다. 지정독점에 대해서는 추가적으로 상업적 고려에 따른 활동의무와 독점적 지위를 이용한 반경쟁적 행위를 금지하도록 하였다. 또한 국경 간 소비자문제의 신속한 해결을 위해 소비자관련 협력조항을 도입하였다.

17. 정부조달

정부조달의 장에서 한미 양측은 중앙연방정부 상품·서비스 양허하한선threshold: 개방하한선에 대하여 미측은 정부조달협정Government Procurement Agreement: GPA상 개방 수준인 현행 약 20만 달러에서 10만 달러로, 우리측은 약 2억 원에서 1억 원으로 인하하기로 합의하였다. 또한 입찰참가 과정에서 미국 본토 내 과거 실적 요구를 금지토록 함으로써 미국 정부조달시장 진입에 대한 제도적 장벽을 제거하였다.

학교급식 예외조항을 신설하여 중앙정부의 재정적 지원하에 구매하는 학교급식용 식자재의 경우 예외로 인정받을 수 있는 근거를 마련하였다. 학교급식용 식자재 구매 시 우리 농산물의 우선 구매가 GATT 위반이라는 대법원판결 이후,[1] 이를 정부조달협정이 허용하는 예외로 해결하여야 할 필요성이 제기되어 이러한 예외조항을 두게 되었다.

18. 지적재산권

지적재산권의 장에서는 매우 다양한 지적재산권 관련 규정이 도입되었다. 저작권 보호기간을 저작자 사후 또는 저작물 발행또는 창작 이후 70년으로 연장하였다. 일시적 복제temporary copies[2]에 대해 저작권자에게 복제권을 인정하였다. 또한 저작물에 대한 접근을 통제하는 기술적 보호조치technical protection measures 우회행위를 금지하였다. 냄새 또는 소리로만 구성된 상표도 상표로서 등록 가능토록 규정하였다. 현행법상 특허 등록 이후 일정기간 동안 특허를 실시하지 않을 경우 특허 취소가 가능하였으나 이 취소제도를 폐지하였다. 불합리한 지연으로 인해 특허 존속기간특허 등록 후 출원일로부터 20년이 실질적으로 감축될 경우 이에 대한 보상차원에서 불합리한 지연기간만큼 연장 가능토록 조치하였다. 상표권 및 저작권 침해에 대해 손해액의 상/하한을 미리 법령에 규정해 놓고 권리자가 실손해 대신 선택할 수 있도록 하는 제도인 법적 손해배상제도를 도입하였다. 온라

1 본문의 III. 2. 통상협정의 국내적 지위 참조.
2 컴퓨터 사용 시 RAM(전원을 끄면 모든 데이터가 지워지는 메모리)에 일시적으로 저장되는 복제 등을 지칭한다.

인서비스제공자에게 온라인상에서 발생하는 지적재산권 침해에 상응하는 책임을 부과하는 한편 권리자의 요청 시 침해자로 추정되는 자의 개인정보를 제공토록 의무화하였다.

19. 노 동

노동labor의 장에 의하면 한미 양국은 1998년 ILO 선언상의 (i) 결사의 자유, (ii) 단체교섭권의 효과적 인정, (iii) 모든 형태의 강제노동의 철폐, (iv) 아동노동의 효과적 폐지 및 가혹한 형태의 아동노동의 금지, (v) 고용과 직업에 있어 차별철폐 등 5개의 기본권을 국내 법령과 관행으로 채택·유지하고 집행해야 한다. 그러나 ILO핵심협약[1] 가입을 의무화하는 것은 아니다. 국제적으로 인정된 노동권 관련 노동법을 효과적으로 집행해야 하므로 지속적으로 반복적인 작위 또는 부작위를 통해 양국 간 무역 및 투자에 영향을 미치는 방식으로 노동법을 집행하지 않는 사례를 금지하고 집행자원의 배분을 이유로 노동의 장의 내용을 준수하지 않는 것은 허용되지 않는다. 또한 무역 및 투자에 영향을 미치는 방식으로 기본근로권 관련 국내노동법적용 및 집행에 있어서 면제·이탈을 금지하고 있다.

일방당사국이 노동협정문을 위반한 경우 양 당사국의 누구라도 다른 상대국의 접촉창구Contact Point: CP에 시정 요구 등의 의견을 제출하는 공중의견제출제도Public Communication: PC를 도입하였다. 노동 관련 분쟁이 노동협의회Labor Affairs Council 등 정부 간 협의를 통해서도 해결되지 않을 경우 여타 분야와 동일하게 분쟁해결의 장제22장에 의하여 분쟁해결절차가 적용된다.

20. 환 경

환경의 장에 의하면 한미 양국은 자국의 환경법 및 정책이 높은 수준의 환경보호를 제공할 수 있도록 보장하기 위해 노력하고 동 보호수준 향상을 위해 지속적으로 노력할 의무를 규정하였다. 양국은 7개 다자환경협약[2]의 의무이행을 위한 국내 법령 및 조치를 채택·유지하고 집행해야 한다. 단 의무위반이 되기 위해

1 동등보수협약, 고용 및 직업상 차별금지협약, 최저연령협약, 가혹한 형태의 아동노동협약, 강제근로폐지협약, 강제근로협약, 결사의 자유 및 단결권보호협약, 단결권 및 단체교섭협약 등 8개이다. 이 중 우리나라는 앞에서부터 4개의 협약에 가입한 상태이다.

2 (i) 멸종위기 야생 동식물의 국제거래에 관한 협약(CITES), (ii) 오존층 파괴물질에 관한 몬트리올 의정서, (iii) 해양오염협약(MARPOL 73/78), (iv) 습지보존협약(람사협약), (v) 국제포경규제협약(IWC), (vi) 남극해양생물자원 보존에 관한 협약(CCAMLR), (vii) 전미열대참치위원회의 설치에 관한 협약(IATTC).

서는 양국 간 무역·투자에 대한 영향이 있음이 입증되어야 한다. 지속·반복적인 작위 또는 부작위를 통해 환경법을 효과적으로 집행하지 못함으로써 한미 양국 간 무역에 영향을 미쳐서는 안 된다는 환경법의 효과적인 집행의무를 규정하고 있다. 또한 양국 간 투자·무역에 영향을 주면서 환경법상 보호수준을 완화하는 방식으로 환경법 적용의 면제·이탈을 금지하고 있다.

환경의 장의 이행에 있어서는 다양한 방식의 대중참여를 확대하는 내용을 담고 있다. 예컨대 사인은 환경의 장의 이행에 관하여 한미 양국에 정보 및 의견교환을 요청하고 서면으로 입장제출을 할 수 있다. FTA협정 발효 1년 후 180일이 지나기 전까지 환경협의회Environmental Affairs Council는 공동위원회Joint Committee에 대중참여에 대한 이행보고서를 제출하여야 한다. 환경의 장의 의무 위반 시 여타 FTA 분야와 동일한 일반분쟁해결절차를 적용하게 된다.

21. 투명성

협정이 적용되는 사안에 관련된 국내법률·규정, 절차 등을 신속하게 공표하고, 상대국 및 이해관계인에게 의견제시 기회를 보장하고 있다. 예컨대 협정 적용 사안에 관련된 시행령, 시행규칙법 제외의 입법예고기간을 현행 20일 이상에서 40일 이상으로 연장하였다. 무역·투자 관련 부패방지를 위해 필요한 국내조치도 수립토록 하였다.

22. 제도 규정 및 분쟁해결

양국 간 통상장관을 의장으로 하는 "공동위원회"를 설치하여 협정의 이행을 감독하고 협정 운용에 필요한 조치를 취하며, 필요시 협정 개정 여부를 검토한다. 국가 대 국가 간 분쟁해결절차는 (i) 당사국 간 협의→(ii) 공동위원회 회부→(iii) 패널 설치→(iv) 패널판정 보고서 제출→(v) 패널판정의 이행의 순서로 진행된다. 동 협정상 분쟁해결절차와 WTO분쟁해결절차 모두 해당되는 경우 제소국은 어느 쪽이나 선택가능하나 분쟁해결절차를 선택한 후에는 다른 절차는 이용할 수 없다.

국가 대 국가 간 분쟁해결절차의 적용범위에 WTO협정과 동일하게 위반 및 비위반조치를 포함하고, 비위반제소non-violation complaint 대상에 상품·농업·섬유·원산지·서비스·정부조달·지적재산권이 포함되어 있다. 단, 지적재산권의 경우 WTO의 결정이 있을 때까지 비위반제소를 유예키로 합의하였다.

또한 패널판정 불이행 시 협정상 혜택의 정지 외에 금전적 보상monetary assessment도 허용하고 있다. 금전적 보상은 일시적인 것으로서 피소 당사국이 패널판정을 이행할 때까지 제소 당사국에게 매년 지급한다.

협정 내 자동차 내용 관련 분쟁해결 신청에 대해 양국 모두 협정 내 일반적인 분쟁해결절차보다 신속한 절차를 적용한다는 데 합의하였다. (i) 일반 양자간 협의 생략, (ii) 공동위원회 협의 60일→30일, (iii) 패널 설치 후 최초보고서 제출 180일→120일, (iv) 최종보고서 제출 45일→21일로 함으로써 일반적인 분쟁해결절차와 비교할 때 약 1/2 수준으로 기간을 단축하였다. 이때 패널이 특정 조치가 (i) 협정 위반 또는 관련 이익을 무효화·침해하고, (ii) 심각하게 판매 및 유통에 영향을 미친다고"… materially affecting the sale, purchase, distribution …" 판정할 경우, 승용차에 한정해 특혜관세 이전 관세미측 2.5%, 우리측 8% 복귀, 소위 '스냅백snap-back'이 가능하도록 하였다.

23. 예 외

GATT 제20조[1] 및 GATS 제14조[2]의 일반적 예외가 적용된다. 그리고 국가안보상의 예외조치도 인정된다. 또한 조세조치는 원칙적으로 협정 적용대상에서 제외된다.[3] 단, 조세조치가 수용에 해당되는 경우는 ISD적용대상이나, ISD 회부 전 양국 조세당국이 먼저 협의하고, 합의되지 않는 경우에만 ISD제소를 진행하는 절차를 마련하였다.[4]

24. 최종조항

협정은 양국이 각자의 국내절차를 완료하였음을 증명하는 서면통보를 교환한 날부터 60일 경과 후 또는 양 당사국이 합의하는 다른 날에 발효된다. 이에 따라 2012년 3월 15일 발효되었다. 한 당사국이 협정을 종료할 의사를 서면으로 일방 통보하면, 180일 경과 후 협정 효력이 종료된다. 양국 간 서면으로 합의 시 협정개정이 가능하다. 한국어와 영어 협정문은 동등한 정본이다.

1 본문의 pp. 54-56 참조.
2 공중도덕 보호 또는 공공질서 유지, 인간·동식물의 생명 및 건강보호, 안전, 사기행위의 방지, 사생활 보호 등을 위한 조치는 일반적 예외로 인정된다.
3 본문의 IX. 1. F. 국제통상과 국제조세 참조.
4 참고로 투자의 장에서는 "조세조치는 일반적으로 수용을 구성하지 않는다"는 부속서를 두었다.

(c) "독소조항" 논란

a. 투자자-국가 간 분쟁해결제도

ISD제도는 전 세계 2,500여 개 투자협정Bilateral Investment Treaty: BIT에 대부분 포함되어 있으며, 우리가 체결하여 발효 중인 FTA[1]와 85개 투자보장협정최근 서명된 한·중·일 투자보장협정 포함에도 포함되어 있는 것이나 한미 FTA 체결/비준과정에서 가장 첨예한 정치적 논쟁의 대상이 된 사안이다. WTO/FTA "국가 간" 분쟁해결제도와 달리 동 제도는 사인이 국가를 상대로 국제중재절차에 회부하는 것이다. 반대론자들은 미국기업이 이 제도를 남용하여 우리나라 정부의 공공정책에 대한 정책재량을 상당히 위축시킬 것이라는 우려를 제기하고 있다. 후술하는 바[2]와 같이 반대론자들의 구체적인 문제제기는 상당부분 기우라고 할 수 있다. 다만 기존에는 도전받지 않던 우리나라 정부의 공공정책에 대한 정책재량이 미국기업에 의하여 도전받는 새로운 상황을 우리나라의 주권행사와의 관계에서 어떻게 평가할 수 있는지는 향후 구체적인 사건에 대한 면밀한 평가를 거쳐 판단할 문제이다.

b. 서비스 시장의 Negative 방식 개방

서비스무역의 자유방식은 WTO GATS상의 Positive 방식과 NAFTA식 Negative 방식이 있다. 전자는 개방하는 분야를 열거하고 내국민대우 및 최혜국대우와 같은 일반적인 의무에 합치되지 않는 모든 제한조치를 양허표에 기재하고 동 기재사항 이외에는 새로운 제한조치를 할 수 없다. 반면에 후자는 모든 서비스의 자유화를 전제로 하기 때문에 협상당사국의 입장에서 위 일반적인 의무사항을 지킬 수 없다고 판단한 경우에는 이를 모두 유보안에 기재하여야 한다. 따라서 일반론으로서는 Negative 방식의 서비스자유화방식이 더 높은 수준의 서비스개방이라고 할 수 있다. 그러나 실무적으로는 구체적인 서비스개방의 수준을 비교하여 판단하여야 할 문제이다. 예컨대 한-EU FTA는 Positive list 방식으로 서비스개방을 하였는바, 동 서비스개방수준이 Negative 방식을 채택

1 한-EU FTA에서는 ISD가 포함되어 있지 않다. 왜냐하면 외국인직접투자(FDI) 분야는 "EU집행위원회"의 협상권한사항이 아니라 "회원국"의 권한이기 때문이다. 참고로 우리나라는 EU 27개국 중 22개국과 BIT를 체결하고 있는데, 대부분이 ISD제도 조항을 포함하고 있다.

2 본문의 VIII. 2. A. (3) ISD분쟁해결절차 참조.

V

한 한미 FTA와 비교하여 서비스개방분야별로 구체적으로 개방수준이 더 높은지 낮은지를 면밀히 검토한 연후에 위 문제에 대하여 판단을 하는 것이 바람직하다.

c. 래칫조항

래칫[Ratchet]조항은 "투자나 서비스의 현재유보"와 관련이 있는 것으로서 일단 현재유보에 기재된 내용보다 자유화수준을 더 후퇴시킬 수 없도록 한 조항이다. 일단 한번 개방된 수준은 후퇴할 수 없기 때문에 협정체결 당시 예측하지 못한 상황이 발생하였을 때 정부의 정책수단이 제한을 받는다는 관점에서 보면 문제가 있다고 주장할 수도 있다. 그러나 정부가 정부의 정책수단의 자율성확보가 필요하다고 판단한 분야는 미래유보로 지정하고 있고, 기존의 한-칠레 FTA 등에서도 이미 채택되었던 것이기 때문에 구체적인 상황에서 어느 정도 범위에서 정부의 정책수단이 제한될지 여부는 반드시 분명한 것은 아니다. 구체적으로 발생할 수 있는 상황에 대한 면밀한 검토가 필요하다고 하겠다.

d. 미래 최혜국대우조항

미래 최혜국대우는 한미 양국의 일방이 제 3 국과 FTA를 체결하면서 더 높은 수준의 시장개방을 한 경우 타방도 그 혜택을 자동적으로 누리게 하는 것이다. 제 3 국과의 동시다발적인 FTA를 적극적으로 추진하고 있는 우리나라로서는 미래 최혜국대우조항이 부담일 수 있다. 본질적으로 FTA는 다자주의의 예외이다. 즉, 최혜국대우가 적용되지 않는 공간에서 협상당사국 간의 양허의 균형만을 추구하는 것이다. 예컨대 향후 중국이나 일본과 FTA 협상을 하면서 농산물과 관련하여 미국에 개방한 수준 이상으로 개방하는 경우 이들 협상당사국으로부터는 이에 상응하는 혜택을 받도록 협상을 할 것이지만 그러한 상호주의적 양허의 교환이 없는 미국에 대하여 일방적으로 위 협상당사국들에게 제공한 혜택을 제공하게 되는 것은 부담일 수 있다. 결국 미래 최혜국대우조항이 우리나라에 불리한지 여부는 향후 우리나라가 미국과 비교할 때 한미 FTA 수준의 시장개방에 비하여 더 높은 수준의 무역자유화를 추구하게 될 가능성이 어느 정도인지 여부에 대한 면밀한 분석을 거쳐서 판단해야 할 문제이다.

e. 복제약 시판허가-특허 연계의무제도

복제약 개발자가 식약청에 시판허가를 신청하는 경우, 허가 심사단계에서 특허권자의 동의·묵인 없이는 복제약이 시판되지 않도록 조치하는 제도를 의미한다. 동 제도는 미국의 Hatch-Waxman Act의 내용을 우리나라가 수용한 것으로서 특허권자를 두텁게 보호하는 것으로 주로 복제약에 주안점을 두는 국내의 영세한 제약업계가 일정한 타격을 받을 수 있다. 다만 현재에도 특허권이 만료되기 전에 복제약의 시판은 특허권 침해로서 특허권자의 권리가 보호되고 있기 때문에 동 제도의 도입으로 특허 침해 여지가 있는 복제약 생산이 일부 지연될 가능성이 있는 것이지 복제약 생산이 불가능해지는 것은 아니기 때문에 타격의 정도는 제한적이라는 주장도 있다. 동 제도의 정착과정에서 우리나라 제약업계와 특허권자인 외국기업들 간에 건강한 경쟁이 이루어질 수 있도록 세심한 법 집행과 관리가 필요하다.

(d) 평 가

한미 FTA는 여러 부분에서 그간 제기된 양국 간 현안을 해결하고 있다. 한국의 경우 미국 시장에 보다 안정적으로 진출할 수 있는 교두보를 마련하게 되었다. 자동차, 철강, 전자제품 등 우리의 주요 수출품은 미국 시장에서 상당히 중요한 레버리지를 확보하게 되었으며 경쟁국가의 상품에 비하여 우위를 점하게 되었다. 한미 FTA 체결과 관련하여 미국 내에서 우려의 목소리가 끊이지 않았던 것도 바로 한국 상품들이 미국 시장에 더욱 진출하게 될 것이라는 위기의식 때문이다. 한편 미국도 한국 시장에 진출폭을 확대하기 위한 중요한 위치를 선점하게 되었다. 미국이 관심을 갖고 있는 서비스 시장에의 진출을 더욱 확대하게 되었으며, 이와 관련하여 자국 투자자의 보호를 위한 장치 역시 마련하게 되었다. 지적재산권 보호제도 역시 이전에 비하여 대거 강화되었다. 나아가 우리 정부 정책 결정과정의 투명성과 절차적 정당성을 강화하기 위한 안전장치 역시 한미 FTA협정에 다양하게 포함되었으며 이는 대부분 미국의 입장을 반영한 내용들이다.[1] 물론 이러한 개선작업은 우리가 어차피 달성하여야 할 제반 제도의 국제화 내지 선진화 작업

1 예를 들어, 제 5 장(의약품 및 의료기기)의 제5.3조(투명성)에 의하면 각 당사국은 의약품 또는 의료기기의 가격산정, 급여 또는 규제와 관련된 사안에 관한 자국의 법, 규정과 일반적으로 적용되는 절차가 신속하게 공표되거나 이해관계인과 다른 쪽 당사국이 이를 인지할 수 있도록 하는 방식으로 달리 이용가능하도록 보장하여야 한다.

과 맞물려 있다는 주장도 있다. 한미 FTA가 이와 같이 우리 제도와 정책에 대한 다양한 의무를 부과한다는 사실을 제도의 개선 및 선진화라는 긍정적 측면에서 파악하느냐 아니면 우리나라의 정책 입안권을 침해하는 부정적 측면에서 파악하느냐에 따라 한미 FTA 찬반에 대한 평가가 달라질 것이다.

한미 FTA의 실익을 평가하는 요체는 우리가 양보하는 부분만큼 그 실익을 확보할 수 있는지 여부에 대한 종합적·입체적 평가이며, 단지 우리가 새로운 부담을 지게 되었다는 측면만 강조하는 평면적·단편적 평가이어서는 아니 된다. 그러나 실제 우리가 FTA의 실익을 얼마나 현실화할 수 있는지 여부는 향후 양국이 어떠한 방식으로 이 협정을 구체적으로 이행하는지 여부에 달려 있다.

이 협정은 2007년 4월 1일 협상이 종결되어 그해 6월 30일 양국 통상장관 간에 서명되었으며, 미국은 2011년 10월 13일에 그리고 우리나라는 2011년 11월 23일에 각각 의회에서 비준 동의를 얻어 2012년 3월 15일에 발효되었다.

(2) 한-EU FTA의 현황과 평가

EU와의 FTA는 27개국으로 구성된 유럽에서 우리나라의 주요 수출시장 확보라는 차원에서 어떻게 보면 미국과의 FTA에 버금가는 의의를 내포하고 있다. 구체적으로 EU는 2010년을 기준으로 역내 회원국 GDP가 16조 1천억 달러로 세계 제1위의 경제규모이자 5억 이상의 인구를 가진 거대시장이고, 이는 GDP가 1조 달러인 우리나라의 16배 규모의 시장에 해당한다.[1] 따라서 FTA로 인해 관세가 철폐될 경우 시장 규모에 비례해서 우리 기업의 수출 기회가 확대될 가능성이 EU에 비하여 상대적으로 크다고 볼 수 있다. 또한 한-EU FTA로 인해 유럽시장에서 한국 상품에 대한 관세 인하 및 철폐로 인해 우리와 치열하게 경쟁하고 있는 일본, 대만, 중국 등에 상당한 타격을 줄 것으로 전망된다. 한국의 시장 선점 효과에 대하여 이들 국가들은 이미 적지 않은 우려를 표시하고 있는 상황이며, 이로 인하여 이들 국가들 역시 FTA 체결에 경쟁적으로 나서고 있는 상황이 되었다. 특히 한국산 자동차와 전자제품의 유럽시장 잠식 효과는 향후 상당할 것으로 기대된다.

1 EU 웹사이트, "Facts and Figures" available at http://europa.eu/about-eu/facts-figures/index_en.htm

EU와의 FTA 협상은 2007년 5월 개시되어 2009년 7월 최종 타결에 이르렀다. 일단 2011년 7월 1일 잠정발효하였으며 정식 발효까지는 적지 않은 시간이 소요될 전망이다. 그 이유는 27개 EU회원국 모두 별도의 의회 비준절차를 거쳐야 하는 EU의 구조적 특성 때문이다.

EU와의 FTA는 우리에게 중요한 시장을 제공하고 있기는 하나, 동시에 새로운 과제를 제시하고 있기도 하다. 우리와 협정을 협상하여 체결한 주체는 EU이지만 결국 적지 않은 영역에서 27개 회원국의 국내기관과 당국을 통한 집행이 필요하다는 점이다. 물론 협정의 주체는 EU이므로 모든 회원국이 협정 내용을 완벽하에 이행하여야 하는 국제법적 의무를 부담함은 물론이다. 그러나 이러한 법적 의무와 별도로 실제 협정 내용이 27개 회원국 내에서 충실히 이행되어야만 현실적 이익을 확보할 수 있을 것이다. EU의 경우 회원국별로 다양한 사법/행정체제로 인하여 여타 WTO회원국의 불만을 초래한 바 있으며, WTO분쟁해결절차로 회부된 사례도 있다.[1] 따라서 EU 각 회원국이 한-EU FTA협정에 포함된 다양한 내용을 충실히 이행하도록 모니터링하고 문제 발생 시 즉각적인 시정조치를 요구하는 것이 필요하다. 특히 EU의 경우 최근 경제위기가 심화되고 있으며 각국 정부가 국내 이해관계 그룹의 입장을 고려하여야 하는 상황이 대두되고 있어 협정의 충실한 국내적 이행이 더욱 주목을 받고 있는 상황으로 볼 수 있을 것이다.

또한 EU는 우리나라의 비관세무역장벽에 대하여 오랫동안 문제 제기를 하여 왔으며 한국과의 FTA를 추진하게 된 주요 동인도 우리나라의 비관세무역장벽 철폐 가능성이었음에 주목할 필요가 있다.[2] 이에 따라 한-EU FTA는 다양한 측면에서 양국의 비관세무역장벽을 철폐하기 위한 장치를 도입하고 있으며, 비관세무역장벽 관련 분쟁을 담당하기 위한 별도의 분쟁해결절차를 도입하고 있기도 하다.[3] 그러나 사실 EU가 주장하여 온 비관세무역장벽은 우리나라의 제반조치에 대한 정보 부족이나 오해에서 기인한 바도 적지 않다. 따라서 FTA 발효 후에 우리측이 협정이 요구하는 모든 조치를 이행한 이후에도 EU 상품의 시장 침

1 Eurpoean Communities — Selected Customs Matters, WT/DS315/AB/R (Dec 11, 2006).

2 일례로 EU는 전기전자, 제약 및 의료기기 산업 분야의 비관세장벽 해결을 한-EU FTA 10개의 혜택 중 세 번째로 꼽고 있다. "EU-South Korea Free Trade Agreement 10 Key Benefits for the European Union," June 2011 available at http://trade.ec.europa.eu/doclib/docs/2010/october/tradoc_146695.pdf

3 부속서 14-가 비관세조치에 대한 중개 메커니즘.

투 효과가 가시적이지 않을 경우 EU는 우리측이 계속하여 비관세무역장벽을 유지하고 있는 것으로 일단 주장할 가능성이 없지 않다. 이는 양국 간 분쟁으로 이어질 가능성을 내포하고 있다. EU와의 FTA는 이러한 점을 감안하여 대비책을 모색하는 것이 필요하다. 한-EU FTA의 주요 내용은 다음과 같다.

[한-EU FTA 주요 내용][1]

1. 관 세

가. 공산품 양허

▷ 한-EU 양측 모두 공산품(임산물 포함) 전 품목에 대해 원칙적으로 관세를 철폐

나. 농산물 양허

▷ 양측은 주요 민감품목에 대한 예외적 취급(양허제외, 현행관세 유지, 계절관세 도입, 세번분리, 농산물 세이프가드 적용 등)과 함께 10년 이상의 관세철폐기간 확보

2. 자동차 비관세

▷ (안전기준) 각 당사자의 국내기준과 유사한 UN ECE 기준에 따라 제작된 차량에 대해 해당 국내기준을 충족한 것으로 인정하기로 합의

▷ (환경기준) 휘발유 자동차의 배출가스 기준은 2009년 1월부터 시행 중인 FAS(Fleet Average System; 평균배출량제도)가 적용되나, 1만 대 이하 소량판매 제작자에 대해서는 완화된 기준 적용

3. 원 산 지

▷ (품목별 기준) 주요 수출품목(기계, 전기전자, 자동차 등)에서 양측 산업구조의 특성(역외 부품 및 재료의 높은 사용 비율)을 반영한 적정수준(역외산 부품 사용 비율 45-50%)의 품목별 원산지 기준 채택

▷ (관세환급) 현행 관세환급 제도를 계속 유지

▷ (개성공단) 협정발효 1년 후 한-EU 양측 간 '한반도역외가공지역위원회'(Committee on Outward Processing Zones on the Korean Peninsula)를 구성, 역외가공지역(OPZ) 운영에 관한 세부사항을 결정

1 외교부 자료(외교통상부 다자통상국).

4. 서비스 및 투자

가. 협정문상 의무

▷ 양허표에 기재된 분야만을 개방하는 Positive 양허 방식(GATS 방식) 채택(ratchet mechanism은 미포함)

▷ 투자자-국가 간 분쟁해결절차(ISD) 등 투자보호 관련 사항 미포함

▷ 한-EU FTA 발효 후 서명되는 FTA에 대하여 미래 MFN 적용

나. 서비스 양허

▷ 전문직(법률, 회계, 세무 등), 사업(조사 및 경비, 부동산 등), 육상 운송, 우편·Courier, 건설 등 대부분의 분야에서 한미 FTA 수준으로 양허

다. 문화협력의정서

▷ 영화, 애니메이션 등 시청각물이 공동제작기준을 충족하는 경우 한-EU 공동제작물로 인정

V

5. 지적재산권

가. 지리적 표시

▷ 양측은 지리적 표시(농식품 및 포도주·증류주) 품목을 협정 부속서에 기재하여 상호 보호하기로 합의(단, 합의한 품목에 대해서만 보호)

※ 양측의 주요 지리적 표시

- 한국: 보성녹차, 순창전통고추장, 이천쌀, 고려홍삼, 고창복분자, 진도홍주 등
- EU: 보르도, 부르고뉴, 샴페인, 꼬냑, 스카치위스키, 까망베르드노르망디(치즈) 등

나. 저 작 권

▷ 보호기간(기존: 50년)을 저작자 생존기간 및 사후 70년으로 연장하되, 보호기간 연장시점을 협정 발효 후 2년간 유예(한미 FTA와 동일)

※ 온라인서비스 제공자의 책임 제한 등도 한미 FTA와 유사한 수준으로 규정

▷ EU측이 요청한 재판매권 도입은 일단 배제하고 협정 발효 후 2년 이내에 한국에서의 재판매권 도입의 적절성 및 실행 가능성 협의 개시

D. FTA 체결 이후 협정 이행의 중요성 및 난관

최근 진행되고 있는 우리나라의 FTA 체결 추진과 관련하여 우리의 모든 노력과 관심은 협상의 추진과 타결 그리고 이에 대한 국회의 비준·동의에 집중되어 있는 형국이다. 즉, 협정 체결을 위해 모든 노력이 집중되어 있고 그 결과 협정 체결이 이루어지고 발효로 이어지면 그 노력과 관심은 다른 국가와의 FTA의 교섭과 체결로 옮겨가고 있다. 일단 FTA업무를 담당할 수 있는 인력이 제한되어 있으므로 FTA체결국 자체를 늘리고자 하는 것이 우리의 기본 전략이고 이러한 현상은 불가피한 측면도 있다. 그러나 이러한 전략은 사실 중요한 문제점을 내포하고 있다.

비록 지극히 복잡하고 어려운 과정을 거치기는 하나 협상과 체결은 FTA체제의 출발점에 불과하다. 정작 중요한 난관과 과제는 체결된 FTA가 이행되는 단계에서 발생하게 된다. 그 이유는 현재 FTA가 당사국 간 단순히 관세의 인하만 약속하는 관세인하협정이 아니라, 교역에 영향을 미치는 경제체제의 전 영역에 걸쳐 양 당사국이 향후 어떠한 방식으로 법령과 제도를 정비하고 이를 이행할 것인지에 관하여 서로 광범위한 약속을 제시하고 있기 때문이다. 단순히 FTA가 관세인하에만 국한된다면 FTA 발효와 함께 기계적 관세인하조치로 모든 이행조치는 완결될 것이다. 관세인하조치가 FTA의 중요한 성과이기는 하나 이는 FTA가 커버하는 이슈의 일부분에 불과하다. 이는 FTA 추진과정에서 대두되는 다양한 문제들 중 정작 관세인하와 관련한 문제는 거의 없다는 사실에서도 알 수 있다. 관세가 인하되더라도 국내의 사적인 불공정한 거래관행재판매가격 유지 및 카르텔 등이 만연한 경우 해당 국가의 소비자는 관세 인하의 혜택을 누릴 수 없다.[1] 투자분쟁, 비관세장벽, 무역구제제도의 운영, 법령과 제도의 투명화 등 FTA 추진과정에서 제기된 핵심적인 쟁점들은 실제 FTA가 발효한 이후 각 당사국들이 어떠한 방향으로 정책과 조치를 채택하는지 문제와 직결되어 있다. 따라서 관세인하 효과에만 국한하여 FTA의 효과를 설명하는 것은 FTA를 찬성하는 입장이든 반대하는 입장이든 빙산의 일각만 바라보는 우를 범하는 것이며 물밑

1 최근 공정거래위원회가 한-EU FTA 발효 이후 가격인하효과가 제대로 나타나지 않자 일부 품목에 대하여 조사를 하는 것도 이와 무관하지 않다.

에 잠겨 있는 빙산의 전체를 바라보아야만 정확한 평가를 내릴 수 있을 것이다. 이와 같이 물밑에 잠겨 있는 빙산의 모습은 FTA 발효와 함께 그 이행단계에서 조금씩 조금씩 수면 위로 부상하게 된다. 따라서 이행단계에서 제기되는 이러한 구체적 사항들에 대한 충분한 대비와 준비가 선행되지 않으면 기 체결된 FTA의 효과를 완전하게 향유할 수도 없을 뿐 아니라 FTA 상대국으로부터 협정 위반이라는 주장에 직면할 가능성도 발생하게 된다.

그간 우리나라가 이러한 이행단계에서의 문제로부터 상대적으로 안전할 수 있었던 이유는 여전히 우리나라의 FTA는 그 출발단계에 있어 이러한 문제를 본격적으로 직면하기에는 시간이 별로 경과하지 않았다는 점을 들 수 있다. 또한 그간 우리나라가 체결하여 현재 발효 중인 FTA들은 우리나라에 대하여 이러한 이행의무를 철저히 부과하고 감시하는 성격의 FTA라기보다는 우리나라와 유사한 수준의 국내 체제를 보유한 국가들과 체결한 FTA로 아직 이러한 이행단계에서의 문제를 본격적으로 초래할 만한 상황으로 발전하지 않은 측면도 무시할 수 없다. 그러나 이미 체결한 FTA가 본격적으로 운용되며 국가들 간 협정 이행과 관련한 입장차이가 발생하고, 특히 이행문제에 상당한 초점을 두고 체결된 미국 및 EU와의 FTA가 이제 발효되어 본격적으로 진행되고, 나아가 역시 이행문제에 중요한 초점을 두게 될 일본, 중국 등 여타 주요 국가와 FTA가 체결될 경우, 이러한 이행단계에서의 문제는 본격적으로 대두될 수밖에 없을 것이다. 따라서 향후 FTA의 운용 및 활용 문제는 이러한 이행단계에서의 구체적인 측면을 충분히 고려한 채 평가가 이루어져야 한다. 즉, FTA의 체결은 여러 문제의 끝이 아니라 새로운 문제와 과제의 시작이라고 할 것이다. 기 체결된 FTA의 이행단계에서 우리나라가 부담하여야 할 구체적 과제는 크게 다음 4가지 측면에서 살펴볼 수 있다.

첫 번째 FTA 이행과제로는 이행입법의 도입을 들 수 있다. 모든 FTA는 여러 영역에 걸쳐 다양한 이행입법의 채택을 요구하고 있다. 가령 2011년 7월 1일 잠정발효한 한-EU FTA와 관련하여 발효 일주일 전인 6월 23일 임시국회 본회의에서 8개 법률 개정안이 가결·처리되어 이 8개 법령과 관련된 하위 법령7개 시행령, 4개 시행규칙도 아울러 정비되어 6월 30일 관보에 게재되어 공포되었다. 이행입법 도입 작업은 FTA 발효 이전에도 진행될 뿐 아니라 발효 이후에도 필요에 따

V

라 지속적으로 진행되어야 할 과제이다. FTA가 경제체제 전반에 걸쳐 다양한 조치를 요구하고 있고, 또 복수의 국가와 다양한 FTA를 동시에 추진하는 현 상황에 비추어 이러한 이행입법 자체가 때로는 상당한 업무 부담을 우리 정부에 초래하게 될 것이다. 이행입법의 내용이 FTA 관련 조항을 그대로 반영하고 있지 않거나 또는 그 자체로서 FTA협정 규정과 상치하는 경우 FTA 위반 문제가 발생할 가능성이 있음은 물론이다.[1]

두 번째 과제는 일단 도입된 이행입법을 어떻게 운용할 것인가와 관련된 문제이다. FTA 발효 이후 이행입법의 채택만으로 모든 문제가 종결되는 것은 아니며, 실제 그러한 이행입법이 어떻게 운용·적용되는지 여부가 FTA협정상 의무 준수 여부에 중요한 변수로 작용하게 된다. 이행입법이 완벽하게 도입된 경우라 하더라도 그러한 이행입법이 FTA협정에 합치하지 않는 방향으로 적용될 경우 FTA협정 위반 문제가 발생하게 된다.[2] 법령 자체와 그러한 법령의 적용으로부터 발생하는 각각의 개별 결정은 별도의 조치를 구성하기 때문이다. 즉, 이행입법 자체는 FTA협정 규정을 정확하게 반영하여 타당하게 도입되었다 하더라도 그러한 이행입법이 구체적으로 적용되는 상황에서 FTA를 위반하는 방식으로 적용되는 경우 이 역시 FTA에 대한 위반을 구성한다.

사실 대부분의 통상분쟁은 이러한 후자에 해당하는 경우가 많다. FTA협정 등 통상협정을 체결한 국가가 자신의 법령을 이러한 협정에 명시적으로 위반하는 방식으로 도입하는 경우는 드물고 대부분의 경우 법령 자체는 외관상으로는 FTA와 합치하는 것으로 판단되기 때문이다. 일단 도입된 이행입법을 구체적으로 적용하는 과정에서 해당 당사국이 의도적이든 비의도적이든 FTA에 위반하는 방향으로 적용되면 곧바로 협정 위반 문제로 비화하게 된다. 우리가 체결하는 FTA협정들을 이행하기 위한 여러 이행입법들에 대한 최종적인 평가도 실제 이러한 이행입법이 운용되는 과정을 거쳐 보아야만 내릴 수 있을 것이다. 최초 이행입법 도입 시에는 별 문제가 없는 것으로 양 당사국이 생각하고 있는 경우에도 실제 운용 과정에서 예상치 못한 문제들이 발생하거나 상대방의 기대에 부합하지 못하는 경우가 얼마든지 있을 수 있기 때문이다.

1 통상법에서는 이러한 위반을 "법령 자체로서(as such)" 위반이라고 부른다.
2 통상법에서는 이러한 위반을 "적용과정(as applied)"에서의 위반이라고 부른다.

이 과정에서 제기되는 또 다른 문제는 소위 "관행practice"의 중요성이다. 즉, 법령이 모두 정비되어 외관상 아무런 문제가 없는 경우에도 이러한 법령을 운용하는 정부 당국이 특정한 방식으로 그러한 법령을 적용하는 관행이 축적되는 경우, 그러한 관행 자체도 마치 법령과 유사하게 그 자체로서 상대방 당사국의 공격의 대상이 될 수 있다.[1] 즉, 법령의 규정에도 불구하고 또는 법령의 규정과 상관없이 정부 기관이 특정한 방식의 조치를 지속적으로 채택하는 경우 그러한 채택 자체가 하나의 "관행"으로 발전하게 되고 그러한 관행도 법령과 마찬가지로 그 자체로서 제소의 대상이 되는 것이다. 결국 요는 이행입법을 도입하였는지 여부가 아니라 그러한 이행입법을 어떻게 운용하고 적용하였는지가 실제 분쟁 발생의 키를 쥐고 있다고 하여도 과언이 아니다. 그렇다면 FTA협정 발효를 위한 준비작업 과정에서 채택된 여러 이행입법은 단지 그 출발점에 불과하고 실제 본격적인 문제는 그러한 이행입법을 각 당사국이 어떻게 적용하는지, 그리고 그러한 적용에 대하여 상대 당사국이 어떻게 반응하는지의 문제로 귀결되는 것으로 볼 수 있을 것이다.

세 번째 과제는 다양한 이행입법을 적용하는 과정에서 절차적 정당성과 투명성의 제고 문제이다. 이미 여러 FTA협정은 그 핵심과제의 하나로 절차적 정당성과 투명성의 제고를 내세우고 있다. 따라서 절차적 정당성과 투명성이 결여된 경우 그 자체로서 FTA협정 관련 조항의 위반을 초래할 가능성이 있다. 또한 절차적 정당성과 투명성의 결여는 그 자체로서 FTA협정 조항에 대한 위반을 초래하지 않는 경우에도 관련 조치의 정당성을 평가하는 데 있어 중요한 바로미터barometer로 작용하는 경우도 빈번하다. 즉, 절차적 정당성과 투명성이 결여된 조치의 경우 그러한 조치를 도입한 정부의 의도가 외국 상품과 투자를 차별하기 위한 의도를 내포하고 있음을 보여 주는 일종의 정황증거로 활용될 수 있기 때문이다. 따라서 이행입법 도입 이후에도 그러한 이행입법을 이행함에 있어 절

1 United States — Measures Relating to Zeroing and Sunset Reviews, Appellate Body Report, WT/DS322/AB/R, adopted 23 January 2007, DSR 2007:I, 3; United States — Laws, Regulations and Methodology for Calculating Dumping Margins ("Zeroing"), Appellate Body Report, WT/DS294/AB/R, adopted 9 May 2006, and Corr.1, DSR 2006:II, 417; United States — Final Anti-Dumping Measures on Stainless Steel from Mexico, Appellate Body Report, WT/DS344/AB/R, adopted 20 May 2008; United States — Continued Existence and Application of Zeroing Methodology, WT/DS350/AB/R, adopted 19 February 2009 각각 참조(단지 법령뿐 아니라 정부 당국의 예측 가능한 관행도 WTO분쟁해결절차 제소 대상에 해당).

차적 정당성과 투명성을 제고하는 것은 중요한 과제 중 하나이다.

외국 정부들은 우리 정부가 중요한 의사 결정을 내림에 있어 반드시 공청회를 실시하거나 또는 부처 간 회의를 실시하지 않은 경우가 적지 않다는 사실에 의구심을 품고 있다. 또한 그러한 회의 등이 실시된 경우에도 상세한 논의 기록이 남겨져 있지 않은 점에 역시 회의적 시각을 보여 주고 있다. 이러한 의구심과 회의적 시각은 이들 외국 정부들이 우리 정부의 관련 조치의 숨은 의도를 평가하는데 중요한 변수로 작용하고 있다. 중요한 내용을 기록하는 것을 원칙으로 삼고 있는 문화권 입장에서는 회의 기록이 부재한 상황에 직면하게 되면 그러한 회의 석상에서 논의된 사항이 대외적으로 공개가 불가한 의심스러운 내용을 담고 있는 것으로 일견 추정할 수 있을 것이다. 이러한 상황이 양국 간 오랜 문화의 차이라면 이를 FTA를 통하여 단시일에 해결할 수는 없을 것이다. 다만 우리의 FTA 상대방들이 어떠한 시각으로 우리의 정책 실시 과정을 주시하고 있는지를 염두에 두고 정책을 실시할 경우 불필요한 오해의 소지는 일단 줄일 수는 있을 것이다.

네 번째 과제는 일단 FTA체제로 이행하게 되면 분쟁 발생의 증가는 불가피하다는 점이다. 이미 WTO체제 내에서도 우리나라의 분쟁 발생은 적지 않은 상황이다. 때로는 우리가 다른 나라를 제소하기도 하고 다른 나라가 우리나라를 제소하기도 한다. WTO체제 내에서 우리나라가 분쟁해결절차에 참여하는 빈도는 전체 153개 회원국 중 10위권에 해당하고 있다.[1] 우리나라가 특별히 분쟁에 관심이 있는 국가여서가 아니라 세계 어떤 나라보다 수출에의 의존도가 높은 경제구조를 가진 우리나라 입장에서는 조금이라도 WTO협정 위반의 소지가 있는 경우 이를 적극적으로 분쟁해결절차에 회부하여 우리의 이해관계 보호에 진력하여야 하기 때문이다.

이러한 상황은 FTA체제 내에서도 마찬가지이다. 복수의 FTA가 얽혀 돌아가는 상황에서 우리나라의 특정 조치에 대하여 동시에 또는 순차적으로 분쟁이 발생하는 경우는 충분히 예상되는 상황이다. 이러한 분쟁이 발생하는 경우 가능한 한 양자적 타결을 모색하는 것이 순리일 것이나, 그러한 양자적 타결이 불가능한 경우에는 분쟁해결절차에의 회부가 불가피할 것이다. 마찬가지로 우리나라가 FTA 상대국의 조치에 대하여 문제 제기를 하는 경우도 더욱 증가하게 될

1 본문의 VIII. 2. A. (1) WTO분쟁해결절차 참조.

것이다. 역시 양자적 해결로 문제가 해결되지 않을 경우 분쟁해결절차로의 진행을 적극적으로 모색하여야 할 것이다. 수많은 이행조치를 상정하면 우리가 어떠한 입장을 취하더라도 특정 FTA 상대방과 이행입법과 관련한 분쟁의 발생은 피할 수 없는 형국이다. 우리나라의 선의의 조치에 대해서는 어떻게든 충실히 설명하여 문제를 해결하도록 도모하여야겠지만 그러한 해결이 성과를 도출하지 못할 경우 분쟁해결절차로의 진행은 불가피하다고 볼 수 있다. 어떻게 보면 다양한 이행입법의 종착점이 분쟁해결절차인 측면도 있다.

이러한 맥락에서 한-EU FTA 잠정발효에 즈음하여 우리 정부가 EU 지역 주재 재외공관을 통해 현지 진출 우리기업들에게 필요한 FTA 관련 정보를 제공하는 한편, 우리 기업들이 현지에서 겪는 애로사항을 접수하여 FTA에 규정된 협의채널 및 분쟁해결절차 등을 활용하여 이를 해소할 수 있도록 추진한 것은 시의적절하였다.[1] 모든 영역에서 민관 협조가 중요하지만 FTA체제에서 대두하는 새로운 도전을 극복하고 과제를 완수하기 위해서도 민관 협조는 긴요하다.

이상의 논의를 정리하면, FTA체제로 진행하는 차제에 유념할 점은 FTA체제는 협상의 종결 또는 그 결과 채택되는 이행입법의 도입만으로 완수되지는 않는다는 점이다. 실제 난관은 다양한 복수의 FTA가 이행되는 단계에서 발생하게 된다. 이행입법을 어떻게 운용하고 관련 조치를 어떻게 채택하는지 모두가 잠재적인 분쟁 소지를 내포하고 있기 때문이다. 이러한 난제를 효과적으로 극복하기 위해서는 FTA체제 초창기부터 체계적인 접근과 준비가 필요하다. FTA의 경우 체결보다 운용administration과 관리management가 더욱 중요하다.

FTA협정의 과실 향유를 위해서 개별 기업들도 다양한 과제를 사전에 완수할 필요가 있다. FTA 등은 자유무역을 구현하고 있으나 그러한 협정이 체결된다고 하여 반드시 자동적으로 무역상 특혜가 부여되는 것은 아니고, 특혜를 향유하기 위하여 기업들이 거쳐야 하는 절차와 요건을 부과하고 있는 경우가 있기 때문이다. 이러한 절차와 요건이 충족되지 않은 경우 FTA로 인한 효과의 향유는 그만큼 늦어지거나 제한적일 수밖에 없게 된다. 기업의 경우에도 새로운 과제를 완수하기 위하여 독자적인 노력을 경주한 연후에야 FTA체제에 본격적으로 참여할 수 있게 되는 것이다.

1 외교통상부 보도자료, "한·EU FTA 7월 1일 잠정발효에 대한 외교부 대변인 성명"(2011. 6. 30. 배포).

가령, FTA에서의 특혜 관세는 해당 상품이 체결국으로부터 수입되는 것이어야 하고 어떤 상품이 체결국의 것인지는 해당 FTA에서 별도로 규정하는 원산지규정Rules of Origin을 따르게 된다. 한-EU FTA 원산지규정은 해당 상품에 따라서 체결국 영역 내에서 완전하게 생산 또는 획득된 경우완전생산기준, 비원산지재료가 결합되어 체결국 영역 내에서 획득된 상품으로서 충분한 작업 또는 가공을 거친 경우실질적 변형기준 등의 기준이 적용된다.[1]

이러한 원산지규정의 충족을 위해서는 (i) 협력업체 공급원재료를 포함한 수출용 원재료에 대한 정확한 원산지 확인, (ii) 비원산지재료의 가치가 해당 상품의 공장도가격에 있어 차지하는 비중의 정확한 산정, (iii) 부가가치율 산정 근거가 되는 원가자료의 정합성 확보 등 철저한 사전 확인 및 점검이 수반되어야 한다.[2] 한편 수입상품의 0.5%에 대하여 샘플링 방식으로 검증 작업도 진행되므로 이에 대한 철저한 대비가 필요하다. 수출기업의 체계적인 대응과 준비가 수반되어야만 특혜관세의 혜택을 안정적으로 누릴 수 있다는 의미이다. 따라서 FTA 체결로 규제 없는 자유무역이 이루어져 무역상 혜택이 자동적으로 부여되는 것으로 섣불리 판단하여서는 안 되며 필요한 사전 조건 등을 확인하여 조기에 충족하는 것이 필요하다.

1 한-EU FTA '원산지 제품'의 정의 및 행정협력의 방법에 관한 의정서.

2 우리나라는 관세청에 자유무역협정(FTA) 집행기관과 그 담당관을 신설하는 등 전담인력을 184명 규모로 늘려 원산지 관리 등에 나서고 있다.

통상정책 결정과정에서의 새로운 변수의 등장

우리를 둘러싼 새로운 통상환경의 전개는 통상정책 결정과정에도 새로운 변수를 제시하고 있다. 이러한 변수로 인하여 통상정책 결정과정은 과거에 비하여 더욱 복잡화·다기화되었다. 다양한 국내 이해관계 그룹에 광범위한 영향을 미치는 국제교역의 속성으로 인하여 원래 통상정책 결정과정은 복잡한 정책적 고려와 다양한 변수를 감안하여야 하는 어려운 작업이나 최근의 상황변화가 이러한 측면을 더욱 부각시키고 있는 것이다. 이는 비단 우리만이 겪고 있는 상황은 아니며 모든 국가들이 직면하고 있는 현상 중 하나이다. 이러한 다양한 변수를 어떻게 통제·관리·활용하는지 여부에 따라 우리나라는 새로운 통상환경에서 새로운 경쟁력을 확보할 수도 있고 또는 점차 도태될 수도 있게 될 것이다.

1. 통상규범의 다양화, 양자화 및 분쟁 발생 가능성의 증가

첫 번째로 들 수 있는 변수로는 우리나라에 적용되는 통상규범이 다양화되어 규범의 준수가 점차 복잡한 양상으로 전개되고 있다는 점이다. 기존의 WTO 협정 일변도였던 국제통상규범이 복수의 FTA로 인하여 다양한 규범들이 병렬적으로 존재하게 되었기 때문이다. 또한 이 과정에서 우리에게 적용되는 통상규범이 기존의 다자적 규범에서 양자적 규범으로 전환된 부분이 적지 않아 우리의 교역 상대국별로 적용 규범이 차이점을 보이는 상황이 발생하고 있다. 즉, 동일한 사안에 대해서도 상대국별로 적용되는 규범이 상이한 상황이 대두하고 있는 것이다. 따라서 통상정책을 입안·시행하는 측면에서도 이러한 상이한 개별적 통상규범을 모두 아우르는 방향으로 묘안을 도출하여야 하는 새로운 과제를 안게 되었다. WTO협정 하나만 그대로 국내적으로 이행하면 되었던 상황과는 사뭇 다른 상황이라 아니할 수 없다.

이러한 통상규범의 다양화 및 세분화와 직접적으로 연관되어 있는 부분은 바로 통상분쟁의 증가 추세이다. 우리의 교역량이 지속적으로 증가함에 따라 주요 교역 상대국과의 통상분쟁도 이에 맞추어 증가한 점은 주지의 사실이다.[1] 2011년 11월 우리나라가 세계에서 9번째로 교역 규모 1조 달러를 기록한 데에서도 알 수 있듯이 향후 우리나라의 교역량은 더욱 증가할 것으로 예상된다. 이러한 교역량의 지속적인 증가와 교역 상대국의 확대라는 상황을 통상규범의 복잡화·다양화라는 또 다른 상황에 대입하여 보면, 향후 우리가 직면하는 통상분쟁도 절대적 수치가 증가하고 그 내용도 복잡하게 전개될 것임을 추정하는 것은 그리 어렵지 않을 것이다. 교역량의 증가는 교역 상대국의 국내시장 보호조치 채택 가능성을 높이게 되어 수출국인 우리나라와 분쟁의 소지는 그만큼 높아지게 되기 때문이다. 또한 통상분쟁이라는 것이 결국 규범에 대한 위반 문제이므로 다양하고 복잡한 규범의 존재는 그만큼 위반 가능성과 이에 따른 분쟁 발생 가능성도 함께 높이게 되기 때문이다. 이러한 상황이 동시에 전개되게 되면 통상분쟁의 발생 가능성은 그만큼 높아지게 될 것이다. 특히 최근 체결된 FTA협정에서 볼 수 있는 바와 같이 FTA에 포함된 규범 자체가 과거에 비하여 지극히 복잡다단하게 되어 이를 준수하는 데 있어 적지 않은 노력과 준비가 필요하게 되었다. 이러한 준비와 이행이 효율적으로 진행되지 않을 경우 통상분쟁으로 진행될 가능성은 더욱 증가하게 될 것이다. 나아가 여러 FTA는 각각의 분쟁해결절차를 별도로 도입하고 있어[2] 기존의 WTO분쟁해결절차에 더하여 이러한 분쟁해결절차의 도입과 활성화 역시 분쟁발생 가능성을 증가시키는 외부적인 요인 중 하나가 될 것이다.

1 세계 주요국과의 주요 통상분쟁과 현안에 관해서는 외교통상부, "2011년 외국의 통상환경"(2012. 4. 8. 발간) 참조.

2 가령 한미 FTA는 제20장에서, 그리고 한-EU FTA는 제18장에서 양자 간 분쟁해결절차를 도입하고 있다. 이러한 분쟁해결절차는 WTO분쟁해결절차와는 별도로 적용되는 절차이며, 특히 투자분쟁해결절차를 도입하고 있는 한미 FTA의 경우에는 이러한 ISD절차와 별도로 적용되는 절차이다. 다양한 분쟁해결절차가 실로 중첩적으로 적용되고 있는 것이다.

한편, 이러한 과정에서 다양한 통상협정에 대한 입체적인 고려 또한 시급히 요구되고 있다. 모든 FTA는 정도의 차이는 있지만 상이한 규범을 제시하고 있고 또한 별도의 분쟁해결절차를 도입하고 있다. 만약 우리나라가 현재 계획하고 있는 바와 같이 머지 않은 장래에 30여 개 정도의 FTA가 체결된다면 이는 결국 31개의 서로 다른 무역체제가 우리에게 적용되는 셈이 될 것이다. 기존의 WTO체제와 30개의 FTA체제가 바로 그것이다. 물론 현재의 다자간 무역체제가 그대로 유지되는 한 WTO체제가 국제교역체제의 최상위에 위치하게 될 것이나, 이에 더하여 30개의 독립된 FTA는 각각 독자적인 적용 영역을 보유하게 될 것이다. 결국 무역정책을 입안하는 입장에서는 이러한 31개의 무역체제를 모두 고려하여 최종 결정을 도출하여야 하는 상황에 직면하게 될 것이다. 체결되는 FTA의 숫자가 늘어나면 늘어날수록 이러한 무역체제의 숫자도 그만큼 비례하여 증가하게 될 것이다.

위에서 언급한 바와 같이 이러한 상황의 전개는 우리에게 적용되는 무역규범이 그만큼 복잡해진다는 것을 의미한다. 어떠한 무역규범이 허용되는지 여부가 복잡해지는 상황에서 이를 반영하는 무역정책의 채택이 그만큼 어려워질 것이라는 점은 예측하기가 그렇게 어렵지 않다. 가령, 어떤 특정 교역 이슈가 제기되면 이 문제를 다루는 31개의 무역규범을 모두 검토한 다음 이에 부합하는 방향으로 정책을 채택하거나 혹은 31개의 무역규범을 모두 고려하여 최선의 결정을 내려야 할 것이기 때문이다. WTO일원체제하에서의 무역정책 결정과정이 평면적이었다면 FTA를 중심으로 하는 다원체제에서의 무역정책 결정과정은 이와 같이 다변적 내지 입체적이라고 볼 수 있다. 우리나라를 비롯한 대부분의 국가들이 국제교역 과정에서 이러한 입체적 평가 내지 고려의 경험이 일천하므로 향후 이 과정을 어떻게 진행하고 난관을 극복하여 가는지 여부가 새로운 통상환경에서 이들 국가들의 성패를 좌우하게 될 것이다. 향후 우리의 통상정책 수립과정에서 이러한 부분이 면밀히 고려되어야 할 것이다.

2. 시장경쟁구조에 대한 상시적 변화 초래 및 통상문제의 과도한 정치화

한편 FTA의 체결 확산은 실제 시장에서 다양한 외국 상품 간 그리고 외국 상품과 국내상품 간 경쟁 구조에 급격한 변화를 지속적으로 초래할 가능성을 아울러 내포하고 있다. 어떤 국가와 자유무역협정을 체결하게 되면 그 결과 해당국가의 상품이 우리 국내시장에서 경쟁력을 곧바로 확보하게 될 가능성이 높고 그 결과 시장에서의 기존의 경쟁체제에 적지 않은 파급효과를 곧바로 초래하기 때문이다. 우리 국내시장에서 새로운 강자로 등장한 외국 기업 또는 외국 국내시장에서 우위를 점한 국내 기업의 경우도 해당 분야에 경쟁력을 보유한 상품을 생산하는 국가와 FTA가 새로이 체결되는 대로 또 다른 변화에 직면하게 되며, 이러한 급격한 변화가 우리 국내시장과 해외시장에서 지속적으로 반복되게 되는 것이다. 이러한 상황은 WTO체제에서 다자간 협상을 통하여 시장 개방을 진행하는 경우 변화가 한번에 일회성으로 몰려오는 상황과는 상당히 대비된다. 규모의 차이는 있을지언정 지속적으로 시장개방 상황이 발생하게 됨에 따라 시장에서의 경쟁구조도 국내기업에 유리한 방향이든 또는 불리한 방향이든 지속적으로 변화가 발생할 수밖에 없게 된다. 이러한 변화에 융통성 있게 대응하기 위한 기업과 정부 차원의 대응 체제가 결국 요구되게 될 것이다.

한편, 지속적인 FTA 체결로 인한 반복적인 시장개방 상황의 발생은 이로부터 피해를 입는 국내 이해관계자들로부터의 문제 제기를 지속적으로 촉발할 수밖에 없다. 그리고 다양한 이해관계 그룹의 지속적인 문제 제기는 통상문제를 본래의 영역에서 분리하여 민감한 정치적 논의의 대상으로 삼게 되는 계기를 제공하게 될 것이다. 통상문제 역시 국내정치의 중요한 부분이라는 측면에서 통상문제가 국내 정치적 논의의 중요한 부분을 차지하는 것은 일면 당연하고 또 필요하기도 하다. 그리고 통상협정 체결과정에서 이해관계 그룹 간 입장이 상충되는 것도 자연스러운 현상이다. 통상협정의 체결은 협정체결의 당사자들이 무역의 이익을 향유하기 위한 것으로 일반적으로 각각의 사회적 후생을 증진시키기 위한 것이기 때문이다. 그러나 각 당사자의 전체적인 사회적 후생은 증가하나 이로 인하여 무역의 이익을 향유하는 계층과 피해를 수인하는 계층이 생기게 되므로 이러한 차별적 효과에 대하여 정부가 적절한 조정제도를 시행하는 것이 필요하게 된다. 그러나 정부의 노력과 상관없이 이러한 조정과정은 당사자들에게 적지 않은 희생을 요구할 수도 있고, 경우에 따라서는 어느 정도 지원이 적절한지 여부에 대해서도 정치적인 합의를 도출하기가 매우 어렵다. 한미 FTA의 협상과정 및 국회의 비준동의를 둘러싼 국내적 논쟁은 이러한 측면을 잘 보여 주는 대표적인 사례이다. 한미 FTA 협상 이전에도 WTO 농업협정의 부속서상 진행되게 되었던 쌀의 관세화 협상과 관련하여서도 그 찬반을 둘러싼 국내적 논쟁이 국회청문회까지 촉발한 바 있기도 하다.[1]

그간의 우리의 경험을 돌이켜 보면 통상문제의 과도한 정치화는 국내 이해관계그룹의 충돌 및 내부 갈등의 심화를 촉발하여 합리적인 해결 방안을 모색하는 것을 어렵게 하는 경우가 적지 않았다. 통상문제와 관련한 국내적 논쟁과 정치화는 불가피하고 때로는 필요하기도 하나 한편으로 정치화가 과도하게 진행되어 정상적인 통상정책의 수립과 중요한 결정을 어렵게 하는 상황으로 진행된다면 급격하게 변화하는 통상환경에 적응하는 우리의 순발력과 대응 능력을 그만큼 저하시키게 되는 측면이 있다는 점에 유의할 필요가 있다. 또한 통상문제의 지나친 정치화는 국가 전체의 장기적 이익을 정확하고 합리적으로 파악하는 데 있어 중요한 장애물로 작용하게 된다. 분명 장기적으로 국가에 이익을 가져오는 통상협정임에도 불구하고 지나친 정치적 논란의 결과 그러한 협정이 체결되지 못하게 되거나 또는 제한적으로 체결되어 장기적으로 국익에 손해를 초래하는 상황이 발생하게 될 것이기 때문이다. 통상문제의 정치화는 불가피하기는 하나 이러한 정치화가 새로운 갈등을 양산하는 구조로 운용되거나 또는 국가차원의 합리적 판단을 저해하는 요인으로 작용하는 상황이 발생하지 않도록 제도적 개선이 필요한 것을 찾아 지속적으로 개선하여 소통하는 것이 중요하다.

이러한 문제를 해결하기 위하여 무엇보다 중요한 것은 통상협상을 전후하여 통상협상의 결과로 영향을 받게 되는 이해관계 그룹의 의사를 충분히 반영하고 반영이 미흡한 부분은 정부의 효과적인 무역조정제도를 통하여 그러한 우려가 가능한 범위 내에서는 충분히 반영될 수 있도록 제도화하는 것이다. 이를 위하여 통상관련 이해관계 그룹의 의사가 국회나 정부에 전달될 수 있도록 보

1 외교통상부 보도자료, "쌀 협상결과 국회 비준동의안 본 회의 통과"(2005. 11. 23) 및 외교통상부 보도자료, "쌀 관세화 관련 협상 이행 계획서 수정안 WTO 검증절차를 통해 원안대로 최종 확정"(2005. 4. 12) 참조.

장하는 법적·제도적 장치를 마련하는 방안을 생각해 볼 수 있을 것이다. 한미 FTA 국회비준동의와 관련하여 2012년 1월 통상절차법이 제정된 것은 그러한 측면에서 상당히 의미 있는 진전이라고 평가할 수 있다. 다만 현재 통과된 통상절차법은 국내의 이해관계 그룹이 정부에 대하여 외국과의 어떠한 통상이슈에 대하여 정식의 법적 절차에 의하여 입장을 개진하는 절차가 제도화되어 있지는 아니 하다. 청문회를 통하여 다양한 이해관계 그룹이 자신들의 의견을 개진할 수 있는 통로가 보장되어 있기는 하나, 다양한 이해관계 그룹이 자신들의 입장을 공식적인 루트를 통하여 문서로 정부에 전달할 수 있도록 하는 장치를 도입하고 있는 미국의 통상법 제301조와는 다소 대비되는 측면이 있다. EU의 경우도 유사한 장치를 도입하고 있다. 국가들마다 통상정책 운용과 관련한 법적·제도적 배경이 상이하므로 이들 국가의 제도를 반드시 도입할 필요는 없으나 이러한 제도가 우리나라에 대해서는 어떠한 함의가 있을 수 있는지 진지한 평가를 하여 보는 것은 적절할 것이다.[1]

3. 복잡화된 통상정책 결정과정

또한 다양한 통상협정에 대한 입체적 고려를 통한 정책결정을 실시하는 데에는 필연적으로 적지 않은 시간이 소요될 수밖에 없다. 다양한 통상협정 간 상이한 내용이나 나아가 서로 상충하는 내용을 담고 있는 경우가 적지 않음은 이미 위에서도 지적한 바 있다. 이러한 상이한 또는 상충하는 규정들을 모두 평가하고 정리하여 최종적인 방향을 설정하고 구체적인 통상정책을 결정하는 데에는 물리적으로 상당한 노력과 시간이 소요될 것이다.

특히 부처 간 의견을 조율하는 데 상당한 시간이 소요될 것이다. 일반적으로 통상협상의 결과 관련 산업이 피해를 입게 될 가능성이 많을 경우 그러한 산업을 관장하는 정부 부처는 개방의 폭과 정도에 대하여 보수적인 의견을 개진하는 것이 일반적이다. 예컨대 국내 농업과 수산업의 안정적 운용이 핵심적 정책과제인 농림식품수산부의 경우 급격한 시장개방에 대하여 신중한 입장을 취

1 본문의 X. 6. F. 외국 통상장벽에 대응하는 국내기업의 청원권 도입 참조.

할 수밖에 없을 것이다. 또한 통상협상의 결과 기존의 우리 법령 및 제도와 상이한 이질적인 새로운 제도가 도입되게 될 경우 법무부 등 관련 부처가 그 제도의 도입에 대하여 난색을 표하는 경우도 적지 않다. 가령, 한미 FTA의 결과 공정거래 분야에서 새롭게 도입된 동의의결제도의 경우 기존의 법제도상 이질적인 제도이므로 해당 제도의 도입과 그 정도에 대하여 부처 간 상당한 논의를 필요로 하였다. 한편, 시장개방으로 인하여 상당한 이득을 향유하는 산업을 관장하고 있는 부처의 경우 통상협상에 보다 적극적으로 나서게 될 것이다. 이와 같이 각 부처 간 존재하는 다양한 입장과 협상을 대하는 전략에 존재하는 온도차이로 인하여 부처 간 입장 조율과 우리 정부의 최종전략 수립에 적지 않은 시간이 필요하고 때로는 상당한 진통이 수반되기도 한다.

또한 국내 이해관계 그룹의 의견이 첨예하게 충돌하는 경우 이에 대한 합리적인 조정이 필요하다. 전술한 바와 같이 통상정책을 둘러싼 국내 갈등의 증가와 이로 인한 정치화로 인하여 중요한 정책 결정에 적지 않은 시간이 소요되는 상황이 발생하고 있는 것이 작금의 현실이다. 단지 과도한 시간의 소요가 문제가 아니라 이 과정에서 국내 여러 기관과 단체의 적지 않은 에너지와 자원 역시 동시에 소모되고 있다. 이러한 과다한 시간과 에너지의 소모는 현재의 상황이 개선되지 않고 지속되는 한 앞으로도 계속되거나 또는 악화될 가능성이 높다. 이와 같이 우리 국내적 에너지가 결집되지 못하고 내부적으로 소모되는 상황이 방치될 경우 향후 새로운 통상환경에 우리나라가 능동적으로 적응하는 데 있어 적지 않은 부담으로 작용하게 될 것이다. 모든 이슈에 대하여 신중한 검토와 논의가 필요하고 완벽한 안전판을 마련하는 것이 필요한 것도 사실이나, 한편으로 급박하게 전개되는 국제통상환경하에서 불필요한 시간의 소요는 결국 우리 이해관계를 침해하는 상황을 초래하게 될 것이다.

국제교역의 폭증과 급격한 국제화의 진전은 모든 측면에서 신속한 의사결정을 요구하고 있다. 특히 국제시장에서의 치열한 경쟁이 진행됨에 따라 정부와 민간 모든 영역에서 신속하고 정확한 의사결정이 요구되고 있는 시점이다. 즉, 복수의 협정 간 상이한 내용을 모두 감안하여야 하는 동시에 과거에 비하여 더욱 신속한 결정이 요구되고 있는 상황에도 발을 맞추어야 하는 어려운 과제가 우리에게 주어져 있는 것이다. 이러한 상황에서 국내 이해관계 그룹 간의 입장

대립의 격화와 통상문제의 과도한 정치화로 주요 통상정책 결정에 과다한 시간이 소요된다면 적시에 필요한 결정을 내리기 힘들게 될 것이다. 적절한 시점에 정책결정이 내려지지 못할 경우 결국 그 부담은 해외시장에 진출한 또는 진출하고자 하는 우리 기업과 국내시장에서 외국 기업과 경쟁하는 우리 기업이 질 수밖에 없다. 신중한 결정의 중요성은 더욱 증가하고 있으나 한편으로 불필요한 시간의 소요와 에너지의 소모를 지양할 수 있는 의견수렴과 정책결정이 앞으로 더욱 요구되는 시점이다.

4. 적극적인 통상정책 필요성의 대두

WTO체제를 위주로 하는 다자주의 체제하에서는 주요국가들이 구체적인 어젠다를 설정하면 우리나라는 이에 대하여 의견을 개진하는 방식으로 참여하고 그에 기초하여 우리나라의 통상정책이 결정되는 경우가 대부분이었다. 어젠다를 설정하고 협상방식을 결정하는 것과 같이 협상에 대한 전체적인 그림을 만드는 작업에는 참여하지 않거나 참여하더라도 Like-Minded 국가들과의 연대를 통하여 간접적인 방법으로 관여하는 경우가 대부분이었다. 이에 비하여 양자적 내지 지역적 체제하에서의 무역자유화 정책은 보다 적극적이고 복잡한 정책적 판단이 요구된다. 대상국가 선정에서부터 국내 이해관계의 조율 등 여러 분야에 있어 정부가 직면하는 정치적·실무적 부담은 과거에 비하여 훨씬 커지게 된 것이다.

2003년 9월 2일 확정된 "FTA 추진 로드맵"은 "동시다발적인" 전방위적 FTA 추진전략을 지향하고 있는바, 이와 같이 양자적 내지 지역적인 협상은 우리나라 통상 관련 부서의 적극적이며 주도적인 판단이 요구된다. 어떤 국가와 어느 범위 내에서 FTA 협상을 개시할 것인지를 결정하는 것은 고도의 경제적·정치적·외교적 판단이 수반되는 복잡한 정책결정의 과정이다. 위 로드맵을 확정하기 전에 우리나라에 대한 영향이 비교적 작을 것으로 평가되는 칠레와 FTA 협상을 하는 등 일정한 과도기를 거쳐 2006년 한미 FTA 협상을 개시하고, 바로 이어서 2007년 한-EU FTA를 개시한 것에서 볼 수 있듯이 협상의 대상국가의 결정 및 그 순서, 정도에 대하여 고도의 정책판단과 전략수립의 과정을 거치게 되었다. 2012년 3월 15일 한미 FTA가 발효된 직후 7년여의 준비기간을 가지면서 다양한 문제를 검토해 왔던 정부는 2012년 5월 2일 중국 베이징에서 한중 FTA 협상개시를 선언하면서 그간의 FTA 협상과는 달리 2단계 협상을 하기로 한 것 또한 한-중 FTA의 민감성을 고려한 적극적인 정책판단에 기초한 것이다. 먼저 1단계에서는 양국의 민감품목을 어떻게 처리할지, FTA 범위를 어디까지 할지 등 협상의 뼈대를 놓고 논의하고, 양국이 1단계에서 합의를 보면 2단계에서 이같은 골격에 따라 구체적으로 협상을 진행하기로 한 것이다.

이와 같이 우리나라는 다자주의체제의 일원으로서 국제통상환경의 변화에 따라 방어적으로 우리나라의 국익을 보호하는 데서 한 걸음 나아가 양자적 내지는 지역적 통상패러다임을 적극적으로 활용하면서 우리나라의 국익을 확보해 나가고 있다. 이러한 적극적인 통상정책을 구사하기 위해서는 국제경제환경에 대한 정확한 판단 및 예측과 이러한 통상정책이 우리나라에 미치는 영향에 대한 정밀한 분석역량이 장기적으로 뒷받침되어야 할 것이다.

5. 경제위기 극복을 위한 정부조치가 초래하는 문제

우리나라는 경제위기극복 과정에서 정부가 취할 수 있는 조치의 한계에 대하여 값진 경험을 하였다. 이는 1997년과 2008년 두 차례의 외환위기를 성공적으로 극복한 우리나라의 경험과 역량에 대하여 적지 않은 국가들이 주목하고 있기 때문이다. 특히 2008년 국제금융위기 과정에서 미국 정부도 GM 등 국내산업을 구제하기 위하여 정부가 할 수 있는 조치를 검토하면서 우리나라의 사례를 연구할 필요가 있다는 제안도 있었다. 국제교역에 적극 참여하며 다양한 난관을 극복하여 온 우리나라의 경험은 단지 수출주도형 경제체제만을 갖고 있는 것으로 간주하는 일부의 평가를 무색하게 하고 있다.

1997년 11월에 발생한 외환위기는 우리나라의 제반 분야에 상당한 충격을 초래하였다. 전례 없는 위기를 신속히 극복하고자 정부는 산업, 금융 등의 정책분야에서 다양한 조치를 취하였다. 2년이라는 조속한 시일 내 외환위기를 극복한 사실에서 드러나듯이 이러한 정부의 정책은 대부분 성공적이었다고 평가할 수 있을 것이다. 일부 세부적인 항목 또는 구체적인 정책에서는 다소의 혼선과 부정적 효과가 존재하였을지 모르나 전체적인 차원에서는 이러한 정책이 상당히 효과적이었음을 부인할 수는 없을 것이다. 또한 외환위기를 극복하는 과정에서 특히 금융 및 경제체제 운용 부분은 자의반 타의반으로 상당한 수준의 국제화를 달성하게 된 점 역시 사실이다.[1]

경제위기 극복을 위한 우리 국민들의 1997년 금모으기 운동에서 나타난 바와 같이 경제위기 극복에 있어 전 국민이 자발적으로 희생·참여하는 모습은 우리나라에서 흔히 발견되는 상황이다. 미국 월가의 저명 경제 칼럼니스트인 William Pesek이 그리스가 현재의 위기를 극복하기 위해서 한국을 본받아야 한다고 조언하기도 했다. 그는 블룸버그Bloomberg 통신에 기고한 "유교 사상에 반하는 그리스의 고통 없는 구제금융Greece's No-Pain Bailout Fails Confucian Ethics"이라는 제목의 칼럼에서 "악몽 같은 위기를 헤쳐나가기 위해 그리스는 한국의 위기극복 사례를 참고해야 한다"고 했다.

Pesek은 자신이 목격한 가장 감동적인 장면 중 하나가 1998년 서울에서 일어난 금모으기 운동이었다고 소개하면서 그리스가 한국으로부터 세 가지 교훈을 얻을 수 있을 것이라고 했다. 첫 번째로 어느 정도의 희생은 피할 수 없다는 것으로 그는 그리스에서 한국과 같은 금모으기 운동이 일어나길 바라긴 어렵겠지만, 허리띠를 졸라매는 캠페인이 그리스뿐만 아니라 유로존의 다른 나라에서도 필수적이라고 했다. 그는 세금을 늘리기 위해 한국 정부가 신용카드 사용을 확대한 것을 참조할 만하다고 예를 들었다. 둘째, 그리스는 과도한 부채 수준과 이로 인한 경제적 부담을 줄이기 위해 구조조정을 단행해야 한다며 어차피 할 거라면 신속하게 해야 한다고 했다. 덧붙여 그는 한국이 IMF로부터 570억 달러의 구제금융을 받은 후, 은행·기업의 대규모 구조조정이 있었다고 소개했다. 마지막으로 Pesek은 위기를 겪으면서 한국의 산업구조와 정부의 역할이 재조정될 수 있었다며 그리스에도 이런 변혁이 필요하다고 했다.[2]

1 이재민, "1997년 외환위기의 통상부분에서의 파급효과," 「서울국제법연구」 제14권 제2호, 서울국제법연구원(2007. 12) 참조.
2 William Pesek, "Greece's No-Pain Bailout Fails Confucian Ethics," *Bloomberg* (May 9, 2010).

이러한 최근 그리스, 포르투갈, 이탈리아 등에서 이어지고 있는 금융위기에 대한 대응 과정에서도 각국의 문화적 차이 문제가 중요한 변수로 대두되고 있다. 미국의 저명 칼럼니스트인 Thomas Friedman은 독일과 그리스 간 최근 협의 내용을 언급하며 양국 간 협의 과정에서 독일과 그리스 국민 간 문화적·사회적 차이점이 주요 이슈로 부각되었음을 상세히 설명하고 있다.[1] 그에 따르면 독일은 재정지원의 전제조건으로 그리스 정부와 국민들이 기존의 문화적·사회적 관습을 철폐할 것으로 요구하고 있다는 것이다. 동일한 유럽국가들 사이에서도 이러한 차이점이 경제문제 해결을 위하여 주요 이슈로 대두된다면 문화적 배경이 전적으로 상이한 여타 국가와 유사한 문제가 발생할 경우 그 차이가 더욱 심대할 것임은 예측하기가 크게 힘들지 않을 것이다.

문화적 차이에 대한 인식 부족에 따른 오해는 1997년 우리나라의 금모으기 운동에서도 찾을 수 있다. 국가위기 상황을 헤쳐나가기 위한 범국민적 운동은 외국 정부에는 생소한 모습으로 때로는 오해를 불러일으키기도 한다. 정부에서 그러한 희생을 강요하고 그러한 희생을 토대로 특정 기업이나 산업을 지원한다는 오해가 바로 그것이다. 국가적 위기 상황에서 이를 극복하기 위하여 자발적으로 힘을 모으는 우리나라 특유의 국민성을 외국 정부 입장에서는 이해하기 힘든 것이다. 이러한 우리나라의 국민성은 서해안 기름 유출 사건에서도 찾아볼 수 있다. 국가적 환경 위기 상황에서 우리 국민들은 자발적으로 기름띠 작업에 적극적으로 참여하였다.

이러한 문화적 관점의 차이는 크게 동양과 서양 간의 국가에 대한 인식 차에서 비롯된다는 견해도 있다. 동양에서는 전통적으로 유교적인 가부장제 국가관이 강하게 영향을 미쳐 왔다. 국가는 하나의 가족이며 정부는 아버지의 역할을 한다는 것이다. "국가國家, Nation"라는 단어 자체에도 서로의 약속에 따라 어버이적 공동체라는 뜻을 내포하고 있다. 이에 따라 아시아 문화권에서는 국가가 경제적 규제에 관한 권한을 갖는 것에 대하여 상대적으로 거부감이 없다. 하지만 서양 문화권에서 국가의 역할은 전적으로 다르다. 서양, 특히 미국에서는 전통적으로 국가는 제한된 역할을 수행한다는 전제에 기초하고 있다. 국가와 국민이 공적·사적인 영역에서 동일한 위치에 있거나 후자의 영역이 전자의 영

1 Thomas Friedman, "Can Greeks Become Germans?," *New York Times* (July 19, 2011).

역보다 주도적인 역할을 하고 있기 때문에 국가에 의한 경제 통제는 극히 예외적인 현상이다.

이러한 문화권의 차이에 따른 정부 역할의 인식차는 결국 동 영역에서 분쟁으로 귀결된다. 서양 문화권의 계약당사자로서는 정부가 경제활동에 깊숙이 관여하는 것이 항상 불만이다. 서양의 정부와 비교해서 동양의 정부는 국가 경제활동에 상당한 영향력을 행사하기 때문이다.[1] 이러한 빈번한 정부 관여는 예기치 못한 법적 분쟁을 발생시킨다. 이러한 문제의 상당부분은 문화적 인식차에 기인하는 것이다. 앞으로 이러한 경향은 지속될 것이고 또한 점점 중요해질 것이며 피할 수 없을 것으로 예상된다. 많은 통상규범들이 국내의 경제 규제에 관하여 다루고 있으며, 글로벌화에 따른 국제 경제 통합에 따라 문화권에 따른 정부 역할에 대한 인식차가 더욱 선명히 드러나게 되기 때문이다.

우리나라 국민성에 대한 부지에서 비롯한 이러한 오해를 바탕으로 외환위기의 극복이 불과 2년 만에 이루어졌음에 반하여 외환위기 극복 과정에서 우리 정부가 취한 다양한 조치들은 10년이 지난 지금에도 국제통상 분쟁의 측면에서 부정적인 효과를 남기고 있다. 경제위기 상황을 탈출하고자 정부가 취한 다양한 정책들은 한국 정부가 민간 부분에 직접적으로 개입한다는 인식을 심어 주게 되었고 이러한 인식은 추후 다양한 형태의 통상분쟁을 초래하는 계기를 제공하게 된 것이다. 우리가 세계 11위의 경제 규모와 전통적인 수출주도형의 경제체제를 가지고 있다는 점을 감안하면 이러한 통상분쟁의 발생은 불가피한 측면이 있기도 하다. 그간 어떠한 분야에서 어떤 통상분쟁이 발생하였는지를 반드시 검토하여 향후 유사한 위기 상황이 다시 도래하였을 경우 그 대응에 있어 시행착오를 줄일 수 있다는 점에서, 그동안 우리가 겪은 통상분쟁 사례들의 의미를 검토하는 작업은 필수적이다.[2]

1 Alex Inkeles, "Continuity and Change: Popular Values on the Pacific Rim," *Stanford Journal of International Relations 1*, No. 1 (Summer/Fall 1998); Japan — Measures Affecting Consumer Photographic Film and Paper, WT/DS44/R (Apr 22, 1998), sec. 10.43-10.46 각각 참조.

2 이재민, "1997년 외환위기의 통상부분에서의 파급효과,"「서울국제법연구」 제14권 제 2 호, 서울국제법연구(2007. 12), p. 24.

A. 은행구제조치와 보조금 분쟁

1997년 우리나라의 외환위기 당시 우리 금융권 또한 외환위기로부터 자유로울 수 없었다. 기업들이 연쇄 도산하며 채무 상환이 제대로 이루어지지 않자 은행들의 수익률 역시 급격히 하락하게 되었으며 일부 은행의 경우 더 이상 영업이 불가능한 상황에 이르게 된 것이다. 엄격한 시장 원칙에 따를 경우 이들 은행의 경우도 영업을 중단하고 남은 은행 자산을 처분하고 예금보험공사 보험금 지급을 통하여 예치자에게 일정 수준의 보상을 제공한 후 금융시장에서 퇴출되어야 할 것이었다. 그러나 일개 기업과 달리 은행의 도산은 그 범산업적 연관성으로 인하여 전체 경제에 초래하는 파급효과가 막대하므로 어느 정부이든 주요 은행의 경우 도산을 막기 위하여 특별한 조치를 검토할 수밖에 없게 되었다. 이 당시 한국 정부가 채택한 방법은 주요 은행에 대하여 대규모의 공적 자금을 투입하는 방안이었다. 형식적으로는 예금보험공사가 공적 자금을 투입하는 모양을 취하였으나 예금보험공사 자체가 100% 정부 소유의 공기업이므로 결국 정부가 직접 공적 자금을 투입하는 것과 다름없는 상황이었다.[1]

대규모 공적 자금의 투입으로 금융권 붕괴라는 다급한 상황은 해결하였으나 이러한 조치는 예상치 못한 결과를 초래하게 되었다. 바로 예금보험공사가 이러한 은행가령 조흥은행, 우리은행 등의 대주주로 등록됨에 따라 결국에는 한국 정부가 이들 은행을 사실상 소유하는 결과가 발생하게 된 것이다. 기존 한국 정부가 소유하는 은행은 한국산업은행, 기업은행, 수출입은행 정도였으나 이 시기를 전후하여 상당수의 민간은행에 대해서도 정부가 이를 사실상 소유하고 있다는 주장을 전개할 수 있는 단초를 제공하게 되었다. 이러한 정부 소유 은행의 범위의 대폭 확대는 이후 발생하는 보조금 분쟁에서 치명적인 문제점이 되었다. 그리고 이 문제는 2012년 현재까지 주요한 통상현안으로 자리를 잡게 되었다. 정부 소유 은행으로부터 제공되는 자금은 정부의 자금 제공과 동일시되어 결국 정부의 의도와는 상관없이 상당한 금액의 보조금 교부 주장이 최소한 형식적으로는 가능하게 된 것이다.[2] WTO 분쟁은 차치하더라도 미국과의 FTA 협상 과정에서도

1 *Ibid.*, p. 28.

2 물론 정부 은행으로부터의 자금의 제공은 보조금의 3대 요건 중 하나인 "정부에 의한 재정적 기여"를 평가하는 데

미국측은 한국 정부측에 정부 소유 은행에 대한 개입 중단을 요구할 정도로 이 문제는 지속적인 통상 분쟁을 초래하고 있는 상황이다.[1]

사실 경제위기 극복을 위한 효과적인 대안은 대부분 정부 기관의 적절한 조치를 통하여 도출될 수 있다. 따라서 2008년 전 세계적 금융위기 상황에서 각국 정부는 자국의 기간 산업을 구제하기 위하여 특히 재정적으로 문제가 있는 금융기관에 상당한 금액을 투입하였다. 예를 들면, 미국 정부는 7천억 달러를 미국의 부실 금융기관에 투입하였으며 EU는 2천 6백억 달러를, 일본은 28조 엔을 각각 자신들의 금융기관에 투입하였다.[2] 이러한 구제조치는 정도의 차이는 있으나 그 본질은 여전히 유지되고 있으며, 특히 EU의 경우 자신들의 금융기관을 정상화하기 위한 다양한 조치를 모색하고 있다.

이러한 금융기관들에 대한 구제금융은 적지 않은 논란을 초래하였으나 만약 이러한 구제조치가 부재하였다면 각국의 경제는 물론 나아가 세계 경제 전체가 붕괴되었을 가능성도 부인할 수 없다.[3] 현재의 경제 시스템하에서 금융기관들주로 은행들은 모든 국가의 경제 활동의 핵심 역할을 담당하고 있기 때문이다. 금융기관들은 모든 산업에 있어서 필요한 자금과 신용을 제공하므로 현대 경제의 근간을 이룬다고 하여도 과언이 아니다. 각국이 경제 위기 상황에서 금융기관들을 구제하는 점과 특정 국가의 경제의 건정성을 그 나라 금융기관의 건전성을 통하여 판단하는 이유도 바로 여기에 있다.

그러나 금융기관들에 대한 구제금융은 여러 모순과 장기적인 악영향을 동시에 수반하고 있다는 점을 인식해야 한다. 먼저 현재 경제 위기의 주범으로 금융기관들이 지목되나 현재까지 이들에 대한 특별한 제재나 징계는 존재하지 않았다는 점이다. 즉, 각국 정부는 자국 금융기관의 사소한 잘못에 대해서는 엄격

국한되며 그 존재가 인정되더라도 "경제적 혜택" 및 "특정성"의 존재라는 추가적 요건의 확인이 필요하다. 보조금 협정 제 1 조, 제 2 조 참조. 그러나 통상 이 요건의 충족이 보조금 분쟁에서 가장 중요한 선결요건이라는 점을 감안하면 이러한 정부 은행의 확대는 우리측에는 상당히 불리한 결과를 초래하게 된다.

1 *Ibid.*, p. 29.

2 예를 들어, 미국의 경우엔 Emergency Economic Stabilization Act of 2008가 있었다.

3 당시의 구제금융의 필요성에 대해 이를 지지하는 Bernanke 의장의 의회 testimony와 Warren Buffett의 방송 인터뷰 참조. Chairman Ben S. Bernanke before the Committee on Banking, Housing, and Urban Affairs, US Senate, September 23, 2008 available at http://www.federalreserve.gov/newsevents/testimony/bernanke20080923a1.htm; Warren Buffett interview transcript, Oct 1, 2008 availabel at http://www.cnbc.com/id/26982338/page/4/

한 처벌을 가하나, 정작 시스템 전체를 위협하는 중대한 실수에 대해서는 이를 묵인하거나 또는 정부의 자금을 투입하여 그러한 실수로부터 이들을 구원하게 되는 양상을 보이고 있는 것이다.

적지 않은 사람들은 위기에 빠진 금융기관이 너무 규모가 크거나 너무 중요하므로 파산하기 전에 구제를 해야 한다고 주장한다. 일종의 "Too Big to Fail" 주장이라고 할 수 있다.[1] 정부의 관점에서 보면 타당한 의견이다. 그러나 한편으로 경제학적 관점에서는 구제 대상으로 전락한 각국의 금융기관들은 지나친 과잉투자와 판단 미스로 인하여 실패한 것이라고 보는 것이 보다 정확하다. 책임확인과 제도적 개선 작업이 수반되지 않은 구제조치의 남용은 각국 금융기관들이 금융시장에서 의사결정을 내리는 방식과 경쟁방식에 부정적인 영향을 미칠 가능성이 높다.

따라서 남은 과제는 전적으로 구제금융 제공을 할 것이냐의 여부가 아니라, 미래에 금융기관들의 행동을 건전하게 이끌어 갈 믿을 만한 금융 정책을 소개하고 그들이 비이성적인 사업 결정을 내리지 못하도록 제도적 검토 및 견제장치를 도입하는 것이 될 것이다.

그리고 위에서 지적한 바와 같이 이러한 외환위기 극복을 위하여 투입된 여러 금융기관에 대한 구제금융의 가장 본질적인 문제점은 이러한 조치가 주요한 보조금 분쟁의 대상이 된다는 점이다. 먼저 정부가 민간은행에 대하여 다수의 지분을 보유하고 있어 이들의 의사결정에 영향을 끼칠 수 있는 위치에 있다는 점은 각 기업에 대한 채무재조정조치도 정부 의지에 따라 실시된 것으로 보아야 한다는 주장의 근거가 된다. 따라서 채무재조정을 통해 제공·면제되는 금액은 정부가 제공·면제하는 금액과 사실상 동일하므로 그 규모만큼의 정부에 의한 재정적 기여가 발생한다. 그리고 민간은행들이 결과가 불투명한 채무재조정에 참여하는 것은 상업적으로 비합리적인 결정으로서 정상적인 상업거래로 보기 힘들고 따라서 그 자체로 수혜기업들은 경제적 혜택을 향유하게 된다는 것이다. 그리고 채무재조정의 특성상 특정 기업에 대하여만 이루어지는 것이 핵심이므로 이러한 조치는 당연히 특정성을 보유한다는 것이다. 이러한 분석을 통

1 Andrew Ross Sorkin, *Too Big to Fail: The Inside Story of How Wall Street and Washington Fought to Save the Financial System — and Themselves*, Viking Penguin (2009).

하여 보조금 구성의 3대 요건이 모두 충족되게 되어 상계관세 부과와 WTO 쟁송으로 이어지게 되었던 것이다.

외환위기 극복과정에서의 제반조치가 보조금 분쟁으로 발전할 수 있다는 가능성을 최초로 보여 준 계기는 한국산업은행이 2000년 8월 도입한 회사채신속인수제도이다. 이 제도는 외환위기 극복을 위하여 각 기업이 경쟁적으로 발행한 회사채의 만기일이 2000년 여름에 일거에 몰리어 국내 채권시장이 마비상태에 빠질 상황이 되자 회사채 인수능력을 상실한 해당 기업 대신 국책은행인 산업은행이 이를 대신 인수하여 주는 것을 그 골자로 하는 정책이다. 미국, EU 및 일본 정부는 이 조치가 특정 기업의 회사채 인수를 정부가 직접 지원하는 조치이므로 보조금 교부에 해당한다는 주장을 이후 지속적으로 전개하게 되었다.[1]

곧이어 2002년 여름을 기점으로 한국 주요기업에 대하여 행해진 채무재조정조치 자체가 한국 정부의 보조금 교부에 해당한다는 외국 정부의 조사 및 제소가 이어지게 되었다. EU집행위원회, 미국 정부, 일본 정부가 한국산 반도체에 대하여 각각 보조금 및 상계관세 조사를 실시하여 고율의 상계관세를 최근까지 부과하였다. 미국 정부는 한국산 제지업계에 대하여 동일한 조사를 실시하였으며 EU는 한국 정부의 조선업계에 대한 지원을 이유로 직접 WTO에 제소하기도 하였다. EU, 미국 및 일본의 상계관세부과조치 자체에 대해서는 한국 정부가 이후 WTO에 각각 제소하기에 이르렀고[2] 이들 국가들은 매년 또는 정기적으로 연례재심 등을 실시하고 있으므로 외환위기와 관련된 이러한 보조금 분쟁은 지난 10년간 모두 18여 건에 이르고 있다. 실제로 미국, EU, 그리고 나중에 가세한 일본을 포함한 세계 경제의 3강이 동일한 사건과 관련하여 동시에 일국을 상대로 대규모 무역 분쟁을 개시한 것은 아마 이 사건이 유일하다.[3] 외환위기가 발생한 지 15년, 최초 통상법적 우려가 제기된 지 12년이 지난 시점에서도 위기극복과정에 수반된 분쟁들이 계속 문제된다는 점에 주목할 필요가 있다. 외환위기 극복을 위한 정부의 조치는 시간적·공간적으로 포괄성을 띠고 있다는

1 United states — Countervailing Duty Investigation on DRAMs from Korea (WT/DS296/AB/R) (Jul 20, 2005).

2 European Communities — Countervailing Measures on DRAM Chips from Korea (WT/DS299/R) (Aug 3, 2005); Japan — Countervailing Duties on DRAM from Korea (WT/DS336/AB/R) (Dec 17, 2007).

3 *Ibid.*

점에서 동 조치가 보조금으로 취급되어 제소당할 수 있는 내재적 취약성을 내포하고 있다는 점을 위 사례들은 잘 보여 주고 있다.

외환위기 이후 18건의 관련 분쟁과 각국의 주요 주장사항을 반추하여 보면 한국 정부는 상당히 당혹스러운 상황에 있다. 먼저 현실적인 측면에서 이러한 조치들은 경제적 위기 상황을 타개하기 위하여 불가피하게 취해진 조치였다. 유사한 위기 상황이 다시 도래한다고 할 경우 분명 비슷한 조치를 다시 실시할 수밖에 없을 것인데, 이 역시 이러한 보조금 분쟁을 회피할 수 없을 것이다.

다음으로 국제기구 간 역학관계 측면에서, 이러한 채무재조정조치 또는 산업구조조정조치의 골격은 IMF와의 긴밀한 협의하에 채택된 조치라는 점을[1] 일별할 필요가 있다. WTO와 마찬가지로 국제경제 분야에서 주요한 역할을 담당하는 국제기구의 권고에 의하여 채택한 메커니즘이 주요 교역당사국에 의하여 특정 기업 및 산업을 지원하기 위한 제도로 지목되게 된 것은 통상분쟁의 독자성을 잘 나타내고 있다고 볼 수도 있을 것이다. 그러나 궁극적으로는 특정 국제기구와 협의하에 시행된 조치들이 다른 국제기구에 의해서는 불법적인 조치로 간주되는 양자 대립 상황이 존재한다는 사실에 주목할 필요가 있다.[2] 국제금융체제와 국제통상체제가 별도의 규범을 제시하기는 하나 동일 조치에 대하여 양 국제기구가 상이한 입장을 취하는 것은 WTO협정 정신에 위배된다는 주장이 가능하다.

VI

또한 법리적으로 외환위기 극복과정에서 발생한 보조금 분쟁을 통해 과연 일국의 정당한 경제·재정 정책 운용과 불법 보조금의 우회적 지급을 구별할 수 있는 기준이 무엇인가 하는 본질적 문제를 생각해 볼 수 있다. 모든 정부 정책에는 궁극적으로 특정한 그룹의 수혜자가 존재할 수밖에 없다는 점을 감안하면 양자 간 구별 기준을 명확히 하지 않을 경우 잠재적으로 상당수의 경제·금융조치가 보조금 교부조치로 판단될 수 있다는 점이다. 아직 이러한 기준이 부재·미흡한 상태이므로 향후 WTO분쟁해결절차에서 이를 둘러싼 분쟁들이 더욱 증가할 것이 예상된다. 최근 한국 보조금 분쟁에 관한 항소기구 선례는 이러한 유의 분

1 IMF와의 합의를 거쳐 한국 정부는 소위 런던 방식이라는 채무재조정 방안을 도입하기에 이르렀다. 한국 정부와 IMF 간 1997년 11월 10일 의향서(Letter of Intent) 참조.

2 이재민, "1997년 외환위기의 통상부분에서의 파급효과,"「서울국제법연구」 제14권 제2호, 서울국제법연구원(2007. 12), p. 31.

쟁해결에 미흡하나마 중요한 지침을 제공하여 줄 수 있을 것으로 보인다.[1]

1997년 외환위기 극복 과정에서 채택한 정부조치들로 인한 보조금 부분에서의 문제점은 아직 해결된 것이 아니며 향후 언제든지 재연될 소지를 안고 있다는 점에서 이 부분에 대한 철저한 분석이 필요하다.[2] 외환위기 자체가 예상치 못한 상황에서 도래하였으므로 제반 분야에서 이에 대한 철저한 후속 대응책을 모색하는 것 자체가 원천적으로 불가능하였을 것이다. 특히 최소한 외관상 외환위기 극복과 직접 연관되었다고 보기 힘든 통상 부분에서 더 꼼꼼한 작업을 추진하는 것은 더욱 힘들었을 것이다. 그러나 지난 10여 년간의 경험은 이러한 경제위기 상황이 예상치 못한 통상분쟁이나 통상현안을 야기할 수도 있다는 점을 보여 주고 있으며 이들 중 상당수는 우리가 좀 더 정치한 대응을 하였더라면 관련 문제점을 상당 부분 극복하거나 경감할 수 있었을 것이다. 따라서 외환위기 이후 10여 년을 정리하는 작업에서 통상부분에서의 그간 상황을 정리하고 향후 정책 수립을 위한 기본 자료로 검토하는 작업은 중요하다고 하겠다. 다시는 그러한 상황이 재발하지 않아야 하겠지만 예상치 못한 외환위기 혹은 경제위기가 장차 우리나라에서 다시 발생할 경우 그 부작용을 최소화하기 위해서이다. 특히 세계 11위의 무역규모를 유지하며 수출주도형의 경제구조를 보유하고 있는 우리의 경우 그 중요성은 더욱 부각된다고 하겠다.[3]

1 가령, 중국 정부의 환율정책에 대하여 미국은 이를 일종의 간접 보조금 교부 정책으로 보고 WTO 제소를 지속적으로 위협하고 있다. Wayne M. Morrison and Marc Labonte, "China's Currency: Economic Issues and Options for U.S. Trade Policy," Congressional Research Service Report for Congress, 18 April 2006 available at http://fpc.state.gov/documents/organization/65773.pdf; Gary Clyde Hufbauer and Jared C. Woollacott, "Trade Disputes Between China and the United States: Growing Pains so Far, Worse Ahead?," Peterson Institute for International Economics Working Paper Series WP10-17 (Dec 2010); 130명의 의원이 중국의 환율조작행위에 대한 조치를 요구하는 2010년 3월 15일자 서한 available at http://www.ft.com/cms/s/0/ed6a4098-304f-11df-bc4a-00144feabdc0.html#axzz1prN89I00

2 가령 미국 정부의 2006년 해외무역장벽 보고서(National Trade Estimate on Foreign Trade Barrier: NTE)는 한국 정부의 은행에 대한 지분 보유를 여전히 비판적인 시각으로 평가하고 있다.

Although almost all banks have been privatized, the Korean government-controlled Korea Deposit Insurance Corporation still owns nearly 79 percent of Woori Financial Holdings which fully controls Woori Bank, the country's second largest bank. The Korea Deposit Insurance Corporation also directly owns 67.7 percent of Industrial Bank of Korea, the fourth-largest bank in Korea.

2006년 NTE, p. 410 참조. 유사한 지적은 2007년의 NTE에서도 동일하게 나타나고 있다.

3 이재민, "1997년 외환위기의 통상부분에서의 파급효과," 「서울국제법연구」 제14권 제2호, 서울국제법연구원(2007. 12), p. 41.

B. 경제 위기 극복 조치와 투자 분쟁

급격한 외환위기는 국제투자 분쟁의 발생도 아울러 초래하게 된다. 외환위기 상황에서 외국 투자자들은 투자금의 조속한 회수를 희망하게 될 가능성이 크고 한편 투자 유치국 입장에서는 이러한 급속한 해외자본 이탈을 막아야 할 필요성이 있기 때문이다. 또 외환위기 극복과정에서 취해진 다양한 비상조치가 외국인 투자자의 권리에 직간접적인 영향을 미칠 수 있게 됨에 따라 이로 인한 분쟁도 아울러 발생하게 된다. 1997년 아르헨티나의 외환위기가 초래한 국제투자분쟁의 발생은 이러한 상황을 잘 보여 주고 있다.[1] 아직까지 우리나라의 경우 국제투자분쟁을 경험한 적이 없고 이 문제가 대두된 것은 최근 체결된 한미 FTA가 처음이다. 따라서 1997년 한국 외환위기 자체로부터 투자분쟁이 발생한 것은 아니나 외환위기 극복과정에서 취하는 다양한 조치가 추후 투자분쟁으로 전개될 가능성은 아르헨티나의 사례가 충분히 이를 입증하고 있다고 할 것이다.

1966년 ICSID International Centre for Settlement of Investment Dispute 협약이 체결되고 나서 세계 여러 국가들의 BIT 체결은 활기를 띠게 되었다. 이는 우리나라도 예외가 아니며, 우리나라의 경우 1970년 독일과 체결한 BIT에서 투자분쟁을 ICSID분쟁해결절차를 활용하여 해결하기로 포괄적으로 관할권을 수락한 이후 지속적으로 BIT에서 이러한 관할권 수락을 부여하고 있다. 다만 이때만하더라도 투자분쟁이 초래하는 법리적 문제점 또는 정치적 민감성 등에 대해서는 별다른 논의가 진행되지는 않았다. 그 이유는 간접수용 등을 필두로 최근 쟁점으로 제기되는 투자분쟁의 다양한 쟁점이 본격적으로 대두한 것은 1990년대 들어서이기 때문이다. 이러한 관점에서 과거 체결된 BIT와 최근 체결되는 BIT 및 FTA 간 사실상 동일한 내용이 포함되어 있으나 그 법리적 함의와 정치적 민감성을 바라보는 시각에는 다소의 온도차가 있는 것으로 볼 수 있을 것이다. 특히 그간 외국

1 가령, 1993년 이후 미국 투자자가 외국 정부를 ICSID에 제소한 38건 중 아르헨티나 정부를 대상으로 한 분쟁은 모두 9건을 차지하고 있다. 그리고 이들 분쟁은 모두 아르헨티나의 1998년 외환위기 관련 조치들과 연관되어 있다. 가령, 2012년 5월 현재까지 ICSID에서 계류(pending) 중인 또는 완료(completed)된 381건의 사건 중, 아르헨티나 정부를 대상으로 제기된 건은 총 49건이며, 이 중 44건이 2001년 이후에 제기되었다. ICSID 웹사이트 icsid.worldbank.org의 Case Search 참조.

인 투자분쟁이 발생하는 맥락이 심각한 경제위기 또는 외환위기와 관련되어 있거나 또는 급격한 국내정치적 변화와 관련되어 있음에 주목하면 실제 우리나라에 대하여 외국인 투자분쟁이 발생할 수 있는 가능성이 높고 방어하는 데 어려움을 겪을 수 있는 경우는 아마 우리나라가 이러한 상황에 처하게 되어 불가피한 제한 조치 등을 도입하는 상황일 것이다. 그러나 이미 1997년, 2008년 외환위기를 거치며, 아르헨티나 등 일부 국가에서 목도하는 바와 같이 외국인 투자와 기업의 제한을 통하여 위기를 극복하는 것이 아니라 오히려 정반대로 외국인 투자와 기업을 더욱 유인engagement하는 방식으로 위기를 극복하는 전략을 택한 우리나라의 경우에는 설사 위기상황에서도 이러한 분쟁이 발생할 가능성은 높지 않다고 할 것이다.

한미 FTA에서도 국제수지악화 및 외환위기 등 심각한 대내외 여건 변화가 있을 경우 당사국이 외국환 거래를 통제하는 단기 세이프가드조치를 도입하기로 합의하였다.[1] 한편, 국가 긴급 상황에서 외국 투자자에 대한 규제를 가능하게 하도록 하는 다양한 입법이 국회에서 논의되고 있는 것도 역시 이 맥락에서 이해할 수 있다.[2] 이 법안의 골자는 외국 투자 자본이 우리 국가 경제 운용에 있어 중요한 역할을 수행하는 국내기업에 대한 인수 및 합병M&A을 시도하는 경우, 이를 우리 정부가 사전 심사하고 필요한 경우 그러한 인수 및 합병을 거부할 수 있도록 하여 위급한 상황에서 국부의 유출을 방지하자는 것이다. 외국 기업이 이러한 시도를 행할 개연성이 높은 시점은 바로 외환위기 과정이나 그 직후라고 할 수 있다. 최근에 문제된 외환은행 등의 매각 과정을 보면 이러한 사실을 잘 알 수 있을 것이다.[3] 이 법안의 경우 "국가경제에 중대한 영향을 미치는 국내기업의 인수합병 및 그 밖의 경영지배권 취득행위를

1 한미 FTA 부속서 11-사 참조.

2 이와 관련, 한나라당 이병석 의원 외 13인은 2007년 3월 15일 "국가경제에 중대한 영향을 미치는 외국인투자 등의 규제에 관한 법률안"을 의안번호 6229호로 발의한 바 있다. 열린우리당 이상경 의원 등도 2007년 2월 "국가안보에 반하는 외국인 투자 규제법안"을 발의한 바 있다. 이들 법안은 유사 외국법으로 미국의 Exon Florio Act를 언급하고 있으나 동법이 이러한 법안의 도입을 위한 외국의 사례로 간주될 수 있는지는 의문이다. 즉, Exon Florio Act는 기본적으로 "국가안보(National Security)"와 관련된 경우이며 우리 법안과 같이 경제체제에 영향을 초래하는 경우를 그 대상으로 삼고 있는 것은 아니라는 점이다. 따라서 우리 법안의 경우 실제 통과되어 발효된 이후 경제 위기 상황에서 적용될 경우 투자분쟁 발생 소지는 더욱 높다고 할 것이다.

3 2012년 5월 31일 Lonestar는 BIT에 기초하여 한국 정부의 불법적인 정부조치를 대상으로 ICSID 중재를 청구할 예정이라고 밝혔다.

규제"하는 것을 그 목적으로 제시하고 있고[1] 국가경제에 중대한 영향을 미치는 외국인의 투자행위에 대하여 폭넓게 적용될 가능성을 열어 두고 있어 향후 경제 위기 상황에서 이러한 법안의 적용 및 이에 따른 분쟁 발생은 불가피하게 보인다.[2]

특히 주목할 점은 최근 미국 정부의 경우 우리측에 대하여 투자장벽에 대한 우려를 더욱 강하게 제기하고 있다는 점이다. 공기업 및 통신 서비스 제공 기업에 대한 외국인 지분의 제한은 미국이 특히 불만을 제기하고 있는 부분 중의 하나이다.[3] 또한 미국은 한국의 주요 공기업에 대한 민영화 작업이 지연되고 있는 점 및 정부의 직접적 관여가 아직 지속되고 있는 점 등에 대해서도 아울러 지적하고 있다.[4] 미국의 경우 그동안 외국인 투자 유치 및 보호를 위하여 행한 한국 정부의 조치에 대하여 긍정적으로 평가하면서도 아직 상당한 우려가 잔존하고 있음을 아울러 지적하고 있다. 주요 공기업 및 통신 서비스 제공 기업에 대한 외국인 투자를 완전 자율화하기 꺼려하는 우려의 근저에는 주요 기간산업에 대하여 외국 투자자가 통제권을 행사하는 문제와 1997년 외환위기 시 경험한 외국인 투자에 대한 신뢰감의 결여가 깔려 있다는 점에서 외환위기의 여파는 아직도 느껴지고 있다고 볼 수 있겠다.

덧붙여 최근의 국제 투자분쟁 추세는 정부의 정책 의도가 반드시 정책의 국제법적 합치성을 보장하여 주지는 않으며 그러한 정책이 실제 초래하는 "영향"이 중요하게 고려된다는 점이다. 따라서 설사 동 법안의 목적이 외국인의 차별적 대우가 아니라고 하더라도 실제 적용과정에서 외국인 투자자에 대하여 한국인 투자자에 비하여 부당한 대우를 부과하는 효과가 발생할 경우 협정 위반 문제가 제기될 가능성이 항상 남아 있다. 우리 법에는 1998년 제정된 외국인투자촉진법 및 동법 시행령 등에 외국인 투자를 제한할 수 있는 포괄적 조항이 이

1 동 법안 제1조 참조.

2 이러한 분쟁들을 다음과 같은 법적 쟁점들을 포함하게 된다. 가령 각 체약 당사국 정부는 자국에 투자하는 상대방 국가의 투자자에 대하여 국내투자자와 동일한 대우(소위, National Treatment), 외국인 투자자 간 동일한 대우(소위, Most Favored Nation Treatment), 외국인 투자자에 대한 형평한 대우(소위, Fair and Equitable Treatment), 외국인 투자자에 대하여 최소한의 예측 가능성과 합리적 대우를 보장할 의무(소위, Minimum Standard Requirement) 등을 위반하는 것으로 교역 상대국 및 외국인 투자자가 주장할 수 있을 것이다.

3 2007년 NTE, pp. 367-368 참조.

4 *Ibid.*, p. 368 참조.

미 포함되어 있다.[1] 경제 위기 발생 시 이러한 조항에 따라 외국인 투자에 대한 제한을 실시할 경우 유사한 분쟁을 초래할 수 있을 것이다. 요컨대 아직 외환위기와 연관된 투자분쟁은 우리측과 관련하여 실제로 발생하지는 않았지만 향후 우리가 관심을 기울여야 할 영역 중 하나이다.

1 외국인투자촉진법 제 4 조는 다음과 같이 규정하고 있다.
제 4 조(외국인투자의 자유화 등)
② 외국인은 다음 각호의 1에 해당하는 경우를 제외하고는 이 법에 의한 외국인투자를 제한받지 아니한다.
1. 국가의 안전과 공공질서의 유지에 지장을 초래하는 경우
2. 국민의 보건위생 또는 환경보전에 해를 끼치거나 미풍양속에 현저히 반하는 경우
3. 대한민국의 법령에 위반되는 경우
③ 제 2 항 각호의 1에 해당하여 외국인투자가 제한되는 업종과 제한의 내용은 대통령령으로 정한다.

통상분쟁의 주요 대상 개관

이하에서는 우리나라가 직면하고 있는 통상분쟁의 구체적 태양에 대하여 살펴본다. 구체적으로 반덤핑조치, 보조금조치, 세이프가드조치, SPS조치, 농업협정 관련 조치, TRIPs조치 등이다. 이뿐만 아니라 최근에는 새로운 형태의 통상분쟁이 대두되고 있는 상황이다.

1. 반덤핑조치

반덤핑 조사는 우리가 가장 흔하게 접하는 무역구제 제도이면서 외국 정부가령, 미국 상무성가 가장 빈번하게 발동하는 조사이다. 많은 한국 기업들이 반덤핑 조사를 받은 바 있고, 현재 대응 중이며 또 앞으로 받게 될 것이다. 따라서 반덤핑 조사는 수출을 하는 우리 기업 입장에서는 가장 중요한 국제통상이슈 중의 하나라고 할 수 있다.

경제학적 관점에서 볼 때 외국기업들이 수입국에 낮은 가격으로 상품을 판매함으로써 수입국의 소비자에게 혜택을 베푸는 것에 대하여 수입국의 조사당국이 반덤핑관세를 부과하는 것은 이해하기 힘들다.[1] 후술하는 바와 같이[2] 연혁적으로 반덤핑법은 반독점법과 그 뿌리를 같이하고 있으나 소비자의 후생을 증가시킬 수 있는 저렴한 수입상품의 공급을 막는다는 측면에서 소비자후생을

1 예를 들면, J. Michael Finger (ed.), "The most appealing option is to get rid of antidumping and to put nothing in their place," *Antidumping: How it Works and Who Gets Hurt*, Michigan (1993).

2 본문의 IX. 1. C. 국제통상과 경쟁규범 참조.

보호목적으로 하는 반독점법과 충돌한다고 보는 견해가 일반적이다.[1] 약탈적 덤핑predatory dumping[2]이나 전략적 덤핑strategic dumping[3]이 반덤핑법의 경제적 정당성의 근거로 제시되기도 하나 이론적 정당성은 별론으로 하고 현실적으로 그러한 이유로 덤핑이 행해지는 경우는 극히 드물다.[4]

그럼에도 불구하는 GATT/WTO는 덤핑 행위를 국제무역의 정당한 흐름을 왜곡하는 불공정 무역unfair trade practice으로 지정하여 덤핑 행위가 확인될 경우 이에 상응하는 추가 관세를 부과하도록즉, 반덤핑 관세 허용하고 있다.[5] 반덤핑조치는 "불공정"한 덤핑 행위에 대한 대응조치라고 하나 실은 위장된 보호무역주의의 한 형태라고 비판을 받고 있다.[6] 반덤핑 조사는 특정 국가의 정부를 상대로 하는 조사가 아니며 특정 기업을 대상으로 하는 조사이다. 다만 특정 기업의 덤핑 행위가 주로 문제가 되는 경우라고 하더라도 일단 조사가 시작되는 경우에는 원칙적으로 동종상품을 생산하여 수입국시장으로 수출하는 해당 외국의 모든 기업이 반덤핑 조사의 대상이 된다는 점에 유의할 필요가 있다.

반덤핑 조사는 특정 상품을 수출하는 외국 수출기업이 해당 상품을 정상가격normal value, 국내시장 판매가격 이하로 수입국의 국내 시장에서 판매하여 해당 상품과 동종상품을 생산하는 국내산업이 실질적인 피해를 입은 경우, 이를 확인하여 이에 대한 제재를 가하고자 하는 절차이다. 따라서 정상적인 거래에 의한 동종상품의 판매가 수출국에 존재하지 않는 경우, 또는 수출국의 특별한 시장상황이나 소규모 판매로 인하여 적절한 비교가 곤란한 경우에는 제3국으로의 수출가격

1 예컨대 다음을 참조. Garbrielle Marceau, *Anti-Dumping and Anti-trust Issues in Free Trade Areas*, Oxford (1995); Alan Deardorf, *Economic Perspectives on Antidumping Law, in Antidumping Law and Practice* (John H. Jackson & Edwin Vermulst (eds.)), Prentice Hall (1990).

2 약탈적 덤핑은 높은 점유율을 가진 기업들이 규모가 작거나 아직 자리 잡지 못한 기업들을 퇴출시키기 위해 가격을 낮추는 덤핑 행위이다.

3 전략적 덤핑이라는 개념은 외국 수출자의 자국시장이 수입으로부터 보호받음으로써 그 외국 수출자가(더 많은 상품을 생산함으로써 평균고정비용을 낮출 뿐만 아니라 학습효과를 통하여) 규모의 경제를 달성할 수 있게 되어, 결국 보다 낮은 수출가격에서 손익분기점이 형성되는 상황을 상정하고 있다(Kenneth W. Dam, *The Rules of Global Game: A New Look at US International Economic Policy making*, Chicago (2001), 정영진/윤재원 옮김, 「글로벌게임의 법칙: 미국 대외경제정책 결정과정에 대한 새로운 고찰」, 비봉사(2002), pp. 260-263).

4 Robert D. Willig, "Economic Effects of Antidumping Policy," *Brookings Trade Forum*, Brookings Institution Press (1998), pp. 57-79.

5 WTO 반덤핑협정 제1조 및 제2조; 미국 1930년 관세법 19 USC 1673 참조.

6 "A disguised form of protectionism"이라고 불린다. John H. Jackson et al., *International Economic Relations* (5th ed.), Thompson (2008), p. 757 참조.

이나 조사당국이 계산한 구성가격Constructive Value이 비교대상이 되는 정상가격이 된다. 구성가격은 생산비용에 합리적인 관리비, 판매비, 일반비와 이윤을 합산한 가격을 말한다.

조사당국은 정상가격과 수출가격을 공정하게 비교하여 덤핑의 존부 여부 및 덤핑마진을 산정하여야 한다. 공정한 비교를 위해서는 동일한 거래단계, 일반적으로 공장도 단계에서 가능한 한 같은 시기에 이루어진 판매를 비교하여야 하며, 판매조건, 과세, 거래단계, 수량, 물리적 특성의 차이를 비롯하여 가격비교에 영향을 미치는 차이점을 적절히 고려하여야 한다.[1] 정상가격과 수출가격을 비교하는 일반적인 방법은 (i) 가중평균 정상가격과 모든 비교가능한 수출거래의 가중평균가격을 비교하는 방법과 (ii) 개별 거래마다 정상가격과 수출가격을 비교하는 방법이다.[2] 그러나 예외적으로 (iii) 가중평균 정상가격과 개별 수출거래가격을 비교할 수 있다.[3] 이러한 가격비교와 관련하여 일부 조사당국대표적으로 미국 상무성의 "제로잉zeroing"이라는 관행이 최근 6-7년간 국제사회의 집중적인 조명을 받아왔다. 제로잉이란 조사대상 물품의 덤핑마진을 계산하는 과정에서 음(−)의 덤핑마진은 제외하고 양(+)의 덤핑마진만을 합산하는 관행으로 덤핑마진을 인위적으로 부풀리는 효과를 갖게 된다. 예컨대 조사대상 상품의 2012년 1월 1일 국내가격이 100달러이고 수출가격이 50달러이며, 2012년 1월 15일 국내가격이 100달러이고 수출가격이 100달러이며, 나아가 2012년 2월 1일 국내가격이 100달러이고 수출가격이 150달러인 경우를 가정하자. 이 세 거래를 포함하는 기간의 덤핑마진을 산정하기 위하여 가중평균 정상가격과 가중평균 수출가격을 비교하면 덤핑마진은 "제로(0)"이다. 개별 정상가격과 개별 수출가격을 비교하여 최종적으로 합산하더라도 덤핑마진은 역시 "제로(0)"이다. 그러나 가중평균 정상가격과 개별 수출가격을 비교하되 제로잉 조치를 적용하게 되면 이 기간 동안의 50의 덤핑이 발생하게 되고 그 결과 약 17%라는 상당한 수준의 덤핑마진이 궁극적으로 산출되게 된다.[4] 몇 차

1 WTO 반덤핑협정 제2.4조.
2 *Ibid.* 제2.4.2.조 1문.
3 *Ibid.* 제2.4.2.조 2문.
4 (100+100+100)/3=100
100-50=50 dumping amount
100-100=0

례의 분쟁을 통하여 WTO패널과 항소기구는 제로잉 관행은 "모든 비교가능한 수출거래가격을 고려"해야 한다고 규정하는 반덤핑협정에 위반된다고 일관되게 판정한 바 있다.[1]

실제 우리 기업이 경험하는 통상분쟁의 70%가 반덤핑 조사에 이를 만큼 반덤핑 조사는 우리가 가장 흔하게 접하는 통상조치 중 하나이다. WTO 반덤핑협정에 따라 실시되는 각 회원국의 반덤핑 조사는 기업들이 일반적으로 인식하고 있는 경쟁기업과의 가격 비교, 수출입 가격의 결정 등과는 다른 독특한 측면을 담고 있다. 이에 따라 적지 않은 수출기업들은 반덤핑협정에서 의미하는 덤핑의 의미, 그리고 반덤핑 조사의 기본 골격 등에 관하여 오해를 하는 경우가 적지 않다. 아래에서는 우리 기업에 대하여 가장 활발한 반덤핑 조사를 실시하고 있는 미국의 경우를 예로 들어 반덤핑 조사의 특징과 이에 따른 오해를 간략히 설명하고자 한다.

반덤핑 조사[2]의 특징으로 세 가지를 들 수 있다. 첫째, 실제 조사에시는 회계적 측면이 강조되는 절차라는 점이다. 반덤핑 조사는 법리적 측면보다는 오히려 회계적 측면이 상당히 강하다. 미국의 경우 특히 이러한 측면이 두드러져 미국의 반덤핑 조사는 법적인 절차라기보다는 일종의 회계감사적 성격을 강하게 보여 주고 있다. 물론 그러한 조사의 기본적인 방법론은 WTO협정에 구현되어 있고 또 관련된 미국 법령에 규정되어 있으므로 그 한도 내에서는 법리적인 문제라고 볼 수 있을 것이나, 실제 구체적인 조사는 피조사 기업의 회계자료를 하나하나씩 검토하여 그 정확성을 평가하는 데 치중하고 있다. 근 일년에 걸친 이

100-150=-50 (negative) dumping amount=zeroed
∴ total dumping amount=50
∴ dumping margin=50/300 * 100=17%

1 EC — Anti-Dumping Duties on Imports of Cotton-Type Bed Linen from India, WT/D141/R, WT/DS141/AB/R (2001); US — Sunset Review of Anti-Dumping Duties on Corrosion-Restraint Carbon Steel Flat Products from Japan, WT/DS244/R, WT/DS244/AB/R (2004); US — Measures Relating to Zeroing and Sunset Reviews, WT/DS322/R, WT/DS322/AB/R (2007); US — Anti-Dumping Measure on Shrimp from Ecuador, WT/DS335/R (2007); US — Final Anti-Dumping Measures on Stainless Steel from Mexico, WT/DS344/R, WT/DS344/AB/R (2008); US — Measures Relating to Shrimp from Thailand, WT/DS343/R, WT/DS343/AB/R (2008); US — Continued Existence and Application of Zeroing Methodology, WT/DS350/R, WT/DS350/AB/R (2009); US — Laws, Regulation and Methodology for Calculating Dumping Margins ("Zeroing") (21.5), WT/DS294/RW, WT/DS294/AB/RW (2009).

2 일반적으로는 다음을 참조. Judith Czako et al., *World Trade Organization: A Handbook on Anti-Dumping Investigations*, Cambridge (2003).

러한 세밀한 평가에 기초하여 정상가격과 수출가격을 비교한 다음 덤핑 마진을 산출하게 되는 것이다.

회계적 측면을 강조하는 이러한 미국 정부의 반덤핑 조사는 때로는 우리 기업에 유리하거나 또는 불리한 상황을 초래하고 있다. 특정 피조사 기업이 회계적으로 완벽한 자료를 제출할 경우, 미국 정부 조사관의 재량권 행사 내지 남용의 상황은 상당히 제한되게 되며 그만큼 조사가 공정하게 진행될 가능성이 높아진다. 그러한 측면에서는 피조사 기업에 유리한 측면이 있다고 볼 수도 있다. 그러나 회계적으로 자료 준비가 완벽하지 않거나 내부적 혼선이 있는 경우 오히려 회계적 이슈에 대한 초점은 피조사 기업의 부담을 그만큼 증가시키게 되는 요인으로 작용하게 된다는 측면도 아울러 존재한다. 실제로 덤핑이 발생하지 않은 경우에도 회계자료의 불일치나 혼선 등으로 인하여 덤핑마진을 판정받는 경우가 적지 않다.

둘째는, 절차적 정당성이 강조된다는 점이다. 계속하여 미국의 반덤핑 조사를 예로 들면, 미국 정부는 반덤핑 조사 절차에서 절차적 정당성procedural due process 확보에 적지 않은 노력을 기울이고 있다. 미국 정부 기관들 자체가 모두 이러한 절차적 정당성 확보에 관심을 기울이고 있으므로 반덤핑 조사 절차에도 이러한 분위기가 존재하는 것은 놀랄 만한 상황은 아니라고 할 수 있을 것이다. 따라서 반덤핑 조사 전 과정을 거쳐 미국 국내 제소업체와 외국의 피조사 기업은 최소한 외관상 내지 형식적으로는 동등한 권리를 부여 받고 조사절차에 동등한 기회를 갖고 참여할 수 있도록 보장받고 있다.

특히 미국 정부는 특정 반덤핑 조사 절차의 주요한 협의 및 의견교환은 가급적 문서로 남기고자 노력한다. 제반 이슈에 대한 추후 논란의 소지를 최대한 제거하기 위해서는 이를 문서로 남겨 두는 것이 가장 효과적이기 때문이다. 이러한 분위기하에서는 특정 조사 과정에서 어느 일방을 지원하고자 하는 의도를 조사 담당관이 갖고 있어도 이를 실현하기가 쉽지 않게 된다. 모든 내용이 기록으로 남게 되므로 추후 자신의 결정을 정당화할 수 없음은 물론 경우에 따라서는 자신에 대한 민·형사상 책임 문제가 발생하는 것도 완전히 배제하기는 힘들기 때문이다. 이에 따라 실제 반덤핑 조사를 담당하는 미국 정부 담당관의 경우 특정 반덤핑 조사와 관련된 모든 회의, 면담, 전화통화 등은 문서로 기록되어 상급자의 결재를 받아 파일에 보관하게 된다. 이러한 장치들을 통하여 미국 정부는 반덤핑 조사 과정에서 최소한 외관상으로는 양 당사자에 대한 동등한 대우와 기회를 보장하고자 하는 것이다. 반대로 피조사 기업 입장에서도 반덤핑 조사 절차에서 조사 담당관과 진행된 모든 의견교환 및 접촉에 대하여 스스로 문서로 근거를 남기는 것 역시 중요하다. 동일한 조건이라면 전화통화 보다는 이메일이 근거 확보에는 보다 유리할 것이며, 전화통화를 한 경우에도 이메일로 주요한 내용은 다시 확인하는 것도 유용한 방법일 것이다. 변호사나 대리인을 활용하는 경우 이들이 이러한 작업과 기록보관을 담당하게 될 것이다.

세 번째로, 국내산업에 대한 철저한 보호 경향을 들 수 있다. 대부분의 WTO회원국 조사당국이 이러한 경향을 견지하고 있는 것 역시 사실이나 미국 정부의 경우 그러한 보호주의적 시각이 보다 강한 것으로 볼 수 있다. 세계 대부분의 수출기업이 미국 시장을 목표로 생산과 수출이 이루어지고 있는 상황에서 미국 기업을 조금이라도 보호하기 위해서는 동일한 조건하에서는 보다 보호주의적 경향을 띨 수밖에 없을 것이다. 하나 유념할 점은 미국 정부의 경우 그러한 보호주의적 의도를 내포하고 있는 경우에도 이를 표면적으로 또는 비합리적으로 표출하는 경우는 드물고 대부분 다양한 근거와 절차를 통하여 그러한 목표를 달성하고자 한다. 실제 보호무역주의의 의도를 숨기고 형식적인 요건을 모두 충족하여 최종 판정이 내려지게 되면 미국 정부의 반덤핑 관세 부과 판정을 미국 법원의 사법심사 및 WTO패널심리 등을 통해서 번복하는 것이 그만큼 힘들어지게 됨을 의미한다.

반덤핑 조사의 이러한 특징에 기초하여 반덤핑 조사에 대한 일반적인 오해를 살펴보면 대략 다음의 네 가지로 요약할 수 있다. 먼저, 위에서도 언급한 바 있지만 반덤핑 조사는 순수 법적 절차라는 오해이다. 반덤핑 조사는 법률의 영역과 회계의 영역이 교차한다. 반덤핑 조사는 WTO협정과 조사를 실시하는 외국의 통상법의 테두리 내에서 진행되므로 이는 기본적으로 법적인 문제이다. 그러나 한편으로 반덤핑 조사라는 것이 국내시장과 해외 수출시장에서 피조사 기업의 제품 가격을 산정하여 상호 비교하는 것이므로 회계적 속성을 띨 수밖에 없게 된다. WTO협정과 관련 법령의 조항이 요구하는 것은 결국 이러한 가격비교를 상황에 따라 정확하게 하라는 것이므로 결국 법령의 취지를 정확하게 이행하기 위해서는 회계적 분석을 실시할 수밖에 없게 된다. 이러한 상황에서 반덤핑 조사 절차를 통상법적 절차로만 파악하여 기본적으로 법리에 따라 모든 것이 해결될 수 있을 것으로 판단하는 것은 현실을 도외시한 측면이 있다. 조사의 기본틀은 법적 골격을 갖고 있으나 그러한 조사의 구체적 양태는 회계적 검토와 비교의 방법으로 진행된다. 특히 다른 국가들에 비하여 미국의 경우 이러한 회계적 측면을 강조하는 경향이 강하다는 점은 위에서 지적한 바이다.

둘째, 반덤핑 조사는 경쟁기업 가격 비교라는 오해이다. 반덤핑 조사는 경쟁기업과의 가격 비교가 아니다. 흔히 우리가 일상 생활에서 사용하는 덤핑이라는 용어는 기본적으로 경쟁기업과의 가격 비교를 통한 개념에 기초하고 있다. 가령 동일한 상품을 생산하는 A회사와 B회사가 있는 경우, A회사는 500원에 B회사는 400원에 판매하는 경우 A회사는 다른 사람들에 대하여 B회사가 덤핑하고 있다는 식으로 흔히들 이야기한다. 통상협정상 반덤핑 조사에서 의미하는 덤핑은 이러한 경쟁기업과의 상대적 가격 비교와는 전혀 무관하다. 반덤핑 조사의 가격비교는 오로지 자신의 가격을 시장별로 비교하는 것이다. 가령 B회사가 반덤핑 조사를 받는다면 덤핑 존재 여부는 동 회사의 상품의 가격이 경쟁기업인 A회사에 비하여 저렴한가 여부가 아니라 B회사 상품의 국내시장에서의 가격과 수출시장에서의 가격에 차이가 있는지 여부를 살피는 것이다. 결국 반덤핑 조사 절차에서는 B회사 가격과 B회사 가격을 서로 비교하는 것이다. 이는 반덤핑 조사 결과는 기본적으로 B회사의 내부적 사정에 의존하고 있음을 보여 준다.

세 번째로 살펴볼 수 있는 일반적인 오해 중 하나는 반덤핑 조사과정에서 우리 정부가 상대방 정부와의 접촉 등을 통하여 조사를 중단하거나 또는 종료시킬 수 있을 것이라고 믿고 있는 부분이다. 특히 일부 기업의 경우 반덤핑 조사에 대한 대응 과정에서 정부가 자신들을 대신하여 결정적인 역할을 담당하여 줄 것을 기대하는 경우가 있다. 이러한 기대는 반덤핑 조사의 의미와 실제 조사가 진행되는 현실을 정확하게 인식하지 못한 결과이다. 기본적으로 반덤핑 조사는 피조사 대상 회사의 자체 자료로 조사의 운명이 결정된다. 다시 말하면 반덤핑 조사 과정에서 피조사 대상 기업 정부의 역할은 상당히 제한적일 수밖에 없다는 의미이다. 조사대상 상품의 가격 결정은 해당 기업에서 결정한 것이고 모든 자료도 해당 기업에서 보유하고 있으며 그러한 자료의 제출 여부 및 그 범위도 오로지 해당 기업에서 결정할 문제이기 때문이다. 따라서 피조사 대상 기업의 정부가 수행할 수 있는 역할은 상대국 조사당국에 대하여 WTO협정과 상대국 법령에 따라 공정한 조사를 진행하도록 촉구하는 방법 외에 특별한 대안이 없다. 심히 공정성을 상실한 조사가 진행될 경우 그 문제점을 정부 코멘트 내지 의견서 형식으로 상대방 조사당국에 제출할 수 있을 것이며, 조사결과 반덤핑 관세가 부과될 경우 그 조치를 WTO에 제소할 수 있을 것이다. 그러나 조사과정에서 피조사 기업의 정부가 구체적인 지원을 제공할 수 있는 위치에 있지 아니하다.

마지막으로 살펴볼 수 있는 부분은 자료 제출에 대한 오해이다. 반덤핑 조사 대상이 된 기업들의 경우 요청된 가격자료 등이 자신들의 기밀자료이므로 외국 정부에 제출할 필요가 없고, 또 자신들이 자료를 제출하지 않으면 조사가 불가능하여지거나 곤란하여질 것으로 오해하는 경우가 많다. 그러나 엄밀히 말하면 조사당국의 국내시장을 완전히 포기하기로 결정하지 않는 한 그러한 선택권은 존재하지 않는다고 보는 것이 정확하다. 자료를 제출하지 않으면 오히려 반덤핑 조사를 진행하는 외국 조사당국은 신속하고 용이하게 반덤핑 관세를 산정할 수 있다. 여러 데이터 중에서 자신들의 편의에 맞게 데이터를 추출하여 적용하기 때문이다. 특히 청원기업인 국내업체가 제시한 자료를 적극 활용하는 것이 일반적이다. 이러한 조사의 경우 덤핑 마진율이 상당히 높아지게 되며 그 결과 반덤핑 관세도 그만큼 높아지게 된다. 그리고 이렇게 내려진 덤핑 판정은 추후 사법심사나 WTO패널심리를 통하여 번복하기도 사실상 불가능에 가깝게 된다. 결국 수출국 시장에서 퇴출되는 상황에 직면하게 되는 것이다.

2. 보조금조치

각국 정부의 보조금 정책은 실로 오랜 역사를 갖고 있다. 여러 국가에서 보조금 정책은 오랜 기간 동안 경제발전을 위한 산업정책의 핵심적 수단으로 자리매김하여 왔다. 이러한 보조금 정책의 가장 기본적인 형태는 정부 국고國庫로부터 특정 기업에 대하여 운영자금을 무상으로 직접 지급하거나, 정부 은행으로부터 해당 기업에 대하여 장기저리의 대출을 제공하거나 또는 해당 기업이 납

부하여야 할 세금 등 각종 공과금을 감면하여 주는 것이다. 현재 이러한 기본적 형태에서 파생한 지원조치들이 다양하게 강구되고 적용되고 있다.

현재 선진국 대열에 진입한 국가들도 경제개발 초기 단계에는 이와 같은 다양한 형태의 대규모 정부 보조금에 힘입어 지속적 경제성장을 달성할 수 있었다는 점은 주목할 만하다. 경제개발이 일정 수준 이상 달성된 선진국의 경우 민간부문의 자율적 경제활동이 강조되고 따라서 정부의 보조금 교부조치가 점차로 축소되는 것이 일반적 경향이나, 그렇다고 하여 선진국에서 보조금 교부조치를 더 이상 찾아 볼 수 없는 것은 아니다. 선진국이라 하더라도 자국의 주요 전략산업에 대해서는 지속적으로 다양한 형태의 보조금 교부조치를 강구하고 있음은 최근 진행되고 있는 미국과 EU 간 대형 민간항공기 보조금 분쟁을 보더라도 쉽게 알 수 있다.[1] 동 분쟁에서 미국과 EU는 서로 상대방 정부가 각각 보잉사와 에어버스사에 대규모의 불법 보조금 교부조치를 취해 오고 있음을 주장하고 있다. 선진국의 상황이 이러하다면 현재 정부 주도의 경제개발 달성이 시급한 개발도상국에 있어서는 보조금 정책이 국가 경제정책의 핵심 부분을 차지하고 있음은 어떻게 보면 당연한 측면이 있다. 현재 대부분의 개발도상국들은 경제개발 전략의 핵심으로서 다양한 보조금 정책을 수출입 또는 무역정책과 연계시켜 적극 활용하고 있다. 따라서 현재 경제개발의 출발선상에 선 개도국 및 선진국에 진입하고자 노력하는 선발개도국의 경우 보조금협정의 이러한 제한조치가 때로는 경제개발과 수출활동의 중요한 걸림돌로 작용하기도 한다. 각국의 보조금 교부조치를 적극 제한하고자 하는 선진국 주장의 진정성이 때로는 의심받기도 하는 이유가 여기에 있다.[2] 따라서 현 시점에서 전 세계의 대부분의 국가가 눈에 보이는 또는 보이지 않는 다양한 보조금 교부조치 또는 사실상 보조금 교부 효과를 보유하는 조치를 입안·실시하고 있다고 보아도 큰 무리가 없을

1 미국이 EU의 에어버스사 지원을 제소한 European Communities and Certain Member States — Measures Affecting Trade in Large Civil Aircraft (WT/DS316/347) 사건과 반대로 EU가 미국의 보잉사 지원을 제소한 United States — Measures Affecting Trade in Large Civil Aircraft (WT/DS317/353) 사건은 2012년 4월 현재 패널 및 항소기구심리가 각각 종료되었다. 이 도입부분에 포함된 내용은 한국국제경제법학회, 「신국제경제법」, 박영사(2012), 제 4 부 제15장 보조금 및 상계조치협정, pp. 284-315를 발췌한 내용이다.

2 Cambridge University의 장하준 교수의 「사다리 걷어차기(Kicking Away the Ladder)」는 이러한 측면을 설명하고 있다. Ha-Joon Jang, *Kicking Away the Ladder: Development Strategy in Historical Perspective* (1st ed.), Anthem Press (2002) 참조.

것이다. 보조금 교부조치의 이러한 현실적 필요성 또는 광범위성은 필연적으로 보조금 관련 국가 간 분쟁을 초래하게 된다.

보조금을 둘러싼 국가 간 분쟁은 다양한 형태로 전개되나 그 핵심적인 내용은 첫째, 문제가 된 보조금조치의 실재 여부, 둘째, 특정 민간 기업의 경제적 혜택 향유가 정당한 정부 정책의 단순한 결과적 파급효과에서 기인하는 것인지 혹은 부당한 보조금의 효과로부터 기인하는 것인지 여부이다. 전자의 경우에는 주로 사실관계 확인에 관한 것이므로 분쟁해결이 상대적으로 용이할 것이나 후자의 경우에는 피제소국 정책의 내면을 고찰하여야 하므로 일층 복잡한 과정을 거치게 될 것이다. 그런데 사실 전자의 경우도 반드시 간단한 문제만은 아니다. 단기간에 경제개발 달성을 추구하는 국가의 입장에서는 보조금 교부의 정책적 필요성은 상존하지만 보조금협정 위반에 따른 국제적 비난 가능성을 우려하여 상당수의 국가들이 점차로 직접적인 보조금 교부 정책을 지양하고 대신 간접적·우회적 보조금 교부를 도모하는 현상이 증가하고 있기 때문이다. 그 결과 문제가 된 보조금조치의 실제 존재 여부에 대한 확인도 그만큼 어렵게 되었다. 이에 따라 보조금 분쟁도 점차로 사실관계 중심적fact-specific 성격을 띠게 되고 여기에 더하여 국가정책적 영역에 대한 고찰과 평가를 수반하게 되어 분쟁 전개양상이 점차 복잡화·장기화 되어 가는 추세이다.[1]

보조금은 기본적으로 그 형태에 따라 몇 가지로 분류할 수 있다. 먼저 직접 보조금direct subsidy은 정부의 직접적인 보조금 교부조치에 따라 지급되는 보조금을 의미한다. 대부분의 전통적 보조금은 이러한 직접 보조금의 형태를 띠고 있다. 정부 계좌로부터 수혜기업 계좌로의 자금 이체 현황은 쉽게 확인 가능하므로 이러한 형태의 보조금은 상대적으로 사안의 판단과 해결이 간단하다고 볼 수 있다. 한편 간접 보조금indirect subsidy은 정부의 직접적인 보조금 교부조치는 존재하지 않지만 정부가 다양한 경제정책, 금융정책, 환율정책 또는 자원정책 등을 통해 자국 산업 및 기업을 "간접적"으로 지원하는 경우이다. 직접 보조금의 경우와 달리 주권국가 정부의 정당한 정책업무 집행과 부당한 보조금 교부를 구

1 앞서 언급한 미국과 EU 간 항공기 보조금 분쟁은 2004년 발생한 이래 2011년 5월 및 2012년 3월에서야 양 당사자의 서로에 대한 제소의 Appellate Body 리포트가 각각 발표되었다. 또한 한국산 반도체에 대한 한국 정부의 보조금 교부를 이유로 발생한 한미 간 상계관세 분쟁도 2000년 최초 발생한 이래 2011년 1월이 되어서야 최종적으로 종결되었다. 근 10년의 세월이 소요된 것이다.

별하기 곤란하여 국가 간 분쟁의 소지가 다분한 영역이다. 예를 들어, 최근 미국은 중국이 환율조작을 통하여 자국 화폐를 인위적으로 저평가하여 자국 수출기업을 지원하고 있다고 주장하며 이를 중국 정부의 간접 보조금조치로 주장하고 있다.[1] 자국 화폐의 가치를 인위적으로 낮추면즉, 달러화 대비 자국 환율을 높이면, 중국산 상품의 수출가격은 내려가고 외국 상품의 중국 내 수입가격은 올라가 수출경쟁력과 국내시장 보호 효과가 그만큼 증가하기 때문이다. 중국의 경우 이는 정당한 외환정책의 일환으로 WTO 보조금협정과 연관되는 내용이 아님을 항변하고 있다.[2] 어느 쪽 주장이 타당한지 실로 애매한 부분이 아닐 수 없다. 한편, 원자재 보조금input/upstream subsidy이란 수출상품 자체에 대한 보조금 교부조치는 존재하지 않으나 그러한 수출상품 생산에 사용되는 원자재에 보조금이 지급되는 경우이다. 원자재에 교부된 보조금으로 인하여 수출상품 생산업자가 보다 저렴한 가격으로 원자재를 구입하여 해당 상품을 생산할 수 있게 되었으므로 사실상 수출업자에게 보조금이 지급된 것으로 보아야 하는 경우이다. 가령, 일국 정부가 자동차 생산업자에게 직접 보조금을 지급하지 않더라도 자동차 생산에 사용되는 철강제품 생산업자에게 보조금을 지급하는 경우가 바로 그러한 경우이다. 모든 산업영역이 서로 연관되어 있는 상황에서 원자재 보조금 역시 그 범위가 어디까지 이어지는지 논란이 끊이지 않고 있다. 한편, 이보다 더 진화한 형태로 규제 보조금regulatory subsidy이란 일국 정부가 금융, 환경, 노동, 경쟁 관련 국내법 규범을 외국계 기업에 대해서는 철저히 집행하는 반면 자국 기업에 대해서는 느슨하게 적용하여 자국 내 생산업자들이 영업상 혜택을 향유하도록 유도하고 결국 해외시장에서 경쟁력을 확보하도록 지원하는 경우를 의미한다. 이 역

1 중국은 1990년대 초까지 주로 저임금 위주의 수출정책에 의존하였으나 1993년 이후로는 위안화 환율에 대한 점진적인 평가절하 정책을 통해 수출 제품의 가격경쟁력을 확보하고자 하였다. 미국은 이와 같은 중국 정부의 화폐가치 인하 정책으로 인하여 외환시장에서의 달러 구매력이 상대적으로 상승하였기 때문에 매년 대중무역에서 적자를 기록하고 있다고 주장하고 있으며 이러한 중국의 인위적인 환율 조작은 WTO 보조금협정에서 금지하는 보조금조치에 해당한다고 강력하게 주장해 오고 있다. 이에 대하여 브라질의 Guido Mantega 재무장관은 미-중 간 환율분쟁으로 인한 양국 간 통상마찰의 격화 가능성을 경고하며 이러한 환율조작조치는 WTO에서 수출보조금으로 평가되어야 한다는 공식적 입장을 표명한 바 있다. Jonathan Wheatley and Joe Leahy, "Trade War Looming, Warns Brazil," *Financial Times*, 10 January 2011 available at http://www.ft.com/intl/cms/s/0/6316eb4a-1c34-11e0-9b56-00144feab49a.html#axzz1prN89I00

2 중국은 대미 수출의 견인차 역할을 하고 있는 중소 수출기업들의 경우 수출로 인한 마진율이 대기업에 비해서 상대적으로 낮기 때문에 위안화 절상으로 인해 대외 수출량이 하락할 경우 중소 수출기업들의 채산성이 떨어져서 도산하는 기업이 급격히 증가할 것이라고 주장하고 있다.

시 그 애매한 성격으로 인하여 보조금 해당 여부에 관해 관련 국가 간 이해관계 대립이 첨예한 영역이다.

또한, 보조금협정에서는 수출 보조금export subsidy과 수입대체 보조금import substitution subsidy을 소위 "금지 보조금"으로 별도로 규정하여 특별한 제한을 가하고 있다. 수출 보조금이란 특정 상품의 수출을 직간접적인 조건으로 해당 상품 생산업자에게 정부가 지급하는 보조금이며, 수입대체 보조금이란 수입 부품 대신 국산 부품을 사용하는 국내 생산업자에게 제공하는 정부의 보조금을 의미한다. 수출 보조금과 수입대체 보조금은 국제교역에 직접적으로 부정적 효과를 야기한다는 측면에서 다른 보조금에 비하여 그 비난 가능성이 일층 높다고 할 수 있으므로 특별히 규제하고 있는 것이다.

보조금 관련 조치는 상당히 민감한 문제이다. DDA 협상 과정에서도 결정적으로 합의가 결렬된 주된 이유가 농업보조금의 지급과 관련한 국가들 간의 견해차였다. 또한 일국의 보조금조치는 보조금이라는 명목이 아니고도 여러 가지 방법으로 보조금이 수여된 것과 같은 교묘한 조치를 취할 수 있으므로 이로 인하여 손해를 입는 측에서는 더욱 촉각을 곤두세우고 예민하게 반응하지 않을 수 없는 본질적인 속성이 있다.

A. 보조금조치 개관

현 보조금협정은 보조금을 크게 금지 보조금prohibited subsidies, 조치가능 보조금actionable subsidies, 및 상계조치 대상 보조금countervailable subsidies의 세 가지 형태로 구분하여 각각 관련 규정을 두고 있다. 즉, 보조금협정 제 2 부는 금지 보조금을, 제 3 부는 조치가능 보조금을, 그리고 제 5 부는 상계조치 대상 보조금에 관하여 각각 규정하고 있다. 제 1 부는 이들 모두에 적용되는 일반원칙보조금의 정의 및 구성요건을 규정하고 있다. 원래 제 4 부는 허용 보조금non-actionable subsidies을 규정하고 있었지만 회원국들 간 동 조항의 연장합의에 실패하여 1999년 12월 31일자로 효력을 상실한 상태이다.[1] 다만 여전히 보조금협정문 자체에는 포함되어 있어 때로는

1 보조금협정 제31조 참조. 이 소제목에 포함된 내용은 한국국제경제법학회, 「신국제경제법」, 박영사(2012), 제 4 부 제15장 보조금 및 상계조치협정, pp. 284-315를 발췌한 내용이다.

혼선을 야기하기도 하므로 주의를 요한다. 특히 R&D 보조금R&D subsidies이 허용 보조금의 하나로 규정되어 있다는 측면에 주목하여 연구개발 보조금의 WTO 허용 가능성을 언급하는 경우가 간혹 발견되고 있는 것도 이러한 혼선의 결과이다. 사실 R&D 보조금은 최근 진행된 대부분의 보조금 분쟁의 핵심 사안으로 자리잡고 있다.[1]

금지 보조금을 규율하고 있는 제 2 부는 국제무역에 특히 부정적 효과를 야기하는 수출 보조금과 수입대체 보조금을 확인·철폐하기 위한 규정을 포함하고 있으며, 조치가능 보조금을 규정하고 있는 제 3 부는 금지 보조금은 아니나 타국의 무역이익에 심각한 손상을 초래하는 일반적인 보조금에 대처하기 위한 규정을 포함하고 있다. "조치가능"이라는 용어는 WTO에 "제소가능"하다는 의미이다. 상계조치에 관한 제 5 부는 금지 보조금이나 조치가능 보조금에 직면하여 회원국이 WTO분쟁해결기구에 제소하는 대신또는 제소와 함께 보조금을 교부받은 수입품목에 대하여 독자적인 상계조치를 도모하는 경우 이에 관한 절차와 방법을 상세히 규정하고 있다. 이러한 상계조치 중 대표적인 방법은 보조금의 혜택으로 생산되어 자국 내로 수입되는 외국 상품에 대하여 보조금에 상응하는 추가관세를 국경에서 부과하는 것이다.

여기에서 유의하여야 할 것은 금지 보조금, 조치가능 보조금 또는 상계조치 대상 보조금의 요건을 각각 충족하는지 여부와 상관없이 WTO회원국 정부의 특정 조치가 보조금협정의 적용대상이 되는 "보조금"을 구성하기 위하여는 기본적으로 세 가지 요건이 먼저 확인되어야 한다는 점이다. 이 세 가지 요건은 (i) 정부에 의한 재정적 기여financial contribution by a government, (ii) 경제적 혜택benefit, 그리고 (iii) 특정성specificity이다. 이 요건들은 보조금협정 제 1 조, 제 2 조 및 제14조에 상세히 규정되어 있다. 세 요건의 의의를 간단히 살펴보면, 첫 번째 요건은 정부로부터 민간기업 또는 산업으로 금전 등 재정적 자원의 이동이 있었는지를, 두 번째 요건은 그러한 이동으로 인해 민간기업 또는 산업이 경제적 혜택을 향

1 가령, 미국과 EU 간 대형 민간항공기 보조금 분쟁에서 다양한 R&D 프로그램이 보조금 판정을 받은 바 있다. 마찬가지로 우리나라에 대하여 진행되는 상계관세 조사에서도 다양한 R&D 프로그램이 보조금 판정을 받은 바 있다(*Ibid.* 참조). 다만 2007년 DDA규범협상의 의장 초안은 기존의 허용 보조금을 부활하는 내용을 담고 있다. 만약 보조금협정이 그러한 방향으로 개정된다면 정당한 R&D 보조금은 허용 보조금으로 취급되어 보조금 제소나 상계조치의 대상이 되지 않게 될 것이다.

유하게 되었는지를, 그리고 세 번째 요건은 그러한 혜택 부여가 특정 기업 또는 산업에 한정되어 있었는지 여부를 고찰하는 것이다.

이 세 가지 요건이 모두 존재하는 경우 이는 보조금협정의 규율대상인 "보조금"에 해당하며, 하나의 요건이라도 부재하는 경우 문제가 된 정부의 조치는 보조금협정이 의미하는 "보조금"에는 해당되지 않으며 따라서 동 협정의 규율범위를 벗어난다. WTO패널절차이든 상계관세 조사 절차이든 대부분의 보조금 관련 분쟁에서 관련국 간 핵심적인 다툼은 주로 상기 세 가지 요건의 존재 여부에 관한 것이다. 가령, A국의 특정 프로그램이 보조금인지 여부가 분쟁의 대상으로 제기된 경우 A국은 이 프로그램이 정부로부터의 재정적 기여와 경제적 혜택이 존재하지만 특정성이 없다고 주장하는 반면, 상대방인 B국은 특정성도 아울러 존재한다고 주장하게 되는 경우이다.[1] 일단 이러한 세 가지 구성요소의 존재가 공히 확인되어 보조금협정의 적용 대상이 될 "보조금"으로 인정된 이후, 여타 추가 요건의 확인에 따라 금지 보조금, 조치가능 보조금, 및 상계조치대상 보조금을 각각 구성하게 되고, 보조금협정에 규정된 대로 각각에 해당하는 규제를 받게 된다.[2]

첫 번째 요건인 "정부에 의한 재정적 기여"는 정부로부터 민간기업으로 재정적 자원, 즉 금전적 가치가 있는 매개물이 전달되었는지 여부에 대한 평가이다. 이와 관련하여 보조금 협정 제 1 조는 다음의 네 가지 경우를 열거하고 있다. 이들은 정부로부터 민간기업으로의 자금의 직접적 이전예컨대 무상지원금 제공, 국책은행으로부터 대출 제공 및 주식구매를 통한 정부 투자금의 유입 등, 정상적인 상황이라면 징수되어야 할 세금 및 각종 부과금의 감면예컨대 수출기업에 대해 제공하는 세액공제 등, 일반적인 사회간접자본을 제외한 정부로부터 민간부분에 대한 상품 또는 서비스의 제공, 그리고 마지막으로 위에서 열거한 세 가지 행위를 정부가 민간주체에 위임 또는 민간주체를 지시하여 정부를 대신하여 여타 민간주체를 지원하도록 하는 행위를 가리킨다.

보조금 구성을 위한 두 번째 요건은 "경제적 혜택"의 존재이며 이는 "정부에 의한 재정적 기여"가 발생하더라도 이로부터 민간기업에 대하여 "경제적 혜택"이 부여되었는가 여부에 대한 검토이다. 정부에 의한 재정적 기여의 존재에

1 물론 대부분의 분쟁에서는 피제소국인 A국의 경우 정부로부터의 재정적 기여, 경제적 혜택 및 특정성이 모두 존재하지 않는 것으로 일단 주장하게 될 것이다.

2 금지 보조금의 경우는 보조금협정 제 2 부, 조치가능 보조금의 경우는 보조금협정 제 3 부, 상계조치 대상 보조금에 관하여는 보조금협정 제 5 부를 각각 참조.

도 불구하고 경제적 혜택은 존재하지 않을 수도 있으므로 이는 별도의 검토 요건임에 유의하여야 한다. 경제적 혜택의 존재 여부 또는 존재 시 그 규모에 대해서는 실제 적용가능한 "시장기준market benchmark"과 문제가 된 정부와 민간기업과의 거래조건을 상호 비교함으로써 파악이 가능하다.[1] 이 과정에서 비교대상인 시장기준은 문제가 된 관련 당사국의 상황을 채택하도록 보조금협정 제14조에서 규정하고 있다. 각 국가 및 사회마다 거래관행과 방법이 상이하므로 경제적 혜택 평가에 사용될 시장기준은 조사대상이 된 거래가 발생한 사회 및 시장에서 통용되는 시장기준을 활용하여야 정확한 평가가 가능하기 때문이다. 이와 관련하여 WTO항소기구는 경제적 혜택의 존재 여부는 해당 조치로부터 관련 기업 및 산업이 그렇지 않은 경우보다 "BETTER OFF"되었는지 여부임을 지적하고 있다.[2]

마지막으로 세 번째 구성요건은 "특정성"이다. 보조금은 특정적일 경우에만, 즉 특정 산업 및 기업을 대상으로 하는 경우에만 보조금협정의 규율대상이 된다. 특정성에 관한 기준은 보조금협정 제2조에 상세히 규정되어 있다. 따라서 정부로부터 민간기업에 대한 재정적 기여가 존재하고 그로부터 민간기업에 대하여 경제적 혜택이 부여되었다고 하더라도 해당국 내 광범위한 영역에서 다수의 기업이 수혜대상인 경우 결국 특정성의 결여로 보조금을 구성하지 않게 된다.

특히 최근 보조금 분쟁은 점차로 직접 보조금 대신또는 직접 보조금과 함께 간접 보조금이 주요 대상으로 대두되고 있는 추세이다. 현실에서도 일방 회원국이 자국 주요 산업에 보조금을 교부하는 경우에도 통상분쟁의 소지가 분명한 직접

1 예를 들어, 특정 민간기업이 정부은행으로부터 운영자금을 대출받고 이에 대해 시장금리로 이자를 지급하는 경우, 국고로부터 민간기업으로 자금의 이동이 발생하였으므로 정부에 의한 재정적 기여는 자동적으로 발생하였으나 이에 대하여 민간기업이 시장금리를 지불하기로 한 경우 해당 민간기업 입장에서는 해당 거래로부터 아무런 경제적 혜택이 발생하지 않았다. 그러한 조건으로는 여타 민간은행으로부터도 자금조달이 가능하였을 것이기 때문이다. 따라서 이 경우에는 경제적 혜택의 부재로 인하여 보조금 자체가 존재하지 않게 된다.

2 Canada — Measures Affecting the Export of Civilian Aircraft, WT/DS70/AB/R (Appellate Body Report), 2 August 1999, para. 157: "We also believe that the word benefit, as used in Article 1.1(b), implies some kind of comparison. This must be so, for there can be no benefit to the recipient unless the financial contribution makes the recipient better off than it would otherwise have been, absent that contribution. In our view, the marketplace provides an appropriate basis for comparison in determining whether a benefit has been conferred, because the trade-distorting potential of a financial contribution can be identified by determining whether the recipient has received a financial contribution on terms more favourable than those available to the recipient in the market."

보조금 대신 다양한 방법으로 자국 산업에 경제적 해택을 부여하고자 하는 간접 보조금 교부가 점차 선호되고 있다.[1] 이러한 간접 보조금 개념은 국가의 전통적인 주권행사 영역 또는 경제정책 영역에 다양한 형태로 적용될 수 있는 유동적인 개념인바, 이를 둘러싼 통상분쟁 역시 다양한 영역에서 다양한 형태로 발생하고 있다. 최근 우리나라를 대상으로 전개되는 보조금 분쟁의 상당 부분도 이러한 형태의 간접 보조금에 해당하는 경우이다.[2] 그 개념 자체가 상당히 탄력적으로 적용가능하며 또한 다양한 영역을 포괄하고 있음에 따라 간접 보조금 분쟁도 다양한 영역에서 발생하고 있다.

B. 최근 분쟁 사례

보조금조치와 관련된 최근의 분쟁 사례로 미국-EU 항공기 보조금 분쟁이 있다. 이 사건에 대하여 우리나라는 제3자 참여를 하였다. 따라서 동 분쟁을 살펴보고 우리에게 갖는 의미를 검토할 필요가 있다.

(1) 미국-EU 항공기 보조금 분쟁

보조금 분쟁은 비단 개도국만의 문제가 아니다. 사실 모든 국가들이 정도와 방법의 차이는 있을지언정 자국 주요 산업을 위하여 보조금 교부조치를 실시하고 있다. 최근 발생한 미국과 EU 간 대형 민간항공기 보조금 분쟁은 이러한 사실을 잘 보여 주고 있다. 미국과 EU는 각각 상대방이 자국 대형 민간항공기 제작업체에 대하여 불법 보조금을 교부하였다는 이유로 WTO에 상호 제소하여 패널 및 항소기구가 각각의 위법성을 확인하였다. 이 분쟁은 미국 정부의 보잉사에 대한 불법 보조금 교부를 이유로 EU가 미국을 제소한 *U.S.-Large Civil Aircraft (LCA)*[3] 사건과 EU의 에어버스사에 대한 불법 보조금 교부를 이

1 간접 보조금 문제와 관련하여서는 United States — Countervailing Duty Investigation on Dynamic Random Memory Semiconductors from Korea (DS 296) ("U.S.-DRAMs"), European Communities — Countervailing Measures on Dynamic Random Memory Chips from Korea (DS 299) ("EC-DRAMs"), Korea — Measures Affecting Trade in Commercial Vessells (DS 273) ("Korea-Commercial Vessel") 각각 참조.

2 U.S.-DRAM, EC-DRAM, Japan-DRAM, Korea-Commercial Vessels 등의 분쟁이 이러한 간접 보조금을 그 대상으로 하여 전개된 분쟁이다.

3 United States — Measures Affecting Trade in Large Civil Aircraft (WT/DS317/353).

유로 미국이 EU를 제소한 *EC-Large Civil Aircraft (LCA)*[1] 사건으로 이루어져 있으며, 양측 주장을 합할 경우 150억 달러 상당의 보조금 교부와 관련된 사건이다. 보조금 교부가 확인될 경우 이는 WTO 분쟁 사상 가장 큰 규모의 보조금 교부조치에 해당한다.

민간항공기 산업은 여타 산업과 다른 고유한 특성을 보유하고 있다. 가령, 최초 설비투자에 막대한 자금이 투입된다는 점, 국가의 정책적 지원이 필수적이라는 점, 소수의 제작업체가 전 세계 시장을 과점하고 있다는 점, 그리고 세계 단일 시장으로 운용되고 있다는 점 등이 바로 그것이다. 따라서 민간항공기 산업은 분명 교역상품임에도 불구하고 그 교역 양상이나 시장 상황은 여타 상품과는 상당한 차이가 있다.[2] 특히 대형 민간항공기 시장은 미국의 보잉사와 EU의 에어버스사가 전 세계 시장을 양분하고 있으며 다른 제작업체는 사실상 존재하지 않는다고 보아도 무방하다. 이 두 회사는 세계 단일시장에서 서로 경쟁하며 각국 항공사들은 오로지 이들로부터만 상품 구매가 가능한 상황이다.

일반적인 상품교역과는 상이한 바로 이러한 특성으로 인하여 WTO회원국들은 1995년 WTO 출범 시 "민간항공기협정Agreement on Trade in Civil Aircraft"을 복수국 간 협정Plurilateral Agreement으로 별도로 체결하여 WTO체제로 편입하기에 이르렀다. 이 협정은 WTO 설립협정 부속서 4에 정부조달협정Agreement on Government Procurement과 함께 포함되어 있으며 현재 31개국이 이에 가입하고 있다.[3]

이러한 맥락에서 세계 대형 민간항공기 시장은 항상 보잉사와 에어버스사의 첨예한 경쟁하에 유지되어 왔다. 원래 대형 민간항공기 시장에서 독점적 지위를 누리던 회사는 보잉사였으나 경쟁업체인 에어버스사가 1970년대 후반부터 1990년대 초반까지 EU 회원국 정부의 지원을 등에 업고 시장 잠식을 계속하자 미국은 EU에 대하여 보조금 문제를 본격적으로 제기하기에 이르렀다. 그 결과 WTO 출범 전인 1992년 양측은 "대형 민간항공기 시장 규율을 위한

1 European Communities and Certain Member States — Measures Affecting Trade in Large Civil Aircraft (WT/DS316/347).

2 민간항공기 시장의 경우 모든 경쟁업체들이 전 세계의 동일한 소비자 및 구매자를 상대로 함께 경쟁에 참여하는 일종의 단일시장(single market)으로 평가된다. 특히 보잉과 에어버스사가 양분하고 있는 대형 민간항공기 시장의 경우 이러한 측면이 더욱 부각된다.

3 WTO 웹사이트, "Plurilateral Agreement on Trade in Civil Aircraft" available at http://www.wto.org/enlish/tratop_e/civair_e/civair_e.htm 참조.

양자협정Agreement between the European Community and the Government of the United States concerning the Application of the GATT Agreement on Trade in Civil Aircraft: 이하 "1992년 양자협정""을 체결하여 각각의 정부 보조금을 일정 수준으로 제한하기로 합의하기에 이르렀다.[1] 그러나 이 양자협정을 통하여 겨우 유지되어 오던 잠정적 평화는 2000년대 들어서며 양측이 신형 항공기 제작을 통해 시장점유율 확대를 위하여 치열한 경쟁을 재개함에 따라 깨어지게 되었다.[2] 지금 세계 항공사들이 대규모로 구매하고 있는 에어버스사의 A380항공기와 보잉사의 B777항공기가 바로 그것이다.[3] 이에 따라 2004년 10월 양측은 각각 상대방이 1992년 양자협정과 WTO 보조금 협정을 위반하였다는 이유로 WTO에 제소하기에 이르렀다.[4] 그중 *EC-LCA* 분쟁의 경우 양자협의가 실패함에 따라 2005년 7월 20일 패널이 설치되었고 2005년 10월 17일 패널이 구성되었다. 이후 진행된 패널 심리를 거쳐 2009년 9월 4일 잠정보고서가 배포되었고 2010년 6월 30일 패널 보고서가 회원국에게 회람되었다.[5]

이 분쟁에는 우리나라, 캐나다, 일본, 중국, 브라질 및 호주 6개국이 제3자 참여를 하였다.[6] 캐나다와 브라질은 이미 중형 민간항공기 분쟁에서 치열한 보조금 공방전을 벌인 바 있으며, 우리나라, 일본 그리고 중국의 경우 장기적으로 민간항공기 산업에 진출을 검토하고 있는 국가들로서[7] 이 분쟁의 향방에 상당한 이해관계를 갖고 있어 제3자 참여를 결정한 것으로 판단된다. 이 분쟁은

1 가령 양국 정부의 생산보조금을 전체생산비의 33%까지만 허용하고, 간접 보조금을 민간 항공제작업체 총 자본회전율(turnover=매출액/자본금)의 3% 또는 총 민간판매액의 4%로 제한하며, 교역상대국에 항공기 구매압력을 금지하고, 양자협정 이행에 관한 양자패널을 설치하고, 민간항공기산업의 투명성 제고하는 등의 내용을 담고 있다.

2 최근 진행되고 있는 미국과 EU 간 항공기 제조산업 보조금 분쟁을 볼 때 선진국이라고 하더라도 자국의 주요 전략산업에 대해서는 지속적으로 다양한 형태의 보조금 교부조치를 강구하고 있음을 확인할 수 있다. 선진국의 상황이 이러하다면 현재 정부 주도의 경제개발 달성이 시급한 개발도상국에 있어서는 보조금 정책이 국가 경제정책의 핵심부분을 차지하고 있음은 예측하기 어렵지 않다고 할 것이다. 한국국제경제법학회, 「국제경제법」, 박영사(2006), p. 191 참조.

3 John Newhouse, *Boeing Versus Airbus: The Inside Story of the Greatest International Competition in Business*, Vintage Books (2007), pp. 50-66, 144-166 참조.

4 Panel Report, European Communities and Certain Member States — Measures Affecting Trade in Large Civil Aircraft (WT/DS316/R) (Jun 30, 2010) ("EC-LCA"), para. 1.1.

5 *Ibid.*, paras. 1.9-1.14.

6 *Ibid.*, para. 1.6.

7 이와 관련하여 다음의 언론보도 내용을 참조. 아시아 경제, "정부, 중소형 민항기 생산 추진"(2009. 11. 29) (http://www.asiae.co.kr/news/view.htm?idxno=2009112920500837451); MK 뉴스, "中자싱시 항공산업 메카 된다" (2010. 4. 11)(http://news.mk.co.kr/newsRead.php?year=2010&no=183661).

EU와 EU회원국의 다양한 에어버스사에 대한 지원조치를 대상으로 하고 있으며 분쟁대상이 된 조치는 무려 300여 개에 달하였다.[1]

(2) 동 분쟁이 우리나라 보조금 관련 정책에 제공하는 시사점

EC-LCA 분쟁은 일반적인 교역 상품과는 상이한 성격의 특수성을 보유한 민간항공기 산업과 관련하여 이의 주 생산국인 미국과 EU 간에 첨예한 공방을 보여 준 사건으로서 보조금협정상의 중요한 법적 쟁점을 상당 부분 다루고 있다. 따라서 이에 대한 패널의 법적 판단은 그동안 다수의 보조금 분쟁을 경험한 우리나라가 향후 관련 정책을 수립함에 있어서 중요한 시사점을 제공해 줄 것으로 사료된다. 특히, 그동안 미국과 EU가 양분하여 온 세계 민간항공기 교역시장에 후발주자로서 새로이 진출을 모색하고 있는 우리나라의 경우 금번 패널의 판정은 다양한 측면에서 의미를 찾을 수 있다.

첫째로, 보조금 분쟁에서 "일반적 사회간접자본 조항"을 적극 활용하는 방안을 모색해 볼 수 있다. 일반적 사회간접자본 문제는 금번 분쟁을 통하여 그 법적 의미와 기준이 상당한 정도로 정립된 것으로 볼 수 있다. 이러한 기준에 의하면 향후 우리 정부가 진행하는 사회간접자본 구축사업의 경우도 이러한 새

1 동 사건에서 미국은 EU가 에어버스사에 대하여 지난 40년간 300여 건 이상 보조금을 교부한 사실이 있음을 주장하였다. 이들을 정리하면 다음과 같다.
(1) 사업개시 금융지원(Launch Aid): 미국은 에어버스사 공장이 위치하고 있는 독일, 프랑스, 영국 및 스페인 정부가 소위 Launch Aid라는 명목의 특혜 금융지원을 에어버스사에 대하여 제공하였음을 주장하였다. 미국에 따르면 이 금융지원이 시장금리보다 낮은 이자율로 제공되거나, 추후 매출과 연동하여 상환의무가 부과되거나, 또는 개발실패 시 대출금 상환의무를 면제하여 주는 등 비상업적인 조건으로 에어버스사에 제공되었으므로 동사에 대하여 상당한 경제적 혜택을 부여하였다는 것이다.
(2) 유럽투자은행(European Investment Bank: EIB)을 통한 금융지원: 또한 미국은 EU가 EIB를 통하여 에어버스사에 대하여 시장금리보다 낮은 이자율로 금융지원을 실시하였음을 주장하였다.
(3) 사회간접시설 제공: 미국은 EU회원국들이 에어버스사의 사업을 지원하기 위한 명목으로 다양한 사회간접자본 건설사업을 실시하였고, 이를 통하여 동사에 대하여 경제적 혜택을 부여하였다고 주장하였다.
(4) R&D 지원: 나아가 미국은 EU회원국들이 에어버스사의 연구 개발사업을 지원하기 위하여 다양한 재정적 지원을 실시하거나 정부기관의 연구 개발 관련 물품과 서비스를 정당한 대가를 요구하지 않고 동사에 제공하였다는 주장을 전개하였다.
(5) 채무인수 및 탕감: 또한 미국은 Launch Aid 및 기타 금융지원을 통해 에어버스사에 대하여 발생한 채무를 EU가 스스로 인수하거나 탕감하여 줌으로써 동사에 대하여 경제적 혜택을 부여하였다는 주장을 전개하였다.
(6) 자본투입: 미국은 EU와 그 회원국들이 각각 정부소유 금융기관을 동원하여 에어버스사 주식매입을 통한 지분참여(equity infusion)를 실시하였으며, 이러한 지분참여가 동사에 대하여 경제적 혜택을 부여하였다는 주장을 전개하였다. Panel Report, European Communities and Certain Member States — Measures Affecting Trade in Large Civil Aircraft (WT/DS316/R) (Jun 30, 2010) ("EC-LCA"), para. 7.1.(5).

로운 법적 기준을 고려·활용하여 정당한 국책사업들이 보조금 교부조치로 제소되는 상황을 사전에 차단하는 방안을 모색하여야 할 것이다. 마찬가지 맥락에서 정부가 특정 지원사업을 진행하는 경우에도 가급적 일반적 사회간접자본 구축사업의 맥락에서 관련 입법·행정조치를 마련할 경우 실제 분쟁 제기 시 방어 가능성이 그만큼 높아지게 될 것이다. 따라서 우리 정부가 향후 검토하는 다양한 정책 내지 사업을 가급적 일반적 사회간접자본 건설 및 개선 사업과 연관이 되는 것으로 성격 규명을 하거나 법령을 정비하는 경우 향후 보조금 분쟁에서 우리에게 유리한 입지를 제공할 것으로 판단된다.

사회간접자본 구축은 모든 정부의 주요 존재이유 중 하나라는 점에서 보조금협정과의 상호 연관성에 대한 항소기구 판정의 의미에 대하여 면밀한 검토가 뒤따라야 한다.

둘째로, R&D 보조금에 대한 조심스러운 접근이 요구된다. 이 분쟁에서는 미국과 EU가 자국의 주요산업에 제공하는 연구 및 개발관련 지원을 어떻게 성격 규명하고 있는지에 대한 시사점도 아울러 제시하고 있다. 우리 정부에서 발표한 바와 같이 다양한 산업영역에 대한 연구 및 개발관련 지원은 우리 정부의 주요한 정책수단 및 과제 중 하나이다. 이러한 점을 감안하면 이 분쟁에서 확인되는 양국의 입장은 향후 연구 및 개발사업 관련 정책 수립과정에서 우리에게 중요한 시사점을 제공할 것이다.

특히 여전히 R&D 보조금에 대해서는 적지 않은 정부 부처에서 여타 보조금과는 구별되는 보조금으로 인식하고 다소 완화된 법적 기준이 적용될 것으로 이해하는 분위기가 없지 않으나, *EC-LCA* 분쟁은 실제 보조금 분쟁 전개 시 R&D 보조금이 주요 분쟁 대상임을 고려하면 이러한 인식은 주의를 요한다.[1] 연구개발 지원사업을 검토·도입함에 있어 이러한 부분에 대한 면밀한 검토와 대응이 역시 필요하다고 할 것이다.

셋째, 또한 동 분쟁은 지방정부가 중앙정부와 독립적으로 제공하는 보조금 운용 상황과 이로부터 초래되는 문제점도 아울러 제시하고 있다. 이 분쟁에서 프랑스, 스페인 등 EU국가들의 지방정부의 보조금 교부행위도 중앙 정부의 보

1 한국국제경제법학회, 「신국제경제법」, 박영사(2012), 제 4 부 제15장 보조금 및 상계조치협정, p. 203; 성재호, 「국제경제법」(개정판), 박영사(2006), p. 195; 최승환, 「국제경제법」, 법영사(2003), p. 321 각각 참조.

조금 교부행위와 동일하게 취급되어 협정 위반 판정이 내려진 바 있다. 이는 중앙정부와 지방정부를 불문하고 국가행위 귀속 여부를 평가하도록 한 2001년 UN국가책임협약 제 4 조의 통상법적 적용의 사례로 볼 수 있을 것이다.

현재 우리나라의 경우도 각 지방자치단체가 제공하는 지원정책이 적지 아니한바, 이러한 지원정책과 중앙정부가 제공하는 지원정책을 어떻게 조율할 것인지, 또는 이러한 지방정부 지원정책이 초래하는 통상법적 문제점 등에 대하여도 앞으로 면밀히 살펴볼 필요가 있다.[1] 특히 지방자치단체가 특정 대기업이나 공장을 유치하기 위하여 세금감면조치를 취하거나 사회간접자본 구축사업을 대신 진행하여 주는 경우 보조금협정 위반으로 간주될 가능성이 적지 않다는 점을 이 분쟁은 보여 주고 있다.

넷째, 이 분쟁은 민간기업의 채무재조정에 대하여 정부가 관여하는 경우 어떻게 이를 진행하는 것이 분쟁의 소지를 줄일 수 있는지에 대해서도 중요한 시사점을 제공하고 있다. 국내 주요기업의 채무재조정에 대한 우리 정부의 관여는 이미 보조금 분쟁을 촉발한 바 있다. EU와 미국 간 분쟁에서도 유사한 문제들이 제기된 것은 바로 채무재조정은 선진국이든 개도국이든 이를 막론하고 언제든지 발생할 수 있는 조치임을 보여 주며, 그러한 채무재조정을 구체적으로 어떻게 세련되게 실시하는지 여부에 보조금협정 위반 여부가 달려 있음을 보여 준다.

특히 이 분쟁은 채무재조정 실시 과정에서 유사한 상황에 처한 채권자들이 어떠한 조건으로 어떠한 결정을 내릴 것인지에 대한 입증 자료가 충분히 제시되는 경우 이것이 일종의 시장기준으로 채택될 수 있음을 보여 주고 있다. 만약 시장기준에 따른 채무재조정임이 입증되는 경우 정부 관여 내지 주도로 인하여 정부로부터의 재정적 기여는 인정되더라도 결국 경제적 혜택이 부인되게 되어 보조금협정에 해당하는 보조금은 존재하지 않는 것으로 결정되게 될 것이다. 이러한 상황은 채무재조정 내지 유사한 상황에 직면하는 경우 우리 정부 및 관련 기업들도 적극 활용할 필요가 있을 것이다.

1 정부가 특정의 정책목표를 달성하기 위하여 산업 및 기업 등에 제공하는 각종 지원을 의미하는 보조금은 국가와 기업의 국제경쟁력을 강화하기 위한 주요한 정책수단이라는 점에서 의미를 가진다. 최승환, 「EU보조금 규칙 및 상계관세사례연구」, 경희대학교출판국(2005), p. 15. 따라서 보조금 문제는 정부의 합법적 시장개입이 정당화되는지 여부에 대한 정책적 고려에 대한 판단이 내포된 문제라고 볼 수 있다. John H. Jackson, *Cases, Materials and Text on Legal Problems of International Economic Relations*, West Group (2008), p. 852.

3. 세이프가드조치

세이프가드는 특정 상황에서 특정 상품의 수입 급증으로 인하여 국내 산업에 피해가 있을 것으로 예상되어 국내 산업을 보호하기 위하여 취하는 조치이며 같은 뜻으로 긴급수입제한조치라고 한다. 세이프가드조치는 통상협정 체결을 통해 관세인하를 약속한 체약당사국의 국내산업 몰락 가능성에 대한 우려를 다소나마 해소하는 제도적 융통성을 허용함으로써 무역자유화에 기여하자는 의도를 가지고 있으나, 남용될 경우 오히려 무역자유화에 치명적인 영향을 미칠 수 있는 가능성도 있다. 상술한 반덤핑조치와 보조금조치는 그 행위의 불공정한 성격을 이유로 규제가 되므로 어느 정도의 논리적 정당성을 찾을 수 있는 반면, 세이프가드조치는 공정한 무역에 대하여 오로지 자국산업의 보호를 위하여 발동되는 것이라는 점에서 상당한 차이가 있다.

세이프가드는 무역자유화조치의 결과로 특정 상품의 수입이 증가함으로써 동종 상품을 생산하는 체약당사자의 국내 산업에 심각한 피해가 발생할 수 있는 경우 동 체약당사자로 하여금 국내 산업을 일시적으로 보호할 수 있게 하여 주는 일종의 안전장치이다. 이는 "특정 상품의 수입에 대한 긴급조치emergency action"의 형태로 GATT 제19조에 도입되었다. 이와 같이 동 규정은 협약에서 정한 일정한 사정이 발생한 경우 체약당사자로 하여금 자신의 협약상 의무에서 벗어날 수 있게 허용해 준다는 점에서 "도피조항escape clause"으로도 표현된다.[1]

GATT 체약국들은 제19조상 긴급조치의 실시에 관한 제반 사항에 있어 투명성 및 명료성이 확보된 구체적인 이행협정을 마련함은 물론 회색지대조치[2]를 포함하여 기존의 제반유형의 세이프가드조치를 새로운 협정안에서 규율하기 위하여 부속서 1A 상품무역협정에 부속된 14건의 협정 중 하나로서 세이프가드협정을 만들었다. 이렇게 탄생된 세이프가드협정의 목적은 그 전문에서 밝힌 바와 같이 특정 상품의 수입에 대한 긴급조치에 관한 GATT 제19조의 규정을 명료화하고 강화할 뿐만 아니라 세이프가드조치에 대한 다자간 통제를 재확립하

1 Escape clause 관련 GATT 초창기 역사에 대해서는 Andreas F. Lowenfeld, *International Economic Law*, Oxford (2002), pp. 38-39 참조.

2 정치적인 고려 등으로 GATT 제19조의 긴급조치를 이용할 수 없게 된 경우에 긴급조치를 대신하는 GATT규범 밖의 조치.

여 이러한 통제를 일탈하는 조치들을 제거함에 있다.

세이프가드조치를 발동하기 위해서는 첫째, 당해 상품이 국내 생산에 비해 절대적 또는 상대적으로 증가된 수량으로 수입될 것, 둘째, 이로 인해 동종 상품이나 직접적인 경쟁 상품을 생산하는 국내 산업에 심각한 피해를 초래하거나 초래할 우려가 있을 것이어야 한다. 첫 번째 요건과 관련하여 그러한 수입의 증가가 "예측하지 못한 사태의 발전" 및 체약당사자가 GATT협정상 부담하는 의무의 효과에 기인한 것이어야 할 것을 단서로서 요구한다.[1] 두 번째 요건은 피해나 피해의 우려가 증가된 수입으로 인한 것이어야 한다는 인과관계를 내포하며, 그 인과관계의 존재를 입증해야만 피해 결정을 내릴 수 있다고 규정함으로써[2] 인과관계가 세이프가드조치 발동의 요건임을 분명히 하였다.

WTO협정의 내재적 한계로 인하여 세이프가드의 남용 가능성은 존재한다. 특히 개도국에서는 세이프가드조치를 활용하여 국내 산업을 보호하려는 시도가 계속되고 있다. 상술하였듯이 반덤핑 조사와 상계관세 조사에는 불공정행위에 대한 자세한 조사가 반드시 필요한 반면에 세이프가드조치에는 이에 대한 자세한 조사가 불필요하기 때문이다.

관련 사건으로 미국의 외국산 철강 제품에 대한 세이프가드 발동 사례가 있다*U.S. Steel Safeguards*. 2001년 6월 USTR은 자국의 국제무역위원회International Trade Commission: ITC에 외국산 철강제품에 대한 조사를 요청하였고 ITC는 같은 해 10월 "심각한 피해Serious Injury" 판정을 내리고 대통령에게 보고하였다. 이에 따라 2002년 3월 미국 Bush 대통령은 최종적으로 제품별로 8-30% 추가 관세를 부과하는 긴급수입제한조치를 취하였고 우리나라를 비롯한 8개국은 즉각적으로 WTO에 제소하였다.

WTO패널과 항소기구는 "특정 상품의 수입에 대한 긴급조치"에 관한 GATT 제19조와 세이프가드협정은 분리불가능한 권리와 의무의 일체라는 점, 미국이 자국이 처한 철강산업의 사실적 상황과 세이프가드조치 발동 간의 논리적으로 상당하고 적절한 설명을 하지 못한 점, 세이프가드조치 발동의 요건으로서 "수입량의 급격한 증가Significant Increase"가 없었다는 점, 미국이 산업 피해 조사

1 GATT 1994 제19조 제 1 항 (a)호.
2 세이프가드협정 제 4 조 제 2 항 (b)호.

에 있어서는 캐나다와 멕시코 산 철강을 포함하면서 최종 판정에서는 FTA 체결국이라는 이유로 이들을 제외한 것은 병행주의Parallelism 위반이라는 점에서 미국 패소 결정을 하였다.[1]

4. SPS조치

SPS협정상 WTO회원국은 인간, 동물, 식물의 생명과 건강을 보호하기 위하여 필요한 위생 및 검역조치를 취할 수 있다. GATT 제20조 (b)항은 수입국으로 하여금 국가 간에 자의적이거나 정당화될 수 없는 차별 또는 국제무역에 대한 위장된 제한을 구성하는 방식으로 적용되지 않는 한 인간, 동물 또는 식물의 생명 또는 건강을 보호하기 위하여 필요한 조치를 취할 수 있다고 규정하고 있다. 이를 발전시킨 SPS협정은 제 2 조에서 회원국은 위생 및 식물위생조치가 인간, 동물 또는 식물의 생명 또는 건강을 보호하는 데 필요한 범위에서만 적용되고, 충분한 과학적 근거에 기초하여 유지되며, 유사 또는 동일 조건의 회원국 간 자의적이거나 정당화될 수 없는 차별을 하지 않도록 보장한다고 규정하고 있다. SPS협정에 근거하여 일국이 발동한 조치를 위생 또는 식물위생조치라고 한다.[2]

우리나라 등 세계 많은 나라들이 적극적으로 FTA를 추진하여 관세장벽은 상당 수준 내려가고 있으나, SPS조치로 인한 교역 제한 가능성은 오히려 점증하고 있어 이와 관련된 분쟁가능성은 상존하고 있다. 아직까지는 SPS 분쟁이 통상분쟁의 주류로 등장한 것은 아니다. 실제로 1995년 WTO 설립 이후 분쟁해결절차에 회부된 434건 중 2012년 3월 현재 38건이 SPS조치에 관한 것이었다.[3] 이를 보면 매년 1-6건의 분쟁이 발생하여 왔고 모두 15개 국가가 상대방 교역 당

1 United States — Definitive Safeguard Measures on Imports of Certain Steel Products, WT/DS248, Dec 10, 2003. 이 사건판정에 대한 상세한 평석은 정영진 등의 다음 논문을 참조. Youngjin Jung and Ellen Jooyeon Kang, "Toward an Ideal WTO Safeguards Regime — Lessons from U.S.-Steel," *International Lawyer, Vol. 38* (2004), p. 919.

2 SPS에 관한 보다 자세한 내용은 Joanne Scott, *The WTO Agreement on Sanitary and Phytosanitary Measures: A Commentary*, Oxford (2007) 참조.

3 WTO Website, "Disputes by Agreement" available at http://wto.org/english/tratop_e/dispu_e/dispu_agreements_index_e.htm?id=A19#selected_agreement

사국의 SPS조치에 대하여 제소하였고, 반대로 11개 국가가 자신들의 SPS조치로 피소당하였다. 우리나라도 캐나다가 광우병 쇠고기 수입제한을 이유로 우리나라를 제소한 분쟁이 있어[1] SPS 분쟁에 대하여 상당한 경험을 보유하고 있는 상황이다. SPS 분쟁의 대상 상품을 보면 농산물이 10건, 동축산물이 11건, 임산물이 1건, 수산물이 3건, 그리고 기타가 12건이다.

SPS 분쟁은 수입과 수출 양 측면에서 공히 문제로 대두될 수 있다. 캐나다가 쇠고기 수입제한을 이유로 우리나라를 제소한 것과 같이 우리나라가 채택한 SPS조치가 통상분쟁의 대상으로 대두될 가능성은 상존하고 있다. 국민들의 건강에 대한 우려와 관심이 커지고 수입상품의 물량이 늘어남에 따라 우리 정부의 SPS조치도 늘어날 수밖에 없는 상황이 되고 있다. 마찬가지로 외국 정부가 우리 농수축산물에 대하여 부과하는 SPS조치 역시 유사한 이유로 증가할 수밖에 없는 상황이다. 따라서 우리 국내 수출업체가 겪는 외국의 부당한 SPS조치를 적극 발굴하여 문제를 제기하여 선도적으로 해결하는 정책이 필요한 시점이다.

실례로 우리나라는 미국 및 캐나다산 광우병BSE 감염을 우려하여 쇠고기 수입제한조치를 취한 바 있다. 미국에서 BSE가 발병하였고 이는 한국으로의 전파가 가능하며 쇠고기의 다양한 부분을 소비하는 한국 식문화로 인하여 타국에 비하여 BSE 위험에 보다 직접적으로 노출된다는 것이 주된 이유였다. 또한 국제수역기구International Office of Epizootics: OIE의 결정사항은 권고적 효력에 불과하며 한국이 이와 상이한 기준을 독자적으로 채택하는 것이 가능하므로 BSE 감염 의심국산 쇠고기 수입제한조치의 정당성을 주장한 바 있다.

SPS조치의 정당성을 판단하기 위해서 일국의 위생 및 검역 관련 수입제한조치가 SPS협정상 합치되기 위한 두 가지 요건을 검토해야 한다. 첫 번째, 문제가 된 수입제한조치의 정당성을 입증할 만한 과학적 증거Scientific Evidence가 존재하는지 여부이다.[2] 여기에는 해당 수입제한조치의 절차적·실체적 측면이 모두 포함되는데, 기본적으로 사안별 검토case-by-case가 원칙이다. 그러나 이 요건은 그 충족이 매우 쉽다. 왜냐하면 여기에서 필요한 것은 조치국의 입장을 결정적으로 지지하는

1 Korea — Measures Affecting the Importation of Bovine Meat and Meat Products from Canada, DS391 (suspended in June 2011).

2 SPS Article 2.2.

과학적 증거가 아니라 비록 소수 의견이더라도 조치국의 입장을 지지하는 최소한의 과학적 증거이기 때문이다. 이와 관련하여 사전예방주의 원칙Precautionary Principle도 유념해야 한다. 사전예방주의 원칙은 위생 문제에 관한 위해의 "막연한" 가능성만 있어도 수입제한조치가 허용된다는 의미가 아니라 문제가 된 조치와 과학적 증거 간에 합리적 또는 객관적 연관성rational or objective relationship과[1] 적절한 비례성in proportion to을 유지하여야 한다는 원칙이다.[2] 문제가 된 조치가 해당 위험을 제거할 수 있다는 일반적인 논의general discussion나[3] 또는 위생 문제에 관한 부정적 효과를 일으킬 수 있다는 단순한 가능성에 대한 추상적 언급"vague statements of mere possibility of adverse effects occurring"은[4] 이러한 의무 위반이라고 평가된다.

두 번째 요건은 위험평가Risk Assessment의 실시이다.[5] 이는 과학적 증거에 기초한 위험평가가 실시되었는가에 초점을 둔다. 이와 관련하여 SPS협정 관련 선례는 "질병이나 비위생 상태의 존재로 인하여 초래되는 인간의 건강에 대한 부정적 영향을 확인identify adverse effects"[6]하고 "이러한 부정적 영향의 발생 가능성을 평가하라는evaluate the possibility of occurrence of such adverse effects"[7] 요건을 부과하고 있다. 이 결과 조치국이 채택한 조치와 위험평가 간에 합리적 연관성rational relationship이 존재하여야 한다.[8] 과학적 증거에 입각하여 적절한 보호수준을 달성하기 위하여 비례성 내지 균형성이 존재하여야 하며 단순히 제로 리스크를 목적으로 하는 것은 기본적으로 허용되지 아니한다.

추가적으로 입증책임과 관련하여 유념할 점은 상기 사항에 대한 입증책임은 조치 시행국이 사실상 부담하게 된다는 것이다. 구체적으로 과학적 증거에 기초하고 있으며 위험평가를 실시하였다는 것은 피제소국이 사실상 입증책임을 부담한다. 즉, 제소국이 주장하는 내용은 "피제소국의 조치가 과학적 증거나 위험성 평가에 기초하지 않고 있다"라는 취지이면 족하고, 이것이 사실이 아니며 실제 과학적 증거에 기초하고 있고 또 위험성 평가를 실시하였음은 피제소측이 입증하여

1 Japan-Apples (AB), paras. 144-47, 162-64; Japan-Agricultural Products (AB), paras. 75-84.
2 Japan-Apples (AB), paras. 144-47.
3 *Ibid.*, para. 202.
4 Australia-Salmon (AB), paras. 127-131.
5 SPS Article 5.1.
6 EC-Hormone (AB), para. 187; Australia-Salmon (AB), paras. 123-124.
7 EC-Hormone (AB), para. 187; Australia-Salmon (AB), paras. 123-124.
8 EC-Hormone (AB), paras. 188-191, 193.

야 한다. 이 과정에서 수입국의 수입제한조치가 관련 국제기구에서 채택한 국제기준과 부합하는 경우라면 일단 이 모든 조건이 충족된 것으로 간주된다. 바로 이러한 이유로 SPS 분쟁에서는 관련 국제기구가 채택한 국제기준이 존재하는지, 존재한다면 그러한 기준이 무엇인지가 중요한 분쟁의 대상으로 제기되게 된다. 여기에서 유의할 점은 국제기준과 부합한다는 것의 의미는 문제의 국제기준을 그대로 도입하여 적용하는 기계적 합치성을 요구하는 것은 아니라는 점이다.[1] 즉, 관련 국제기준과 상이한 부분이 존재하더라도 이러한 국제기준에 기초하고 있거나based on 또는 이를 고려하여 수입제한조치를 실시하고 있는 경우 동 요건을 충족하는 것으로 간주하게 된다. 만약 기존의 국제기준에 기초하지도 않거나 상이한 내용의 수입제한조치를 실시하고자 하는 경우에는 과학적 증거에 기초한 위험평가를 별도로 실시하여야 하는 의무를 부담한다. 과학적 증거에 기초한 위험평가가 존재하는 경우 수입국의 수입제한조치는 설사 국제기준과 상이한 내용을 담고 있더라도 SPS협정이 용인하고 있는 것이다. 국민의 건강 보호를 위한 수입국의 주권적 판단을 존중하는 한편, 이러한 조치가 부당한 수입제한으로 변질되는 것을 방지하기 위하여 일종의 절충점을 찾고 있는 것으로 이해하면 될 것이다.

5. 농업협정 관련 조치

농산물은 여러 가지 측면에서 여타 상품과는 그 성격을 달리하고 있다. 민감한 정치적 속성을 내포하고 있다는 점, 다양한 국내지원 정책의 대상이 되어 왔다는 점, 이윤의 극대화를 통한 교역이 여의치 않다는 점 등이 바로 그것이다. 이러한 이유로 WTO 출범 이전에 GATT규범에서 농산물은 예외적 대우를 받아 왔다. 이러한 농산물 분야도 WTO 출범과 함께 다자간협정의 규정의 적용을 받게 되었다.[2] 따라서 이제는 원칙적으로 농산품도 교역의 객체로 인정되고 공정하고 시장지향적인 무역규범의 적용대상이 되었다.[3] 다만, WTO 농업협정

1 *Ibid.*, paras. 163-166.
2 한국국제경제법학회, 「신국제경제법」, 박영사(2012), 제3부 제11장 농업협정, pp. 189-213.
3 *Ibid.*

은 농산물 교역의 특성을 감안하여 여타 상품 협정 분야에서는 볼 수 없는 순차적인 개방과 다양한 국내정책 보호 장치를 아울러 도입하고 있다. 예외 없는 관세화 원칙을 도입하면서도 관세 상당치를 이행기간 동안 순차적으로 인하하는 방식을 도입한 점, 다양한 허용보조금을 도입한 점 등을 들 수 있다. 농업 분야에서 우리나라는 기본적으로 개도국의 지위를 인정받아 시장접근과 국내보조감축 등의 분야에서 유리한 조건을 확보하였다.

그러나 새로운 농업협정의 도입에도 불구하고 선진국의 농업 분야 지원과 보조금 교부는 지속되었고, 다양한 국내시장 보호조치도 계속 도입되어 개도국들의 불만은 계속 쌓여 가게 되었다. 농업교역 분야에서 개도국의 이러한 불만이 도하라운드 출범의 계기를 제공하기도 하였다. 이에 따라 2001년 개시된 도하라운드에서는 농산품 시장접근의 실질적 개선, 수출보조금의 단계적 폐지, 국내보조의 실질적 감축 등을 그 기본목표로 삼기에 이르렀다.[1] 이러한 협상 목표 설정과 노력에도 불구하고 선진국과 개도국 간 입장 차이는 크게 좁혀지지 않았으며 여전히 적지 않은 간극이 노정露呈되어 있는 상황이다.

농업협정의 도입과 관련하여 특히 한국과 일본에 있어서 쌀 시장 개방 문제는 국내적으로 상당히 민감한 문제였으며, 이러한 민감성은 우루과이라운드 협상 시점에도 여타 국가들이 인지하고 있던 바였다. 두 나라의 경우 이러한 정치적 민감성이 반영되어 예외 없는 관세화가 10년간 유예되게 되었다. 그 결과 1995년부터 2004년까지 쌀의 경우 관세화 유예를 부여 받았으며, 10년이 경과된 2004년 다시 50여 개 국가와의 협의를 통하여 2014년까지 유예되어 있는 상황이다. 다시 2014년이 다가오고 있는 상황이므로 향후 쌀 시장 개방 문제가 어떻게 정리될지 귀추가 주목되고 있다.

2004년 우리나라의 쌀 협상과 관련하여 많은 논란이 있었다. 결론적으로 상대방이 존재한 협상에서, 특히나 국익이 첨예하게 대립하는 국제통상 협상에서 우리의 주장만을 100% 관철시키는 것은 현실적으로 불가능하다 할 것이다. 결국 문제는 "우리가 줄 것은 주고 받을 것은 받았는지"에 관한 국민 전체의 총체적인 그리고 합리적인 판단이라고 하겠다. 냉정하게 살펴볼 때 당시의 쌀

1 *Ibid.*; Peter S. Watson, Joseph E. Flynn and Chad C. Conwell, *Completing the World Trading System: Proposals for a Millennium Round*, Kluwer Law International (1999), pp. 92-95.

협상 결과는 주어진 여건하에서 전체적으로 우리의 입장을 적절히 반영한 것으로 보인다.

쌀 협상 결과를 간단히 살펴보면, 먼저 우리 노력의 결과 쌀의 관세화에 대한 유예가 다시 10년간 연장되었는바, 이는 전례 없는 일이다. 또한 동 협상에 따라 우리는 상황이 변화하면 언제든지 관세화로 전환할 권리를 아울러 보유하게 되었다. 쌀 협상 결과와 관련, 어떤 관점에서 보느냐에 따라 일부 아쉬운 점이 있을 수도 있겠으나 전체적으로 우리나라의 이익이 상당부분 반영되었다고 평가할 수 있다. 우리가 내부적으로 어떻게 평가하든 국제사회에서는 한국에 대한 쌀 관세화 유예 재연장을 한국에 대한 상당한 양보로 간주하고 있다는 점도 이러한 점을 입증하고 있다.[1]

아울러 당시 고려하여야 할 이슈 중 하나는 우리 국회에서 비준동의가 거부될 경우 우리에게 마땅한 대안이 있는가 하는 현실적인 문제였다. 국회 비준동의가 무산되면 우리는 아무런 부담 없이 쌀 수입에 관한 기존의 체제를 계속 유지할 수 있었을 것인가? 비준동의가 무산되어 애써 타결하고 WTO에서 승인된 쌀 협상이 무위로 돌아간다면 우리나라는 단순히 협상 전 원점으로 회귀하는 것이 아니었다. WTO 농업협정에 따라 한국은 쌀 수입과 관련하여 "즉시" 관세화를 이행하여야 할 부담을 져야 했을 것이다. WTO 농업협정은 별도의 합의가 없는 한 2005년 1월 1일자로 모든 회원국은 쌀 수입을 관세화하기로 명시적으로 규정하고 있기 때문이다.[2]

다시 말해, 쌀 협상의 타결로 이 관세화 의무가 우리에 대해서만 특별히 10년간 유예되어 있는 현 상황에서 만약 비준동의 무산으로 쌀 협상이 무위로 돌아간다면 이는 "재협상"을 의미하는 것이 아니라 우리의 즉각적인 "관세화" 실시를 의미하는 것이었다. 설사 재협상이 기술적으로 가능하다고 하더라도 이미 비준거부로 대외 신뢰도가 저하된 한국과 협상에 나설 나라는 없었을 것이다.

2004년의 쌀 협상 사례와 관련된 국내적 논란은 국제협상의 본질에 대한 깊은 성찰을 하게 하는 좋은 계기가 되었다.

1 US Dept of Agriculture, "Economic Research Service, Briefing Rooms — South Korea" available at http://www.ers.usda.gov/briefing/southkorea/policy.htm; OECD, "Evaluation of Agricultural Policy Reforms in Korea" (2008) available at http://www.oecd.org/dataoecd/47/45/40383978.pdf 참조.

2 WTO 농업협정 Annex 5, 제8번째 및 제9번째 문단 참조.

6. TRIPs조치

WTO협정 체제가 도입되면서 가장 크게 변화가 초래된 분야 중 하나가 바로 지적재산권 분야이다. WTO협정은 무역관련 지적재산권협정Agreement on Trade-Related Intellectual Property Rights을 부속협정의 하나로 새로이 도입하였으며 이 협정의 도입은 국제 지적재산권 보호에 새로운 전기를 이룩하게 되었다. 기존의 다양한 지적재산권 보호 관련 국제협약들이 TRIPs를 통하여 WTO체제로 편입되게 되었고 그 결과 이 협약 위반 문제는 곧바로 TRIPs 위반으로 귀결되고, 그 결과 WTO분쟁해결절차의 회부 대상이 되었기 때문이다. 후술하는 바와 같이 WTO분쟁해결절차는 각각 엄격한 시한을 설정하여 진행되고 최종 판정을 패소국이 이행하지 않을 경우에는 승소국에 대하여 무역보복조치를 허용하는 등 획기적인 국제분쟁해결절차를 도입하고 있다. 지적재산권 분야의 경우 이러한 효과를 십분 활용하고 있다.

기존의 지적재산권협약가령, 저작권 보호에 관한 베른협약, 산업재산권 보호에 관한 파리협약 등을 거의 대부분 그대로 받아들이고 여기에 더하여 추가로 각국의 의무를 부과하고 있다는 차원에서 TRIPs협정은 "기존협정 플러스" 방식을 도입하고 있다고 불려지기도 한다.

특히 TRIPs협정은 이러한 기존의 지적재산권을 인정하도록 하는 데 그치지 않고 WTO회원국들이 그러한 지적재산권을 국내적으로 철저하게 보호하도록 요구하고 있다. 즉, 동 협정은 제41조에서 제61조까지 상세한 규정을 도입하여 각국이 민사·형사·행정절차를 통하여 자신의 영역 내에서 외국인의 지적재산권을 효과적으로 보호할 의무를 부과하고 있다.

최근 삼성과 애플 간 소송에서도 목도하는 바와 같이 지적재산권 분야가 점차 국제경제 체제에서 중요한 부분을 차지함에 따라 이를 규율하는 TRIPs협정 역시 그 중요성이 점증하고 있다. 또한 지적재산권 문제가 중요한 항목으로 자리잡고 있는 IT 업종 등에서 세계적으로 두각을 나타내고 있는 우리나라에 대해서도 이 협정은 중요한 의미를 내포하고 있다.

7. 서비스 관련 조치

서비스 교역이 국제교역에서 점차 중요성을 띠고 그 규모도 커짐에 따라 1995년 WTO체제가 출범하면서 서비스 교역도 처음으로 국제교역 질서에 포함되게 되었다. 그 결과 서비스 무역의 자유화를 다루는 협정으로 GATSGeneral Agreement on Trade in Services가 WTO협정의 부속협정의 하나로 채택되어 오늘에 이르고 있다. 짐작하다시피 우루과이라운드 협상 과정에서 GATS가 채택된 데에는 선진국의 강력한 요구가 있었다. 선진국은 자신들이 서비스 교역에서 우위를 점하고 있다고 믿고 있었기 때문이다. 이러한 입장은 지금도 큰 틀에서는 변함이 없으며 DDA 협상이나 FTA 협상에서 여전히 유지되고 있는 상황이다. WTO부속협정의 하나인 GATS는 GATT를 포함한 여타 상품협정과는 큰 차이를 보이고 있다. 즉, 이 협정은 향후 서비스 교역의 자유화를 단계적으로 논의하기 위한 큰 그림에서의 기본골격을 제시하고 있어 여러 분야에 걸쳐 상세한 규범을 제시하고 있는 상품 교역과는 큰 차이가 있다. 1947년 출범 이래 근 50년간 경험을 쌓아 온 상품교역 규율과 우루과이라운드에서 타협의 산물로 마지막에 포함된 서비스 교역을 동일선상에 놓고 비교하는 것 자체가 무리일 것이다. 따라서 GATS협정은 그 전문에서도 표방하고 있다시피 서비스 교역의 "점진적 자유화progressive liberalization"를 그 모토로 하고 있다.[1] GATS협정의 또 다른 특징으로는 WTO회원국들이 원칙적으로 자신들이 약속한 대로만 규범의 적용을 받는다는 것이다. 즉, 시장개방과 내국민대우National Treatment에 관하여 자신들의 약속사항을 각각의 서비스 영역에 대하여 상세한 표로 작성하여 제시하고, 여기에 기재된 대로만 규범의 적용을 받는다는 독특한 방식을 취하고 있는 것이다. 모든 국가에 대하여 모든 규범이 동일하게 적용되는 원칙을 따르고 있는 상품교역협정과는 상당한 차이라 아니할 수 없다. 이 역시 서비스 교역 문제가 처음으로 국제교역 질서에 포함되게 되자 각 국가에 대한 충격을 최소화하기 위한 일종의 타협책이라고 할 수 있을 것이다.

이에 따라 각국이 작성하여 WTO에 제출한 상세한 표를 서비스 시장 개방 양허표라고 한다. 이 표의 실제 명칭은 각국의 "구체적 약속에 관한 양허표

1 GATS협정 전문(preamble)은 이러한 원칙을 상세히 규정하고 있다.

Schedules of Specific Commitments"라고 한다. 아래에서 설명하는 바와 같이 각국이 서로에 대하여 "구체적"으로 약속하는 시장개방의 내용을 기술한 표라는 의미이다. 이를 흔히 서비스 시장 개방 양허표라고 부르는 것이다. 이 표에는 각 회원국이 155개의 서비스 산업 영역에 대하여 각 영역별로 자국이 약속하는 시장개방의 범위와 내국민대우의 범위를 상세히 기재하게 된다. 그리고 여러 서비스 영역에 동시에 공통으로 적용되는 사항은 별도로 통합하여 기재하기도 한다.[1]

사실 WTO협정에 따라 각 회원국이 제출하는 양허표는 두 가지가 있다. 하나는 상품교역과 관련하여 GATT 제 2 조에 따라 각국이 자신이 부과하는 관세율을 기재한 관세 양허표Schedules of Concession와 위에서 설명한 바와 같은 GATS협정에 따라 제출하는 서비스 시장 개방 양허표가 그것이다. 국제교역의 대상이 되는 상정가능한 모든 상품을 나열하여야 하는 관세 양허표가 서비스 시장 개방 양허표에 비하여 길기는 하나, 내용면에서는 서비스 시장 개방 양허표가 훨씬 복잡하고 분쟁의 소지를 많이 담고 있다.

서비스 시장 개방 양허표를 이해함에 있어 흔히 제기되는 질문 중 하나는 모든 국가들이 약속한 만큼만 시장개방의 의무를 부담한다면 그러한 약속을 최소한으로 하면 되지 않느냐는 것이다. 물론 이는 이론적으로는 가능하다. 그러나 모든 회원국들이 상품 교역과 서비스 교역에 대하여 포괄적인 일괄거래package deal를 위하여 교섭하는 다자간 교섭과정에서는 자신의 이해관계를 관철시키기 위해서는 상대방의 요구를 들어줄 수밖에 없는 상황에 직면하게 된다. 결국 모든 국가 간 give-and-take의 결과로 전체적인 틀이 정해지므로 혼자만 서비스 시장 개방을 최소화한다는 것이 현실적으로는 불가능하게 되는 것이다.

한편, 서비스 교역은 국경 통과 시, 즉 관세 부과 단계에 주목을 요하는 상품 교역과는 본질적으로 다른 특징을 보유하고 있다. 핸드폰, 전자제품, 자동차, 시계 등 상품은 그 자체로서 교역이 이루어진다. 이들 상품들은 포장되어 컨테이너에 적재되어 선박에 실려 수입국 시장으로 들어가게 된다. 상품 스스로 독자적으로 교역이 이루어지는 것이다. 그러나, 서비스 교역은 전혀 그 양상을 달리한다. 서비스 교역이란 눈에 보이지 않을 뿐 아니라 반드시 서비스 공급자와

1 이러한 여러 서비스 산업에 공통된 양허 사항을 "수평적 양허(horizontal commitment)"라고 한다. 여러 산업에 수평적으로, 즉 동시에 적용되는 약속 내용이라는 의미이다.

함께 움직이기 때문이다. 가령, 법률 서비스는 변호사라는 서비스 제공자와 항상 함께 움직이며, 의료 서비스는 의사라는 서비스 제공자를 통해서만 움직이게 된다. 따라서 서비스 교역은 서비스 제공자와는 불가분의 관계를 가질 수밖에 없고, 결국 서비스 교역은 서비스 제공자가 직접 상대방 시장으로 진출하여 서비스를 제공하여야만 한다. 그런데 한편으로 외국인의 국내외 출입은 전통적으로 모든 국가들이 국내법에 따라 독자적으로 규율한 권한을 보유하고 있다. 외국인에 대한 비자 발급이 바로 그것이다. 따라서 서비스 시장을 완전히 개방한 상태라 하더라도 이민 정책의 강화, 예를 들어, 비자 발급의 제한 등으로 시장개방을 사실상 무의미하게 만들 수 있다. 뿐만 아니라, 정부 기관이나 외국인 서비스 공급자가 포함된 직능 단체 등이 자격 요건 및 유지와 관련하여 외국인이 충족하기 용이하지 않은 기준을 도입하는 등의 방법으로 이들의 서비스 공급 활동을 사실상 제약하는 방법도 여러 국가에서 현재 발견되는 현상이다. 이 경우 이러한 제약이나 불편이 자국 내 서비스 공급자의 최소 수준의 질을 유지하기 위하여 마련된 국가 또는 직능 단체의 정당한 규제권한에 기초하고 있는 것인지, 아니면 외국 서비스 공급자를 위장된 방법으로 차별하기 위하여 도입된 조치인지를 판별하는 것이 용이하지 않다.

또한 GATS협정은 광범위한 영역에 걸쳐 적용된다. GATS 제 1 조는 동 협정의 적용 범위를 규정하며 이 협정이 서비스 교역에 "영향을 미치는 회원국의 모든 조치에 적용됨"을 밝히고 있다.[1] 따라서 반드시 서비스 교역을 직접 규율하기 위해 도입된 회원국의 조치가 아니더라도 서비스 교역에 직간접적 영향을 미치는 모든 조치가 GATS의 규율대상이 되는 것이다.[2] 실로 광범위한 적용범

VII

1 GATS의 적용 범위를 설명하고 있는 동 협정 제1.1조는 다음과 같이 규정하고 있다. "This Agreement applies to measures by Members affecting trade in services." 즉, 회원국의 어떠한 조치이든 국제 서비스 교역에 직간접적인 "영향만 미치면(affect)" GATS의 적용을 받는다는 것이다. 이와 관련하여 EC-Bananas (Panel) 사건에서 패널은 다음과 같이 언급한 바 있다:

No measures are excluded a priori from the scope of the GATS as defined by its provisions. The scope of the GATS encompasses any measure of a Member to the extent it affects the supply of a service regardless of whether such measure directly governs the supply of a service or whether it regulates other matters but nevertheless affects trade in services.

European Communities — Regime for the Importation, Sale and Distribution of Bananas (WT/DS27/R/ECU), (WT/DS27/R/GTM,HND), (WT/DS27/R/MEX), (WT/DS27/R/USA) (Sept 25, 1997) ("EC-Bananas (Panel)"), paras. 7.279-7.286 참조.

2 United States — Measures Affecting Cross-Border Supply of Gambling and Betting Services, WT/DS285/R

위가 아닐 수 없다. 따라서 우리가 흔히 서비스 관련 규제조치라고 생각하지 않는 조치이더라도 경우에 따라서는 이 협정 위반 문제가 제기될 가능성이 있다.

GATS협정의 큰 특징 중 하나는 모든 국가들이 준수하여야 하는 "일반적 의무general obligations"와 각 국가들이 약속한 정도만 준수하여야 하는 "구체적 의무specific commitments"로 협정상 의무가 이원화되어 있다는 점이다. 일반적 의무의 대표적인 내용으로는 GATS 제2.1조가 규정하고 있는 최혜국대우Most Favored Nation treatment를 들 수 있다[1] 모든 회원국은 서비스 관련 조치를 취함에 있어 외국 서비스 및 서비스 공급자 간 차별을 두어서는 아니 된다는 원칙이다. 또 다른 일반적 의무로서 GATS 제 9 조는 시장에서의 공정한 경쟁에 부정적 영향을 초래하는 조치에 대해서 관련 당사국이 즉각적으로 협의를 실시하고 해결책을 강구하도록 상호 협조하는 내용을 규정하고 있다. 이에 따라 문제가 된 조치를 시행하는 회원국은 교역 상대국의 문제 제기에 대하여 그러한 조치를 시정하고자 양자협의에 응하고 또 필요한 자료를 제공할 의무를 부담한다.[2] 한편 GATS 제14조는 공중도덕, 공공질서, 인간/동식물의 생명 및 건강보호, 관련 국내법규 준수 등을 위하여 취해지는 회원국조치들 중 제14조에 규정된 조건을 충족하는 조치들은 설사 GATS 여타 조항에 위반되는 경우에도 정당화되는 것으로 규정하고 있다.[3] 특히 제14조 (a)항에서 공공질서 유지를 위하여 필요한 경우를 그

(Apr 7, 2005) ("U.S.-Gambling (Panel)"), paras. 6.250-6.255 참조.

1 GATS 제2.1조는 다음과 같이 규정하고 있다:
2.1. With respect to any measure covered by this Agreement, each Member shall accord immediately and unconditionally to services and service suppliers of any other Member treatment no less favourable than that it accords to like services and service suppliers of any other country.

2 GATS 제 9 조는 다음과 같이 규정하고 있다:
Article IX
Business Practices
1. Members recognize that certain business practices of service suppliers, other than those falling under Article? VIII, may restrain competition and thereby restrict trade in services.
2. Each Member shall, at the request of any other Member, enter into consultations with a view to eliminating practices referred to in paragraph? 1. The Member addressed shall accord full and sympathetic consideration to such a request and shall cooperate through the supply of publicly available non-confidential information of relevance to the matter in question. The Member addressed shall also provide other information available to the requesting Member, subject to its domestic law and to the conclusion of satisfactory agreement concerning the safeguarding of its confidentiality by the requesting Member.

3 공공질서 유지를 위하여 채택되는 회원국조치에 대하여 GATS의 여타 조항 위반의 경우에도 그 예외를 인정하는 GATS 제14조는 다음과 같이 규정하고 있다:

러한 정당화 사유의 하나로 규정을 하며, 공공질서 유지와 관련된 조치란 사회의 본질적 이해관계를 보호하기 위한 조치임을 설명하고 있다.[1] 따라서 GATS의 제반 조항에 위반되는 것으로 판정된 회원국의 조치도 혹시 제14조에 따라 정당화될 수 있는지 여부에 대하여 별도의 평가가 수반되어야 의미 있는 검토가 될 것이다. 이는 상품 교역을 규율하는 GATT의 체제와 동일하다.

각국이 상이한 의무를 부담하는 구체적 약속은 시장접근market access 문제와 내국민대우와 관련된다. 먼저 GATS 제16조는 시장접근에 관한 규범을 제시하고 있다. 각국이 부담하는 시장접근 허용 의무의 범위는 국가별로 상이하며 이는 회원국 간 협상의 산물이다. 따라서 특정 국가의 구체적인 시장접근 허용 의무의 범위를 확인하기 위해서는 그 나라가 제출한 서비스 시장 개방 양허표를 면밀히 검토하여야 한다. 서비스 시장 개방 양허표에 따라 양허된 서비스 분야라도 제한조치를 유보할 경우 그러한 방식대로의 국내규제는 여전히 가능하다. 이러한 의미에서 제16조상 의무는 "구체적 약속"에 해당하며 "일반적 의무"와는 구별된다. 시장접근 관련 조치란 타방 회원국 서비스 공급자가 일방 회원국 서비스 시장에 진출하여 서비스를 공급하고자 하는 상황에서 이를 제한하고자 도입된 일방 회원국의 조치를 말한다. 즉, 외국 서비스 공급자의 자국 시장 진출을 적절히 통제하기 위한 조치가 바로 그것이다. GATS 제16.1조는 시장접근과 관련된 조치로서 (i) 서비스 공급자 수 제한, (ii) 서비스 총 거래액 및 총 자산에 대한 제한, (iii) 총 영업량 및 총 산출량에 대한 제한, (iv) 총 고용인력 제한, (v) 서비스 공급기업의 업태 및 합작투자제한, 그리고 (vi) 외국인의 지분참여에 대한 제한을 나열하고 있다.

GATS 제16조에서 규정하는 시장접근과 달리 제17조에서 규정하는 내국민대우는 일단 자국 시장에 진출한 외국 서비스 공급자를 어떻게 처우할 것인가와 관련되는 문제이다. 이 내용도 구체적 양허 사항으로 각국은 자신이 약속한

Subject to the requirement that such measures are not applied in a manner which would constitute a means of arbitrary or unjustifiable discrimination between countries where like conditions prevail, or a disguised restriction on trade in services, nothing in this Agreement shall be construed to prevent the adoption or enforcement by any Member of measures:
(a) necessary to protect public morals or to maintain public order …

1 GATS의 각주 5는 다음과 같이 규정하고 있다: "The public order exception may be invoked only where a genuine and sufficiently serious threat is posed to one of the fundamental interests of society."

대로만 의무를 부담한다. 내국인 서비스 공급자에 비하여 외국인 서비스 공급자에게 설사 차별을 초래하더라도 그 내용이 이미 양허표에 기재된 한도 내라면 허용된다는 의미이다.

서비스 교역 관련 대부분의 분쟁이 시장접근 문제와 내국민대우 문제이므로 결국 해당국의 서비스 시장 개방 양허표에 대한 분석과 해석 작업으로 귀결된다. 각국이 제출한 양허표는 각 영역별로 복잡하고 상세한 내용을 담고 있다. 또한 서비스 교역 부분은 급격히 변화하고 있는 영역인지라 양허표에 포함된 내용이 어떠한 의미인지에 관하여 시간이 경과함에 따라 그 의미가 불분명해지는 경우도 적지 않다. 이에 따라 이러한 양허표의 해석이 쉽지만은 않으며 그 해석을 둘러싸고 관련국의 입장이 대립하기도 한다.[1]

한편 통상협정을 체결함에 있어 서비스 시장 개방 양허표를 작성하는 방식과 관련하여 개방하는 영역을 모두 하나씩 나열하는 방식을 Positive list 방식이라고 하고, 반면에 일단 개방을 원칙으로 하고 개방 대상이 아닌 영역을 나열하는 방식을 Negative list 방식이라고 한다. 후자의 경우 개방의 폭이 넓게 됨은 물론이다. 어떠한 방식을 택할 것인지는 개별 통상협정 별로 양국의 사정을 감안하여 결정하게 된다. GATS의 경우 양 방식이 혼합되어 있다. 즉, 업종과 관련하여서는 Positive list 방식을, 그리고 일단 이렇게 양허된 업종에 대한

1 서비스 시장 개방 양허표의 구체적인 의미를 파악하기 위하여 패널은 다양한 수단을 동원하고 있다. 패널은 때로는 분쟁 당사국이 아닌 제3자 참여국이 각각의 서비스 시장 개방 양허표에서 관련 용어를 어떠한 의미로 사용하였는지를 평가하고 이로부터 분쟁 당사국의 서비스 시장 개방 양허표의 의미를 추출하고자 노력하기도 한다. 가령 최근에 진행된 China — Measures Affecting Trading Rights and Distribution Services for Certain Publications and Audiovisual Entertainment Products (WT/DS363/R) (Jan 19, 2010) ("China-Trading Rights (Panel)") 분쟁에서 패널은 제3자 참여국인 우리나라의 서비스 시장 개방 양허표에 기재된 "record production and distribution services (Sound Recording)"의 의미와 관련하여 이것이 음향내용이 체화된 상품(가령 CD, DVD, LP)의 배급 서비스만 커버하는 것인지 아니면 여기에 더하여 음향을 전자적으로 배급(가령, 이메일 및 웹사이트를 통하여)하는 서비스도 포함하는지 여부를 평가하였다. 이 문제는 중국과 미국이 분쟁 당사국인 위 분쟁의 핵심적 쟁점 중 하나였으며 그 과정에서 패널은 그 쟁점과 다양한 연관성을 갖고 있는 것으로 보이는 우리나라의 서비스 시장 개방 양허표를 검토하였던 것이다(*Ibid.*, para. 7.1163 참조). 이와 관련한 패널의 질문에 대하여 우리측은 상기 서비스 양허에는 기본적으로 음향내용을 포함하는 물체만이 포함되고 이를 전자적으로 전달하는 수단을 통한 배급 서비스는 포함되지 않는 것으로 답변을 하였으며 이러한 우리측의 답변과 우리 양허표의 기재 방식은 패널이 최종적으로 중국의 입장을 배척하는 데 중요한 단서를 제공하였다. 즉, 패널은 우리 양허표의 내용을 그대로 언급하며 해당 서비스 분야에서 한국의 양허는 상품으로서의 "레코드(record)"에 초점을 맞추고 있고 전자적 방법을 포함하여 다양한 음원 저장 수단을 포함할 수도 있는 "sound recordings"이라는 단어는 그 뒤에 괄호 안에 부수적으로 들어가 있다는 점을 강조하며 기본적으로 한국의 양허표는 음향내용을 담고 있는 "상품"의 배급에 대한 양허를 그 기본 목적으로 하고 있음을 확인하였다. 이는 각국의 서비스 시장 개방 양허표에 대한 평가가 용이하지 않고 또 그 해석을 위해서는 다양한 수단이 동원되고 있음을 보여 주는 적절한 사례이다.

제한사항 기재는 Negative list 방식을 따르고 있는 것이다. 여러 국가들이 참여하는 다자간 협상의 속성을 감안하여 우루과이라운드 협상에서 타협책을 모색한 결과이다.

8. 새로운 통상분쟁의 대두

최근에는 기존의 WTO협정에서 다루어지지 않던 새로운 형태의 통상분쟁이 발생하고 있다. 과거 상품 중심의 분쟁에서 벗어나 천연자원과 관련한 분쟁, 간접보조금 지급에 관련한 분쟁, 환율과 관련한 분쟁 등을 예로 들 수 있다. 이러한 새로운 분쟁은 전형적인 통상의 영역에만 머무르지 않으며 문화, 환경, 인권, 노동 등 점점 다양한 분야와 연관하여 발생하고 있다. 금융위기를 거치면서 채택된 조치가 국제통상 법규와 관련하여 타당성을 갖는지도 새롭게 등장한 문제이다. 이에 관한 자세한 사항은 본서 VI.과 IX.에서 항목별로 나누어 소개한다.

통상분쟁의 해결

현재 세계 13위의 교역규모를 유지하고 있는 우리나라의 상황은 자연스럽게 통상분쟁의 증가로 이어지고 있다. 이는 마치 교통량이 증가하면 교통사고가 증가하는 원리와 유사하다고 할 수 있을 것이다. 따라서 통상분쟁의 발생을 반드시 양국 간 관계에 특별한 문제가 있거나 기타 우려할 만한 상황이 존재하는 것으로 평가할 필요는 없으며 어떤 측면에서는 교역규모의 증가에 수반되는 일종의 불가피한 상황으로 파악하는 것이 적절하다.

문제는 통상분쟁이 발생할 경우 이를 어떻게 효율적으로 관리하고 해결할 것인지 여부이다. 적절하게 관리하고 해결하는 경우 통상분쟁은 양국 관계에 오히려 긍정적인 방향으로 작용하기도 한다. 통상협정의 의미가 해당 분쟁을 통하여 보다 구체적으로 정립되기도 하고, 또 양국 간 오랜 이견이 해당 분쟁을 통하여 해소되기도 하기 때문이다. 이러한 명확화 작업은 추후 불필요한 분쟁을 억제하는 데 중요한 촉매제로 작용하게 될 것이다. 또한 다양한 분쟁을 거치며 당사국은 협정의 기본목적 달성을 위한 목표의식을 새롭게 재정립하기도 한다. 마치 비온 뒤 땅이 굳는다는 우리 속담이 이러한 상황에 적합한 표현일 것이다.

흔히 통상분쟁이라고 하면 대부분 사법적 해결만 먼저 떠올린다. 아마 "분쟁"이라는 단어 자체가 법적인 의미를 내포하고 있으므로 그러한 상황을 초래하는 듯하다. 그러나 통상분쟁의 해결에는 다양한 방법이 존재하며 사법적 해결은 그중 하나의 방법에 불과하다. 통상분쟁의 해결에는 사법적 해결 방법 이외에도 정치·외교적 해결 방법이 있다. 아래에서 설명하는 바와 같이 때로는 이러한 정치·외교적 해결 방법이 보다 효과적인 경우도 있다. 특히 국가 대 국가 간 문제를 다루는 경우가 많은 통상분쟁의 경우 그러한 정치·외교적 접근법이 효력을 발할 가능성이 더욱 높게 된다. 물론 그렇다고 하여 법적인 분쟁해결을 전혀 고려하지 않은 채 정치·외교적으로만 특정 문제에 접근하는 것이 타당하다는 것도 아니다. 현재 제기되는 대부분의 통상분쟁은 관련 협정의 해석 및 적용과 관련된 문제들이다. 이러한 작업은 법적 접근방법을 벗어나서는 이루어질 수 없다. 또한 WTO 및 FTA 등의 협정을 체결하고 있는 우리의 교역 상대국들은 자신들의 대부분의 주장을 법적인 측면에서 모색하고 제기하고 있으므로 이에 대한 대응 역시 법적인 접근방법을 따르지 않을 수 없게 될 것이다.

결국 통상분쟁의 해결에는 정치·외교적 해결방법과 사법적 해결방법이 동시에 적용되어 입체적으로 해결방안을 모색하는 것이 필요하다. 동일한 사안에 대해서도 양 해결방법은 서로 다른 맥락에서 전개되며 상호 보완하는 관계에 있다. 따라서 통상분쟁의 해결을 검토함에 있어서 반드시 법적인 분쟁해결절차가 최선이라고 생각하거나 법적인 분쟁해결절차를 거쳐야만 한다고 평가하는 것은 잘못된 것이다. 따라서 특정 통상분쟁의 해결에는 정치·외교적 접근 방법과 법적인 접근 방법을 종합적으로 활용하는 것이 적절하며 때로는 필요하기도 하다. 통상분쟁과 다소 맥락은 다르지만 가령 최근 프랑스로부터 외규장각 도서의 반환을 받게 된 것도 반드시 법적 절차만 따른 것이 아니고 정치·외교적 노력과 법적 노력의 결합의 산물로 볼 수 있을 것이다.[1] 통상분쟁의 해결에도 이와 유사한 다양한 차원의 노력이 필요한 것이다. 아래에서는 이들 해결 방안을 보다 자세히 살펴보기로 한다.

1. 정치·외교적 해결

모든 통상문제는 본질적으로 항상 정치·외교적인 측면을 포함하고 있다. 통상이란 바로 모든 국가의 외교 정책의 핵심사항 중 하나이기 때문이다. 우리나라가 외교통상부를 유지하며 외교와 통상을 하나의 조직에서 다루고 있는 것

1 정치·외교적 노력의 분석에 대해, 정상천, "프랑스 소재 외규장각 도서반환 협상 과정 및 평가," 「한국정치외교사논총」 第33집 제 1 호(2011. 8), pp. 235-262.

도 바로 이러한 이유이다. 따라서 통상분쟁도 정치·외교적 측면과 유리되어 평가될 수는 없다. 적지 않은 통상분쟁은 정치·외교적 교섭과 협의에 따라 해결되고 있다. 일방 당사국이 문제 제기를 하고 타방 당사국은 이에 대한 자신의 입장을 제시하며 양측의 이해관계를 모두 보장하는 타협안을 도출하여 분쟁 해결의 실마리를 찾는 것은 일반적인 현상이다. 이러한 절차를 거쳐서도 해결되지 않는 일부 분쟁만이 법적인 분쟁해결절차로 진행하게 되는 것이다. 사실 국가가 다른 국가를 WTO나 FTA 등 재판절차에 회부한다는 것은 쉽게 결정할 수 있는 문제가 아니다. 여러 가지 수단을 동원하여 문제의 해결을 위한 최선의 노력을 일단 경주한 후, 그래도 해결되지 않는 경우 최후의 수단으로 법적 해결절차를 강구하게 되는 것은 일반인의 경우에도 크게 다르지 않다.

정치·외교적 방법으로 통상분쟁을 해결한 사례는 여러 가지가 있지만 최근의 사례로 다음을 들 수 있다. 먼저 중국 정부의 한국산 TPA석유화학제품의 일종에 대한 반덤핑 조사가 그것이다. 2009년 2월 중국 석유화학협회의 제소로 한국산 TPA에 대한 반덤핑 조사가 개시된 이후, 우리 정부는 다양한 노력을 경주하였다. 특히 우리 정부는 당·정·경제계를 망라한 고위인사 면담 계기 시마다 해당 반덤핑 조사가 한중 교역관계에 부정적 영향을 미치지 않고 원만히 해결되어야 함을 중국측에 적극적으로 전달하였다. 예를 들어, 국무총리가 시진핑習近平 부주석을, 외교통상부 장관이 중국 외교부장과 원자바오溫家寶 총리를, 통상교섭본부장이 중국 상무부장을 면담할 때 이러한 우리측 우려를 지속적으로 제기하였다. 중국 상무부의 최종 반덤핑 마진이 미소마진2% 미만에 해당하여 반덤핑 관세 부과로 이행하지 않게 된 것은 이러한 정치·외교적 노력에 힘입은 바가 크다고 볼 수 있다.[1] 특히 반덤핑 조사, 보조금 조사 등 상대방 행정당국의 무역구제 조사의 경우 조사당국의 재량이 상당한바, 정치·외교적 노력은 이러한 재량의 행사가 우리측에 유리하게 작용하도록 유도하는 효과가 있다.

마찬가지로 GCC걸프협력회의의 철강 세이프가드 조사 철회 사건 역시 정치·외교적 해결의 모범 사례로 꼽힌다. GCC사무국은 GCC회원국사우디, 아랍에미리트, 쿠웨이트, 바레인, 카타르, 오만에 수입되는 철강제품에 대한 세이프가드 조사를 거쳐 관세를 부과하기에 이르렀다. 이에 우리측은 제소자가 생산할 수 없는 철강제품은 조사

1 외교통상부, 2010 수입규제대응 활동자료집, pp. 14-15.

대상에서 제외되어야 함을 집중 제기하였고, 수입증가와 국내산업 피해 간 인과관계가 없음을 공청회에서 적극적으로 지적하는 한편, EU·일본 등 우리와 유사한 입장을 가진 국가들과 공조 체제를 유지하였다. 결국, 이러한 노력을 통해 공청회 직후 우리 업계 생산제품의 95% 이상이 조사대상에서 제외되는 성과를 거두게 되었다.[1] 세이프가드조치 부과 시 이러한 품목 배제exclusion 결정은 조사당국의 재량에 따라 결정되며, 우리나라의 지속적인 노력이 역시 성과를 거둔 것으로 볼 수 있을 것이다.

우크라이나 합금철 세이프가드 조사 철회 역시 정치·외교적 해결 방안의 유용성을 보여 준다. 2010년 2월 우크라이나 경제부는 수입 합금철에 대한 세이프가드 조사를 개시하였다. 이 조사는 결국 우크라이나 국내산업에 심각한 피해를 미쳤다고 볼 수 없다는 판정과 함께 종결되었다. 이 과정에서 주 우크라이나 대사가 우크라이나 경제부 담당국장과 경제부 차관, 장관을 면담하는 등 외교라인의 적절한 가동으로 지리한 법정분쟁 없이 신속하게 문제를 해결할 수 있었다.[2]

2010년 2월 개시된 이후 약 15개월의 조사 끝에 2011년 5월 종결된 인도의 한국산 석유화학제품에 대한 반덤핑 조사 역시 유사한 사례이다. 이 조사는 반덤핑 조사 대상이 된 우리나라 8개 기업들에 대한 반덤핑 관세 부과 없이 종결되었는데, 이 역시 우리 정부가 인도측을 꾸준히 설득한 결과이다.[3]

LG디스플레이사의 폴란드 수출 LCD 품목분류문제도 이러한 방식으로 해결되었다. 이 분쟁은 LG디스플레이사가 과거 폴란드로 무관세 수출하던 LCD 패널에 2009년 5월부터 추가장치Drive IC를 부착하여 수출하자, 2010년 5월 폴란드 관세당국이 5% 관세부과 품목으로 잠정 분류하면서 시작되었다. 동건 해결을 위해 우리 정부는 관세청 품목분류전문가 및 업체와 긴밀히 협조하여 폴란드는 물론 EU집행위원회, EU 주요국들을 대상으로 우리 입장을 적극적으로 개진하고, 협조를 요청해 왔다. 이 과정에서 통상교섭본부장 명의의 서한을 EU집행위원 등에게 발송하여 한-EU 경제·통상관계의 중요성을 감안하여 동건의 원

1 *Ibid.*, pp. 38-39.
2 *Ibid.*, pp. 45-46.
3 외교통상부 보도자료, "인도, 한국산 석유화학제품 2건에 대한 반덤핑 조사종결 발표," 제11-473호(2011. 6. 2. 배포).

만한 해결 필요성을 강조하는 등 다방면의 정치·외교적 노력을 경주하였다. 이러한 노력 끝에 EU집행위원회는 LG디스플레이사가 폴란드로 수출하는 LCD 패널을 다시 무관세 품목으로 최종 분류한다고 발표하기에 이르렀다.[1]

위에서 언급한 이러한 사례들은 통상분쟁의 해결에 있어서 사법적인 해결뿐만 아니라 정치·외교적 해결이 중요한 역할을 수행하며 경우에 따라서는 보다 신속하고 적절한 해결방안일 수도 있다는 점을 잘 보여 주고 있다. 법적 분쟁해결절차를 통하는 경우보다 자유롭게 입장전달과 교환이 가능하며 신축성 있는 해결방안을 모색할 수 있다는 점에서 정치·외교적 분쟁해결방안은 상당히 매력적이다. 승소국/패소국 구분 없이 양측 모두 win-win하는 방향으로 타협책을 모색할 수 있다. 특히 정치·외교적 해결방안은 해당 조치 시행국의 입장도 충분히 고려하여 타협책을 모색할 수 있다는 차원에서 그 후유증도 최소화할 수 있게 된다. 사법적 해결의 경우 패소국이 명백히 확정되고 패소국에 대하여 엄격한 이행의무가 부과되어 분쟁이 종결된 이후에도 양측에 상처를 남길 가능성이 높다. 또한 사법적인 해결은 시일이 상당히 소요되어 승소하더라도 실질적으로는 효과적인 구제수단이 되지 못하는 경우도 많다는 점을 고려하면 정치·외교적 분쟁해결방안의 유용성은 더욱 부각된다.

2. 사법적 해결

그러나 정치·외교적 해결방안의 유용성에도 불구하고 때로는 사법적 해결절차로 이행하여야만 하는 상황이 발생한다. 양국의 입장차이가 명확하여 정치·외교적 교섭으로는 해결이 불가능하거나, 또는 관련 협정 조항에 대한 명확한 해석을 통하여 향후 분명한 법적 가이드라인을 제시할 필요가 있는 경우가 대표적이다. 이러한 경우에도 정치·외교적 해결방안을 모색하는 것은 미봉책에 그칠 가능성이 있고, 오히려 어렵고 복잡한 과정을 거치더라도 사법적 해결을 통하여 분명한 결정을 도출하는 것이 필요하게 된다. 그렇다면 사법적 해결이란 어떠한 방식의 해결을 의미하는가?

1 외교통상부 보도자료, "LG디스플레이사의 대폴란드 수출 LCD 품목분류문제 해결," 제11-418호(2011. 5. 16. 배포).

사법적 해결방안을 통한 통상분쟁의 해결은 궁극적으로 조약문의 해석으로 귀결된다. 통상협정의 제반 규정을 1969년 조약법에 관한 비엔나협약1969 Vienna Convention on the Law of Treaties, 이하 "비엔나협약" 제31조의 조약해석의 기본원칙General Rules of Interpretation에 따라 해석하는 작업이 진행되는 것이다. 비엔나협약 제31조는 조약 해석의 기본원칙으로서 다음을 제시하고 있다:

> A treaty shall be interpreted in good faith in accordance with the "ordinary meaning" to be given to the terms of the treaty in their context and in the light of its object and purpose.

즉, 동 협약은 조약 규정 해석의 기본 원칙으로서 해당 조약의 대상, 목적 및 문맥을 고려한 통상의 의미에 따른 해석을 제시히고 있다. WTO협정과 관련된 분쟁을 해결함에 있어 패널 및 항소기구는 비엔나협약상 해석 원칙을 집중적으로 활용하고 있으며, 이 과정에서 구체적인 협정 용어의 의미에 관하여는 비엔나협약에 따른 해석원칙을 철저히 적용하여 오고 있다.[1]

통상협정이란 그 자체로서 선과 악이 존재하는 것이 아니며 순전히 당사국 간 어떠한 내용으로 합의에 이르렀는지를 따지는 것이 그 핵심이다. 당사국 간 합의 내용은 협정문에 구체화되어 있으므로 그 의미를 밝히는 것이 분쟁해결의 처음이자 마지막이 되는 것이다.

또한 제31조 해석 원칙에 따를 경우 당사국 간 묵시적인 이해 또는 비공식적인 합의 등은 조약문에 명시적으로 표시되지 아니하는 한 통상협정상 관련 조항을 해석함에 있어 적용되지 아니하는 것이 원칙이다. 따라서 통상분쟁의 해결에 있어 관련 통상협정의 관련 조항을 최종적으로 정리하는 과정에서 제기된 당사국 간 묵시적 합의 및 양해 등에 지나친 비중을 부여하는 것은 적절하지 않으며 최종적으로 채택되는 협정문의 문구가 구체적 분쟁 발생 시 결정적이 될 것이라는 인식하에 협상에 임하는 것이 필요하다. 따라서 각종 통상협정에 어떠한 용어가 선택·사용되고 있는지가 분쟁 발생 시 결정적 변수로 작용한다는 점을 충분히 감

1 United States — Countervailing Duty Investigation on DRAMs from Korea (Appellate Body Report), WT/DS296/AB/R (Jun 27, 2005), paras. 106-116 참조. WTO항소기구는 영문 단어 ENTRUST와 DIRECT의 통상적 의미가 무엇인지에 관하여 사전적(dictionary) 의미에 기초하여 면밀히 분석하고 있다.

안할 필요가 있다. 즉, 교섭 과정에서 당사국 대표 간에 어떠한 의미와 어떠한 실제의도를 갖고 특정 용어를 선택하게 되었는지 여부가 아니라, 동 용어가 통상적으로 보유하는 사전적 의미가 무엇인지 판단하는 것이 궁극적으로 중요하다.

한편 사법적 해결 방안은 다시 국제법원을 통한 해결과 국내법원을 통한 해결로 나누어 볼 수 있다. 동일한 분쟁에 대해서도 국제법원을 통한 해결과 국내법원을 통한 해결은 별도의 절차이며 적용되는 규범 역시 상이하다. 전자의 경우 국제법즉, 통상협정이 적용되어 분쟁해결이 모색됨에 반하여 후자의 경우 해당국의 국내법이 적용되게 된다. 후자의 경우 주로 사법심사judicial review라는 이름으로 불린다. 재판관의 국적과 성향이 양 절차 간 서로 상이하다는 점은 두말할 나위 없다.

A. 국제소송을 통한 해결

통상분쟁을 다루는 국제소송절차는 다시 WTO분쟁해결절차, FTA분쟁해결절차, 그리고 투자분쟁해결절차로 나누어진다. WTO분쟁해결절차는 WTO의 DSU협정에 의하여 채택된 분쟁해결절차이고, FTA분쟁해결절차는 FTA협정을 통해 양자 간 설립된 분쟁해결절차이며, 투자분쟁해결절차는 투자분쟁을 해결하기 위하여 양자 간 투자보장협정BIT이나 FTA를 통하여 채택된 절차이다. 역시 동일한 통상조치에 대하여 이들 분쟁해결절차가 중복적으로 적용될 수 있다. 따라서 통상협정을 체결하는 단계에서는 실무적으로는 어떠한 절차가 어떠한 경우에 우선 적용되는지 서로 사전에 합의하는 경우도 점점 증가하고 있다. 여러 절차가 중복적으로 적용가능하더라도 최소한 시간상의 순서는 정하여 불필요한 혼선을 방지하고자 함이 그 목적이다.

(1) WTO분쟁해결절차[1]

WTO분쟁해결절차는 지금까지 우리나라가 유일하게 이용하여 온 국제재판기구이다. 대표적인 국제재판기구로는 UN 산하의 국제사법재판소ICJ가 있지만

1 WTO분쟁해결절차에 대한 보다 자세한 설명은 David Palmeter and Petros C. Mavroidis, *Dispute Settlement in the World Trade Organization: Practice and Procedure* (2nd ed.), Cambridge (2004) 참조.

우리나라는 아직 한번도 ICJ 분쟁에 당사국으로 참여한 적이 없다. 이에 반해 WTO분쟁해결절차에는제 3 자 참여를 제외하고도 무려 29번이나 당사국으로 참여해 왔다. 특히 1921년 상설국제재판소PCIJ로 출범한 ICJ와는 달리 WTO는 1995년에 출범하여 이제 단지 2012년이면 16년째 접어들고 있다는 점을 감안하면 29번의 분쟁 참여는 인상적이다. 1995년 WTO 출범 이래 2012년 3월 말 현재까지 모두 434건의 분쟁이 WTO분쟁해결절차에 제기되었는데, 이 중 우리나라는 29건에서 제소국 또는 피제소국으로 직접 분쟁의 당사국이 되었으며 이는제 3 자 참여를 제외하면 전체 153개 회원국 중 10위권에 해당하는 빈도이다.[1] 즉, 우리나라도 국제통상분쟁에 적극 참여하고 있는 나라 중 하나임을 알 수 있다. 그만큼 통상분쟁의 해결이 우리나라에게 중요하며 국익에 직접적인 영향을 미친다는 반증일 것이다. 지금 이 시점에도 쇠고기 수입제한을 이유로 우리나라를 제소한 캐나다와

1 우리나라의 WTO분쟁해결절차 제소 및 피제소 건수를 보여 주는 표는 다음과 같다(다음 표는 주요 국가만 포함하며 2012년 3월 말 기준이다). WTO Website, "Disputes by Country/Territory" available at http://www.wto.org/english/tratop_e/dispu_e/dispu_by_country_e.htm

국 가	제소건수	피제소건수	합 계
Argentina	15	17	32
Australia	7	11	18
Brazil	25	14	39
Canada	33	17	50
Chile	10	13	23
China	8	26	34
Colombia	5	3	8
Costa Rica	5	–	5
European Communities/Union	86	70	156
Hungary	5	2	7
India	20	21	41
Japan	15	15	30
Korea	15	14	29
Mexico	21	14	35
New Zealand	7	–	7
Philippines	5	6	11
Switzerland	4	–	4
Thailand	13	3	16
Turkey	2	9	11
United States	100	114	214

의 분쟁과 또 우리나라 철강제품에 대하여 부당한 반덤핑 관세 부과를 이유로 우리나라가 미국을 제소한 분쟁이 현재 WTO분쟁해결절차에 중단 또는 계류 중이다.[1]

WTO분쟁해결절차는 WTO부속협정 중 하나인 DSU협정에 상세히 나열되어 있다. 그리고 WTO분쟁해결절차는 WTO의 분쟁해결기구Dispute Settlement Body: DSB가 이를 담당한다. 이 기구는 제네바에 주재하는 각국의 대표로 구성되는 분쟁관련 최고의사결정기구이다. 분쟁의 시작은 제소국의 협의요청bilateral consultation으로 시작된다. 모든 통상분쟁은 WTO 제소 이전에 반드시 당사국이 60일간의 양자 협의 기간을 거치도록 DSU는 명문화하고 있다.[2] 본격적인 WTO분쟁해결절차로 이행하기 전에 양자 간 협의를 통하여 해결을 모색할 것을 의무화하고 있는 것이다. 바로 통상분쟁이 외교적 사안임을 감안한 조치이다. 그러나 대부분의 경우 양자 협의는 문제의 해결에 실패하고 만다. 그 이유는 앞에서도 설명한 바와 같이 이미 최초 분쟁이 발생하였을 시점에 양 당사국은 상당기간때로는 수년에 걸쳐 다양한 루트를 통하여 정치·외교적 교섭을 진행하여 왔고, 이에 실패하여 WTO분쟁해결절차로 넘어온 것이기 때문이다. 따라서 DSU규정에 따른 이러한 양자 협의는 특별한 의미를 갖지 못하는 경우가 대부분이다.

어쨌든 60일간의 양자 협의 기간을 거치면서도 해당 분쟁이 해결되지 않은 경우 제소국의 요청에 따라 WTO패널이 설치되게 된다. 패널은 기본적으로 3명의 패널위원으로 구성되며 이들은 주로 양 당사국의 국적이 아닌 제3국의 국적을 보유한 자 중에서 양 당사국이 협의하여 선출하게 된다. 양 당사국의 이해관계가 첨예하게 대립하여 패널위원의 선정에 합의하지 못하게 될 경우 WTO사무총장이 직권으로 이들을 임명하게 된다. 이들 패널위원은 주로 통상분야에 종사하는 전문가나 공무원들로서 오로지 해당 분쟁의 해결을 위해서만 패널위원으로

1 Korea — Measures Affecting the Importation of Bovine Meat and Meat Products from Canada (DS391); United States — Anti-dumping measures on corrosion-resistant carbon steel flat products from Korea (DS420).

2 DSU 제4조 제3항은 다음과 같다:
3. 협의요청이 대상협정에 따라 이루어지는 경우 그 요청을 접수한 회원국은 달리 상호 합의하지 아니하는 한 요청접수일로부터 10일 이내에 답변하며, 요청접수일로부터 30일 이내의 기간 내에 상호 만족할 만한 해결책에 도달하기 위하여 성실하게 협의에 응한다. 회원국이 요청접수일로부터 10일 이내에 답변하지 아니하거나 30일 이내의 기간 내에 또는 달리 상호 합의한 기간 내에 협의에 응하지 아니하는 경우, 협의개최를 요청한 회원국은 직접 패널의 설치를 요구할 수 있다.

위촉된 사람들이다. 즉, 패널위원은 기본적으로 일회성 위촉이다. 패널이 구성된 이후 6개월에서 9개월에 걸쳐 패널심리가 진행되며 양 당사국은 자신들의 주장을 담은 서면 입장서를 제출하고 또 구두심리에도 참여하여 자신들의 주장을 패널 앞에서 전개하게 된다. 심리 결과 최종적으로 패널은 제소 대상이 된 문제의 조치가 WTO협정 위반인지 여부를 결정하여 그 내용을 패널 보고서에 담게 된다. 또한 패널 보고서는 WTO 불합치조치가 확인된 경우 해당 조치를 WTO협정에 합치하도록 변경할 것을 패소국인 피제소국에 요청하며 마무리를 짓게 된다.

한편 패널의 판정 결과에 불복하는 일방 당사자는 그 내용을 WTO항소기구Appellate Body에 항소할 수 있다. 일회성 위촉인사로 구성되는 패널과 달리 항소기구는 상설조직이다. 여기에는 대륙별로 선출되는 7명의 항소기구 위원들이 포함되어 있으며 이들 중 3명이 각각의 분쟁의 항소심에 참여하게 되는 것이다.[1] 현재 아시아권에서는 중국, 우리나라 및 인도가 각각 자국 국적의 항소기구 위원을 보유하고 있다. 항소기구 심리는 법률적 사항에 국한되며 기간도 단축되어 3개월에서 6개월에 걸쳐 심리가 진행된다. 항소기구 심리 결과 최종적인 판정이 내려지게 되면 이 결정은 최종적이며 더 이상의 심리는 없게 된다. 즉, 피제소국의 조치가 WTO협정에 불합치하는지 여부가 최종적으로 확정되며, 그 경우 피제소국에 대한 요청 역시 최종적으로 확정되는 것이다.

항소기구 심리 결과또는 항소심이 없는 경우 패널 심리 결과 피제소국이 패소하게 되면 그 다음 단계로 넘어가게 된다. 피제소국이 패소하였다는 의미는 문제가 된 통상조치가 WTO협정 위반으로 판정이 내려졌다는 것이다. 그런데 문제는 통상조치의 경우 관련 법령에 기초한 것이므로 이를 번복·수정하기 위해서는 패소국의 헌정질서에 따른 일정한 국내 절차를 거쳐야 하는 경우가 적지 않다. 그리고 이러한 절차를 거치기 위해서는 기본적으로 소요되는 시간이 있을 것이다. 이러

1 2012년 5월 현재 WTO항소기구 멤버는 다음과 같다:
Ujail Singh Bhatia (India), Peter Van den Bossche (Belgium), Thomas R. Graham (United States), Seung Wha Chang (Korea), Ricardo Ramirez-Hernandez (Mexico), David Unterhalter (South Africa), Yuejiao Zhang (China) 이상 총 7명(2012년 5월 우리나라의 장승화 교수가 Shotaro Oshima 위원의 뒤를 이어 선임되었다).
항소기구 구성에 대하여 DSU 제17조 제1항은 다음과 같다:
제17조
1. 분쟁해결기구는 상설상소기구를 설치한다. 상소기구는 패널사안으로부터의 상소를 심의한다. 동 기구는 7인으로 구성되며, 이들 중 3인이 하나의 사건을 담당한다. 상소기구 위원은 교대로 업무를 담당한다. 이러한 교대는 상소기구의 작업절차에 정해진다.

한 점을 감안하여 패소한 피제소국은 패소 판정을 이행하기 위한 일정한 기간을 요청하게 되고 WTO분쟁해결기구는 이를 승인하게 된다. 이를 합리적 이행기간Reasonable Period of Time: RPT이라고 부른다. 합리적 이행기간은 짧으면 3개월에서 길면 12개월 정도가 부여된다. 그 구체적인 기간은 분쟁의 성격과 판정의 내용에 따라 달라지게 될 것이다.

합리적 이행기간이 도과하였는 데도 피제소국이 필요한 조치를 취하지 않은 경우즉, 문제의 조치를 철회하거나 여타 WTO협정에 합치하는 방향으로 수정하지 않는 경우, 승소국인 제소국은 패소국인 피제소국에 대하여 보상을 요구하거나 또는 보상에 합의하지 못하는 경우 보복조치를 단행할 수 있다. 만약 양 당사국 간 패널 및 항소기구 판정에 대한 이행이 제대로 이루어졌는지에 대하여 이견이 있는 경우 이는 별도의 분쟁으로 다시 원래 패널로 회부된다. 그리고 그러한 패널 결정은 일방 당사국이 항소하는 경우 다시 항소기구로 회부되게 된다. 이러한 분쟁을 "이행분쟁implementation dispute; compliance dispute"이라고 하거나 이러한 내용을 규정하고 있는 DSU 조항의 이름을 따 "21.5 분쟁"이라고 부른다.[1]

이행분쟁의 결과 원래 패소국이었던 피제소국의 이행조치가 원래 패널 및 항소기구 판정을 제대로 이행한 것이라는 결정이 나오면 이행분쟁은 종결되게 되며 따라서 모든 분쟁도 여기에서 종결되게 된다. 반면에 패소국이었던 피제소국의 이행조치가 패널 및 항소기구의 원심판정을 충실히 이행한 것이 아니라는 판정이 내려지는 경우 승소국인 제소국은 보복조치를 단행할 권리를 DSB로부터 부여받게 된다. 보복조치란 제소국이 자신이 피해를 입은 만큼 상응하는 관세상의 페널티를 피제소국 상품에 대하여 부과하는 것이다. 최초 양자 협의 시부터 이 시점까지 짧게는 4년, 그리고 길게는 6년이라는 시간이 소요된다. 시시각각으로 변하는 현 국제 경제상황을 감안하면 실로 오랜 세월이 아닐 수 없다. WTO분쟁해결절차의 큰 맹점 중 하나로 과다한 시간소요가 지적되고 이에 따라 이를 어떻게 단축할 것인가가 WTO DDA 협상의 한 이슈로 대두하게 된 데에는 이러한 배경이 있다.

1 WTO의 이행절차에 대한 보다 자세한 설명은 Jason Kearns and Steve Charnovitz, "Adjudicating Compliance in the WTO: A Review of DSU Article 21.5," Chapter 6 in Marco Bronckers and Gary Horlick (eds.), *WTO Jurisprudence and Policy: Practitioners' Perspectives*, Cameron May (2004).

(2) FTA분쟁해결절차

FTA분쟁해결절차의 기본적인 골격은 WTO분쟁해결절차를 그대로 따르고 있다. 다만 여기에는 중요한 차이점이 있다. 먼저 실체적인 측면에서 FTA분쟁해결절차에서 패널에 의하여 적용되는 법규는 FTA협정이지 WTO협정이 아니라는 점이다. 물론 대부분의 FTA협정의 경우 WTO-PLUS 입장을 취하고 있고 또 일부 항목에서는 WTO협정을 그대로 포함하고 있어 사실상 준거 규범이 WTO협정이거나 이와 유사한 경우가 많다. 그러나 기본적으로 준거법 자체는 FTA협정이라는 점에 유념할 필요가 있다.

한편 절차적 측면에서 FTA분쟁해결절차는 다음과 같은 특징을 포함하고 있다. 먼저 FTA분쟁해결패널의 경우 그 선출 방식이 상이하다는 것이다. FTA패널의 경우 각 당사국은 자국 출신 인사의 명단을 기재한 리스트를 상호 교환하고 분쟁 발생 시 이 리스트에서 패널리스트를 각각 임명하게 된다. 따라서 사실상 아무런 제약 없이 어떠한 전문가라도 패널리스트로 선임할 수 있는 WTO와는 달리 FTA에서는 사전에 각각 확정한 리스트에 포함된 인사만이 패널리스트로 선출될 수 있는 것이다. 분쟁 발생 시 양 당사국이 자국 몫으로 할당된 1명씩을 선임하여 2명이 선출되면 이들 2명이 만나 제3의 패널리스트이자 의장을 선출하게 된다. 의장 후보도 사전에 정하여 리스트에 포함시켜 두는 것이 일반적이다. 의장 후보는 제3국의 국적을 가진 사람들로 구성된다.[1]

이들 FTA패널리스트들은 독자적으로 심리를 진행하게 된다. WTO의 경우 사무국이 있고 여기에는 상당한 지원인력과 법률전문가들이 포진하고 있어 패널리스트들을 지원하고 있으나 FTA분쟁해결절차에는 이러한 사무국이라는 개념 자체가 존재하지 않는다. 결국 패널리스트들이 FTA에 의해 정해진 일정표에 따라 심리를 진행하고 이 과정에서 수반되는 문서 작성, 법리 분석, 판례 조사, 결정문 작성 등을 각자 스스로 진행하여야 하는 상황이 전개될 것이다. 결국 WTO분쟁해결절차보다는 FTA분쟁해결절차에서 패널리스트의 개인적 역량이 더욱 중요하게 작용하게 될 것임을 알 수 있다. 한편 FTA분쟁해결절차의 경우 전체적으로 신속하게 진행된다. 각 단계별 시한도 WTO에 비하여 짧게 설정되어 있을 뿐

1 한미 FTA 제22.9조 참조.

아니라 항소절차도 없기에 전체적으로 신속히 분쟁해결에 이를 수 있다.

동일한 통상조치가 WTO협정과 FTA협정에 공히 위반되는 것으로 주장되는 경우 복잡한 문제가 발생한다. 제소국과 피제소국은 FTA 당사국인 동시에 WTO회원국이므로 제소국 입장에서는 WTO분쟁해결절차를 활용할지 아니면 FTA분쟁해결절차를 활용할지 고민하게 될 것이다. 분쟁해결절차의 회부는 각 협정이 인정하는 당사국 또는 회원국의 권리이므로 면밀히 장단점을 분석하여 둘 중 하나의 절차를 활용하는 것 자체는 문제를 삼을 수 없다. 그런데 동일한 분쟁이 두 분쟁해결절차에 동시에 계류되는 경우는 물리적으로 여러 가지 문제가 발생할 소지가 있다. 피제소국에 상당한 부담을 초래할 뿐 아니라 절차적으로도 여러 가지가 중복되어 비효율성이 초래될 것이다. 이러한 이유로 동일한 통상조치에 대하여 WTO나 FTA분쟁해결절차에 제소하는 경우 다른 분쟁해결절차는 활용하지 못하도록 규정하거나 또는 최초 제기된 분쟁이 계류 중인 상황에서는 새로운 분쟁해결절차의 회부를 금지하는 조항이 도입되고 있다.[1]

FTA분쟁해결절차와 관련하여 유념하여야 할 점은 바로 수적인 증가 부분이다. 현재 추세대로 FTA가 체결될 경우 향후 10여 년 내에 30여 개의 FTA가 체결되어 적용되게 된다. 그리고 이들 FTA들은 모두 각각의 분쟁해결절차를 포함하고 있다. 결국 30개의 FTA는 30개의 개별적인 통상규범과 함께 30개의 추가적인 분쟁해결절차의 도입을 의미하는 것이다. 이러한 상황은 WTO협정만을 준수하고 문제 발생 시 WTO분쟁해결절차 하나에만 의존하면 되었던 지금까지의 상황이 완전히 바뀌게 될 것임을 의미한다. 이러한 수많은 분쟁해결절차를 제대로 활용하고 우리 국익을 보호하기 위해서는 적지 않은 인력과 인프라의 확충이 필요하다. 분쟁해결절차의 활용 방안 마련과 분쟁해결절차에의 참여를 위한 준비를 진행하는 것은 작금 진행 중인 FTA 추진이 초래하는 장기적인 과제 중 하나이다.

물론 이러한 부담은 우리나라뿐 아니라 다른 나라의 경우에도 실무적 문제를 초래한다. FTA 확산 움직임은 세계적인 추세이기 때문이다. 우리나라의 경우 제한된 전문인력으로 빠른 걸음으로 FTA를 체결하는 과정에 있으므로 이러한 문제가 보다 심각하게 다가올 가능성이 농후하다.

1 *Ibid.* 제22.6조 참조.

(3) ISD분쟁해결절차[1]

통상문제를 다루는 또 다른 국제적 차원의 사법적 해결절차로는 ISD분쟁해결절차를 들 수 있다. 사실 통상분쟁과 투자분쟁은 서로 상이한 분쟁이다. 투자분쟁은 투자유치국 정부와 외국인 투자자 간의 분쟁을 다루기 위한 특별한 분쟁해결절차이며 통상분쟁을 다루는 것을 목적으로 도입된 절차는 아니다. 그런데 문제는 양자의 경계가 반드시 분명하지만은 않다는 것이다. 본질적으로 통상분쟁의 속성을 담고 있는 경우에도 투자분쟁으로 비화하는 경우도 있고 반대로 투자분쟁이 통상분쟁으로 전이되는 경우도 가능하다. 교역 상대국의 통상이익에 영향을 미치는 경우 통상분쟁으로 발전하고, 교역 상대국 투자자의 투자에 대하여 영향을 미치는 경우 투자분쟁으로 발전하므로 그러한 통상이익 또는 투자이익에 대한 영향이 존재하는지 여부에 따라서 어떠한 분쟁이 존재하는지, 따라서 어떠한 분쟁해결절차로 회부가 가능한지가 결정되는 것이며, 반드시 이러한 분쟁은 통상분쟁 또는 투자분쟁이라는 공식이 존재하는 것은 아니기 때문이다. 특히 다국적 기업의 해외진출이 확대되는 현 상황에서는 외국의 통상조치가 이미 이루어진 투자에 대하여 영향을 미치거나 투자 관련 조치가 통상활동에 장벽으로 작용하는 경우가 심심치 않게 발생하고 있다.

한미 FTA에서 특히 문제가 된 ISD분쟁해결절차는 그 다양한 적용 가능성으로 인하여 여러 논의를 촉발시켰다. 이 제도의 기본 취지는 외국인 투자자가 투자유치국 정부의 "부당한" 조치로 인하여 "정당한" 투자이익에 대한 침해가 발생할 경우 그 정부와 국제중재절차를 개시할 수 있는 제도이다. 즉, FTA나 투자보장협정을 통해 일정한 요건이 충족될 경우 외국인 투자자 대 투자유치국 정부 간 분쟁해결절차가 제도적으로 도입되게 되는 것이다. ISD분쟁해결절차는 외국인 투자자와 투자유치국 간 분쟁이라는 차원에서 흔히 투자자-국가 간 분쟁해결절차Investor-State Dispute Settlemen Procedure: ISD분쟁해결절차로 불린다. 투자유치국 정부가 FTA 또는 투자협정상 의무, 투자계약 또는 투자인가를 위배하여 투자자에게 손실이 발생하는 경우, 투자자가 투자유치국 정부를 상대로 중재절차의 개시를

1 ISD분쟁해결절차에 대한 보다 자세한 설명은 Christopher F. Dugan and others, *Investor—State Arbitration*, Oxford (2008) 참조.

요청할 수 있게 된다. 이 국제중재는 역시 3명으로 구성된 중재판정부Tribunal를 통해 진행되며 ICSID시스템상에서 원심취소신청은 가능하나 매우 제한적인 한도 내에서만 가능하다.[1]

ISD분쟁해결절차와 관련하여 최근 제기되는 문제점의 핵심으로 외국인 투자자가 우리 정부를 국제중재에 회부할 수 있게 되었다는 외양적 사실에 주로 초점을 맞추고 있는 듯하다. 이에 따라 우리나라의 사법주권이 훼손된다는 주장이 제기되고 있다. 그러나 외국인 투자자의 한국 정부에 대한 제소는 한국 내 사법절차를 통해 언제든지 가능하다는 점을 고려하면 단순한 대 정부 국제중재 회부 가능성을 넘어 동 제도에 대한 실질적 고찰이 필요하다.

사실 이러한 ISD분쟁해결절차는 정당한 외국인 투자를 보호하기 위한 일종의 보호장치이다. 투자유치국 정부가 다양한 형태의 직간접적 정책수단을 동원하여 외국인 투자에 대해 제한을 가하는 사례가 발생하고 있기 때문이다. 이러한 경우에 있어, 외국인 투자자에 대하여 투자유치국 사법절차상의 구제수단과 더불어 국제중재절차라는 또 하나의 선택가능성을 제시하는 것이 이 제도의 기본 취지이다. 따라서 이 제도는 외국에 투자하는 우리 투자자에 대해서도 중요한 구제수단을 부여한다는 측면을 간과할 수 없다. 우리 기업의 해외 투자가 증가하고 있는 상황에서 이러한 안전 장치 확보는 분명 그 자체로서 중요한 의의를 내포하고 있다고 볼 수 있을 것이다.

가령, NAFTA의 경우를 보더라도 1994년부터 2005년 2월까지 3개 NAFTA 회원국 간 총 42건의 분쟁 중, 미국이 피소된 경우가 15건, 캐나다 및 멕시코가 피소된 경우가 각각 9건과 18건으로, 정도의 차이는 있을지라도 대체로 관련 당사국 간 비슷한 비율로 발생하는 것으로 일방 당사국에 의해서만 이용되는 절차라고 보기는 힘들다.[2]

1 ICSID Convention Article 52:
(1) Either party may request annulment of the award by an application in writing addressed to the Secretary-General on one or more of the following grounds:
(a) that the Tribunal was not properly constituted;
(b) that the Tribunal has manifestly exceeded its powers;
(c) that there was corruption on the part of a member of the Tribunal;
(d) that there has been a serious departure from a fundamental rule of procedure; or
(e) that the award has failed to state the reasons on which it is based.

2 Public Citizen's Global Trade Watch, "NAFTA's Threat to Sovereignty and Democracy: The Record of

향후 우리 기업의 외국 투자와 외국 기업의 한국 투자가 지속적으로 증가함에 따라 이와 관련된 분쟁발생 자체를 회피할 수는 없을 것이다. 위에서 언급한 교통량의 증가와 이에 따른 교통사고의 발생 증가의 비유는 여기에서도 시사하는 바가 크다. 우리가 외국인 투자의 유치를 중요 국가 정책의 하나로 삼고 있는 한, 그리고 우리 기업의 해외진출이 국제화와 국제시장 공략을 위하여 필요하다는 판단이 있는 한, FTA나 BIT가 아니더라도 외국인 투자자와 한국 정부 간 또는 한국 투자자와 외국 정부 간 분쟁은 장기적으로 증가할 수밖에 없을 것이다. 그렇다면 보다 합리적인 선택은 외국인 투자자의 정부에 대한 제소 가능성 자체에 대한 문제 제기보다는 구체적 절차에서 우리 정부와 투자자의 권익 보호가 효과적으로 이루어지고 있는가 하는 현실적인 부분에 초점을 맞추어야 할 것이다. 즉, 우리 정부가 부당한 제소의 대상이 되지 않고 일단 중재절차가 개시되었을 경우 우리 정부의 입장이 최대한 반영될 수 있도록, 그리고 외국 정부의 부당한 조치에 대항하는 한국 투자자의 권익이 충분히 보장할 수 있도록 제도적 장치가 마련된다면 충분히 이 제도를 우리에게 유리한 방향으로 관리·적용하여 나갈 수 있을 것이다. WTO 출범 시에도 분쟁해결절차 회부 문제가 큰 부담으로 우리에게 다가 온 적이 있다. 그러나 그러한 최초 준비단계를 거치며 현재 우리나라는 WTO분쟁해결절차를 적극 활용하는 나라로 변화하게 되었다. 이러한 학습효과가 ISD분쟁해결절차에서도 그대로 적용되지 못할 이유는 없을 것이다.

어쨌든 한 가지 분명한 사실은 ISD분쟁해결절차가 또 다른 국제분쟁해결절차로 자리매김함에 따라 우리 통상분쟁의 해결이 그만큼 복잡다기화되었다는 점이다. 동일한 통상조치가 WTO분쟁해결절차, FTA분쟁해결절차에 회부될 수 있음에 이어, 투자분쟁과 직간접적으로 연관되는 경우 ISD분쟁해결절차에 회부될 가능성도 아울러 존재하기 때문이다. 이제 사법적 해결절차로 이행하는 경우에도 여러 가지 경우의 수를 검토하여야 하는 상황에 직면하게 되었다.

NAFTA Chapter 11 Investor-State Cases 1994-2005," February 2005 available at http://www.citizen.org/documents/Chapter-11-Report-Final.pdf

(4) 비관세무역장벽 조정제도

한편 한-EU FTA의 경우 비관세무역장벽 조정제도라는 새로운 형태의 분쟁해결절차를 도입하였다.[1] 이 제도는 비관세무역장벽 분쟁만 전담하는 별도의 분쟁해결절차를 새로이 도입하는 것을 그 골자로 한다. EU가 한국의 비관세무역장벽에 대하여 가지는 그간의 우려를 해소하기 위하여 도입한 것이라는 측면이 정확하다.[2] 이 제도는 조정관을 선임하여 일정한 절차에 따라 문제가 된 비관세무역장벽을 조사하여 최종 결론을 도출한다는 차원에서 사법적 해결방안의 측면을 보유하고, 또 한편으로 그러한 결론이 법적 구속력을 보유하지는 않는다는 측면에서 정치·외교적 해결방안의 측면 역시 보유하고 있다. 그러나 그 외양과 절차가 실제 패널절차의 축소판으로 볼 수 있다는 측면에서 사법적 해결방안에 가까운 것으로 분류하는 것이 타당할 것으로 본다.

사실 이 제도는 현재 WTO DDA 교섭 과정에서 상당 기간 논의되던 내용이다. 이 내용을 EU와 한국이 자신들의 FTA에 포함시킨 것이다. 따라서 이 제도는 향후 여타 FTA에서도 유사한 모습으로 도입될 가능성이 적지 않다. 어쨌든 이는 비관세무역장벽에 관한 새로운 분쟁해결절차가 신규 도입된 것으로 분쟁해결절차의 선택지를 더욱 늘려 놓게 되었다. 그만큼 이에 대응하는 정부 담당 부서의 업무부담이 가중되게 된 것이다. 이왕 이 제도가 도입된 이상 EU의 비관세무역장벽에 대하여 이 제도를 적극 활용하는 방안을 모색하여야 할 것이다.

(5) 특수문제 — 비위반 제소

WTO협정과 FTA에 포함된 내용 중 많은 사람들에게 혼란을 초래하는 조항 중 대표적인 것이 소위 비위반 제소Non-Violation Nullification and Impairment 조항이다. GATT 제23조 제1항 (b)호에 이 내용이 규정되어 있으며 FTA도 이와 유사한 내용을 도입하고 있다. 이 조항은 문자 그대로 협정 위반이 발생하지 않았음에도 불구하고 교역 상대국이 합리적으로 기대할 수 있었던 통상이익이 침해된

VIII

1 부속서 14-가 비관세조치에 대한 중개 메커니즘.

2 EU상공회의소(EUCCK)는 2007년까지 매년 비슷한 내용의 자료를 '무역장벽 보고서'라는 제목으로 발간하고 기자회견을 열어 왔다. 그러나 한국과 EU 간 FTA 협상이 본격적으로 시작된 2008년부터는 '시장 장벽'이라는 단어로 표현을 완화했다. 시장진입장벽 백서는 다음과 같은 주소에서 확인가능하다. http://trade.eucck.org/site/2011/ko/

경우에 발동 가능한 조항이다. 기본적으로 모든 통상분쟁은 통상협정에 대한 위반에서 출발한다는 관점에서 살펴보면 이러한 조항은 이해하기 힘든 측면이 있다. 협정에 위반하지 않는 조치에 대하여 분쟁이 발생할 수 있다는 것 자체가 생소하기 때문이다. 이 조항이 도입되게 된 배경에는 통상협정이 아무리 상세하게 규정되더라도 결국 교역 상대국의 이해관계를 침해하는 다양한 무역 제한조치들이 발전할 수 있고 이러한 조치들이 반드시 협정에 대한 위반을 구성하지 않을 수도 있다는 현실적 우려가 자리잡고 있다.

이 조항은 이후 법리 발전을 통하여 그 예외적 성격이 거듭 확인되었으며, 단순히 자신의 기대이익이 충족되지 못하였다는 정도로 발동 가능한 것이 아니라 엄격한 요건이 요구되고 있다. 그간 축적된 WTO법리에 따르면 이러한 비위반 제소의 핵심 요건으로 문제가 된 조치에 대한 "합리적 예측 가능성"이 주요한 기준으로 제시되고 있다.[1] 즉, 문제가 된 조치에 대하여 피해국이 이를 이미 인지하고 있었거나 또는 합리적으로 예측할 수 있었다고 볼 수 있는 경우에는 그러한 피해국은 비위반 제소 조항을 근거로 제소가 불가능하다. 따라서 제소국은 스스로 이러한 합리적 기대이익이 존재함을 명백히 소명하여야 하며 이는 충족이 반드시 용이하지만은 않은 기준이다.

결국 이 제도는 협정 위반을 구성하지 아니하는 조치에 대하여 엄격한 요건하에 제소를 허용하는 예외적인 구제제도인바, 이에는 조심스러운 접근이 필요하다. 다시 말해 이 제도는 협정의 일방 당사국이 피해를 입은 모든 사안에 대하여 타방 당사국이 보상을 실시하도록 요구하기 위하여 도입된 것이 아니며, 협정 위반은 아니나 이에 준할 정도로 협정상의 무역이익이 침해된 경우에 인정되는 구제수단이다. 즉, 오로지 일방 당사국이 합리적으로 기대할 수 있었던 무역상의 이익이 타방 당사국의 조치로 인하여 "무효화 또는 침해nullification or impairment" 된 경우에 한하여 타방 당사국의 협정 위반과 상관없이 적절한 구제를 제공하기 위하여 도입된 제도이다. 그러므로 비위반 제소 조항이 협정 위반과 상관없이

1 예를 들어, Japan — Measures Affecting Consumer Photographic Film and Paper, Panel Report, WT/DS44/R (Apr 22, 1998); Korea — Measures Affecting Government Procurement, WT/DS163 (Jun 19, 2000) 및 European Communities — Measures Affecting Asbestos and Asbestos-Containing Products, WT/DS135 (Apr 5, 2001) 더 자세한 내용은 John H. Jackson, William J. Davey and Alan O. Sykes, Jr., *Legal Problems of International Economic Relations: Cases, Materials and Text* (5th ed.), Thomson West (2008), pp. 285-300 참조.

상대방이 자유로이 제소할 수 있는 조항으로만 성격을 설명하는 것은 이 조항의 도입 배경과 역할을 정확히 이해하지 못한 결과라고 할 수 있을 것이다.

어쨌든 이 조항은 향후 FTA 운용 과정에서 간혹 문제로 대두될 가능성이 있으므로 이에 대한 면밀한 검토와 대응이 필요하다. FTA 체결 당시 상대방 교역국이 합리적으로 기대하는 부분에 대하여 객관적인 기록을 남기고 이후 FTA 협정이 충실하게 이행되는 경우, 설사 상대방 교역국이 자신이 예측하였던 FTA의 과실이 기대에 미치지 못한다고 하더라도 이 문제가 비위반 제소로 이어질 가능성은 희박하다고 보아야 할 것이다.

B. 국내법원을 통한 해결

통상분쟁은 국제소송절차뿐 아니라 국내소송절차를 통해서도 해결되고 있다. 이러한 국내소송은 반드시 문제의 조치를 시행한 국가의 법원에 사법심사의 형태로 회부하여야 한다는 한계가 있다. 언어나 비용문제 그리고 공정한 재판 가능성 등을 고려하면 자국 법원에 제소하는 것이 매력적이기는 하나 국제법의 기본법리 중 하나인 주권면제Sovereign Immunity 원칙에 따라 일국 법원은 타국 정부의 공적인 조치에 대하여 재판관할권을 행사할 수 없다. 통상조치는 각국 정부의 대표적인 공권력 작용에 해당한다. 따라서 이에 대하여 문제 제기를 하는 경우 오로지 통상조치를 발동한 국가의 법원만 이에 대하여 관할권을 보유하게 된다.

따라서 미국 정부가 우리나라 상품에 대하여 부과한 통상조치반덤핑 관세 부과, 상계 관세 부과, 관세품목 분류 결정, 여타 수입제한조치 등에 대하여 우리 기업이 문제 제기를 하기 위해서는 WTO분쟁해결절차 등 국제소송절차가 아니라면 미국의 국내 법원으로 갈 수밖에 없게 된다.[1] 가령 미국의 경우 이 문제를 담당하는 연방 특별법원이 이 문제에 대한 관할권을 보유한다.[2] 그러한 소송을 제기하는 당사자, 즉 원고는 해당 통상조치로부터 피해를 입은 기업이 대부분이며, 때로는 정부도 원고적격을 가질 수 있다. 정부 자체가 특정 통상조치의 직접적인 대상이 되는 경

1 이러한 절차를 사법심사(judicial review)라고 한다. 가령 WTO 반덤핑협정 제13조 참조.

2 미국 연방법원 중 하나인 U.S. Court of International Trade가 그것이다. EU의 경우 European Court of First Instance가 이를 담당한다.

VIII

우가 바로 그것이다. 미국 상무성이 외국 정부의 보조금을 조사하여 상계관세를 부과하는 상계관세 부과가 대표적인 경우이다.

쉽게 짐작할 수 있는 바와 같이 우리 기업이 외국 법원에서 소송을 진행하는 것이 그리 녹록하지만은 않다. 변호사 고용 등 적지 않은 비용이 투입되어야 하며 소송의 경우 언제 최종적인 판결이 나온다는 명확한 시한이 있는 것도 아니기 때문이다. 익숙하지 않은 언어와 법체계에서 소송을 수행한다는 것도 쉽지 않은 데다 그 비용까지 고려한다면 적지 않은 부담을 수반하게 된다. 바로 이러한 이유로 대기업의 경우 외국 법원에서의 소송을 비교적 쉽게 선택할 수 있으나 중소기업의 경우에는 사법심사를 요청할 수 있고 또 요청하여야 하는 상황에서도 그러한 결정을 내리기가 쉽지 않은 측면이 있다. 미국 등 우리 교역 상대국 정부 입장에서는 어차피 자신들이 내린 통상조치에 대하여 중소기업들의 경우 자국 법원에 제소하는 것이 용이하지 않다는 약점을 알고 있으므로 자신들의 의지대로 결정을 내리는 경향도 존재하는 것이 사실이다.

또한 사법심사에서 적용되는 법규범은 WTO협정이나 FTA협정이 아니라 기본적으로 해당국의 국내법이다. 물론 대부분의 경우 협정상 이행의무에 따라 WTO협정과 FTA협정을 국내적으로 이행하는 국내법령이 존재하나 여전히 관련 협정상의 의무의 범위와 이행 국내법령상 의무의 범위가 반드시 동일하지 않은 경우가 있다. 이 역시 국내 법원에서 사법심사를 요청하는 경우 극복하여야 할 과제이다. 그리고 어느 나라이든 통상분야는 행정부의 전문성이 주로 인정되는 영역으로 여기에서 내려진 조치가 관련 국내법에 위반되는지 여부를 그 나라 법원이 판정함에 있어서는 해당 행정부의 입장과 재량권의 범위를 대폭인정하는 바탕 위에서 출발한다.[1] 따라서 명백히 관련 국내법에 위반되지 않은 경우 이를 국내 법원이 뒤집기는 사실 쉽지가 않다. 그런데 통상조치의 경우 대부분 국내법령이 행정부에 대폭적인 재량권을 인정하고 있거나 또는 행정부의 재량권의 행사에 기초하여 결정이 내려지는 경우가 많다. 따라서 국내 사법심사를 통하여 이러한 조치에 대한 국내법 위반 판정이 내려지는 것이 쉽지는 않게 된다.

1 예를 들어, 유럽 법원도 유럽위원회의 반덤핑 관련 결정에 대한 사법심사에 있어 제한적인 입장을 취하고 있다. Michael J. Trebilcock and Robert Howse (eds.), *The Regulation of International Trade* (3rd ed.), Routledge (2005), p. 246.

바로 이러한 다양한 이유들로 국내 법원을 통한 사법심사의 경우는 웬만한 경우가 아니면 그 효용성이 떨어지는 측면이 있다. 물론 이러한 국내 법원 활용의 장애물은 우리에게 유리하게 작용하는 측면도 있다. 우리 정부가 부과한 통상조치에 대하여 외국 기업이 우리 법원에 제소하는 데 있어서도 이러한 물리적·법리적 장벽에 부딪치기 때문이다. 결국 이는 일종의 양날의 칼로 작용하는 측면이 있다고 볼 수 있다.

3. 사법적 분쟁해결절차 이외의 국제적 논의절차 도입

최근의 국제통상분쟁과 관련하여 유념하여야 할 부분은 WTO협정을 통한 분쟁해결의 한계 문제이다. 가령 비관세무역장벽 등 새로운 형태의 국제통상분쟁에 대하여 현재의 분쟁해결절차는 적지 않은 한계를 보이고 있다. 1995년 이래 WTO협정체제의 성공적 운영 성과에 비추어 볼 때 WTO협정문의 해석과 적용에 기초한 각국의 비관세무역장벽에 대한 적극적인 대처와 분쟁 해결은 여전히 중요하며 앞으로도 긴요한 역할을 수행할 것임에는 의심의 여지가 없다. 그러나 오로지 WTO협정문에만 기초한 법리적인 접근legalistic approach 방식이 현재의 비관세무역장벽 문제를 효과적으로 다룰 수 있는지는 의문이다.

주의할 점은 비관세무역장벽의 경우 WTO협정과 같은 무역협정에 대한 위반이 아닐 수도 있다는 점이다. 그 이유는 이러한 무역협정들 자체가 기본적으로 기존의 전형적인 통상장벽에 대한 일반적인 기준만을 제공하고 있기 때문에 새로운 유형의 통상장벽에 대한 규범은 제시하고 있지 않거나 제시하는 경우에도 지극히 기본적인 원칙만을 원론적인 수준에서 나열하고 있는 경우가 대부분이기 때문이다. 결국 현재 새로이 대두되는 비관세무역장벽과 관련하여 구체적인 사안에 적용될 법규범은 존재하지 않거나 안정적으로 적용되기에는 그 구체성과 체계성이 결여되어 있는 경우가 대부분이다. 이러한 경우에는 WTO패널 및 항소기구 등이 결정을 내리는 경우에도 패소국이 이에 대하여 협정 적용이 잘못되었음을 주장하며 강력한 항변을 전개하는 상황도 발생하고 있다.[1]

1 최근 진행되고 있는 반덤핑 조사과정에서 적용되는 제로잉조치와 관련한 분쟁에서 제기되는 미국의 입장은 이러한 분

예컨대 WTO협정은 직접세인 소득세법인세에 대한 구체적인 실체규범을 두고 있지 않다.[1] 그런데 1997년 EU는 1980년 GATT DISC 분쟁사건 종결 이후 16년간의 평화를 깨고 미국 소득세법상 미국의 수출기업에 법인세와 관련하여 적용되는 FSCForeign Sales Corporation제도가 WTO 보조금협정에 위배한다는 이유로 미국을 WTO에 제소하였다. 유럽은 자국업체들이 FSC에 대해 문제 제기를 했다기보다는 미국과의 협상카드를 만들기 위해 제소를 한 것이었다. 그 당시의 EU Commission의 Trade Commissioner였던 Sir Leon Brittan은 FSC 분쟁에서 승소판결을 얻어 쇠고기 호르몬 분쟁과 같이 EU가 패소한 분쟁에서 유리한 지위를 확보하고자 하였다. 그리고 유전자변형생물체GMO, airbus 보조금, 농산물보조금 등 EU정책에 대해 미국이 제소하는 것을 방지하고자 하였다. 이 사건은 거슬러 올라가면 1962년 미국의 Kennedy 행정부가 제정한 미 연방세법Internal Revenue Code의 Subpart F와 관련된 것이다. Subpart F가 제정되기 이전, 미 다국적기업은 스위스와 같은 저세율관할국에 판매자 회사를 설립하고 자회사가 유통활동을 통해 획득한 수익을 미 주재 모회사로 송환하기 이전까지는 납세의무를 연기할 수가 있었다. Subpart F에서 규정되고 있는 "anti-abuse" 조항들은 일정한 요건에 해당하는 자회사의 소득을 미국 본사로 송환하기 전에도 인식할 수 있도록 하여 여타 선진국들의 수출업자들에 비해 미 수출업자들이 불리한 조건에 놓이게 되었다. 당시에는 미국이 지속적으로 무역흑자를 기록하고 있었기 때문에 특별한 문제가 되지 않았으나 1971년 증대하는 무역적자와 더욱더 경쟁이 치열해진 세계제조업시장을 직면하면서 미국은 내국국제판매법인Domestic International Sales Corporation: DISC 법제를 제정하였다. 동 법제는 미 기업들의 수출 수익에 대한 세금의 이연deferral을 부분적으로 허용해 주는 것이다. 결과적으로 DISC는 Subpart F로부터 자초한 피해를 완화하기 위해 도입된 것이다. 그러나 1974년 유럽은 DISC가 GATT 제16조에 위반되는 금지보조금에 해당된다는 이유로 제소하였다.[2] 패널은 위 미국의 제도가 GATT 제16조 보조금규정을 위반하였

위기를 보여 주는 사례 중 하나이다. Request for the Establishment of a Panel by Korea, United States — Use of Zeroing in Anti-Dumping Measures Involving Products from Korea, WT/DS402/3 (9 April 2010) 참조.

1 이에 대한 상세는 정영진 다음 논문 참조. Youngjin Jung, "The Future of the WTO: With or Without Income Tax Regime," in Mitsuo Matsushita and Dukgeun Ahn (eds.), *WTO and East Asia: New Perspectives*, Cameron May (2004).

2 이에 대하여 미국은 또한 공격적인 자세를 취하고 유럽의 속지주의원칙(territorial tax system)을 제소하였다. 즉,

다고 판단하였다.

2000년 2월 24일 WTO항소기구는 미국의 수출업체들의 FSC[DISC의 개정법]를 통한 과세면제[tax exemption]나 이연은 WTO 보조금협정과 WTO 농업협정에서 정하고 있는 금지보조금에 해당한다고 판단하였다. FSC법제는 미국이 취하고 있는 Worldwide Tax System과 프랑스 등 유럽제국에서 채택하고 있는 Territorial Tax System의 차이로 인한 미국 수출업체들이 겪게 되는 조세상의 불이익을 해소하기 위한 것이었다. 미국의 Worldwide Tax System은 미국 거주자가 외국에서의 영업활동으로 얻은 영업이익[active business income]도 동 거주자의 미국에서의 소득에 합산하여 종합과세하는 제도이다.[1] 반면에 유럽제국의 Territorial Tax System은 이들 국가의 거주자가 외국에서의 영업활동으로 얻은 영업이익에 대한 과세하지 않는 제도로서 오로지 거주자의 해당국가의 영토 내에서 얻은 소득에 대하여만 과세하는 제도이다. 미국은 이러한 국제소득세제의 차이로 인하여 미국의 수출업체는 경쟁상대국의 기업에 비하여 매우 불리한 경쟁조건에 놓여 있으며 이러한 경쟁조건의 불균형을 해소하기 위하여 FSC법제가 입안된 것으로 보고 있다.[2]

이와 같이 위 분쟁의 근저에는 미국과 프랑스 등 유럽대륙의 일부 국가들의 조세제도에 대한 근본적인 시각의 차이가 자리잡고 있기 때문에 미국이 이를 이행하기는 극히 곤란한 상황이었다. 이에 따라 10여 년에 걸쳐 수차례의 이행입법이 제정되는 진통을 겪은 바 있다.[3]

단순히 기계적인 WTO협정 합치성만을 염두에 두고 다양하게 등장하는 이러한 비관세무역장벽을 평가하고자 할 경우, 때로는 해당 조치가 실제로는 적지 않은 문제점을 초래하고 있으며 그 도입 의도가 의심스러움에도 불구하고 WTO 협정에는 형식적으로는 합치되는 상황이 발생할 수도 있다. 또한 반대로 새로운

경과세국(tax haven country)에 소재하고 있는 특정 자회사들의 수출 수익에 대해 법인소득세를 면제한다는 이유로 벨기에, 프랑스 및 네덜란드 등을 제소하였다. 그 당시 유럽국가들은 Subpart F와 같이 외국 주재 자회사 수익에 대해 과세를 하는 제도를 갖추고 있지 않았다. GATT패널이 상기 4개의 조세분쟁에 대해 1976년 판결을 내렸다. 모든 제소자는 승소하였고, 모든 피제소자는 패소하였다.

1 우리나라도 worldwide tax system을 취하고 있다.

2 United States — Tax Treatment for "Foreign Sales Corporations," DS108, 24 February 2000.

3 정영진 다음 논문 참조. Youngjin Jung, "WTO Future: How Far Should the WTO Reach into Income Tax Policies," *Journal of International Taxation* (March 2005).

조치가 정당한 정책 목표를 달성하고자 도입되었고 해당국가의 국내외 상황에 비추어 충분히 그러한 제도의 도입의 필요성과 시급성이 인정되며, WTO협정에 그러한 조치의 허용 또는 불허용 여부에 대한 명문의 규정이 부재한 경우에도 때로는 WTO협정 위반의 판정이 내려질 수도 있다.[1]

최근의 미국과 중국의 환율 분쟁은 비관세무역장벽 문제가 기존의 사법적 분쟁해결로 풀기 난해하다는 것을 잘 보여 주는 대표적인 예이다. 따라서 비관세무역장벽과 관련한 분쟁을 해결하기 위해서도 WTO협정문의 기계적 해석 및 적용, 그리고 WTO분쟁해결절차에의 회부라는 전통적인 방식을 넘어 새로운 방안과 접근방법을 검토할 필요가 있다. 그리하여 현재 비관세무역장벽에 관한 특별 분쟁해결절차 도입이 DDA 협상 과정에서 논의되고 있는 상황이다.[2] 즉, 비관세무역장벽 관련 분쟁을 전담하여 해결하기 위한 별도의 국제 분쟁해결절차를 도입하자는 것이다. 이러한 최근의 국제사회의 추세를 반영하여 한-EU FTA에는 비관세무역장벽 분쟁을 담당하는 별도의 조정절차가 최초로 도입되기도 하였다.[3] 이러한 새로운 형태의 분쟁해결절차는 기존의 사법적 해결 방식이 아닌 일종의 정치·외교적 접근방식에 기초한 비사법적 분쟁해결[4]을 지향한다. 비관세무역장벽 분쟁의 심리를 위해서는 관련 조치의 도입 및 시행 배경에 대한 검토가 필요하고 이에는 조치시행국의 다양한 국내 여건이 고려되어야 하므로 이러한 측면에서는 비사법적 해결 방안이 기존의 사법적 해결 방안보다 오히려 효과적인 측면도 일견 있을 것으로 보인다.[5] 만약 분쟁 당사자들이 법적 구속

1 이재민, "보호무역조치에 대한 효과적 대응방안의 모색 — 비관세 무역장벽을 중심으로 —," 「법학논총」 제27권 제4호, 한양대학교(2010. 12), p. 37. 특히 최근 미국과 캐나다/멕시코 간 진행되고 있는 원산지표시제도(Country of Origin Labeling) 분쟁이 대표적인 사례이다. 미국은 자국 소비자의 요구에 따라 국내상품과 외국상품에 대하여 동일한 조건과 내용으로 부과되는 자국의 원산지표시제도로 인하여 캐나다와 멕시코가 예상치 못한 피해를 입고 있다고 하여 WTO협정 위반에 해당하는 것은 아니라는 입장을 견지하고 있다.

2 WTO, Hong Kong Ministerial Declaration adopted on 18 December 2005, WT/MIN(05)/DEC, paras. 22-23 및 WTO, Market Access for Non-Agricultural Products: Negotiating Proposal on WTO Means to Reduce the Risk of Future NTBs and to Facilitate their Resolution — Communication from the European Communities, TN/MA/W/11/Add.8, 1 May 2006, paras. 9-14 및 Annex 참조.

3 부속서 14-가 비관세조치에 대한 중개 메커니즘.

4 이러한 분쟁해결제도는 비사법적 제도라는 특성상 그 최종 결정이 법적 구속력을 갖지는 않는다. 다만 법적 구속력 보유 여부와는 별도로 분쟁 당사국들에 대하여 사실상의 구속력은 보유할 가능성이 농후하다. 즉, 협정에 정하여진 절차에 따라 제3자에 의하여 행하여진 심리 결과 특정 조치에 대하여 NTB 해당 또는 미해당 결정이 내려지는 경우 그 결정에는 상당한 의미가 부여될 것이기 때문이다.

5 그러나 NTB도 경제적·외교적 개념이 아닌 통상법적 개념이라는 점을 고려한다면 NTB 관련 분쟁의 해결이 법률적 평가를 완전히 배제한 가운데 적절히 이루어질 수 있는지는 의문이라고 할 수 있다.

력이 있는 사법절차로 진행하게 될 경우, 국가 정책의 본질을 심의하는 비관세 무역장벽 분쟁의 속성상, 당사국은 분쟁 과정에서 총력전을 전개하게 될 것이고 승/패소가 결정된 이후에도 패소국이 이를 쉽사리 승복할 수 없게 되어 지속적인 분쟁의 불씨를 내포하게 되는 측면을 고려할 필요가 있다.[1 2]

현재 WTO분쟁해결기구는 WTO협정 조항만을 적용하여 이와 같은 문제의 해결을 도모하고 있으나[3] 이는 해당 분쟁의 해결에만 국한된 상황이며 모든 관련국의 공감을 얻기에는 부족한 측면이 있다. 아울러 WTO협정만을 적용한 현재의 분쟁해결절차는 분쟁의 승패가 갈린 이후에도 패소국에 대하여 신속하고 충실한 이행을 요구하는 데 한계가 있을 수밖에 없다. 패소국이 설사 특정 WTO분쟁해결절차에서의 최종 결정을 수용하고 이를 국내적으로 이행하고자 하는 의지를 보유하고 있더라도 현재와 같이 분쟁대상이 자신들의 경제 정책 내지 재정 정책의 본류 내지 근간을 침해하는 것으로 판단되는 경우 해당 WTO 결정을 충실히 이행하기 위해서는 관련 정책을 폐기 내지 변경하여야 하는 상황에 직면하게 될 것이다. 결국 패소국 정부는 자신의 핵심적인 경제 정책의 국제적 위법성을 인정함에 따라 대내/외적인 위상추락에 직면하게 되고 또 관련 정책 폐기·변경으로 인하여 피해를 입게 되는 국내 이해당사자들의 반발에도 노출되게 되어 적극적 개선이 어려운 상황이 발생하게 된다. 이러한 상황에서 패소국은 WTO분쟁해결기구의 결정을 최대한 평가절하하고 그 의미도 가급적 축소하여 오로지 관련 결정을 형식적으로만 이행하는 소극적 입장을 견지할 수밖에 없게 될 가능성이 농후하다. 결국 이 경우 문제가 된 비관세무역장벽은 완전 철폐되기보다는 다른 명목으로 존치되거나 또는 일단 철폐되어도 새로운 명목으로 다시 재연될 가능성이 높다.[4]

1 가령, 반도체 상계관세 분쟁의 경우, 비록 NTB 관련 분쟁은 아니었으나, 우리나라 정부의 금융정책 자체에 대한 평가를 기초로 분쟁이 전개되었으므로 분쟁 당사국 간 지속적인 분쟁이 7년째 다양한 FORUM을 통해 진행되고 있는 점은 이와 관련해 시사점을 제공하고 있다.

2 이재민, "보호무역조치에 대한 효과적 대응방안의 모색 — 비관세 무역장벽을 중심으로 —," 「법학논총」 제27권 제4호, 한양대학교(2010. 12), p. 35.

3 WTO DSU 제3.2조 참조.

4 이재민, "보호무역조치에 대한 효과적 대응방안의 모색 — 비관세 무역장벽을 중심으로 —," 「법학논총」 제27권 제4호, 한양대학교(2010. 12), p. 38. 미국의 제로잉 분쟁 및 중국의 천연자원 수출 제한 분쟁이 최근의 대표적인 사례이다. 미국과 중국은 각각 WTO패널 및 항소기구 분쟁에서 패소하였으나 이들의 이행은 상당히 제한적이며 그 결과 유사한 분쟁이 계속하여 발생하고 있다. 결국 분쟁의 종국적인 해결에는 이르지 못한 것이다.

현재 주요국 간 통상분쟁은 지속적으로 격화되고 있는 상황이며일례로 미-중 간의 통상분쟁, 이러한 최근의 분쟁은 이전의 분쟁에 비해 그 내용과 강도 면에서 일층 치열하게 전개되고 있다. 이와 같은 새로운 상황에 효과적으로 대응하기 위해서는 장기적으로 새로운 형태의 보호무역조치들을 확인할 수 있는 메커니즘을 도입하고 이를 바탕으로 국가들 간 사법적 분쟁해결절차 이외에 문제를 해결할 건설적인 논의의 장을 마련하는 것이 시급하다. 즉, 상기 문제의 근본적 해결을 위해서는 WTO분쟁해결절차를 통한 법적 규제 내지 제재 위주의 규범에서 탈피하여또는 이와 병렬적으로 주요 교역국에 대하여 비관세무역장벽이 초래하는 국제교역에의 부정적 효과를 인식하도록 유도하고, 이에 대처하기 위한 공동의 노력이 필요함을 각인시켜, 각국 정부의 정책수립 시 구체적 지침을 제공할 수 있는 가이드라인을 제시하는 것이 필요할 것이다.

2008년 세계 금융위기에 직면하여 G-20 국가들은 2008년 11월 워싱턴 회의 시 보호무역조치 동결에 합의한 바 있다. 그리고 이에 대한 후속조치로 WTO에서는 각국의 보호무역조치 상황에 대하여 모니터링 보고서를 계속 발간하고 있다. 이 보고서는 세계 주요국의 보호무역조치를 일목요연하게 정리하여 제시하고 있어 통계적 목적으로도 유용하며, 특히 각국이 보호무역주의 조치를 취하고자 하는 유인을 억제하는 데 중요한 역할을 수행하고 있음은 물론이다. 그런데 한편으로 이러한 모니터링 보고서에 기대되는 보호무역조치는 반덤핑조치 등 전통적인 무역규제조치에 국한되어 있고, 실제 기업들에 중요한 장벽으로 작용하고 있는 비관세장벽이나 여타 다양한 국내시장 보호조치에 대해서는 자세히 언급하고 있지 않다. 아마 이러한 새로운 형태의 보호무역조치는 그 실체를 파악하기도 힘들 뿐더러 확인에 시간이 소요되기 때문일 것이다. 그러나 WTO나 여타 국제기구에서 발간하는 보고서나 통계가 보호무역조치의 정확한 상황을 파악하기 위해서는 전통적인 무역규제조치의 단순한 통계를 산출하는 작업을 넘어, 실제 국제교역에 장애를 초래하는 다양한 비관세장벽 등에 대해서도 어떠한 방식으로든 자료축적을 시작하는 것이 필요하다. 결국 현재 진행되는 대부분의 통상분쟁은 이러한 문제와 관련되어 있기 때문이다.

이와 관련하여 최근의 2011년 5월 회람된 WTO/OECD/UNCTAD 사무국이 공동으로 작성한 G-20 회원국의 무역·투자조치에 대한 모니터링 보고서 또한 새로운 분쟁해결절차의 장을 제공하는 좋은 예가 된다. 동 보고서는 G-20 정상 간 "무역·투자제한조치 신설 금지Standstill" 약속[1]에 따라 G-20 국가들의 이행 상황 점검을 목적으로 하며, 지금까지 4차례2009년 9월, 2010년 3월, 6월, 11월 회람되었다. 동 보고서는 모니터링 기간 중 G-20 국가들이 2008년 금융위기 이후, 어떤 기간보다 많은 무역제한조치를 도입하였고, 무역·투자제한조치의 원상회복 약속도 지키지 않은 것으로 평가하면서, 보호주의에 대한 경계를 강화할 것을 주문하였다.[2][3] 이러한 보고서는 보호무역조치의 우려가 있는 여러 조치들을 지적함으로써, 분쟁의 사법적 해결 이전에 논의의 장을 마련해 준다. 분명한 것은 이러한 제안이 기존의 WTO협정을 약화시키거나 또는 WTO패널 및 항소기구가 담당하고 있는 분쟁해결기능을 축소시키자는 취지는 아니며 기존의 법리적 평가와는 별도의 차원에서 현실적이고 효과적인 비관세무역장벽 대응 방안을 도입할 필요가 있다는 점이다.[4]

4. FTA시대의 도래와 분쟁해결절차 활용

위에서 살펴본 바와 같이 최근 추진되고 있는 FTA는 통상분쟁의 해결 측면에서도 전혀 새로운 과제를 제시하고 있다. FTA의 경제적 효과에만 매몰되어 이로부터 초래될 법률분쟁의 증가 또는 법률분쟁 양상의 변화를 과소평가하는 것은 위험하다. FTA라는 것이 결국 기존의 WTO협정보다 보다 광범위하고 정

1 G-20 서울정상회의(2010.11.11-12) 시 각국 정상들은 Standstill 약속을 2013년까지 연장, 무역·투자를 제한하는 기존조치의 원상회복(roll-back), WTO 등 국제기구의 무역·투자조치 모니터링 등에 합의하였다.

2 G-20 국가들이 새로 도입한 수입제한 및 무역구제 조사개시 조치는 세계 수입의 0.5%, G-20 국가 수입의 0.6%를 차지.

3 보고서에 따르면 G-20 국가들이 모니터링 기간 중 도입한 무역 관련 조치는 수출세 부과, 수입관세 상향 조정, 수입허가 강화 등 총 216건이며(무역제한조치가 122건으로 무역촉진조치 94건보다 약 4 : 3 비율로 많음), 투자 분야에서 도입된 긴급조치 및 자산·부채 정리조치는 외국인 투자를 명시적으로 차별한다고 볼 수는 없으나, 국제투자 패턴에 영향을 주는 정부개입이라는 점에서 우려가 상존한다고 지적하였다. 우리나라와 관련하여서는, 무역 관련 조치 3건(일본 원전사고 관련 일본 농수산물 수입 잠정 중단 등), 경기부양조치 2건(수출입은행의 Hidden Champion 프로그램 등), 투자 관련 조치 5건(한국자산관리공사의 구조조정기금 운영 등)을 적시하였다. 동 보고서는 다자무역체제가 보호무역에 대한 견제장치로 계속 역할을 할 수 있도록 G-20 국가들의 협력 강화를 촉구하면서 아울러 현재 비농산물 관세문제 등으로 교착상태에 빠져 있는 DDA 협상 관련, 도하 mandate를 견지해 나가고 금년 12월 개최되는 제 8 차 WTO각료회의 시까지 진전방안을 마련해야 한다고 강조하였다.

4 *Ibid.*, pp. 36-42.

치한 통상협정을 도입하여 양자 간 적용하자는 것이므로 협정의 해석과 적용을 둘러싼 다양한 이견과 분쟁이 표출될 수밖에 없는 상황이다.

물론 FTA시대에서도 정치·외교적 분쟁해결 방안은 여전히 중요하다. FTA를 통해 양국 간 경제의 모든 측면에서 상호 협조와 조율이 추구되고 있으므로 양국 관련 당국 간 협조와 조율은 더욱 중요할 수밖에 없다. 바로 이러한 이유로 제반 FTA에서 다양한 위원회와 협의회를 영역별로 도입하고 있는 것으로 볼 수 있다. 모든 이슈에 대하여 양국 관련 당국이 서로 협의하고 의견을 교환하는 것을 제도화하고 있으므로 정치·외교적 해결방안을 모색할 채널 역시 더욱 확대되게 되었다. 양국 간 밀접한 경제적 교류는 고위 인사 간 교류 및 의견교환 기회 역시 획기적으로 증가시킬 수 있을 것이다.

정치·외교적 해결방안과 함께 사법적 해결방안도 FTA시대에는 새로운 전기를 맞이하게 된다. WTO협정에 비하여 모든 영역에서 "사법화"가 더욱 진화한 것이 바로 FTA이기 때문이다. FTA가 창출할 경제적 효과를 극대화하고 이를 충분히 향유하기 위해서는 통상분야에서의 법률분쟁이 이를 가로막는 장애물이 되지 않도록 지속적인 노력이 경주되어야 한다. 사법적 해결방안의 환경변화와 관련하여 특히 다음과 같은 상황 변화를 염두에 둘 필요가 있다.

A. 무역구제조치의 증가

FTA로 인한 양국 간 교역의 증가는 필연적으로 통상분쟁의 증가도 아울러 초래할 가능성이 높다. 미국, 캐나다, 멕시코의 경우도 NAFTA 체결로 양국 간 교역의 증가와 함께 다양한 영역에서의 통상분쟁도 아울러 증가하고 있다. 특히 이러한 측면은 무역구제조치의 경우 더욱 두드러진다. 자유무역의 강화와 함께 관세가 철폐됨에 따라 유일한 국내시장 보호수단은 바로 무역구제Trade Remedy조치의 발동이기 때문이다. 무역구제조치란 반덤핑 조사, 상계관세 조사 및 세이프가드 조사를 지칭한다. 무역구제조치는 각국이 가장 흔하게 발동하는 국내시장 보호조치이고 또 우리 수출기업들이 가장 흔히 직면하는 무역장벽이기도 하다.

FTA 체결로 국내시장 개방이 확대될 경우 미국과 EU 기업이 자국 조사당국에 대하여 한국산 상품에 대하여 무역구제조사를 신청할 가능성은 더욱 증가하게 될 것이다. 가령, 미국 기업의 경우 외국 경쟁상품의 국내시장 점유율이 높아질 경우 가장 용이하게 활용할 수 있는 것이 자국 통상법을 활용한 무역구제 소송즉, 반덤핑 조사, 상계관세 조사 등이기 때문이다. 한미 FTA 결과 미국 국내산업이 특히 경계심을 갖고 있는 우수한 품질의 한국산 상품의 미국 내 시장 점유율이 높아지게 된다면 미국 국내 생산업자의 반덤핑 제소, 상계관세 제소 등도 이에 따라 급증할 것으로 예상된다. 물론 FTA 발효 초창기에는 소위 HONEY MOON EFFECT로 어느 정도 무역구제 발동의 회피 움직임이 있을 수도 있으나 본격적으로 우리나라 상품의 시장 점유율이 확대될 경우 해당 품목에 대한 무역구제 조치 발동이 우려될 수밖에 없다. 지금까지의 상황을 살펴볼 경우 무역구제조치의 발동은 대부분 해당 상품의 시장 점유율의 급격한 증가와 밀접한 관련이 있는 것으로 이해되어 왔다. 따라서 이미 중국 및 인도에 이어 미국 시장에서 반덤핑 및 상계관세 공세의 주요 대상인 한국 기업은 FTA 체결 이후 최소한 단기적으로는 미국 내 반덤핑 및 상계관세 제소와 조사에 더욱 노출될 개연성이 농후하다는 점을 우리 정부와 기업이 충분히 인식할 필요가 있다. 그러므로 미국 상무성 및 국제무역위원회에 의한 반덤핑 및 상계관세 조사에 대비하기 위한 정부와 기업의 노력은 Post-FTA시대에는 현재보다 일층 강화되어야 할 것이다. 이러한 상황은 EU의 경우도 마찬가지이다. 한국산 상품의 시장 점유율의 급증은 무역구제조치의 발동을 촉진하게 될 것이다.

이러한 상황은 우리나라의 무역위원회가 미국 및 유럽상품에 대하여 무역구제조치를 발동하는 경우도 마찬가지이다. 외국 상품의 국내 시장으로의 진출이 증가함에 따라 우리 기업들이 무역위원회에 무역구제조치의 발동을 요청하는 경우 역시 FTA시대에는 증가할 것이기 때문이다. 사실 우리 무역위원회는 현재 무역구제조치의 적극적 활용을 계속 홍보하고 있는 상황이기도 하다. 따라서 우리 정부가 외국 상품에 대하여 반덤핑 조사, 상계관세 조사 및 세이프가드 조사를 하는 경우도 앞으로는 증가하게 될 것이다.

외국 정부조사당국가 우리 상품에 대하여 무역구제조사를 진행하는 경우 이에 대처하는 상황이든 혹은 우리 무역위원회가 외국 상품에 대하여 무역구제조사를 진행하는 상황이든 이에는 적지 않은 인력과 자원의 확보가 필요하다. 이러한 인력과 자원이 확보되지 않은 경우 외국 정부가 부당한 무역구제조치를 발동하는 것을 막을 수도 없을 것이며, 우리나라가 무역구제조치를 발동하여야 하는 상황에서 제대로 신속하게 대처하지 못하는 상황도 발생하게 될 것이기 때문이다. 따라서 향후 IN-BOUND와 OUT-BOUND의 무역구제조치를 공히 충분히 커버할 수 있는 통상분쟁 전문인력의 양성과 전문기관의 강화가 필요할 것으로 판단된다.

국가별로 규모의 차이가 있으므로 단순한 비교가 어려운 측면도 있고 무역구제와 관련된 인력만으로 한정한 것은 아니나 우리의 교역 상대국은 우리와는 비교할 수 없을 정도의 인력을 보유하고 있다. 가령, 미국의 무역대표부USTR는 약 200여 명의 전문 인력을[1] 보유하고 있으며, EU 또한 별도로 대외 통상담당 부서에 전문 통상인력군을 충분히 확보하여 활용하고 있는 상황이다.[2] 중국의 경우도 일련의 미-중 간의 분쟁을 거치며 통상전문인력이 급격히 늘어나고 있는 것으로 알려지고 있다.[3] 우리의 구요 교역 상대국인 미국, EU, 중국의 이러한 상황을 감안하고 이들과의 FTA를 통해 밀접한 통상관계를 구축하고자 하는

1 미국 무역 대표부의 인력 구조를 보여 주는 표는 다음과 같다(http://www.ustr.gov/about-us/human-resources/organization).

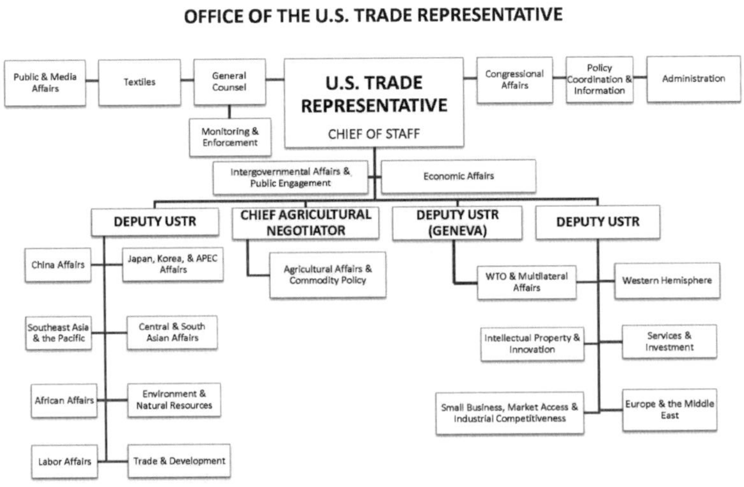

2 EU 웹사이트, "조직도" available at http://ec.europa.eu/trade/about/people/ 참조.
3 특히 중국의 경우 외국 변호사를 활용하는 경우 반드시 중국 국내 변호사와 공동작업을 할 것을 요구하여 외국 변호사의 노하우를 중국 카운터 파트에 이전하도록 요구하고 있다. 2012년 2월 18일 홍국대 법대 주최 국제학술대회 "Legal Education in Hong Kong, Japan, China and Korea"에서 중국 전문가의 언급 참조.

우리의 계획을 감안하면 이제는 전문인력 양성을 더 이상 미루기 힘든 시점이다. 특히 우리가 상대적으로 취약한 IN-BOUND 전문인력의 양성을 위해서는 무역위원회 인력과 자원을 더욱 확충할 필요가 있다.

또한 IN-BOUND 및 OUT-BOUND 무역구제조치의 증가는 동시에 통상분쟁의 증가를 의미하기도 한다. 왜냐하면 대부분의 통상분쟁은 이러한 무역구제조치를 배경으로 하거나 무역구제조치를 그 대상으로 하기 때문이다. 따라서 무역구제조치의 증가는 곧바로 통상분쟁의 증가를 수반하는 경우가 대부분이다. 이러한 통상분쟁의 증가는 그 자체로서 다시 전문인력과 자원의 확보를 요구하는 사항이기도 하다. 따라서 FTA시대에 접어들며 이러한 무역구제조치의 증가와 이로부터 초래되는 통상분쟁에 어떻게 대처하고 이를 어떻게 다룰 것인지에 대한 마스터 플랜의 수립이 필요하다. 장기적인 관점에서 인력과 자원의 확보방안과 전문성 함양방안을 다각도로 검토할 시점이다.

B. 중복제소 문제

통상분쟁이 제기될 수 있는 다양한 절차들을 감안하면 동일하거나 사실상 동일한 사안에 대한 중복제소의 문제가 당장 대두된다. 이론적으로 동일한 통상조치에 대한 사안이 국내법원, WTO분쟁해결절차, FTA분쟁해결절차, ISD분쟁해결절차[1] 등에 동시에 또는 순차적으로 제소가능하게 된다. 혼선과 비효율을 방지하기 위하여 때로는 몇몇 FTA에서 동시에 두 개의 분쟁해결절차에 회부되는 경우를 금지하고 있는 경우라고 하더라도 이러한 선택 요구 조항은 주로 WTO분쟁해결절차와 FTA분쟁해결절차 간이나 또는 국내법원과 ISD분쟁해결절차 등 직접 관련이 있는 분쟁해결절차에 대해서만 규정이 존재하고 모든 분쟁해결절차를 포괄하는 규정은 존재하지 않고 있다. 또한 설사 그러한 중복제소 제한 규정이 있는 경우도 대부분의 경우 동시에 두 곳의 분쟁해결절차에 회부

1 원래 ISD절차는 투자분쟁해결절차이므로 통상이슈를 직접 그 대상으로 하는 것은 아니나 투자와 통상은 밀접한 관계를 갖고 있어 동일한 이슈가 ISD절차와 통상분쟁해결절차에 동시에 제가되거나, 또는 본질적으로 통상이슈가 ISD절차에 회부되기도 한다. 전자의 사례는 호주의 담뱃갑 Plain Packaging Law에 대하여 Philip Morris가 호주-홍콩 BIT에 근거하여 2011년 11월 23일 ISD절차를 개시하고, 한편으로 동일한 조치에 대하여 우크라이나가 호주를 상대로 2012년 3월 13일 WTO분쟁해결절차에 회부한 것을 들 수 있다. 후자의 사례로는 미국 정부의 캐나다산 쇠고기 수입제한조치를 캐나다 축산업자들이 NAFTA ISD절차에 2005년 3월 제소한 것을 들 수 있다.

하지 못한다는 것이며 하나의 분쟁해결절차가 종료된 이후에는 다른 분쟁해결 절차로 이행할 가능성은 여전히 열려 있다. 결국 중복제소로 인하여 초래되는 문제는 그러한 SEQUENCE 규정에도 불구하고 여전히 남아 있게 된다.

물론 중복제소 문제는 이미 목도되고 있는 문제이다. 그러나 지금까지는 이러한 문제가 주로 국제소송절차와 국내소송절차 간 중복제소의 문제로만 대두되었다. 즉, 동일한 사안이 국내 법원에 사법심사를 위하여 계류됨과 동시에 WTO분쟁해결절차로도 이행하는 상황이 그것이다. 이러한 기존의 중복제소 자체도 적지 않은 혼란과 비효율을 초래하여 왔다. 그런데 FTA체제에서 새로이 전개되는 상황에서는 여기에 더하여 국제소송절차 간 중복제소 문제 역시 대두되게 된 것이다. 비유를 하자면 의사 결정 과정이 2차 방정식에서 4차 방정식으로 변환되게 된 것이다. 이러한 상황은 우리 정부와 기업에 대하여 더욱 큰 부담을 초래할 것으로 예측되며 보다 철저한 준비를 모색하여야 할 것이다.[1]

중복제소가 초래하는 또 다른 문제는 서로 상반되는 판결이 도출될 수 있다는 점이다. 물론 이는 바람직한 현상은 아니나 얼마든지 상정할 수 있는 상황이다. 여러 분쟁해결절차의 관할권과 적용 법규가 모두 상이하기 때문이다. 따라서 분쟁해결절차의 기제가 완벽하게 작동하는 경우에도 하나의 분쟁해결절차에서의 결과와 다른 분쟁해결절차에서의 결과가 반드시 동일하지 않을 가능성은 항상 남아 있게 된다. 어떠한 결론이 어떠한 분쟁해결절차에서 도출되든 당사국들은 해당 분쟁해결절차의 결론을 그대로 충실히 수용하고 이행하여야 하며, 여타 분쟁해결절차에서의 결론을 통해 그 결론을 변경하거나 수정할 수 없다. 이러한 측면에서 상반된 판결이 도출되는 경우에도 법리적으로는 명백한 가이드라인을 제시할 수 있다.

정작 중요한 문제는 판결의 이행과 관련된다. 위에서 살펴본 바와 같이 다양한 분쟁해결절차의 궁극적인 목적은 판결의 이행이다. 즉, 문제가 된 조치를 철회하거나 또는 손해의 배상을 제공하는 것이다. 그런데 특정 분쟁해결절차에서 결론이 내려진 사안이라 하더라도 사실상 동일한 사안에 대하여 여타 분쟁

1 이와 관련된 국제분쟁절차기구의 급증과 Forum Shopping 등 다양한 문제의 분석과 관련하여서는 C. Koskenniemi, "Fragmentation of International Law: Difficulties arising from the Diversification and Expansion of International Law," Report of the Study Group of the International Law Commission, UN Doc A/CN.4/L682, 13 April 2006 참조.

해결절차에 계류 중인 경우에는 피제소국이 신속한 이행을 거부할 명분이 생기게 된다. 정부 정책이라는 것이 쉽게 변경할 수 있는 것이 아니므로 동일한 조치에 대하여 최종 판정이 어떻게 내려지는지를 모두 파악한 이후 포괄적인 이행조치를 실시하겠다는 주장이 충분히 설득력을 가질 수 있기 때문이다.

결국, 이러한 상황에서는 최종적인 이행은 모든 분쟁해결절차가 종료될 시점으로 정하여질 가능성이 있고, 이 경우 이러한 다양한 분쟁해결절차를 활용할 수 있는 물적·인적 토대를 구비하고 있는 선진국의 경우 보다 유리한 상황에서 분쟁해결절차를 운용할 수 있게 될 것이다.

C. 분쟁해결절차의 적극 활용 필요성

FTA에서 새로이 도입될 다양한 분쟁해결제도를 필요한 경우 우리도 적극적으로 활용할 필요가 있다. FTA를 통하여 도입될 양자 간 분쟁해결절차, ISD 분쟁해결절차, 비관세무역장벽 조정절차 등 다양한 분쟁해결절차들을 한국 정부와 기업이 적극적으로 활용하여 부당한 조치와 정책을 시정하는 도구로 활용하여야 한다. 그러한 적극적 활용과 참여를 통하여 우리의 경험과 능력도 제고할 수 있을 것이며 이는 WTO와 FTA분쟁해결절차에서 다른 국가와 유사한 분쟁이 제기되는 경우에도 그대로 적용될 수 있을 것이기 때문이다. 그런데 이와 관련하여 제기되는 실무적인 문제는 이러한 분쟁해결절차를 활용하기 위해서는 우리 국내 전문인력이 충분히 확보되어야 한다는 점이다. 현재 WTO분쟁해결절차 하나의 운용에도 적지 않은 인력 부족을 경험하고 있는 우리나라 입장에서는 수십 개에 달하는 별도의 FTA분쟁해결절차와 ISD분쟁해결절차를 모두 활용하기 위해서는 지금에 비하여 획기적인 인력 확보와 양성이 필요할 것이다. 이러한 인력양성은 비단 우리 정부와 기업을 위하여 활동할 수 있는 전문가 양성뿐 아니라 이러한 분쟁을 심리하여 결정할 수 있는 국내 전문가의 확보 역시 포함한다. 가령, 현재 세계적인 추세는 통상분쟁 및 투자분쟁 발생 시 패널위원으로 임명되는 전문가들의 경우 영미법계 법리에 정통한 경우가 다수이다. 비영미법계 출신 인사들도 적지는 않으나 영어와 절차에 능통한 전문가들의 상당수가 영미법계 출신이거나, 최소한 영미법계에서 교육을 받은 인사들이기 때문이다.

특히 최근의 주요 분쟁은 정부와 민간부문의 관계, 정당한 정책목표의 의미 등 새로운 영역을 다루는 경우가 많고, 이러한 문제는 법률문화와 시각의 차이에 상당부분 기초하고 있다. 따라서 의사결정자가 어떠한 관점에 주안점을 두고 평가하는지가 최종결과에 적지 않은 영향을 미칠 가능성이 있게 된다. 이들의 경우 아무래도 영미법적 사고방식과 해결방안에 익숙한 경우가 많을 것이고 양자간 경계선상에 놓인 분쟁의 경우 한국에 불리한 결정을 도출할 개연성을 배제하기는 힘드므로 이를 극복하기 위한 장기적인 노력이 필요하다. 이러한 국내 전문가의 양성에는 정부와 학계의 협력이 필수적이다.

결론적으로 FTA시대에 대비함에 있어 그 경제적·물량적 효과에 초점을 두는 것도 중요하지만 이로부터 초래될 통상분쟁과 법률분쟁의 증가에도 주의할 필요가 있다. 특히 우리와 FTA를 체결한 미국과 EU의 경우 통상분쟁과 법률분쟁에 상당한 경험과 지식을 축적하고 있고 법적인 절차를 통한 분쟁해결 모색이 체화된 특징을 갖고 있으므로 이에 대한 적절한 대비는 특히 중요한 의미를 지닌다.

5. 무역구제조치에 대한 새로운 조망

우리 기업들은 주로 수입국으로부터 무역구제조치를 당하는 입장이다. 무역구제조치를 빈번하게 당한다는 것은, 곧 수출이 활발하다는 의미이기도 하다. 그러나 수입국의 무역구제조치에 대하여 준비가 되어 있지 않으면, 그 자체로 무역장벽이 되기도 한다. 여러 가지 분쟁에서 시의적절한 대처를 하지 못하면, 고율의 상계 관세를 물게 되고 이에 따라 수출 자체를 포기하는 사례도 발생하고 있다. 그러나 반대로 외국 수출기업에 대한 우리나라의 무역구제조치는 매우 드문 상황이다. 우리나라의 수입은 주로 필요에 의한 수입이 많기 때문에 선불리 무역구제를 할 수 없기 때문이다. 하지만 새로운 통상환경에서는 적극적인 무역구제조치 운용이 요구된다. 공격이 최고의 방어라는 명제가 가장 적절한 표현일 것이다. 이를 위해 무역구제조치 관련 기관의 인력을 강화하고 무역구제조사의 개선이 필요하다.

A. 우리 기업에 대한 무역장벽으로서의 무역구제조치

우리나라는 1995년부터 2011년 6월까지의 기간 중 중국에 이어 세계에서 두 번째로 반덤핑 제소를 많이 당한 국가이다.[1] 현재 국제경제 체제에서 압도적 지위를 차지하고 있는 중국을 감안하면 사실상 우리나라가 세계에서 가장 반덤핑 제소를 많이 당하는 국가라고 볼 수 있다. 한편 보조금 분쟁에서도 우리나라는 단골 분쟁 국가 중 하나이다. 세이프가드 분쟁 역시 우리나라를 괴롭히는 주요 통상 장벽 중 하나이다. 반덤핑 분쟁, 상계관세 분쟁 및 세이프가드 분쟁을 함께 무역구제 분쟁이라고 부른다.

그렇다면 왜 이렇게 우리나라는 무역구제조치의 주요 타겟이 된 것일까? 물론 가장 직접적인 원인은 우리가 주요 수출국이기 때문이다. 수출을 하지 않거나 주요 수출국이 아닌 경우 외국 정부로부터 이러한 수출규제를 당할 개연성 자체가 존재하지 않는다. 한편, 만약 우리 수출이 실제 덤핑행위를 하거나 보조금 교부를 받은 것이 사실이라면 이에 대하여 수입국이 무역구제조치를 발동하는 것을 비난할 수는 없을 것이다. 현재 무역체제는 WTO, FTA 모두 공정무역을 지향하고 있고 덤핑이나 보조금 교부는 공정무역을 저해하는 대표적인 사례로 간주되고 있으며 이에 대하여 필요한 제재를 무역구제조치의 형태로 부과하는 것을 인정하고 있기 때문이다. 물론 이러한 무역구제조치를 취하기 위해서는 실질적·절차적 내용을 갖추어 이에 따라 필요한 조치가 충실히 이행되어야 함은 물론이다. 그러나 무역구제조치의 경우 자국 산업을 보호하기 위한 부당한 목적으로 부과되는 경우도 적지 않다. 부당한 무역구제조치의 경우 WTO 협정 내지 통상협정에 위반되는 방식으로 부과된 것으로서 이러한 상황에 대한 논의는 별 의미가 없다. 일단 통상협정에 합치하는 방식으로 무역구제조치가 부과되었음을 전제하고 그렇다면 왜 우리나라가 주요 타겟이 되고 있는지를 검토하는 것이 보다 적절할 것이다.

VIII

첫 번째로 들 수 있는 이유는 우리나라의 경우 외국 정부의 부당한 무역구제조치 발동에 대한 견제수단인 동일 품목 내지 유사 품목에 대한 무역구제조치 발동이 상대적으로 곤란하다는 점이다. 품목별로 차이는 있으나 우리나

1 무역위원회, 무역구제 관련 통계(2012년 2월 말 현재) 참조.

라의 수출규모에 비하여 수입규모, 또는 주요 수출국의 수출시장 규모에 비하여 우리 국내시장의 규모는 상대적으로 작다. 따라서 품목별로 차이는 있으나 우리나라로 진출하는 외국 수출기업의 한국 시장에서의 판매량은 우리 기업의 해당국에서의 판매량에 비하여 적은 경우가 대부분이다. 우리나라에서 판매되는 수출물량이 적다면 이에 대하여 우리나라가 무역구제조치를 발동할 개연성도 그만큼 작아지게 된다. 즉, 우리 수출 기업은 무역구제조치의 발동 가능성에 항상 노출되어 있는 반면, 한국으로 수출하는 외국 기업들은 우리나라의 무역구제조치 발동 가능성에 대하여 상대적으로 염려할 필요가 없는 상황이 전개되어 왔다. 위에서도 지적한 바와 같이 정당한 무역구제조치는 통상협정도 인정하고 있는 조치로 그 자체에는 아무런 문제가 없다. 다만 무역구제조치 발동의 빈도, 특히 부당하거나 근거가 희박한 무역구제조치 발동은 상대방 국가의 무역구제조치 발동 가능성 여부와 연관성이 있다. 사법심사와 WTO 제소와 같이 문제의 소지가 있는 무역구제조치에 대한 징계조치가 있으나 현실적인 측면에서 그 실효성이 의문이라는 점을 감안하면[1] 상대방 국가의 동일 내지 유사 조치 발동 가능성이 주요한 억제책으로 작용하는 경우가 적지 않다. 우리나라의 경우는 이러한 가능성이 상대적으로 낮은 것으로 볼 수 있을 것이다.

두 번째로 들 수 있는 것은 우리 수출 기업의 경우 국제통상규범의 구체적인 내용을 아직 완전히 파악하고 있지 못하고 있다는 측면이다. 대기업의 경우 1980년대 중반부터 시작된 미국에서의 반덤핑 제소 등을 통하여 반덤핑 제소의 문제점과 한계에 대하여 익히 경험하게 되었다. 이들 기업들의 경우 무역구제조치 발동을 초래하지 않도록 사전에 대비하거나 또는 무역구제조치가 발동되더라도 이에 대응하기 위한 노하우 등이 축적되어 있으며 실제 무역구제조치가 발동되더라도 즉각적인 대응조치가 가능한 상황이다. 그러나 우리 수출 기업의 대다수를 차지하는 중소기업의 경우, 아직 이러한 무역구제조치는 생소한 개념이기만 하다. 수출활동에만 전념하다보면 예기치 못하게 반덤핑 조사 및 상계관

1 WTO 분쟁은 과다한 시간 소요와 판결의 소급적용 금지 원칙으로 인하여 실효성 있는 구제조치로 작용하기에는 내재적인 한계가 있다. 한편 사법심사의 경우 무역구제조치 부과국의 법원이 심사를 시행하므로 부과국 법령의 명백한 위반 등이 확인되지 않는 경우 해당 조치가 용인되는 경우가 대부분이다.

세 조사에 직면하게 된다. 무역구제조치 발동의 요건과 메커니즘을 파악하고 사전에 철저히 대비한다면 반덤핑 조사와 상계관세 조사를 사전에 차단하고 조사가 개시되는 경우에도 성공적 방어를 도모할 수 있을 것이나, 아직 중소기업의 경우에게는 이러한 사전대비를 기대하기는 어려운 실정이다. 그 결과 수출국 국내기업의 문제 제기와 조사를 용이하게 초래하게 된다.

세 번째로는 우리 중소기업의 경우 무역구제조치가 발동될 경우 지레 두려움을 느끼고 최선을 다하여 방어하는 노력을 포기하는 경우가 많다는 점이다. 통상분쟁의 발생 및 전개는 정부 및 기업에 상당한 부담을 초래한다. 주요 대기업들의 경우 이러한 분쟁에 대응하기 위한 사내 전문인력이 축적되어 있거나 또는 외부의 전문인력의 활용에 상당한 융통성이 있으므로 효과적으로 대응이 가능한 측면이 있다. 그러나 중소기업의 경우에는 이러한 대응에 적지 않은 현실적 난관과 장애물이 있으며, 그 결과 부당한 통상분쟁에 직면하여서 대응을 포기하거나 제한적으로 검토하는 상황도 아울러 발생하고 있다.

사실 무역구제조치가 발동되는 근본 원인은 활발한 수출 때문이다. 우리 수출 기업이 해외시장에서 시장점유율을 높여 가는 상황이 발생하여야 해당국 국내기업이 이러한 무역구제조치의 발동을 자국 정부에 청원하는 경우가 대부분이기 때문이다. 이러한 우리 기업에 대한 무역구제조치의 증가는 두 가지 측면에서 그 원인을 생각하여 볼 수 있을 것이다. 먼저 덤핑 및 보조금 교부조치의 효과인 경우도 상정할 수 있을 것이다. 이 경우 조사의 개시 자체는 문제삼을 수 없을 것이며 다만 조사가 공정하게 진행되도록 모니터링 하는 방법이 유일한 대안일 것이다. 그 다음으로는 덤핑 및 보조금 교부행위가 없었음에도 불구하고 오로지 우리 수출 기업을 자국 시장에서 압박 내지 퇴출하기 위하여 무역구제조치를 발동하는 경우이다. 이러한 경우는 오로지 수출증가에 따른 수입국 국내업계의 반발작용으로밖에 해석할 수 없다. 문제는 이러한 경우에도 일단 조사가 개시된 이상 최종판정까지 일년에 가까운 시간 동안은 조사가 계속하여 진행되고 우리 수출기업의 경우 시장의 불확실성과 조사대응 비용시간, 인력 및 변호사 비용을 계속 부담하여야 한다는 점이다. 위에서 언급한 바와 같이 대기업의 경우 이러한 인프라가 구축되어 있고 어차피 해당 시장을 포기할 만한 상황은 아니므로 최선을 다하여 대응에 나서게 된다. 그러나 중소기업의 경우 경험과 인프라가 열악하므로 대응을 포기하고 여타 시장으로의 진출을 도모하는 상황이 발생하게 된다.

문제는 중소기업이 이와 같이 수출시장 포기 내지 수출시장 전환을 도모할 경우 외국 국내 청원기업은 자신의 목표를 십분 달성하게 된다는 것이다. 실제 덤핑이나 보조금 교부행위가 부재하거나 입증할 만한 증거가 부재함에도 불구하고 단지 조사의 개시를 청원함으로써 시장에서의 강력한 라이벌을 퇴출시키는 결과를 초래하였기 때문이다. 이러한 결과는 해당 청원기업뿐 아니라 해당 국가의 여타 기업에 대해서도 중요한 학습효과를 제공한다. 무역구제조치의 효과를 실감한 이들은 한국의 여타 수출 기업에 대해서도 무역구제조치를 발동할 개연성이 그만큼 높아지게 될 것이다.

따라서 중소기업 통상분쟁의 대응에 대한 지원이 필요하다. FTA체제의 본격적 전개로 통상분쟁 등이 증가하는 상황이 예상되는 현 시점에서 중소기업의 통상분쟁 대응 능력을 어떻게 제고할 것인지에 대한 체계적인 검토를 실시하는 것이 필요하다. 기본적으로 통상분쟁의 직접적인 당사자는 개별 기업이므로 이들 기업에 대한 정부차원의 지원에는 한계가 있을 수밖에 없다. 또한 개별 기업에 대한 지원은 그것이 어떠한 형태의 지원이든 WTO 보조금협정 위반 가능성을 초래할 위험성을 안고 있기는 하다. 그러나 이러한 제약조건에도 불구하고 중소기업들이 개별적으로 통상분쟁에 대응할 수 있는 기본적인 인프라를 구축할 수 있는 제도의 도입을 검토하거나, 민간차원의 자율적인 대응방안 구축을 정부가 측면 지원함으로써 그 실질적 효과를 거양하는 방법을 도모할 수는 있을 것이다. 가령, 민간차원의 지원펀드 결성을 정부에서 용이하게 해 준다든가 또는 수출 기업이 아닌 광범위한 중소기업에 지원이 가능하도록 하여 보조금 분쟁 촉발의 단초 중 하나인 특정성을 사전에 제거하는 방안 등을 검토할 수 있을 것이다.

중소기업들에 대한 이러한 통상분쟁 대응체제 구축이 정비되어야 우리나라 시장에서의 부당한 외국 상품의 시장잠식도 차단할 수 있을 뿐 아니라 우리나라 수출품에 대하여 제기되는 무역구제 제소 등 다양한 수출장벽에 효과적으로 대응할 수 있을 것이다.

네 번째로 들 수 있는 것은 우리기업에 대한 무역구제조치는 우리 기업의 국제경쟁력이 강화되는 경우에 한하여 주로 제기된다는 점이다. 그 대표적인 사례로 우리 조선업 시장을 들 수 있다. 우리 조선업계는 우수한 기술력을 바탕으로 한 뛰어난 경쟁력으로 세계 조선시장에서 압도적 지위를 상당기간 향유하여 왔으며 이로 인하여 EU 등 조선분야 주요 경쟁국의 집중 견제를 받아오고 있다. 이러한 견제는 다양한 영역에서 여러 형태로 발현되고 있으나 최근 특히 보조금 분쟁 내지 보조금 이슈와 연관된 분쟁으로 비화되어 오고 있는 상황이다. 세계 조선시장에서 우리와 경쟁하는 주요 경쟁국 입장에서는 한국의 주요 산업에 대한 견제로 보조금 지급 관련 문제 제기가 가장 효과적인 수단 중 하나이므로 우리 조선산업에 대해서도 보조금 문제또는 이와 관련된 제반 문제를 제기하게 된 것이다. 이러한 상황은 반도체, 전자제품 등 우리나라가 세계적 경쟁력을 확보한 여타 산업분야에서도 동일하게 나타나는 현상이다. 이러한 맥락에서 EU는 2002년 10월 상업선박에 대한 불법 보조금 교부를 주장하며 우리나라를 WTO분쟁해결절차에 제소하였고 오랜 패널심리절차를 거쳐 2005년 4월 11일 최종 패널 보고서가 채택되어 동 분쟁이 종결되었다.[1] 한편 EU의 우리나라 제소에 대항하여 우리나라가 EU를 불법 보조금 교부 혐의로 맞제소한 분쟁 역시 패널심리절차를 거쳐 2005년 6월 20일 최종 패널 보고서 채택으로 마무리되게 되었다.[2]

B. 외국 수출 기업에 대한 우리나라의 무역구제조치

그러나 한편으로 우리나라에 수출하는 외국 기업에 대한 우리 정부의 무역구제 조사는 상대적으로 활성화되어 있지 않고 있다. 물론 최근 무역구제조치의 중요성과 실효성에 대한 인식이 확산되며 우리 국내기업의 무역구제 조사 청원도 점차 늘어가는 상황이기는 하다. 그러나 조사 건수나 내용 면에서 아직 주요 선진국의 기준에는 미치지 못하는 상황이다. 조사 건수도 우리 경제력에 비하여 상대적으로 미흡할 뿐 아니라,[3] 이러한 무역구제 조사의 대상

1 Korea — Measures Affecting Trade in Commercial Vessels (WT/DS273/R) ("Korea-Commercial Vessel") 참조.

2 European Communities — Measures Affecting Trade in Commercial Vessels (WT/DS301/R) 참조.

3 예를 들어, 1995년부터 2011년 6월 사이에 한국이 실시한 반덤핑 조사 수는 111건인 반면 같은 기간 아르헨티나는 288건, 호주는 219건, 브라질은 227건, 중국은 186건, 인도는 647건, 남아공은 213건을 실시한 바 있다. WTO 웹사이트, "Statistics on Anti-Dumping, Anti-dumping Initiations: by Reporting Member" available at http://www.wto.org/english/tratop_e/adp_e/adp_e.htm

이 된 상품이 수출국의 핵심 수출상품인 경우도 드물다. 모든 무역구제 조사는 해당 조사를 청원한 우리 국내 기업 입장에서는 사활이 걸린 중요한 이슈일 것이나 전체적인 측면에서는 외국의 주요한 수출상품이 우리 무역구제조치의 대상이 된 경우는 찾아보기 힘들다. 아마 외국의 주요 수출상품의 경우 우리 국내 기업이 이를 필요로 하여 수입하고 있는 경우가 적지 않기 때문일 것이다. 어쨌든 이러한 무역구제조치의 현실적 불균형 문제가 우리나라에 대한 외국의 무역구제조치의 증가에 간접적인 영향을 미치고 있음은 위에서도 지적한 바 있다.

2012년 3월 말 현재 우리나라의 무역구제 조사 대상국과 대상 제품을 보여주는 표는 다음과 같다.[1]

1 출처: 한국 무역위원회 홈페이지(http://www.ktc.go.kr/repage/sub_02_10.jsp?m=m1).

국 가		농산물	광산물	화확공업제품	플라스틱고무가죽제품	섬유류	생활용품	철강금속제품	기계류	전기전자제품	잡제품	총 계
북 미 (2개국)	미 국	11	1	11	0	5	1	0	1	4	3	37
	캐나다	1	0	2	0	0	0	0	0	0	2	5
중남미 (3개국)	브라질	5	0	0	0	0	0	0	0	0	0	5
	아르헨티나	4	0	0	0	0	0	0	0	0	0	4
	칠 레	0	0	0	0	0	0	0	0	0	1	1
아시아 (12개국)	대 만	1	0	3	0	6	2	1	1	1	1	16
	말레이시아	1	0	2(1)	0	4	0	0	0	0	2	9(1)
	베트남	1	0	0	0	0	1	0	0	0	0	2
	싱가포르	2	0	2	0	0	0	0	1	5	0	10
	인 도	2	0	3	1	1	0	3	0	0	0	10
	인도네시아	2	0	1	0	2	1	0	0	0	6(1)	12(1)
	일 본	3	2	10	0	4	0	3	5	9	8	44
	중 국	10	11	14(1)	1	3	7	1	2	7	10(2)	66(3)
	태 국	0	0	0	0	1	0	0	2	0	3	6
	파키스탄	0	0	0	0	1	0	0	0	0	0	1
	필리핀	1	0	0	0	0	0	0	0	0	0	1
	홍 콩	1	0	0	0	0	0	0	0	1	0	2
유 럽 (15개국)	네덜란드	2	0	0	0	0	0	0	0	1	1	4
	독 일	0	0	3	0	0	0	0	0	1	2	6
	러시아	0	3	0	0	0	0	3	0	0	1	7
	리히텐슈타인	0	0	0	0	0	0	0	1	0	0	1
	불가리아	0	1	0	0	0	0	0	0	0	0	1
	스위스	0	0	0	0	0	0	0	1	0	0	1
	스페인	1	0	0	0	0	0	3	0	0	1	5
	영 국	0	0	2	0	0	0	0	0	0	1	3
	우즈베키스탄	0	1	0	0	0	0	0	0	0	0	1
	이탈리아	0	0	0	0	0	0	0	1	0	1	2
	카자흐스탄	0	1	0	0	0	0	0	0	0	0	1
	폴란드	0	0	1	0	0	0	0	0	0	0	1
	프랑스	0	1	3	0	0	0	0	0	2	0	6
	벨기에	0	0	2	0	0	0	0	0	0	1	3
	E U	2	0	0	0	0	0	0	0	0	0	2
대양주 (2개국)	뉴질랜드	2	0	0	0	0	0	0	0	0	1	3
	호 주	2	0	0	0	0	0	0	0	0	0	2
총계(34개국)		54(0)	21(0)	59(2)	2(0)	27(0)	12(0)	14(0)	15(0)	31(0)	45(3)	280(5)

가령 우리나라의 경우 외국 정부와 직접적인 마찰을 초래하는 보조금 교부를 이유로 하는 상계관세 조사를 아직 한 번도 실시한 바 없다.[1] 우리나라 기업이 보조금 조사의 단골 대상이었던 사실과 비교하면 대조적이다. 이 역시 우리나라의 무역구제조치는 상대적으로 이목을 끌지 못한 측면을 보여 주고 있다. 그런데 이러한 상황이 이제 큰 변화에 직면하고 있다. 외국과의 FTA 체결로 인하여 국내시장으로의 수출이 급증할 경우 통상협정이 허용하는 유일한 대안 중 하나는 바로 무역구제조치를 원용하는 것이기 때문이다. 이제 우리 국내 시장으로의 외국 상품 진출이 그 양과 질면에서 대폭 늘어날 것으로 예상되므로 이제 무역구제조치의 활발한 운용이 필요한 시점이다.

C. 새로운 통상환경에서의 무역구제조치 운용 방향

새로운 통상환경을 맞이하여 가장 시급히 요구되는 것은 적극적인 무역구제조치의 활용이다. 크게 반덤핑 조사, 상계관세 조사, 세이프가드 조사로 대변되는 무역구제조치는 WTO협정이 인정하는 유일한 방어수단이자, 현재 국제통상이 공히 인정하는 최고의 방어수단이기 때문이다. 특히, 거대 경제권역과의 FTA 체결로 인하여 국내시장으로의 외국 상품 진출 폭증이 예상되므로 무역구제조치의 충분한 활용이 요구된다.

WTO협정이 인정하는 적극적인 무역구제조치를 통해 우리나라가 분쟁 해결의 다양한 선택권을 쥐고 분쟁을 해결할 수 있었던 예로 일본과의 반도체 상계관세 분쟁을 들 수 있다. 동 분쟁에서 패널은 당사국에 전달된 잠정보고서Interim Report에서 패널은 주요 핵심 쟁점에 대하여 우리측 입장을 수용하면서, 구체적 이행 방법에 관하여는 일본 정부에 위임하는 판정을 내렸다.[2] 이와 같은 상황에서

1 WTO 웹사이트, "Statistics on Subsidies and Countervailing Measures: Countervailing Initiations: By Reporting Member" available at http://www.wto.org/english/tratop_e/scm_e/scm_e.htm

2 Japan — Countervailing Duties on Dynamic Random Access Memories from Korea (DS336) Interim Report, para. 7.8 참조.

7.8 We thus consider that Article 19.1 would allow us to make the suggestion requested by Korea. However, we have found various violations of Japan's obligations under the SCM Agreement, which may necessitate differing responses in order to bring the measure concerned into conformity with Japan's obligations under the SCM Agreement. In our view, the modalities of the implementation of our recommendation are, in the first place, for Japan to determine. We therefore decline to make the sug-

우리측은 일단 유리하게 내려진 판정을 근거로 일본측과 정치적 타결 가능성을 검토하였다. 이렇게 적극적인 무역구제조치의 이용과 그로 인한 우리 측에 긍정적인 잠정보고서 결과는, 이를 토대로 상대국과이 분쟁해결에서 보다 다양한 선택 가능성을 확보할 수 있다는 점에서 긍정적으로 검토할 만하다고 볼 수 있다.

무역구제조치의 활발한 이용을 위하여는 먼저 무역구제조치 관련 기관의 인력 및 지원 강화가 시급하다. 그간 우리나라의 무역구제조치는 주로 반덤핑 조사에만 국한되어 있었으며 상계관세 조사 등 여타 무역구제에 대한 경험은 일천한 것이 사실이다. 다양한 방법으로 인력 풀人力pool을 확보하고 국가 차원의 적극적인 지원이 필요하다고 볼 수 있다.

구체적으로 우리 정부의 조사기관Investigating Authority인 지식경제부 산하 무역위원회Korea Trade Commission의 확대 내지 독립방안을 생각해 볼 수 있다. WTO, FTA 등을 통하여 우리 국내시장의 개방속도 역시 빨라지게 됨에 따라 불공정무역행위에 종사하는 외국 수입품의 국내시장 유입 또한 그 빈도와 규모가 증가하고 있는 추세이다.[1] 이러한 불공정무역행위에 신속히 대처하기 위해서는 우리나라의 조사당국으로서의 무역위원회의 권한 및 위상 강화가 시급하다는 점에 공감대가 형성되어 가고 있다.[2]

무역위원회의 역할이 사실상 통상법의 국내적 집행기관이라는 점을 감안하면 그 중요성은 두말할 나위가 없다. 최근 우리나라가 인도네시아와 제지관련 반덤핑 분쟁에서 패소한 사례 및 일본이 우리와의 반도체 상계관세 분쟁에서 패소한 사례는 점차로 조사당국의 치밀한 준비와 철저한 통상협정상 의무의 이행이 얼마나 중요한지를 여실히 보여 주고 있다.[3] 이러한 점을 염두에 두고 인력과 재원 등 측면에서 무역위원회의 역할을 더욱 확대할 필요가 있다. 사실 무역위원회는 2004년 이래로 그 역할과 기능을 증대시키고자 다양한 노력을 경주하고 있다. 먼저 한국 중소기업들에 대해 무역위원회의 역할과 활동에 대한 이해를 제고시키고자 워크숍을 개최하였으며 불공정무역으로부터 국내시장 보호를 위한 합의 조성에 노력하고 있는 실정이다.

gestion requested by Korea.

1 무역위원회, "불공정무역행위 조사 활성화 방안 연구"(2010), www.ktc.go.kr에서 다운로드 가능.

2 *Ibid.*

3 Korea — Paper from Indonesia (WT/DS/312) 참조; Japan — DRAMs from Korea (WT/DS/336) 참조.

가령, 한미 FTA 체결 후 급증하는 미국 상품 중 일부는 덤핑 등 불공정무역행위를 통하여 이루어지는 것도 있을 것이므로 이러한 상품이 한국 국내 생산업자에 대하여 부당한 피해를 초래하지 않도록 하기 위해서는 우리 무역위원회의 기능과 권한을 선진국 수준에 맞추어 정비할 필요가 있다. 국제통상분쟁의 경험이 풍부한 미국 기업이 한국에서 반덤핑 제소 등을 당한 경우 우리 무역위원회의 조사가 국제기준에 합치되는 방향으로 진행되지 않을 경우 이를 양국간 분쟁해결기구에 제소하게 될 것이고 이 경우 미국의 입장의 지지될 가능성이 높을 것이다. 이러한 소지를 가급적 줄이기 위해서는 우리 조사당국에 대한 전면적인 정비와 인력보강 작업이 역시 시급하다고 하겠다.

무역위원회의 역할 강화는 한편으로 관련 국내법령의 정비작업 역시 아울러 요한다. 가령, 우리 무역위원회는 아직 외국 기업 및 정부에 대하여 상계관세 조사를 한 번도 실시한 적이 없으나 조만간 상계관세 조사가 곧 개시될 개연성이 높다는 점이 일반적인 관측이다. 그런데 이러한 조사를 위해서는 관련 국내법령에 대한 사전정비가 필요하다. 가령 상계관세 조사에 있어 실제 상계관세 마진은 경제적 혜택의 정도에 따라 결정되므로 실제 분쟁에서는 경제적 혜택 계산 방법benefit calculation이 중요하다. 따라서 현재 이에 대하여 구체적인 계산 방법이 결여되어 있는바, 이를 보다 구체적으로 규정할 필요가 있다. 이러한 작업은 관세법 관련 규정에 대한 정비를 필요로 한다.[1] 일본이 이러한 규정의 미비로 인하여 최근 우리나라와의 WTO 분쟁에서 패소한 점은 우리에게도 시사하는 바가 크다고 할 것이다. 또한 상계관세 조사의 핵심인 "정부에 의한 재정적 기여"에 관하여 최소한 보조금협정 수준의 상세함은 유지하여야 할 것으로 보이나 아직 우리 국내 관련 법령은 지나치게 단순한 형편이다.

나아가 WTO체제가 허용하는 범위 내에서 국내 시장의 철저한 보호가 한국 상품의 해외 진출을 오히려 지원하는 효과가 있다는 점을 자각할 필요도 있다. 그 이유는 한국 내에서 자국 상품에 대한 유사한 반덤핑 조사 등을 우려하는 외국 정부가 한국산 제품에 대한 반덤핑 조사 등을 실시함에 있어 보다 신중하게 임하기 때문이다. 일종의 견제효과라고 볼 수 있을 것이다.

1 이 부분은 특히 관세법 시행령 제72조에 대한 정비작업을 요한다. 미국 상무성 규정의 계산 방법(19 CFR 521 등)이 일본 등 여러 국가들에 의하여 광범위하게 준용되고 있으므로 이와 유사한 내용을 포함시켜 놓는 것이 필요할 것이다.

활발한 무역구제조치의 이용과 아울러 무역구제 조사의 개선이 이루어져야 할 것이다. 구체적으로 무역구제 조사에 있어서 절차적 정당성을 객관적으로 확보하는 방안이 모색되어야 한다. 조사에 있어서 객관적이고 투명한 절차는 물론, 최종 판정에 대한 상세한 설명이 요구된다. 사실상 타당한 조사를 실시하고도 사소한 절차적 요건의 미비로 WTO 분쟁에서 패소한 *Korea-Paper* 사건을 교훈 삼아, 앞으로의 무역구제 조사에 있어서는 절차적 정당성 확보에도 관심을 기울여야 할 것이다.[1]

1 Korea — Anti-Dumping Duties on Imports of Certain Paper from Indonesia (DS312), 28 October 2005.

6 국제통상의 다변화·입체화와 새로운 통상분쟁의 전개

과거 통상분쟁이라 하면 주로 반덤핑 분쟁 내지 보조금 분쟁과 같은 전형적인 분쟁만을 주로 언급하였다. 이러한 전형적인 통상분쟁이 여전히 우리의 주요 관심사이며 여기에 대하여 지속적인 관심과 신속한 대응이 필요함은 물론이다. 그러나 한편으로 이러한 전형적인 통상분쟁에 더하여 새로운 형태의 통상분쟁이 등장하고 있다.

2011년 4월 29일 발의된 호주의 담뱃갑 디자인 법안과 관련한 이슈는 이러한 새로운 분위기를 잘 보여 준다. 호주 의회는 담뱃갑의 색깔을 초록색 올리브 색깔로 하고 담배 회사의 상표를 사용하지 못하게 하며 브랜드 이름만 작은 글씨체로 적도록 하는 법안을 상정하였다.[1] 지정된 올리브 색깔은 연구 결과에 따르면, 흡연 욕구를 줄이게 하는 색깔이었다. 국민의 건강을 증진하고 보호하고자 발의된 이 법안은 당장 담배 회사들의 반발을 불러일으켰다. 회사들은 동 법안을 적용하게 되면, 고유의 브랜드 이름과 디자인을 사용하지 못하게 됨으로써 자신들의 지적재산권이 침해받으며, 특히 외국 담배회사는 동 법안이 국제상표와 관련하여 불필요하게 무역제한적이고, 외국 상품에 대한 비관세장벽을 형성하며, 이는 곧 WTO협정 위반임을 주장하였다.

이러한 새로운 형태의 통상분쟁이 대두된 배경은 국제통상 영역의 다변화와 입체화에 기인한다. 과거에는 국제통상의 영역이 아니거나 또는 국제통상과

1 호주의 담뱃갑 디자인에 관한 입법안에 대하여 설명하고 있는 호주 신문 기사는 다음과 같다. http://www.theaustralian.com.au/national-affairs/abbott-out-of-puff-on-plain-cigarette-packet-laws/story-fn59niix-1226066784420

직접 연관이 없는 것으로 간주되던 영역들이 점차 국제통상의 영역으로 지속적으로 편입되고 있다. 이러한 국제통상의 다변화 및 입체화 현상은 통상분쟁을 그만큼 복잡하게 변화시키고 있다.

이러한 형태의 분쟁의 해결을 위해서는 단지 WTO협정의 영역에만 국한되지 않고 기타 관련 국제규범이 존재하는 경우 이에 대한 적극적인 참고와 원용이 필요하다. 최근 제기되는 새로운 유형의 통상문제들의 대부분은 국제무역 규범과 여타 규범의 경계선상에서 복합적으로 적용되는 양상이므로, 정확한 사실관계의 파악과 국가 간 입장차이 조율을 위해서는 통상규범을 포함한 제반규범에 대한 종합적이고 체계적인 사고가 필요하다. 특히 최근 문제가 되고 있는 무역과 환경, 무역과 인권, 무역과 금융정책, 무역과 국가안보 등은 대표적인 새로운 유형의 통상문제라 볼 수 있고 각국은 이들에 대해 민감하게 대응하며 서로 간 첨예한 입장 차를 보이고 있다. 이 경우 단순히 WTO협정 조항에 대한 기계적인 해석과 적용만으로는 특정 분쟁에서의 기계적 승패를 가릴 수 있을지는 모르나 정확한 사실관계를 파악하고 국가 간 입장차이를 조율하는 데 곤란을 겪을 수밖에 없으며, 나아가 장기적으로 실효성과 현실성을 겸비한 비관세무역장벽 대응 방안 모색에는 한계가 있을 것으로 판단된다. 이 장에서는 국제통상의 다변화 및 입체화 현상을 분야별로 살펴보고 이에 따라 발생되는 새로운 통상분쟁의 전개상황에 대하여 살펴보고자 한다.

1. 국제통상 영역의 다변화 및 입체화

국제통상 영역의 다변화 및 입체화 현상은 여러 영역에서 나타나고 있다. 특정 국가의 경제정책은 어떤 방식으로든 국제통상에 영향을 미치고 또 민간주체들의 국제경제활동에의 참여가 증가하고 있으므로 이러한 다변화 및 입체화 현상이 여러 영역에 걸쳐서 발생하는 것은 어떤 측면에서 당연하다고 볼 수 있다. 특히 최근의 사례를 살펴보면 다음과 같은 영역에서 이러한 현상이 두드러지고 있다.

A. 국제통상과 국제금융

국제통상은 주로 상품이나 서비스의 교역을 통하여 이루어진다. 상품과 서비스 교역은 대가의 지급을 수반하므로 각국의 국제수지와 밀접한 연관성을 갖게 된다. 따라서 국제무역과 국제수지는 동전의 양면과 같은 의미가 있고 따라서 국제금융 제도도 국제통상과 밀접한 연관성을 갖게 되는 것이다. 제 2 차 세계대전 이후 브레튼우즈 체제Bretton Woods System도 IMF와 World Bank를 설립한 이후에 국제무역기구를 설립하려고 했던 것도 양자의 관련성을 보여 주는 예라고 할 수 있다.

마찬가지 맥락에서 일국 정부의 국제금융 제도와 관련한 조치는 국제통상에도 상당한 영향을 미치게 되며 다양한 함의를 내포하게 된다. 최근 미국과 중국 간 환율 분쟁은 바로 이러한 측면을 보여 주는 대표적인 사례이다. 2008년 미국에서 시작된 국제금융위기 이후에 세계경제는 침체기를 겪고 있는데 이러한 침체기에는 보호무역주의의 기운이 팽배하기 마련이다. 1929년 대공황 이후 1930년 Herbert Hoover 대통령은 대폭적인 관세인상을 내용으로 하는 Smoot-Hawley Act에 서명하였다. 이 법은 대공황으로 초래된 국제경제의 침체기를 가속화시켜 경제회복을 지연시켰다는 주장이 적지 않다.[1] 보호무역주의의 수단은 다양하다. 환율이 국제금융시장에서 가격신호기능을 할 수 있도록 하지 않고 국가가 개입하여 이를 인위적으로 변경함으로써 보호무역주의의 목적을 달성할 수도 있다. 미국은 최근 중국을 포함한 일부 국가가 자국통화의 가치를 낮추어 자국상품의 수출가격경쟁력을 인위적으로 높이고 있다는 비판을 하고 있다. 미국은 중국의 환율정책은 보호무역주의 달성의 도구로서 WTO 보조금협정에 위반된다고 주장하면서 통상법 제301조에 따른 일방적 보복조치의 가능성도 제기하고 있다.[2]

1 Douglas Irwin, "Goodbye Free Trade? High tariffs and currency wars cost us big in the 1930s. We can avoid making the same mistakes again," *Wall Street Journal* (Oct 9, 2010).

2 Wayne M. Morrison and Marc Labonte, "China's Currency: Economic Issues and Options for U.S. Trade Policy," Congressional Research Service Report for Congress, 18 April 2006 available at http://fpc.state.gov/documents/organization/65773.pdf; Gary Clyde Hufbauer and Jared C. Woollacott, "Trade Disputes Between China and the United States: Growing Pains so Far, Worse Ahead?," Peterson Institute for International Economics Working Paper Series WP10-17 (Dec 2010); 130명의 의원이 중국의

국제경제의 고전적인 이론에 의하면 국제수지의 자율적 조정과 국제무역에 있어서 비교우위론에 기초하여 어느 국가도 지속적인 국제무역흑자와 적자를 갖게 되지 않는다.[1] 물론 단기적인 불균형이 발생하기는 하나 이는 국제수지의 일시적 불균형에 지나지 않는다. 예컨대 변동환율제를 채택하고 있는 국가의 경우 무역수지적자가 발생하는 경우 자국통화의 가치가 절하되므로 수출가격경쟁력을 갖게 되어 결국 수출이 증대하고 수입이 억제되어 무역수지가 균형을 이루게 된다는 것이다. 1970년대 변동환율제로 이행하기 전 일반적인 견해는 변동환율제를 채택하게 되면 국제수지의 균형이 자동적으로 달성되고 국제경제환경변화로 인한 외부적 충격에 대하여 국내경제를 보호할 수 있다고 기대하였다. 이에 의하면 정책당국이 경상수지적자에 대하여 정책적 관심을 가질 유인은 거의 없다. 그러나 위 이론은 자본이동이 없다는 비현실적인 가정에 기초하고 있다. 국제금융의 급격한 세계화에 따라 국가 간의 자본이동이 대규모로 이루어지고 있는 오늘날의 국제경제하에서는 비현실적인 가정에 기초한 고전적인 이론에 따른 정책적 처방의 현실성은 떨어진다고 볼 수 있다. 실제로 변동환율제로 전환이 이루어진 후에 환율 및 경상수지의 추이를 보더라도 고전적 이론에 따른 국제수지의 자정기능이 제대로 작동하지 않고 있음을 알 수 있다.

미국은 지속적으로 대규모의 경상수지의 적자를 기록하고 있는 반면에 중국 등 신흥개도국은 지속적으로 경상수지 흑자를 유지하고 있어 "글로벌 불균형global imbalance"이 발생하고 있으므로 흑자국이 자국의 통화의 평가절상 등을 통하여 이를 적극적으로 개선하여야 한다는 목소리가 높다. 특히 2008년 국제금융위기 이후에 이러한 이슈가 G-20 등의 논의의 주요의제가 되어 있다. 물론 중국 등 외국이 안정자산인 미 재무부의 국채 등 미국의 자산에 대규모 투자를 함으로써 자본수지의 흑자로 전체적으로 국제수지의 균형이 이루어지고 있으므로 경상수지의 적자가 크게 문제될 것은 없다는 주장도 있다. 상품 또는 서비스 등의 무역에 있어서는 미국이 비교열위에 있으나 미국산 투자자산은 타 국가의

환율조작행위에 대한 조치를 요구하는 2010년 3월 15일자 서한 available at http://www.ft.com/cms/s/0/ed6a4098-304f-11df-bc4a-00144feabdc0.html#axzz1prN89I00

1 Robert A. Blecker, "Financial Globalization, Exchange Rates, and International Trade," conference paper for the conference on "Financialization of the Global Economy," Political Economy Research Institute, Dec 7-8, 2001 available at http://www.peri.umass.edu/fileadmin/pdf/financial/fin_Blecker.pdf

자산보다 비교우위에 있으므로 정책당국이 경상수지 적자규모에 과민반응을 할 필요가 없다는 것이다. 미국 투자자산에 대한 외국의 투자는 미국 경제에 대한 확신과 미국산 자산에 대한 안정성에 기초한 것이므로 경상수지의 적자는 미국 경제의 강인함을 오히려 보여 주는 것이라는 주장까지 존재한다.[1]

그러나 미국의 투자자산을 외국에 판매하여 조달한 돈으로 현재의 경상수지의 적자를 보전하여 주는 것은 결국 미래소비를 희생하여 현재소비를 하는 것으로 볼 수 있다. 또한 2011년 권위 있는 국제신용평가기관인 S&P가 미국 국채의 등급을 AAA에서 한 단계 강등한 것에서 볼 수 있듯이[2] 달러화표시 자산의 안정자산으로서의 인식에 있어서 변화가 진전될 경우 지속적인 경상수지의 적자를 유지하기 힘들어질 수 있다. 또한 지속적인 경상수지의 적자는 미국 내의 일자리를 희생하여 외국의 일자리를 유지하여 준다는 것으로 이해될 수도 있어 정치적으로도 민감한 문제이다.[3]

미국은 중국이 자국통화에 대한 환율을 국제금융시장에서 자율적으로 결정하도록 하지 않고, 인위적으로 낮게 함으로써 대규모 무역흑자를 시현하고 있다고 보고 있다. 따라서 미국은 글로벌 불균형을 해소하기 위해서는 중국이 나서야 한다고 주장한다. 그러나 환율문제는 수출입뿐만 아니라 일국의 거시경제 전반에 영향을 미치는 것이기 때문에 이는 해결하기 극히 곤란한 문제이다. 만일 중국이 미국의 압력에 굴복하여 위안화의 가치를 절상하게 되면, 수출의존적인 중국경제의 성장이 정체되어 1990년대 일본과 같은 장기침체에 접어들 수 있는 위험이 있다. 미국의 경우 환율결정에 개입하지 않는다고 하더라도 유동성을 더 많이 공급하는 통화정책을 펼 경우 미 달러화의 가치를 떨어뜨릴 수도 있다. 그러나 중국과의 환율전쟁을 통하여 경상수지의 적자가 개선될 수 있을 것인지 불분명하고, 그렇지 않아도 국제경제위기를 극복하기

1 이와 같은 입장의 수많은 예 중 하나로 다음 참조. David H. Levey and Stuart S. Brown, "The Overstretch Myth, Foreign Affairs," March/April 2005 available at http://www.foreignaffairs.com/articles/60615/david-h-levey-and-stuart-s-brown/the-overstretch-myth; Levey & Brown에 대한 반박글로는 다음 참조. Brad Setser and Nouriel Roubini, "How Scary is the Deficit?," Foreign Affairs, July/August 2005 available at http://www.foreignaffairs.com/articles/60840/brad-setser-et-al/how-scary-is-the-deficit

2 "US loses AAA credit rating after S&P downgrade," *BBC News*, 6 August 2011 available at http://www.bbc.co.uk/news/world-us-canada-14428930

3 Peter Morici, "Jump in Trade Deficit Kills Growth and Jobs, Fox Business," 11 August 2010 available at http://www.foxbusiness.com/markets/2010/08/11/jump-trade-deficit-kills-growth-jobs-316073820/

위하여 유럽 등 각국의 긴축정책의 기조가 중요한 상황이므로, 국내경제의 회복을 위하여 팽창정책을 펴는 것도 쉽지 않은 상황에서 단순히 경상수지적자의 해소에 도움을 줄 목적으로 미국이 나서서 적극적인 팽창정책을 추구하기는 쉬운 일이 아니다.

국제통상과 국제금융은 이렇게 상호 밀접하게 연관되어 있으며 이러한 점을 고려하여 GATT 1994 제15조도 GATT, 즉 WTO와 IMF와의 관련성을 강조하고 있다.

B. 국제통상과 투자

국제통상에서 새로이 대두되는 문제는 바로 외국인 투자 문제이다. 국제통상에 참여하는 민간주체들이 교역 상대국에 직접 투자하는 경우가 점점 늘고 있는데 이에 따라 국제통상과 외국인 투자 간 상호 접점이 점점 증가하고 있기 때문이다. 가령 반덤핑 및 상계관세 제도 등을 극복하기 위한 공장의 해외 이전의 경우 새로운 공장건설은 외국인 투자의 형태로 나타나게 된다. 특히 서비스 교역의 경우 상업적 주재Commercial Presence 방식으로 진행하기 위해서 대부분 외국인 투자와 결합되어 진행되게 된다. 따라서 외국인 투자에 대한 규제 및 제한은 국제통상에 대한 규제 및 제한과도 불가분의 일체를 이루게 된다.

현재 외국인 투자는 투자보장협정이나 FTA 투자 Chapter 및 BIT 포함 주요 규정 등 별도의 규범을 통하여 규제되고 있다. 최근 우리나라가 적극 추진·체결하고 있는 FTA는 외국인 투자의 한국시장 진출 확대와 이에 대한 보호장치의 강화를 주요 골자 중 하나로 하고 있다. 외국인 투자유치 확대와 이에 대한 보호장치의 강화는 우리 경제의 활성화와 국제화를 위한 필수 불가결한 요소임에는 틀림이 없다. 그러나 한편으로 이러한 FTA 체결 결과 새로이 도입되는 제도 및 정책은 "양날의 칼"로서 그간 우리가 고민해 보지 않았던 새로운 과제를 제시하기도 한다. 그중 하나는 외국인 투자가 우리 국가안보와 직접 연관된 영역에서 이루어질 경우 이를 어떻게 규율할 것인가 하는 문제이다. 외국인 투자의 자유와 이에 대한 보호도 중요하지만 이러한 투자가 우리 국가이익과 직접 연관된 영역에서 이루어지는 경우 이를 아무런 규제 없이 방관할 수도 없기 때문이다.

이하에서는 FTA 투자 Chapter 및 양자 간 BIT에 흔히 포함되는 주요 조항들을 살펴보고자 한다. 먼저 다자간 투자협정 체결을 위한 국제사회의 노력을 간략히 살펴보고 다음으로 FTA 및 BIT에 포함되는 실체적 조항과 절차적 측면을 각각 살펴본다.

(1) 다자간 투자협정 체결을 위한 노력

현재 양자 간/다자간 투자협정은 전 세계적으로 급증하고 있다.[1] 특이하게도 투자협정 영역은 아직 다자간 협정이 부재한 상황이다. 원래 다자간 협정 체결을 위한 노력은 OECD에서 시작되었다. 주요 선진국 중심 클럽인 OECD의 성격상 선진국 투자자의 보호가 주요한 의제로 대두될 수밖에 없었으며 그 결과 투자분쟁에 관한 논의와 투자협정 체결 문제는 동 초창기부터 시작되었으며 주요 과제 중의 하나로 자리매김하여 왔다. OECD에서 채택한 문건 중 투자분쟁에 적용되는 문건으로는 1976년에 채택된 Code of Liberalization of Capital Movements와 Declaration on International Investment가 있다. 전자는 회원국 간에 법적 구속력을 창출하고 있으나 후자는 정치적 구속력만 보유하고 있다. 이들 문건은 회원국이 외국 투자자에 대한 차별적 조치나 관행을 점진적으로 철폐할 것을 선언하고 있다. 이들 문건은 투자분쟁에 관한 별도의 분쟁해결절차를 도입하고 있지는 않으며 따라서 법적 구속력을 보유한 Code of Liberalization of Capital Movement 위반과 관련된 법적 분쟁은 ICJ 등과 같은 일반적인 국제분쟁 해결 방법을 통해 해결하는 것을 상정하고 있었다. 또한 한편으로 외국에 투자를 실시하는 다국적 기업의 투자활동상의 투명성, 공정성을 제고하기 위한 규범을 별도로 정립하여 OECD Guidelines for Multilateral Enterprises에 포함시키고 있기도 하다.

이러한 노력의 결실로 다자간 투자협정Multilateral Agreement on Investment: MAI 체결을 위한 노력이 OECD 차원에서 1995년 개시되어 의욕적으로 추진되기에 이르렀다. 그러나 이 노력은 개발도상국과 일부 회원국의 강력한 반대로 1998년 실

IX

1 OECD, "Relationship between International Investment Agreements" (Working Papers on International Investment, Number 2004/1) (May 2004), p. 1 참조. 매년 ICSID에 제소된 분쟁의 수는 급증하여 1996년에 3건이 제소되었던 것이 2000년 12건, 2003년 31건, 2007년 37건 그리고 2011년에는 38건이 제소되었다. ICSID, "The ICSID Caseload Statistics" (Issue 2012-1).

패로 귀결되게 되었다. 일부 국가들이 반대의견을 개진한 여러 이유 중 하나는 개인투자자와 정부 간 분쟁해결절차를 본격적으로 도입하기 위한 움직임에 대하여 거부감을 느꼈기 때문이다.[1]

WTO 역시 투자 문제에 관한 논의를 진행하였다. WTO에서는 EU 주도로 투자협정 강화 방안이 제안되었으나 개발도상국의 강력한 반대로 큰 진전을 이루기는 힘들었다.[2] 이러한 목적에서 DDA에도 투자협정 문제에 관한 조항이 포함되기에 이르렀다. DDA에서는 투자협정 조항을 도입함에 있어 준수하여야 할 핵심적인 원칙은 투자국과 투자 유치국 간 이해관계의 균형이라는 점을 분명히 밝히고 있다. 즉, 외국인 투자에 대한 적절한 보호와 함께 투자 유치국 정부의 주권행사에 대한 부당한 제약의 회피라는 양자의 균형을 도모하고자 하고 있는 것이다.[3]

특히 EU와 일본은 외국인 투자자 보호를 위한 절차적 투명성과 관련, 외국인 투자에 영향을 미치는 국내법령과 관행이 적절히 공표되어야 하며 또한 이러한 국내법령에 변경이 있을 경우 이를 WTO에 통지할 의무를 부과할 것을 주장하였다.[4] 그러나 개발도상국들의 경우 외국인 투자자의 권익 보호에 초점을 맞춘 선진국의 입장에 기초한 이러한 협정 채택에 부정적 입장을 견지하고 있다. 특히 NAFTA에서 보여진 바와 같이 외국인 투자자가 투자 유치국 정부를 분쟁해결절차에 회부하는 상황을 목도한 개발도상국들은 이러한 내용을 포함하는 WTO 차원에서의 다자협정 채택을 반대하고 있다.

또한 WTO 차원에서 투자협정의 체결을 주장하는 EU 등 일부 선진국의 경우 1998년 OECD에서의 다자간 투자협정 체결 실패의 사례를 교훈삼아 WTO협정의 경우 오로지 state-to-state 분쟁해결절차만 도입할 것임을 강조하고 있

1 다자간 투자협정 추진과 실패의 보다 자세한 내용은 David Henderson, "The MAI Affair: A Story and Its Lessons," *Royal Institute of Intl Affairs* (2000) 참조.

2 이와 관련된 실무 작업과 협상은 WTO Working Group on the Relationship between Trade and Investment에서 진행되고 있다.

3 Doha WTO Ministerial 2001: Ministerial Declaration, WT/MIN(01)/DEC/1 adopted on 14 November 2001, paras. 20-22 available at http://www.wto.org/english/thewto_e/minist_e/min01_e/mindecl_e.htm#relationship

4 Communication from the European Community and Its Member States, WTO Working Group on the Relationship between Trade and Investment, WT/WGTI/W/110, 27 March 2002; Communication from Japan, WTO Working Group on the Relationship between Trade and Investment, WT/WGTI/W/112, 12 April 2002 참조.

다.[1] 그러나 상당수의 이해관계 그룹은 state-to-state 분쟁해결절차 이외에 investor-to-state 분쟁해결절차의 도입도 아울러 주장하고 있어[2] 이 문제에 관한 WTO 차원에서의 궁극적 해결은 아직 난망한 상황이다.

이러한 상황에서 그간 투자협정은 주로 양자 간 협정의 형태로 진행되게 되었다. 이러한 양자협정은 때로는 FTA의 투자 Chapter의 형태로 또는 BIT의 형태로 채택되게 되었다.

(2) 외국인 투자자의 보호를 위한 실체적/절차적 규정

양자 간 투자협정에 규정되는 내용 중 대표적인 것으로 먼저 내국민대우를 들 수 있다. 내국민대우란, 각 체약 당사국 정부는 국내 투자자에게 부여하는 것과 최소한 동일한 대우를 협정 상대방의 투자자에 대해서도 부여하여야 한다는 것이다. 가령, 우리 정부가 우리 국적의 투자자에 대해서는 다양한 인센티브를 제공하는 반면, 추후 유사한 투자를 계획하는 일본인 투자자에 대해서는 그러한 인센티브 제공을 거부하는 경우에는 역시 우리 국적의 투자자와 외국인 투자자 간 상대적 차별문제가 발생하게 될 것이며 이는 내국민대우 원칙에 대한 위반을 구성하게 된다. 내국민대우 원칙 역시 투자의 모든 단계에 적용된다. 이와 관련 한미 FTA는 제11.3조에서 다음과 같은 규정을 두고 있다:

> 제11.3조
>
> 내국민대우
>
> 1. 각 당사국은 자국 영역 내 투자의 설립·인수·확장·경영·영업·운영과 매각 또는 그 밖의 처분에 대하여 동종의 상황에서 자국 투자자에게 부여하는 것보다 불리하지 아니한 대우를 다른 쪽 당사국의 투자자에게 부여한다.
> 2. 각 당사국은 투자의 설립·인수·확장·경영·영업·운영과 매각 또는 그 밖의 처분에 대하여 동종의 상황에서 자국 투자자의 자국 영역 내 투자에 부여하는 것보다 불리하지 아니한 대우를 적용대상 투자에 부여한다.

1 European Commission, "Communication from the Commission to the Council and to the European Parliament: The EU Approach to the Millennium Round" (2000) 참조; United Kingdom Department of Trade and Industry, "International Investment Rules" available at http://www.dti.gov.uk/worldtrade/investment.htm 참조.

2 예를 들어, International Chamber of Commerce, "WTO Rules on Investment Would Benefit the Developing World," Press Release (Mar 18, 2003) 참조.

가령 어떤 국가가 외국인 투자자를 규제하기 위한 법령을 도입하는 경우 이는 내국민대우 위반 문제로 귀결될 가능성이 있다. 특히 이와 관련하여 주목하여야 할 점은 최근의 국제투자분쟁 추세는 정부의 정책 의도가 반드시 정책의 투자협정상 합치성을 보장하여 주지는 않으며 그러한 정책이 실제 초래하는 "영향"이 중요하게 고려된다는 점이다.[1] 따라서 설사 동 법안의 목적이 외국인의 차별적 대우가 아니라고 하더라도 실제 적용과정에서 외국인 투자자에 대하여 한국인 투자자에 비해 부당한 대우를 부과하는 효과가 발생할 경우 내국민대우 위반으로 확인될 가능성이 있음에 유의할 필요가 있다.

양자 간 투자협정은 최혜국대우에 관한 내용도 담고 있다. 이는 각 체약 당사국은 자국에 투자하는 상대방의 투자자에 대하여 최혜국대우를 부여하여야 한다는 것을 의미한다. 이 의무에 따를 경우 한국 정부는 한국이 외국인 투자자에 대하여 부여하는 최고의 혜택을 협정 상대방이 투자자에 대하여 부여하여야 한다. 그리고 이러한 대우는 투자의 모든 단계에 적용된다. 가령, 한미 FTA는 제11.4조에서 다음과 같이 최혜국대우 조항을 도입하고 있다:

> 제11.4조
>
> 최혜국대우
>
> 1. 각 당사국은 자국 영역 내 투자의 설립·인수·확장·경영·영업·운영과 매각 또는 그 밖의 처분에 대하여 동종의 상황에서 비당사국의 투자자에게 부여하는 것보다 불리하지 아니한 대우를 다른 쪽 당사국의 투자자에게 부여한다.
> 2. 각 당사국은 투자의 설립·인수·확장·경영·영업·운영과 매각 또는 그 밖의 처분에 대하여 동종의 상황에서 비당사국 투자자의 자국 영역 내 투자에 부여하는 것보다 불리하지 아니한 대우를 적용대상투자에 부여한다.

예를 들어, 우리 정부가일본과의 한일투자협정에 따라 일본인 투자자에 대하여 부여한 투자유치 인센티브가 미국 국적의 외국인 투자자에게는 부여되지 않는 경우 그러한 미국인 투자자는 자신이 한국 정부에 의해 상대적으로 차별을 받았으며

1 Borzu Sabahi, *National Treatment — Is Discriminatory Intent Relevant?*, Chapter 13 in "Investment Treaty Arbitration and International Law" (TJ Grierson Weiler (ed.)), JurisNet (2008); Sylvie Tabet, *Beyond the Smoking Gun — Is a Discriminatory Objective Necessary to Find a Breach of National Treatment?*, Chapter 14 in "Investment Treaty Arbitration and International Law" (TJ Grierson Weiler (ed.)), JurisNet (2008).

그 결과 한국 정부는 한미 FTA 제11.4조에 규정되어 있는 최혜국대우 조항을 위반하였음을 주장하게 될 것이다.

이러한 점을 감안하면 특정 외국인 투자자를 유치하기 위하여 선별적 또는 일회성으로 투자 유인책을 제공하는 경우 장기적으로 여러 투자협정상 최혜국대우 조항에 대한 위반 문제를 초래할 가능성이 있다.

한편, 각 투자 관련 협정은 체약 당사국 정부가 정당한 보상 제공 없이 부당하게 외국인 투자자의 재산을 수용하거나 또는 사실상 그 경제적 가치를 소멸시키는 조치를 채택하는 것을 금지하고 있다. 전자의 경우가 직접수용direct expropriation이며 후자의 경우가 간접수용indirect expropriation이다. 대부분의 투자 관련 협정은 직접수용과 간접수용을 공히 규율하기 위한 조항을 도입하고 있다. 가령 한미 FTA는 이와 관련하여 다음과 같은 조항을 도입하고 있다:

> 부속서 11-나
>
> 수 용
>
> 양 당사국은 다음에 대한 공유된 양해를 확인한다.
>
> 3. 제11.6조 제1 항에 다루어진 두 번째 상황은 간접수용으로서, 당사국의 조치 또는 일련의 조치가 권리의 공식적 이전 또는 명백한 몰수 없이 직접수용에 상당한 효과를 가지는 경우이다.
>
> 가. 당사국의 조치 또는 일련의 조치가 특정의 사실 상황하에서 간접수용을 구성하는지 여부를 결정하는 것은 다음을 포함하여 투자에 관한 모든 관련 요소를 고려하는 개별 사안별, 사실 기초적 조사를 요한다.
>
> 1) 정부조치의 경제적 영향. 그러나, 당사국의 조치 또는 일련의 조치가 투자의 경제적 가치에 부정적인 영향을 미친다는 사실 그 자체만으로는 간접수용이 발생했음을 입증하지 아니한다.
>
> 2) 정부조치가 분명하고 합리적인 투자 근거 기대를 침해한 정도, 그리고
>
> 3) 그 목적 및 맥락을 포함한 정부조치의 성격. 관련 고려사항은 정부조치가 공익을 위하여 투자자 또는 투자가 감수할 것으로 기대되는 것을 넘어선 특별한 희생을 특정 투자자 또는 투자에게 부과하는지 여부를 포함할 수 있을 것이다.

직접수용의 경우 외관상 수용 여부가 명백히 확인되므로 그다지 논란의 여지가 많지 않다. 그러나 간접수용의 경우 조치 시행국 정부가 어떠한 정책목표와 의도를 보유하고 있으며, 또 어떠한 절차를 통하여 해당 조치를 시행하였는

지가 최종결정 도출에 중요한 변수 중 하나로 작용한다. 이 상황에서 조치 시행국 정부가 정책 및 법령의 도입과 시행에 있어 일관성이 결여되어 있거나 선별적 또는 자의적으로 운용되는 것이 확인될 경우 문제가 된 조치가 간접수용으로 간주될 가능성은 그렇지 않은 경우보다 높아질 가능성이 있다.

간접수용은 1990년대 양자 간 투자협정에서 본격적으로 대두된 개념으로 외국 투자자가 투자 유치국 정부의 제반 입법·행정·사법조치measure로 인하여 예상 투자수익 회수의 감소 또는 실패total or partial reduction of investors' expected returns to investment를 가져오는 경우에 과연 이것이 국제법상 또는 투자협정상 "수용"에 해당하는지 여부와 관련되는 문제이다. 이는 외국인 투자기업 등 외국인 사유재산의 국유화 또는 몰수즉, "formal transfer of title"이나 "outright physical seizure" 등을 기본으로 하는 직접수용과 대비되는 개념이다.

그동안 국제법이나 투자협정에서 "수용"이라고 할 경우 흔히 직접수용만 의미하는 것으로 이해되었으나 외국인 투자영역의 다양화와 외국 투자자의 기대이익의 다변화에 따라 점차로 투자 유치국 정부 정책 도입 또는 변경에 따라 외국인 투자자가 "눈에 보이지 않는" 또는 "예상치 못한" 투자 손실을 입은 경우 이것이 수용에 해당하는지 여부에 관하여 국가 간 또는 당사자 간 대립이 심화되는 실정이다. 이러한 경우까지 광범위하게 수용으로 간주하여 보상이 필요함을 주장하는 외국인 투자자와 이러한 결과적 손실은 정부 정책의 파생적 효과에 불과한 일종의 상업상 위험으로 국제법상 또는 국제협정상 수용에 해당하지 않고 따라서 보상의 필요가 존재하지 않는다는 투자 유치국 간 입장대립이 심화되고 있다.[1]

하나 유념할 점은 간접수용이든 직접수용이든 일단 수용으로 확정되면 조치 시행국은 보상compensation의 의무를 부담한다는 것이다. 따라서 간접수용 및 직접수용 문제는 특정 조치가 수용에 해당하는지 여부에 관한 일종의 선결문제와 연관되는 것이며 보상의 정도 및 방법과 연관된 것은 아니다. 따라서 간접수용과 관련된 분쟁의 핵심은 "투자 유치국의 특정 조치가 과연 수용에 해당하는가" 하는 것이며 수용에 해당하지 않는 것으로 결정될 경우 보상 문제는 기본적으로 제기되지 않게 된다.

1 Andreas F. Lowenfeld, *International Economic Law*, Oxford (2003), pp. 476-480; Lucy Reed, *Guide to ICSID Arbitration*, Wolters Kluwer (2011), pp. 88-92.

정부가 외국인의 재산을 국유화·몰수하는 직접수용의 경우에는 그러한 수용조치가 국내법·국제법상 기본적 요건을 충족할 경우 국가주권의 행사의 일환으로 간주되어 기본적으로 허용되며 단지 보상범위와 방법의 문제만 남게 된다. 국유화조치 자체를 국제법 위반으로 보는 일반적인 시각이라는 사뭇 다른 법리라 아니할 수 없다. 국제법은 기본적으로 국유화조치를 허용하며, 다만 그 과정에서 제반원칙 — 비차별의 원칙, 공익목적의 원칙, 국유재산 존중의 원칙, 보상의 원칙 — 을 준수할 것을 요구하고 있을 뿐이다. 따라서 여타 원칙이 준수된다는 전제하에 결국 현실적으로 수용조치와 관련하여 남게 되는 문제는 보상의 범위와 방법으로 귀결되게 된다. 보상과 관련하여서는 단지 "적절한" 보상이면 충분하다는 입장과 "완전하고 효과적이며 신속한" 보상이 요구된다는 입장이 대립되고 있다. 협정마다 다른 입장을 채택하고 있으나 대체로 후자의 보상원칙을 따르는 것이 일반적인 양상인 것으로 보인다. 그러나 간접수용의 경우 투자유치국즉, 조치 시행국과 외국인 투자자또는 외국인 투자자의 국적국 간 사실관계에 관한 이견이라기보다는 근본적 견해차이가 존재하는 경우가 빈번하다. 즉, 간접수용에 있어서는 특정조치를 어떤 관점에서 파악하느냐에 따라 해당 조치가 수용에 해당하는지 그리고 보상이 필요한지 여부가 결정되므로 국가 간 입장 차이는 법률 및 사실관계 해석에 관한 차이라기보다는 때로는 근본적인 철학적 관점의 차이이기 때문이다. 또한 간접수용 문제는 기본적으로 "사안별 검토case-by-case analysis"와 "사실관계 중심적fact-specific"의 성격을 보유한다. 기본적으로 수용 문제 자체가 이러한 성격을 일반적으로 보유하는 것이 사실이나 간접수용의 경우 그 개념의 추상성과 광범위성으로 인하여 이러한 성격이 더욱 강화되게 된다. 그리고 간접수용은 기본적으로 국가의 모든 행정·입법·사법작용으로부터 발생 가능하다는 점을 유념할 필요가 있다.

또한, 각 투자 관련 협정은 체약 당사국 정부가 외국인 투자자에 대하여 부당한 이행요건을 부과하는 것을 금지하고 있다. 이행요건이란 투자허용 내지 사업진출의 반대급부로 외국인 투자자에 대하여 구체적인 작위 또는 부작위의 요건을 투자 유치국 정부가 부과하는 것이다. 이와 관련하여 한미 FTA는 다음과 같이 규정하고 있다: IX

제11.8조

이행 요건

1. 어떠한 당사국도 자국 영역 내 당사국 또는 비당사국 투자자의 투자의 설립/인수/확장/경영/영업/운영이나 매각 또는 그 밖의 처분과 관련하여, 다음의 요건을 부과 또는 강요하거나, 이에 대한 약속 또는 의무부담을 강요할 수 없다.

가. 주어진 수준 또는 비율의 상품 또는 서비스를 수출하는 것

나. 주어진 수준 또는 비율의 국산부품 사용을 달성하는 것

다. 자국 영역에서 생산된 상품을 구매 또는 사용하거나 이에 대하여 선호를 부여하는 것, 또는 자국 영역에 있는 인으로부터 상품을 구매하는 것

라. 수입량 또는 수입액을 수출량이나 수출액, 또는 그러한 투자와 연계된 외화유입액과 어떠한 방식으로든 관련시키는 것

마. 그러한 투자가 생산 또는 공급하는 상품이나 서비스의 판매를 수출량이나 수출액, 또는 외화획득액과 어떠한 방식으로든 관련시킴으로써 자국 영역에서 그러한 판매를 제한하는 것

바. 자국 영역의 인에게 특정한 기술, 생산공정 또는 그 밖의 재산권적 지식을 이전하는 것, 또는

사. 그러한 투자가 생산하는 상품이나 공급하는 서비스를 당사국의 영역으로부터 특정한 지역시장 또는 세계시장에 독점적으로 공급하는 것

만약 우리 정부가 외국인 투자자에 대하여 투자를 허용하는 반대급부로 어떠한 요건을 부과할 경우, 이 조항에 대한 위반문제가 발생하게 된다. 마찬가지로 특정 외국인 투자유치를 위하여 다양한 인센티브를 제공하는 과정에서 우리 법령상 요건을 경감 내지 면제해 주는 경우가 광범위하게 발생하게 되는 상황을 가정하면, 추후 그러한 법령상 요건을 경감 내지 면제받지 못하여 규정 그대로 이행하여야 하거나 상대적으로 엄격한 규정의 적용을 받게 된 외국인 투자자의 경우 자신들이 여타 외국인 투자자와는 달리 부당한 이행요건에 직면하고 있다는 주장을 전개할 가능성도 배제할 수는 없을 것이다. 유사한 상황에 처한 다른 외국인 투자자나 한국 국적의 투자자는 관련 요건을 면제 내지 경감 받고 있는데 자신에 대해서만 부당한 조건을 제시하고 있는 것으로 주장할 수 있기 때문이다.

최소기준대우Minimum Standard of Treatment 또한 양자 간 투자협정에 포함되어 있는 내용이다. 최소기준대우Minimum Standard of Treatment는 외국인 투자에 대하여 국제

관습법International Customary Law상 인정되는 공정하고 공평한 대우 및 보호와 안전을 보장하는 것으로서 상당히 광범위한 의무를 포함하고 있다. 결국 이 조항은 설사 어떠한 내용이 투자협정에 명시적으로 규정되어 있지 않은 경우에도 그러한 내용이 외국인 투자자를 대우하는 최소한의 국제기준을 담고 있는 경우 그 내용이 체약 당사국에 그대로 적용 가능하다는 것이다. 국제관습법으로 표현되어 있는 일종의 국제기준을 그대로 차용하도록 하는 일종의 통로를 열어 두고 있는 것이다. 이와 관련하여 한미 FTA는 다음과 같이 규정하고 있다:

> 제11.5조
>
> 대우의 최소기준
>
> 1. 각 당사국은 공정하고 공평한 대우와 충분한 보호 및 안전을 포함하여, 국제관습법에 따른 대우를 적용대상투자에 부여한다.
>
> 2. 보다 명확히 하기 위하여, 제1항은 외국인의 대우에 대한 국제관습법상[1] 최소기준을 적용대상투자에 부여하여야 할 대우의 최소기준으로 규정한다. "공정하고 공평한 대우"와 "충분한 보호 및 안전"이라는 개념은 그러한 기준이 요구하는 것에 추가적인 또는 이를 초과한 대우를 요구하지 아니하며, 추가적인 실질적 권리를 창설하지 아니한다.
>
> 가. 제1항의 "공정하고 공평한 대우"를 제공할 의무는 세계의 주요 법률 체계에 구현된 적법절차의 원칙에 따라 형사, 민사 또는 행정적 심판절차에 있어서의 정의를 부인하지 아니할 의무를 포함한다. 그리고
>
> 나. 제1항의 "충분한 보호 및 안전"을 제공할 의무는 각 당사국이 국제관습법에 따라 요구되는 수준의 경찰보호를 제공하도록 요구한다.

마지막으로 양자 간 투자협정은 절차적 투명성과 공정성을 강조하고 있다. 양자 간 투자협정에 포함되는 상기 여러 원칙들에 대한 위반 문제를 평가함에 있어 관련된 정부 정책의 채택과정의 투명성과 공정성은 결정적으로 중요한 변수로 작용하고 있다. 물론 객관적으로 위반 내용이 명백한 경우에는 그 자체로서 위반 판정을 피할 수 없을 것이다. 그러나 적지 않은 정부 정책의 경우 과연 문제의 조치가 외국인 투자자를 차별하기 위한 의도로 도입되었는지 또는 그러한 의도는 없지만 실제 차별의 효과가 발생하고 있는지를 평가함에 있어 그러

1 국제관습법의 의미에 대해선 한미 FTA의 부속서 11-가 참조.

한 조치가 도입된 과정과 절차가 면밀하게 검토된다. 따라서 향후 우리 정부가 여러 정부 정책을 도입·집행함에 있어 이러한 절차적 투명성과 공정성을 확보하는 것이 무엇보다 중요하며, 공청회의 개최와 이해당사자의 의견 개진 기회 등을 확보하며 관련 문서를 공개하는 등의 조치가 필요할 것으로 보인다.

이러한 다양한 조항에 대한 위반 문제가 발생 시, 양자 간 투자협정에서는 이 문제를 해결하기 위한 특별한 분쟁해결절차를 도입하고 있다. 바로 이 경우 해당 외국인 투자자가 투자 유치국 정부를 상대로 국제재판소/중재판정부로 분쟁해결을 맡길 수 있다는 것이다. 특히 최근 한미 FTA 체결 협상 과정에서 이러한 투자자-투자 유치국 간 ISD분쟁해결절차가 많은 관심을 끈 바 있다. 이 제도의 기본 취지는 외국인 투자자가 투자 유치국 정부의 "부당한" 조치로 인하여 "정당한" 투자이익에 대한 침해가 발생할 경우 그 정부와 국제중재절차를 개시할 수 있는 제도이다. 즉, FTA나 투자보장협정BIT을 통해 일정한 요건이 충족될 경우 외국인 투자자 대 투자 유치국 정부 간 분쟁해결절차가 제도적으로 도입되게 되는 것이다.

외국인 투자자는 언제든지 투자 유치국 정부를 투자 유치국 법원에 제소할 수 있다. 그런데 양자 간 투자협정에 포함되는 분쟁해결절차는 투자 유치국 법원이 아니라 국제중재판정부를 새로 구성한다는 데 그 특징이 있다. 투자 유치국 법원은 투자 유치국 정부의 일원으로서 어떤 판결을 내리든 그 판결의 중립성이 의심된다는 문제가 지속적으로 제기되어 왔기에 이를 해결하기 위한 방편으로 이러한 제도가 도입된 것이다.

또한 투자자의 국적국과 투자 유치국 정부는 언제든지 관할권 있는 국제재판소로 진행할 수 있다. 그러나 양자 간 투자협정에서 새로 창설하는 국제중재판정부는 그러한 국가 대 국가 간 분쟁해결절차가 아니라 외국인 투자자 개인과 투자 유치국 정부라는 새로운 당사자를 상정하고 있다는 데 그 특징이 있다. 외국인 투자자와 투자 유치국 정부가 실제 당사자이므로 당사자 간 분쟁해결을 도모하면 신속하고 효과적인 구제를 제공할 수 있다는 데에 그 근거를 두고 있다.

이 제도와 관련하여 그간 제기된 비판의 핵심은 기본적으로 우리 정부의 각종 정책이나 규제조치가 간섭을 받을 수 있기 때문에 우리나라의 주권이 훼손된다는 것이다. 그러나 이 제도가 이미 우리나라가 체결한 대부분의 양자 간 투자협정에 포함되어 온 제도라는 점 및 우리나라 정부의 정책재량이 상당한 정도로 확보되어 있다는 점, 그리고 위반으로 판정된다고 하더라도 손해배상을 하면 되고 해당 정부조치를 철회할 의무를 부담하지 않는다는 점을 감안하면 비판론가들의 우려는 이론적인 가능성에 대한 비판의 측면이 강하다고 하겠다. 동 제도에 대한 실질적 고찰이 필요한 이유이다.

사실 이러한 ISD분쟁해결절차는 정당한 외국인 투자를 보호하기 위한 절차적 보호장치이다. 투자 유치국 정부가 다양한 형태의 직간접적 정책수단을 동원하여 외국인 투자에 대해 제한을 가하는 사례가 발생하고 있기 때문이다. 이러한 경우에 있어, 외국인 투자자에 대하여 투자 유치국 사법절차상의 구제수단과 더불어 국제중재절차라는 또 하나의 선택가능성을 제시하는 것이 이 제도의 기본 취지이다. 따라서 이 제도는 부당한 또는 불법한 외국인 투자를 그 보호대상으로 삼지 않는다. 그리고 이러한 외국인 투자자의 보호장치는 해외에 투자하는 우리나라 투자자에게도 공히 적용된다. 즉, 한미 FTA의 투자 Chapter를 통하여 채택되는 투자자 대 국가 간 분쟁해결절차는 미국에 투자하는 한국 기업에 대해서도 동일하게 적용된다. 즉, 미국의 연방 정부 및 주 정부의 부당한 조치에 대해서도 우리 기업이나 개인이 미국 내 사법구제절차 이외에 국제중재절차로 회부할 수 있게 되는 것이다. 한국 기업의 미국 내 투자가 증가하고 있는 점을 감안하면 장기적으로 이 제도는 우리에게도 중요한 의의가 있다고 볼 수 있을 것이다.

따라서 이러한 제도가 일방국에 의해서만 활용될 가능성이 있다는 지적은 그다지 적절하지 않은 것으로 판단된다. 가령, NAFTA의 경우를 보더라도 1994년부터 2005년 12월까지 3개 NAFTA회원국 간 총 42건의 분쟁 중, 미국이 피소된 경우가 15건, 캐나다 및 멕시코가 피소된 경우가 각각 9건과 18건으로, 정도의 차이는 있을지라도 대체로 관련 당사국 간 비슷한 비율로 발생하는 것으로 일방 당사국에 의해서만 이용되는 절차라고 보기는 힘들 것이다.[1]

또한 일부에서는 메탈클래드*Metalclad Co. v Mexico* 사건[2] 등 일부 NAFTA 분쟁사례들을 들며 투자 유치국의 정당한 환경정책, 보건정책 등이 부당한 침해를

1 Public Citizen's Global Trade Watch, "NAFTA's Threat to Sovereignty and Democracy: The Record of NAFTA Chapter 11 Investor-State Cases 1994-2005," February 2005 available at http://www.citizen.org/documents/Chapter-11-Report-Final.pdf

2 Metalclad Corporation v. the United Mexican States, Case No. ARB(AF)/97/1, 30 August 2000.

받았음을 강조하고 있는 것으로 보이나, 사실 이러한 사안에서 문제가 된 해당국 정부의 조치들은 대부분 외국인 투자에 대한 차별적 효과를 달성하고자 우회적인 방법을 동원한 사례에 해당하는 경우로 보는 것이 정확하다. 주관적 입장차이가 있을 수는 있을 것이나, 실체적·절차적으로 정당한 정책에 대하여 정부 패소 판정이 내려진 경우는 찾아보기 힘들다고 하겠다. 즉, 이러한 NAFTA 결정들은 당사국이 자국의 환경보호수준 등을 결정할 주권적 권리를 부인하는 것은 아니며, 다만 명목상의 정책목표에도 불구하고 실제 의도가 외국인 투자자에 대한 차별적 대우인 경우에만 문제가 된다는 점을 시사하고 있다. 따라서 이러한 절차도입 자체로 인해 정부의 정당한 규제권한이 무력화될 것이라는 우려는 정확한 진단이라고 하기는 힘들 것이다.

우리 기업의 외국 투자와 외국 기업의 한국 투자가 지속적으로 증가함에 따라 이와 관련된 분쟁발생 자체를 회피할 수는 없을 것이다. FTA나 BIT가 아니더라도 외국인 투자자와 한국 정부 간 또는 한국 투자자와 외국 정부 간 분쟁은 장기적으로 증가할 수밖에 없을 것이다. 그렇다면 보다 합리적인 선택은 정부의 제소 가능성 자체에 대한 문제 제기보다는 구체적 절차에서 우리 정부와 투자자의 권익보호가 효과적으로 이루어지는가 하는 점에 초점을 맞추어야 할 것이다. 즉, 우리 정부가 부당한 제소의 대상이 되지 않고 일단 중재절차가 개시되었을 경우 우리 정부의 입장이 최대한 반영될 수 있도록, 그리고 외국 기업의 부당한 조치에 대항하는 한국 투자자의 권익을 충분히 보장할 수 있도록 제도적 장치를 협정문에 포함시키는 작업이 보다 현실적인 대안이라고 할 것이다. 어쨌든 향후 투자분쟁이 어떠한 방식으로 발생하며 이에 대하여 우리가 어떻게 대응하여 나가는지 실제 상황을 검토하여야 이 제도에 대한 정확한 평가가 가능할 것으로 본다.

(3) 새로운 이슈의 대두

한편 양자 간 투자협정에는 여러 가지 새로운 문제들이 대두되고 있다. 특히 국가안보를 이유로 한 외국인 투자 규제 문제와 통상규범과 투자규범의 교차 문제가 새로이 주목을 받고 있는 상황이다.

(a) 국가안보를 이유로 한 외국인 투자 규제[1]

한편 양자 간 투자협정 분야에서는 새로운 이슈가 대두되고 있다. 그중 하나가 바로 외국인 투자가 투자 유치국 국가안보 정책의 근간을 침해하는 경우 이를 어떻게 규율할 것인가 하는 문제이다. 우리나라의 경우에도 최근 외국인 투자 문제가 본격적으로 논의됨에 따라 이러한 국익 보호를 위한 법적·제도적 보장장치를 마련할 필요성이 아울러 대두되게 되었다. 특히 한미 FTA 교섭 과정에서 이러한 문제가 본격적으로 불거진 이후 우리 국회 및 정부는 소위 "본질적 국가이익"을 저해할 가능성이 있는 외국인 투자자의 국내 주요기업에 대한 적대적 인수 및 합병M&A을 방지하는 방안을 도입하는 데 초점을 두고 이 문제를 논의하여 왔다.[2] 그러한 논의의 핵심은 미국의 "Exon-Florio Act"와[3] 유사하게 외국인 투자 사전심사제를 도입하여 외국인 투자가 우리 국가 안보, 경제 운용에 있어 중요한 역할을 수행하는 국내기업에 대하여 적대적 M&A를 시도하는 경우, 이를 우리 정부가 사전 심사하고 필요한 경우 그러한 인수 및 합병을 거부할 수 있도록 하는 장치를 도입하는 것이다.

1 이재민, "국가안보와 외국인 투자규제 — 외국인 투자촉지법 시행령 제 5 조를 중심으로," 「고려법학」 제57호, 고려대학교(2010) 참조.

2 이와 관련하여, 2007년 3월 15일 "국가경제에 중대한 영향을 미치는 외국인투자 등의 규제에 관한 법률안," 2006년 12월 29일 "국가안보에 반하는 외국인 투자 규제법안"이 각각 발의하였다. 유념할 점은 이 법안들은 안보상의 위협에 대응하고자 발의되었다기보다는 그 당시 점증하던 우리 주요 기업에 대한 외국 투기 자본의 적대적 인수 위협에 대응하고자 발의되었다는 사실이다. 동아일보, "기간산업 외국자본 M&A 규제를"(2006. 4. 21); 조선일보, "외국인 투자규제법 도입하나"(2007. 5. 27); 한국경제, "외국인M&A 규제, 한국판 엑슨 플로리오 법안 논란"(2007. 4. 27) 각각 참조.

3 미국은 1988년 종합통상법(Omnibus Trade and Competitiveness Act of 1988)을 도입하였다. 동법 제5021조는 기존의 1950년 방위산업법(Defense Production Act of 1950)의 제721조를 개정하는 내용을 포함하고 있었으며, 그 취지는 미국 대통령이 국가 안보에 대한 위해 여부를 판단해 특정 외국 자본의 미국 기업에 대한 투자를 차단할 수 있도록 하자는 것이다. 이 조치는 당시 급증하고 있던 일본 자본에 의한 미국 기업 인수·합병을 막기 위한 시도였다. 이 개정된 방위산업법 제721조가 Exson Florio Act(또는 조항)로 불리고 있다. 제721조의 핵심조항인 (d)항은 다음과 같이 광범위한 권한을 대통령에게 부여하고 있다:

(d) Action by the President. —

(1) In general. — Subject to paragraph (4), the President may take such action for such time as the President considers appropriate to suspend or prohibit any covered transaction that threatens to impair the national security of the United States.

동법은 국가이익에 침해를 가져오는 모든 상황에 적용되는 것이 아니라 군사적 측면의 국가안보에 직접적인 위해를 가하는 경우에 한하여 적용된다. 동법이 1950년 한국전쟁을 계기로 채택된 "방위산업법"의 일부 조항으로 포함된 사실만 보아도 이를 알 수 있다. 나아가 제721조의 각 규정들도 군사/외교적 측면의 국가안보와 관련된 사항을 기본적으로 염두에 두고 있음을 잘 보여 주고 있다.

IX

그러나 이러한 제도의 도입은 관련 FTA 및 BIT, 또는 WTO협정에 대한 위반 가능성을 동시에 초래할 우려가 제기됨에 따라 다양한 구체적 대안과 방안이 논의되기에 이르렀다. 이러한 논의의 결과 2008년 2월 22일 외국인 투자촉진법 시행령이하 "시행령"이 개정되어 이러한 목적을 일부 달성하기 위한 다양한 새로운 조항들이 도입되게 되었다.[1] 시행령에서 이들 조항의 도입으로 국가안보와 관련되는 특정 영역에 대한 일부 외국인 투자는 사전에 외국인 투자위원회의 심의를 받도록 하고 필요시 그러한 투자를 제한 내지 불허하는 내용 등을 골자로 하는 새로운 제도가 시행되게 되었다.

이 문제와 관련한 논란의 핵심은 국가안보를 위한 외국인 투자의 규제가 군사적 안보에 국한되는지 아니면 다양한 국익 보호에 광범위하게 적용될 수 있는지 여부이다. 현재 논의되고 있는 국가안보를 이유로 한 외국인 투자 규제는 전자에 국한되는 것으로 보는 것이 일반적이다. 가령, 국가안보의 개념이 최초로 규정된 WTO협정에서도 국가안보 개념이 경제적 이해관계 수호를 위한 광범위한 개념으로 확대 해석되고 있지는 않다. 그리고 국제투자 관련 규범에 관하여 중요한 준거로 활용되고 있는 OECD 자본이동자유화규약OECD Code of Liberalization of Capital Movements의 경우도 제 3 조에서 공서양속과 국가안보를 이유로 한 당사국의 조치를 인정하는 예외 규정을 도입하고 있기는 하나 그 역시 전통적인 의미의 국가안보에 국한하고 있다.[2] 이러한 입장은 한-칠레 FTA,[3] 한-싱가포르 FTA,[4] 한-인도 FTA,[5] 한-ASEAN FTA,[6] 한미 FTA[7] 및 한일 투자보장협정[8]의 경우도 마찬가지이다. 이러한 상황을 종합적으로 검토할 경우 군사적·외교적 측면의 국가안보가 심각한 침해를 받을 경우 이들 협정의 조항에 따른 예외조항의 발동 또는 이 경우 외국인 투자에 대한 특별한 제한을 부과할 법적인 근거는 확인되고 있으나 국가경제에 중대한 영향을 미치는 경우 등과

1 해당 입법요구를 절충적으로 수용하기 위하여 산업자원부(현 지식경제부)는 2008년 2월 22일 대통령령 제20646호로 외국인투자촉진법 시행령을 개정하기에 이르렀다.
2 OECD 자본이동자유화 규약 제 3 조(Public Order and Security) 참조.
3 한-칠레 FTA(2004. 4. 1. 발효) 제20.2조 참조.
4 한-싱가포르 FTA(2006. 3. 2. 발효) 제21.3조 참조.
5 한-인도 FTA(2010. 1. 1. 발효) 제10.18조 참조.
6 한-ASEAN FTA(투자)(2009. 9. 1. 발효) 제21조 참조.
7 한미 FTA(2006. 6. 30. 서명) 제23.2조 참조.
8 한일 투자보장협정(2003. 1. 1. 발효) 제16.1조 참조.

같이 여러 상황에 포괄적으로 적용될 수 있는 것으로 파악하기는 힘들다고 보아야 할 것이다.[1]

(b) 무역분쟁과 투자분쟁의 교차

다양한 정부조치가 ISD분쟁해결절차에 회부 가능하다면 상품 및 서비스의 국경 간 교역을 제한하는 일방 당사국의 조치는 어떠한가? 가령, 반덤핑 관세 부과와 같은 무역구제trade remedy조치 또는 특정 국가의 쇠고기 수입제한조치와 같은 무역제한조치도 ISD분쟁해결절차에 회부될 가능성이 있는가? 일단 상품및 서비스의 국경 간 교역을 제한하는 조치도 정부의 조치인 한미 FTA 투자 Chapter 및 BIT의 제반 관련 요건을 충족하는 경우 ISD분쟁해결절차의 회부 대상이 된다고 볼 수 있을 것이다. ISD분쟁해결절차의 적용은 일방 체약 당사국의 투자자가 타방 체약 당사국의 영역 내에서 투자를 실시하고 그러한 타방 체약 당사국 정부의 조치작위·부작위로부터 FTA 투자 Chapter 및 BIT에 포함된 조항에 대한 위반이 발생하는 경우 가능하며, 그러한 분쟁이 본질적으로 어떠한 성격을 보유하는지는 묻지 않기 때문이다. 따라서 이러한 관점에서는 상품 및 서비스의 국경 간 교역을 제한하는 조치도 경우에 따라서는 ISD분쟁해결절차의 회부 대상이 된다고 볼 수 있다.

그러나 다른 한편으로 상품 및 서비스의 국경 간 이동 문제는 기본적으로 국제교역과 관련된 문제이며 한미 FTA 제11장에서 의미하는 투자분쟁에는 해당하지 않는다고 볼 수도 있다. 따라서 이러한 분쟁은 국제교역과 관련된 내용을 규율하는 FTA협정의 여타 조항이나 WTO협정의 규율을 받는다고 볼 수도 있다. 즉, 이러한 성격의 분쟁은 WTO분쟁해결절차나 또는 FTA상의 국가 간 분쟁해결제도에 회부관련 FTA가 그러한 성격의 분쟁을 양자 간 분쟁해결제도에 회부하는 것을 허용하는 한도 내에서될 수는 있어도 ISD분쟁해결절차에는 회부될 수 없다고 볼 수도 있다. 본질적으로 상품 및 서비스 교역과 관련된 사안을 그러한 사안에 적용될 분쟁해결절차 대신 ISD분쟁해결절차로 회부하는 것은 한편으로 ISD분쟁해결절차의 남

IX

1 이와 관련하여 국제무역법/WTO에서는 이미 동일한 입장을 취하고 있는 것으로 보인다. Peter Van den Bossche, *The Law and Policy of the World Trade Organization: Text, Cases and Materials* (2nd ed.), Cambridge (2008), pp. 664-670; John H. Jackson, William J. Davey and Alan O.S ykes, Jr., *Legal Problems of International Economic Relations: Cases, Materials and Text* (5th ed.), Thomson West (2008), pp. 1079-1085.

용이라고 볼 여지도 없지 않기 때문이다.[1]

2008년 1월 28일 중재판정이 내려진 미국과 캐나다 간 "BSE 우려에 기인한 쇠고기 수입제한 분쟁Cases Regarding the Border Closure Due To BSE Concerns: 이하 '캐나다산 쇠고기 수입제한 분쟁' 또는 'BSE Border Closure Award'"은 바로 이러한 문제를 검토한 사건이다.[2] 동 판정은 일단 중재판정부의 관할권 존부에 관한 심리에 국한되어 비록 본안 문제를 다루지는 않았으나 판정에서 언급된 제반 사항은 이 문제와 관련하여 향후 우리에게도 시사하는 바가 적지 않다. 특히 동 판정은 본질적으로 무역분쟁인 사안에 대해서도 ISD분쟁해결절차로의 회부 가능성을 기본적으로 인정하고 있다는 점에서 특히 우리의 주목을 요한다.

ISD분쟁해결절차가 다양한 영역에서 창의적으로 확대 적용되고 있는 이러한 상황을 면밀히 주시하여 이에 대한 상대방의 문제 제기에 적극 대응하거나 또는 우리 투자자 및 수출업자에 대한 피해 발생 시 활용하는 방안을 모색하여 보아야 할 것이다.

(c) 결론: 법령과 제도의 정비

2003년 이후 주요국과의 FTA가 적극 추진되며 외국인 투자를 어떻게 보호하며 한편으로 합법적으로 규율할 것인가 하는 문제가 중요한 과제로 대두되었다. 한편으로는 외국인 투자를 적극 유치하며, 다른 한편으로는 이러한 외국인 투자가 우리의 주요 국익에 회복하기 힘든 침해를 초래하지는 않도록 보장하여야 하는 어려운 과제에 직면하게 된 것이다.

이러한 어려운 과제를 달성하기 위해서는 결국 여러 투자협정의 관련 규정에 따라 관련 법령과 제도를 순차적으로 정비할 필요가 있다. 특히 우리의 정당한 우려사항을 효과적으로 다룰 수 있는 입법적 근거를 정치하게 마련하면서 동시에 국제적 기준과 추세에서 크게 벗어나지 않는 법령과 제도를 도입할 수

1 해결절차의 증복 규율 문제뿐만이 아니라 실질적인 법 내용의 중첩 여부 문제도 학자들의 관심분야이다. Non-Discrimination과 관련하여서는 Nicholas DiMascio and Joost Pauwelyn, "Nondiscrimination in Trade and Investment Treaties: Worlds Apart or Two Sides of the Same Coin?," *102 Am. J. Int'l L.* (2008), p. 48 참조; State of Necessity Defence와 관련하여서는 정영진/한상욱의 다음 논문을 참조. Youngjin Jung and Sangwook Daniel Han, "What to do with the Dilemma facing the State of Necessity Defense under the Investment Treaties and How to Interpret the NPM Clause?," *12:3 JOURNAL OF WORLD INVESTMENT AND TRADE* (2011), p. 397 참조.

2 NAFTA/UNCITRAL Canadian Cattle Claims Award on Jurisdiction, Jan 28, 2008.

있도록 다양한 방안을 모색하여야 할 것이다.

또한 외국인 투자에 영향을 초래하는 법령과 제도를 도입하는 경우 최대한 절차적 투명성과 공정성을 유지하여 외국인 투자자의 불필요한 우려와 문제 제기를 사전에 차단하는 것이 필요하다. 국제기준이 요구하는 절차적 요건이 충족되지 못할 경우 추후 불필요한 투자분쟁을 초래할 가능성이 있다. 절차적 흠결이 발생할 경우 원래의 입법의도 내지 정책목표에도 불구하고 실제 투자분쟁 발생 시 우리 정부가 불리한 상황에 처하게 될 가능성을 배제할 수 없을 것이다.

나아가 또 다른 과제는 향후 수많은 FTA 및 BIT가 중첩적으로 우리에게 적용된다는 점이다. 따라서 어떠한 정부조치가 특정 투자협정에 위반되는지 여부를 평가하는 "평면적" 분석에만 국한되어서는 이 문제에 관한 정확한 해답과 대안을 찾기 힘들다. 가령, 특정 투자협정상 의무를 이행하기 위하여 어떠한 조치나 대우를 해당국 투자자에게 부여할 경우 이는 다른 투자협정에 대한 위반 문제를 부지불식간에 초래할 수도 있다. 최혜국대우, 내국민대우 등 조항들은 여타 투자자와의 상대적 대우를 문제삼기 때문이다. 따라서 미로처럼 얽힌 수많은 투자협정에 대한 위반 여부 평가는 관련된 정부조치들의 상호 간 비교, 그리고 각 협정들 관련 조항 간 상호 간 비교를 통한 "입체적" 분석이 반드시 수반되어야 한다.

C. 국제통상과 경쟁규범[1]

국제통상과 경쟁규범 역시 밀접한 관계를 가지고 있다. 경쟁규범은 국내시장에서의 공정 경쟁을 확보하기 위한 각국의 국내제도이다. 국제기구에서도 경쟁규범을 도입하기 위한 노력이 진행되어 왔으나 아직 이에 대한 합의 도출에는 실패한 상황이며 경쟁규범은 여전히 각국의 국내정책과 법령에 위임되어 있는 상황이다.

외국 기업의 국내시장 진출이 증가함에 따라 이들 외국 기업에 대한 경쟁법 적용이 국제통상에 직접 영향을 미치는 사례도 무시할 수 없는 상황이다. 경

1 Eleanor M. Fox, "Competition Law," Chapter 12 in Andreas F. Lowenfeld, *International Economic Law*, Oxford (2002); 정영진, "한미FTA와 경쟁정책," 「경쟁저널」 제127호(2006).

쟁규범 적용을 통하여 자국 시장에서의 활동을 제한함으로써 사실상 무역장벽의 효과를 거둘 수 있기 때문이다. 최근 우리나라 기업들에 대한 미국과 EU 경쟁당국의 조사는 이러한 분위기와 무관하다고 볼 수 없을 것이다.[1]

통상협정은 관련 정부의 공적 무역장벽을 낮추는 것이 기본적 관심대상이다. 관세뿐만 아니라 다양한 비관세 "공적" 무역장벽이 협상의 대상이다. 따라서 "사적" 경쟁제한행위private anticompetitive practices를 적용대상으로 하는 공정거래법 내지 경쟁법과 통상협정은 존재의 평면을 달리하는 것이어서 무관한 것이 아닌가 하는 의문이 있을 수 있다.

그러나 사적 경쟁제한행위에 대한 효과적인 규제 없는 통상협정은 그 소기의 목적을 달성하기 힘들다. 통상협정은 근본적으로는 협정 당사국에 대한 시장접근market access을 높이기 위한 것이다. 그런데 협정을 통하여 공적 장벽을 없앤다고 하더라도 해당 국가에 예컨대, 고질적인 수직직 거래제한vertical restraints이 만연해 있어서 외국 기업이 자국의 소비자에게 접근할 수 없다면 통상협정을 통하여 달성하고자 하는 시장접근은 공염불이 될 것이다. 이런 의미에서 통상협정과 경쟁법은 상호 보완적인 관계에 있는 것이다.[2]

이리하여 일찍이 GATT의 모태가 되었던 1947년 국제무역기구International Trade Organization에서도 사적 무역장벽을 규제하는 "경쟁에 관한 장Competition Chapter"을 두고 있었고,[3] 지역협정인 NAFTA에서도 경쟁에 관한 장을 두고 있다. WTO에서도 1996년 싱가포르 각료회의에서 무역과 경쟁을 새로운 이슈의 하나로 채택한 바 있고 WTO 무역과 경쟁작업반이 양자의 관계에 대한 검토를 진행한 바 있다. OECD에서도 무역위원회와 경쟁위원회의 합동회의가 개최되어 양자 간의 관계가 검토되어 왔다. 현재 WTO DDA 협상에서도 유럽과 우리나라 등의 주장에 의하여 경쟁이슈가 의제로 포함되었으나 지난 칸쿤각료회의에서 미국과 개도국의 반대로 사실상 의제에서 제외되었다. 그러나 이제 경쟁이슈가 통상협상에서 중요한 의제라는 점은 이론의 여지가 없다고 할 수 있다. 지역통상협정의

1 예를 들어, 미국 법무성의 DRAM 가격 국제 담합 사건 조사로 인해 삼성전자는 2005년 10월에 3억 달러의 벌금을, 하이닉스는 2005년 5월에 1억 8천 5백만 달러의 벌금을 지불하기로 동의하였다.

2 Richard D. Boltuck and Seth Kaplan, "Conflicting Entitilements: Can Antidumping and Antitrust Regulation be Reconciled?," *61 U. Cin. L. Rev.* (1992-1993), p. 903; Mitsuo Matsushita, "Competition Law and Policy in the Context of the WTO System," *44 DePaul L. Rev.* (1994-1995), p. 1097 참조.

3 See generally John H. Jackson, *World Trade and The Law of GATT*, Lexis Law Pub (1969).

대표적인 협정이라고 할 수 있는 EU조약도 1957년 협정에서부터 카르텔과 시장지배적 지위남용행위를 규제하는 조항을 두어 경쟁법의 종주국이라고 할 수 있는 미국의 독점금지법과 쌍벽을 이루는 경쟁법제를 발달시키고 있다.[1]

한미 FTA협정에서도 NAFTA상의 경쟁에 관한 장을 기본모델로 하여 경쟁에 관한 장을 두고 있다.

(1) 통상협정과 경쟁법[2]

통상협정은 공적 무역장벽의 제거를 목적으로 한다. 공적 무역장벽은 관세장벽과 비관세장벽으로 구분되는데 8차에 걸친 GATT/WTO 협상을 통하여 관세장벽은 상당한 수준으로 낮아졌다. 그러나 비관세장벽은 여전히 국제무역과 투자에 있어서 중대한 장애요인으로 지적되고 있다. 비관세장벽은 국제무역과 투자에 부정적 영향을 미치는 정부의 각종 규제정책들이다. 기술표준화정책, 금융규제, 환경정책, 노동정책 등 시장접근에 부정적 영향을 미치는 정부규제가 적지 않다. 이러한 정부규제에 대하여 WTO협정은 적극적인 실체적 기준을 제시하는 것이 아니라positive integration, 원칙적으로는 비차별주의 정책에 기초하여 소극적 규제negative integration를 하고 있는 데 그치고 있다.[3] 따라서 WTO회원국들은 비차별주의를 준수하는 한도에서 정책주권에 대한 재량을 가진다. GATT/WTO의 비차별주의는 균등한 경쟁기회를 보장하기 위한 것이라는 것이 GATT/WTO 패널의 확립된 견해이다.[4] 따라서 외국인법인포함에게 균등한 경쟁기회를 보장하는 한 개별국가에게는 광범한 정책재량이 허용된다.[5]

1 Treaty on the Functioning of the European Union 제101조 및 제102조가 핵심 조항이다.

2 일반적으로는 장승화, "무역과 경쟁법/정책의 만남," 「통상법률」 제25권(1999. 2); Seung Wha Chang, "Interaction Between Trade and Competition: Why A Multilateral Approach for the United States?," *14 Duke J. Comp. & Int'l L.* (2004), p. 1 참조.

3 See, e.g., Ernst Ulrich Petersmann, "From 'Negative' to 'Positive' Integration in the WTO: Time For 'Mainstreaming Human Rights' into WTO Law?," *37 Common Market Law Review* (2000), pp. 1363-1382.

4 *WTO Analytical Index: Guide to WTO Law and Practice* (1st ed.), Cambridge (2003), pp. 222-225.

5 See generally, Gaetan Verhoosel, *National Treatment and WTO Dispute Settlement: Adjudicating the Boundaries of Regulatory Autonomy*, Hart Publishing (2002). See also Thomas Cottier and Petros C. Mavroidis, *Regulatory Barriers and the Principle of Non-Discrimination in World Trade Law*, Michigan (2000). See also Robert Howse, "The Appellate Body Rulings in the Shrimp/Turtle Case: A New Legal Baseline for the Trade and Environment Debate," *11 27 Columbia J. Envtl. L.* (2002), p. 491. See also, John H. Jackson, *Sovereignty, the WTO and Changing Fundamentals of International Law*, Cambridge (2009).

그런데 통상협정에서 보호하는 "경쟁"의 개념은 경쟁법에서 보호하는 "경쟁"의 개념과는 상당한 차이가 있다. 통상협정상의 "경쟁"개념과 경쟁법상의 "경쟁"개념의 비교는 대표적인 통상법인 반덤핑법, 상계관세법과 경쟁법상의 경쟁개념을 비교를 통하여 이루어지는 것이 통례이다.

(2) 통상법과 경쟁법의 차이점

역사적으로 Sherman Act가 제정된 이후 20여 년이 지난 후에 제정된 미국의 반덤핑법은 제정 초기에는 Sherman Act상의 개념인 약탈적 의도predatory intent를 반덤핑조치의 발동요건으로 규정하고 있었다.[1] 그러나 이렇게 연혁적으로 동일한 뿌리를 두고 탄생한 통상법과 경쟁법은 이후 서로 다른 길을 가게 되었다. 대표적인 통상법인 반덤핑법은 제정 후 얼마되지 않아 "약탈적 의도"라는 요소가 빠지고 단순하게 수출국의 국내 정상가격보다 수입국에 대한 수출가격이 낮은 경우를 가격덤핑이라고 정의하였다. 즉, 반덤핑법은 약탈적이라는 의도가 요건에서 제외되고 단순한 가격덤핑행위를 규제하는 법으로 기능하게 되었다. 1974년 미국통상법은 기존의 "가격덤핑price dumping"에 추가하여 소위 "비용이하의 판매below-cost sales"개념을 도입하였다.[2] 이는 비용 이하의 가격으로 판매되는 거래를 정상적인 거래과정에서in the ordinary course of business 판매된 것으로 보지 않고 일정한 경우 정상가격의 산정에서 제외하는 것을 말한다. 비용 이하의 판매개념을 적용할 경우 조사대상기간에 비용 이하의 판매로 인정되는 거래가 정상가격의 산정에서 빠지고 비용 이상으로 판매되는 거래만으로 정상가격이 산정되어 수출가격과 비교된다. 이 경우 비용 이하로 판매되는 거래와 비용 이상으로 판매되는 거래를 가중평균하여 산출된 정상가격과 수출가격을 비교할 경우 전혀 덤핑이 아닌 데도 덤핑으로 인정되게 된다. 뿐만 아니라 일정한 경우 아예 거래가격이 아닌 구성가격constructed value으로 정상가격을 산정하여 인위적으로 덤핑을 조작하는 것도 가능하다. 비용덤핑개념은 일견 경쟁법상 약탈적 가격설정행위에 대응하는 것으로 보일 수도 있으나 경쟁법에서 일반적으로 사

1 See generally, Jacob Viner, *Dumping: A Problem in International Trade*, Chicago (1923).

2 Gary N. Horlick, *The United States Antidumping System 99, in Antidumping Law and Practice: A Comparative Study* (John H. Jackson & Edwin A. Vermulst (eds.)) (4th ed.), Michigan (1992).

용되는 비용, 즉 평균가변비용이나 한계비용이 아니라 총 비용fully allocated cost을 기준으로 비용 이하 여부를 따지기 때문에 경쟁법상 약탈적 가격설정과는 근본적인 차이가 있다.[1]

반덤핑법이 규제대상으로 하고 있는 가격덤핑행위는 단순히 국내판매가격과 수출가격을 상이하게 책정하는 행위differential pricing로서 경제학적인 의미의 가격차별행위price discrimination가 아니다.[2] 미국의 경우 대공황기에 대규모 조직적인 유통시스템에 의하여 피해를 입는 중소상인들을 보호할 목적으로 Robinson Patman Act가 제정되었는데 동법은 "differential" 가격책정행위를 금지한다.[3] 이 점에서 반덤핑법과 Robinson Patman Act는 일견 유사하게 보이나 그 구성요건이 전혀 다르다. 예컨대 일차적primary-line "differential" 가격책정행위는 경쟁사업자에 대한 약탈적 가격설정행위의 의미가 있는데 1993년 *Brooke* 사건에서 미 연방대법원은 Robinson Patman Act상의 일차적 "differential" 가격책정행위도 Sherman Act 제 2 조상의 약탈적 가격설정과 동일한 법리에 따라 처리하여야 한다고 판시하였다. 동 대법원은 위법한 약탈적 가격설정으로 판단하는 요건도 유럽사법법원의 태도와 달리 소위 "회수recoupment요건"이 추가적으로 인정되어야 한다고 판시하여 *Brooke* 사건 이후 약탈적 가격행위가 법원에서 인정된 사례는 거의 찾아보기 힘들게 되었다.[4] 이 점에서 현재 통상법과 경쟁법은 상당한 편차가 있다고 할 수 있다. 보다 근본적으로는 반덤핑법상 덤핑마진은 회계자료를 이용하여 정상가격과 수출가격의 비교과정을 거쳐서 산출되는바 이렇게 산출된 덤핑마진은 경제학적인 가격덤핑과 사실상 무관한 경우가 적지 않다.[5]

또한 반덤핑조치를 취하기 위해서는 덤핑행위 이외에도 수입국의 국내산업에 대한 실질적 피해material injury가 입증되어야 한다. 이에 대응하여 경쟁법에서도

1 Harvey M. Applebaum, "Harmonization of Antitrust and Antidumping Laws: An Opportunity for Creative Experimentation in the North American Free Trade Area," *Vol. 4 U.S.-Mex. L. J.* (1996), p. 49.

2 가격차별행위(price discrimination)와 가격에 차이를 두는 행위(differential pricing)의 구별에 대한 설명은 다음을 참조. Herbert Hovenkamp, *Federal Antitrust Policy* (2nd ed.), West Group (1999), p. 565.

3 Robinson Patman Act는 경제학적으로 불합리한 법이라는 이유로 비판의 십자포화를 받고 있으며 폐지하여야 한다는 주장이 적지 않다. Herbert Hovenkamp, *The Antitrust Enterprise*, Harvard (2005), pp. 310-311.

4 See generally, Section of Antitrust Law, American Bar Association, *Predatory Pricing*, ABA (1996).

5 Kenneth W. Dam, *The Rules of Global Game: A New Look at US International Economic Policy making*, Chicago (2001), 정영진/윤재원 옮김, 「글로벌게임의 법칙: 미국 대외경제정책 결정과정에 대한 새로운 고찰」, 비봉사(2002), pp. 267-272.

거래의 불합리한 제한unreasonable restraint of trade이나 경쟁이 상당히 감소substantial lessening of competition해야 한다는 요건이 입증되어야 한다. 그러나 통상법상의 실질적 피해는 최소피해*de minimus* injury 또는 유의미하지 않은 피해immaterial injury가 아닌 정도면 족하므로 경쟁법상의 요건에 비하여 그 기준이 매우 낮다.[1] 통상법은 기본적으로 관련 산업, 생산자 및 근로자를 보호하기 위한 것이고 경쟁법은 경쟁과정 및 소비자의 후생을 보호하기 위한 것이므로 관련 시장의 정의, 인과관계의 인정 그리고 제소요건 등에서 상당한 편차를 보이고 있다.[2]

이와 같이 통상법과 경쟁법은 태생적으로는 유사성이 없지 않았으나 점차 서로 다른 법영역으로 발전해 나갔다는 것을 알 수 있다. 우리나라가 피제소국으로 관여한 WTO 소주 사건에서도 WTO패널은 경쟁법상의 관련 시장 및 경쟁 개념을 WTO협정상의 내국민대우 원칙의 해석에 직접적으로 원용할 수는 없다는 취지의 판정을 내린 바 있다.[3]

(3) 통상법과 경쟁법의 접근

전술한 바와 같이 통상법과 경쟁법은 서로 다른 법영역으로 각자 진화를 거듭하였으나 세계화의 진전에 따라 양법체계는 긴밀하게 상호작용하게 되었다. 우선 경쟁법의 영역에서는 오래전부터 무역과 통상을 고려한 법리가 발달하였다. 1945년 *Alcoa* 사건에서 Hand 판사는 외국기업의 외국에서의 행위라고 하더라도 미국의 수입에 영향을 미칠 의도였고 실제로 영향을 미쳤다면 미국 독점금지법상의 관할권을 행사할 수 있다고 판시하였다.[4] 1993년 *Hartford Fire Insurance* 사건에서 미 연방대법원은 혼선을 겪고 있던 하급심판례를 정리하면서 진정한 충돌true conflict이 있는 경우가 아닌 한 영향이론에 기초하여 관할권을 행사하는 것은 정당하다고 판시하였다.[5] 이후 영향이론은 Sherman Act상의 형

1 Harvey M. Applebaum, "Harmonization of Antitrust and Antidumping Laws: An Opportunity for Creative Experimentation in the North American Free Trade Area," *Vol. 4 U.S.-Mex. L. J.* (1996), p. 49.

2 *Ibid.*

3 Korea — Taxes on Alcoholic Beverages, WT/DS75/AB/R, WT/DS84/AB/R.

4 "if they were intended to affect [U.S.] imports and did affect them," United States v. Aluminum co. of America et al. 148 F.2d 416 (Second Circuit. Court of Appeals 1945).

5 "[I]t is well established by now that the Sherman Act applies to foreign conduct that was meant to produce and did in fact produce some substantial effect in the United States." (509 U.S. 764, 796 (1993)). 공정거래법의 역외적용에 대한 우리나라의 법리에 대해서는 다음을 참조. 김형진/정영진, "공정거래법의 역외적용,"

사적 관할권행사에까지 확대되었다.[1]

그런데 이와 같은 독점금지법의 역외적용의 법리는 자국시장에 영향을 미치는 외국인의 외국에서의 행위에 대하여 관할권을 행사하는 소극적 관할권행사에 머물지 않고 시장접근을 위한 법적 수단, 즉 통상법적 수단으로 활용되기도 하였다.[2] 미국은 1982년 FTAIA Act Foreign Trade Antitrust Improvement Act를 통하여 미국의 수출에 직접적이고, 실질적이며 합리적으로 예견가능한 효과를 초래하는 경우에는 독점금지법상의 관할권을 행사할 수 있다는 규정을 신설하였다.[3] 명문의 규정에도 불구하고 1988년 미 법무부는 생산량을 감소시키거나 가격을 인상하여 미국의 소비자를 해하여 경쟁에 대한 부정적 영향이 있는 경우에만 관할권을 행사하겠다고 선언하였다.[4] 그러나 1992년 미 법무부는 이러한 정책을 포기하고 수출에 장애를 초래하는 외국인의 외국에서의 행위에 대하여 독점금지법상의 관할권을 행사하겠다는 정책으로 전환하였다.[5] 그리고 이러한 정책은 1995년 미 법무부와 연방거래위원회의 공동가이드라인에서도 그대로 유지되었다.[6] 따라서 독점금지법의 역외적용의 법리는 자국의 시장에 대한 영향뿐만 아니라 자국 기업의 외국시장에 대한 접근을 가로막는 반경쟁적 행위에 대하여도 관할권을 적극적으로 행사할 수 있다는 방향으로 발전되어 나갔다. 이러한 의미에서 적어도 미국에서 독점금지법은 자국 소비자의 후생을 보호한다는 원칙에서 한걸음 더 나아가 자국의 수출기업의 외국시장에 대한 접근을 위하여 관할권을 행사할 수 있다는 측면에서 통상법적인 성격을 매우 강하게 띠게 되었다. 실제로 미 정부가 수출시장의 접근과 관련하여 관할권을 행사한 사례가 일부 있었다. 그러나 독점금지법을 통상법적 수단으로 활용하여 수출시장의 접근가

「인권과 정의」(2004. 4).

1 109 F.3d 1 (1st Cir. 1997), cert. denied, 522 U.S. 1144 (1998).

2 독점금지법과 시장접근에 대한 일반적 논의는 다음을 참조. Eleanor M. Fox, "Toward World Antitrust and Market Access," *91 Am. J. Int'l L.* (1997), p. 1.

3 H.R. REP. No. 97-686, at 2-3 (1982), reprinted in 1982 U.S.C.C.A.N. 2487, 2487-88. 수입거래 또는 수입통상 이외의 거래, 즉 수출거래에 대하여 다음의 요건을 충족하는 경우 미국의 독점금지법상의 관할권을 행사할 수 있다고 규정하고 있다. "(1) such conduct has a direct, substantial and reasonably foreseeable effect (A) on [domestic or import commerce]; or (B) on export trade or export commerce … of a person engaged in such trade or commerce in the United States; and (2) such effect give rise to a [Sherman Act claim].

4 US Dep't of Justice, Antitrust Enforcement Guidelines for International Operations n. 159 (1988).

5 DOJ Press Release (Apr 3, 1992).

6 DOJ/FTC, International Antitrust Guidelines (1995).

능성을 높이려는 시도는 이론적으로나 실무적으로나 상당한 문제가 노정되었고 현재는 이와 같은 정책은 적극적으로 추진되지 않고 있다. 독점금지법의 역외적용이 기본적으로 국제법상 일방주의적인 한계를 노정하자 소위 "적극적 예양positive comity"개념이 각광을 받기도 하였다.[1] 이에 의하면 일방적으로 경쟁법을 역외적용하기보다는 자국의 역내에서 경쟁제한적 행위가 발생하고 있는 국가의 경쟁당국으로 하여금 동 국가의 경쟁법을 적극적으로 집행하도록 하는 것이다. 미국과 EU 간 경쟁법의 집행공조에 관한 양자협정이 대표적이다.[2]

다음으로 통상법적인 관점에서 사적 경쟁제한의 문제를 다루려고 하는 시도도 지속되어 왔다. 1988년 통상법에 불공정거래행위를 조직적으로 용인하는 국가에 대하여 통상법 제301조를 적용할 수 있는 근거조문을 둔 것이 대표적인 예라고 할 수 있다. 1997년 *Kodak-Fuji* 사건에서는 Kodak사는 일본필름시장에서의 폐쇄적인 수직적 반경쟁관행에 대하여 통상법 제301조의 발동과 WTO 제소와 같은 통상법적 방법으로 경쟁법상의 문제에 접근하였으나 소기의 성과를 거두는 데는 실패하였다.[3] 최근에는 멕시코의 통신시장에 대하여 WTO 기본통신협정상의 "참고문서reference paper"상의 경쟁규정을 원용하여 경쟁법상의 문제를 WTO분쟁해결제도를 통하여 해결하려는 시도도 있었으며 상당히 의미있는 진전이 이루어졌다.[4] 그러나 통상협정에 경쟁법에 관한 구체적인 실체규정을 담지 않는 한 사적 경쟁제한의 문제를 처리하는 데는 상당한 한계가 있다. 실제로 우루과이라운드 협상의 와중에서 일단의 경쟁법 전문가들이 소위 "Munich Code"라고 하는 포괄적인 경쟁법의 실체규정을 만들어 WTO협정의 복수 간 무역협정의 방식으로 부속서에 두는 방안을 제안한 바 있었으나[5] 그 이후에는 이

1 예를 들어, OECD, "Draft Revised Recommendation of the Council Concerning Cooperation Between Member Countries on Anticompetitive Practices Affecting International Trade," OECD Doc. C(95)130 (1995) 참조.

2 1991 EU/US Competition Cooperation Agreement 및 1998 EU/US Positive Comity Agreement 참조.

3 James P. Durling, *Anatomy of a Trade Dispute: A Documentary History of the Kodak-Fuji Film Dispute*, Cameron May (2001); 정영진, "미일코닥-후지 필름분쟁사례연구 (상)(하)," 「통상법률」(1998. 8, 10) 및 Institute for International Economics, Case Studies in US Trade Negotiation v2, Chapter 3 Snapshop: Kodak v. Fuji available at http://www.piie.com/publications/chapters_preview/3632/03iie3632.pdf

4 Eleanor M. Fox, "The WTO's First Antitrust Case — Mexican Telecom: A Sleeping Victory for Trade and Competition," *Journal of International Economic Law 9(2)* (2006), pp. 271-292; Marco Bronckers and Pierre Larouche, *The WTO Regime for Telecommunications Services 519, in WTO Jurisprudence and Policy: Practitioners' Perspectives* (Marco Bronckers and Gary Horlick (eds.)), Cameron May (2005) 참조.

5 Draft of International Antitrust Code — As A GATT/WTO-Plurilateral Trade Agreement, reprinted in 64

러한 포괄적인 제안은 이루어지지 못하고 있다. OECD에서도 경성카르텔에 해당하는 행위유형을 규제하도록 회원국에게 권고하고 있으나 법적 구속력이 없으며 시장접근에 관한 문제는 수직적 거래제한이 핵심적인 사안임에 비추어 동 OECD권고는 한계가 있을 수밖에 없다.[1]

WTO 차원에서도 경쟁분야에 대한 논의가 계속되고 있다. 경쟁이슈는 우리나라를 비롯한 일부 회원국들의 지지를 받고 있으나 경쟁법 실체규정을 WTO 협정에 담는 방안보다는 경쟁법의 집행에 관한 투명성보장 및 비차별 원칙의 적용과 같은 WTO협정의 핵심적 원리를 경쟁법의 집행에 확보하는 것이 관심 대상이다. 경쟁법의 실체규정을 통상협정에 삽입하고 통상협정상의 집행방식을 통하여 경쟁법의 실체규정을 집행하는 방안은 경쟁법의 이론 및 실무적 관행에 비추어 바람직하지 않다. 예컨대 수직적 거래제한의 일유형인 결합판매의 경우를 보면, 미국, EU 및 우리나라의 경쟁법 모두 일정한 상황에서는 위법이라는 점은 확립되어 있으나 경쟁당국이 동 법리를 사실관계에 구체적으로 집행하는 과정에서 상당한 편차를 보이고 있다.[2] 또한 경쟁법과 같이 고도의 사실판단 및 경제학적 판단이 요구되는 사안을 이에 대한 전문성이 없는 WTO분쟁해결기구가 다루는 것이 과연 적절한지도 면밀한 검토가 필요한 사안이다.[3] 경쟁에 관한 장이 포함되어 있다는 측면에서 FTA협정은 WTO협정에 비하여 진일보 한 측면이 있으나 이 경우도 협정에 경쟁법의 실체규정을 포함시키기보다는 경쟁법의 집행에 관한 투명성 보장 및 비차별 원칙의 확보에 주력하는 것이 올바른 방향이라고 할 것이다.

이상과 같이 통상법과 경쟁법은 상호 보완적인 측면이 적지 않기 때문에 자연스럽게 상호작용을 통하여 발전하고 있다. 전술한 바와 같이 통상법과 경쟁법은 각자 고유의 영역이 있으며 전자가 후자를 대체하거나 후자가 전자를 대체하는 데는 이론적·실무적으로 상당한 한계가 있다.[4] 오히려 양자의 상호 보

Antitrust & Trade Reg. Rep. (BNA) (19 August 1993).

1 OECD Recommendations & Best Practices: Recommendation of the Council concerning Effective Action against Hard Core Cartels 1998 available at http://www.oecd.org/dataoecd/39/4/2350130.pdf

2 정영진, "마이크로소프트사건의 국제경쟁법적 의의," 「경쟁저널」 제125호(2006).

3 이에 대한 상세는 정영진 다음 논문 참조. Youngjin Jung, "Modeling WTO Dispute Settlement Mechanism in An International Antitrust Agreement," *Journal of World Trade* (February 2000).

4 Michael J. Trebilcock and Edward M. Iacobucci, *National Treatment and Extraterritoriality: Defining the Domains of Trade and Antitrust Policy, in Competition Laws in Conflict: Antitrust Jurisdiction in the Global*

완적인 관계에 관심을 갖고 양법영역의 상호 발전cross-fertilization을 기대하는 것이 올바른 방향이라고 할 것이다.

D. 국제통상과 지적재산권[1]

지적재산권 문제가 국제적으로 점차 중요성을 띠게 됨에 따라 이를 WTO 차원에서 규율하는 TRIPs협정Agreement On Trade-Related Aspects Intellectual Property Rights과 관련한 국제분쟁 역시 증가하고 있는 추세이다. 특히 개도국의 미흡한 지적재산권 보호제도에 불만을 품고 있는 선진국들이 TRIPs협정 위반을 이유로 문제 제기를 지속적으로 하고 있는 상황이다. 특히 미국의 경우 USTR이 매년 발간하는 "연례 국별 무역장벽보고서"에서 각국의 지적재산권 침해 상황에 대한 나열과 문제 제기가 그 핵심을 치지하고 있을 정도로 주요한 부분을 차지하고 있다.[2] 미국의 불만 제기는 특히 중국 등을 상대로 하고 있으나 우리나라에 대해서도 여전히 불만스러운 시각을 보유하고 있다.[3] 다만 우리나라의 경우 최근 지적재산권 침해 행위에 대한 단속을 지속적으로 강화하여 왔기 때문에 이러한 부분에 대하여 미국이 긍정적으로 평가하고 있는 상황이기는 하다.[4]

미국의 중국에 대한 지적재산권 보호 분야에서의 불만은 2008년 중국을 WTO에 제소함으로써 본격적으로 표면화되게 되었다.[5] 이 분쟁에서 미국은 중국의 미흡한 지적재산권 보호제도를 집중적으로 공격하였으며 그 결과 승소판결을 받게 되었다. 패소국인 중국은 국내 이행조치를 실시하였으나 실제 얼마나 효과적으로 지적재산권이 보호될 것인지 여부는 아직 불투명하다. 중국의 이행조치가 미흡하다고 판단되는 경우 미국은 다시 WTO분쟁해결절차로 중국을 제

Economy (Richard A. Epstein and Michael S. Greve (eds.)), Aei Press (2004).

1 Bernard M. Hoekman and Michel M. Kostecki, *The Political Economy of the World Trading System: The WTO and Beyond* (3rd ed.), Oxford (2009), Chapter 8; John H. Jackson, William J. Davey and Alan O. Sykes, Jr., *Legal Problems of International Economic Relations: Cases, Materials and Text* (5th ed.), Thomson West (2008), Chapter 20.

2 2012년 3월 현재 가장 최근 버전인 2011년 보고서는 USTR 사이트에서 다운로드할 수 있다: http://www.ustr.gov/about-us/press-office/reports-and-publications/2011-0

3 본문 286면의 스페셜 제301조 보고서에 대한 내용 참조.

4 *Ibid.*

5 China — Measures Affecting the Protection and Enforcement of Intellectual Property Rights (WT/DS362/R) (Mar 20, 2009) ("China-Intellectual Property Rights").

소할 것으로 예견된다. 우리나라의 경우도 중국에서의 지적재산권 침해의 피해를 적지 않게 입고 있는 상황이므로 이러한 미국의 제소는 우리에게 도움이 되는 측면도 있다. 그러나 아울러 이러한 미국의 입장은 지적재산권 보호 수준이 다시 미흡하다고 판단될 경우 우리에게도 적용될 수 있는 부분이 있으므로 우리의 주의를 요한다. 특히 미국은 우리나라 인터넷 시장의 웹하드 서비스가 위조/복제자료의 공유에 사용되고 있는 상황에 우려를 표명하여 오고 있다.[1]

지적재산권과 관련한 국제통상이슈의 대표적인 사례로 앞서 언급한 *China-Intellectual Property Right* 사건을 살펴볼 필요가 있다. 이 분쟁에서 중국은 자신의 WTO TRIPs협정 위반을 자국 형사법과 형사법 관련 제도를 원용하며 정당화하고자 노력하였으나 패널은 이러한 중국의 입장을 기각한 바 있다.[2] 특히 중국은 형사 사법제도 운용과 관련한 각 회원국의 고유한 주권을 언급하며 여기에 대하여 WTO가 자신의 기준을 적용하며 개입하는 것은 부당하다는 입장을 견지하였으나, 이러한 입장은 기각되었다.[3] [4]

또한 중국은 지적재산권 보호에 관한 국제기구인 세계지적재산권 기구World Intellectual Property Organization: WIPO가 채택한 국제기준은 각국의 주권에 대한 침해를 회피하고자 노력하고 있다는 점을 부각시키며, 이러한 국제기준이 중국의 WTO 협정 위반 여부를 검토함에 있어서도 중요하게 고려되어야 한다는 입장을 역시 전개한 바 있다.[5] 중국은 기타 관련 국제기준 원용을 통하여 자국법과 제도가 이

1 USTR, 2010 Special 301 Report, 30 April 2010, p. 43 available at http://www.ustr.gov/webfm_send/1906

2 Tania Voon & Andrew Mitchell, "Open for Business? China's Telecommunications Service Market and the WTO," *13 Journal of International Economic Law 321* (2010), pp. 322-323 참조.

3 이재민, "최근 WTO 분쟁해결절차에서 확인된 국제법 기본원칙 및 법리," 「국제법학회논총」 제55권 제 4 호(통권 제119호), 대한국제법학회(2010. 12), p. 187.

4 구체적인 패널의 결정은 다음과 같다.

7.513 […]패널은 지적 재산권 보호 제도의 집행 영역에서 개별 회원국의 사법제도와 관행의 상이성이 보다 중요하게 부각된다는 사실에 동의한다. 그러나 제1.1조의 세 문장을 일관되게 해석하면 지적 재산권 보호 제도의 집행에 효력을 부여하여야 하는 회원국의 기본적 의무로부터 일탈을 정당화하기 위한 국내 사법제도와 관행의 상이성은 허용되지 아니함을 알 수 있다.

7.514 따라서 제61조가 부과하고 있는 준수기준은 그 조항이 규정하는 최소한의 국제기준이다. 별도의 명시적 언급이 없는 한 제61조가 부과하는 최소기준은 TRIPs 협정상 의무가 적용되지 않는 영역에서 발생한 불법행위에 대한 형사상 책임 및 처벌의 정의와 관련된 중국의 국내 관행에 좌우되지 아니 한다.[…].

5 이와 관련하여 동 분쟁 패널 보고서는 다음과 같이 중국의 입장을 정리하고 있다:

7.131 China draws the Panel's attention to the WIPO Guide to the Berne Convention, which states as follows regarding Article 17 of the Berne Convention (1971):

"It covers the right of governments to take the necessary steps to maintain public order. On this point,

분야에서 여전히 결정적인 변수로 고려되어야 함을 강조하며 이를 근거로 WTO 협정 위반을 경감 내지 정당화하고자 노력한 것으로 보인다. 그러나 이러한 중국의 입장 역시 패널에 의하여 기각되었다. 분쟁 당사국의 국내법 및 제도에 대한 평가에 있어 이들은 단지 하나의 사실에 불과하며 오로지 협정문의 적용으로 국제법 위반 여부가 평가된다는 국제법 법리가 여기에 적용된 것으로 사료된다.[1 2]

이러한 미국과 중국의 지적재산권에 관한 통상분쟁은 우리에게 매우 중요하다. 2012년 현재 우리 기업의 해외 지적재산권 침해의 상당부분이 중국에서 이루어지고 있는 점을 고려하면 머지않아 우리나라와 중국 간의 지적재산권 통상분쟁이 도래할 것이 예상된다. 그러나 문제는 미국과 중국의 지적재산권 분쟁에서도 나타났듯이 첫째, 중국의 국내법 체계가 너무 복잡하여 외국 정부나 기업이 이를 확인하기 어렵고, 둘째, 중국은 법령 외적인 측면인간관계를 통한 분쟁의 해결 및 민원 해결 분위기가 여전히 강하고, 셋째, 중국은 서구 중심의 국제통상 질서에 대하여 강력한 도전의식을 갖고 있으며, 넷째, 법령과 제도가 정비된 경우라고 하더라도 이것이 실제 집행되는지 여부가 불분명하며, 마지막으로, 중국의 각 지방정부가 너무나 많은 권한을 갖고 있어 이에 대하여 중앙정부의 통제력이 제대로 전달되지 않는 부분이 있다는 점이다.

지적재산권과 국제통상의 접점을 보여 주는 또 다른 예로 USTR의 지적재산권 관련 스페셜 제301조 보고서가 있다. USTR의 스페셜 제301조 보고서는 1974년 통상법Trade Act of 1974 제182조에 의거하여 USTR이 주요 교역국의 지적재산권 보호 및 집행 현황을 검토하여 매년 4월 말경 발표하는 연례보고서이다. USTR은 주요 교역국의 지적재산권 보호 수준을 검토하며, 보호가 미비한 국가들을 우선협상대상국Priority Foreign Country: PFC, 우선감시대상국Priority Watch List: PWL, 감시대상국WL: Watch List 등으로 분류하고 PFC 지정 시 30일 이내에 조사 개시 여부를 결정하고 6-9개월간 협의를 거쳐 보복조치 발동 여부 결정한다. USTR은

the sovereignty of member countries is not affected by the rights given by the Convention. Authors may exercise their rights only if that exercise does not conflict with public order. The former must give way to the latter. The Article therefore gives Union countries certain powers to control."

1 지적재산권과 WTO통상규범간 자세한 논의를 위하여는 박덕영/이일호, 「국제저작권과 통상문제」, 세창출판사(2009), p. 235 참조.

2 이재민, "최근 WTO 분쟁해결절차에서 확인된 국제법 기본원칙 및 법리," 「국제법학회논총」 제55권 제 4 호(통권 제119호), 대한국제법학회(2010. 12), p. 188.

2012년도 보고서에서 77개국의 지적재산권 보호 현황을 검토, 캐나다, 중국, 러시아, 인도 등 13개국을 우선감시대상국으로 지정하였으며, 이태리, 노르웨이, 브라질 등 26개국을 감시대상국으로 지정하였다. 우리나라는 1989년 스페셜 제301조 보고서가 최초 발표된 이래 우선감시대상국9회 또는 감시대상국11회으로 지정되어 왔으나,[1] 2009년 처음으로 감시대상국 목록에서 제외된 이래, 지난해에 이어 올해도 감시대상국 목록에 포함되지 않았다. 우리나라가 3년 연속으로 우선감시대상국 목록 또는 감시대상국 목록에서 제외된 것은 우리 정부가 그간 지적재산권 보호 강화를 위해 경주해 온 적극적이고 다각적인 노력들이 긍정적인 평가를 받고 있는 데 따른 것으로 보인다.[2] 우리 정부는 우리 경제가 지속적으로 선진화 및 글로벌화함에 따라 효과적인 지적재산권 보호가 우리 기업들의 경쟁력 강화 및 국가브랜드 제고를 위한 관건이라는 판단하에 향후에도 우리 지적재산권 보호제도의 지속적인 개선 및 지적재산권 침해에 대한 적극적인 대응노력을 전개해 나갈 것이라는 것을 밝힌 바 있다.

최근의 이러한 지적재산권 보호 움직임에 비례하여 우리 사회의 디지털화가 급속히 진행되고 여기에 포함되는 문화 콘텐츠의 재산적 가치가 증가함에 따라 지적재산권 보호제도의 중요성은 나날이 높아져 가고 있다. 전 세계 어린이들의 친근한 캐릭터로 자리매김한 뽀로로, 세계 시장에서 그 경쟁력을 확인하고 있는 K-POP 열풍, 그리고 다양한 인터넷 게임 개발로 대별되는 우리 소프트웨어 산업은 국제사회의 지적재산권 보호 움직임이 우리의 이해관계 보호와도 밀접하게 연결되어 있음을 보여 주는 대표적인 사례들이다. 우리 개인과 기업의 아이디어와 창의력에 기초하여 개발되어 막대한 수익을 창출하고 있는 이

1 우리나라 지정 경과
- ○ 1989년 우선감시대상국(PWL)
- ○ 1990-1991년 감시대상국(WL)
- ○ 1992-1996년 우선감시대상국(PWL)
- ○ 1997-1999년 감시대상국(WL)
- ○ 2000-2001년 우선감시대상국(PWL)
- ○ 2002-2003년 감시대상국(WL)
- ○ 2004년 우선감시대상국(PWL)
- ○ 2005-2008년 감시대상국(WL)
- ○ 2009-2010년 감시대상국(WL)에서 제외

2 외교통상부 보도자료, "미 무역대표부, 2011 지재권 보고서 발표: 한국은 감시대상국에서 3년 연속 제외," 제11-380호(2011. 5. 3) 배포.

러한 문화 콘텐츠가 그 재산적 가치를 온전히 유지하기 위해서는 이들에 대한 지적재산권이 모든 국가에서 충분히 보호받는 것이 필요하다.

이러한 시대의 흐름에 발맞추어 우리나라의 지적재산권 보호제도는 그동안 괄목할 만한 진전을 이루었다. 그동안 정부가 지적재산권 관련 법령을 정비하고 이를 효과적으로 집행하기 위한 노력을 지속적으로 경주하여 온 결과이다. 그러나 이러한 진전에도 불구하고 우리나라의 지적재산권 보호제도에 대하여 여전히 일부 국가들은 불만을 표시하고 있다. 미국 및 EU가 대표적이다. 이들 국가들은 매년 무역장벽보고서를 발간하며 우리나라의 다양한 무역장벽을 평가하고 있으며 그 중요한 항목 중 하나가 바로 지적재산권 침해행위에 대한 집행이 충분히 이루어지고 있지 않다는 것이다.[1]

지적재산권 보호는 교역상 이해관계의 보호와 밀접한 연관성을 보유하고 있으며, 바로 그러한 이유로 무역관련 TRIPs협정이 WTO협정에 포함되게 되었다. 특정 상품과 관련하여 관세 철폐 등을 통한 교역 자유화의 틀을 마련하여 두더라도 그 상품과 관련된 지적재산권가령, 상표권이 제대로 보호받지 못한다면 결국 해당 상품은 수입국 시장에서 제대로 판매되지 않게 된다. 결국 관세부과조치로 인한 가격 상승으로 상품 판매가 줄어드는 현상이나, 관세부과가 "0"이 되더라도 지적재산권 보호 미흡으로 인하여 상품 판매가 줄어드는 현상이나 생산업자에 대하여 부정적 효과를 초래하는 것은 매일반이다. 지적재산권 보호는 이제 국제교역과 불가분의 일체를 이루는 이슈가 되었다.

최근 미국과 중국 간 진행된 지적재산권 관련 WTO 분쟁은 이러한 최근의 상황을 잘 보여 주고 있다. 중국은 2001년 WTO 가입 시 지적재산권 보호 관련 자국 법령을 상당 부분 제/개정하였으나, 중국 사법당국이 이들 법령을 제대로 집행하지 않는다는 것이 미국의 오랜 불만이었다. 지적재산권 침해사범에 대한 효과적인 처벌은 TRIPs협정 제61조가 구체적으로 요구하는 WTO회원국의 의무이므로 미국은 중국이 이 조항을 위반하였음을 주장하였다. 이를 심리한 WTO 패널은 결국 미국의 입장을 받아들여 중국에 대한 패소 판정을 내리게 되었다.[2] 요컨대 분쟁의 핵심은 지적재산권 관련 법령과 제도를 도입하였는지 여부

1 미국은 매년 3월 31일 무역장벽보고서를 발행하며, EU 역시 매년 1회씩 무역장벽보고서를 발간한다.
2 China — Measures Affecting the Protection and Enforcement of Intellectual Property Rights (DS362).

가 아니라 실제 그러한 법령과 제도를 어떻게 운용하고 집행하고 있는지에 있는 것이다. 여기에서 말하는 법령과 제도는 민사·형사·행정 절차를 통칭하는 광범위한 개념이다.[1] 즉, 지적재산권 침해행위에 대해서는 민사상·형사상 책임과 함께 행정적 처벌을 부과하여 그러한 행위를 국내적으로 근절하도록 여러 회원국에 요구하고 있는 것이다. 우리나라의 경우도 지적재산권 관련 법령과 제도는 일단 완비되었으나 앞으로 이를 철저하게 집행하지 않을 경우 외국 정부가 유사한 방식으로 불만을 제기하게 될 것이라는 점에 유의할 필요가 있다.

WTO협정이나 FTA협정이 허용하고, 또 최근 전 세계적으로 증가추세를 보이고 있는 현상 중 하나는 지적재산권 침해 상품이 자국 영역 내로 유입되는 것을 차단하는 각국의 국경조치이다. 지적재산권 침해의 피해자인 국내기업이 자국 정부에 관련 조사를 신청하면, 해당 정부는 지적재산권 침해 발생 행위 여부를 조사하여 최종 결정을 내리게 된다. 만약 지적재산권 침해 행위 발생이 확인되면 조사국 정부는 해당 상품의 국내 시장으로의 유입을 차단하거나 또는 기유입된 상품의 시장으로부터의 퇴출을 명령하게 된다. 결국 문제의 상품의 수입국 시장으로의 유입이 완전히 차단되는 시장보호 효과가 발생하는 것이다. 단순히 관세 부과를 통한 가격상승 효과로 국내시장을 보호하는 수동적인 보호조치가 아니라 해당 상품 자체가 국내 시장에서 배제되는 적극적인 보호조치가 이루어지게 되는 것이다.

바로 이러한 직접적인 국내시장 보호의 효과로 인하여 여러 국가에서 지적재산권 침해 행위에 대한 국경조치가 적극 부과되고 있다. 미국의 경우가 대표적이다. 미국 연방무역위원회U.S. International Trade Commission는 미국 통상법 제337조에 따른 조사절차337조사를 통하여 위조상품 등 자국 기업의 지적재산권을 침해하는 상품을 국내시장으로부터 배제하고 있다. 특히 337조사는 최근 그 빈도가 증가하고 있다.[2] FTA 체결 등으로 관세가 철폐되어 국내시장 보호의 수단이 제한되자 그 반작용으로 지적재산권 보호를 기치로 하는 337조사를 통한 시장보호 효과를 노린다는 것이 이러한 빈도의 증가와 밀접하게 관련되어 있다. 특히 WTO

1 TRIPs Part III Section 2는 민사 및 행정 절차와 조치를 규정하고 있고 Part III Section 5는 형사 절차와 조치를 규정하고 있다.

2 USITC 웹사이트, "337조사 현황" available at http://www.usitc.gov/intellectual_property/documents/cy_337_institutions.pdf

TRIPs협정을 통한 문제 제기의 경우 WTO분쟁해결절차를 통하여 지적재산권 침해 행위에 대한 권리 구제 방안이 완비되어 있기는 하나 권리 구제 시까지 3-4년의 시간이 소요된다는 치명적 약점이 있다.[1] 이에 반하여 미국 통상법 제337조는 그 구제의 신속성과 직접성으로 인하여 지적재산권 침해를 받은 미국 기업에게는 상당히 실효적인 조치임이 분명하다. 그러나 이러한 조치가 남용되어 외국 수출기업에 대하여 일종의 비관세장벽을 구성하는 상황도 역시 가능하므로 이에 대하여 우리가 적극 대응할 필요가 있다.

우리나라 상품들 역시 이러한 미국 정부의 337조사 및 여타 국가의 유사한 조사로부터 자유롭지 못하다. 제반 영역에서 우리 상품의 시장 점유율이 높아지자 이런 저런 지적재산권 침해 행위 혐의를 내세우며 우리 상품에 대한 조사를 진행하는 상황이 광범위하게 목도되고 있다. 특히 이러한 문제는 최근 우리 기업이 시장 경쟁력을 보유하고 있는 전자제품 영역에서 빈번하게 발생하고 있다. 핸드폰, LCD 패널 등 전자제품 제조에는 다양한 부품과 기술이 동원되며 이러한 부품과 기술에 대한 특허는 세계 여러 기업들이 다양하게 보유하고 있다. 우리 수출기업들의 경우 자신들의 노력으로 새로운 기술과 부품을 개발하기도 하며 때로는 필요시 외국 기업에 대하여 특허료 등을 지불하고 해당 부품과 기술을 활용하게 된다. 만약 미국 기업이 보유하고 있는 특허와 관련하여 우리 기업이 이를 허가 없이 무단으로 사용하게 되면 해당 미국 기업은 이 사실을 연방국제무역위원회에 통보하여 관련 조사를 요청하게 된다. 미 통상법 제337조는 이러한 상황과 직결되는 조항이다.

문제는 전자제품과 같이 다양한 부품과 기술이 복잡하게 적용되고, 또 이러한 부품과 기술이 끊임없이 진보하는 영역에서는 과연 어디까지 주장되는 특허로 보호되는지 여부가 반드시 분명하지는 않다는 점이다. 그 결과 미국 기업은 외국 경쟁기업을 자국 시장에서 퇴출시키거나 진입을 제한하기 위하여 제337조를 동원하는 경우가 심심찮게 발생하고 있다. 반덤핑관세나 상계관세 부과와 같이 추가 관세를 부과하는 것이 아니라 기본적으로 수입 자체를 금지시

1 WTO DSU 제12조 제8항 및 제17조 제5항에 의하면 WTO패널은 원칙적으로 패널 구성 및 terms of reference 확정 후부터 6개월 내에 최종보고서를 당사자에게 제공하여야 하며, 항소기구는 원칙적으로 항소당사자의 항소신청일로부터 60일 내에 보고서를 제공하여야 한다.

키는 제337조는 미국 기업들에게는 상당히 매력적인 조치라고 할 수 있다.

최근 진행된 삼성과 애플 간 특허소송도 결국 이러한 지적재산권 침해 행위에 대한 국경조치가 중요한 부분을 차지하고 있다. 향후 해외 수출시장을 안정적으로 접근하기 위해서는 단지 관세 철폐만으로는 가능하지 않고, 이러한 비관세적 조치들을 어떻게 극복할 것인지에 대한 고민도 아울러 이루어져야 한다. 물론 우리 기업이 수입국 기업의 특허권 등 지적재산권을 침해하였다면 여기에 대하여 응분의 책임을 지고 수입국 시장으로부터 퇴출되는 등 그 나라의 법령에 따른 페널티를 부과받는 것은 당연하다. 그러나 그러한 침해행위가 발생하였는지 자체가 불분명하거나 또는 정당한 지적재산권 보호의 요건을 충족하였는지 여부가 불투명한 상황에서 국경조치의 적용으로 수입국 시장에서 배제되는 상황은 우리에게 치명적일 수도 있다. 따라서 정부 및 기업 차원에서 우리 교역 상대방이 이 제도를 남용하지 않도록 효과적인 대응책을 모색하는 것이 필요하다.

한편 지적재산권 침해 행위에 대한 국경조치는 우리 국내시장을 정당하게 보호하기 위하여 필요한 대안을 제공하고 있기도 하다. 이 제도는 지적재산권 침해의 희생자인 우리 국내 기업을 부당한 경쟁으로부터 보호하는 중요한 역할을 수행할 수 있기 때문이다. 우리나라는 무역위원회가 이 중요한 역할을 수행하고 있다. 현재 무역위원회는 이를 불공정무역행위로 간주하여 적극적으로 규제하고자 노력하고 있다.[1] 우리나라가 이러한 조사를 진행하여 규제를 실시하는 것은 외국 정부가 우리 기업에 대하여 유사한 조사를 실시하는 것을 사전에 차단하거나 견제하는 긍정적 효과도 아울러 보유한다. 우리 기업이 부당한 조사의 희생양이 되는 것에 대한 중요한 카드를 아울러 보유하는 것이기 때문이다. 우리 기업의 LCD 상품이 일본 정부에 의하여 부당한 국경조치의 대상이 되자 우리 무역위원회가 일본의 파나소닉사의 LCD에 대하여 유사한 조치를 실시하여 해당 분쟁을 타협으로 이끈 것은 이러한 상황을 보여 주는 적절한 사례이다.[2]

1 불공정무역행위조사 및 산업피해구제에 관한 법률 제 4 조-제14조의3 참조.

2 당시의 산업자원부 무역위원회 보도자료, "무역위, 日 마쓰시타 産 PDP제품에 대한 불공정무역행위 조사 종결 및 잠정조치 해제 결정"(2005. 4. 14) available at http://www.mke.go.kr/news/coverage/bodoView.jsp?seq=7241&pageNo=1&srchType=1&srchWord=PDP&pCtx=1

E. 국제통상과 환경[1]

환경문제와 국제통상 역시 불가분의 관계를 구성하고 있다. 최근 제기되는 통상분쟁의 상당부분이 환경보호와 연관되어 있으며 각국의 이해관계가 첨예하게 대립하는 영역이기도 하다. 특히 지구 온난화 현상에 대한 국제적 대처에서 나타난 바와 같이 환경보호문제가 국제사회의 초미의 관심사로 대두된 상황에서 이와 긴장관계를 유지하고 있는 통상규범과의 충돌 및 부조화 문제는 앞으로도 지속적으로 제기될 것으로 예측된다. 이러한 긴장관계가 발생하는 근본적 이유는 각종 환경협정이 부과하는 의무와 통상협정이 부과하는 의무의 성격이 기본적으로 상이하기 때문이다. 환경보호 목적을 달성하기 위하여 다양한 구체적 조치를 취할 것을 요구하는 환경협정과 어떠한 이유이든 교역상의 장애물을 새롭게 설치하지 말 것을 요구하는 통상협정은 기본적으로 대립하는 위치에 서 있다. 환경보호를 위하여 채택되는 다양한 조치는 직간접적으로 국제통상과 연관되어 있는 경우가 대부분이기 때문이다.[2]

(1) GATT체제에서의 환경문제의 중요성 인식

환경과 국제통상이 밀접한 연관성을 보유하고 있다는 점은 이미 1947년 GATT체제가 처음 출발하였을 때부터 국제사회가 어렴풋이나마 이해하고 있던 부분이다. 국가들이 GATT협정을 위반한 경우에도 그 정당화를 주장할 수 있는 사유를 나열하고 있는 GATT 제20조에서도 그 핵심을 이루고 있는 조항은 바로 환경보호를 목적으로 하는 조치이다. 가령, 특정한 무역조치가 설사 GATT의 여러 조항에 대한 위반에 해당한다고 하더라도 그러한 조치가 환경보호를 위하여 "필요한" 조치이고 "유사한 여러 나라를 공평하게 대우한다면" GATT 제20조는 이를 허용하고 있다. 바로 이러한 이유로 GATT 제20조는 최근 가장 빈번하게 국가들 간 분쟁을 야기하는 요인으로 작용하고 있는 상황이다.

1 Fiona Macmillan, *WTO and the Environment*, Sweet & Maxwell (2001); Andreas F. Lowenfeld, *International Economic Law*, Oxford (2002), Chapter 11.

2 이와 관련하여 WTO에 환경문제까지 포함되어야 하는지 여부에 대한 논의로는 John H. Jackson, William J. Davey and Alan O. Sykes, Jr., *Legal Problems of International Economic Relations: Cases, Materials and Text* (5th ed.), Thomson West (2008), pp. 637-646 참조.

그러나 한편으로 지금까지 GATT 제20조를 원용한 국가가 *EC-Asbestos* 사건 등 일부 예외적인 사례를 제외하고는 이를 성공적으로 방어한 적이 없었다는 점을 감안하면 제20조의 장벽이 상당히 높다는 점 역시 알 수 있다. 즉, 상당한 준비작업과 정지작업이 전제되지 않으면 아무리 환경보호라는 숭고한 목적을 달성하기 위하여 특정 국가가 법령과 제도를 도입하더라도 이는 환경협정에의 합치성 여부는 차치하고 통상협정에 위반될 가능성이 상당히 농후하다는 것이다.

요컨데 1947년 출범한 GATT체제에서부터 환경문제와 통상문제가 상호 대립하는 위치에 있을 수도 있으며 환경보호를 위한 조치가 통상협정을 위반하는 경우에도 이를 정당화하는 경우가 있을 수 있다는 원칙론에는 공감대가 형성되어 있다. 그러나 이러한 원칙을 구체적인 사안에 적용하게 되면 국가들 간 이견이 증폭되고 문제가 더욱 복잡해지는 상황이 발생하고 있다. 한편으로 통상협정이 환경협정의 목적을 달성하는 장애물로 작용하며 또 한편으로 환경목적을 표면적인 이유로 원용하며 실제는 통상장벽을 도입하고자 하는 움직임도 나타나고 있는 것이다.

(2) 지구 온난화 문제와 통상협정[1]

환경과 통상 간의 이러한 긴장관계는 최근 특히 증폭되고 있다. 그 이유는 바로 지구 온난화 문제에 대한 시급한 대처 필요성 때문이다. 물론 여타 환경문제 역시 중요한 국제사회의 이익을 보호하기 위한 것이나 특히 지구 온난화 문제는 그 광범위성과 대처의 시급성으로 인하여 다양한 형태의 조치가 많은 국가들에 의하여 도입되고 있으며 이에 대한 통상협정과의 상관관계가 거듭 제시되고 있다. 현재 지구 온난화로 인한 기후변화 문제는 국제사회의 가장 중요한 현안으로 자리매김하였다. 기후변화에 대처하기 위해서는 인류의 공동의 노력이 필요하다는 점은 거듭 강조되고 있으며, UN 주도로 범세계적인 공동 대응 노력이 결집되고 있다. 우리나라 역시 이 과정에서 핵심적 역할을 수행하며 국제사회의 논의를 주도해 나가고 있는 형국이다.[2] 이러한 상황에서 각국 역시

1 Gary Clyde Hufbauer, Steve Charnovitz and Jisun Kim, *Global Warming and the World Trading System*, Peterson Institute (2009) 참조.

2 우리나라에 위치한 글로벌녹색성장연구소(GGGI)(http://www.gggi.org/).

다양한 기후변화 대응조치를 도입하고 있다. 향후 기후변화에 대처하기 위한 이러한 조치들은 더욱 다양하고 다각도에서 채택·추진될 것임을 짐작하는 것은 그리 어렵지 않다.

구체적인 예로 2010년 12월 기후변화와 관련한 칸쿤합의에서 결정된 녹색기후기금Green Climate Fund 설립을 들 수 있다. 온실가스 감축을 위한 재원을 마련하는 기금인 녹색기후기금은 2010년부터 2012년까지 300억 달러 상당 규모의 단기재원을 조성하고 2020년까지 연간 1,000억 달러에 달하는 장기재원 조성을 목표로 하고 있다. 국제 환경보호를 위한 각국의 재원 조달은 환영할 만하나, 통상법적 측면에서는 보조금 교부로 비추어질 수 있다. 특히 우리나라는 녹색기후기금 설계위원회의 위원국으로서 개도국 기후변화 대응을 지원하기 위한 녹색기후기금 설치를 위해 적극적으로 기여할 예정인데, 이러한 기금이 국가의 보조금 교부와 관련하여 통상법 영역에서 문제가 되지 않는지 면밀한 검토가 필요할 것이다. 나아가 한국, 일본, 캐나다, 미국 등 여러 국가들은 재생에너지 활용을 위한 기술 개발을 위하여 다양한 형태의 R&D 사업과 세제혜택을 부여하고 있으나 이러한 조치가 GATT 제3조의 내국민대우 내지 보조금협정에 위반되는 것은 아닌지 여부가 지속적으로 문제되고 있다. 최근 캐나다와 일본/EU 간 진행되고 있는 Canada-Feed In Tariff Program 분쟁은 바로 이러한 재생에너지 사업의 WTO협정 합치성 여부를 정면으로 다루고 있는 분쟁이다.[1] 일본과 EU 입장에서는 캐나다의 WTO협정 위반을 강조하고 있는 형국이고, 반면 캐나다 입장에서는 그린에너지 창출을 위한 자신들의 숭고한 노력이 통상협정 위반으로 간주되는 데 대한 불편한 심기를 표출하고 있는 상황이다.

이와 같이 환경보호를 위하여 채택하는 다양한 조치들은 통상분야에 직간접적 파급효과를 초래하는 경우가 적지 않다. 가령 환경보호를 위하여 상품생산 과정에 특정한 방법과 절차를 국내법으로 정하고 이를 준수하지 않은 상품들은 국경에서 수입제한이나 추가의 과징금 등을 부과하는 조치는 흔히 접하는 국경조치 중 하나이다. 환경보호라는 과제의 시급성과 목표의 숭고성에 비추어 이러한 조치가 달성하고자 하는 목표는 충분히 이해할 수 있다. 그리고

1 Canada — Measures Relating to the Feed-in Tariff Program (DS426) panel composed on 23 January 2012.

그러한 조치가 환경보호에 중요한 기여를 한다는 사실도 부인할 수 없을 것이다. 그런데 문제는 환경보호라는 숭고한 목적으로 어떠한 조치가 채택된다 하더라도 그러한 조치가 통상분야에 직간접적 함의를 내포하고 영향을 초래한다면 그 조치는 또한 통상조치이기도 하다는 점이다. 국제통상분쟁의 대상이 되는 통상조치는 앞에서도 언급한 바와 같이 행정부, 입법부, 사법부를 아우르는 실로 광범위한 영역을 포괄하는 개념이기 때문이다. 따라서 본질적으로는 환경보호조치라고 하더라도 그 자체로서 통상협정과의 합치성이 보장되는 것은 아니다. 이러한 상황이 발생하는 것은 바로 대부분의 통상협정은 그 위반 여부를 오로지 해당 통상협정의 관련 규정의 적용을 통해서만 평가해야 한다는 내용을 명시적으로 규정하고 있기 때문이다.[1] 따라서 설사 여타 국제협정에 부합하는 조치라고 하더라도 통상협정에 위반하는 경우 그 위반은 그대로 남게 된다. 즉, 국제환경협약에 부합하거나 때로는 요구되는 조치라고 하더라도 그 사실만으로는 WTO협정 위반이 당연히 치유되지는 않는다. WTO분쟁해결양해사항Dispute Settlement Understanding: DSU 제3.2조는 분쟁해결기구즉, 패널 및 항소기구는 어떠한 경우에도 WTO 설립협정 및 부속협정에 규정된 각 회원국의 권리와 의무에 변동을즉, 이를 확장 또는 감소시키는 것 초래할 수 없음을 규정하고 있다. 그러므로 패널이나 항소기구는 특정 분쟁의 해결에 있어 원칙적으로 WTO 설립협정 및 부속협정의 관련 규정에 따라야만 한다.[2]

WTO협정은 분쟁의 제기와 해결을 이 협정의 범위 내에서만 처리하도록 규정함으로써 여타 국제협정과 구별되는 독특한 특징을 내포하는 것은 사실이나 한편으로 WTO체제가 일반 국제법 체제와 완전히 유리된 소위 자기완결적인 법체제self-contained system로 보기에는 무리가 있다.[3] 가령, 위에서 언급한 DSU 제3.2

1 DSU 제3.2조, 제7.1조, 제19.2조 및 제23.1조 참조.

2 DSU 제3.2조, 제7.1조, 제19.2조 및 제23.1조 등.

3 Youngjin Jung, "Revitalizing the Legitimacy of the World Trading System," Yale Law School (JSD, 2003) 참조. 이 외에도 Joost Pauwelyn, *Conflicts of Norms in Public International Law: How WTO Law Relates to Other Rules of International Law*, Cambridge (2003), pp. 25-40; David Palmeter and Petros Mavroidis, "The WTO Legal System: Sources of Law," *93 AJIL* (1998), p. 399; "Nothing in the DSU limits the facility of a panel freely to use arguments submitted by any of the parties — or to develop its own legal reasoning — to support its own findings and conclusions on the matters under its consideration," European Communities — Measures Concerning Meat and Meat Products ("EC-Hormones"), WT/DS26/AB/R, WT/DS48/AB/R (1997), para. 156; 이와 관련하여 United States — Standards for Reformulated and Conventional Gasoline, adopted on 20 May 1996, WT/DS60/AB/R에서 WTO항소기구는 다음과 같이 밝힌 바 있다:

조에 의하면 WTO패널 및 항소기구는 해당 WTO협정을 국제공법의 해석에 관한 일반적 원칙general principles of interpretation of public international law에 따라 해석하도록 되어 있는바, 결국 조약 해석에 관한 국제공법상 원칙을 계수하여 WTO협정을 해석하고 분쟁을 해결하도록 WTO체제는 의도하고 있는 것이다. 조약의 해석 원칙 이외의 여타 국제관습법이나 다른 국제협정도 WTO체제의 법원source of law이 되는 상황은 회원국의 권리를 확장하거나 또는 감소할 수 없다는 DSU 제3.2조의 규정에 따라 곤란한 상황이나 과연 이러한 상황이 타당한 것이냐에 대해서는 논란이 끊이지 않고 있다. 이에 따라 현재 이 문제는 WTO DSU 개정 협상의 주요 항목 중 하나이기도 하다.[1]

한편, 현재 DSU 제3.2조에 따라 WTO패널이 WTO협정에만 근거하여 피제소국의 조치를 평가하는 경우 여타 국제협정 및 국제관습법은 그렇다면 전혀 고려대상이 아닌가? 그렇지는 아니하며 사실 이러한 여타 국제협정과 국제관습법은 최종 판정에 상당히 중요한 영향을 미치고 있다. DSU 제13조는 분쟁을 담당하는 패널은 그 분쟁을 해결하기 위하여 어떠한 곳에서도 필요한 정보 및 자료를 자유로이 획득할 수 있으며 이를 최종 판정에 고려할 수 있음을 규정하고 있다. 다양한 관련 자료에 대한 검토를 통한 재판부의 자유로운 심증형성 원칙은 여타 국내법원이나 국제법원도 마찬가지이다. WTO패널도 재판부 스스로의 판단과 노력에 따라 다양한 자료 및 관련 문건을 검토하게 되고 분쟁의 정확한 맥락과 의미를 이해하게 되는 것이다. 따라서 특정 분쟁에 관하여 이와 관련되는 여타 국제협정 내지 관련 자료가 존재하는 경우 이에 대한 WTO패널의 자유로운 고려는 언제든지 가능하다 이러한 문제를 다룬 대표적인 WTO 판례는 *U.S.-Shrimp* 사건으로서

"The 'general rule of interpretation' set out above has been relied upon by all of the participants and third participants, although not always in relation to the same issue. That general rule of interpretation has attained the status of a rule of customary or general international law. As such, it forms part of the 'customary rules of interpretation of public international law' which the Appellate Body has been directed, by Article 3(2) of the DSU, to apply in seeking to clarify the provisions of the General Agreement and the other 'covered agreements' of the Marrakesh Agreement Establishing the World Trade Organization (the 'WTO Agreement'). That direction reflects a measure of recognition that the General Agreement is not to be read in clinical isolation from public international law."(23)
Ibid., p. 17 참조.

1 World Trade Organization, Special Session of Dispute Settlement Body, Report by the Chairman, Ambassador Ronald Saborío Soto, to the Trade Negotiations Committee, TN/DS/25 (Apr 21, 2011), paras. 141-154 참조.

동 사건에서는 환경문제와 WTO협정과의 상관관계가 검토되었다.[1] 동 사안에서 WTO항소기구는 환경 관련 여타 국제환경협약Multilateral Environmental Agreement을 검토·고려하였다. 미국의 바다 거북이 보호조치가 과연 필요한 조치이며, 의도된 정책 목표를 충분히 달성하고 있는지 여부를 평가함에 있어서는 이러한 제도의 도입을 촉구하고 있는 국제환경협약의 내용을 살펴보는 것은 지극히 당연하며 중요한 과정이다. 다만 이 분쟁은 환경을 이유로 WTO협정 위반을 정당화시켜 주는 근거로 국제환경협약을 원용한 것은 아니며즉, WTO협정 위반을 정당화하기 위하여 MEA를 원용하거나 검토한 것은 아니며, DSU 제3.2조가 요구하는 바와 같이 1969년 조약 해석에 관한 비엔나협약 제31조, 제32조가 규정하고 있는 해석원칙에 따라 WTO협정 관련 조항의 의미와 내용을 확인하는 과정에서 필요한 범위 내에서 여타 국제환경협약의 관련 내용을 원용 내지 참고한 것이다.[2] 즉, 이들 국제환경협약은 현재 DSU에 따른 WTO분쟁해결절차에서 기계적인 법원sources of law으로 원용될 수는 없어도 사실상 패널의 심리에는 중대한 영향을 미치고 있는 것으로 볼 수 있다. 이러한 현실과 법리 간의 괴리로 인하여 현재 DSU 개정 협상에서 이 문제가 주요한 항목으로 포함되어 있음은 위에서도 지적하였다. 유사한 맥락에서 현재 WTO패널이나 항소기구는 WTO협정 이외의 여타 국제법상 근거가령 여타 협정 또는 국제관습법에 대한 검토가 필요하거나 당사국 중 일방이 그 적용을 주장하는 경우에도, 전술한 바와 같이 그러한 적용으로 인하여 기존 WTO회원국의 권리와 의무에 대한 변동이 초래되는지 여부에 대하여 유념하고 있다.

그러므로 환경보호에 기여하고 또 필요한 조치라고 하더라도 해당 조치를 어떠한 방식으로 도입하고 구성하는지 여부에 따라 관련 통상협정에 합치되는 결과가 도출될 수도 또는 통상협정에 위반이 되는 결과가 도출될 수도 있게 된다.[3] 바꾸어 말하면 이는 해당 조치를 도입하기 전에 조치 시행국 정부가 얼마

1 United States — Import Prohibition of Certain Shrimp and Shrimp Products, WT/DS58 (Nov 6, 1998).

2 이 항소기구의 판정에 대한 상세에 대해서는 다음을 참조. 정영진, "A Movement Toward A Greater Susceptability?: Shrimp-Turtle WTO Appellate Body Decision," 「통상법률」(2000. 2) 참조.

3 United States-Shrimp 사건 (DS 58)의 경우, 미국 정부가 어떠한 준비작업과 근거를 통하여 환경보호를 이유로 한 무역제한조치를 취하였는지 여부에 따라 해당 조치에 대한 패널과 항소기구의 판정 결과가 변동되었다. 원심분쟁에서는 미국의 조치가 GATT협정 위반으로 판정이 내려졌으나 미국이 패소 후 취한 이행조치의 경우 미국 정부의 상당한 준비작업과 논리 보충작업의 결과 이에 대한 패널과 항소기구의 입장은 상당히 호의적으로 변화하였음은 주목을 요한다.

나 충분한 준비와 대안검토를 실시하고 이에 기초하여 정치한 조치를 도입하는지 여부에 상당 부분 좌우된다는 의미이다. 환경보호라는 분명 누가보아도 정당하고 타당한 조치를 채택하고 있는데 이러한 조치가 통상협정에 대한 위반을 구성한다는 기계적 결론이 도출된다면 실로 당황스러운 결과가 아닐 수 없다.[1]

(3) 우리나라에 대한 함의

이 문제는 특히 우리나라에 대해서도 중요한 함의를 내포하고 있다. 두 가지 측면에서 그 함의를 살펴볼 수 있을 것이다. 먼저 우리나라가 지구 온난화 문제에서 차지하고 있는 글로벌 리더십 문제이다. 우리나라는 기후변화 문제에 관한 국제사회 논의에 적극 참여하고 있으며, 다른 나라에 앞서 관련 국내제도를 정비하고 지원을 강화하고 있다. 특히 2009년 녹색성장이 국가 경제정책의 주요 화두로 등장한 이래 2010년 4월에는 "저탄소녹색성장기본법"을 제정하여 다양한 형태의 지원을 전 부처차원에서 기업과 연구기관에 제공하고 있는 상황이다. 동법 제46조에 의하면 정부는 시장기능을 활용하여 효율적으로 국가의 온실가스 감축목표를 달성하기 위하여 온실가스 배출권을 거래하는 제도를 운영할 수 있으며 총량배출권거래제cap-and-trade가 제시되어 있다.[2] 이러한 우리나라의 노력은 국제사회에서도 인정받고 있으며 관련 국제회의 등에서 우리나라의 발언권을 강화하는 요인으로 작용하여 오고 있음은 물론이다. 그런데 우리나라가 주도하는 이러한 국제사회의 노력이 통상협정에 대한 위반을 구성하는 조치로 간주될 수 있다면 그러한 사실 자체가 우리나라가 이 분야에서 현재 쌓아가고 있는 리더십에 적지 않은 타격이 될 것이다. 바로 이러한 이유로 이 문제에 관한 국제사회의 논의에 보다 적극적으로 참여하여 통상협정과 환경문제 간의 상호 조정과 조율이 이루어질 수 있도록 균형점을 찾는 작업을 적극 지원할 필요가 있다.

다른 한편으로 환경보호조치에 대한 통상협정 위반을 이유로 한 규제에 우리나라는 특히 취약하게 노출되어 있다. 그 원인은 바로 여타 교역 상대국에 비하여

1 이와 유사한 상황은 최근 한국산 냉장고에 대한 상계관세 조사에서도 문제가 된 바 있다. 우리 정부가 2009년 이래 집중적으로 실시하고 있는 녹생성장 정책의 상당 부분이 미국 상무부에 의하여 불법 보조금으로 판정되어 상계관세 마진을 도출하였다. United States Department of Commerce, Issues and Decision Memorandum, "Countervailing Duty Investigation against Bottom Mount Refrigerator Freezers from the Republic of Korea," C-580-866 (Mar 16, 2012) 참조.

2 또한 "온실가스 배출권의 할당 및 거래에 관한 법률"이 2012년 5월 14일자로 제정되었다.

우리나라가 특히 다양한 내용의 정부 지원정책을 채택하고 있고 또 우리 상품이 해외 주요 수출시장에서 계속 선전하고 있다는 데에서 찾을 수 있을 것이다. 가장 최근에는 우리나라가 2010년 이래 적극적으로 추진하고 있는 녹색성장 관련 제반 조치들이 WTO 보조금협정에 위반되는 조치라는 혐의로 미국 정부가 상계관세 조사를 진행하여 이에 대하여 보조금 판정을 내리고 상계관세를 산출하기도 하였다.[1] 우리 입장에서는 국제사회에서 선도적 역할을 수행하기 위하여 취한 조치들이 한편으로는 불법적인 통상조치로 간주되는 어색한 상황에 처해 있는 것이다. 바로 이러한 이유로 환경과 통상 문제에 관한 긴장관계의 구조적인 해결은 우리 상품이 부당한 수입제한조치에 처하지 않도록 안전장치를 확보하고 나아가 우리 통상정책의 안정적 운용을 위해서도 상당히 중요한 과제라고 할 수 있을 것이다.

F. 국제통상과 국제조세

1980년 이후 신자유주의의 기조하에 촉발된 세계화의 진전에 따라 국제무역과 국제투자를 가로막고 있던 각종 국경조치들이 제거되어 국가 간의 경제통합economic integration이 급진전되었다. 이에 따라 종래 비교적 국가의 고유한 영역으로 간주되던 일국의 조세정책이 국제무역과 투자에 미치는 영향에 관한 문제가 중요한 이슈로 부상하고 있다. 경제통합의 가장 진전된 형태를 갖고 있는 EU의 경우 개별 회원국의 조세정책 및 조세조치가 EU조약의 4대 자유화원칙사람, 상품, 서비스 및 자본의 자유이동에 위반되는지 여부를 유럽사법재판소ECJ에서 판단한 경우가 100여 건이 넘고 그중 대부분이 EU조약위반으로 판정되고 있다.[2] WTO 출범 이후 최대의 무역분쟁 중의 하나라고 일컬어지는 미국과 EU 사이의 외국판매법인사건FSC · ETI도 결국 각국 간의 조세체제소득세제의 차이가 국제무역과 투자를 어떻게 왜곡시킬 수 있는지를 보여 주는 좋은 사례로 볼 수 있다.[3]

1 예를 들어, 미국은 한국산 냉장고에 대해 우리 정부의 녹색펀드를 통한 산업지원 등이 보조금이라고 주장하였다. United States Department of Commerce, Issues and Decision Memorandum, "Countervailing Duty Investigation against Bottom Mount Refrigerator Freezers from the Republic of Korea," C-580-866 (Mar 16, 2012) 참조.

2 Michael Graetz and Alvin C. Warren Jr., "Income Tax Discrimination and the Political and Economic Integration of Europe," *115:6 Yale Law Journal 1186* (2006), p. 1192.

3 이에 대한 상세는 정영진 다음 논문을 참조. Youngjin Jung, "WTO's Future: How Far Should the WTO Reach

(1) 양 분야의 상호 관계 및 상호작용

조세제도 중 간접세에 대하여는 목적지주의destination principle를 모든 국가가 채택할 경우 국제무역에 대한 왜곡이 최소화될 수 있다는 합의가 일반적으로 존재하고 있는 데 반하여 직접세에 대하여는 현재까지 국제사회의 합의가 존재하지 않는다. 그러나 각국 간 소득세제의 차이로 인해 국제무역과 투자에 있어서 상당한 규모의 경제적 왜곡현상이 발생할 수 있다는 점에 대하여 상당한 연구성과가 쌓여 있는 실정이다.[1] 우루과이라운드의 서비스무역 협상 당시에도 대다수의 국가들은 각국의 대표적인 직접세인 소득세제가 국가 간의 서비스교역을 왜곡할 가능성이 많다는 점에 주목하여 소득세제도 GATS협정의 규율대상에 당연히 포함되어야 한다는 주장을 폈으나 협상 막바지에 소득세제를 국가주권의 핵심적인 부분으로 인식하고 있던 미국의 반대에 부딪혀 결국 소득세제는 명문규정에 의하여 GATS의 규율대상에서 제외되고 말았다.[2]

따라서 현재 WTO협정에서는 GATT시대의 전통을 좇아 간접세에 대하여는 목적지주의에 기초하여 국경세조정border tax adjustment을 허용하고 있고, 직접세에 대하여는 국경세조정을 허용하고 있지 않으며 이에 관한 포괄적인 규정도 존재하지 않는다. 다만 WTO 보조금협정에서 수출보조금과 관련하여 한두 개의 조문을 두어 규제하고 있다.

물론 소득세제가 국제무역 및 투자에 미치는 부정적 영향을 최소화하기 위한 노력은 OECD모델협약에서 보듯이 OECD 등을 중심으로 이중과세방지라는 제하에 부단한 작업이 이루어지고 있으며 현재 전 세계적으로 3천 개가 넘는

into Income Tax Policies?," *Journal of International Taxation* (March 2005); United States — Tax Treatment for "Foreign Sales Corporations," WT/DS108, 20 March 2000; 외국판매법인(Foreign Sales Corporation, 이하 FSC라고만 한다)은 모회사의 수출활동을 다루기 위하여 미국 모회사에 의하여 설립된 외국자회사를 의미한다. FSC는 실제로 외국에 소재하여야 하며 그 소득은 미국 밖에서의 실질적인 상업활동(substantial commercial activities)에 귀속되어야 한다. FSC는 미국과 만족할 만한 과세정보 교환협정의 당사자이거나 미국이 점유하고 있는 외국관할권에서 설립되어야 하며, 영구적으로 회계장부(permanent books of account)를 비치하는 영업소를 유지하여야 한다. 2000년 2월 24일 WTO항소기구는 미국의 수출업체들의 FSC를 통한 과세면제(tax exemption)나 이연(deferral)은 WTO 보조금협정과 WTO 농업협정에서 정하고 있는 금지보조금에 해당한다고 판단하였다.

1 Zvi Daniel Altman, *Dispute Resolution under Tax Treaties*, IBFD (2006).

2 당시 미국 재무부 세제담당 차관보 Leslie Samuels는 조세조치가 WTO의 강제적 분쟁해결절차의 대상이 되는 것에 심각한 우려를 표명했던 것으로 전해진다. Zvi Daniel Altman, *Dispute Resolution under Tax Treaties*, IBFD (2006), p. 29.

양자 간의 이중과세방지조약을 통하여 상당한 성과를 거둔 것도 사실이다. 그러나 각국 간 상이한 소득세제로 인하여 야기되는 국제무역과 투자의 왜곡을 방지하려는 국제조세에 관한 여러 가지 원칙들은 결국 국제통상에 있어서 무역장애요인을 제거하여 자유무역을 실현하려는 WTO의 이념과 근본적으로 차이가 있을 수는 없으며 조세정책과 통상정책은 동일한 목적에 이바지하는 한도에서 동시에 추구되어야 할 필요가 있다.[1]

특히 현재의 이중과세방지조약체제는 최혜국대우 원칙의 적용이 배제되어 있으며 비차별 원칙의 적용범위도 WTO협정상의 비차별 원칙에 비하여 제한적일 뿐만 아니라 WTO분쟁해결제도와 같은 구속적인 분쟁해결제도도 마련되어 있지 않아 자국의 국제경쟁력을 강화하고자 취하여지는 각종의 무역왜곡적인 조세정책에 대한 효과적인 규율체제라고 볼 수 없다.

조세정책과 무역정책은 서로 밀접한 관련을 갖고 있다. 국제수지balance of payments의 항목, 특히 경상수지current account와 자본수지capital account의 관계를 보면 이러한 관계가 분명하게 드러난다. 경상수지는 상품, 서비스 그리고 이자 및 배당 등의 소득의 수수income receipts and payments 등으로 구성된다. 자본수지는 자산assets의 거래를 나타낸다.

예를 들어, 미국과 같이 수출보다 수입이 많은 국가는 무역수지경상수지의 적자를 유지할 수 있는 자본을 조달하여야 한다. 무역수지의 적자는 미래에 적자액만큼을 갚겠다는 약속을 함으로써 필요한 자본을 외국인으로부터 차입할 수 있는 경우에 가능한 것인바, 이는 결국 외국인이 미국인이 갖고 있는 자산을 구입하는 것을 의미한다. 이는 미국의 대외빚이 증가하는 것을 의미하기 때문에 미국이 해외에 갖고 있는 자산보다 외국인이 미국에 갖고 있는 자산이 무역수지 적자액만큼 커지게 되므로 자본수지에 흑자가 생긴다는 것을 의미한다. 자본수지에 흑자가 생긴다는 것은 그만큼 외국인 투자가 증가하는 것을 의미한다. 이러한 관점에서 볼 때 무역수지에 영향을 미치는 무역정책은 외국인 투자에 영향을 미치는 조세정책과 유사한 영향을 미치게 된다고 볼 수 있다.

1 1946년 국제연맹 조세위원회가 무역장벽이 되는 조세유형을 열거하여 제시한 바 있고, 1947년 ITO헌장 제11조와 제72조는 이중과세방지를 위한 협정 체결을 증진하는 권한을 동 기구에 부여하였다. Zvi Daniel Altman, *Dispute Resolution under Tax Treaties*, IBFD (2006), p. 150.

또한 관세와 동일한 효과를 조세정책을 통하여 달성할 수 있다. 예컨대, 어떤 상품에 대하여 관세를 부과하는 것은 그 상품에 소비세를 부과하고 국내생산에 대하여 보조금을 지급하는 것과 그 효과가 동일하다. 그리고 어떤 상품에 대하여 관세를 부과하고 생산세를 부과하는 것은 그 상품에 대하여 동일한 정도의 소비세를 부과하는 것과 동일한 효과가 있다. 따라서 관세정책은 조세정책에 의하여 상쇄될 수 있는바, 국제무역협상을 통하여 특정한 관세를 없애기로 하였다고 하더라도 생산세를 줄이고 관세만큼 소비세율을 높힘으로써 관세 철폐의 효과를 완전히 상쇄시킬 수 있다. 관세를 이러한 조세정책이 대체하는 경우에는 관세의 철폐를 통하여 달성하려고 하는 배분적 효율의 극대화라는 목적 달성이 좌절된다. 이러한 현상을 Johnson은 "자유무역의 약속을 재정정책으로 회피evasion of the free trade commitment by the substitution of fiscal for commercial policy discrimination하는 것"이라고 하였다.[1] 이러한 문제는 국제무역에서 문제되고 있는 관세장벽의 비관세장벽으로의 대체현상과 유사한 측면이 있다. 그러나 조세정책의 경우에는 그 기술적인 구조 때문에 국제적인 규율이 훨씬 힘들다는 측면이 있다는 점에 유의하여야 한다. 결국 조세정책에 대한 적절한 국제적 규율이 없는 경우에는 자유무역의 이익이 극대화를 도모할 수 없다고 하겠다.

전술한 바와 같이 국제무역과 조세정책은 밀접한 관련을 맺고 있는 탓에 국제통상법과 국제조세법은 공동의 목적을 추구하고 있다고 할 수 있다. NAFTA에서는 동 협정의 목적이 체약국의 영토 사이에 상품과 서비스의 국경 간 이동을 촉진하고 투자의 기회를 실질적으로 증대시키는 것이라고 선언하고 있으며, WTO협정의 전문에서도 그 목적이 관세 및 기타 무역의 장애를 실질적으로 축소하고 국제무역관계에 있어서 차별적인 대우를 제거하는 것이라고 밝히고 있다. 국제조세협약도 그 목적이 국제 간의 이중과세를 제거하여 상품과 서비스의 교환 및 자본과 사람의 이동을 촉진하는 것이라고 선언하고 있다. 이와 같이 국제통상법과 국제조세법은 동일한 목적을 추구하고 있다고 할 수 있으나, 양 법체계는 연혁적으로 달리 발전해 왔고, 협상의 이해관계나 그 원리 및 분쟁해결 등에서 상당한 차이를 보이고 있다.

1 재인용: Harry G. Johnson, Paul Wonnacott and Hirofumi Shibata, *Harmonization of National Economic Policies under Free Trade*, Toronto (1968), p. 10 as cited in Joel Slemrod, "Tax Cacophony and the Benefits of Free Trade," *Fair Trade and Harmonization: Prerequisites for Free Trade? Volume 1: Economic Analysis* (Jagdish N. Bhagwati and Robert E. Hudec (eds.)), MIT (1996), p. 285.

(2) 국제조세법의 발전과정[1]

최초의 소득에 관한 이중과세방지조약은 1899년 오스트리아와 프로이센 간 체결된 조약이라고 한다. 이 조약을 모델로 하는 조약들이 이후 체결되었는데, 그 당시 이중과세방지조약의 목적은 정보교환과 체결당사국 간 과세권의 배분이라는 두 가지 목적을 갖고 있었다.[2] 조세조약이 본격적으로 국제적인 관심을 끌게 된 계기는 제1차 세계대전1914-1918이다. 전쟁 수행 및 전후 복구를 위한 재원마련을 위해 유럽 각국 정부는 고율의 소득세를 부과하게 되었고, 이런 조세부담이 국제 무역과 투자에 장애가 된다는 인식하에 국가 간 거래에 대한 조세의 중복부과를 방지하는 조세조약 체결에 나서게 된 것이다.[3]

이와 같이 종전의 모범조세조약안이 국제사회에서 완전히 받아들여지고 있지 않는 상태에서 각국의 조세제도의 차이가 국제적인 자본의 이동에 걸림돌이 된다는 판단하에 OECD는 1956년부터 작업을 하여 1963년 이중과세방지에 관한 협약초안을 작성하였다. 이후 그동안에 국제자본이동의 추세 등을 반영하여 1977년 새로운 이중과세방지에 관한 협약초안과 주석이 작성되었으며 1991년에는 협약과 주석의 개정이 간단없이 이루어지는 것이라는 인식하에 OECD재정위원회Committee on Fiscal Affairs는 전면적인 개정을 기다리지 않고 정기적으로 보다 적시에 필요한 변화를 반영하는 일종의 "수정가능한 모범조약Ambulatory Model Convention"이라는 개념을 채택한 후, 수차례의 개정을 거쳐 현재에 이르고 있다.[4]

OECD 모델협약은 실로 조세조약의 협상, 적용 및 해석의 통일성을 제공하는 데 폭넓은 영향을 미쳤다.[5] OECD회원국들은 물론이고, 비회원국들도 조세

1 '국제통상과 국제조세'와 관련된 상세한 해외동향에 대한 정리는 기획재정부 김정홍 서기관의 도움이 컸다.

2 이중과세방지조약의 역사에 대해선 Kevin Holmes, *International Tax Policy and Double Tax Treaties: An Introduction to Principles and Application*, IBFD (2007) 참조.

3 그 당시 이런 논의를 주도한 것은 국제연맹으로, 1923년 임명된 4명의 저명한 경제학자인 미국의 Edwin R. A. Seligman, 영국의 Sir Josiah Stamp, 네덜란드의 G. W. J. Bruins와 이탈리아의 Luigi Einaudi가 국제연맹에 제출한 보고서에 기초하여 1928년에 이중과세방지에 관한 모델조세조약안을 발표하였고, 이후에도 국제사회는 멕시코 모델협약(1943), 런던 모델협약(1946) 등을 통해 조세조약의 모델을 제시하였으나, 국제사회에서 폭넓게 받아들여지지는 않았다.

4 OECD 재정위원회 제1작업반(Working Party No. 1)은 국제거래의 발전에 따른 모델조세조약의 해석·적용·개정 문제를 다루고 있는데, 통상 1년에 2회(2월, 9월) 회의를 개최한다. 모델조세조약 등 OECD의 조세분야 작업에 대해서는 http://www.oecd.org/tax 참조.

5 OECD Committee on Fiscal Affairs, "Model Tax Convention on Income and on Capital, Introduction" (July 2008).

조약 협상에 있어 준거로서 OECD 모델협약을 활용하게 되었고, 이를 기초로 하여 1980년에는 UN 모델협약이 등장하게 되었다.[1] 흔히 OECD 모델은 자본수출국인 선진국 간의 조세조약 협상의 표준으로서 거주지국의 과세권을 확대하는 방향으로 규정하고, UN 모델은 자본수출국인 선진국과 자본수입국인 개도국 간의 조세조약 협상의 표준으로서 개도국이 활용하는데, 원천지국의 과세권을 확대하는 방향으로 규정하는 것으로 알려져 있다. 그러나, 양 모델의 조문과 해석상의 차이점에도 불구하고, 조세조약의 협상, 적용과 해석에 있어 OECD 모델이 우선적인 준거가 되는 점에는 대체로 합의가 형성되어 있다.[2]

(3) 조세상 차별에 대한 지역경제통합체의 접근방법

무역투자 자유화를 추구하는 국제통상체제와 무역투자 자유화와 아울러 조세주권 또는 조세자율성까지 고려하는 국제조세체제는 비차별 원칙을 조세문제에 적용하는 데 있어 서로 다른 시각을 갖고 있다. 이러한 두 규범 세계 간의 조화 문제는 지역경제통합체별로 조금씩 다른 양상을 보이고 있는데, 대표적으로 국제조세규범 형성기관인 OECD의 조세 비차별 원칙을 살펴보고, 경제통합체인 EU와 연방국가인 미국, 그리고 지역무역협정인 NAFTA에서 조세상 차별 문제가 어떻게 다루어지고 있는지를 살펴본다.

(a) 국제조세법상 차별금지원칙: OECD의 관점

OECD 모델조세협약 제24조는 비차별 원칙을 규정하고 있다. 조세조약상 비차별조항의 취지는 부당한 차별을 방지할 필요성과 합법적인 차이를 고려할 필요성에 있어 균형을 추구하기 위한 것이다. 부당한 차별이란 다른 요소가 모두 동일한 상태에서 특정한 차별기준만을 놓고 볼 때 다르게 대우하는 것을 말한다. 조세협약은 체약상대국 간 경제관계의 특성을 반영하여 상호주의 원칙에 기반하여 체결되는 양자조약이기 때문에, 제 3 국의 국민이나 거주자가 자국이

1 UN 모델협약(United Nations Model Tax Convention between Developed and Developing Countries)도 2001년 개정작업 후 2012년 3월 전면 개정작업이 완료되었다. UN 모델의 개정, 개도국 역량강화 등 조세분야 작업을 위해 UN국제조세협력 전문가위원회(Committee of Experts on International Cooperation in Tax Matters)가 UN 경제사회이사회 산하에서 활동하고 있다. 동 위원회 작업내용에 관한 상세사항은 http://www.un.org/esa/ffd/tax/ 참조.

2 Peter A. Barnes, "A model to celebrate," OECD observer (Oct 2008) available at http://www.oecdobserver.org/news/fullstory.php/aid/2742/ 참조.

특정 체약상대국과 체결한 조세조약상 비차별조항을 원용하여 최혜국대우를 주장할 수는 없다.

조세조약상 비차별조항의 내용은 다음과 같다. 첫째, 일방체약국의 국민은 타방체약국에서 특히 거주와 관련하여 "동일한 상황in the same circumstances"에 있는 동 타방국 국민이 부담하거나 부담할 수 있는 조세 또는 이와 관련된 요건과 다르거나 또는 그보다 더 과중한 조세 또는 이와 관련된 요건을 부담하지 아니한다제 1 항: 국적상 차별금지. 둘째, 일방체약국의 기업이 타방체약국 내에 가지고 있는 고정사업장에 대한 조세는 동일한 활동을 수행하는 동 타방국의 기업에 부과되는 조세보다 불리하게 부과되지 아니한다제 3 항: 고정사업장의 차별금지. 셋째, 일방체약국의 기업이 타방체약국의 거주자에게 지급하는 이자, 사용료 기타 지급금은 동 기업의 과세이윤 결정상 동 이자, 사용료 및 기타 지급금이 동 일방체약국 거주자에게 지급되었을 때와 같은 조건으로 공제된다제 4 항: 비용공제 차별금지. 넷째, 일방체약국 기업의 자본의 일부 또는 전부가 1인 또는 2인 이상의 타방국 거주자에 의하여 직접 또는 간접으로 소유 또는 지배될 경우 그 기업은 그와 유사한 그 일방체약국의 기업이 부담하거나 부담할 수 있는 조세 또는 이와 관련된 요건과 다르거나 또는 그보다 과중한 조세 또는 이와 관련된 요건을 부담하지 아니한다제 5 항: 특수관계기업 차별금지.

위에서 살펴본 바와 같이 OECD 모델조세조약의 비차별조항은 차별의 양태를 열거해 놓은 것으로, 모든 가능한 차별을 망라하지 않으며, 따라서 열거조항과 별도로 음성적이거나 간접적으로 차별적인 대우를 하는 경우에는 조항의 위반이라고 말하기 어렵다. 이런 이유로 OECD에서는 최근 국제통상법상 비차별규범과의 관계 등을 포함하여 비차별조항에 대한 근본적인 검토를 진행하고 있다.

(b) EU에서의 조세상 차별과 EU법과의 조화 노력

EU의 단일경제권은 흔히 4대 자유화 원칙free freedoms으로 설명된다. 즉, 사람persons, 상품goods, 서비스services 및 자본capital이 역내에서 자유롭게 이동할 수 있어야 한다는 것이다.[1] EU의 정책논의동향이나 방향을 거시적인 시각에서 바

1 The Treaty on the Functioning of the European Union 第26.2조.

라보면 회원국들이 정치, 경제, 사회, 문화의 제반 분야에서 EU 전체적 관점에서 회원국 간 정책의 조화를 도모해 오고 있다. 그러나 조세부문만큼은 EU 전체를 아우르는 조세법보다는 개별 회원국의 조세법이 더 강한 효력을 발휘하고 있다.[1]

물론 조세분야에서도 EU차원의 통합노력이 있어 왔으나, 간접세와 직접세 분야로 나뉘어 차이가 크다. 간접세인 부가세의 경우, 이미 1969년부터 부가세 지침과 물품세 지침이 도입되고, 조세의 통일적 운용을 통해 역내시장 자유화에 중요한 역할을 하고 있다. 그러나, 직접세 분야에 있어서는 몇 개 분야의 지침을 제외하고는 각 회원국의 세법에서 자율적으로 세목, 과세표준, 세율, 과세방법 등을 정하고 있다. EU의 이러한 독특한 구조하에서 개별 회원국의 차별적 조세입법에 대하여는 유럽집행위원회[2]와 유럽사법재판소ECJ가 적극적인 EU 4대 자유화 원칙의 보호자 역할을 하게 되었다.[3]

EU는 궁극적인 통합을 목표로ever closer union 제도적 장치를 강화해 왔고, 이에 따라 EC조약의 최후 보루로서 사법부가 회원국의 차별적 조세조치에 대하여 적극적으로 개입하여 온 것이다. 결론적으로 EU는 국제통상규범과 조세규범의 조화가 가장 잘 이루어지고 있는 지역이라고 할 수 있다.

(c) 미국에서의 조세상 차별과 미국 헌법과의 조화 노력

미국 헌법은 연방과 주에 이중 주권을 부여하고dual sovereignty, 주에 독자적인 과세권을 인정한다. 그러나 미국에서는 이미 1871년에 주의 차별적 조세조치에 대한 최초의 연방대법원 판결이 나온 이후[4] 주의 과세권에 대한 연방대법원의 판결이 계속하여 나왔다. 이러한 판결의 해석준거가 된 것은 미국 헌법의 통상

1 경제통합의 완성에도 불구하고 각 회원국의 조세제도가 별개로 존재하게 된 중요한 계기는 유럽의 화폐통합이라는 지적이 있다. 즉, 화폐통합에 따라 회원국들은 예산적자와 총 부채를 각각 GDP의 3%, 60% 이하로 유지해야 하는데, 이렇게 제한된 재정여건하에서는 국가의 조세제도가 제대로 기능해야 할 수밖에 없다. 또한 단일통화의 도입으로 인한 차익거래 실현기회가 상실된 상황에서 국별로 상이한 조세제도는 자본을 유치하기 위한 사실상 유일한 변수라는 것이다(TNI 090608, 844).

2 유럽집행위원회는 EC조약 제226조에 의거한 침해소송(infringement proceedings) 권한에 따라 EU법에 위반되는 회원국의 조치를 ECJ에 회부할 수 있다.

3 Michael Graetz and Alvin C. Warren Jr., "Income Tax Discrimination and the Political and Economic Integration of Europe," *115:6 Yale Law Journal 1186* (2006), p. 1190.

4 Ward v. Maryland (79 U.S. 418). 동 판결은 메릴랜드주가 비거주자인 무역상에게 더 높은 인가료를 부과하는 것은 특권면제조항과 통상조항의 위반이라고 하였다.

조항Commerce Clause,[1] 특권면제조항Privileges and Immunities Clause[2] 및 평등보호조항Equal Protection Clause[3] 등이다.

미국의 경우 EU와 비교하여 보면 주의 과세조치에 대한 사법부의 개입이 양적으로 보면 더 적고 소극적인 측면이 있다. 이는 미국은 주 법원이 주의 조세차별 사건을 1차적으로 다루면서 헌법적 문제를 해석한다는 점과, 연방대법원이 접수된 사건을 선택할 재량이 있기 때문이다.

역사적으로 보면 미국은 이미 200년 이상의 연방국가 운영 경험을 통해 조세문제에 대하여는 주별로 어느 정도의 자율성을 부여하면서, 동시에 이러한 주의 과세권이 헌법이 보장하는 통상의 자유를 침해하지 않도록 사법부가 필요한 경우에만 개입하여 왔다.

(d) NAFTA의 조세 배제

NAFTA에서 조세분야는 예외적으로 협정의 적용범위에서 일반적으로 배제되도록 규정되어 있다조세배제; carved-out. 즉, NAFTA 제2103조는 동 협정이 조세조치에는 적용되지 않는다는 일반적인 원칙을 규정하고제 1 항, 조세조약이 협정에 우선하여 적용된다는 점을 명확히 한 후제 2 항, 예외적으로 조세조치에 적용되는 경우상품무역의 내국민대우, 국경 간 서비스·투자에 대한 비차별대우, 이행의무부과, 수용 및 보상 등를 열거하고 있다제 3 항-제 6 항.

NAFTA의 조세배제를 EU의 경제통합과 비교한다면, 상품, 서비스, 노동, 자본의 자유로운 이동을 보장하는 EU와 달리 NAFTA는 관세 및 비관세장벽의 철폐, 서비스 및 투자에 있어 내국민대우의 보장 정도의 자유화에 그친다는 점에서 조세 분야의 조화까지는 추구할 필요성이 없다고도 할 수 있다.

그러나, 조세가 자유무역에 장애가 되어서는 안 된다는 점에서 NAFTA회원국 간 조세분야의 협력이 필요하다는 주장이 제기되고 있다. 구체적으로 NAFTA

1 미국헌법의 제 1 조 제 8 절 제 3 항은 다음과 같이 규정하고 있는데 이는 연방법원이 주법에 대해 위헌판단을 내릴 수 있는 근거조항으로 작용한다. "[The Congress shall have Power] To regulate Commerce with foreign Nations, and among the several States, and with the Indian tribes."

2 미국헌법의 제 4 조 제 2 절 제 1 항은 다음과 같이 규정하고 있는데 이는 주정부가 다른 주의 주민들에 대해 차별적인 행위를 하는 것을 금지한다. "the Citizens of each State shall be entitled to all Privileges and Immunities of Citizens in the several States."

3 미국수정헌법 제14조는 다음과 같이 규정하고 있는데 이는 주정부에게 평등한 법의 보호 의무를 부과한다. "no state shall … deny to any person within its jurisdiction the equal protection of the laws."

의 운영을 관장하는 무역위원회 산하에 무역과 조세작업반Trade and Tax Working Group을 두어 조세조약의 조화 문제, 중재조항, 조세행정 협력 등을 논의한다는 제안인데, 아직 실현되지는 않고 있다.

(4) 국제통상과 국제조세의 조화

EU와 NAFTA는 조세차별에 대하여 상반된 입장을 보이고 있고, 특히 EU는 초국가적 사법부의 판단이 회원국의 조세문제를 직접 규율한다는 점이 특징적이다. 중요한 것은 현재 세계경제의 통합 수준을 감안하면 국제통상규범과 국제조세규범이 더 이상 불편하고 불확실한 관계로 남아 있을 수는 없다는 점이다. 이미 많은 학자들이 양 분야의 조화 문제를 연구해 왔고, OECD와 같은 국제기구에서도 관련 작업을 진행하고 있다.[1]

OECD는 조세문제에 관한 거의 유일한 국제규범 형성기관으로서 조세조약 이외에도 조세정책, 다국적 기업과세, 환경세, 소비세, 조세행정 등 다양한 분야에서 국제무역과 투자의 증진을 위한 작업을 계속해 오고 있다. 특히, OECD 재정위원회 제 1 작업반은 모델조세조약의 개정작업을 지속적으로 해 오고 있는데, 앞에서 본 바와 같이 비차별조항에 대한 본격적인 검토가 이미 시작되었다.[2] 우리의 관심을 끄는 것은 비차별조항의 검토 사항에는 통상조약과 조세조약의 비차별조항의 조화 문제도 포함되어 있다는 점이다. 비차별조항 조화 논의의 주도적인 역할은 OECD가 하고 WTO, UN, EU의 참여를 통해 합의점을 도출해 나가는 것이 가장 현실적이고 합리적인 방안이라고 할 수 있다.

G. 국제통상과 문화주권

국제통상과 각국의 문화주권의 상관관계 역시 국제통상 영역 다변화의 대표적인 사례 중 하나로 간주된다. 고유한 전통문화의 보존과 계승으로 대변되는 자

1 Paulo Penteado Neto, *International Trade Subsidy Rules and Tax and Financial Export Incentives: From Limitations on Fiscal Sovereignty to Development-Inducing Mechanisms*, AuthorHouse (2012); Turki Althunayan, *Dealing with the Fragmented International Legal Environment: WTO, International Tax and Internal Tax Regulations*, Springer (2009).

2 OECD, "Model Tax Convention on Income and on Capital: Commentary on Article 24 Non-Discrimination," July 2010.

국의 문화주권 수호 문제 역시 국제화와 상관없이 각국이 포기할 수 없는 중요한 국가목표 중 하나이다. 그리고 이러한 문화주권 수호 문제는 일견 통상협정과는 상관없이 독자적으로 그 중요성과 숭고성이 인정되어야 하는 사안인 것으로 간주되고 있는 것도 사실이다.[1] 그런데 이 문제 역시 문화주권을 수호하기 위한 조치일지라도 그러한 조치가 문화관련 상품과 서비스 교역에 직간접적 영향을 미치는 경우에는 통상협정에 대한 위반 문제로 비화될 소지를 항상 내포하고 있다.

문화주권과 통상협정의 접점 문제는 역시 최근 진행된 미-중 간 분쟁에서 본격적으로 다루어진 바 있다. 2008년 진행된 *China-Trading Rights*[2] 사건은 중국 정부가 채택하고 있는 외국 서적 및 영상물에 대한 심의 및 규제조치가 WTO협정 및 중국의 가입의정서에 대한 위반을 구성한다며 미국이 중국을 제소한 사건이다. 이 사건에서 중국은 외국 서적 및 영상물에 대한 규제는 자국의 문화주권을 지키기 위하여 필요한 조치라는 관점에서 접근하며 문화주권 보호를 기조로 하고 있는 다양한 국내법과 제도들을 원용하며 정당화를 시도하였다.[3] 중국의 정당화 시도는 공중도덕 보호를 위하여 필요한 조치에 대한 예외를 인정하고 있는 GATT 제20조 (a)항을 통하여도 전개되었으나, 보다 본질적으로는 자국 문화에 대한 이러한 보호조치 자체가 WTO협정체제 내에서 기본적으로 인정되어야 한다는 점에서 출발하였다. 미국은 이에 대하여 문화주권 문제는 통상협정에서 다룰 문제가 아니며 오로지 통상협정의 적용만을 통하여 이 문제가 해결되어야 함을 주장하였다. 결국 패널은 문화주권과 관련된 조치라고

1 The UNESCO Convention on the Protection and Promotion of the Diversity of Cultural Expressions 2005는 문화주권을 보호하고자 하는 국제조약 중 하나이다. 또한, 세계인권규약 제22조에서는 다음과 같이 명시하고 있다: "Everyone, as a member of society, has the right to social security and is entitled to realization, through national effort and international co-operation and in accordance with the organization and resources of each State, of the economic, social and cultural rights indispensable for his dignity and the free development of his personality." 또한 제27조 제1항은 다음과 같이 명시하고 있다: "Everyone has the right freely to participate in the cultural life of the community, to enjoy the arts and to share in scientific advancement and its benefits."

2 Appellate Body Report, China — Measures Affecting Trading Rights and Distribution Servicesfor Certain Publications and Audiovisual Entertainment Products (WT/DS363/R).

3 이 분쟁에서 중국은 다음과 같이 주장하였다:

It results from the above that cultural goods have clearly a major impact on societal and individual morals. As vectors of identity, values and meaning, cultural goods play an essential role in the evolution and definition of elements such as societal features, values, ways of living together, ethics and behaviours. Panel Report, para. 7.708.

하더라도 WTO협정이 이에 대하여 특별한 대우를 부여하고 있지는 않으며 그 정당화 여부는 오로지 GATT 제20조에 따라 결정될 문제라는 취지의 결정을 내림으로써 중국의 입장을 기각하였다.[1] 이 과정에서 중국은 유네스코 문화다양성 선언UNESCO Universal Declaration on Cultural Diversity과 유네스코 문화적 표현의 다양성 보호와 증진에 관한 협약UNESCO Convention on the Protection and Promotion of the Diversity of Cultural Expressions, 이하 "문화다양성협약"[2] 등 문화주권을 강조하는 국제법적 근거를 각각 언급하였으나[3] 패널과 항소기구는 오로지 WTO협정문과 중국 가입의정서에[4] 기초하여 판단을 내린다는 입장을 밝힌 바 있다.[5] 이러한 패널과 항소기구의 입장은 WTO분쟁해결절차에서 WTO협정을 적용하여 분쟁을 해결하도록 규정하고 있는 DSU 제3.2조의 충실한 적용의 결과라고 볼 수 있을 것이다.

사실 이러한 양자 간 긴장문제는 2005년 문화다양성협약 논의 당시부터 제기된 문제이다. 이 협약은 그 기본목적의 타당성과 필요성에도 불구하고[6] 문화

1 Panel Report, footnote 538 to para. 7.758.

2 문화다양성협약. 이 협약은 30번째 국가가 비준한 이후 3개월이 경과하면 발효하기로 규정한 제29조에 의거, 2007년 3월 18일 발효하였으며 현재 80개국이 비준을 완료하였다.

3 Appellate Body Report, para. 25; Panel Report, para. 7.751; 2001년 채택된 "유네스코 문화다양성 선언"은 각국 고유 문화의 다양성 존중 및 타 문화와의 교류를 통해 문화적·사회적 통합에 기여함을 목적으로 하고 있으며, 동 선언을 계기로 2005년 채택된 "문화적 표현의 다양성 보호 및 증진에 관한 협약"은 문화다양성의 보호 및 증진을 위한 재정지원, 공공기관 설립 등 구체적 이행을 위한 의무에 관한 내용을 포함하고 있다.

4 Accession of the People's Republic of China, WT/L/432 (Nov 10, 2001); WT/ACC/CHN/49 (Oct 1, 2001).

5 Panel Report, footnote 538 to para. 7.758.

6 문화다양성협약 제 1 조는 동 협약이 달성하고자 하는 목적을 다음과 같이 설명하고 있다:
The objectives of this Convention are:
(a) to protect and promote the diversity of cultural expressions;
(b) to create the conditions for cultures to flourish and to freely interact in a mutually beneficial manner;
(c) to encourage dialogue among cultures with a view to ensuring wider and balanced cultural exchanges in the world in favour of intercultural respect and a culture of peace;
(d) to foster interculturality in order to develop cultural interaction in the spirit of building bridges among peoples;
(e) to promote respect for the diversity of cultural expressions and raise awareness of its value at the local, national and international levels;
(f) to reaffirm the importance of the link between culture and development for all countries, particularly for developing countries, and to support actions under taken nationally and internationally to secure recognition of the true value of this link;
(g) to give recognition to the distinctive nature of cultural activities, goods and services as vehicles of identity, values and meaning;
(h) to reaffirm the sovereign rights of States to maintain, adopt and implement policies and measures that they deem appropriate for the protection and promotion of the diversity of cultural expressions on their territory;

를 이유로 한 비관세교역장벽의 확산 가능성을 초래한다는 이유로 협상 당시부터 미국을 비롯한 일부 국가들이 우려를 표명한 바 있다. 2007년 발효한 이 협약이 본격적으로 적용되어 교역 제한효과를 초래하는 문화주권 보호조치들이 채택·도입되게 되면 결국 동 협약과 WTO협정과의 상충문제가 다양한 형태로 대두될 가능성을 배제할 수 없을 것이다.[1]

국제통상과 문화주권 간 긴장관계에 대한 문제에 접근하는 핵심기제도 바로 국제통상과 환경 간 긴장관계에 접근하는 방식과 유사하다. 결국 특정 WTO 회원국이 문화적 다양성 확보를 이유로 또는 여타 문화보호 정책 실시를 이유로 통상규제조치를 채택하거나 또는 통상에 영향을 미치는 조치를 채택할 경우, 그러한 조치는 그 기본목표와는 상관없이 "통상조치"로 자리매김하게 된다. 그러한 통상조치의 합법성 여부는 상기 "E. 국제통상과 환경"에서 설명한 바와 같이 원칙적으로 통상협정의 관련 규정에 따라서만 평가되게 되며 문화주권 수호의 필요성에 근거하여 별도의 법규범이 적용되어 평가되지는 않는다. 통상협정 위반이 확인되는 경우 단순히 문화다양성협약의 관련 조항을 언급하여 이러한 위반을 정당화할 수 있는 문제도 아니다. 통상협정에 대한 위반 문제는 그 자체로서 평가·존재하기 때문이다.

물론 국제통상과 환경분야에서 언급한 바와 같이 이 경우에도 관련 분쟁을 담당하는 패널은 그 분쟁을 해결하기 위한 주요 원천의 하나로 문화다양성협약의 관련 조항을 적절히 참고할 수는 있을 것이다. 위에서 살펴본 바와 같이 WTO협정을 운용하는 과정이나 분쟁을 해결하는 과정에서 "문화"와 관련한 문제가 제기될 경우 그 의미를 해석하거나 그 범위를 확정함에 있어서 문화다양성협약 관련 규정이 "고려"될 수는 있을 것이다. DSU 제13조는 패널이 다양한 자료와 증거를 확인하여 자유로운 심증을 형성할 수 있는 근거를 명시적으로 인정하고 있기도 하다.[2] 그러나 이러한 고려 가능성이 그 자체로서 WTO 설립

(i) to strengthen international cooperation and solidarity in a spirit of partnership with a view, in particular, to enhancing the capacities of developing countries in order to protect and promote the diversity of cultural expressions.

1 이재민, "WTO 분쟁해결절차에서의 문화다양성 협약의 지위," 「법학논총」 제25권 제 2 호, 한양대학교(2008. 6), p. 2.

2 DSU 제13조는 패널의 정보요청권리에 대하여 다음과 같이 규정하고 있다:
Article 13: Right to Seek Information
2. Panels may seek information from any relevant source and may consult experts to obtain their opinion on certain aspects of the matter. With respect to a factual issue concerning a scientific or other

협정 및 부속협정의 명시적 규정에 대한 위반을 정당화시켜 준다는 의미는 아니다. 현재 진행되는 DDA 협상 등을 통하여 향후 이러한 현재 WTO협정체제 특히 DSU 협정체제에 대한 기본적인 변경이 전제되지 않고는 문화, 환경, 인권 등과 관련한 여타 국제법 규범이 WTO협정 위반을 WTO분쟁해결절차 내에서 또는 WTO 맥락에서 정당화시켜 주는 데에는 한계가 있다는 점을 염두에 둘 필요가 있다. 이러한 현 상황을 계속 유지할 것인지 여부에 대하여 현재 DSU 개정 협상 맥락에서 논의가 되고 있는 상황이다.

본질적으로 WTO패널 및 항소기구가 원칙적으로 WTO협정에 기초하여 해당사안을 판단하게 되면 통상 내지 경제적 이익에 기초한 판단이 이루어질 수밖에 없으므로 문화, 환경, 인권과 같은 다른 중요한 가치가 희생되기 쉽다. 국제사회에서 경제적 가치에 비하여 이와 같은 비경제적 가치의 중요성이 갈수록 높아지고 있는 상황에서 WTO체제가 비경제적 가치를 도외시한다는 비판이 지속적으로 제기되어 왔으며 이것이 WTO체제의 정당성에 대한 중대한 노선이 되고 있는 상황이다. 따라서 WTO체제가 반드시 자기완결적인 법체제가 아니라는 점에 대한 인식을 바탕으로 WTO분쟁해결제도가 비경제적 가치를 검토할 때 여타 국제법 규범에 대한 체계적인 고려를 하여야 한다는 주장이 있다. 국제법 질서에서 WTO 통상레짐, 국제환경레짐, 국제문화레짐, 국제인권레짐 등 하위레짐이 각각 타 레짐에 대한 고려 없이 법제도를 독자적으로 발전시킬 경우 국제법 질서는 파편화fragmentation될 것이라는 우려가 계속하여 제기되고 있다.[1] 다만 위와 같은 각 레짐이 그 구성 및 운영에 있어서 국내의 헌법질서와 달리 제한적인 민주적 정당성을 갖고 있는 상태에서 자기 레짐에서 보호하고 있는 가치 이외의 가치를 적극적으로 고려하여 이를 비교형량하는 것도 반드시 바람직한 것만은 아니라고 할 것이다. 결국 중앙집권적 법질서가 존재하지 않는 국제법 질서하에서 각 체제는 다른 레짐의 가치를 고려하여 필요한 최소 한도로 권한행사를 하고 여타 레짐과의 조율을 모색하는 것이 국제사회의 파편화를 그만큼 줄일 수 있는 방안이라고 할 수 있을 것이다.[2]

technical matter raised by a party to a dispute, a panel may request an advisory report in writing from an expert review group ….

1 M. Koskenniemi, Study on the Function and Scope of the Lex Specialis Rule and the Question of "Self-Contained Regimes," UN DOC. ILC(LVI)/SG/FIL/CRD.1/Add.1 (2004).

2 상세는 정영진 다음 논문 참조. Youngjin Jung, "Revitalizing the Legitimacy of the World Trading System,"

H. 국제통상과 지방자치

국제통상 문제가 다변화·입체화하는 상황을 더욱 촉진하는 촉매제 중 하나는 지방자치제도의 광범위한 확산이다. 이러한 문제는 비단 우리나라뿐 아니라 전 세계적으로 목도되는 현상이기도 하다. 이는 민주주의 체제 확산의 필연적 귀결이기도 하다. 우리나라의 경우에도 이미 주요 지방자치단체의 경우 독자적인 정책 결정과 추진이 진행되고 있으며 중앙정부와의 입장 조율 등이 반드시 효율적으로 이루어지지 않기도 한다. 지방주민의 선거로 선출되는 자치단체장의 경우 중앙정부가 아니라 해당 지역주민의 이해관계 보호가 최우선 과제라는 사실도 부인하기 힘들다. 지방자치단체들이 독자적으로 다양한 정책을 채택하고 조치를 취하는 것은 통상분야에도 다양한 함의를 내포하고 있다. 대부분 이들이 독자적인 판단으로 통상정책과 투자정책을 채택하기 때문이다. 외국과의 교역확대와 외국인 투자유치가 최대 관심사인 각급 지방자치단체의 경우 경쟁적으로 관련 조치들을 도입하고 있는 상황이다.

그런데 문제는 그러한 통상정책과 투자정책의 궁극적 책임은 지방자치단체가 부담하지 않는다는 데 있다. 즉, 이러한 책임은 체약국의 대표로 오로지 중앙정부만 지게 되는 것이다. 중앙정부와 사전 교감이 없는 각급 지방자치단체의 경쟁적인 조치들은 결국 국제통상규범 위반을 초래하게 된다.

이러한 상황을 잘 보여 주는 사례로 미국의 아리조나 주가 시도한 이민법 개정을 들 수 있다. 이 새로운 주법은 경찰에게 이민자들에게 미국에서의 이민요건에 대한 심문을 할 권한을 부여하고 있는데 외국인들 입장에서는 자신의 신분을 증명할 적절한 문서를 항상 휴대하고 다녀야 한다는 뜻이다. 즉, 그들이 외국인 지위에 있다는 이유, 좀 더 정확하게 이야기하면 외국인의 외양을 가지고 있다는 이유만으로 무작위 심문을 당할 가능성이 높다는 것을 의미한다. 가령, 피닉스에 있는 아리조나 대학에 다니는 한국인 학생이 있다 하자. 입안된 법에 따르면, 그가 학용품을 구입하러 근처 편의점에 갈 때에도 그는 여권과 I-20 양식레터 용지에 2-3페이지로 된 학생임을 증명하는 문서을 소지하여야 한다. 이 두 개는 주머니에 넣어 휴대하기 불편하다. 따라서 현실적으로 이 학생은 피닉스의 어느

Yale Law School (JSD, 2003) 참조.

거리에 가든지 작은 서류 가방이나 책가방을 항상 휴대해야 한다. 유사한 상황이 미국에 투자한 우리 기업, 투자가에게 발생하였다고 가정하여 보자. 단순히 비자와 I-20 양식 소지 문제를 넘어 미국 내 기업과 달리 우리 기업에 부과되는 여러 의무들은 우리 기업의 미국 시장에서의 경쟁력 약화를 불러일으킬 것이다. 이는 곧 새로운 형태의 무역장벽을 구성하게 됨은 물론이다.[1]

이 법안은 "미국에서의 조약 이행"이라는 잠재적인 중요한 문제를 불러일으킨다. 미 연방정부는 이러한 아리조나의 가혹한 입법을 반대할 가능성이 높은데 대표적인 근거로 미국 헌법을 들 수 있다. 미국 헌법에 의하면 이민 문제는 연방 차원의 문제이다. 따라서 아리조나의 입법은 연방정부의 권한을 침해하게 된다. 그리하여 연방정부는 이러한 법안이 통과될 경우 법적으로 다툴 것을 선언할 것이며, 실제로 그리하였다. 많은 측면에서 이 문제는 연방정부의 외국인 정책 권한을 침해했다는 이유로 미국 연방법원으로부터 위헌판결을 받은 1996년 매사추세츠의 Anti-Burma 법안[2]을 떠올리게 한다. 이론적으로 이 아리조나의 법은 법원에서 같은 내용의 판결을 받게 될 것으로 예상된다.

아리조나의 이러한 새로운 시도는 미 연방정부와 주정부 간의 갈등을 잘 보여 준다. 문제는 어떠한 이슈가 연방정부의 권한 문제인지 아니면 주 권한의 문제인지 명확하지 않다는 것이다. 아리조나의 예는 오히려 해결하기 쉬운 문제일지도 모른다. 이러한 연방과 주 사이의 문제는 오랜 법정 분쟁 끝에 해결되는 것이 대부분이다.

연방과 주 권한의 갈등 문제는 미 연방정부가 다른 나라와 조약을 이행할 때 더욱 분명히 드러난다. 예를 들어, 한미 FTA를 보자. 일단 발효가 되면, 남은 문제는 양국 간 조약에 따른 이행이다. 미국에서 각 주는 특별히 "연방 문제"를 제외하고는 넓은 권한을 보유한다. FTA의 의의를 살리고 충실한 이행을 위해서는 각 주의 협조가 긴요하다. FTA의 이행에서 전적으로 연방관할예를 들어, 미국에서의 관세율 조정인 문제가 있고 전적으로 주의 관할 또는 주에 좀 더 직접적으로 적용

1 Jaemin Lee, "Arizona Immigration Legislation and U.S. Treaty Implementation," *Korea Herald* Article.

2 메사추세츠 정부는 버마의 쿠테타와 인권탄압 등을 규탄하는 의미로 "An Act Regulating State Contracts with Companies Doing Business with or in Burma (Myanmar)," 1996 Mass. Acts 239, ch. 130 (codified at Mass. Gen. Laws §§7:22G-7:22M, 40 F (1997))를 제정하여 주정부기관의 버마에서 사업을 하는 기업으로부터 상품 및 서비스 구매를 금지하였고, 미국 연방대법원은 Crosby v. National Foreign Trade Council, 530 U.S. 363 (2000)에서 해당 법에 대해 위헌 판결을 내렸다.

되는 문제예를 들어, 알라바마 주에서 한국 투자자들에 대한 대우가 있다. FTA 문언에서 미국 정부가 주를 포함한 모든 정부 기관들의 FTA의 이행을 위하여 모든 노력을 다하겠다고 하였으나 현실적으로 모든 개별 주를 통제하는 것은 그리 단순하고 쉬운 일이 아니라는 것이 사실이다. 아리조나 입법에서 알 수 있듯이, 연방정부의 노력에도 불구하고 연방법원에 의하여 폐기될 때까지 각주의 독불장군 식의 입법이나 정책을 인내해야 한다. 예를 들어, 한국 기업이 주의 불법적인 조치에 의하여 잠정적인 불이익을 받았다 하자. 물론, 그 기업은 나중에 이에 대한 손해배상을 받게 된다. 하지만 거래계에서 어떤 경우는 시간이 가장 중요할 수도 있고 피해 후 상당한 시간이 지나면 충분한 배상을 받는 기회를 잃거나 또는 한번 잃어버린 신뢰를 되찾는 것이 불가능한 경우가 있기에 문제가 된다.

이러한 사례에서 볼 수 있듯이 미국의 개별 주는 항상 연방정부의 정책과 합치하지는 않는다는 것을 알 수 있다. 따라서 미국과 조약체결을 위한 교섭과 이행에 관한 논의를 하는 국가는 특별한 미국 헌정 질서에 대한 이해가 반드시 필요하다. 사실, 비단 이러한 문제는 미국만의 문제가 아니다. 조만간 이러한 문제는 한국에서도 발생할 것이다. 한국 지방자치단체의 권한과 자율성이 최근 비약적으로 증대하였기 때문이다. 지방자치단체의 정책과 중앙정부 정책이 불일치할 때, 한국에서도 똑같은 문제가 발생하게 될 것이다. 한미 FTA를 대하는 우리의 초점은 이러한 문제가 어떠한 결과를 낳을 것이냐에 맞춰져 있다. 그러나 보다 중요한 것은 결과가 무엇이냐에 대한 관심이 아니라 한국과 미국 양국 모두 FTA를 각국의 내부적 분권 상황과 관련하여 어떻게 조화롭게 "이행"할 것인가이다.

I. 국제통상과 천연자원

천연자원과 관련하여서도 국제통상법적 이슈가 등장하였다. 주로 천연자원의 교역과 관련하여 문제된다. 구체적으로 일국의 천연자원 수출제한과 관련되어 나타나는데 특히 중국의 수출제한조치가 최근 문제된 바 있다.

먼저 수출제한은 아니지만 국내에 소재하는 천연자원과 관련한 문제는 *U.S.-Softwood Lumber IV* 사건에서 논의된 바 있다. 동 사건은 캐나다 주정부가 자국 기업에 대해 입목 벌채권stumpage을 부여한 것을 미국이 보조금 교부로 인정하여 캐나다산 연목재softwood lumber에 대하여 상계관세를 부과하자 캐나다가 WTO 보조금협정 위반을 이유로 미국을 WTO에 제소한 사안이다.[1] 이 사건에서 캐나다는 국내 천연자원의 개발에 관한 문제는 WTO협정의 적용 범위에서 벗어난다는 취지의 주장을 개진하였고,[2] 천연자원의 개발을 위해 국내 기업에게 입목 벌채권을 부여한 것은 WTO 보조금협정 제1.1조 (a)(1)(iii)항[3]상의 "정부에 의한 재정적 기여" 유형 가운데 하나인 "정부가 일반적인 사회간접자본 이외의 '상품goods' 또는 용역을 제공하는 경우"에 해당한다고 볼 수 없으므로 보조금을 구성하지 않는다고 주장하였다.[4] 아울러, 캐나다는 부수적인 이론적 논거로서 문제의 입목 벌채권과 같은 천연자원 교역시장은 공급이 제한되어 있는 "경제적 지대 시장經濟的 地代 市場; economic rent market"이라는 주장을 전개하였다.[5] 캐나다의 주장에 따르면 경제적 지대 시장에서는 토지, 입목 등과 같은 천연자원 생산요소에 대해 지불하는 비용이 동 생산요소의 후속 대량생산이나 민간시장 대비 저렴한 가격을 통한 경쟁력 창출에 기여하지 못한다는 것이다.[6] 캐나다의 이러한 주장은 천연자원 시장에 대한 일정 수준의 정부 개입이 불가피하며 이는 국가 주권행사의 영역으로서 WTO 내지 타국의 간섭이 적절하지 않다는 취

1 동 사건에 대한 자세한 평석은 다음을 참조. John H. Jackson, William J. Davey & Alan O. Sykes, *Legal Problems of International Economic Relations* (4th ed.), West Publishing Company (2002), p. 845.

2 United States — Final Countervailing Duty Determination With Respect To Certain Softwood Lumber From Canada (WT/DS257/R) (Aug 29, 2003) ("U.S.-Softwood Lumber IV (Panel)"), para. 7.2.

3 보조금 협정 제1.1조 (a)(1)(iii)항은 다음과 같이 규정하고 있다:
1.1 For the purpose of this Agreement, a subsidy shall be deemed to exist if:
(a) (1) there is a financial contribution by a government or any public body within the territory of a Member (referred to in this Agreement as "government"), i.e. where:
(iii) a government provides goods or services other than general infrastructure, or purchases goods;

4 캐나다는 보조금협정상 "상품"의 통상적 의미는 "재화 이외의 유형자산 또는 동산(tangible or movable personal property, other than money)"이라고 할 수 있는데 입목을 벌채할 수 있는 "권리"를 유형자산으로 볼 수 없고, "입목" 역시 이동 가능한 자산, 즉 동산(動産)으로 볼 수 없기 때문에 문제가 된 입목 벌채권은 보조금협정의 규율 대상인 "상품"에 해당하지 않는다는 논거를 제기하였다. U.S.-Softwood Lumber IV (Panel), paras. 7.3-7.4 참조.

5 이 판결의 원문은 다음과 같다:
7.36 Finally, Canada argues that studies on the record demonstrate, consistent with classical economic theory, that the market for stumpage is an "economic rent" market, in which, for an input that is fixed in supply, such as an in situ natural resource like standing timber, the level of charges or fees for access to that resource will not lead to greater production of the output (logs or lumber), or lower prices for them than in a private competitive market[…].

6 *Ibid.*, para. 7.36.

지인 것으로 해석할 수 있다. 이에 대해 패널과 항소기구는 캐나다의 경제적 지대 시장이론에 대한 검토는 생략한 채 양 당사국이 직접적으로 요청한 보조금협정상의 규정에 대한 검토만을 진행하였다. 그리고 동 규정이 명시적으로 천연자원을 "상품"의 개념에서 배제시키고 있는 것이 아니기 때문에 천연자원에 대하여 보조금협정의 적용을 제한할 이유가 없다고 판시하며 캐나다의 주장을 기각하였다.[1]

동 분쟁은 보조금협정의 해석과 관련된 사안으로서 정부가 제공하는 "상품 또는 용역"의 범위에 천연자원이 포함될 수 있는지 여부가 주된 쟁점이었다고 볼 수 있다. 그러나 전술한 캐나다의 주장과 같이 천연자원의 경우 그 한정적인 속성으로 인하여 민간시장의 수요-공급 법칙에 전적으로 위임할 경우 자원고갈로 인한 심각한 경제문제와 환경문제를[2] 초래할 우려가 있다. 캐나다는 이러한 천연자원 영역에 대해서는 정부의 개입과 통제가 필요하며 국가마다 상황도 상이한바, 여기에 대하여 WTO협정이 적용될 여지가 없다는 것이다. 천연자원 관리 및 운용 문제에 대하여 외국과 국제기구의 간섭을 배제한다는 관점에서 국내문제 불간섭 원칙의 간접적인 발현 사례로 볼 수 있을 것이다.

천연자원에 대한 정부의 수출제한조치가 국제통상법적 차원에서 문제가 되는 사례는 *China-Raw Materials* 사건이었다.[3] 이 사건에서 중국은 자신들의 일

1 이와 관련한 패널의 판시내용은 다음과 같다:
7.25 […]패널은 동 협정의 제정 과정에서 "일반적인 사회간접자본"을 명시적으로 제외하는 것이 고려되었다는 점에 비추어, 동 조항을 광범위하게 해석할 필요가 있음을 재차 확인하는 바이다. "상품 또는 용역"은 "일반적인 사회간접자본"을 포함하는 광의의 개념으로 볼 수 있는데, 만약 이것이 협의의 개념이었다면 제1.1조 (a)(1)(iii)항에서 "일반적 사회간접자본"을 배제할 이유가 없었을 것이다. 아울러, 동 조항은 오로지 "일반적 사회간접자본"만을 그 적용에서 배제하고 있는 것으로 해석되어야 한다. 만약 천연자원이나 교역이 불가능한 상품 등을 제외하고자 하였다면 동 협정 내 그러한 취지의 명시적인 규정이 존재하였을 것이기 때문이다.
한편, 항소기구 역시 패널의 견해를 지지하며 다음과 같이 언급하였다:
60 […]제1.1조 (a)(1)(iii)항하에서 정부에 의한 상품의 제공이 재정적인 기여로 간주되지 않는 유일한 명시적 예외는 동 상품이 일반적 사회간접자본에 해당하는 경우뿐이다. 제1.1조 (a)(1)(iii)항의 맥락에서는 기업이 자신의 이익을 위하여 사용하는 모든 상품은 — 일반적 사회간접자본으로 간주될 수 있는 상품을 포함하여 — 일반적인 성격을 보유하는 간접자본에 해당하지 아니하는 한 동 조항상의 상품으로 간주되어야만 한다.
United States — Final Countervailing Duty Determination With Respect To Certain Softwood Lumber From Canada (WT/DS257/AB/R) (Jan 19, 2004) ("U.S.-Softwood Lumber IV (AB)"), para. 60.

2 환경규범 맥락에서 통상 문제의 접근에 관해서는 Peters S. Watson, Joseph E. Flynn & Chad C. Conwell, *Completing the World Trading System*, Kluwer Law International (1999), p. 47; 한국국제경제법학회, 「신국제통상법」, 박영사(2012), 제10부 제31장, p. 713 이하 참조.

3 China — Measures Related to the Exportation of Various Raw Materials (DS394/395/398) (DS394/AB/R) (Jan 30, 2012).

반적인 국내적 경제정책에 대하여 미국 등 제소국이 WTO 위반을 주장하는 것은 자신들의 국내문제에 대한 부당한 간섭이라는 취지의 주장을 전개하였다. 이 분쟁은 중국의 천연자원 수출제한조치가 수출입 상품에 대한 수량제한을 금지하는 GATT 제11조에 위반되는지 여부가 문제로 제기된 사건이다.[1] 중국은 천연자원에 대해서는 WTO협정과 상관없이 각국이 주권을 보유함을 언급하였다. 어떻게 보면 이전의 캐나다 주장과 일맥상통하는 측면이 있다고 볼 수 있을 것이다. 나아가 중국은 GATT 제20조 (g)항이 고갈될 수 있는 천연자원의 보존과 관련된 국내조치에 대해 일반적 예외를 인정하고 있는 취지도 "천연자원에 관한 주권행사가 사회적·경제적 발달을 위한 방향으로 이루어져야 한다"는 의미로 해석되어야 한다는 주장을 개진하였다.[2] 요컨대 WTO협정을 원용하여 천연자원 수출에 대한 중국 정부의 조치를 철폐하고자 하는 제소국의 시도는 사실상 천연자원의 관리에 관한 중국 국내문제에 대한 부당한 간섭에 해당한다는 것이 중국의 입장이었다.[3]

2. 새로운 통상분쟁의 전개와 그 양상

상술한 바와 같이 통상분쟁의 범위와 형태는 넓어지고 다양화되었다. 이렇게 국제통상영역의 다변화와 입체화는 여러 가지 양상으로 이어지게 되었다. 이것은 비관세무역장벽이 증가, 미국과 중국 간 통상분쟁의 급증, 그리고 국제분쟁 해결 수단으로서 통상분쟁이 활용되는 사례의 증가로 요약된다.

A. 비관세무역장벽의 증가

현재 세계 각국이 채택하고 있는 보호무역조치는 실로 다양한 형태로 발현되고 있으나 특히 주목을 끄는 부분은 바로 상품교역에서의 비관세무역장벽의

1 Request for the Establishment of a Panel by the United States, WT/DS394/7 (Nov 9, 2009).
2 Opening Oral Statement of the Complaints at the First Substantive Meeting of the Panel with the Parties, China — Measures Related to the Exportation of Various Raw Materials (DS394), paras. 10-11.
3 Second Written Submission by the United States, China — Measures Related to the Exportation of Various Raw Materials (DS394), paras. 117-119.

문제이다. WTO 및 FTA체제를 거치며 각국의 관세율이 대폭 하향되거나 철폐되는 상황에서 관세를 통한 국내시장 보호가 더 이상 적절한 정책수단으로 활용되지 못하게 되자 많은 국가들이 점차 비관세무역장벽 설치를 모색하는 방향으로 이동하는 양상을 보이고 있다.[1]

FTA 등으로 무역장벽이 낮아지거나 철폐되어 외국 시장으로 우리 기업과 상품이 일단 진출하더라도 시장에서 직면하는 모든 어려움이 곧바로 사라지는 것은 아니다. 일단 시장에 진출한 이후에도 해당 수입국 시장에서 극복하여야 할 난관이 한두 가지가 아니기 때문이다. 우리 기업들은 여러 국가들의 시장에서 통관, 환경, 포장, 조세, 노동 등 다양한 법령과 제도 등으로 인하여 적지 않은 불편을 겪고 있는 상황이다. 이러한 불편은 경우에 따라서는 단지 해외시장에서 외국인이 느끼는 단순한 교역상 난관에 그치지 않고 결국 보이지 않는 비관세무역장벽으로 이어지기도 한다. 따라서 FTA 체결 이후에도 이러한 비관세장벽을 확인하고 철폐를 위하여 노력하는 것은 우리의 교역 이익을 극대화하는 데 있어 반드시 필요한 절차이다. 오히려 FTA시대로 접어들며 이러한 필요성은 더욱 점증하는 것으로 볼 수도 있다. 그런데 문제는 각국의 비관세장벽을 확인하고 그 정확한 상황을 파악하는 데만도 적지 않은 시간과 노력이 필요하다는 점이다. 우리나라의 개별 수출업자들이 경험하는 무역장벽은 개인적인 경험이거나 또는 개별적 사안으로 치부되기가 쉽고 이러한 개별적 사안과 경험이 어떠한 제도적인 문제점으로 제기되기 위해서는 여러 기업과 개인의 사례들을 확인하고 자료를 축적하는 작업이 선행되어야 하기 때문이다.[2] 바로 이러한 이유로 비관세무역장벽은 그 확인도 어렵거니와 확인 이후 철폐까지도 적지 않은 노력이 투입되어야 한다.

비관세무역장벽이란 관세를 제외한 일체의 무역장벽을 의미하는 포괄적 개념이다. 가령 국내시장에서 외국 상품을 "사실상*de facto*" 차별하기 위한 다양한 제도 및 조치는 대표적인 비관세무역장벽에 해당한다. 국제통상법에서 "조치

1 이재민, "보호무역조치에 대한 효과적 대응방안의 모색 — 비관세 무역장벽을 중심으로 —," 「법학논총」 제27권 제4호, 한양대학교(2010. 12), p. 29; David Hanson, *Limits to Free Trade: Non-Tariff Barriers in the European Union, Japan and United States*, Edward Elgar (2010).

2 이러한 맥락에서 외교통상부에서 매년 발간하는 "외국의 통상환경"은 중요한 기여를 하고 있다. 외교통상부는 전 세계 공관을 통하여 주재국이 유지하고 있는 다양한 비관세무역장벽을 확인·취합하여 이를 책자로 발간하고 있다. 사실관계 확인과 추후 문제 제기를 위한 체계적 준비를 위하여 의미 있는 작업이라고 할 수 있다.

Measure"라는 개념은 광범위한 내용을 포괄하는 개념이므로[1] 비관세무역장벽에 해당하는 조치는 특정 영역 및 형식에 국한되지 않고 외국과의 교역을 부당하게 또는 위장된 방식으로 제한하고자 도입된 제반 입법, 행정, 사법상 조치 및 관행을 포함하는 실로 광범위한 개념이다. 특히 비관세무역장벽의 경우 최소한 외관상으로는 정당한 정책 목표 달성을 표방하고 있으므로 상대적으로 그 발동이 용이하여 적지 않은 국가들이 이에 의존하며 이를 둘러싼 각국의 분쟁 역시 증가 추세에 있다.[2]

최근 WTO분쟁해결기구에 회부되는 일련의 사건을 살펴보더라도 많은 국가들이 다양한 형태의 비관세무역장벽을 도입하고 있음을 확인할 수 있다. 2008년 경제위기 이후 각국의 보호무역주의 성향이 강화됨에 따라 여러 국가들이 자국 시장 보호를 위하여 이러한 비관세무역장벽에 의존할 가능성은 당분간 더욱 증폭될 것으로 예상된다. 가령, 미국과 캐나다/멕시코 간 미국의 농산물원산지표시 Country of Origin Labelling: COOL 제도와 관련하여 현재 진행되고 있는 WTO 분쟁,[3] 그리고 캐나다와 EU 간 캐나다의 물개 포획 방법과 관련한 무역규제로 촉발된 WTO 분쟁[4] 역시 대표적인 비관세무역장벽 관련 통상분쟁이다. 아울러 EU와 미국/일본 간 EU의 IT 제품 관세분류 문제와 관련한 최근에 패널판정은 표면상으로는 관세분류의 기준과 관련한 양국 간 분쟁이나 그 기저에는 다양한 방식으로 외국 상품에 대하여 관세 분류 결정 과정에서 불이익을 부여하고자 하는 비

1 WTO협정에서 "조치(measure)"의 의미에 관해서는 US — Corrosion-Resistant Steel Sunset Review에서 WTO 항소기구가 다음과 같이 설명하고 있다:

In principle, any act or omission attributable to a WTO Member can be a measure of that Member for purposes of dispute settlement proceedings. Measures that can be subject to WTO dispute settlement can include, not only acts applying a law in a specific situation, but also "acts setting forth rules or norms that are intended to have general and prospective application. Instruments of a Member containing rules or norms could constitute a 'measure', irrespective of how or whether those rules or norms are applied in a particular instance.

Appellate Body Report, United States — Sunset Review of Anti-Dumping Duties on Corrosion-Resistant Carbon Steel Flat Products from Japan, WT/DS244/AB/R (9 January 2004), pp. 81-82 참조.

2 이재민, "보호무역조치에 대한 효과적 대응방안의 모색 — 비관세 무역장벽을 중심으로 —," 「법학논총」 제27권 제 4 호, 한양대학교(2010. 12), p. 29.

3 United States — Certain Country of Origin Labelling (COOL) Requirements, WT/DS384/8, 2011년 11월 18일 panel report가 발표되었으며 2012년 5월 3-4일간 WTO항소기구 심리가 진행되어 현재 2012년 6월 말 정도 항소기구 보고서가 회람될 것으로 예측되고 있다.

4 Request for Consultations by Norway, European Communities — Measures Prohibiting Importation and Marketing of Seal Products, WT/DS401/1 (10 November 2009).

관세무역장벽적 고려가 흐르고 있음을 알 수 있다.[1] 우리 기업들이 전 세계 시장에서 경험하는 다양한 형태의 비관세무역장벽은 여러 차례 보고서를 통하여 확인된 바 있다.[2] 이와 같이 현재 진행되는 주요 통상분쟁의 상당수는 비관세무역장벽과 직간접적으로 관련된 분쟁으로 파악할 수 있을 것이다.[3]

현재 비관세무역장벽 문제는 통상협정 교섭 과정에서도 주요 의제로 다루어지고 있기도 하다. 특히 한미 FTA 및 한-EU FTA 교섭과정에서 우리나라의 비관세장벽문제가 상당 부분 논의된 바 있다. 특히 미국은 한미 FTA 교섭 전 과정에서 우리나라가 자동차 시장을 보호하기 위하여 다양한 비관세무역장벽을 도입하고 있음을 지속적으로 주장하며,[4] 그 철폐가 동 협정의 최종타결에 전제조건임을 지속적으로 언급하기도 하였다.[5] EU도 우리나라와 FTA 교섭과정에서 우리나라의 비관세무역장벽에 특별한 우려를 표시하며[6] 비관세무역장벽에만 적용되는 별도의 분쟁해결절차를 제안하여 결국 한-EU FTA에 포함되기에 이르렀다.[7] 한-EU FTA 잠정발효를 불과 1주일 앞두고 서울의 EU상공회의소EUCCK는

1 Panel Report, European Communities and Its Member States — Tariff Treatment of Certain Information Technology Products, WT/DS375,376,377/R (21 September 2010).

2 외교통상부, "2011년 외국의 통상환경"(2012. 4. 18. 발간) 참조.

3 이재민, "보호무역조치에 대한 효과적 대응방안의 모색 — 비관세 무역장벽을 중심으로 —," 「법학논총」 제27권 제4호, 한양대학교(2010. 12), p. 30.

4 미국 USTR의 국별 무역장벽 보고서에는 다양한 내용의 NTB조치가 나열되어 있다. USTR, The 2007 National Trade Estimate Report on Foreign Trade Barriers (NTE) (2007. 4. 2) 참조. 아울러 최근 전국경제인연합회가 발간한 책자에도 현재 우리 수출업체에 피해를 초래하고 있는 NTB조치들이 나열되어 있다. 전국경제인연합회, "한-EU FTA 주요 업종별 영향과 대응전략," 「FKI Issue Paper」 제76호(2007. 9. 12), p. 8 참조.

5 CRS Report for Congress, The Proposed South Korea-U.S. Free Trade Agreement (KORUS FTA) (July 18, 2007), pp. 4-5 참조.

6 EU는 한국 정부가 자국 상품을 사실상 차별하기 위하여 다양한 NTB를 도입·실시하여 왔음을 주장하고 있으며 이 이슈는 연례무역장벽보고서에 항상 지적되어 왔다. 주한 EU상공회의소장인 Peter Thewlis는 2006년 3월 2006년 한-EU 통상현안 현황 자료집(Trade Issues and Recommendation for 2006) 발간에 맞추어 다음과 같이 언급하였다:
Unfortunately, trade barriers still affect too many European companies in a broad range of industries in Korea: the European Pharmaceutical companies still have to battle with the same non-resolved issues year after year. European Cosmetics manufacturers face ever increasing non-tariff barriers in the form of arcane regulations and double testing requirements. EU automobile makers have to comply with newly introduced US standards in OBD. And the legal services market is the last in the region to be completely closed after the recent opening of the Chinese and Japanese markets. Last but not least, gross violations of intellectual property rights grow, despite Korea having the best legislation in the region to protect Intellectual Property. The enforcement of IPR protection is simply lacking.
유럽상공회의소 웹사이트 http://trade.eucck.org/site/2006/en/press01.htm 참조.

7 한-EU FTA 부속서 14-가 참조; European Commission, EU-Korea FTA: A Quick Reading Guide (October 20, 2009) available at http://trade.ec.europa.eu/doclib/docs/2009/october/tradoc_145203.pdf, p. 11.

우리나라 전 영역에 걸친 NTB에 대하여 리스트를 작성하여 공개 기자회견을 통하여 발표한 것은,[1] EU가 우리나라의 비관세무역장벽 문제에 대하여 어느 정도의 우려를 갖고 있는지를 보여 주는 대표적인 사례이다. 이 보고서에서 EUCCK는 20여 개의 산업과 관련한 한국의 비관세장벽을 조속히 변경 또는 폐지하라고 요구하였다. 물론 비관세무역장벽 문제는 우리만의 문제는 아니며, 우리측도 EU의 비관세무역장벽에 대하여 적지 않은 우려를 표명하고 있는 상황이다. 특히 EU의 경우 27개의 회원국들이 다양한 형태의 조치를 여러 영역에서 채택하고 있어 이러한 조치들이 과연 비관세무역장벽에 해당하는지 여부에 대하여 앞으로 우리측의 문제 제기도 적극적으로 있을 것으로 예견된다.

한편 EU의 주장으로 도입된 비관세무역장벽 분쟁해결절차조정절차 역시 향후 우리의 주목을 요하는 항목 중 하나이다. 비관세무역장벽 분쟁해결절차 문제는 DDA 맥락에서 WTO 차원에서 상당 기간 논의되어 오던 이슈였으나, 그러한 아이디어가 실제로 도입된 것은 한-EU FTA가 처음이다. 한-EU FTA가 이 내용을 어떻게 실제로 운용할 것인가에 대하여 많은 국가들이 관심을 갖고 지켜보고 있는 것으로 알려지고 있다. EU와 우리나라가 서로에 대하여 갖고 있는 비관세무역장벽 관련 이슈들이 이제 이 절차를 통하여 적극 제기될 것으로 예견되므로 이에 대한 대비 역시 철저히 하는 것이 적절할 것이다.

비관세무역장벽조치는 크게 두 가지 형태로 분류가 가능하다. 먼저 정당한 정책목표를 달성하기 위해 실시하였으나 부수적으로 무역장벽의 효과가 발생한 일종의 선의의good faith 조치인 경우이다. 이러한 무역장벽은 사안에 따라 WTO협정에 대한 위반을 구성할 수도 있고 또는 위반을 구성하지 않을 수도 있다. 두 번째는 정당한 정책목표의 표방은 표면적인 이유이고 사실상 무역장벽을 수립하기 위한 위장된disguised 조치인 경우이다. 이러한 위장된 조치는 WTO협정에 위반될 가능성이 일층 농후하다. 그러나 실제 분쟁에서는 특정 국가의 무역조치가

한편 EU가 제시한 NTB Mediator 제도는 사법적 분쟁해결제도가 아닌 일종의 정치외교적 분쟁해결 제도의 속성이 강한 것으로 평가된다. 이는 관련 협정문의 해석에 기초한 엄격한 사법적 해결 방식과는 반드시 동일하지 않은 기준을 통해 통상 관련 분쟁해결을 도모한다는 차원에서 우리나라에게도 때로는 불리한 상황이 때로는 유리한 상황이 초래될 수 있을 것이다; 이재민, "보호무역조치에 대한 효과적 대응방안의 모색 — 비관세 무역장벽을 중심으로 —," 「법학논총」 제27권 제 4 호, 한양대학교(2010. 12), p. 30.

1 2011년 6월 24일 기자회견의 발표문 및 관련자료는 EUCCK 웹사이트 http://www.eucck.org/site/press_centre/press_articles.htm?mode=view&num=92&page=4&spart=&skeyword=에서 다운로드 가능하다.

전자에 해당하는지 또는 후자에 해당하는지가 판단하기 매우 어려우며 대부분의 경우 실제 그 조치 내용에 대한 사실관계 파악에 있어서 국가 간 상이한 입장 차이가 자주 발생한다.[1] 대부분의 통상분쟁의 승패는 제소국이 자신의 "입증책임burden of proof"을 완수하였는지 여부에도 상당 부분 좌우되므로 위장된 조치의 혐의가 있어도 이를 객관적인 자료를 통하여 입증하지 못할 경우 제소국이 반드시 승소하는 것은 아니다.

따라서 현재 비관세무역장벽과 관련하여 지적할 수 있는 가장 근본적인 문제점은 현 WTO체제하에서 비관세무역장벽에 대한 정확한 개념 정립이 아직 부재하다는 것이다. 현재는 관세조치를 제외한 무역에 부정적 영향을 초래하는 모든 조치는 일종의 비관세무역장벽으로 정의되고 있다.[2] 특히, 때로는 비관세무역장벽이 특정 국가의 수입규제 정책뿐만 아니라 수출증진조치까지 포함하는 것으로 이해하는 경우도 있어 그 경우 비관세무역장벽의 범위는 더욱 확대될 가능성이 있다.[3]

일례로 안보 관련 조치가 비관세무역장벽으로 취급되어 경우에 따라서는 국제통상규범에 대한 위반 문제가 제기될 수 있다. 가령, 미국의 경우 자국과 컨테이너 안전협정Container Security Initiative: CSI을 체결한 국가의 화물인 경우에는 미국 국경에서 일종의 속성통관절차를 적용하고 있으나 그 외 국가의 화물인 경우에는 그렇지 아니하다. 특히 특정 국가의 화물에 대해서는 엄격한 검사 및 조사 절차를

1 이재민, "보호무역조치에 대한 효과적 대응방안의 모색 — 비관세 무역장벽을 중심으로 —," 「법학논총」 제27권 제 4 호, 한양대학교(2010. 12), p. 31.

2 The term 'Non-Tariff Barriers (NTBs)' has not been defined under the WTO, but its usage and understanding broadly refers to any border measure other than a tariff, which acts as a barrier to trade. Market Access for Non-Agricultural Products: Resolution of NTBs through a Facilitative Mechanism, Submission by NAMA 11 Group of Developing Countries (Addendum), TN/MA/W/68/Add.1 (May 8, 2006), para. 2 참조.

3 가령, 일부 학자들의 경우 수출보조금 교부 및 수출 진흥 정책의 경우도 NTB에 해당할 수 있음을 언급하고 있다. In the context of market access negotiations, non-tariff measures mainly refer to importrestraints as well as production and export subsidies. [···]Within these broad categories, there is a large variety of NTMs and they havemany different effects.
J.H.H. Weiler, et al., *The Law of Regional Economic Integration in the American Hemisphere* (2006).
이러한 취지는 OECD Trade Directorate의 Norbert Wilson이 작성한 NTB List에도 포함되어 있다. Norbert Wilson, "Analysis of Non-Trade Barriers of Concern to Developing Countries" (2005년 10월 24-26일 ADB 회의에서 발표), p. 63 (Annex III: Categories of Non-Tariff Barriers); 이재민, "보호무역조치에 대한 효과적 대응방안의 모색 — 비관세 무역장벽을 중심으로 —," 「법학논총」 제27권 제 4 호, 한양대학교(2010. 12), p. 31 각각 참조.

적용하고 있다. 어떠한 통관절차를 거치는지 여부에 따라서 외국 수출기업들이 부담하는 물류 비용은 그만큼 차이가 나고 이는 고스란히 미국 시장에서의 상품 가격의 차이로 귀결되게 된다. 속성통관절차를 거친 상품은 결국 미국 시장에서 가격 경쟁력을 갖게 될 것이다. 항상 그렇다고 할 수는 없을 것이나 경우에 따라서는 이러한 조치 역시 비관세무역장벽에 해당될 가능성을 배제할 수는 없다. 특정 국가에 대한 사실상의 교역조건의 차별로 인하여 GATT 제 1 조가 규정하고 있는 최혜국대우 원칙에 대한 위반이나 통관절차의 신속화를 규정한 GATT 제 8 조에 대한 위반을 구성하는 것으로 주장될 가능성이 있기 때문이다.[1]

바로 이러한 통관절차상의 자의적 선별과 절차지연이 실질적인 무역장벽으로 작용한다는 인식하에 현재 DDA 및 APEC에서는 소위 "무역원활화Trade Facilitation" 부분에 관하여 중요한 협의가 별도로 지속되고 있기도 하다.[2] 이러한 협의 과정에서 논의하는 내용의 핵심은 바로 통관절차에서의 불필요한 지연을 방지하자는 것이다. 이러한 최근의 움직임은 국제통상규범의 적용범위가 관세 이외의 영역에서도 광범위하게 발생할 수 있음을 잘 보여 주고 있다.

경우에 따라서는 수출통제체제가 무역규제를 위한 위장된 장벽으로 활용될 수도 있다. 가령, 2004년 중국으로 진출을 결정한 우리나라의 반도체 기업과 관련하여, 미국 상무부는 일부 미국산 반도체 제조 장비의 중국으로의 이전이 자국법에 따른 수출통제 품목에 해당되는지 여부에 관하여 검토를 실시한 바 있다. 일견 미국법에 따른 정당한 조사인 것으로 볼 여지도 없지 않으나 당시 진행되고 있는 한미 반도체 기업 간의 치열한 경쟁과 다양한 영역에서의 통상분

1 GATT 제 8 조는 다음과 같이 규정하고 있다:
Article VIII: Fees and Formalities connected with Importation and Exportation*
1 …
(c) The contracting parties also recognize the need for minimizing the incidence and complexity of import and export formalities and for decreasing and simplifying import and export documentation requirements. …
3. No contracting party shall impose substantial penalties for minor breaches of customs regulations or procedural requirements. In particular, no penalty in respect of any omission or mistake in customs documentation which is easily rectifiable and obviously made without fraudulent intent or gross negligence shall be greater than necessary to serve merely as a warning.

2 Trade Facilitation 이슈는 2001년 도하 각료 선언에도 의제 중 하나로 포함되었으며 사무총장이 도하라운드 교섭을 촉진하고자 제출한 소위 "July Package"에도 주요 항목의 하나로 포함되어 있다. WTO, "The Launching of Negotiations on Trade Facilitation" available at www.wto.org/english/tratop_e/tradfa_e/tradfa_negoti_e.htm 참조.

쟁의 맥락에 비추어 살펴보면 이러한 수출통제가 소위 위장된 비관세무역장벽으로 간주될 개연성도 전혀 배제할 수는 없을 것이다. 이와 같이 사실상 자국 기업을 지원하기 위한 수출통제체제의 활용과 같은 판단이 애매모호한 비관세무역장벽을 어떻게 확인·대응할 것인지가 향후 중요한 과제 중 하나인 것으로 볼 수 있을 것이다.

특히 미국 정부의 Export Administration Regulation을 포함한 수출통제 관련 국내법의 역외적용 확대는 한국 기업의 교역 및 해외 투자 활동에 대한 중대한 제약 요소로 작용할 수도 있을 것으로 우려된다. 특히 동 법률에 대한 위반은 민사상·형사상 처벌이 동시에 진행되는 것으로 최근에 문제된 경쟁법규 위반 한국 기업인 처벌과 유사한 사례가 발생할 개연성이 항상 존재하기 때문이다. 이러한 문제에 직면하게 되면 우리 대기업의 경우에는 전문 인력 및 가용 자금의 확보를 통해 적절한 대처를 모색할 수 있을 것이나 중소기업의 경우에는 예기치 않은 상당한 타격을 입을 가능성도 있는바, 우리의 집중적인 관심을 요하는 부분이라고 할 것이다. 특히 한미 FTA 체결 이후 미국과의 교류가 확대되고 그 이후 한-중 FTA 체결로 우리 기업의 중국 진출이 더욱 확대되면 이러한 수출통제 제도의 위반 문제 및 제한 문제가 과거에 비하여 보다 증가할 것으로 예측되기 때문이다.

FTA시대로 접어들며 전통적인 시장 장벽이 철폐됨에 따라 새로운 형태의 시장 장벽이 조금씩 그 모습을 드러낼 것으로 보인다. FTA시대로 이행한다고 하여 여러 국가들이 견지하고 있는 보호무역주의적 속성이 하루 아침에 바뀌는 것은 아니기 때문이다. 외국 상품의 자국 시장 진출이 늘어나면 늘어날수록 국내 산업과 기업의 불만제기와 지원요청은 늘어날 것이고 해당국 정부 입장에서는 관련 협정에 명백히 위반되는 것으로 보이지 않는 새로운 조치들을 “창의적”으로 검토할 수밖에 없을 것이다. 이미 우리의 주요 수출상품은 세계 여러 곳에서 다양한 형태의 비관세무역장벽에 직면하고 있는 실정이다. FTA체제가 더욱 확산되고 공고화됨에 따라 우리가 직면하는 장벽은 더욱 다양하게 변모하게 될 가능성이 농후하다. 물론 우리의 교역 상대국뿐 아니라 우리나라도 다양한 형태의 비관세무역장벽을 활용할 유혹을 느낄 가능성도 있을 것이다. 이 경우 이미 우리나라의 비관세무역장벽에 대하여 문제 제기를 오랫동안 하여 온 미국과 EU는 그 철폐를 요구하며 여러 절차를 통하여 다양한 수단을 강구하리라고 본다.

이와 같이 해외시장에서 그리고 우리 국내시장에서 향후 비관세무역장벽은 우리 통상정책의 중요한 현안으로 대두될 것으로 보인다. 이에 대비하고 관련 문제를 관리하기 위한 노력을 경주할 시점이다.

B. 미-중 통상분쟁의 급증

최근 미국과 중국 간의 무역 관계가 적대적 대립으로 치닫고 있다. 워싱턴 DC에서 열린 "2010년 무역 정책 컨퍼런스"에서도 이에 관하여 집중적인 논의가 이루어졌다. 논의의 주된 테마 중 하나는 무역과 관련한 중국의 적극적인 움직임에 대한 미국 정부의 당황스러움이었다.[1] 미국의 중국을 겨냥한 무역제한에 대항하여 행한 중국의 즉각적이고 효과적이며 예상할 수 없었던 보복조치는 미국 정부를 당황케 하기에 충분하였다.[2]

중국은 중국 제품에 대한 미국의 제소에 대응하여 미국 제품에 대한 제소로 맞대응하고 있는데, 중국 정부는 특히 이제까지 금기시되어 온 미국의 자국 자동차 산업에 대한 구제금융조치를 문제삼으며 자신감 있는 행보를 하고 있다. 즉, 이제까지의 미국 주도의 무역 질서는 역사 속으로 사라진 것이다. 미국의 기억에 의하면, 이제까지 어느 국가도 미국에 대하여 이러한 행위를 하지 못하였다.

미국 또한 새로운 중국의 도전에 대한 대응 전략을 짜기 위해 매우 분주한 모습이다. 물론, 통상과 관련하여 EU와 일본과 같은 기존의 경쟁자들과 산발적인 분쟁을 겪은 미국이지만, 어느 국가도 미국을 상대로 전면적인 도전을 한 국가는 없었다. 각국의 미국과 관련한 기존의 통상분쟁은 미국과의 외교적 그리고 군사적 관계를 고려함에 따라 진실로 현실적인 차이점들을 해결하기 위한 절차의 일환으로 비교적 절제된 수준이었던 반면에, 최근 중국과 미국의 분쟁은 전적으로 다른 두 국가 간의 충돌이라는 점에서 특이하다. 더욱이 중국의 행보는 기존의 GATT/WTO체제 중 처음으로 미국 중심의 헤게모니 관념에 대한 정면 도전으로 평가된다. 게다가 중국은 단지 무역 영역뿐만 아니라, 정치를 비롯한 다른 모든 분야에서도 미국 중심의 세계 질서에 대하여 도전하는 것을 즐기는

1 Youngjin Jung, "China's Aggressive Legalism," *Journal of World Trade 36(6)* (2002), pp. 1037-1060.
2 Jaemin Lee, "Avoiding Collateral Damage from Sino-American Trade Conflict," *Korea Herold* (2003. 8. 10).

듯하다. 미국은 그들의 새로운 최대 라이벌과의 무역분쟁을 위시한 모든 영역에서의 대응 전략 매뉴얼을 마련하는 데 집중하고 있다.

사실 이러한 양상은 전 세계적인 금융위기 이후 미-중 양국 간 무역구제조치를 둘러싼 갈등이 격화되어 나타난 것이다. 중국을 타겟으로 한 미국의 반덤핑, 상계관세조치가 빈발하였고 중국 역시 이에 대하여 거세게 반발함으로써 통상마찰이 고조되어 왔던 것이다. 특히 미국 상무성은 2006년 11월 27일 비시장경제국가Non-market economies에 대하여 상계관세를 부과하지 않던 기존의 정책을 바꾸고 중국산 제품에 대하여 상계관세 조사를 개시하였고, 그 이후로 다수의 상계관세 조사가 이루어지고 상계관세가 부과되었다.[1] 자료에 의하면 2008년에서 2009년까지 미국의 무역구제조치의 64.3%가 중국을 대상으로 한 것이었다. 중국은 2008년까지 단 한 차례의 상계관세 조사를 개시한 바가 없었지만, 2009년 처음으로 미국을 대상으로한 3건의 상계관세 조사를 발동함으로써 미국에 대한 전례 없는 강력한 대응을 하였다.

[미국의 대중 반덤핑(AD) 조치 추이](단위: 건)

	2001	2002	2003	2004	2005	2006	2007	2008	2009
전체 AD조사	77	35	37	26	12	8	28	16	20
대중 AD조사	8	9	9	6	3	3	11	9	12
대중 AD관세발동	5	3	8	5	5	2	2	10	10

자료: 미 상무부 국제무역행정청(ITA): WTO에서 취합

[미국의 대중 상계관세(CVD) 조치 추이](단위: 건)

	2001	2002	2003	2004	2005	2006	2007	2008	2009
전체 CVD조사	18	4	5	3	2	3	7	6	14
대중 CVD조사	–	–	–	–	–	1	7	5	10
대중 CVD관세발동	–	–	–	–	–	–	–	7	5

자료: 미 상무부 국제무역행정청(ITA): WTO에서 취합

1 이에 대한 상세는 다음 논문을 참조. Dukgeun Ahn and Jieun Lee, "Contervailing Duty Against China: Opening A Pandora's Box in the WTO System?," *14 J. Int'l Econ. L.* (2011), p. 325.

[중국의 대미 반덤핑(AD) 조치 추이](단위: 건)

	2001	2002	2003	2004	2005	2006	2007	2008	2009
전체 AD 조사	14	30	22	27	24	10	4	14	17
대미 AD 조사	–	3	3	3	3	1	0	5	8
대미 AD관세발동	–	1	2	3	5	6	1	–	5

자료: 미 상무부 국제무역행정청(ITA); WTO; 중국 상무부에서 취합

[중국의 대미 상계관세(CVD) 조치 추이](단위: 건)

	2001	2002	2003	2004	2005	2006	2007	2008	2009
전체 CVD 조사	–	–	–	–	–	–	–	–	3
대미 CVD 조사	–	–	–	–	–	–	–	–	3
대미 CVD관세발동	–	–	–	–	–	–	–	–	–

자료: 미 상무부 국제무역행정청(ITA); WTO; 중국 상무부에서 취합

미국은 중국에 대한 이러한 무역구제조치는 중국의 불공정한 무역관행에 대한 국내 통상법상 적법한 조치라고 주장하면서, 동 조치들로 대중 무역적자 심화로 인한 자국 산업 및 노동자 피해를 보호하고 경제회복을 위한 수출촉진하기 위한 전략으로 삼고 있는 것으로 보인다. 이에 대하여 중국은 미국의 이러한 조치들은 자국 통상법의 일방적인 악용이자 불공정한 조치로 WTO규정을 위배하고 있음을 강조하면서 미국 산업이 어려움을 겪는 근본적인 이유는 금융위기로 인한 수요약화에 있기 때문이지 이를 중국의 제조업자들에게 전가하는 것은 수용할 수 없다는 입장이다. 덧붙여 중국은 자국의 수출촉진을 위해 다른 국가의 수출을 제한하는 전략을 취하는 것은 국제무역환경을 악화시키는 결과만을 초래할 것이라고 한다. 중국은 수출확대를 원한다면 시장개방과 자유무역의 기본원칙을 고수해야 할 것이라고 주장하면서 미국은 이를 무시한 채 다른 국가의 수출을 무역구제조치의 남용으로 제한하고 있다고 비판하였다. 이렇게 양 당사국은 무역구제조치에 대하여 상반된 시각을 가지고 있다.

무역구제조치에 대한 시각차뿐만 아니라, 미국과 중국 간의 통상분쟁에서 검토되는 주요 쟁점은 각국의 경제 및 금융정책이 WTO체제에서 어느 정도까지 허용될 수 있는지에 관한 문제이다. 각국의 경제 및 금융정책도 국제교역에 다양한 직간접적 효과를 보유하고 있으므로 그 범위 내에서는 WTO협정의 적

용을 받을 가능성은 항상 존재하고 있다. 최근 양자 간의 통상분쟁에서 중국의 환율정책, 천연자원 수출제한정책, 지적재산권 보호정책이 WTO협정의 제반 조항 위반임을 주장하는 미국은 이러한 정책들이 보유하는 국가주권적 성격을 배제하고 오로지 기계적인 관점에서 WTO협정 위반 여부가 평가되어야 함을 강조하고 있다.[1] 이에 반하여 중국의 경우 WTO협정은 오로지 통상영역에만 국한되어야 하며 환율, 천연자원 정책과 같이 국가 경제체제 운용과 연관되는 기본 경제정책은 WTO협정의 적용 대상이 아님을 강조하고 있다.[2]

모든 사정을 고려해 볼 때, 미국과 중국 간의 무역 분쟁은 더욱 격화될 것이 예상된다. 이는 우리에게 절대적으로 좋은 소식이 아니다. 우리나라가 이 다툼에서 어떻게든 중립을 지키려 노력하더라도 우리의 제1, 제2 무역 상대국 간의 전면적 다툼은 우리의 무역 이익에 관하여 좋지 않은 영향을 주기 쉽기 때문이다. 양국 모두에게 한국은 주된 수출국이기 때문에, 양국은 한국과 한국 수출업자들을 묶어서 서로를 겨냥할 가능성이 높다. 즉, 중국을 겨냥한 미국의 무역조치 또는 미국을 겨냥한 중국의 무역조치는 약간의 조정을 거쳐 한국을 겨냥한 조치로 변할 수 있는 것이다.

지적재산권 분야를 대표로, 그 외 반덤핑조치 등 여러 통상 분야에서 계속적으로 우리나라와 중국은 분쟁을 겪고 있다. 앞으로 중국과의 무역 규모가 더 커질 것으로 예상한다면, 이와 같은 분쟁을 더욱 증가할 수밖에 없을 것이다. 따라서 현재는 비록 미국과 중국이 서로 대립하는 양상으로 분쟁이 전개되나,

1 중국의 환율정책에 대한 미국의 문제 제기에 관하여는 "The China Section of 2010 National Trade Estimate Report on Foreign Trade Barriers," Office of the United States Trade Representative, p. 5 참조(www.ustr.gov/sites/default/files/uploads/reports/2010/NTE/2010_NTE_China_final.pdf); Howard Schneider, "Obama Urged to Act on China's Currency Manipulation" *Washington Post*, Mar 26, 2010; "U.S. Takes Aim in Trade Barrier Reports," Reuters, 31 March 2010, www.reuters.com/article/idUSTRE62U4TQ20100331. 중국에 대한 이러한 미국의 주장은 우리나라에 대하여도 적지 않은 시사점을 제공하고 있다. 중국에 대하여 현재 제기하고 있는 유사한 주장을 미국은 우리나라에 대해서도 과거에 제기한 바 있기 때문이다. Panel Report, United States — Countervailing Duty Investigations on Dynamic Random Access Memory Semiconductors from Korea, WT/DS296/R (21 February 2005); "Issues and Decision Memorandum for the Final Determination in the Countervailing Duty Investigation of Dynamic Random Access Memory Semiconductors from the Republic of Korea," 68 FR 37122 (Jun 23, 2003), comments 1, 2, 4, and 6 각각 참조.

2 이와 같이 중국의 경제정책 내지 자원정책과 관련하여 최근 진행된 미-중 간의 통상분쟁은 China — Measures Affecting the Protection and Enforcement of Intellectual Property Rights (DS362); China — Measures Affecting Trading Rights and Distribution Services (DS363); China — Measures Affecting Imports of Automobile Parts (DS339/340/342); China — Measures Related to the Exportation of Various Raw Materials (DS394/395/398) 등이다.

앞으로는 미국이 우리나라를 상대로 아니면 중국이 우리나라를 상대로 혹은 우리나라가 중국을 상대로 유사한 제소를 할 수 있다는 점을 유의할 필요가 있다.

우리를 둘러싼 새로운 통상 환경은 미래를 명확히 예측할 수 없게 되었고 오히려 더 험난할 것으로 예상된다. 두 무역 대국 간의 대충돌로 인해 그 사이에 서 있는 한국은 의도하지 않은 부수적인 피해를 입을 가능성 또한 높아졌다. 우리가 양국의 다툼에서 완전히 빠져 나오지 못한다는 것을 인식한다면 이에 대한 철저한 대비가 필요하다.

C. 여타 국제분쟁 해결 수단으로서의 통상분쟁 증가

통상분쟁이 여타 다른 국제분쟁의 연장선 내지 대체수단으로 활용되는 측면도 보유하고 있다는 점을 주목할 만하다. 가령 최근의 일본과 중국 간 센카쿠 열도 분쟁에서 양국은 통상문제를 통하여 서로 견제하고자 하는 움직임을 보였는데예를 들어, 천연자원 수출제한에 관한 제소,[1] 이와 같이 WTO체제가 여타 국제분쟁이나 이슈의 대리전을 위해서도 활용되는 측면이 있으며, 그 이유는 이 분쟁해결체제가 국가 입장에서는 가장 용이하게 접근 가능한 선택지 중의 하나이기 때문이다. 이러한 현상은 WTO체제의 장기적 발전에 도움이 될 수도 있고 때로는 부담이 될 가능성도 보유하고 있다.

이렇게 WTO 및 FTA분쟁해결절차가 다른 국제분쟁의 해결 수단으로 활용되는 것은 통상분쟁해결절차가 그간의 국제법 발전 과정에서는 보기 힘든 새로운 추세를 보여 주고 있기 때문이다. 바로 모든 협정 위반에 대하여 기본적으로 제소가 가능한 강제적 관할권 제도를 도입하고 있다는 점이다. 여타 국제법 위반의 경우 협정 위반이 발생하더라도 반드시 관할권을 가진 법원으로 진행하는 것이 아니다. 가령 국제사법재판소의 경우 반드시 분쟁당사국이 관할권에 먼저 동의하여야 하며, 이러한 구조는 일반적인 중재재판의 경우도 마찬가지이다. 그러나 통상분쟁해결절차의 경우 관할권에 관한 각국의 동의가 이미 사전에 부여되어 있다. 바로 그러한 이유로 WTO분쟁해결절차 등은 광범위하게 이용되고 있으며 WTO의 경우 16년간 427차례의 분쟁을 심리하기에 이르렀다.

1 *Ibid.*

통상분쟁해결절차의 이러한 특성으로 인하여 여타 국제 분쟁도 “통상분쟁화”하여 WTO 및 FTA분쟁해결절차로 넘어 오는 사례가 점차 확인되고 있다. 청소년 흡연을 규제하기 위한 담뱃갑 디자인 제한조치가 TRIPs협정 위반 사례로 언급되고 있으며, 국내 환율시장에의 개입이 보조금교부조치로 언급되고 있고, 물개사냥의 방법론을 둘러싼 입장 차이가 다시 GATT/WTO협정 위반 문제로 전환되어 제시되고 있다. 본질적으로 여타 국제법 영역에 속하는 이슈들이 어떻게든 무역과의 연결고리를 찾아서 WTO분쟁해결절차로 들어오고 있다. 이러한 추세는 WTO분쟁해결절차가 갖고 있는 장점을 여실히 보여 주고 있다. 그러나 또한 한편으로 이러한 여타 국제법 이슈들을 모두 떠맡게 될 경우 WTO분쟁해결절차의 업무 부담이 가중되고 지나치게 민감한 정치적 사안에 휘말리게 되어 정작 일반적인 통상분쟁의 해결에 한계를 보이는 것은 아닌가 하는 우려도 아울러 대두되고 있다.

새로운 통상환경에 대한 대응방안

바야흐로 국제통상체제는 새로운 영역으로 접어들고 있다. 미국 또는 서구 중심의 질서를 반영하고 있던 국제통상체제는 최근 심각한 위협에 봉착하여 있다. 바로 2008년 경제위기 이후 시장을 맹신하는 미국식 신자유주의 경제체제에 대한 회의감이 고조되고, 다자주의 무역체제가 도하라운드의 위기에서 나타나는 바와 같이 휘청거리고 있으며, 한편으로는 새로운 무역대국으로 떠오른 중국 경제의 급성장과 맞물려 세계통상 질서 속에서 미국과 중국의 양자대결 구도가 심화되고 있기 때문이다. 분명 현재 새로운 질서가 급속히 형성되고 있다. 이러한 새로운 질서의 형성은 모든 국가들에 새로운 도전으로 다가서고 있다. 그러나 이러한 새로운 상황은 어떤 나라보다도 통상에 국운을 걸고 있는 우리나라에 보다 심대한 영향을 끼칠 것이다. 우리나라가 이러한 변화에 어떻게 대처하고 새로운 활로를 모색하느냐에 따라 새로운 환경은 우리에게 새로운 도약의 계기가 될 수도 있고 또는 퇴보의 시작이 될 수도 있을 것이다.

특히 국제통상체제에서 그 영향력이 날로 확대되어 가고 있는 중국은 이러한 새로운 환경의 주요 변수로 등장하였고 지리적으로나 경제적으로 밀접한 관계를 유지하고 있는 우리나라에 중요한 영향을 미치고 있다. 2007년을 기점으로 우리나라의 최대 교역상대국으로 등장한 중국은 우리나라의 두 번째 교역상대국인 미국 중심의 다자무역주의 체제를 그대로 따라가는 것을 지양하고 WTO 협정의 해석과 적용 등에 있어 자신만의 색깔과 입장을 적극 제시하고 있다. 통상분야에서의 양국 간의 이러한 긴장은 날로 높아지고 있으며 단시일 내 이러한 긴장이 해소될 기미는 현재 보이고 있지 않다. 그러나 한편으로 우리나라는 미국, EU에 이어 중국과도 FTA 체결을 준비하고 있는 상황이다. G-2 국가와 각각 FTA를 체결하면 우리나라의 시장확대 효과는 그만큼 극대화되는 것은 분명하나, 한편으로 국제통상체제에서 서로 상이한 입장을 견지하고 긴장관계를 유지하고 있는 두 국가와 체결하는 FTA는 우리나라의 통상정책의 수립 및 운용에 중요한 파급효과를 초래할 가능성이 농후하다. FTA는 양국 간 통상·경제체제의 긴밀한 조율을 목표로 체결되는 것인데, 미국과의 FTA가 추구하는 목표와 포함되는 내용이 중국과의 FTA의 그것과 적지 않은 차이가 있을 수밖에 없기 때문이다.

또한 세계 여러 국가들이 경쟁적으로 양자 간 FTA를 체결함에 따라 통상체제의 복잡다기화가 급속히 진행하고 있는 상황이다. 국제통상체제의 이러한 양극화BIPOLAR SYSTEM 또는 파편화 움직임은 우리 통상정책의 운용과 입장 수립에도 적지 않은 도전으로 작용할 것이다. 어떻게 보면 그간의 우리 통상환경은 일차원적인 의사결정만을 요구하여 왔다. 우리 통상성책은 기본적으로 WTO체제 중심의, 상품교역 위주의, 수출중심 정책수립과 시행에 대체로 기초해 왔기 때문이다. 그러나 우리의 통상정책의 기조를 이루어 왔던 국제통상환경은 중요한 변화를 겪고 있다. WTO를 대신하여 FTA가 국제통상체제의 핵심으로 떠오르고, 상품교역 대신 서비스 및 투자부분에의 교역이 국제교역의 주요 항목으로 대두하였으며, 수출시장 확보만큼이나 국내시장을 어떻게 정당한 방법으로 보호하는지가 각국 통상정책의 주요 관심사가 되었다. 우리나라도 이러한 시대 조류의 변화에 발맞추어 자기수정과 대응이 필요한 상황에 직면하게 된 것이다. 현재 우리 눈앞에 제시된 이정표에서 어떠한 방향으로 성공적으로 통상정책을 발전·전환하느냐에 따라 향후 장기적인 우리나라의 사활이 좌우될 것이다.

최근 한-EU FTA와 한미 FTA의 발효, 그리고 한-중 FTA 협상개시와 관련하여 다양한 영역에 대한 국내적 논의를 거치며 통상분쟁에 대해서도 국민들의 관심과 인식이 크게 제고되었다. 통상협정의 찬반을 표함에 있어 국제분쟁 발생 가능성과 그로 인한 우리나라의 승패소 가능성을 그 준거 잣대로 논의할 만큼 통상분쟁 문제에 모든 국민이 지대한 관심을 기울이고 있는 형국이다. 국제통상이 우리나라에 미치는 영향을 감안하면 이러한 상황은 일단 고무적이라 할 수 있다. 다만 분쟁의 발생 가능성 자체를 우려하고 그 자체를 문제로 판단하는 평가방법은 다소 현실과 유리된 측면이 있다. 우리나라가 어떠한 입장을 취하건 현재의 수출위주의 경제체제를 우리가 지속적으로 유지하고, 외국 상품, 서비스 및 투자의 국내수입을 증가시키는 방향으로 교역체제를 운용하는 한, 우리의 노력에도 불구하고 국제분쟁은 장기적으로는 늘어날 수밖에 없기 때문이다. 때로는 우리의 노력에도 불구하고 또는 우리의 조치가 협정에 합치하는 것이 객관적으로 확인 가능함에도 불구하고 우리의 교역 상대방은 전략적인 이유로 통상분쟁을 제기하기도 한다. 따라서 통상분쟁의 발생 가능성 자체를 문제로 평가하는 것보다는 어떻게 우리의 통상정책을 운용해 나가는 것이 새로운 통상환경과 통상협정의 요구조건에 부합할 것인지를 전체적으로 평가하는 것이 중요할 것이다. 특히 이러한 평가과정에서 유념할 부분은 현재 대두되는 통상분쟁의 양상은 단순히 협정문의 기계적 적용으로 해결되던 지금까지의 일반적인 통상분쟁과는 상이하다는 점이다. 최근 새로이 대두되는 통상분쟁의 적지 않은 부분은 어떤 국가가 채택하는 경제정책 내지 통상정책의 큰 골격과 서로 맞닿아 있는 측면을 노정하고 있다. 새로운 통상환경과 통상협정의 요구 내용을 적절히 반영하는 통상정책의 수립은 개별 통상협상에서의 로드맵을 제시하여 줄 뿐 아니라, 기 체결된 통상협정의 이행 및 운용을 위한 지침도 제공하여 줄 것이며, 나아가 통상분쟁의 예방과 분쟁 발생 시 성공적인 대응을 위해서도 중요한 역할을 하게 될 것이다.

이와 같이 현재 급격하게 전개되는 새로운 통상환경은 우리에게 새로운 대응방안을 요구하고 있다. 통상환경의 기본틀 자체가 변화하고 있는 상황에서 기존의 대응방안을 지속적으로 고집할 경우 효과적인 대응이 곤란해질 수도 있을 것이다. 우리에게 부족한 부분은 보완을 하고 문제의 소지는 사전에 제거함으로써 새로운 환경에 신속하게 대응할 수 있는 역량을 확보하는 것이 긴요하다. 여타 주요 교역 대상국에 비하여 국제사회에서 영향력을 행사할 수 있는 위치에 있지 않으며, 또한 좁은 내수시장으로 인해 수출위주의 경제체제를 유지하고 있는 우리 입장에서는 새로운 통상환경을 신속히 파악하고 이에 효과적으로 대응하는 방안을 모색하는 것은 실로 사활의 문제이다. 새로운 통상환경이 창출되는 과정을 나름대로 적절히 통제할 수 있고 자신들의 입장을 반영할 여지도 많은 미국, 중국 등과 우리나라는 기본적으로 처한 상황이 다르다고 볼 수 있는 것이다. 이러한 점을 염두에 두고 아래에서는 새로운 통상환경에 대응하기 위한 구체적인 대응방안을 하나씩 살펴보기로 한다.

1. 국제통상규범 형성에 적극적 참여

세계 교역 시장에서 우리나라의 영향력이 확대됨에 따라서 세계 통상 질서 정립에 대하여 우리나라의 긍정적 역할이 요구된다. 새로운 통상환경에 적극 대응하기 위한 방안으로 인프라 구축과 함께 필요한 것으로 국제통상규범 형성에 적극적으로 참여하는 것을 들 수 있다. 한번 도입된 국제통상규범은 협상에 참여한 모든 나라를 구속하며 오랜 기간 동안 긍정적이든 부정적이든 영향을 미치게 된다. 국제통상에 사활을 걸고 있는 우리나라 입장에서는 이러한 국제통상규범 형성 과정에 적극 참여하여 우리 입장을 개진하고 우리나라에 유리한 방향으로 규범이 도입·채택될 수 있도록 노력하는 것이 필요하며 이는 일종의 선제적 또는 예방적 대응이라고 부를 수 있을 것이다.

사실 우리나라는 좁은 국토에도 불구하고 WTO, DDA 및 FTA 협상 과정을 통하여 세계 통상체제의 정비와 재정립에 적지 않은 영향력을 행사하고 있다. 물론 우리나라가 세계 통상질서를 좌지우지하는 소위 G-5 등에 해당되지는 않으나 세계 13위에 해당하는 경제규모를 가진 국가로 무시할 수 없는 영향력을 보유하고 있는 것으로 평가된다.

최근의 추세를 보면 국제교역에서 우리나라가 차지하는 비중은 더욱 커지고 있음을 알 수 있다. 2011년 우리나라는 여러 어려운 변수를 극복하고 수출입 모두 활황세를 보여 수출 5,610억 달러, 수입 5,305억 달러로 드디어 "무역 1조 달러 시대"에 진입하였다.[1] 이는 1988년 무역 1천억 달러 달성 이후 23년 만의 성과이다. 현재까지 교역 규모 1조 달러를 달성한 국가는 미국을 비롯한 8개국으로 우리나라가 세계 9번째이다. 지난 2010년 11월 G-20회의에서, 그리고 2011년 11월 세계개발총회에서 목도한 바와 같이 이제 우리나라의 위상은 과거에 비할 수 없을 정도로 높아지고 있다. 그간 세계 13위의 경제규모와 9위의 교

1 무역협회 보도자료, "한국무역, 1조 달러 달성으로 무역대국으로 진입"(2011. 12. 5).

역규모를 보유하고 있는 우리나라가 양적인 측면에서 그 위상을 인정받아 왔다면 최근 2-3년간의 추세는 질적인 측면에서도 우리나라의 위상이 급격히 제고되고 있음을 실로 실감하고 있다. 이러한 우리나라 위상의 제고는 통상측면에서 우리의 역할이 그만큼 중요하게 되었음을 보여 주는 동시에 통상규범의 형성 측면에서 우리에게 새로운 가능성을 제시하여 주고 있다. 바로 새로운 국제통상규범의 형성에 보다 적극적인 역할을 수행할 수 있게 되었기 때문이다. 특히 새로이 대두되고 있는 제반 규범들은 선진국과 개도국 간, 그리고 보다 구체적으로는 미국과 중국 간 첨예한 대립을 보이고 있는 사안들과 연관되어 있는 경우가 대부분이다. 선진국과 개도국의 중간에 위치해 있고, 양측의 입장을 모두 상당 부분 이해하고 있는 우리나라의 특수성을 활용하면 새로운 통상규범 형성에 우리의 목소리를 반영할 수 있는 기회는 더욱 늘어날 것으로 보인다. 첨예한 대립을 보이고 있던 여러 국가들의 이해관계를 잘 조정하여 좋은 결과를 도출하여 내고 DDA 협상의 새로운 동력을 창출하여 낸 2010년 11월의 G-20 회의는 우리나라가 이러한 역할을 잘 수행할 수 있음을 보여 주는 대표적인 사례이다.

향후 이러한 역할을 더욱 적극적으로 수행하여 국제사회가 요구하는 통상규범을 채택하는 데 있어 우리의 입장과 의견을 반영하기 위하여 노력하는 것이 필요하다. 통상에 사활을 걸고 있는 우리 입장에서는 어떠한 규범이 어떻게 도입되는지 여부가 우리 모든 수출기업과 국내업체들에 결정적인 영향을 미치기 때문이다. 가령 DDA 및 추후에 진행될 여타 다자간 통상협상을 통하여 WTO협정의 특정 조항이 어떻게 개정 또는 도입되는지 여부에 따라 우리나라 상품의 수출이 자유롭게 될 수도 또는 수입국의 제한 대상이 될 수도 있게 된다. 우리나라에 중요한 영향을 미치는 이러한 협정과 조항에 대하여 우리의 입장을 적극 개진하여 최소한 우리에게 불리한 방향으로 내용이 채택되지 않도록 적극 노력할 필요가 있다.

물론 지금까지도 중요 이슈에 관하여 우리의 적극적 입장을 개진하고 있으나 당장 국내적으로 민감한 사항이 아닌 이슈에 대해서는 대체적으로 우리나라가 수동적 입장을 취해 온 측면이 없지 않았다. 우리의 위상이나 국력이 그러한 목소리를 낼 만한 위치에 있지 않았고 또 어떠한 방식으로 결론이 도출되더라도 우리에게 치명적인 영향을 주는 경우는 그렇게 많지 않았기 때문일 것이다. 그런데 이제는 우리나라의 위상도 적지 않게 변하였으며, 이에 따라 제반 분야에서 우리나라를 견제하는 국가들도 점차 늘어나고 있고, 우리의 입장 자체도 주요국과 상이한 경우가 많아져 우리 스스로 입장과 방향을 정하여야 하는 경우가 점차 늘어나고 있다. 이러한 상황에서는 다른 나라들의 입장을 확인하고 이에 기초하여 우리의 방향을 정하는 경우보다는물론 그러한 경우도 앞으로 적지 않을 것이지만, 경우에 따라서는 우리 스스로 독자적인 방향을 개척하여야 하는 상황도 적지 않게 발생하게 되었다. 이러한 점을 감안하여 통상협정의 채택 내지 개정에 관한 교섭이 진행되는 계기에 우리 입장과 상황을 이제 적극 반영하는 것이 필요하다.

우리의 교역 규모를 감안할 때 세계 교역시장에서 가지는 우리나라의 영향력은 앞으로 점진적으로 강화될 것이다. 문제는 이러한 우리나라의 영향력을 어떻게 활용할 것인지 여부이다. 결론부터 이야기한다면, 보호무역주의를 철폐하고 개도국에 대한 적정한 수준의 특별대우를 감안한 바탕 위에서 자유무역을 구현하는 방향으로 국제통상질서를 이끌어 갈 수 있도록 우리나라가 기여할 수 있을 것이다. 이러한 방향이 우리의 국익에도 부합할 뿐 아니라 WTO와 FTA협정의 기본정신과도 부합하기 때문이다.

따라서 현재 진행되는 WTO 및 FTA 등 통상협정 교섭과정을 통하여 이러한 방향의 기여를 할 수 있도록 우리나라의 적극적인 참여가 요구된다. 가령 한-EU FTA에 포함된 비관세무역장벽 조정제도의 도입은 그간 WTO DDA 협상과정에서 논의되던 내용을 우리나라와 EU가 최초로 양자적 차원에서 도입한 것이다. 그 실제 운용 가능 여부에 여러 나라가 주목하고 있다. 어떠한 결과가 도출되는지에 따라 WTO에서 이 문제에 대한 논의가 어떻게 진행될지도 상당한 영향을 받게 될 것이다. 이것은 세계 10위권의 교역 규모를 가진 나라가 특정 방식의 통상정책을 채택하고 협정을 체결하는지 여부가 국제통상 질서에 충분히 영향을 끼칠 수 있는 가능성을 보여 준 것이다. 이러한 관점에서 살펴보면 우리나라가 FTA 체제로 진행하며 다양한 정책과 제도의 개선작업을 진행하는 작금의 상황은 국제통상 질서의 재정립에도 간접적인 효과와 영향을 미칠 것으로 예상된다. 우리의 통상정책 수립이 그만큼 중요성을 갖는 또 다른 이유이다.

통상규범의 큰 흐름을 파악하지 못한 채 눈앞의 사안만을 해결하는 데 급급하다가는 통상에 의존하는 비율이 높은 우리나라의 경제구조상 큰 어려움을 겪을 수 있는 위험을 항상 안고 있게 될 것이다. 따라서 우리나라의 이해관계를 반영하고 통상협정에서의 주도권을 위하여 RULE-MAKING에 직접 참여할 필요가 있다. 현재 아시아를 넘어 유럽, 남미, 중동에까지 확산된 소위 한류로 우리나라의 국가 이미지가 향상되고 세계 문화 시장에서 판세를 주도하는 강력한 SOFT-POWER를 갖게 된 것과 같이 국제통상협상에서의 적극적인 자세는 통상 분야에서 우리의 SOFT-POWER 증대에 도움이 될 것이다. 정부도 이 중요성을 잘 인식하고 있으며 보다 다양한 국가와의 FTA 체결, DDA에서 수산보조금 협상, OECD 조선보조금 협상 등 다각도로 국제통상 협상에서 우리나라의 입장을 반영한 국제통상규범을 도입하기 위하여 노력해 오고 있으며 이러한 노력을 더욱 강화할 필요가 있다.

국제통상 협상에 적극 참여하는 것뿐만 아니라 동시에 제3세계 국가들에게 국가발전의 여러 노하우를 전수하는 작업도 중요하다. 실제로 우리나라는 2008년 우즈베키스탄에 특별경제자유구역 설립에 대한 노하우를 전수하였고 아제르바이잔과 카자흐스탄, 베트남에게 WTO 가입협상 정략에 대해 조언해 주었다. 이러한 활동을 "경제발전경험 공유사업Knowledge Sharing Program: KSP"이라고 한다. 우리나라의 경제발전 경험을 경제발전모델로 활용하려는 개발도상국의 요청에 부응하여 우리나라는 경제발전 경험 공유사업 인프라 구축, 운영기법 전수 등의 유/무상 원조를 병행하고 신탁기금을 활용해 다양한 방법으로 컨설팅을 하고 있다.[1] 이러한 활동은 개도국의 경제체제가 우리나라와 유사해짐에 따라 해당 개도국에서 우리 기업과 투자자들의 사업활동이 연착륙이 가능해지는 가시적인 장점이 있다. 보다 중요한 것은 이러한 활동을 통하여 우리나라를 모범국가로 삼는 국제통상규범의 형성에 있어서 든든한 지원군을 얻을 수 있다는 점이다. 한국식 경제체제와 통상체제에 익숙한 개도국들의 등장은 국제통상 협상에서 적극적인 역할을 기대하는 우리나라에게 분명히 긍정적인 영향을 줄 것이다.

선진국과 개도국의 중간위치에 속한 우리의 독특한 상황, 증가하는 교역규모, 복수의 FTA 체결로 인한 경험의 축적 등 우리에게는 우리의 역량을 보여줄 수 있는 상당한 준비가 이루어져 있다고 볼 수 있다. 이에 기초하여 제반 통상협정 협상 과정에서 우리의 입장을 보다 적극적으로 개진하여 반영토록 노력

1 자세한 최근 동향은 한국개발연구원 국제개발협력센터, 개발협력 동향분석 2011년 4/4분기 제1권 제1호 참조.

하는 것은 유리한 통상환경을 확보하고 불필요한 통상분쟁을 원천적으로 제거하기 위한 기초작업이라고 볼 수 있을 것이다.

2. 정부의 역할 및 민관관계의 재정립

최근 우리나라가 참여한 일련의 통상분쟁은 우리 교역상대국의 한국 정부와 민간 부문 간의 정경유착에 대한 뿌리깊은 불신에 기초하고 있다. 이러한 편견과 불신은 왜곡된 정보와 이해의 부족에서 유래하는 부분도 있으나 우리 스스로 그러한 편견과 불신을 초래한 면도 없지 않다. 이러한 불신과 편견을 극복하는 것은 쉬운 일이 아니며 상당한 시간이 소요될 것이다. 특히 FTA체제로 전환하며 이러한 작업의 중요성은 더욱 부각되고 있다. 우리의 문제 있는 조치에 대한 이의제기는 교역 상대방의 당연한 권리이기도 하나, 우리 제도에 대한 이해의 부족, 나아가 오해에 기인한 문제 제기는 두 나라 간 갈등만 증폭시킬 뿐이며 또 다른 분쟁의 발생으로 이어지게 된다. 향후 통상정책의 근간은 이러한 이해의 부족에 기초한 통상이슈를 어떻게 가급적 줄이고 해결하여 나가느냐에 있다고 하여도 과언이 아니다.

A. 불필요한 오해의 불식

최근 진행되고 있는 일련의 국제통상분쟁은 주요 교역국 간 제반 정책 등에 대한 "오해" 내지 "이해의 부족"의 위험성은 양국 간 모든 통상 현안에 대하여 그 영향을 미칠 수 있다는 점을 잘 보여 주고 있다. 이러한 상황은 우리나라에 대해서도 마찬가지로 적용된다. 마치 색깔이 들어간 선글라스를 끼고 사물을 보면 모든 것이 그러한 색깔을 띠고 있는 것으로 보이는 것과 같이 한국 상황에 대한 특정한 선입견을 갖고 한국과의 모든 현안을 조망한다면 그러한 선입견에 이미 영향을 받은 왜곡된 상밖에 보이지 않을 것이다. 이러한 양측의 "오해"를 확인·제거해 나가는 것이 주요 교역국과 우리나라 간 신뢰구축을 위한 핵심적인 전제조건이다. 그리고 그 특성상 이러한 작업은 정부 대 정부 단계 또는 순수한 민간 대 민간 단계에서 공히 진행될 필요가 있다.

가령, 한미 FTA와 관련하여 지금까지 우리가 국내적으로 관심을 가져온 것은 거의 전적으로 한미 FTA 교섭과정과 체결 이후 우리 내부 갈등의 조정에 국한되어 있었다. 가령, 과연 우리 정부가 동 협정 체결로 소외되는 특정 계층과 분야에 대하여 효과적인 지원을 실시할 수 있을 것인가, 과연 한미 FTA가 국회에서 비준 동의를 획득할 수 있을 것인가, 과연 우리가 동 협정 체결 후 우리 내부적 갈등을 성공적으로 관리할 수 있을 것인가 등 "우리 내부"에 관한 것이었다. 다시 말해 그간 우리의 주요 관심사는 미국측 입장과 사정은 배제한 채 우리측 현안에만 매몰되어 온 것이다. 물론 모든 협상과 협정 체결의 초창기에는 우리측의 주요 문제에 관심을 기울일 수밖에 없는 것은 당연하다고 할 수 있을 것이나 궁극적으로는 상대방의 상황과 입장에 대한 정확한 이해도 반드시 선행되어야 할 것이다.

미국, EU 등 주요 교역국의 우리나라 통상정책 및 조치에 대한 평가를 객관적으로 받아들여 그들의 우려가 타당한 근거가 있는 것인지 아니면 단순히 우리 제도 및 법령에 대한 오해 및 불신에 기인하는 것인지 신속히 파악할 필요가 있을 것이다. 전자에 대해서는 시정조치를 그리고 후자에 대해서는 적극적인 설명을 제공하는 것이 필요하다. 향후 통상정책의 수립 및 운용에는 이러한 "신뢰도 제고" 부분에 대한 고려와 준비가 핵심과제의 하나로 자리매김할 필요가 있다.

이는 한편으로 국가 전체적 "이미지" 문제에 대한 관심 제고의 필요성이다. 점점 한국 경제 체제 및 한국 정부에 대한 왜곡된 "이미지" 및 "Brand Value"가 통상 장벽으로 변화되어 우리 기업을 괴롭히는 상황이 발생하고 있는 것이다. 가령 한국 시장에서의 정부에 의한 금융정책 수립 및 금융시장 규제에 대한 부정적 인식이 워낙 뿌리깊게 박혀 있다 보니, 한국 정부가 취하는 모든 정책 및 조치에 대하여 이러한 편견의 색안경을 끼고 바라보게 되는 것이다. 문제가 된 특정의 조치가 외국에서 진행되었다면 아무런 통상규제조치를 수반하지 않았을 것이나 그것이 한국에서 진행되었다는 이유만으로 관치 금융 사례로 평가되어 통상분쟁으로 비화되는 상황이 발생하고 있는 것이다. 결국, 장기적으로는 이러한 부당한 편견의 피해자가 되지 않기 위해서는, 우리의 "국가 이미지"를 개선·제고하는 것이

다른 분야뿐 아니라 통상 분야에서도 급선무라고 하겠다.

이를 위해서는 우리 정부의 정책 및 한국 시장 상황에 대한 장기적인 국제적 홍보활동을 강화하여야 할 것이다. 한국이라고 하면 정부 주도의 대규모 제조업을 기반으로 수출주도의 경제를 이끌어 가는 나라라는 이미지가 미국 정책 당국자의 머릿속에 남아 있는 한, 새로운 형태의 통상분쟁은 지속적으로 발생하게 될 것이다. 그리고 이러한 새로운 첨단 통상이슈의 기본적인 특성이 아직 국제적 규범의 불명확성으로 말미암아 상대방 통상 당국의 자의적인 판단에 따라 규제가 이루어진다는 점을 감안하면, 결국 이들 통상 담당자들의 한국에 대한 기본적 선입견 자체를 장기적으로 변화시키는 것이 중요하다고 하겠다.

한국산 상품을 중심으로 한 전통적인 통상분쟁도 지속적으로 증가할 것이나 한편으로는 새로운 형태의 통상분쟁예를 들면, 보조금 분야 및 지적재산권 분야 등의 급증에 대한 상황을 정확히 인식하고 이에 대한 장기적 준비를 진행해 나가야 할 것이라는 점에 대한 인식이 절실하다. 이 부분에 대한 대비는 단기간에 이루어질 수 있는 것이 아니며, 장기간에 걸친 정부·민간 각 부분에서의 지속적인 노력이 필요하다고 하겠다. 단순히 최고의 상품을 저렴한 가격에 생산하여 외국에 판매하여 수익을 올리는 기본적인 우리의 수출 구조는 미국의 증가하는 보호무역 정서 및 이에 따른 창조적인 새로운 형태의 무역규제조치에는 속수무책이라는 냉혹한 현실을 인식하고 전향적인 그리고 입체적인 무역 정책 입안이 장기적으로 필요한 시점이다. 이러한 새로운 이슈에 기초한 새로운 통상분쟁들은 기존의 통상 정책 및 매뉴얼만으로는 대응에 한계가 있는바, 이에 대한 정확한 상황 인식과 장기적 대응책 모색에 최선을 다하여야 할 것이다.

특히 과거와 달리 인터넷 등으로 정보의 대량·신속 전달이 가능해진 지금 정부의 의사 결정과정을 외부로부터 완벽히 차단하는 것은 사실상 불가능하며 오히려 그러한 정부의 노력이 정경유착 및 관치금융의 증거로 인정되는 상황이 발생하고 있는 것이 작금의 현실이다. 외국 정부와 경쟁업체가 한국 정부의 정책 결정 및 입장 변화에 관하여 사실상 실시간으로 정보를 전달받는다는 점은 최근의 통상분쟁에서 여실히 드러났다.[1] 그렇다면 오히려 관련 법규와 상황이 허용하는 범위 내에서는 경제정책, 금융정책, 산업정책 및 무역정책의 결정과정

1 실제로 DRAM 분쟁에서 미국, EU 및 일본 정부는 한국 관련 정책 담당자들의 언행을 정리하여 자료로 제출한 바 있다.

을 가급적 투명화하여 한국 정부의 의사 결정 과정에 대한 외부의 불신을 단계적으로 제거하는 것이 현명할 것이다.

B. 민관관계의 재정립

그렇다면 향후 우리나라의 민관관계를 어떻게 재정립하여야 할 것인가? 장기적으로 정부기관의 불필요한 민간 부분에 대한 개입금융 부분 및 산업 부분 등을 가급적 최소화·규범화하는 것이 필요하다. 외국과의 통상분쟁을 우려해 정부기관이 응당 실시하여야 할 정당한 업무를 포기해서는 안 된다. 그러나 주요 교역상대국이 우리 수출상품에 대하여 무역장벽을 설치할 수 있는 근거를 제공하는 조치들은 가급적 줄여나가는 것이 합리적일 것이다. 가령, 그동안 오랫동안 국제통상분쟁의 불씨를 제공하여 온 관치금융과 이로 인한 간접 보조금 교부 문제를 해결하기 위해서는 순수 민간은행들의 자율운영을 보장하는 한편, 정부가 다수의 지분을 보유하고 있는 은행의 경우에도 단계적으로 정부 지분을 매각하여 분란의 소지를 사전에 차단하는 것도 장기적으로 고려하여야 할 것이다. 1997년 외환위기 이후 정부가 공적 자금을 투입하여 은행 지분을 대거 보유하게 되었으나 그 이후 단계적으로 민간 영역에 지분 매각을 실시하여 점차 통상분쟁의 위험성을 줄여나가고 있는 것은 긍정적인 변화이다. 그러나 외환위기 이후 15년이 경과된 현재에도 그 당시 보유하게 된 은행 지분으로 인하여 우리나라가 외국의 보조금 공세와 상계관세 조사의 대상이 되고 있는 것은 안타까운 일이라 아니할 수 없다.[1]

(1) 산업·경제·금융 정책의 통상분쟁 유발 가능성 인지

우리는 흔히 통상정책이라고 하면 국제교역을 직접적으로 다루는 정책만이 여기에 해당하는 것으로 오해하기 쉽다. 그러나 이제는 통상정책이라고 하면 통상에 영향을 초래하는 산업, 경제, 금융 정책을 포괄하는 폭넓은 개념으로 이해

1 United States Department of Commerce, Issues and Decision Memorandum, "Final Determination of Countervailing Duty Investigation against Bottom Mount Refrigerators from the Republic of Korea," C-580-866 (Mar 19, 2012) 참조(미국 정부는 정부 지분율이 25%를 초과하는 모든 한국은행들을 정부기관과 동일시하여 이로부터 제공되는 대출 등을 정부의 직접적인 재정적 기여로 파악하여 보조금의 존재를 인정하였다).

하는 것이 타당하다. 우리의 금융정책이 국제통상분쟁의 중요한 화두를 제공하였고,[1] 중국의 천연자원 개발정책이 미-중 통상분쟁의 핵심사안으로 등장하였으며,[2] 일본의 민관협조체제가 WTO 분쟁으로 발전한 것을 보아도 이러한 점을 잘 알 수 있을 것이다.[3] 따라서 통상정책을 수립함에 있어 일반적인 경제·산업정책이고, 그러한 정책이 국내적으로 타당하고 필요하다고 하더라도 우리의 의도와는 상관없이 통상정책에 대한 파급효과를 보유하고 경우에 따라서는 통상분쟁으로 비화될 수도 있다는 점을 인식할 필요가 있다.

전통적으로 우리의 교역 상대국들은 우리의 특정 산업영역이 자국 경쟁업체를 앞서나가 해당 분야 시장에서 지배력을 확보하리라고 예상되면 통상분쟁을 제기하여 견제하는 성향을 보여 왔다. 최근 우리나라의 주요 통상분쟁의 대상이 되어 온 조선, 철강, 가전제품, 반도체 등이 그 예이다. 이들 영역에서 우리나라는 세계 최고 수준의 경쟁력을 자랑하고 있다. 이는 외국의 경우들도 마찬가지이다. 보잉사와 에어버스사 간 신형 대형 민간항공기 시장에서의 경쟁이 격화되자 미국과 EU 양국은 불법 보조금 교부를 이유로 서로를 WTO에 맞제소하였다. 이제는 디지털 카메라로 완전히 시장이 재편되었으나 한때 세계 카메라 필름시장을 양분하였던 일본의 후지사와 미국의 코닥사의 치열한 경쟁은 미국과 일본 간의 WTO 분쟁을 촉발하였다. 또한 봄바디어사와 엠브레어사의 중형 민간항공기 시장에서의 경쟁은 WTO에서 캐나다와 브라질 간 오랜 통상분쟁을 촉발하였다. 1980년대 세계 반도체 시장을 장악하였던 일본을 누르고 우리나라가 1990년 초반부터 반도체 시장의 새로운 강자로 등장하자 주요 교역 대상국들은 즉각적인 견제에 나섰다. 1992년 미국은 우리나라산 반도체에 대하여 고율의 반덤핑관세를 부과하였으며, 2002년에는 다시 보조금 교부를 이유로 고율의 상계관세를 부과하였다. 미국이 상계관세를 부과하자 EU와 일본도 사실상 동일한 내용의 조사를 실시하여 각각 상계관세를 부과하였다. 이들 국가들은 모두 주요 반도체 생산기업을 보유하고 있으므로 이들을 위하여 우리나라산 반도체를 견제하고자 한 것이다. 당시 미국의 마이크론, 독일의 인피니온, 일본의 도시바 및 엘피다가

1 United States — Countervailing Duty Investigations against DRAMs from Korea, WT/DS296/R.
2 China — Raw Materials, WT/DS363/R.
3 Japan — Film, WT/DS150/R.

바로 한국 반도체 업체와 전 세계 시장을 과점하고 있는 회사들이었다. 우리에게도 이러한 수입제한조치는 묵과할 수 없는 상황이므로 이들 조치들은 모두 우리나라의 제소를 통하여 WTO 분쟁으로 이어지게 되었다. 아마 한국 반도체 업체가 특별히 위협을 제기하는 경쟁자가 아니었다면 이러한 분쟁은 발생하지 않았을 것이다. 실제로 미국, EU, 그리고 나중에 가세한 일본을 포함한 세계 경제의 3강이 동일한 사건과 관련하여 동시에 한국을 상대로 대규모 조사를 실시하고 수입제한조치를 취한 것은 극히 이례적이며 다른 사례를 찾기 힘들다. 이들 국가들은 지금 한국이 전 세계 시장에서 주가를 높이고 있는 부분에 대하여 계속 예의주시하고 있으며, 필요하다고 생각되면 통상 공세를 통해 우리 관련 산업에 대한 압박을 강화하고 자국 기업을 지원할 것이라는 점을 예측하는 것은 그리 어렵지 않을 것이다. 사실 IT 산업, 자동차 산업, 조선 산업 등 영역에서 여러 명목과 근거로 우리 수출상품을 제한하고자 시도할 가능성은 점증하고 있는 상황이다. 과거의 우리 경험을 토대로 관련 기업과 정부기관에서는 이에 대한 체계적인 대비와 사전경보 시스템을 도입하는 것이 필요하다.

(2) 산업 정책 입안 및 운용 시 고려사항

모든 WTO회원국 정부는 경제 개발 정책의 주요 축으로서 다양한 산업 정책을 채택하고 있다. 자국이 경쟁력을 확보할 수 있는 산업을 조기에 발굴하고, 해당 산업에 대한 정부 차원에서의 적절한 지원을 모색하며, 해당 산업의 장기적 운용 방향을 설정하는 것 등이 이러한 산업 정책의 핵심이다. 정도의 차이는 있을지언정 모든 국가들은 이러한 산업정책을 운용하고 있으며 우리의 경우에도 예외는 아니다. 최근 우리나라를 대상으로 한 다양한 통상분쟁은 주요 수출산업 분야에서의 정책 수립 및 운용 시 우리 정부기관의 조심스러운 접근이 필요하다는 점을 잘 보여 주고 있다. 최근 분쟁의 맥락을 살펴보면 우리의 교역상대국들은 우리 정부의 산업 정책 입안 상황 및 운용 현황에 대하여 여러 가지 경로로 파악하고 있음을 알 수 있다. 우리 정부 부처들은 웹사이트, 언론보도 등을 통하여 광범위한 정보를 대외에 공개하고 있으며 외국 경쟁기업 및 외국 정부들은 이를 통하여 우리나라의 산업정책 수립·운용 및 변경에 관하여 상당히 소상히 파악하고 있다. 적지 않은 자료들이 이미 영어로 제공되고 있을 뿐 아니라 필요할 경우 한국어를 구사하는 인력을 통하여 관련 자료를 파악하기도 하는 것으로 알려지고 있다.

예를 들어, 2009년 4월 이후 녹색성장이 우리 경제정책의 핵심 화두로 등장한 이후 다양한 산업정책이 도입되었다. 그중 대표적인 것이 여러 정부부처를 통하여지식경제부, 교육과학기술부 등 녹색성장 관련 기초기술을 개발하기 위한 R&D 사업을 적극 지원하는 것이다. 어떻게 보면 지구 온난화에 대응하기 위한 전 세계의 노력에 적극 동참하는 우리의 이러한 노력은 모범 사례로 꼽혀 다른 나라에서 벤치마킹을 하기도 하고 있다. 관련 정부부처 입장에서도 이러한 긍정적 측면을 고려하여 관련 사업을 대내외에 적극 홍보하여 오고 있기도 하다. 그러나 이러한 우리의 선의에도 불구하고 이러한 산업정책 결과 우리나라의 수출기업이 새로운 경쟁력을 확보할 것을 우려하여 여러 국가들은 예의주시하고 있다.[1] R&D 사업의 결과 생산공정이 발전하고 저탄소 생산기법이 개발되면 곧바로 해외시장에서 우리 상품의 경쟁력이 증가하기 때문이다. 탄소배출을 위하여 노력하는 움직임은 타당하나 그 결과 기업이 혜택을 입어 해외시장에서 경쟁력이 제고되는 것은 별도의 문제라는 것이 이들 국가들의 입장이다.[2] 최근 우리나라에서 활발하게 진행되고 있는 대중소기업 상생정책도 유사한 과정을 거치고 있다. 이 정책이 우리 주요 수출기업을 간접적으로 지원하는 조치가 아닌지에 대하여 우리의 교역 상대국은 의심의 눈초리를 거두지 않고 있다.[3] 이와 같이 우리 정부의 정책 수립 및 관계 자료는 관련 국가들이 면밀히 주시·검토하고 있으며 이미 다양한 루트를 통하여 우리 정부의 산업 정책에 관한 질문과 조사가 이루어지고 있는 실정이다. 따라서 정부 입장에서는 우리 정부의 일거수 일투족이 외국 정부 그리고 외국 기업에 의해 모니터링 되고 있는 사실을 인지하는 것이 필요하다. 그리고 그 맥락에서 각종 산업 정책 입안에 있어 사전에 WTO협정 및 관련 국제통상규범과의 합치성 여부를 충분히 심의할 필요가 있다. 아직도 상당

1 United States Department of Commerce, Issues and Decision Memorandum, "Final Determination of Countervailing Duty Investigation against Bottom Mount Refrigerators from the Republic of Korea," C-580-866 (Mar 19, 2012); United States Department of Commerce, Countervailing Duty Investigation against Large Residential Washers from the Republic of Korea, "Questionnaire to the Government of the Republic of Korea," C-580-869 (Feb 16, 2012) 참조.

2 *Ibid.*

3 *Ibid.*

수의 정부 부처가 부처 업무 홍보에 초점을 두고 통상법적 검토를 거치지 않은 다양한 의견을 웹사이트 등 공개된 경로를 통하여 진행하는 것은 새로운 통상 분쟁의 단초를 제공할 수도 있다.

(3) 경제 및 금융 정책 입안 및 운용 시 고려사항

산업정책과 함께 경제·금융 정책 수립에 있어서도 불필요한 통상분쟁의 가능성을 차단하기 위해서는 고려하여야 할 사항이 있다. 최근 우리나라와 관련한 보조금 분쟁에서 미국, EU, 그리고 일본 정부는 한국 금융 및 재정 정책 담당자들의 발언 내용을 일자별로 면밀히 추적하여 수천 페이지의 자료를 작성하여 이를 증거로 제출하며 한국 내 존재하는 정부 주도의 관치금융을 주장하여 우리를 곤혹스러운 상황에 처하게 한 바 있다.

이 과정에서 정부의 재정·금융당국 담당자가 국내외 언론과 인터뷰 시 언급한 민간은행들의 의사 결정 상황에 대한 언급은 발언자의 원래 의도와 상관없이 한국 정부의 관치금융을 보여 주는 결정적인 증거로 채택되기도 하였다. 그 당시의 정확한 상황과 이러한 발언 내용이 우리 정부의 진실된 의도를 표출하였는지 여부에 관해서는 지금도 논란이 있을 수 있을 것이나 문제의 핵심은 이러한 발언이 특정 금융기관 및 기업에 대한 정부의 지원 의도나 영향력 행사를 위한 것이 아님을 분쟁 발생 이후에 우리 정부가 적극 설명하였으나 대부분의 경우 상대방 교역국의 조사당국이나 WTO패널에서 이러한 우리 입장이 채택되지 않았다는 점이다. 결국 이러한 상황을 간략히 정리하면 정부 금융 정책 담당자 및 입안자들의 언급 내용이 그 원래 의도와는 상관없이 결국 2-3년 후 예상치 못한 통상 부문 파급효과를 가져온 것이다.

나아가 이 과정에서 비단 정부 금융 당국자의 언급 내용만이 아니라 비정부 분야의 다양한 언급 내용도 관치금융 확인에 활용되었다. 즉, 국회토론 과정에서 제출되어 공개된 여당·야당 및 전문가의 평가 및 보고서 등은 이미 공개된 자료로 미국, EU 및 일본 등 우리 교역상대국의 수중에 들어가게 되어 우리 입장을 반박하는 자료로 활용되었다. 이러한 사실은 국내 금융 제도와 관련된 문제를 국회 등에서 논의·검토하는 과정에서도 정부와 비정부 부문에서 공히 보다 정확한 자료의 제공 및 토의가 필요하다는 점을 보여 주고 있다.

또한 관련 정부 부처에서는 비정부 부문에서 다양한 이슈에 대한 문제 제기가 있는 경우 이를 무시하기보다는 보다 적극적인 차원에서 공식적인 답변이나 반박을 제시하는 것이 필요하다. 추후 통상분쟁에서 비정부 부분에서 채택한 이러한 다양한 보고서와 진술이 진실성을 결여한 것이라는 주장을 한국 정부가 제기하였음에도 그다지 설득력을 얻지 못한 이유는 그러한 주장이 제기된 당시 정부에 의한 공식적 답변과 반박을 보여 주는 자료가 부재하다는 점이었다. 이 점 역시 사실과 다른 보도 및 주장에 대해 즉각적으로 다양한 반론권을 행사하는 외국의 경우와 비교하면 향후 우리가 염두에 두어야 할 대목이다.

그렇다면 이러한 다양한 형태의 통상 공세에 우리는 앞으로 어떻게 대처하여야 할 것인가? 여러 가지 해결 방안을 생각하여 볼 수 있을 것이나 궁극적 해결 방법은 결국 이들 국가들이 악용할 실마리를 우리 스스로 사전에 차단하는 것이다. 그 첫 걸음은 정부의 민간 부분에 대한 개입금융 부분 및 산업 부분 등을 가급적 투명화·최소화하는 것이다. “구더기 무서워서 장 못 담그랴”라는 우리 속담도 있듯이 외국의 통상분쟁 제기가 두려워 정부가 하여야 할 일을 포기할 수는 없다. 만약 정당한 정부 정책에 대하여 부당한 정부 개입이라고 주장하여 통상분쟁이 제기된다면 계속하여 우리 입장을 더욱 설득력 있게 개진할 수밖에 없을 것이다. 그러나 정부의 정당한 업무 집행에 저해가 되지 않는 범위 내에서는 “배 밭에서 갓끈 고쳐 매는” 일은 가급적 줄이는 것이 결국 우리에게도 현명한 선택일 것이다.

3. 통상정책 운용의 투명성의 제고

이러한 신뢰도 제고 내지 오해의 불식과 동전의 양면을 이루는 것이 바로 우리 통상정책 운용의 투명성을 가능한 한 제고하는 것이다. 새로운 통상환경에 효과적으로 대응하기 위해서는 통상정책의 도입과 결정과정, 그리고 통상 관련 정책 집행의 투명성을 제고하는 것이 긴요하다. 투명성의 제고는 크게 세 가지 측면에서 요구되고 있다. 먼저 투명성의 제고를 통하여 통상협정 교섭과정에서 불필요한 갈등을 사전에 차단할 수 있고, 또한 통상정책의 집행과정에서의 투명성 제고는 상대방 국가로부터의 불필요한 문제 제기를 차단하거나 문제의 조기 해결에 기여할 수 있으며, 나아가 이러한 투명성의 제고는 실제 통상분쟁 발생 시에도 중요한 평가요소로 작용하게 된다.

통상정책 결정과정에서 내용적 측면 못지않게 절차적 정당성 또한 중요하다. 이는 최근 절차적 적법성Procedural due process of law에 대한 중요성이 점차 커지고 있는 점과 궤를 같이 한다. WTO 분쟁에서도 절차적 정당성이 승패를 좌우하는 사례가 빈번하다는 사실도 통상정책 결정과정에서 투명성을 반드시 확보해야 한다는 중요한 근거가 된다. 따라서 FTA에서도 정책결정 과정에서 투명성 제고를 주요 요건으로 삼고 있다. 예를 들어, 공청회를 실시하고 의견 수렴 기회를 보장하는 것 등이다.[1]

A. 국내 이해관계 그룹의 설득을 위한 투명성 제고

최근 FTA 추진 및 체결과 관련하여 국내적으로 갈등이 심화되는 것을 우리는 여러 차례에 걸쳐 목도하였다. 이러한 갈등은 때로는 이념적 대립에서 출발하기도 하고, 때로는 실제 피해를 입게 된 영역의 반발에서 초래되기도 한다. FTA든 다른 협정이든 앞으로 통상협정이 지속적으로 체결되는 것이 불가피하다는 점을 전제로 하면 이러한 국내적 갈등은 앞으로도 계속하여 대두될 수밖에 없는 상황이라고 볼 수 있다.

이러한 측면에서 국내적 갈등 대립의 소지를 줄이고 불필요한 오해를 불식시키기 위해서는 통상협정 추진과 관련한 주요 정책 결정 과정을 투명화하여 다양한 의견을 공식적으로 수렴하는 제도를 도입하는 것이 필요하다. 물론 의견 대립이 지속되는 상황에서 정부는 하나의 입장을 채택하여야만 할 것이다. 그러나 다양한 의견을 개진할 수 있는 기회를 보장하고 이에 대한 충분한 평가가 진행되는 제도적 장치를 마련함으로써 협정 체결 과정의 투명성을 제고하면 협정

1 예를 들어, 의약품 및 의료기기를 다루는 한미 FTA 제5장의 제5.3조의 제3항에서는 "의약품 또는 의료기기의 가격산정, 급여 또는 규제와 관련된 모든 사안에 대한 것으로서 제2항 가호에 따라 공표되는 일반적으로 적용되는 자국 중앙정부의 제안된 규정에 대하여, 각 당사국은" 제안된 규정을 (대부분의 경우) 의견제출 마감일로부터 60일 이전에 전국적으로 관보에 공표하고, 최종 규정을 채택하는 시점에 이해관계인으로부터 접수된 중요하고 실질적인 의견을 서면으로 처리하고 제안된 규정에 대하여 이루어진 모든 실질적인 수정에 대하여 설명하여야 한다.

체결에 대한 국민적 공감대를 형성하는 데 적지 않은 기여를 할 수 있을 것이다. 물론 이러한 절차가 협상 전략의 노출이나 우리의 협상 자료의 대외 유출 등으로 이어져서는 곤란하며 전체적인 협상 골격과 계획 등에 관한 협의를 중심으로 진행되어야 할 것이다. 협상의 모든 세부적 내용에 관하여 의견을 구하고 다양한 그룹과 협의를 진행하는 것은 물리적으로 불가능할 뿐만 아니라 효율적인 협상 진행을 위해서도 바람직하지 않기 때문이다. 이러한 맥락에서 최근 체결된 통상조약의 체결절차 및 이행에 관한 법률이하 "통산절차법"[1]은 중요한 입법적 장치로 활용될 수 있을 것이다.

통상절차법은 효과적인 통상전략의 수립과 통상조약 체결의 절차적 투명성을 높이는 것으로 목적으로 한다. 동법에 담긴 절차의 상당부분은 이미 실행중이기 때문에 이 법의 제정으로 인하여 정부의 통상협상의 추진방식에 큰 변화는 없을 것으로 예상된다. 동법에 의하면 정부는 "공공기관의 정부공개에 관한 법률"에 따라 통상협상에 관한 정보를 국민에게 공개하여야 하며, 통상협상의 진행을 이유로 공개를 거부하여서는 아니 된다제 4 조. 또한 "WTO 등의 차원에서 체결되는 포괄적인 대외 시장개방을 목적으로 하는 조약"이나 "FTA와 같이 양자 또는 지역적 차원의 포괄적인 대외 시장개방을 목적으로 하는 조약"의 체결에 대해서는 반드시 공청회를 개최하도록 의무화하고 있다제 6 조. 또한 외교통상부장관은 통상협상을 시작하기 전에 해당 통상협상의 목표, 주요내용, 추진일정, 기대효과 등을 포함한 통상조약의 체결에 관한 계획을 수립하고 이를 지체 없이 국회외교통상통일위원회에 보고하도록 규정하고 있다제 8 조. 또한 외교통상부장관은 통상협상을 시작하기로 한 경우 해당 통상협상의 주요쟁점, 대응방향 및 관련국 동향을 국회외교통상통일위원회에 보고하고 이에 대하여 중대한 변경이 생긴 경우도 보고하도록 하고 있다제10조. 뿐만 아니라 동 보고사항에 대하여 국회 외교통상통일위원회 위원장이 외교통상부장관에게 의견을 제시할 수 있도록 규정하고 있다제10조. 외교통상부장관은 통상조약의 문안이 최종확정되었을 때에는 그 경과, 주요내용, 이행에 필요한 국내법률의 제정 및 개정사항 등을 지체 없이 국회 소관 상임위원회에 보고하여야 하고 보고의 주요내용을 지체 없이 국민에게 알리도록 하고 있다제11조. 기타 통상조약의 발표 및 통상조약

1 법률 제11149호, 2012. 1. 17. 제정.

합의 내용의 시행에 앞서 설명회 등을 개최하도록 하고 있고, 이미 발표된 통상조약에 대해서도 경제적 효과, 국내대책의 실효성 및 개선방안 등 이행상황을 평가하여 국회외교통상통일위원회에 보고하도록 하고 있다. 또한 통상정책의 수립 및 통상협상과정에서 외교통상부장관의 자문에 응하기 위하여 외교통상부장관 소속으로 통상교섭민간자문위원회를 두도록 하고 있다제15조.

위와 같이 정보공개 및 국회보고의무를 강화할 경우 통상협상과 관련한 민감한 협상정보가 대외로 누설되어 원만한 협상에 장애가 될 가능성이 있으므로 관련자에 대한 엄격한 비밀엄수의무를 부과하고 있다. 향후 동법의 운용과정에서도 국회 및 국민에 대한 알권리 보장과 원만한 통상협상의 진행을 위한 비밀유지라는 공익에 대한 비교형량이 중대한 과제이다.

[통상절차법에 따른 통상조약 체결 flow 차트][1]

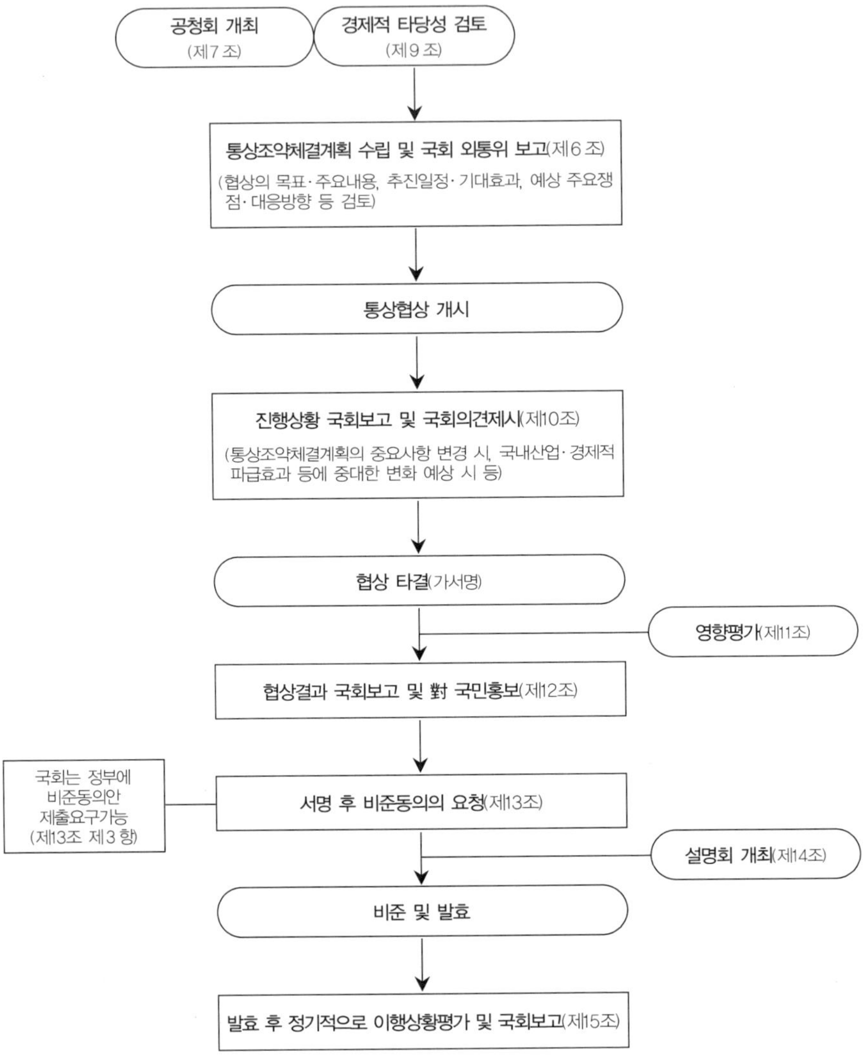

통상협정 협상 및 체결과정에서 국내법과의 저촉 문제, 국내법 개정 문제 등이 충분히 논의되지 않는 것이 앞으로 우리 통상법 분야의 큰 과제이다. FTA체제로 이행하면서 점점 국제법과 국내법의 접촉이 직접적이고 빈번하게 발생하는데

1 외교통상부 작성자료를 재정리한 것임을 밝혀둡니다.

이에 대한 우리 내부의 포괄적인 절차나 마스터플랜이 없고 사안별로만 국내입법 조치나 개정조치가 논의되고 있기 때문이다. 앞으로 FTA가 본격적으로 이행이 되기 시작하면 이러한 모든 국내법 내용들이 각 FTA별로 일관성을 유지하며 진행되어야 하는데 이러한 부분에 대한 우리 내부의 준비 작업이 현재 부족한 듯하다. 특히 통상협정 절차법과 관련한 제도의 정비가 시급히 요구되고 있다.

예를 들어, 한미 쇠고기 수입위생조건의 국회동의절차 필요 여부에 관한 논란을 들 수 있다. 결론적으로 한미 간 합의된 미 쇠고기 수입위생조건은 국제법적으로 양국 행정부 간 체결된 양해각서Memorandum Of Understanding: MOU 성격을 가진 합의문으로 국회의 비준동의를 요하지 아니한다. 양해각서 등은 관련 국내법의 위임범위 내에서 주로 기술적이고 전문적인 사항을 규정하기 위한 정부 간 합의에 따라 광범위하게 사용되는 문서이기 때문이다. 미국 관련 법령에 따를 경우에도 한미 쇠고기 수입위생조건은 행정협정이 아닌, 미국 정부 내 담당 부서가 자기 소관업무 범위 내에서 미국법과 WTO협정의 테두리 내에서 한국 정부의 상대방과 합의를 한 것으로 볼 수 있다. 왜냐하면, 미국법하에서 어떠한 국제합의가 조약Treaty이나 행정협정Executive Agreement으로 체결되기 위해서는 미국 국무성에서 정하고 있는 Circular 175 procedure에 의하여 체결되어야 하기 때문이다. 즉, 미국 내 정부 부처가 외국 정부와 국제적 합의 문서를 체결할 경우에는 그러한 문서를 조약으로 체결할지 아니면 행정협정으로 체결할지에 대하여 미국 국무부 조약국과 협의를 하도록 되어 있고 그 협의 결과에 따라 동 문서를 체결하도록 하고 있고 조약이든 또는 행정협정이든 반드시 전권위임장을 받도록 하고 있다. 모든 문서를 이러한 절차에 따라 체결하는 것은 아니고 다만 해당문서를 조약이나 행정협정으로 처리하여야 할 필요가 있거나 그러한 처리가 요구되는 경우에 이 절차를 거치도록 하고 있다. 쇠고기 수입위생조건은 여러 정황을 감안할 때 미국 정부에서 이러한 절차를 거치지 않았다. 가장 본질적으로는 Circular 175 절차에 핵심인 전권위임장이 미국 대표에 부여되지 않은바, 이는 동 문서가 행정협정이 아니라는 점을 보여 주고 있는 것으로 판단된다.

국가 간 동식물검역은 WTO SPS협정위생 및 식물위생조치의 적용에 관한 협정의 틀 안에서 이루어지고, 모든 회원국은 자국의 검역조치를 과학적 원리에 근거하여 생명 또는 건강을 보호하는 데 필요한 범위 내에서만 적용할 의무를 부담한다. 동 협정상 정해진 위험평가제5조 등의 절차에 따라 한미 양자 간 이루어진 쇠고기 위생검역에 관한 세부사항에 관한 합의는 동 조항의 구체적 적용·이행이라고 보아야 할 것이며 우리나라의 주권의 포기나 제약에 해당한다고 보기 어렵다. 우리 헌법 제6조 제1항도 "헌법에 의하여 체결·공포된 조약과 일반적으로 승인된 국제법규는 국내법과 같은 효력을 지닌다"라고 규정하여, WTO SPS협정과 같은 국제법 또한 국내법과 동일하게 우리 국민이 준수해야 하는 효력이 있는 것으로 정하고 있음을 볼 때, 한미 쇠고기 수입위생조건은 국회 동의를 요하는 헌법 제60조상의 "주권의 제약에 관한 조약"에 해당하지 아니한다. 즉, 한미 간 수입위생조건은 양국 간에 합의된 쇠고기 검역절차 및 그에 따른 권리·의무를 규정하는 기술적 사항이고 따라서 동 수입위생조건은 법률이 아닌 농림부 고시로 시행가축전염병예방법 제34조 제2항하였다.

B. 협정상 의무 이행을 위한 투명성 제고

그 다음으로 투명성 제고가 중요한 영역은 일단 FTA 등 통상협정이 발효한 다음에 이를 국내적으로 이행하는 과정이다. 현재 FTA협정들은 체결 당사국 양국 정부의 여러 부처의 업무와 관련하여 상세한 규범을 제시하고 있다. 물론 이러한 규범이 구체적으로 양국 정부의 주권을 제약하거나 또는 침해하는 것은 아니나, 이들 부처들이 업무를 진행하는 과정에서 준수하여야 하는 여러 가지 절차적 요건들을 나열하고 있는 경우가 많다. 특히 외국 상품, 서비스 공급자, 투자자 등에 영향을 미치는 조치를 도입하는 경우에는 여러 이해관계 그룹의 의견을 청취하고 이에 대한 공정한 평가를 실시하도록 의무를 부과하고 있는 경우가 빈번하다. 따라서 정당한 목표를 정하고 이를 달성하기 위하여 정부가 필요한 조치를 실시하는 경우라고 하더라도 FTA협정과 직간접적인 영향이 있는 조치인 경우아마 적지 않은 조치가 여기에 해당할 것이다, 이러한 절차적 요건을 충분히 준수하여 진행되어야만 한다. 정부 정책 결정과정과 조치 도입 과정 전반에 걸쳐 최대한 투명성을 제고하기 위한 의무를 부과하고 있는 것으로 볼 수 있겠다. 이러한 의무를 충실히 이행하지 않게 될 경우 FTA협정 위반으로 주장될 가능성이 높다.

따라서 협정 이행 측면에서도 제반 정부기관들의 정책 도입, 집행 과정을 최대한 투명화하는 것이 필요하다. 이러한 투명화 작업도 때로는 추가의 부담을 초래하는 측면이 분명 있을 것이나 새로운 통상환경이 새로이 요구하는 불가피한 과제이기도 하다.

C. 분쟁해결절차에서의 승소를 위한 투명성 제고

마지막으로 통상 관련 조치의 도입 및 집행 과정에서의 투명성의 제고는 대부분의 통상분쟁에서 결정적인 변수로 작용한다. 정부가 어떠한 정책을 도입·실시하는 경우 그 본래의 정확한 의도를 파악하는 것은 대부분의 경우 쉽지 않으므로 통상분쟁을 담당하는 국제재판부는 관련 조치와 그에 대한 절차적 요건의 충족 등 형식적 정당성에 가중치를 두는 경우가 많다. 또한 이러한 절차적 정당성의 핵심은 투명성의 확보 여부에 달려 있는 경우가 많다. 따라서 조치의 도입과 이행 과정에서 절차적 정당성이 충족된 것이 확인될 경우 최소한의 투명성이 확보된 것으로 간주되고 이로부터 도출되는 정책은 당사국 정부의 정당한 조치로 판단될 가능성이 그만큼 높아지게 된다. 물론 명시적으로 협정 위반이 발생한 경우에 그러한 위반을 투명성 제고로 치유할 수는 없으나 점차로 명백한 협정 위반인지 여부가 애매한 상황이 증가하고 있는 현상을 감안하면 이러한 투명성 확보 여부는 일부 분쟁에서는 결정적 변수로 작용할 개연성이 높다.

따라서 향후 통상정책의 도입·집행 측면에서 투명성을 제고하는 것은 궁극적으로 통상분쟁 촉발 시 유리한 결론 도출을 위한 준비작업으로 성격을 규명하는 것이 필요하다. 특히 이러한 측면은 현재 우리의 우려를 자아내고 있는 투자자 대 국가 간 분쟁해결절차에서 더욱 부각되고 있는 실정이다.

4. 국내이해관계의 조정 촉진

한편, 정부의 통상정책의 추진과정에서 이해관계자들과의 소통을 강화하여야 한다. 한미 FTA의 추진과 그 과정에서 제기된 “민주주의 결핍”에 기초한 비판에 주의를 기울일 필요가 있다. 정부가 대외 통상정책을 추진하는 데 있어서는 국내의 각 계층의 정치적 지원이 필수적인 만큼 이들과의 상시적인 소통채널을 가동할 필요가 있다. 민주사회에서 다양한 이해관계자들이 자신들의 의사를 전달할 수 있는 제도적인 통로를 많이 만들어 둘수록 2008년의 촛불시위와 같은 국가사회의 혼란을 최소화할 수 있을 것이기 때문에 통상정책 추진 및 결정과정에서 합리적인 대안을 제기하고 의견을 들을 수 있는 더욱 다양한 제도적 장치가 마련될 필요가 있다. 가령, 새로이 제정된 "통상절차법"은 통상정책의 추진과 관련하여 이해관계자들과의 소통을 강화할 수 있는 중요한 제도적 장치이다.

A. 국내 피해 산업 증가에 대한 대책

FTA 등 다수의 통상협정이 체결되고 있는 상황에서 가장 중요한 것은 통상협정의 체결로 인하여 피해를 입게 되는 산업 내지 계층에 대한 보호대책이다. 통상협정의 체결로 인하여 우리나라 전체의 사회적 후생이 증가한다고 하더라도 통상협정의 상대국에 비하여 상대적으로 경쟁력이 없는 산업에 종사하고 있는 계층은 개방으로 인하여 소득이 감소하거나 경우에 따라서는 구조조정으로 인하여 일자리를 잃게 되는 경우가 있으므로 이들 피해산업 및 계층에 대하여 적극적인 보호대책이 필요하다. 이러한 보호대책이 없는 경우에는 통상협정에 대한 불필요한 반대운동이 발생할 수 있으며 통상협정의 이익에 대한 국민적 지지도 감소될 수 있다. 시장개방으로 인하여 피해를 입게 될 위험이 있는 계층은 정부의 시장개방정책이 소득불균형만을 심화시킬 것이라는 비판을 하기 쉬우며, 특히 시장개방으로 인하여 가장 이익을 얻게 된다고 볼 수 있는 대기업 내지는 재벌기업에 대한 맹목적인 비판으로 이어져 사회갈등을 촉발시킬 수도 있다. 최근 기업형 수퍼마켓SSM의 확장을 둘러싼 국민적 논쟁도 기업형 수퍼마켓에 대한 규제가 통상협정에 위반되는 것이라는 주장과 맞물려 있으며 시장개방과 사회갈등이 중요한 문제가 되고 있다.[1]

1 이와 같은 주장에 대해서는 다음 참조: 송기호, "FTA하면 중소 상인은 어떻게 되나?," 머니투데이 기고문(2011. 3. 21) 및 김기환, "한·EU FTA 재협상이 유일한 대안인가?," 머니투데이 기고문(2011. 4. 8).

WTO, FTA 등 주요통상협정도 시장개방으로 인한 국내산업의 피해를 완전히 도외시하고 있는 것은 아니다. WTO의 전신인 GATT시절부터 회원국이 소위 산업피해구제제도를 운용하고 있는 것을 명시적으로 허용하고 있다. 즉, 타 회원국으로부터 상품이 낮은 가격으로 수입되어 국내 산업이 피해를 입을 경우 수입국이 반덤핑조치를 취할 수 있도록 허용하고 있고, 상대국으로부터 보조금을 받은 상품이 수입되어 국내 산업에 피해가 생길 경우 이에 대하여 상계관세를 부과할 수 있도록 하고 있다. 뿐만 아니라 이렇게 상대국의 불공정행위가 없다고 하더라고 일시적인 수입의 급증으로 인하여 국내 산업에 심각한 피해가 발생할 경우 이에 대하여 긴급수입제한조치를 취할 수 있도록 하고 있다. 또한 WTO협정은 필요시 협상을 통하여 양허를 재조정할 수 있는 길을 열어 두고 있고 일정한 조건하에 의무면제제도도 활용할 수 있도록 하고 있다. 따라서 WTO, FTA 등 통상협정도 시장개방으로 인한 산업피해에 대하여 회원국이 국내산업을 보호할 수 있도록 하고 있다는 점에서 WTO, FTA 등 통상협정이 자유무역으로 인해 발생할 수 있는 부작용을 완전히 도외시하고 있다는 주장은 반드시 옳은 것은 아니다.

위 제도를 활용하기 위해서는 일정한 요건을 충족하여야 하기 때문에 이러한 제도를 활용할 수 없는 경우 국내산업을 보호하는 문제가 특히 문제된다. 한-칠레 FTA 발표에 즈음하여 2004년 3월 22일에 "자유무역협정 체결에 따른 농어업인 등의 지원에 관한 특별법"이 제정되어 자유무역협정의 이행에 따라 피해를 입은 국내 농수산물을 생산하는 농어업인의 경영안정을 위하여 피해보전직접지불금을 지원하는 제도 등이 도입되었다. 한미 FTA 국회비동의에 즈음하여, 피해보전직접지불금의 지급기준이 되는 기준가격의 산정 시 물가상승률을 고려하지 않고 직전 5년간 평균가격의 85%로 정하고 있어 피해 농어업인에 대한 실질적인 피해보전이 되지 못한다는 지적이 제기되었다. 이에 따라 피해보전직접지불금 지원제도의 실효성을 제고하기 위하여 그 지급기준이 되는 기준가격을 산정하는 경우 직전 5년간 평균가격의 적용비율을 85%에서 90%로 상향조정하는 등 피해보전제도를 개정하였다. 또한 제조업 및 서비스업 일반에 대한 무역조정 지원을 위하여 2006년 4월에 "제조업 등의 무역조정지원에 관한 법률"추후 서비스업 일반에까지 지원을 확대하기 위하여 법률의 명칭을 "자유무역협정 체결에 따른 무역조정 지원에 관한 법률"로 변경이 제정되어 개정을 거듭하고 있다. 이에 따르면 자유무역협정의 이행으로 인하여 피해를 입었거나 입을 것이 확실한 제조업이나 서비스업을 경영하는 기업과 그 소속 근로자 등에 대한 효과적인 지원대책을 마련하고 있다. 미국의 경우도 1962년 무역확대법Trade Expansion Act of 1962에서 자국산업과 노동자에 대한 피해를 보호하기 위하여 "무역조정지원제도Trade Adjustment Assistance: TAA"를 도입하여 운용하고 있다. EU의 경우도 "유럽구조기금Europe Structure Fund: ESP"을 운용하고 있으며 일본도 1999년 "산업활력재생법"을 제정하는 등 무역조정지원제도를 운용하고 있다.

B. 부처별 협의 및 조율 강화

새로운 무역체제는 다양한 경제 정책 영역에서 새로운 규범을 도입하고 있다. 물론 WTO체제 역시 일반 통상규범뿐 아니라 통상에 영향을 미치는 다양한 영역에 대한 규범을 도입하고 있다. 예를 들면, 서비스 시장과 지적재산권 분야가 국제무역체제에 편입되면서 이 분야를 관장하는 다양한 국가 경제정책이 WTO협정 범위하에 놓인 것이 대표적인 사례이다. 그런데 FTA시대에는 이러한 다양한 영역으로의 규범확산현상이 더욱 촉진되어 나타나고 있다. FTA가 단순한 통상협정의 범위를 넘어 국가 간 경제체제 조율 및 재정비의 성격을 강하게 보유하다보니 협정의 구체적 이행에도 다양한 경제영역에서의 후속작업이 필요하게 된 것이다. 위에서도 지적한 바와 같이 단순한 반덤핑 분쟁과 같은 통상분쟁의 영역은 점차 줄어들고 새로운 형태의 무역분쟁이 더욱 대두되고 있으며 이러한 영역은 일반적인 경제정책의 외양을 띠고 있으나 그 파급효과가 통상분야에 미치는 경우가 대부분이다. 대표적으로 비관세무역장벽 내지 위장된 무역제한조치를 들 수 있다.

따라서 이러한 관점에서 FTA시대의 효율적인 통상정책 수립을 위해서는 기존의 통상 담당 부처뿐 아니라 여타 경제부처의 적극적인 참여 역시 긴요하다. 대부분의 통상현안은 여타 관련 부처의 협조와 참여 없이는 효과적으로 해결하기 힘들기 때문이다. 따라서 장기적으로 관련 부처 간의 정책 조율 및 협의 체제를 일층 강화할 필요가 있다. 통상협정을 교섭하는 과정에서는 통상교섭본부가 주요한 역할을 효율적으로 수행하였으나, 통상협정의 관리 내지 이행

부분에서는 여타 부처의 역할이 더욱 강조되어야 할 것이다. 통상협정 이행 부분에서 여타 부처의 참여를 어떻게 확보할 것인가, 그리고 제반 부처 간의 입장 차를 어떻게 조율할 것인가에 대한 장기적인 비전과 로드맵이 필요하다. 이제는 통상협정이 체결된 이후 이 내용을 국내적으로 이행하는 것이 보다 어렵고 분쟁의 소지가 있다는 점을 인식해야 한다. 구체적으로, 한-EU FTA의 잠정발효를 앞두고 관련 법률에 대한 개정이 요구되었다. 협정 발효 후 자동차관리법, 자유무역지역의 지정 및 운영법, 디자인보호법, 부정경쟁방지법, 상표법, 자유무역협정의 이행을 위한 관세법의 특례에 관한 법률, 세무사법, 저작권법, 우편법은 모두 한-EU FTA의 내용에 맞추어 일부 개정되었고, 전기통신사업법, 외국법자문사법, 보험업법은 협정의 국내적 이행을 위해 개정과정에 있다.

이와 같이 FTA체제의 본격적인 가동으로 대표되는 새로운 통상환경은 제반 이슈에 대한 협상 및 이행에 있어 정부 각 부처 간 유기적인 협조 체제 강화를 요구하고 있다. 새로이 대두되는 대부분의 이슈는 여러 부처 간의 "입체적" 협조와 협력을 통해서만 해결될 수 있게 되어 있다. 실제로 2011년 7월 1일자로 잠정발효한 한-EU FTA의 경우 7개의 분야별 위원회와 7개의 작업반이 각각 설치되었다. 7개의 위원회는 '상품무역 위원회', '위생 및 식물위생조치SPS 위원회', '관세 위원회', '서비스무역과 설립 및 전자상거래 위원회', '무역과 지속가능발전 위원회', '한반도 역외가공지역 위원회'와 마지막으로 '문화협력 위원회'이다.[1] 한편 동 협정에 따라 설치되는 7개의 작업반으로는 '자동차 및 자동차 부품 작업반'을 비롯해, '의약품 및 의료기기 작업반', '화학물질 작업반', '무역구제 협력 작업반', '상호인정협정 작업반', '정부조달 작업반', 그리고 '지리적 표시 작업반'이 각각 설치되었다. 이러한 위원회와 작업반은 그 명칭이 나타내는 바와 같이 여러 영역을 포괄하고 있으며, 정기적으로 회의와 협의를 개최하게 된다. 위원회의 성격에 따라 해당 문제를 담당하는 주된 정부 부처가 지정이 될 수는 있을 것이나 개별 위원회의 운영은 여러 정부 부처가 참여하여 협력체제를 구축할 수밖에 없을 것이며, 또한 위원회와 작업반을 아우르는 종합적인 전략과 논의를 위해서도 정부 부처 내 광범위한 협력 체제 구축이 필수적일 수밖에 없다.

1 외교통상부, 통상교섭조정관 정례브리핑(2011. 7. 6).

최근 어려운 FTA 교섭 작업을 거치며 우리 정부 내 여러 부처 간 협조 및 협력체제가 일층 강화되어 온 것이 사실이다. 그러나 한편으로 여전히 각 부처 간 입장이 상이하며 서로 간 해결방법을 달리하는 경우도 적지 않다. 각 부처의 소관업무가 상이하고 정책목표가 다르므로 이러한 현상이 발생하는 것은 일면 당연하고 그러한 이견 자체를 백안시할 필요는 없다. 그러나 이러한 이견들을 조율하여 어떻게 우리나라의 공식적인 입장을 도출하며, 협정 체결 시 구체적으로 국내 이행을 실시할 것인지 논의하는 과정에서는 부처 간 정리된 내용이 한국 정부의 목소리로 동일하게 나오는 것이 필요하다. 실제 FTA가 발효하게 되어 제반 FTA가 운용되는 시점에서 각 부처 간 이러한 협조 및 협력 체제는 더욱 중요한 과제로 대두하게 될 것이다. 향후 주요 FTA의 구체적인 이행방안을 검토하거나 통상정책의 재정비에 있어 이러한 협조 및 협력 체제 구축에 초점을 두어야 할 것이다.

C. 지방자치단체와 협의 및 조율 강화

나아가 새로운 통상환경에 제대로 대처하기 위해서는 정부부처 간 조율작업뿐만 아니라 지방자치단체들과도 협의 및 조율도 아울러 요구된다. 지방자치제도의 정착으로 점차 지방자치단체가 관할 지역의 경제문제에 관해서는 주요한 의사결정자 중 하나로 대두되었다. 물론 전체적인 경제정책의 수립은 중앙정부에서 담당하나 지방자치단체 역시 지방자치법에서 인정하고 있는 다양한 경제영역에서 독자적인 경제정책을 수립하여 시행하고 있다.[1] 이러한 정책은 주로 지방자치단체 자신의 입장이나 이해관계를 반영하고 있으므로 때로는 중앙정부의 입장과 상충되는 경우도 있다. 가령, 특정 통상협정의 내용과 상충되는 지방자치단체의 조례 등이 문제될 수도 있는 것이다. 지방자치단체 입장에서는

1 이와 관련하여 지방자치법 제 9 조와 제11조를 살펴볼 필요가 있다. 먼저 지방자치법 제 9 조는 각급 지방자치단체가 담당하여 처리할 수 있는 사무범위를 예시적으로 나열하고 있다. 여기에 포함되는 업무는 지방세의 징수, 사회복지시설의 운영, 상공업의 진흥, 농수산물의 생산 및 유통, 지역산업의 육성, 중소기업의 육성, 지역개발사업의 시행 등 실로 광범위한 영역에 걸쳐 있다. 즉, 지방자치단체의 사회간접자본 구축 및 운영, 지역 내 산업진흥, 주요자원관리, 교육·보건 등 주요시설의 설치 및 운영과 관련된 대부분의 업무가 지방자치단체의 업무에 속한다. 결국 외국인 투자자들이 투자이윤을 기대하고 투자를 검토할 만한 대부분의 사업영역은 제 9 조에 나열된 지방자치단체의 사무범위에 포함된다고 볼 수 있다.

지역민의 이익을 최우선하는 것이 원칙이고 또한 지방자치단체장은 선거를 의식하지 않을 수 없으므로 지역민의 이익에 민감하게 반응할 수밖에 없다. 따라서 지방자치단체의 경제정책은 중앙정부의 그것과 부합하지 않는 경우가 발생하게 된다. 통상협정의 체결은 중앙정부와 지방정부의 이러한 입장 차이를 더욱 증폭시키는 측면이 있다.

먼저 통상협정의 교섭과 체결, 이행은 주로 중앙정부의 주도적 역할로 이루어진다. 그리고 지방자치단체는 통상협정은 자신들과 반드시 직접적으로 관련되지 않고 한 단계 유리되어 있는 것으로 간주하는 것이 보통이다. 조약체결과 외교가 중앙정부의 업무라면 지역민의 복리증진과 지역경제의 활성화가 자신들의 업무인 것으로 파악하는 것이다. 그런데 문제는 통상협정은 중앙정부와 지방정부를 구별하고 있지 않다는 것이다.[1] 통상협정이 규정하고 있는 대한민국 정부는 중앙정부와 지방정부를 포괄하는 폭넓은 개념이다. 즉, 조약체결 교섭은 중앙정부가 실시할 뿐이지만 그로부터 초래되는 의무는 중앙정부와 지방정부 간 공히 동일하게 적용된다. 따라서 지방정부 역시 중앙정부와 동일한 정도로 통상협정에 대한 내용을 숙지하고 이를 충실히 이행하는 것이 필요하다. 지방정부가 지방자치법상으로 독자적인 권한을 보유하고 있으므로 중앙정부가 통상협정 이행을 위하여 필요한 조치를 취하지 못한다는 주장은 통상협정 위반의 정당화 사유가 되지 못한다는 것이 국제법상 확고한 원칙이다. 지방자치단체가 지역민의 의견을 반영하여 선의로 채택한 조치라고 하더라도 중앙정부 주도로 체결한 통상협정에 위반될 경우 우리나라는 그 위반의 책임으로부터 자유로울 수 없다. 이러한 원칙에도 불구하고 우리 지방자치단체는 경우에 따라서는 독자적인 통상정책을 채택하고 있으며 이로 인한 통상협정 위반 문제가 제기되고 있다. 전라북도가 GATT협정 관련 조항과 배치되는 조례를 채택한 것에 대한 법적 효력이 다투어진 전라북도 급식조례 사건이 대표적인 사례이다.

1 "Draft Articles on the Responsibility of States for Internationally Wrongful Acts," Report of the ILC on the Work of its Fifty-third Session, UN GAOR, 56th Sess, Supp No. 10, p. 43, UN Doc A/56/10 (2001) ("ILC 국가책임협약 초안"), Article 4, para. 1 참조; International Court of Justice, "Difference Relating to Immunity from Legal Process of a Special Rapporteur of the Commission on Human Rights," I.C.J. Reports (1999), para. 62 참조; LaGrand Case (Provisional Measures), Germany v. United States of America, 1999 ICJ Reports 9, para. 28; 김석현, 「국제법상 국가책임」, 삼영사(2007), pp. 70-73; 김대순, 「국제법론」 제15판, 삼영사(2010), pp. 608-609 각각 참조.

이러한 상황은 앞으로 더욱 복잡하게 전개될 것이다. 왜냐하면 FTA시대에 적용되는 통상협정은 수십 개에 이르는 상황이기 때문이다. 지방자치단체와 중앙정부 간의 정책조율은 중앙부처 간 정책조율에 비하여 훨씬 어려울 가능성이 있다. 중앙부처와 지방자치단체에는 기본적인 차이가 존재하기 때문이다. 먼저 중앙부처의 장은 모두 대통령의 임명으로 구성되고 모두 대통령의 의사결정에 따라 최종적인 정책방향이 정해진다. 중앙부처의 장의 경우 매주 국무회의 등을 통하여 주요 현안에 대한 입장 조율과 의견 교환의 장이 체계적으로 확보되어 있다. 즉, 중앙부처의 경우 부처 간 입장 차이가 발생하더라도 자체 조율 메커니즘을 보유하고 있는 셈이다. 그러나 지방자치단체의 장은 선거를 통하여 선출되며 중앙정부와 다른 의견을 보유하고 있는 경우도 적지 않다. 그리고 중앙정부의 의견을 반드시 따르도록 보장할 만한 메커니즘도 갖추고 있지 아니하다. 따라서 중앙정부와 지방자치단체 간 입장 차이는 계속하여 평행선을 그릴 가능성이 있다. 이러한 현상은 통상정책 분야에서도 마찬가지로 문제될 수 있다. 그렇다면 복수의 통상협정이 복합적으로 적용되는 복잡다기한 통상정책 운용의 시대에 진입하면 중앙정부와 지방자치단체 간 입장 대립 또는 지방자치단체의 조치가 FTA에 위반되는 상황은 그 양과 질 측면에서 공히 더욱 급증할 가능성이 있다. 최근 WTO패널 및 항소기구에서 제기되는 각국의 보조금 분쟁의 양상을 보면 보조금 교부 관련 조치에는 각국의 중앙정부, 지방정부 등 다양한 정부기관이 광범위하게 관여되는 것으로 주장·확인되고 있음을 볼 때 더욱 그러하다.

특히 국제투자분야에서 이러한 문제가 직접적으로 나타난다. 각급 지방자치단체가 외국인 투자 유치를 위하여 경쟁적으로 나서고 있기 때문이다.[1] 제한된 외국인 투자자를 유치하기 위한 맥락에서는 각급 지방자치단체는 상호 경쟁관계에 놓여 있다. 하나의 지방자치단체에 투자한 외국인 투자자는 여타 지방자치단체에 동시에최소한 해당 투자 건에 관해서는 투자할 수는 없기 때문이다. 지방자치단체 간

1 각 지방자치단체의 외국인 투자 유치 현황은 서울 시청 웹사이트 내 외국인 투자현황(http://global-economy.seoul.go.kr/invest/invest02_04.html) 또는 투자유치 항목(http://global-economy.seoul.go.kr/invest/invest03_02_02.html); 경상북도청 웹사이트 내 투자환경 항목(http://www.gb.go.kr/open_content/life_info/index.jsp?LARGE_CODE=50&MEDIUM_CODE=50&SMALL_CODE=10&SMALL_CODE2=&SMALL_CODE3=&target=main&URL=/open_content/life_info/industry/industry_invest_envir.jsp); 강원도청 웹사이트 내 투자유치(외국기업) 항목(http://www.provin.gangwon.kr/dep/part34/sub08/sub08_02_01_01.asp) 등과 같은 곳에서 확인할 수 있다.

경쟁이 격화될 경우 외국인 투자 유치를 위하여 다양한 인센티브 패키지를 경쟁적으로 제공하게 되며 이러한 패키지는 특정 외국인 투자자에 대한 우대 문제를 초래하게 되고 이는 투자협정의 여러 조항에 대한 분쟁을 초래하게 될 수 있다. 투자협정에서는 외국인 투자자 상호 간[1] 그리고 외국인 투자자와 내국인 투자자 간의 비차별적 대우를 규정하는 조항을[2] 포함하고 있기 때문이다.

중앙정부의 관점에서는 우리나라 각급 지방자치단체를 통한 일반적인 국제협정상 의무 이행과 투자 관련 협정상 의무 이행은 서로 상이한 속성을 보유하고 있다. 일반적 국제협정의 경우 각 지방자치단체의 의무 이행은 모두 동일한 방향을 지향하고 있는 것으로 지방자치단체 상호 간 대립이나 충돌의 문제가 발생할 개연성은 상당히 낮다.[3] 그러나 투자 관련 협정의 경우 반드시 각 지방자치단체의 이해관계가 동일한 방향으로 수렴하는 것은 아니다. 따라서 각 지방자치단체 간 외국인 투자 유치를 위한 경쟁은 기본적으로 제로섬 게임zero-sum game의 속성을 보유하고 있고 각 지방자치단체는 동일한 외국인 투자를 유치하기 위하여 서로 경쟁하는 관계이기 때문이다. 결국 이러한 현상은 새로운 통상체제에서는 중앙정부와 지방자치단체 간, 그리고 지방자치단체 상호 간 지속적인 협의와 의견 교환이 필요하다는 점을 실질적으로 보여 주고 있다.[4]

1 한미 FTA 제11.4조 참조. 대한민국 정부와 칠레공화국 정부 간 자유무역협정(Free Trade Agreement Between the Government of the Republic of Korea and the Government of the Republic of Chile: "한-칠레 FTA") (2004. 4. 1. 발효) 제10.4조; 대한민국과 ASEAN회원국 정부 간의 포괄적 경제협력에 관한 기본협정하의 투자에 관한 협정(Agreement on Investment Under the Framework Agreement on Comprehensive Economic Cooperation Among the Governments of the Republic of Korea and the Member Countries of the Association of Southeast Asian Nations: "한-ASEAN FTA(투자)") (2009. 9. 1. 발효) 제 4 조; 한일 투자보장협정(2003. 1. 1. 발효) 제 2 조; 한-중 투자보장협정(2007. 12. 1. 발효) 제 3 조도 각각 동일한 취지의 규정을 담고 있다.

2 한미 FTA 제11.4조 참조. 한-칠레 FTA(2004. 4. 1. 발효) 제10.3조; 한-싱가포르 FTA(2006. 3. 2. 발효) 제10.4조; 한-인도 CEPA(2010. 1. 1. 발효) 제10.3조; 한-ASEAN FTA(투자)(2009. 9. 1. 발효) 제 3 조; 한일 투자보장협정(2003. 1. 1. 발효) 제 2 조; 한-중 투자보장협정(2007. 12. 1. 발효) 제 3 조도 동일한 취지의 규정을 담고 있다.

3 가령 1961년 외교관계에 관한 비엔나협약(1961 Vienna Convention on Diplomatic Relations)의 규정에 따라 주한 외교관의 특권과 면제를 인정하고 필요한 조치를 취하여야 할 의무는 모든 지방자치단체에게 동일하게 적용되며 이들 지방자치단체는 동일한 조치를 취함으로써 그러한 의무를 이행하게 된다. 가령, A지방자치단체와 B지방자치단체는 동일한 시각과 조치를 통해 동일한 방향으로 진행을 하며, 이 과정에서 상호 간 경쟁이나(가령 어떻게 하면 주한 외교관들에 대하여 더욱 폭넓은 특권과 면제를 인정해 줄 것인가에 관하여) 충돌하는 것은 아니다. 즉, 이 경우에는 양 지방자치단체의 이해관계가 수렴하는 것으로 볼 수 있을 것이다.

4 이재민, "지방자치단체의 국제투자 유치와 투자분쟁," 「국제법학회논총」 제55권 제 2 호(통권 제117호), 대한국제법학회(2010. 6. 30), p. 128 참조.

이러한 외국인 투자유치 정책 및 조치는 각급 지방자치단체가 독자적으로 결정하며 중앙정부 차원에서의 조율은 사실상 이루어지지 못하고 있다. 혹자는 각급 지방자치단체가 해당 지역 내에서 소관 업무와 관련하여 구체적 정책과 조치를 시행함에 있어 중앙정부가 조율을 시도하는 것 자체가 지방자치의 기본 정신에 반하는 것이 아닌가 하는 반문을 제기할 수 있다.[1] 그러나 국제법 법리에 따를 경우 지방자치단체의 외국인 투자 유치 정책 및 조치는 중앙정부의 그러한 정책 및 조치와 동일시되고, 경우에 따라서는 우리나라의 국가책임을 초래할 수도 있다는 점을 감안하면 이러한 반문은 설득력을 잃게 된다. 국제법 법리는 특단의 사정이 존재하지 않는 한 중앙정부와 지방정부를[2] 구별하지 않는다. 중앙정부의 행위이든 지방정부의 행위이든 모두 해당 국가의 행위로 귀속되고 그러한 행위가 국제법가령, 조약에 대한 위반을 구성하면 그대로 국가책임이 성립하게 되어 손해배상 등의 문제로 귀결된다. 따라서 지방자치단체의 조치로 인하여 한국이즉, 중앙정부가 국가책임을 부담하게 되는 상황은 얼마든지 발생 가능하다. 이러한 점을 감안하면 중앙정부가 지방자치단체의 국제활동 전반에 대하여 관심을 갖고 모니터링하며 필요시 적절한 조율에 나서는 것은 시급히 요구되는 사항 중 하나라고 할 수 있다.

5. 복수 통상협정의 효과적 이행 및 조율방안 마련

다양한 내용을 담고 있는 복수의 통상협정을 어떻게 다룰 것인가 또한 앞으로 직면하게 될 문제이다. 상기하였듯이 FTA 체결이 늘어나고 각 협정마다 다소 상이한 규정을 담고 있을 경우 이를 어떻게 효과적으로 이행하고 조율할 것인지에 대한 구체적인 방안을 마련할 필요가 있다. 이는 단지 이론적인 차원에 머무를 것이 아니라, 보다 실무적으로 동시에 현실적인 대안을 모색해야 할 것이다.

1 지방자치제도란 기본적으로 국가의 업무를 지방 단위로 분장하여 중앙정부의 간섭을 배제하고 수행하는 국가작용을 말한다. 정종섭, 「헌법학원론」, 박영사(2006), p. 766 참조.

2 이 글에서는 일반적인 의미의 국제법상 지방정부를 지칭하는 경우에는 "지방정부"라는 용어를, 그리고 구체적으로 우리나라의 지방정부를 지칭하는 경우에는 "지방자치단체"라는 용어를 사용함을 밝혀둔다.

지금까지 FTA협정 체결 교섭은 개별 FTA 사안별 검토에 주로 국한되어 왔다. 제한된 인력과 촉박한 시한에 맞추어 협상을 진행하다 보면 해당 FTA만을 충분히 검토하기에도 쉽지가 않기 때문이다. 그러나 우리나라의 FTA 체결이 지속적으로 증가함에 따라 앞으로는 개별 FTA만을 검토하는 단계를 넘어 FTA 상호 간 초래되는 문제점 역시 중요하게 대두될 것이다. 새로 체결된 FTA를 이행하기 위하여 국내 법령을 제/개정하거나 또는 제도를 수정하게 되면 기존에 체결된 FTA에도 영향을 초래하기 때문이다. 특정 FTA를 체결한 이후 이를 이행하기 위하여 특허법, 공정거래법 등 일반적으로 적용되는 법규 및 제도가 수정되게 되면 그 효과는 기존의 FTA 당사국에게도 그대로 미치게 된다. 이러한 일반적인 제도의 변경은 모든 FTA 체결 국가에 동시에 미치게 되고, 이러한 제도 변경으로 인하여 기존의 이해관계가 침해된다고 느끼는 FTA 체결국가가 있는 경우 문제를 제기할 가능성도 배제할 수 없다.

한편 FTA협정 조항 중에 향후 새로운 FTA가 체결되는 경우 그에 맞추어 외국 상품 등에 대한 대우가 바뀌게 됨을 명시적으로 표현하고 있는 경우도 적지 않다. 대표적인 경우가 FTA협정의 여러 조항에서 발견되는 최혜국대우 조항이다. 최혜국대우는 여타 국가 및 여타 협정과의 상대적인 개념으로 새로운 협정이 체결되어 우리나라가 새로운 대우를 외국 상품에 부여하게 되면 곧바로 기존의 협정 상대방에도 동일한 대우를 부여하여야 한다.

나아가 FTA협정에는 해당 FTA에만 적용되는 절차적 규정을 포함하고 있는 경우가 적지 않다. 실제로 반덤핑 조사의 경우 각 FTA협정들은 각각 상이한 규정들을 도입하고 있다. 그 결과 동일한 반덤핑 조사라고 하더라도 각 국가마다 적용되는 절차들에 차이가 존재하게 된다. 그런데 문제는 이러한 조사를 담당하는 우리 국내 기관은 하나라는 점이다. 즉, 반덤핑 조사의 경우 이를 담당하는 우리 국내기관은 무역위원회이다. 동일한 무역위원회가 실시하는 반덤핑 조사라고 하더라도 그 조사대상 품목이 미국산 상품인지, 인도산 상품인지, 유럽산 상품인지, 동남아산 상품인지 여부에 따라 적용되는 절차적 규칙들이 상이하게 된다. 이 경우 담당기관 및 담당자 입장에서는 적지 않은 혼란이 발생할 수밖에 없다. 향후 우리가 현재 계획대로 40여 개의 FTA를 체결하게 되면 이러한 문제는 더욱 증폭될 것이다. 나라별로 차이점과 공통점에 관한 복잡한 매뉴얼이 마련되지 않으면 이를 효율적으로 집행하기 곤란할 것이다. 특히 최근 WTO 분쟁 등에서는 절차적 요건 미비를 이유로 패소 판정이 내려지는 경우도 적지 않다는 점을 감안하면 이러한 복잡한 절차적 규정의 도입은 철저한 준비를 요한다고 할 수 있을 것이다.[1]

복수의 통상협정의 신속한 해석과 이행을 지원하기 위한 방안으로는 통상협정 해석 매뉴얼POLICY BULLETIN 또는 주석서COMMENTARY의 준비를 생각해 볼 수 있다. 이 매뉴얼은 제반 통상협정을 주요 조문별로 해설하는 자료가 될 것이다. 통상협정이 소수에 불과하다면 조문별로 비교표를 만들어 운용하는 방안이 용이할 것이나 장기적으로 수십 개에 이른다면 조문별로 기본취지를 설명하고 각 협정이 채택하고 있는 해당 조항의 차이점에 대하여 상세한 설명을 제시하는 방식이 더욱 효과적일 것이다. 이러한 주석서를 작성하여 FTA가 추가로 체결될 때마다 갱신하는 방안을 검토하여 볼 수 있다. 미국의 외교관계법 주석서Restatement of Foreign Relations Law가 미국 내에서 외교 관련 이슈를 검토하는 데 중요한 근거자료로 활용되고 있는바, 이러한 매뉴얼은 이와 유사한 역할을 수행할 수 있을 것이다.

통상협정과 관련하여 지금까지는 주로 통상협정을 체결하는 데까지의 문제에 초점을 맞추었다. 가령 어떤 국가와 어떠한 조건으로 FTA를 체결할 것인가, 또는 통상협정을 체결하는 절차를 어떻게 할 것인가 하는 문제 등에 정책의 초점을 맞추어 왔다. FTA 확대 정책을 처음으로 추진하는 과정에서 이러한 정책 포커스는 불가피하였을 것이다. 그러나 이제 본격적으로 FTA시대에 진입하는

1 현재 우리나라가 체결한 여러 FTA협정들은 동일한 사안과 관련하여서도 조금씩 상이한 조항을 도입하고 있다. 가령, 한미 FTA는 무역구제조치와 관련하여, 반덤핑 조사 청원서가 접수되면 상대방에게 즉시 통보하여 양자협의의 기회를 제공하여야 하고(제10.7조 제 3 항), 반덤핑 조사가 개시되면 가격약속(suspension agreement) 협의와 관련된 정보를 서면으로 상대방에게 전달하여야 하고, 추후 가격약속 협의가 개시되면 그 타당성에 대하여 충분히 고려하여야 한다(제10.7조 제 4 항) 이러한 규정은 WTO 반덤핑협정이나 여타 FTA협정에서는 나타나지 않는 내용이다. 마찬가지로 한-EU FTA는 무역구제조치와 관련하여 반덤핑 조사 신청서가 제출되면 조사 개시 15일 전까지 상대방에게 통보하도록 규정하고 있으며(제3.9조), 일몰재심 및 상황변화 재심 결과 종료된 조치의 경우 1년 이내 재조사 신청 시 별도의 의무를 부과(제3.11조)하는 등 새로운 내용을 독자적으로 규정하고 있다. 한-EU FTA는 실제 덤핑 마진율보다 낮은 마진율 부과를 통해서 산업피해를 충분히 구제할 수 있는 경우 낮은 마진을 부과하도록 하는 소위 "Lesser Duty Rule"도 역시 규정하고 있다(제3.14조). 이 역시 한미 FTA 또는 WTO 반덤핑협정에서는 규정되지 않은 내용이다. 한편, 한-싱가포르 FTA는 무역구제조치와 관련하여 역시 "Lesser Duty Rule"을 규정하고 있으며(제6.2조 제 3 항 가호) 또한 그동안 국제분쟁의 단초를 제공하였던 제로잉조치를 금지하는 조항을 명문화하고 있다(제6.2조 제 3 항 나호). 이상에서 보는 바와 같이 우리 무역위원회가 실시하는 동일한 반덤핑 조사와 관련하여서도 각 FTA협정이 모두 상이한 내용을 담고 있어 향후 이를 각 협정에 부합하게 운용하는 데 있어 적지 않은 운용상 부담을 초래할 가능성이 있다. 향후 FTA 이행 관련 법령 정비 작업 등에 참고하여야 할 부분이다.

현 상황에서는 체결 이후 FTA를 유지·운용하는 과정으로 중심 축을 서서히 옮길 필요성이 있다. Pre-FTA에서 Post-FTA로 이행하는 과정으로 이해하면 될 것이다. 물론 Pre-FTA절차의 중요성이 이제는 소멸된 것은 아니며 다만 Pre-FTA만큼이나 Post-FTA에 대하여 준비작업을 진행할 필요가 있는 것으로 이해하면 될 것이다. 이러한 Post-FTA작업을 효과적으로 진행하는 데 있어 주석서는 중요한 역할을 수행할 수 있을 것이다.

6. 국제통상 관련 국내제도의 정비

새로운 통상환경에 직면하여 통상 관련 국내제도를 점차로 정비하여 나가는 것이 필요하다. 여러 필요조치를 일거에 정비할 수도 없을 것이며 또 통상협정 교섭을 계속 진행해 나가면서 필요한 부분이 새로이 확인되는 경우도 많을 것이므로 장기적인 계획을 세워 순차적으로 작업을 진행하는 것이 필요하다.

A. 통상 관련 조치의 의미의 재확인

무엇보다 중요한 것은 통상협정에서 의미하는 "조치"는 실로 광범위한 개념이라는 점이다. 여기에는 통상에 영향을 미치는 입법, 행정, 사법부의 모든 작위 및 부작위를 포함한다. 따라서 행정부의 통상규제조치는 물론이고, 법령, 제도, 조례, 사법부의 판결 등 모든 국가 작용이 여기에 포함된다. 또한 현재 국제통상은 모든 영역에 걸쳐 이루어지고 있으므로 대부분의 정부 작위, 부작위는 직접적으로 또는 간접적으로 국제통상에 영향을 끼칠 가능성이 상당히 높다. 또한 여기에는 중앙정부, 지방정부를 불문한다. 결국 이를 정리하면 우리 입법부, 행정부, 사법부, 지방자치단체의 적지 않은 조치들이 통상협정에서 의미하는 "조치"에 해당할 가능성이 높고, 그 결과 협정 위반 문제가 제기되거나 또는 분쟁해결절차로 이행할 가능성을 항상 보유하고 있다는 점을 알 수 있다.

이러한 점을 감안하면 이제는 대부분의 주요 정책 도입 단계에서 통상협정과의 상충 여부에 대한 사전평가가 진행되어야 할 것이다. 이러한 상황은 비단 우리나라에서만의 상황은 아니며 세계 여러 국가들이 공히 경험하고 있는 난관 중 하나이기도 하다. 중앙과 지방을 불문한 정부 부처의 국가 작용은 언제나 통상협정 위반의 대상이 될 수 있다는 점을 인식하고, 이러한 의미에서 통상과 관련하여 "조치"의 의미를 재확인할 필요가 있다.

B. 관련 법령의 검토 및 재정비

국제통상과 관련한 조약은 결국 국내법령을 상호 정비하자는 약속 또한 포함하고 있다. 따라서 통상조약의 교섭과 체결과정에서 국내 관련 법령을 지속적으로 검토하고 재정비할 필요성이 있게 된다. 이는 단지 조약 체결만을 위해서가 아니라 체결 이후 이를 적법하게 준수하고 효과적으로 운용하기 위한 기본적인 것이라고 할 수 있다. 따라서 국내법령 정비를 구체적으로 어떻게 할 것인지에 대한 검토가 실무적 차원에서 이루어져야 할 것이다. 꼭 유념해야 할 것은 조약협상이 모든 것이 아니며 체결 이후 이를 관리하기 위한 절차에 대한 검토가 필요하다는 점이다. 그러므로 국제통상과 관련한 국내 법령의 검토와 재정비를 통해 국제통상협정에 부합하는 국내 법률 구조를 갖추어 장래에 존재할 수 있는 분쟁에 대비하고 대외적으로 볼 때에 국내 법령의 명확성을 확보하는 것이 중요하다. 이러한 작업은 헌법에 의하여 체결된 국제통상협정은 우리 헌법을 정점으로 하여 적법하게 국내적으로 편입되어 국내법과 동일한 효력을 갖는다는 헌법 제6조 제1항[1]에 부합하는 합헌적인 작업이기도 할 것이다.

C. 절차적 요소의 중요성 인식

이제는 내용적 측면뿐만 아니라 절차적인 적법성의 중요성도 인식해야 한다. 우리나라의 경우 절차적인 적법성에 대하여 상대적으로 등한시하는 경향이 있다. 이는 뭐든지 빠르게 눈앞의 사안의 해결에 급급해 온 기존의 관행에 비롯한 것으로 보인다. 예를 들어, 의사결정 과정에서 기록을 남기지 않거나 업무를 담당자 간 비공식적 협의를 통해 진행하는 습관을 들 수 있다. 이렇게 기록을

1 헌법에 의하여 체결·공포된 조약과 일반적으로 승인된 국제법규는 국내법과 같은 효력을 가진다.

남기지 않거나 외부에서 확인이 되지 않는 업무 관행은 추후 문제 소지가 될 가능성이 농후하다. 특히 FTA협정에서는 이러한 형태의 정책 수립의 경우 여러 실체적 조항에 대한 위반을 구성할 가능성도 존재한다.

D. 법령 및 조치의 영문화 작업 진행

법령 및 조치와 관련하여 외국인 투자자와 사업가들에게 지난 몇 년간의 긍정적인 변화는 법령 및 조치에 대한 영문화 작업이 상당히 발전했다는 점이다. 이러한 중요한 발전은 외국인들이 한국에 투자를 고려하는 데 많은 긍정적인 영향을 준다. 과거 한국의 법령의 영문화는 매우 제한적인 부분에서 이루어졌다. 법제처는 많은 노력을 들여 국내법령을 영문화하였고 이를 인터넷에서 확인할 수 있도록 웹사이트에 게시하였다.[1]

그러나 상당한 노력에도 불구하고 아직 좀 더 개선해야 할 점이 있는 것은 사실이다. 먼저, 정부의 규칙을 영문으로 번역 시에 같은 용어를 명백한 이유 없이 여러 가지 형태로 번역하고 있는 오류가 있다. 예를 들어, 법령의 집행을 위하여 발하는 "시행령"을 "집행명령," "대통령령" 또는 "명령" 등 여러 가지 형태로 번역하고 있다. 마찬가지로 시행령의 집행을 위한 "시행규칙"은 "집행규칙," "집행규제"라고 번역하거나 단수와 복수를 일관되지 않게 번역하고 있다. 두 번째로, 어색하거나 혼란스러운 표현이 눈에 많이 띈다. 외국인들이 "Aggregate Extraction Act골재채취법" 또는 "Act on Support for Female-Owned Businesses여성기업지원법"을 듣는다면 영문 번역문이 무슨 뜻인지 파악하지 못해 머리를 긁적이는 상황이 벌어지기 쉽다. 전자는 국가의 자갈과 모래를 효율적으로 사용·관리하기 위한 법이고 후자는 출산과 임신 등으로 인하여 경제활동이 중단된 여성들을 지원하기 위한 법이다. 따라서 건설업과 서비스 산업에 대하여 관심 있는 외국인 투자자들은 이와 같은 법이 어떠한 내용을 담고 있는지 궁금해 할 것이나 제목과 내용이 영어로 어색하게 번역되어 있어 혼란을 겪기 쉽다. 세 번째로, 중요한 몇 가지 입법이 생략되어 있다. 법제처의 엄청난 노력에도 불구하고 모든 법령이 영어로 번역되어 있는 것은 아니기 때문이다. 아마

1 한국법제연구원, 대한민국영문법령 사이트(http://elaw.klri.re.kr/).

머지않아 외국인과 외국과 관련한 모든 법령은 영어로 번역될 것이고 또한 그래야 할 것이다. 하지만 번역이 되더라도 한국어로 된 원본이 발효되고 수개월이 걸리는 것이 보통이다. 상당수의 외국인 투자자들과 기업이 한국 법령의 영향 아래 있는 것을 고려하면, 조금 더 신속하고 정확한 번역작업이 요구된다.

최근 한-EU FTA협정문에서 사소한 번역 오류와 관련하여 많은 논란이 있었다. 그러나 중요한 점은 이러한 사소한 오류가 아니라 앞으로 한국 법령에 대한 외국인들의 접근성 요구 급증에 어떻게 대처할 것인가이다. 협정문 번역 논란의 한 가지 긍정적인 점은 국내 법령의 영문화에 대한 국민적 관심이 그 중요성을 촉발시켰다는 점에 있다. 이러한 관심을 바탕으로 한국에서 거주하며 사업하는 외국인 투자자와 사업가들에게 신속하고 정확한 공식 한국 법령 영문본을 소개할 수 있는 전문 시스템과 절차가 확고히 마련되어야 한다.

E. 정부의 통상정책 추진 관련 조직의 보완

통상 관련 법령 정비 작업을 진행함에 있어 정부통상 관련 조직의 재정비 필요성 역시 검토하여 볼 필요가 있다. 현재 정부의 통상정책은 외교통상부 중심으로 다양한 국제통상 현안에 효과적으로 대처하여 온 것으로 평가할 수 있으며, 향후 이를 더욱 체계화·조직화하여 발전시킬 방안을 검토하는 것도 중요한 의의가 있다. 현재 정부조직법상 외교통상부장관은 "외국과의 통상교섭 및 통상교섭에 관한 총괄, 조정"에 관한 사무를 업무범위로 하고 있고, 외교통상부에 통상교섭사무를 담당하는 본부장 1명을 두도록 하고 있다. 외교통상부는 1998년 통상산업부의 통상기능을 흡수하여 외무부에서 외교통상부로 확대개편되었다. 통상업무는 미국의 USTR과 같이 통상업무를 전담하는 부서를 별도로 두는 경우도 있고, 호주와 같이 외교부Department of Foreign Ministry and Trade에 그 기능을 두는 경우도 있으며, 영국과 같이 산업부Department of Business, Innovation and Skills에 통상업무를 관장하도록 하는 경우가 있다. 통상업무는 기획재정부, 농림수산식품부 및 지식경제부 등 거의 전 부처의 업무에 관련되므로 어느 특정한 산업의 주무부서가 담당하는 것은 부처 간 이해관계의 조정의 측면에서 어색한 측면이 있다. 따라서 특정한 산업을 관장하지 않는 외교부로 하여금 통상업무를 담당하도록 하는 것은 합리적인 측면이 있고, 외교통상부가 15년여 이상 통상의 주무 부서로서 한미 FTA 협상을 원만하게 마무리하는 등 상당한 성과를 거둔 점은 높이 평가할 만하다.

다만 외교통상부는 정무적 성격의 외교와 경제적 성격의 통상분야는 그 성격이 다르기 때문에 이를 단일의 부처에서 효율적으로 관장하는 데 어려움이 있을 수 있고, 통상교섭본부장이 장관급이라고는 해도 정부조직상 부처의 장이 아니므로 타 부처와의 통상정책의 조율과정에서 일정한 한계가 있을 수 있으며명칭도 통상"교섭"본부 내지 통상"교섭"본부장이기 때문에 통상정책의 조정기능에 있어서 한계를 전제로 한 것이라는 지적도 있다, 통상정책은 전 부처의 영역을 모두 대상으로는 하는 고도의 전문적인 영역이라는 점에서 미국과 같은 독립된 통상전담부서를 두어야 한다는 주장도 없지는 않다.

통상정책과 직접적으로 관련 있는 기관은 아니나 통상정책의 추진과정에서 국내 산업의 보호를 위한 대표적인 기관이 무역위원회이다. 우리나라의 무역위원회는 1987년 발족한 이래 산업피해구제기관으로 상당한 성과를 거두었다. 그러나 정부기관 중 거의 유일하게 무역위원회 위원장이 상임이 아니며, 동 위원회가 지식경제부 산하에 있는 까닭에 상임위원 1인도 지식경제부의 순환보직의 대상으로 되어 있어서 전문성 제고차원에서는 상당한 한계가 있다. 우리나라는 수출주도형 통상국가이고 최근 FTA를 적극적으로 추진 중에 있기 때문에 무역위원회가 적극적으로 산업피해구제에 나서기 힘든 정책적 측면이 있으나 이럴 때일수록 무역위원회의 기능을 보완하여 시장개방으로 인하여 피해를 입은 국내 산업의 피해구제에 적극적으로 나설 필요가 있다. 이러한 점에서 현재의 무역위원회의 조직과 위상에 대하여 전면적인 검토를 할 필요가 있다.

F. 외국 통상장벽에 대응하는 국내기업의 청원권 도입

FTA시대에 접어들며 외국 상품의 국내시장 진출이 늘어감과 함께 우리나라 상품의 해외 시장 진출 역시 대폭으로 확대될 것으로 기대되고 있다. 바로 이러한 목적으로 FTA를 체결하는 것이라고 해도 과언이 아닐 것이다. 그런데 FTA 체결 등으로 시장 개방의 폭이 넓어짐과 함께 다양한 형태의 무역장벽이 곳곳에서 대두되고 있다. 아무리 관세를 "0"으로 낮추더라도 다양한 형태의 비관세장벽이 도입된다면 이러한 무관세의 효과는 반감되거나 상쇄된다. 이러한 비관세장벽을 극복하기 위하여 투입되는 비용과 노력이 결국 가격 상승으로 이어지거나 수출시장 포기로 이어지기 때문이다. 가령, 최근의 사례를 들면 다음과 같다. 2010년 초반 미국에서는 토요타 자동차의 대규모 리콜이 있었다.[1] 이는 미국의 자동차 안전규정의 적용으로 인한 것이었으나 유독 토요타에 대해서만 이러한 면밀한 검토가 이루어 진 것에 대하여 일본 일각에서는 이러한 조치가 결국 토요타 자동차의 판매를 제한하여 미국 자동차산업을 간접적으로 지원하기 위한 것이라는 주장도 제기되었다.[2] 한미 FTA가 2012년 3월 15일 발효되며 자동차 부품산업의 대미시장 진출도 상당히 늘어날 것으로 기대된다. 그러나 미국 정부가 자동차 부품에 포함되는 광물에 대한 규제조치를 도입하여 우리 업체들이 이를 준수하는 것이 쉽지 않게 되었다. 결국 해결방안을 마련하게 되더라도 이에 투입되는 비용과 시간은 결국 해당 상품의 가격 상승으로 이어지게 된다. 이는 관세 부과를 통하여 발생하는 가격 상승의 효과와 실제에는 다를 바 없게 될 것이다. 외국의 통상장벽을 파악하고 이에 적극 대처하는 노력이 필요한 이유는 바로 여기에 있다.

그런데 이러한 외국의 통상장벽을 어떻게 파악하고 이에 구체적으로 대처할 것인지에 대해서는 여러 가지 방법이 있을 수 있다. 지금까지는 여러 기업의 의견을 취합하여 이를 기초로 외교통상부에서 "외국의 통상장벽"이라는 백서를 매년 발간하고 있다. 이 백서에는 세계 여러 곳에 위치한 우리 공관과 현지주재 기업을 통하여 취합된 정보가 정리되어 있어 중요한 자료로 활용되고 있다. 그런데 현재 이러한 외국의 통상장벽에 대처하는 우리의 기본골격은 이러한 취합 자료에 기초하여 정부가 구체적인 대응 방안을 결정하는 것으로 되어 있다. 즉, 여러 상황을 고려하여 양자 간 해결을 모색하거나 또는 WTO 제소를 검토하거나 하는 등 구체적인 방안을 정부가 결정하게 되는 것이다. 이 과정에서 우리

1 한국경제 신문기사, "도요타, 美서 또 대규모 리콜 … 가속 페달 결함으로 230만대," 2010. 1. 22. available at http://www.hankyung.com/news/app/newsview.php?aid=201001220981g; 외국 보도로는 CNN, "Money, Toyotal recall: 2.3 million cars," Jan 22, 2010 available at http://money.cnn.com/2010/01/21/autos/toyota_recall/

2 Money News, "Japan Fears that Toyota Woes Will Hurt U.S. Ties," Feb 12, 2010 available at http://www.moneynews.com/InvestingAnalysis/Toyota-Recall/2010/02/12/id/349753

기업의 입장은 중요한 고려요소이기는 하나, 외국의 통상장벽에 대하여 어떠한 구체적인 조치를 취할 것을 정부에 요구하는 권리가 아직 부여되어 있지는 아니하다. 외국의 통상장벽에 대하여 보다 체계적으로 대처하고, 관련 자료의 취합을 보다 용이하게 하기 위해서는 관련 기업에 대하여 이러한 권리를 부여하는 방안을 검토하여 볼 필요도 있다. 현재 EU와 미국의 경우 자국 기업에 대하여 이러한 권리를 부여하고 있으며 아래에서는 이를 간략히 살펴보기로 한다.

(1) EU — Trade Barriers Regulation

EU TBR 제도의 법령상 근거로는 Council Regulation (EC) No. 3286/94 of 22 December 1994Council Regulation (EC) No. 356/95 of 20 Feb 1995 및 Council Regulation (EC) No. 125/2008 of 12 Feb 2008에 의해 일부 개정를 들 수 있다. 이 제도에 따르면 EU시장에 영향을 준 외국의 무역장벽obstacles to trade: "any trade practice adopted or maintained by a third country in respect of which international trade rules establish a right of action"으로 인하여 피해injury를 입은 EU산업을 대리하여 특정 기업이 서면으로 EU집행위원회에 청원서complaint를 제기할 수 있다.[1] 또는 해외 수출시장에 영향을 준 외국의 무역장벽으로 인하여 불리한 무역영향adverse trade effects을 받은 EU의 기업 역시 서면으로 청원서를 제기할 수 있도록 규정하고 있다.[2] 이러한 청원서에는 해당 무역장벽의 존재 및 피해를 증명할 수 있는 증거자료를 포함해야 하고,[3] 이러한 청원서의 사본은 각 회원국에도 전달된다.[4] 그리고 이러한 청원서에 대하여 EU집행위원회는 구체적인 의무를 부담하고 있다. 즉, 집행위원회는 협의consultation를 통해 통상적으로 청원서 제출일로부터 45일 안에 해당 청원에 대한 EU검토절차Community examination procedure의 개시 여부에 대한 결정을 내려야 하기 때문이다.[5] 충분한 증거가 있고 공동체의 이익을 위해서 조사를 개시할 필요가 있다고 판단되면 집행위원회는 이 절차를 개시하여야 한다.[6]

1 Council Regulation 제3.1조에 따르면 EU 국내시장에 영향을 준 해당 무역장벽으로 영향을 받았고 관련 상품/서비스의 유럽 총 생산의 상당부분을 담당하는 생산자가 제기할 수 있도록 규정하고 있다.
2 *Ibid.* 제4.1조 참조.
3 *Ibid.* 제3.2조, 제4.2조 및 제6.2조 참조.
4 *Ibid.* 제5.1조 참조.
5 *Ibid.* 제5.4조 참조.
6 *Ibid.* 제8.1조 참조.

해당 절차를 개시하게 되면 집행위원회는 이 사실을 공표하고, 해당 국가의 대표에게 이를 알려 협의를 진행하며 회원국 협력하에 공동체 차원의 조사를 진행하여야 한다.[1] 이 조사과정에서 집행위원회는 수입업자, 무역업자, 대리인, 생산자, 무역협회/기관 등 다양한 이해관계인으로부터 정보를 획득하고 확인한다.[2] 또한 위원회는 해당 국가가 거부하지 않는 한 제3국의 영토 내에서도 조사를 진행할 수 있다.[3] 한편 관련 당사자가 요청할 경우 집행위원회는 공청회를 개최하기도 한다.[4] 최종 결과 보고는 통상 조사개시공표일로부터 5개월 안에 이루어져야 하며 사안이 복잡할 시에는 7개월 안에 보고하도록 되어 있다.[5]

만약 조사결과 어떠한 조치도 취할 필요가 없는 것으로 결론나는 경우 해당 조사는 종결되며 조사 기간 도중에 해당 상대국이 충분한 조치를 취하여 더 이상 추가 조치가 불필요한 경우에도 역시 조사는 중단된다.[6] 다만 이 경우 집행위원회는 해당 상대국의 조치유지 및 실제적용상황을 지속적으로 검토할 의무를 부담한다.[7] 또한 해당 상황의 해결을 위해서는 해당 상대국과의 조약체결 등이 필요하다고 판단되는 경우에는 해당 조사는 중단되고 조약협상 등으로 넘어갈 수도 있다.[8]

그리고 이러한 최종 결정 결과에 따라 필요한 보복조치를 검토할 수도 있으며, 다만 이러한 조치는 EU가 부담하는 국제협정상 의무를 모두 준수하여야 한다.[9] 그리고 이러한 결정은 그 상세한 이유와 함께 관보인 *Official Journal of the European Communities*에 공표되어야 한다.[10] 요컨대 자국 기업이 제기한 외국의 통상장벽조치에 대하여 일정한 기한 내에 검토하고 필요한 조치를 취하도록 하는 의무를 EU집행위원회는 부담하고 있는 것이다.

1 *Ibid.* 제8.1조 참조.
2 *Ibid.* 제8.2조 (a)항 참조.
3 *Ibid.* 제8.2조 (b)항 참조.
4 *Ibid.* 제8.5조 참조.
5 *Ibid.* 제8.8조 참조.
6 *Ibid.* 제11.2조 (a)항 참조.
7 *Ibid.* 제11.2조 (b)항 참조.
8 *Ibid.* 제11.3조 참조.
9 *Ibid.* 제12.1조 참조.
10 *Ibid.* 제12.4조 참조.

이 제도 운용과 관련하여 EU집행위원회는 소개 책자를 작성하여 기업에 배포하는 등 적극적 행보를 보여 왔다. 1996년 이 제도가 최초 도입된 이후 2008년까지 총 25건의 조사가 개시된 바 있으며 이 중 12건은 제3국이 스스로 개선조치를 취하였고, 1건은 무역장벽 혐의가 없어 종결되었으며, 7건은 WTO 분쟁해결절차로 진행된 바 있다.[1]

(2) 미국 — Section 301 Petition and Investigation

미국의 경우 우리에게 잘 알려진 통상법 제301조[Trade Act 1974, Section 301]가 이러한 청원제도의 법적 근거를 제공하고 있다. 여기에는 외국의 통상장벽에 대하여 USTR이 취할 수 있는 조치와 함께[2] 미국 국내기업의 청원[petition]을 통한 조사개시 절차도 아울러 규정되어 있다.[3]

먼저 USTR의 권한과 관련하여 양자/다자간 무역협정에 의한 미국의 권리가 위반되거나[2411(a)(1)(A)], 상대국의 행위가 미국의 무역협정에 의한 혜택을 위반하거나[2411(a)(1)(B)(i)], 상대국의 행위가 부당하여[unjustifiable] 미국 통상에 부담을 주거나 제한을 가하는 경우[2411(a)(1)(B)(ii)] USTR이 나설 수 있다. 이러한 외국조치에 대하여 USTR은 무역협정상 혜택과 양허를 취소 또는 중단하거나[2411(c)(1)(A)], 여타 형태의 관세 및 수입제한조치를 부과하거나[2411(c)(1)(B)], 또는 관세 면제의 혜택을 취소 또는 중단하거나[2411(c)(1)(C)] 또는 관련상대국과 개선조치에 대한 합의를 추진[2411(c)(1)(D)]할 수 있다.[4]

한편 이와 관련하여 모든 미국의 이해 당사자는 USTR에게 상기에 나열된 조치를 요구하는 청원을 제기할 수 있다.[5] 그리고 USTR은 청원제출일로부터 45일 내로 조사개시 여부에 대해 결정하여야 한다.[6] 만약 USTR이 조사를 개시하지 않기로 결정한 경우, 청원인에게 그 이유를 설명하여야 함은 물론, 해당 결정과 그 이유의 요약 내용을 관보인 *Federal Register*에 공표하여야 한다.[7] 조

1 EU집행위원회 브로셔, "Trade Barriers Regulation: Opening Markets for European Exporters," pp. 15-16 참조(http://trade.ec.europa.eu/doclib/docs/2005/april/tradoc_122567.pdf).

2 19 USC 2411 참조.

3 *Ibid.* 2412-2419 참조.

4 *Ibid.* 2411 참조.

5 *Ibid.* 2412(a)(1) 참조.

6 *Ibid.* 2412(a)(2) 참조.

7 *Ibid.* 2412(a)(3) 참조.

사를 개시하기로 결정한 경우, *Federal Register*에 청원의 내용을 요약하여 공표하고 해당 논점에 대해 공청회를 포함해 이해 당사자 등으로부터 여러 의견을 취합하여야 한다.[1]

한편, 해당 사안이 양국 간의 현존하는 협정과 관련된 것이고 협의 등을 통해서 문제가 해결이 되지 않을 경우, 해당 협정의 분쟁절차로 진행되게 되어 있다.[2] 가령, 이러한 조치가 상대방 국가의 WTO협정 및 미국과의 FTA협정에 대한 위반을 구성한다면 이러한 협정에 규정된 분쟁해결절차로 진행하게 될 것이다.

관련 조사 및 협의를 거쳐 조사개시일 후 통상 12개월 내 결정을 내려야 하나, 만약 양국 간의 무역협정에 관련된 경우는 조사개시일로부터 18개월 또는 해당 협정의 분쟁조정절차의 종결로부터 30일까지 기한이 연장될 수 있다.[3] 최종 결정 후, 일반적으로 관련당사자의 요청이 있을 경우 관련 당사자로부터 공청회를 포함해 해당 결정에 대한 의견을 취합하여야 하고 이 경우 30일전 사전 공지를 하여야 한다.[4] 그리고 이 결정은 *Federal Register*에 사실관계와 함께 공표하여야 한다.[5] 이러한 일련의 절차를 진행하는 과정에서 USTR은 해당 청원인에게 전개상황을 지속적으로 알려야 하며, 예상치 못한 지연이 발생하는 경우 그 이유를 설명하여야 한다.[6]

이러한 결정을 통하여 USTR은 상기 제2411조에 명시된 조치를 취할 수 있으며, 일반적으로 결정일로부터 30일 내로 해당 조치를 취하여야 한다.[7] 해당 조치 이후 관련 조치의 이행 상황 등에 대한 모니터링도 유지하여야 한다.[8] 해당 조치는 최대 4년 동안 유지되며, 해당 4년 기간의 마지막 60일 동안 청원인 또는 국내 관련 산업의 대표자가 해당 조치의 지속을 서면으로 요구하지 않을 경우, 해당 조치는 자동적으로 종결된다.[9]

1 *Ibid.* 2412(a)(4) 참조.
2 *Ibid.* 2413(a)(2) 참조.
3 *Ibid.* 2414(a)(2) 참조.
4 *Ibid.* (2414(b)(1)(A) 참조.
5 *Ibid.* 2414(c) 참조.
6 *Ibid.* 2419 참조.
7 *Ibid.* 2415(a)(1) 참조.
8 *Ibid.* 2416(a) 참조.
9 *Ibid.* 2417(c)(1) 참조.

결국 미국의 경우에도 자국 기업에 대하여 청원권을 부여하고 이에 대하여 미국 정부가 시한 내 필요한 조치를 취할 의무를 부과하고 있다. 2001년 WTO에서 진행된 분쟁인 *U.S.-Section 301* 분쟁에서 미국 통상법 제301조의 WTO 합치성이 제한적으로만 인정됨에 따라[1] 그 이후 이 조항의 적용이 뜸하여졌으나 FTA 체결 등으로 미국 내 시장에 대한 개방효과가 커지고 미국 국내산업의 고전이 심화될 경우 이 조항이 적극적으로 적용될 가능성을 배제할 수는 없을 것이다.

미국과 EU의 이러한 국내산업의 외국 무역장벽 대응 청원제도는 우리에게도 시사하는 바가 적지 않다. 국내 이해관계자들에 이러한 권리를 부여하여 외국 무역장벽을 조기에 확인하고 적절한 대응조치를 취할 수 있도록 하는 방안을 우리도 검토하여 볼 필요가 있을 것이다. 물론 이를 위해서는 관련 담당 부서의 인프라를 구축하는 등 사전 작업이 진행되어야 하므로 이러한 현실적 난관이 장애물로 작용할 수도 있을 것이다. 또한 광대한 국내시장을 바탕으로 외국 정부와 기업에 대하여 실질적인 레버리지를 보유하고 있는 미국 및 EU와 우리나라를 동일한 선상에서 비교할 수는 없을 것이다. 그러나 외국 무역장벽에 대한 조사와 구체적인 조치를 취하도록 정부에 요구하는 권리를 국내 기업에 부여하는 움직임 자체는 우리가 충분히 참고할 만하다고 할 수 있을 것이다.

7. In-Bound 통상분쟁에의 대비

새로운 통상환경이 제기하는 또 다른 통상분쟁이슈는 In-Bound 통상분쟁국내적 통상분쟁에 어떻게 대처할 것인가 하는 문제이다. 그간 우리나라는 수출위주의 통상정책을 운용하여 오다 보니 통상분쟁이라고 하더라도 주로 우리 수출업자들이 해외시장에서 직면하게 되는 규제로 일반적으로 이해해 온 측면

1 United States — Section 301-310 of the Trade Act 1974, DS152, 22 December 1999. 상세는 다음을 참조. Seung Wha Chang, "Taming Unilateralism under the Multilateral Trading System: Unfinished Job in the WTO Panel Ruling on U.S. Sections 301-310 of the Trade Act of 1974," *Law and Policy in International Business* (Summer, 2000); 보복위협에 대한 논의는 장승화/정영진, "1995 미국·자동차분쟁사례연구: 통상법 제301조에 의한 보복조치 위협의 WTO 적합성," 「통상법률」(1996. 12).

이 적지 않다. 또한 국내수입 상품은 적지 않은 경우 우리나라 기업들에게 필요한 물품과 자재이다보니 이에 대한 규제 내지 규율이라는 측면은 특별한 관심의 대상이 아니었다.

새로운 통상환경은 국내시장으로의 외국상품의 대규모 유입을 의미하고 있다. 현재 우리나라가 심혈을 기울여 노력하고 있는 FTA체제의 경우 완전한 국내시장 자유화가 그 기본골격이다. 따라서 머지않은 장래에 우리의 주요 교역상대국에 대해서는 거의 완전한 수준의 시장 자유화가 이루어지게 될 예정이고 그 결과 이들 국가 상품들의 국내시장 진출과 점유 확대는 이제 시간문제일 뿐이다. 여기에 더하여 WTO DDA가 타결이 될 경우 이러한 시장 자유화는 더욱 촉진될 것이다.

그렇다면 남은 과제는 이러한 외국 상품의 국내시장 점유 및 진출을 어떻게 규율할 것인가 하는 부분이다. 정상적인 교역을 통하여 수입되는 외국 상품에 대해서는 어떠한 차별을 하여서도 아니 되며 보이지 않는 교역장벽을 쌓아서도 아니 됨은 물론이다. 그간 우리나라에 대한 외국 정부의 큰 불만사항 중 하나가 바로 한국 시장의 비관세무역장벽이었음을 감안하면 향후 급증하는 외국 상품에 대응하기 위하여 비관세장벽에 의존하는 것은 WTO협정과 FTA협정 등 국제교역 규범을 위반할 뿐 아니라 우리나라에 대한 우리 교역 상대국의 신뢰에 치명적 영향을 초래할 수 있다. 만약 이러한 신뢰가 상실된다면 결국 우리나라의 통상부분에서의 장기적 이해관계에 악영향을 끼치는 부메랑으로 돌아올 개연성이 크다. 비관세장벽 문제는 결국 외국의 문제 제기를 통하여 필요시 분쟁해결절차 등을 통하여 해결될 터인데, 그 과정에서 적지 않은 합법적인 정부정책이나 조치도 비관세장벽의 일환인 것으로 취급될 가능성도 있기 때문이다. 우리의 비관세장벽에 대한 외국 정부의 다양한 자기방어적 조치로 인해 우리 상품의 수출이 제한될 가능성도 무시할 수 없다. 결국 비관세무역장벽 내지 유사한 형태의 위장된 교역 장벽의 설치는 장기적으로 볼 때 국내적 통상분쟁에 대한 적절한 대응방안이 아니다.

이러한 점들을 고려할 때 국내무역구제 제도를 활용할 필요성이 증가되고 있다. 국내무역구제 제도란 특정한 물품의 수입으로 인하여 국내산업이 피해를 입거나 입을 우려가 있을 경우 당해 수입품에 대해 수량제한이나 관세부과 등 적절한 구제조치를 취하는 제도로서 WTO에서 인정하는 유일한 무역장벽이기 때문이다. 다만, 불공정무역 발생 등 협정이 인정하는 일정한 요건을 충족하여야만 발동 가능하다는 점에서 요건에 대반 철저한 분석과 이해를 통해 제도의 활용성을 높여야 할 것으로 보인다.

8. 통상분쟁 증가에 대비한 인프라 구축

통상분쟁에 효과적으로 대응하기 위한 첫 번째 작업은 바로 이를 담당하는 인력과 조직을 장기적으로 확대하여 나가는 것이다. 충분한 인력과 조직이 확보되어야 여러 분쟁해결절차에서 우리의 입장을 효과적으로 주장하고 방어할 수 있을 것이다. 특히 FTA체제가 본격적으로 가동되게 되면 현재 존재하는 WTO 분쟁해결절차에 더하여 각 FTA별 분쟁해결절차, FTA별 ISD분쟁해결절차, 비관세무역장벽 논의절차 등 FTA별 준 분쟁해결절차들이 각각 별도로 운용되게 되므로 현재보다 훨씬 많은 인력과 자원의 투입이 필요하게 된다. 우리와 FTA를 체결한 EU 및 미국의 경우 이미 상당한 인력과 조직을 확보하고 있는 반면 우리는 이제 출발선에 있으므로 이들과 장기적으로 경쟁하며 우리 입장을 방어하기 위해서는 이들 정도는 아니더라도 지금보다는 상당한 확충이 진행되어야 할 것이다. 통상분쟁 전문인력을 집중 양성하여 국제통상 영역에서 그 영향력 확보를 도모하고 있는 브라질, 뉴질랜드, 캐나다, 호주 등의 경험은 우리에게도 시사하는 바가 적지 않다.

최근 통상분쟁의 절대적인 증가와 함께 통상분쟁의 내용도 적지 않은 변화를 겪고 있다. 그간 통상분쟁이라고 하면 대부분 단순한 분쟁을 의미하였다. 가령 외국 정부의 반덤핑부과조치, 상계관세부과조치 또는 세이프가드조치가 대부분을 차지하였다. 이러한 형태의 분쟁은 지금도 여전히 우리 통상분쟁의 중요한 부분을 차지하고 있음은 물론이다. 그간의 통상분쟁의 경험으로 이러한 전통적인 형태의 통상분쟁에 대한 대응 노하우는 정부 및 기업의 담당자들에게도 상당 부분 축적되어 온 상황이다. 그러나 앞에서도 설명한 바와 같이 최근의 통상분쟁 양상은 이러한 전통적인 통상분쟁과는 다른 양상을 띠는 새로운 형태의 분쟁들이 점차 대두하고 있다. 물론 이러한 새로운 형태의 통상분쟁의 등장은 비단 우리나라만의 문제는 아니다. 최근에 국제교역이 다양한 측면에서 전개되고 각국의 이해관계가 충돌하는 상황이 증가하며 각국의 보호무역주의 경향이 강화됨에 따라 이러한 현상이 전 세계적으로 나타나고 있기 때문이다. 어찌되었든 이러한 새로운 통상분쟁 영역은 아직 우리에게 생소하게 다가오고 있는 것이 사실이다.

현재 우리 정부와 기업에는 국제통상 문제를 담당하는 인력이 배치되어 있고 국제교역에 효과적인 대응을 하고 있다. 그러나 향후 새로운 통상환경에서 통상분쟁이 급증하게 될 것을 예상할 때 이에 대한 효과적 대응을 위해서 정부와 기업에서도 이 분야 인력군을 장기적으로 대폭 확대할 필요가 있다. 특히 국제법과 국내법의 해석과 적용을 그 근간으로 하는 국제통상분쟁의 속성상 법률 분야 전문 인력의 지속적인 확충이 필요한 상황이다. 통상분쟁 및 투자분쟁에 대응할 수 있는 법률 전문인력을 장기적으로 양성하는 방안을 적극 모색하여 볼 시점이다.

시급한 국제통상 및 통상분쟁 전문인력 양성의 필요성은 우리의 교역 상대국과 비교하더라도 쉽게 알 수 있다. 가령 국제 법률 및 분쟁 관련 전문 인력을 양성하기 위하여 매년 수천 명씩 젊은 학생 및 학자를 선발하여 전 세계로 파견하고 있는 중국의 노력은 한편으로 두렵고 또 한편으로는 부럽기도 하다. 아마 급성장하는 중국의 국력과 함께 국제 분쟁도 제반 영역에서 폭증할 것을 인식하여 범국가적 차원에서 중국은 이러한 전문인력 양성 프로그램을 실시하고 있는 것일 것이다. 국제사법재판소ICJ 및 WTO항소기구에 자국 재판관을 지속적으로 배출하여[1] 옴으로써 아시아에서 이 분야 선두주자의 자리를 굳히고 있는 일본의 경우는 말할 것도 없다. 미국은 다양한 영역에서 전문성을 보유한 수많은 법률 전문인력들이 정부기관, 법률회사 등 사회 곳곳에 포진하고 있으며, 이들은 또한 미국 영역 밖에서도 전 세계 국제법 분쟁의 상당 부분에 직간접적으로 관여하고 있다.[2]

1 한편 2012년 5월에 서울대학교 법과대학의 장승화 교수가 한국인으로는 최초로 WTO항소기구의 항소기구위원으로 선정되었다.
2 이재민, "더 이상 미룰 수 없는 과제: 국제법률 및 분쟁담당 전문인력의 양성," 미래전략연구원 이슈와 대안(2008. 8. 8).

이러한 상황을 감안할 때 이러한 관련 업무를 담당하기 위한 법률 전문인력의 양성은 더 이상 미룰 수 없는 중요한 국가적 과제라고 할 것이다.

1986년 니카라과 정부는 자국에 대한 미국의 간접적인 무력침공을 UN헌장 제2조 제4항 위반으로 국제사법재판소에 제소하여 승소함으로써 미국에 상당한 법리적·정치적·외교적 치욕을 안겨주었다. 그러나 이 분쟁에서 니카라과 정부를 대리하여 미국을 상대로 승리를 이끌어 낸 변호사들은 니카라과 국적의 법률 전문가들이 아니라 미국 및 유럽의 법률 전문가들이라는 점은 주목할 만하다. 또한 카리브해에 위치한 소국 안티구아 바르부다가 미국을 상대로 제기한 *U.S.-Gambling* 사건을 승리로 이끈 전문가도 미국 출신의 법률가였다. 우리가 국제법률 및 분쟁에서 전문성을 겸비한 인력을 시급히 양성하지 아니한다면 우리의 국익이 풍전등화의 위기에 처한 상황에서도 니카라과나 안티구아 바르부다와 같이 외국 법률 전문가에 의존하는 상황이 오지 말라는 법이 없을 것이다. UN에서, WTO에서, FTA에서 그리고 수많은 국제회의장에서 우리의 법적 이해관계를 대변하는 사람은 우리 문화와 우리 정서를 공유하는 동시에 국제적 경쟁력을 겸비한 우리 국적의 법률 전문가가 되어야 한다. 이를 위한 장기적 작업이 범정부적 차원에서 진행되어야 할 것이다.

A. 통상분쟁 담당 전문인력의 양성 필요성

한국은 현재까지 WTO의 분쟁해결절차에서 성공적인 결과를 보이고 있다. 최초에 한국 정부는 다른 국가 특히, 한국의 주요 교역국에 대해 소송을 제기하는 것에 상당히 거부감을 갖고 있었으나 WTO가 출범한 1995년부터 1999년까지의 경험을 통해 이러한 전략에 대하여 재고하게 되었다. 즉, WTO분쟁해결제도가 오히려 한국의 통상 이익을 적절히 보호하고 실현할 수 있는 메커니즘이라는 것을 깨닫고 이를 보다 적극적으로 활용하는 것이 결국 한국의 통상 이익 옹호에 도움이 된다는 사실을 자각하기에 이르렀다. 그 결과 2000년 이후 현재까지 한국 정부는 WTO의 분쟁해결절차를 원용함에 있어서 상당히 공격적이며 적극적인 입장을 취하고 있다.

초기에 우리나라는 주로 EC, 미국, 캐나다 등 선진국들로부터 제소를 당하는 수세적인 입장이었으며, 또한 패널절차까지 진행되지 않고 양자협의단계에서 합의를 통해 해결하였다. 그러나 미국과의 DRAM 반덤핑 분쟁'97. 8. 14. 제소을 계기로 우리 기업이 세계무대에서 원활히 활동할 수 있는 환경을 조성하고 우리 수출업계의 무역 이익을 보다 적극적으로 보호하기 위해 주요 무역 상대국의 무역제한조치를 WTO에 제소하는 한편 주요 교역국의 부당한 통상 압력 및 WTO 제소 위협에 대해 WTO 차원에서 대응하여 오고 있다. 그 결과 패널보고서를 기준으로 볼 때 WTO회원국 중 미국, EU, 캐나다에 이어 4번째로 분쟁해결절차를 가장 많이 활용하였다.[1]

WTO분쟁해결절차에서의 한국의 성과는 주목할 만하다. 1995년 이후 현재까지 한국이 상대국을 제소하거나 혹은 상대국에 의하여 피소된 사건은 총 29건이다. 그중 7건이 양자협의consultation에 의해 해결되었으며 19건은 패널 및 항소기구 즉, 분쟁해결기구DSB의 결정에 의해 해결되었다. 두 건은 현재 계류 중이다.[2] 위의 19건 중 한국은 13건에서 승소한바, 이러한 67%의 승소율은 50% 전후인 WTO 평균 승소율을 훨씬 상회하고 있다. 특히, 한국은 6개의 피소 사건 중 3건에서 승소한바,[3] WTO회원국의 피소 사건에서의 승소율이 평균 약 10%임을 감안하면 50%의 승소율은 괄목할 만한 성과라고 볼 수 있다물론 이는 우리가 패소한 주세분쟁인 DS75/84를 한 건으로, 그리고 역시 패소한 쇠고기 수입규제 분쟁인 DS161/169를 한 건으로 보고, 또한 인도네시아 제지 반덤핑 분쟁인 DS312건과 같이 부분승소와 패소가 함께한 사건을 승소로서 비교적 후하게 분석한 결과이기도 하다.

최근 WTO체제에 대한 대안으로 현재 각국이 역점을 두고 추진하고 있는 FTA체제하에서는 각 협정별로 별도의 분쟁해결절차가 도입되게 됨에 따라 이러한 국가 간 쟁송절차 참여는 더욱 증가될 것으로 예상된다. 통상분쟁의 다변화로 인한 빈번한 쟁송 참여는 정부에도 상당한 부담을 초래한다. 왜냐하면 개별 통상분쟁의 경우 정부의 직접적인 대응도 아울러 요구하고 있기 때문이다. 즉, 정부 대 정부로서의 교섭 및 협의 등 기본적인 창구를 통하여 통상분쟁을 논의·해결하

1 WTO 웹사이트, Disputes by Country/Territory available at http://www.wto.org/english/tratop_e/dispu_e/dispu_by_country_e.htm

2 WTO 웹사이트에서 국가별 분쟁 현황을 확인할 수 있다. http://www.wto.org/english/tratop_e/dispu_e/dispu_by_country_e.htm

3 외교통상부 웹사이트에서 우리나라의 WTO 피소 분쟁 자료를 다운로드할 수 있다. http://www.mofat.go.kr/trade/wto/dispute/index.jsp?mofat=001&menu=m_30_100_30

는 상황도 지속적으로 전개되고 있는 한편, 정부 스스로 통상분쟁의 당사자로서 준사법적 또는 사법적 절차에 참여하여야 하는 상황도 동시에 발생하고 있다.

가령 우리나라 주요 상품에 대하여 심심찮게 발생하고 있는 상계관세 조사의 경우 우리 정부 자체가 조사 대상 중 하나가 된다. 이에 따라 외국 조사당국이 우리 정부에 대하여 직접 조사를 실시하거나 자료를 제출하는 상황이 발생하게 된다. 가령 2011년 4월 개시되었던 미국 정부의 한국산 냉장고에 대한 상계관세 조사 절차에서 우리 정부는 광범위한 자료와 답변서를 제출하고 있는 상황이다. 2011년 5월 9일 질문서에 대하여 우리 정부는 6월 29일 수천 페이지의 답변서를 제출한 바 있다. 이러한 조사 절차가 복수의 국가에서 동시에 진행될 경우 담당 정부부서의 업무 부담은 급증하게 될 것임을 예견하는 것은 어렵지 않다.

나아가 이러한 통상분쟁의 상당수는 결국 해당국의 법원에 사법심사를 위하여 제기되거나 또는 우리 정부나 상대방 정부가 WTO 및 FTA분쟁해결절차에 제소하는 상황으로 귀결되게 된다. 이에 대한 대응에는 상당한 노력과 준비가 필요함은 물론이다. 이러한 상황과 추세로 살펴볼 때, 정부 업무의 속성상 외부 인력에 대한 외주에는 한계가 있으므로 정부 내 인력 확충에 더욱 박차를 가하여야 할 것이다.

B. 외국인 통상분쟁 전문인력 활용의 한계

현재 우리나라의 WTO 사건들은 미국 혹은 유럽 출신의 외국 변호사가 담당해 왔다. 외국 변호사 선임은 언어장벽 및 전문인력의 부족 등 여러 가지 요인이 내재하고 있다. 그러나 “아웃소싱”은 구조적인 문제를 야기하고 있으며 시간이 지남에 따라 점차 한계를 보여 주고 있다. 우리와 비슷한 상황에 처해 있던 일본이 최근부터 자국 전문가를 중심으로 WTO분쟁해결절차에 참여하며 점차로 역량을 강화하여 가고 있는 것은 시사하는 바가 크다.

지나친 아웃소싱은 때로는 외국 변호사와 우리 정부 간 목표의 충돌 현상도 유발한다. 외국 변호사들은 수임받은 사건에서의 승소가 지상과제임에 반해 정부 입장에서는 해당 사건뿐만 아니라 향후 유사 사건 및 관련 업계에 대한 고려 등도 총체적으로 고려하여야 하는바, 양자의 입장과 이해관계가 항상 일치하는 것만은 아니기 때문이다. 특히 점차 통상분쟁이 복잡화되어 감에 따라 이러한 목표의 "이원화" 현상은 심화되어 가고 있으며, 궁극적인 해결책은 우리 전문인력이 이러한 분쟁을 우리 정부와 협력하여 대처하는 방안에서 찾을 수밖에 없을 것이다.

WTO 등 통상분쟁해결절차에 참여한 여타 국가의 경험, 해당 분쟁에서 승소하기 위한 세계적 전문가 활용의 필요성 등을 종합적으로 고려하면 우리나라도 외국 국적의 변호인을 선임·활용할 수밖에 없을 것이다. 특히 우리나라가 아직 절차적 측면에서 이 부분에 대한 경험이 아쉽게도 전무하다는 점을 감안하면 특히 당분간 이들의 전문성을 적극 활용하는 것이 긴요할 것이다. 특히 우리의 분쟁 상대방도 세계 최고 수준의 전문가를 활용할 것이 거의 분명하다고 볼 때 우리도 이에 상응하는 전문가를 변호인으로 동원하여야만 동등한 수준의 법적 공방을 전개할 수 있을 것이다.

외국인 변호인의 활용과 관련하여서는 해당 분쟁에서의 승소라는 단기적 실익과 함께 외국 전문가를 변호인으로 활용함을 통하여 얻을 수 있는 장기적 실익을 확보하는 측면도 간과할 수 없다. 가령, 외국 전문가들을 변호인으로 적극 활용하여 수년에 걸쳐 통상분쟁을 수행하는 과정에서 이들의 전문지식과 경험을 우리 정부 담당자와 국내 전문가들이 효과적으로 전수받을 수 있을 것이다. 이러한 과정을 통하여 우리 국내의 국제소송 인프라를 장기적으로 구축하는 것이 가능할 것이다. 따라서 외국 국적의 변호인을 활용함에 있어서는 해당 분쟁의 승소뿐 아니라 이들을 통하여 필요한 지식과 노하우를 전수받는 데에도 초점을 맞추어야 한다. 그 이유는 아래에서 설명하는 바와 같이 그 현실적 필요성과 단기적 실익에도 불구하고 외국 국적의 변호인에 대하여 전적으로 또는 지속적으로 의존하는 것은 소송수행 전략 측면에서도 문제가 있을 뿐 아니라 현실적으로도 적지 않은 문제를 초래하기 때문이다.

(1) 외국인 변호인 사용 시 문제점

통상분쟁해결절차에서 외국인 변호인의 활용은 불가피한 측면이 있으나 외국인 변호인 활용에는 간과하기 힘든 문제점도 아울러 존재한다. 역시 다양한 측면에서 이를 살펴볼 수 있으나 다음과 같은 부분을 먼저 살펴볼 필요가 있다.

(a) 번역 및 통역 문제

여타 소송에서와 마찬가지로 WTO분쟁해결절차에서는 지극히 다양한 자료와 문건이 준비되고 제출되며 논의된다. 문제는 이러한 자료와 문건의 경우 대부분 분쟁 당사국의 언어로 작성되어 있어 이를 변호인에게 정확하게 전달하는 것이 반드시 용이하지 않을 뿐 아니라 전달하는 경우에도 적지 않은 비용과 시간이 소요된다는 것이다. 가령 우리나라가 통상분쟁재판절차에 참여하게 되는 경우를 가정하여 보면 이에 관련되는 거의 모든 자료는 우리말이나 분쟁 상대국의 언어로 작성되어 있을 것이다. 상대방의 자료는 차치하더라도 일단 우리측이 필요하여 제출하는 자료, 증거 등은 우리말로 작성되어 있을 것이며, 이를 외국 국적의 변호인에게 정확히 전달하고 이해시키는 데에는 적지 않은 시간과 노력이 소요된다. 그런데 아무리 우리 정부 담당관이 설명을 한다고 하더라도 외국 변호인이 관련 자료의 취지와 배경을 우리와 같은 정도로 정확히 이해할 수 있을지도 의문이고 특히 여러 가지 애매한 뉘앙스의 표현법을 담고 있는 우리말의 경우 그 정확한 번역 및 통역은 상당한 준비를 요한다.

이와 같은 이유로 상당한 비용과 시간을 투입하여도 외국인 변호인이 우리와 동일한 정도의 이해력을 보유하기는 힘든 상황이 적지 않으며, 이 경우 패널 및 항소기구의 다양한 사실적·법률적 질문에 해당 변호인이 순발력 있게 정확한 답변을 제시하는 것이 힘들어진다. 이러한 부분에 대해서는 우리 대리인이나 우리 국내 전문가가 적극적인 역할을 수행할 수밖에 없는 부분이다. 따라서 외국인 변호인의 활용에는 해당 변호인의 학식, 경험의 다과와 무관하게 기본적인 현실적인 장벽을 생각하지 않을 수 없다.

(b) 우리 정부 대리인과 외국인 변호인 간 의견 조율 및 협조 문제

WTO분쟁해결절차를 진행함에 있어 가장 중요한 것은 외국 국적의 변호인이 우리 정부의 대리인을 적극 지원하고 대리인의 지침을 충실히 이행하는 메커니즘을 확보하는 것이라고 볼 수 있다. 우리 정부의 대리인이 해당 분쟁의 총책임자로서 적극적으로 소송을 이끌어 나가지 않으면 외국인 변호인의 역할에 상당 부분 의존할 수밖에 없게 되고 이들의 전략과 주장은 반드시 우리 정부가 채택하는또는 채택하였어야 하는 전략 및 주장과는 상이한 방향으로 전개될 수도 있다.

국제통상법 내지 국제소송 분야 전문가이며 관련 경험이 풍부한 외국인 변호인의 조언은 충분히 경청하여야 하고, 바로 그러한 이유로 변호인을 활용하는 것이기도 하다. 그러나 한편으로 WTO통상분쟁해결절차 등은 단계별로 지극히 복잡한 결정을 요하는 고도의 정치적·외교적 이슈로 점철되어 있다. 증거자료와 관련하여서도 정확한 평가를 위해서는 해당 시점의 관련 정부 담당자의 설명과 배경을 이해하여야 하나 외국인 변호인의 이해는 우리 정부 담당관이 이해하는 정도에 미치지 못하거나 정확한 맥락을 파악하지 못하는 상황도 적지 않을 것이다. 이러한 상황에서 단지 외국인 변호인이 가지고 있는 이전 분쟁에서의 경험과 법리적 해석에만 기초하여 우리가 참여하는 통상분쟁해결절차에서 중요한 결정을 내리는 것은 위험할 수밖에 없다. 제반 사정을 평가하고 법적·정치적·외교적 이슈를 종합적으로 고려할 수 있는 능력은 오로지 우리 정부의 대리인만이 갖고 있으며 그러한 판단에 대한 궁극적인 책임도 그러한 대리인이 부담할 수밖에 없다.

따라서 외국인 변호인을 활용하는 경우에도 그러한 변호인과 우리 정부 대리인 간의 의견조율과 원활한 협조의 확보가 필수적이다. 이러한 의견조율과 협조체제 구축이 확보되지 않을 경우 설사 이론적으로는 완비되었다고 하더라도 우리 정부의 이해관계를 제대로 반영하지 않은 법적 주장이 전개되거나 또는 반드시 우리에게 유리하지만은 않은 증거자료 등이 제출되는 상황이 발생하게 될 것이다.[1]

따라서 외국인 변호인의 활용은 분명 필요하기는 하나 사전에 외국인 변호인 활용을 위한 우리 내부의 준비작업이 이루어질 필요가 있다. 이러한 준비작업은 장기적인 차원에서 조속히 시작하여야 할 과제이며 분쟁 발생 이후로 이를 미루는 것은 적절하지 않다.

1 이러한 점은 특히 ICJ 재판절차에서 분쟁 당사국을 대리하여 참여하는 변호인을 해당 분쟁 당사국의 변호인으로서뿐만 아니라 해당 사안에서 진실을 확인하기 위한 ICJ의 조력자로 그 역할을 파악하고 있는 유력한 입장을 감안하면 특히 부각된다. 이러한 점은 재판부가 요청하는 사항에 대하여 변호인은 적극 협조할 일반적인 의무를 부담하고 있으며 이는 분쟁 당사국의 입장과 반드시 합치하지 않을 수도 있기 때문이다. Mohamed Shahabuddeen, *Precedent in the World Court*, Cambridge (2007), pp. 140-141 참조.

(2) 국내 전문가와의 유기적 협조 체제 구축 필요

결국, 특정 WTO 분쟁 등에서 성공적인 소송수행을 위해서는 외국인 전문가와 국내 전문가가 상호 역할을 분담하고 이를 통하여 최상의 시너지 효과를 창출하도록 도모하는 것이 중요하다고 할 수 있다. 실제 분쟁 발생 시 우리 정부 담당관이 대리인의 역할을 담당하게 될 것이며, 외국의 저명한 변호사나 학자를 변호인으로 고용하게 되는 것은 거의 기정사실이라고 볼 수 있을 것이다. 그러나 이와 동시에 여러 가지 이유로 국내 전문가(교수 또는 변호사)의 활용 역시 불가피하다. 위에서 언급한 바와 같이 외국인 변호인 활용에 대한 국내 비난을 불식시키기 위한 목적일 수도 있을 것이며 또는 우리 내부의 사정과 증거자료에 대하여 이해력이 떨어지는 외국인 변호인을 지원하기 위한 목적일 수도 있을 것이다. 요는 어떠한 형태로는 통상분쟁해결절차에는 대리인 등 우리 정부의 담당관 이외에 우리 국내 전문가의 참여가 필요하여질 가능성이 농후하다는 점이다. 그리고 보다 본질적으로는 우리나라의 핵심 분쟁을 외국인 변호인에게 의존하는 외부조달은 영구히 지속될 수는 없고 언젠가는 우리 국내 전문가들이 담당하여야 한다는 점을 염두에 두어야 한다. 장기적으로 기본적인 역량이 축적된다면 결국 중요한 국제분쟁은 우리 국내 전문인력의 독자적인 능력 또는 주도적인 능력으로 대처하여야 할 것이다.

미국, EU 등 주요 선진국들은 자신들이 참여하는 국제분쟁은 정부 담당관이 이를 직접 담당·대리하는 것을 원칙으로 하고 있다. 우리와 같이 WTO분쟁해결절차에 적극 참여하여 오고 있는 일본의 경우도 그간 외국인 변호인에 의존하여 오던 관행을 최근에 철폐하고 이제는 자국 담당관이 언어적 장벽과 법률 지식의 한계에도 불구하고 직접 패널과 항소기구 절차에서 모든 답변과 설명을 제시하는 것을 원칙으로 하고 있다. 현실적인 어려움에도 불구하고 일본이 이러한 방향전환을 택한 것은 국가의 주요 소송을 외국인에게 맡겨 둘 수 없다는 점, 외국인 변호인의 기본적인 한계로 정확한 사실관계 설명에 어려움이 있다는 점, 그리고 궁극적으로 일본 국내 전문인력의 육성을 위해서는 특정 분쟁에서 패소의 부담이 발생하더라도 장기적 관점에서 볼 때 국내 전문인력을 적극 활용하는 것이 필요하다는 점 등을 종합적으로 고려한 것으로 알려지고 있다. 우리와 유사한 전략을 구사하여 온 일본이 이러한 방향전환을 택한 것은 우리에게도 시사하는 바가 적지 않다. 특히 일본의 경우 여러 영역에서 우리와 통상분쟁해결절차에서 당사자로 부딪히게 될 상황도 전혀 배제하기 힘든바, 이 경우 일본은 자국 전문가들에 의하여 주장전개가 이루어지는 데 반하여 우리 정부는 외국인 변호인에 의존하는 상황은 바람직한 것은 아니다.

국내 전문가는 특정 직역에 국한될 필요는 없으며 공무원, 학자, 변호사의 영역을 모두 포괄하여야 할 것이다. 이들 국내 전문가들의 상호 교류를 통하여 전체적인 차원에서 국제법 및 국제소송 인력의 육성을 달성하는 것이 필요할 것이다.

C. 제반 정부부처의 통상전문 인력 양성·배치 필요성

통상전문인력의 양성은 비단 통상교섭 업무 및 통상분쟁 해결업무에 직접적으로 나서는 외교통상부뿐 아니라 여타 통상 유관부서에서도 동시에 진행되어야 한다. 여기서 통상 유관부서라 함은 지식경제부, 농림수산식품부, 기획재정부, 보건복지부 등 통상과 연관된 업무를 수행하는 모든 정부 부처를 의미한다. 대외 통상협상의 창구는 외교통상부 통상교섭본부로 일원화되어 있으나 국내적 의견조율, 관련정책 입안 등 통상협상의 대내적 측면은 여러 통상 유관부서에서 담당하고 있는 것이 우리의 현실이다.

외국 정부의 시선에서 볼 때 정부 부처는 그 소속과 상관없이 대한민국을 대표하게 되고, 각 부처에서 내놓는 각종 공문 등은 모두 대한민국 정부의 공식 입장 표명이기 때문에 신중을 기한다. 철저한 통상법적 검토 없이 단순히 국익을 위해 공표하는 여러 공문 중에서는 향후 관련 통상분쟁에서 우리나라에게 불리한 자료로 활용되는 경우가 종종 있기 때문이다. 따라서 정부 각 부처에서 여러 행위를 할 때에 기본적인 통상법적 검토는 여러 나라와 FTA를 체결하고 있는 우리나라의 현 통상 구조에 비추어 더욱 시급히 필요하다.

D. 법률자문관 도입 문제

앞에서 살펴본 바와 같이 앞으로 우리는 통상분야에서 다양한 법적 문제에 직면할 수밖에 없는 상황이다. 그리고 이러한 법적 문제는 단지 통상협정의 기계적 해석과 WTO 판례에 기초한 단선적인 검토만으로는 해결되기 곤란한 성격의 문제가 되었다. 이러한 새로운 법적 문제는 크게는 우리 국내법과 국제법의 유기적인 관계, 그리고 세부적으로는 구체적인 통상협정 조항의 국내법적 합치성을 면밀히 검토할 것을 요구하고 있다. 이러한 작업을 진행하기 위해서는 우리 국내법 그리고 국제법에 관한 광범위한 전문성이 필요하다. 우리 국내법이라 함은 여러 부처에서 집행하고 있는 여러 영역의 다양한 국내법 및 시행령을 의미하며, 국제법이라 함은 해당 통상협정 조항뿐 아니라 국제법의 기본원칙, 국제관습법, 여타 관련 협정의 내용 등 광범위한 내용을 포함한다. 이러한 다양한 법규범에 대한 유기적 검토와 체계적 분석이 필요하며 앞으로 이러한 필요성은 더욱 증가할 수밖에 없다. 그리고 이러한 작업은 통상협정의 최초 교섭 시뿐 아니라, 일단 협정이 체결된 이후 국내적으로 협정 내용을 이행하는 데에도 필수불가결하다. 즉, 분석 대상 규범의 내용상면에서도 광범위할 뿐 아니라 그러한 분석의 시간적 측면에서도 장기적이고 지속적인 검토가 필요한 것이다.

물론 현재 각 부처에는 법률 담당관들이 활발한 활동을 하고 있으며 다양한 법적 문제에 대한 효과적인 자문과 해결방안을 제시하고 있다. 또한 사법연수원 및 법학전문대학원을 졸업한 신규 변호사들이 안정적으로 공급됨에 따라 정부 부처에서도 훌륭한 자력을 보유한 법률 전문가의 충원이 과거에 비하여 용이하게 되었다. 이들이 각 부처에서 활발한 활동을 전개하게 될 경우 각 부처의 법적 인프라는 더욱 확충되게 될 것이다. 실로 고무적인 현상이며 중요한 진전이라 아니할 수 없다.

그러나 한편으로 각 부처별로 세분화되어 진행되는 이러한 법률 검토 및 분석은 결국 각 부처의 입장과 이해관계로부터 자유롭지 못하다는 기본적인 한계가 존재한다. 최근의 FTA 진행과정에서 우리가 경험한 바는 동일한 이슈에 대해서도 여러 부처가 다양한 입장을 견지하고 있다는 점이다. 이는 부처 이기주의의 발로가 아니라 각 부처의 설립 목적과 역할이 상이함에 따라 기본적으로 동일한 이슈에 대해서도 서로 입장을 달리하는 부분이 발생하는 것으로 이해하는 것이 정확하다. 그리고 이러한 측면에서는 이러한 상이한 입장이 개진되는 것이 자연스러울 뿐 아니라 한편으로 필요하기도 하다. 나아가 특정 사안을 어떠한 관련 법령에만 기초하여 검토·분석하는 것은 여타 법령과의 관련성 및 함의를 정확하게 이해하는 데에도 중요한 제약으로 작용한다. 특히 최근 통상분야에서 제기되는 사안은 그 복합적 성격으로 인하여 단순히 일부 법령과 규범의 기계적인 분석으로 해결되기 힘든 성향을 보이고 있다. 가령, 특정 상품에 대한 비관세장벽 문제는 해당 상품의 통관, 운송, 과세, 판매 등 광범위한 영역에서 발생하므로 이 흐름에 대한 입체적인 검토가 필요하며, 문제를 시정하고자 하더라도 이러한 전체적인 틀 속에서 해결방안을 모색하여야 할 필요가 있다. 그런데 이러한 세부 항목들은 한편으로 각각 서로 다른 국내법령의 적용을 받고, 다양한 정부 부처의 규제 관할권에 포함되어 있다. 각 부처의 소관범위에 국한되지 않고 이러한 전체적인 차원의 법적 검토를 실시할 필요성은 바로 이러한 이유에 기초하고 있다.

이러한 업무를 담당할 직제를 신설하는 것을 이제 우리도 진지하게 고민하여 볼 때가 되었다. 미국의 경우 국무성 내에 법률자문관실Office of Legal Advisor이 있어 이러한 문제를 전담하고 있다.[1] 미 국무장관 직속인 이 법률자문관직은 현재 한국계로서 예일대 법대 학장을 지낸 Harold Koh가 맡고 있다.[2] 법률자문관 아래 175명의 변호사와 100여 명의 지원 인력이 다양한 국내법 및 국제법 이슈를 담당하고 있다.[3] 물론 전 세계 여러 곳에서 다양한 법적 쟁점에 직면하고 연방법/주법이 이원화된 복잡한 국내법 체계를 갖고 있는 미국과 우리나라를 단순 비교하기에는 무리가 있다. 그리고 국무성 법률자문관이 모든 법적 이슈에 대하여 전문성을 갖는 것은 아니다. 특히 연방법 관련 사항은 미국 법무성이 그리고 주법 관련 사항은 각 주의 법무국이 각각 최고의 전문성을 보유하고 있다. 그러나 국무성 법률자문관은 미국이 대외관계에서 직면한 법적 문제에 대하여 이러한 다양한 법규범국제법, 연방법, 주법을 총괄적으로 파악하여 적절한 자문을 국무장관 등 여러 의사결정자에게 제공하고 있다. 즉, 이러한 직제를 도입하게 된 배경은

1 Office of Legal Advisor에 관해서는 미국 국무성 웹사이트 http://www.state.gov/s/l/# 참조.
2 See *Ibid.*
3 미국 국무성 웹사이트 http://www.state.gov/s/l/3190.htm 참조.

여전히 우리에게 중요한 시사점을 제시하여 주고 있는 것이다. 대외관계에 있어 한 국가가 직면하는 법적 문제를 총괄적으로 검토하고 의사결정자에게 효과적인 법적 자문을 제공하는 직책의 필요성을 여기에서 찾아볼 수 있기 때문이다.

현재 우리나라의 외교통상부나 법무부 등에서 이러한 역할을 수행하고 있기는 하지만 새로운 요구에 부응하기에는 미흡한 측면이 있다. 외교통상부의 국제법 담당 부서는 특정 사안의 국제법적 검토에 초점을 맞추고 있어 새로이 대두되는 구조적인 문제특히 통상분야에서의 구조적인 문제에 대처하는 데 한계가 있고, 법무부의 국제법 담당 부서 역시 형사사법공조, 범죄인인도, 투자분쟁 등 일부 국제법 사안에 초점을 두고 있어 새로이 대두되는 현안에 대처하기에는 한계가 있다. 이들 부서 역시 현재 폭증하는 업무로 인력이 부족한 상황이므로 장기적으로 확대될 필요가 있음은 물론이다. 그러나 이러한 산재한 법적 평가를 총괄하여 대외관계에서 우리 정부의 입장을 정리할 법률자문관 내지 담당관의 신설이 필요하다. 이러한 직책의 구체적인 직급이나 이를 어느 부서에 둘지는 앞으로 여러 실무적인 검토를 진행하여 결정하여도 될 것이다.

외교통상부에 이러한 직책을 둘 경우 기존의 국제법 검토 업무와 긴밀한 연관성을 유지할 수 있다는 점과 결국 외교통상부가 대외관계를 책임지므로 대외관계에 관한 총괄적인 법적 검토 역시 외교통상부에서 이루어지는 것이 효율적이라는 장점이 있을 것이다. 반면에 법무부에 이러한 담당관을 도입하는 경우 국내법에 기초한 대외관계 검토가 보다 탄탄하게 이루어질 수 있다는 점, 그리고 국내법령 제/개정 시 보다 효율적으로 이루어질 수 있다는 점을 또한 장점으로 들 수 있을 것이다. 마찬가지 맥락에서 여타 경제부처에 이러한 직책을 도입하는 경우 실무경제에 기초한 현실성 있는 검토가 신속하게 이루어질 수 있다는 점을 역시 장점으로 들 수 있을 것이다. 또한 각 부처의 업무 영역을 아우르고 각 부처의 입장을 조율하는 것에 초점을 둔다면 국무총리 직속으로 이러한 직책을 도입하는 것도 검토하여 볼 수 있을 것이다. 즉, 이러한 제도 도입의 요체는 구체적인 직급이나 소속 부서라기보다는 국제법 및 국내법에 관한 이러한 총괄적이고 입체적인 법적 검토를 담당하는 직책을 도입한다는 것에 있다. 파편화되고 단선화된 법적 검토의 한계는 최근 진행되고 있는 FTA 교섭 과정에서 여러 차례 실감한 바 있다. 이러한 한계를 적극적으로 극복하는 방안을 모색할 시점이다.

E. 분쟁발생 시 적극적 대응

물론 FTA 등 통상협정이 체결되면 제일 중요한 것은 협정 내용을 충실히 이행하는 것이다. 협정의 충실한 이행은 대부분의 경우 분쟁의 발생을 억제할 수 있을 것이다. 그러나 경우에 따라서는 일방 당사국이 협정을 충실히 이행한 경우에도 또는 이행하고자 한 경우에도 상대방은 다른 견해를 갖고 있는 경우가 적지 않으며 이 경우 결국 분쟁으로 이어지게 된다. 이러한 분쟁이 발생하는 경우 이에 대하여 적극적으로 대응하는 것이 필요하다. 물론 국가 간 분쟁이므로 가급적 외교적 협의를 통하여 종결시키는 것이 유리한 경우도 많이 있을 것이다. 그러나 일단 분쟁으로 진행이 불가피하다고 판단되는 이상 이에 대하여 적극적으로 대응하여 최대한 유리한 판결을 이끌어 내는 것이 중요하다. 국가 간 분쟁은 해당 판정뿐 아니라 향후에 있을 여타 통상 관련 분쟁에도 중요한 영향을 미치고 또 여타 국가들이 우리나라에 대하여 제기하고자 검토하고 있는 분쟁의 궁극적 제기 여부에도 결정적인 영향을 초래하기 때문이다. 따라서 일단 분쟁 발생이 불가피한 경우에는 공격이 최상의 방어라는 속담과 같이 적극적인 대응이 필요하다. 통상분쟁에서 브라질의 적극적인 대응 노력과 이로 인한 성과는 우리에게도 좋은 교훈을 제시하고 있다.[1]

F. 통상관련 국제기구 진출 지원

현재 우리나라가 UN 등 각종 국제기구에 대하여 제공하는 기여금에 비하여 우리 국민의 국제기구 진출이 상당히 저조하여 정부 차원에서도 이를 개선시키고자 상당한 노력을 기울이고 있는 것으로 알려지고 있다.[2] WTO, UN, OECD, UNCTAD, WIPO, IMF 등 국제경제법 관련 국제기구에서도 우리나라 전문가의 진출은 역시 미미한 형편이다. 가령, WTO의 경우 현재 600여 명의 상근직원 중

1 브라질의 WTO dispute 경험에 대한 일반적인 설명으로는 Gregory C. Shaffer, Michelle Ratton Sanchez Badin and Barbara Rosenberg, "Winning at the WTO: the Deveopment of a Trade Policy Community within Brazil" in Gregory C. Shaffer and Ricardo Melendez-Ortiz (eds.) *Dispute Settlement at the WTO: The Developing Country Experience*, Cambridge (2010).

2 외교통상부는 "국제기구 인사센터" 웹사이트(http://www.mofat.go.kr/unrecruit/index.jsp)를 설립하여 정기적으로 설명회를 개최하고 정보를 공유하고 있다.

한국 국적 보유자는 단 5명에 그치는 것으로 파악되고 있다. 세계 10대 무역대국이며 153개 WTO회원국 중 10번째로 분쟁해결절차 사용 빈도가 높은 우리나라의 상황을 감안하면 이는 상당히 저조한 진출률이라 아니할 수 없다. 이러한 저조한 진출률의 원인은 여러 가지 측면에서 찾아볼 수 있을 것이나 현재의 법조인력 양성 시스템하에서는 구조적으로 이러한 진출이 저조할 수밖에 없지 않을까 생각된다. 사법시험 과목 및 사법연수원에서의 교육과정도 기본적으로 국제화와는 유리된 측면이 있으며, 새로이 도입된 법학전문대학원의 교육과정 또한 크게 다르지 않다. 또한 과거에 비하여 열악해지기는 하였으나 진출 후 안정적 진로가 보장되는 우리 법조시장 상황에서 신규 법조인들이 국제기구 진출과 같은 모험적 시도를 하는 것을 기대하기 어렵다는 측면도 아울러 존재한다.

WTO의 경우 Legal Affairs Division, Rules Division, Appellate Body Secretariat 등 직접 WTO협정의 해석과 운용에 필요한 업무를 담당하는 부서에서 국제경제법 관련 분야 경험을 보유한 변호사를 선발하고 있다. 이들의 직급은 통상 Grade 6유관분야 3년 이상 근무에서 시작하여 Grade 9유관분야 10년 이상 근무까지 다양하다. 모든 회원국의 다양한 대표성을 보장하기 위하여 동일한 조건하에서는 지원자의 국적을 상당부분 감안하는 것으로 알려져 있다. UN의 경우도 뉴욕 본부 및 제네바 사무소에서 국제경제법 전문인력을 선발하고 있다. UN에서의 이들에 대한 수요는 주로 개도국 지원업무 실시, UN정책 입안에 있어 국제경제 관련 법률이슈에 대한 자문을 위하여 Economic Officer라는 이름으로 P-2직급유관분야 3년 이상 근무에서 P-5직급유관분야 10년 이상 근무으로 채용이 되는 것으로 알려지고 있다. OECD의 경우도 회원국 간 제기되는 국제경제 관련 현안을 분석·검토하기 위한 법률전문 인력을 충원하고 있는 것으로 알려지고 있다. 한편 IMF, UNCTAD, WIPO 등의 경우 General Counsel's Office에서 자신들의 업무 수행에 필요한 법률전문 인력을 충원하고 있다. 이들 업무의 속성상 가급적이면 국제경제법 분야 유경험자를 선호하는 것으로 알려지고 있다. 이렇게 여러 국제기구에서 법률 전문인력, 특히 국제경제법 전문인력을 선발하고 있는바, 우리 젊은 이들이 이러한 통상관련 국제기구로 진출하는 것을 적극 모색할 수 있을 것이다.

새로운 도전, 새로운 도약

2012년 우리나라는 급변하는 국제통상질서의 한복판에 서 있다. 2008년 미국에서 시작된 세계적인 금융위기 및 재정위기는 그간 압도적이었던 미국의 경제적 지위를 뒤흔들고 유럽의 경제위기를 초래하였고 아직도 세계경제의 회복은 더딘 상태이다. 세계경제위기의 극복과정에서 "글로벌 불균형global imbalance"이 세계적인 금융위기의 근본적 원인이라는 논의가 힘을 얻으면서[1] 지속적으로 경상수지 흑자를 실현하고 있는 국가들에 대한 다양한 형태의 통상압력이 가중되고 있다. 또한 2012년 1월 다보스회의에서는 자본주의의 한계를 실토하며 새로운 시장질서의 기본틀을 모색해야 한다는 목소리가 줄기차게 터져 나왔다. "자본주의 4.0"[2]에서 제시된 바와 같이 시장만능의 신자유주의 패러다임에 대한 반성의 목소리가 높은 가운데 정부의 역할 및 그 한계에 대한 논의가 간단없이 이어지고 있다. 한편 국제통상 분야에서 미-중 간의 갈등은 날로 깊어가고 있으며, 혼돈 속의 다자간 무역질서를 재조정하기 위한 협상은 당장은 재개될 기미가 보이지 않고 있다. 어떻게 보면 세계 제2차대전 이후 구축되어 운영되어 온 국제경제와 통상의 기본체제가 근본적으로 도전을 받고 있는 형국이다.

이러한 상황 속에서 각국은 각자도생各自圖生을 위하여 몸부림 치고 있다. 자국 경제이익 수호와 확대를 위해서 필요한 일이라면 어떠한 일이든 시도할 준비가 되어 있는 것이다. 특히 다른 나라의 상품수입을 가급적 제한하여 자국기업의 보호를 도모하는 보호무역주의 기운이 세계 곳곳에 만연하고 있다. 이러한 보호무역주의 기운은 때로는 기존의 통상규범에 정면으로 위반되는 조치로 대

1 "Global Economic Imbalances," *the Economist* (Jan 22, 2009).
2 Analtole Kaletsky, *Capitalism 4.0: The Birth of A New Economy in the Aftermath of Crisis*, Public Affairs (2010).

담하게 나타나기도 하고, 때로는 통상규범에 합치되는 듯이 보이면서도 사실상 차별효과를 노리는 위장된 모습으로 나타나기도 한다. 또한 미시적인 보호주의적 조치 이외에도 일부 국가의 통화정책이나 환율정책과 같은 거시경제기조가 국제통상에 다양한 형태로 부담을 주고 있다. 대담한 조치이든 위장된 조치이든 이로 인하여 피해를 받게 된 상대방은 다시 자기 방어를 위하여 또는 상대방에 대한 대응조치로 유사한 무역제한조치를 취하게 되는 보호무역주의의 상승작용이 계속 발생하고 있다. 이에 대하여 다시 다른 국가들이 불만을 터트리고 다시 대응조치를 검토하는 등 상호불신은 악순환을 반복하여 심화되고만 있다.

이러한 국제통상질서의 변화로 인하여 가장 직접적인 피해를 보는 국가들은 바로 다름 아닌 우리나라와 같이 해외수출에 집중적으로 의존하고 있는 국가들이다. 국내시장 보호의 효과는 미미한 반면 다른 나라이 국내시장 보호의 부정적 효과로부터는 직격탄을 맞을 수밖에 없는 구조이기 때문이다. 이러한 국제통상환경의 거울에 우리의 상황을 비추어 보면 최근 연간 5,000억 달러를 돌파하며 호조를 보이고 있는 수출이 사실은 살얼음판을 걷고 있는 것과 진배없다.

이러한 어려운 상황에 대한 돌파구로 그동안 FTA가 거론되어 왔다. 주요시장에 대한 진출확대를 핵심골자로 하는 FTA가 중요한 돌파구를 제시하여 줄 수 있는 가능성은 분명히 있다. 그러나 FTA를 국제교역의 중심축으로 운용하는 방안은 새로운 시도로, 아직 확인되지 않은 불확실성이 곳곳에 내재하고 있다. 표면적인 시장개방의 효과는 분명 존재하나, 보호무역주의의 기운이 만연하는 한 이러한 불확실성은 새로운 형태의 장벽과 제한으로 탈바꿈할 가능성을 배제할 수 없기 때문이다. 특히 최근 국제사회의 FTA 확산추세의 제일선에 서 있는 우리나라는 이러한 새로운 교역질서가 제시하는 여러 가지 새로운 구조적인 문제에 처음으로 직면하여 해결책 모색을 강요받을 가능성이 크다. 다른 나라가 개척한 앞길을 따라가는 것이 아니라 새로운 길을 우리 스스로 개척하여야 하는 상황에서 여러 문제점을 우리 스스로 해결하여야 하는 상황에 처해 있기 때문이다. 이러한 새로운 행로에서 우리나라가 취하는 다양한 조치와 방안에 대하여 다른 국가들이 어떠한 입장을 취할 것인지 예측하기는 힘들다. 새로운 국제교역질서의 개척자로 칭송도 받을 수 있으나 때로는 우리나라를 견제하기 위한 수단으로 이러한 우리의 조치와 방안을 활용할 수도 있을 것이다. 하여간 우리의 주요 교역상대국들이 자신들도 어려운 상황에서 우리에게 호의적인 입장만을 취할 것을 기대하기는 힘들다.

특히 미국, EU와의 FTA에 이어 중국과의 FTA도 체결되면 현재 상호 첨예하게 대립하는 이들 국가들과 우리는 각각 긴밀한 경제/통상관계를 구축하게 된다. 현재와 같이 이들 국가들 간 대립이 격화되는 상황이 지속된다면 우리나라 역시 중간에서 애매모호한 상황에 직면하게 될 가능성이 크다. 상호 간 통상규제조치가 격화되면 이들 나라에 진출한 우리나라 기업과 우리상품에 대한 규제 역시 강화될 수밖에 없게 된다. 특히 미국과의 FTA와 중국과의 FTA에 포함되는 내용은 상당히 상이할 것으로 예견되고 있다. 우리나라가 이를 이행하여 나가는 것은 쉬운 일이 아니며, 때로는 상호 간 이행의무의 충돌이 발생할 수도 있다. 이들과의 자유무역의 강화로 혜택을 극대화할 수 있는 반면, 자칫하다가는 고래싸움에 새우등 터지는 상황도 발생할 수 있는 것이다.

한마디로 "암흑 속 가장 앞서 걷고 있는 자"가 바로 2012년 우리가 국제통상분야에서 처한 상황이다. 이러한 새로운 상황과 새로운 도전에 어떻게 현명하게 대처하느냐에 따라 우리의 운명이 결정될 것이다. 동굴 입구를 가장 먼저 찾게 되어 온갖 과실을 선점할 수 있을 것인지, 아니면 앞서 가다 넘어져 다른국가들에 대한 경고음으로 전락할 것인지는 향후 우리의 선택에 달려 있다. 지금은 연간 1조 달러 무역달성과 다른 국가가 어려움을 겪는 속에서도 호조를 보이고 있는 우리의 수출실적과 일부 선도 기업의 선전에 즐거워만 할 상황이 아니다. 지금은 바로 새로운 상황과 새로운 도전에 대한 국가적 전략을 진지하게 모색할 시점이다.

찾아보기

■ 저자약력

정 영 진

서울대학교 법과대학(법학사, 법학석사, 박사과정 수료)
Yale Law School (LL.M.) 및 법학박사(J.S.D.)
사법시험, 행정고등고시 및 외무고등고시 합격
외교통상부 근무 및 법무법인 율촌 변호사
Steptoe & Johnson LLP (Washington DC) 변호사
Georgetown University Law Center/Duke Law School (Adjunct/Visiting Professor)
KDI School of Public Policy and Management (Adjunct Professor)
현 IBA Trade and Customs Committee/ABA International Antitrust Committee 부회장
ICN(International Competition Network) 민간전문가(Non-Governmental Advisor)
World Bank 국제투자분쟁해결센터(ICSID) 중재위원
한미 FTA 분쟁패널위원
검찰총장 정책자문단위원
공정거래위원회 시장구조정책자문단위원
김앤장법률사무소 변호사

이 재 민

서울대학교 법과대학(법학사, 법학석사, 법학박사)
Boston College Law School (J.D.)
Georgetown University Law Center (LL.M.)
George Washington University Law School/Georgetown University Law Center (Visiting Scholar)
Washington & Lee University School of Law (Adjunct Professor)
외무고등고시 합격
외교통상부 근무
Willkie Farr & Gallagher LLP (Washington DC) 변호사
현 한미 FTA, 한-EU FTA 및 한-칠레 FTA 분쟁패널위원
한양대학교 법학전문대학원 교수

글로벌시대를 위한 신 통상법 및 통상정책

2012년 6월 20일 초판인쇄
2012년 6월 30일 초판발행

공저자 정영진 · 이재민
발행인 안 종 만
발행처 (주)박영사
서울 특별시 종로구 평동 13-31번지
전화 (733)6771 FAX (736)4818
등록 1959. 3. 11. 제300-1959-1호(倫)

www.pybook.co.kr e-mail: pys@pybook.co.kr

정 가 29,000원 ISBN 978-89-6454-844-8